工商管理经典译丛

战略管理

Strategic Management

Concepts and Cases

Fourteenth Edition

概念与案例

第14版

Michael A. Hitt　R. Duane Ireland　Robert E. Hoskisson　Jeffrey S. Harrison

[美] 迈克尔·希特　杜安·爱尔兰　罗伯特·霍斯基森　杰弗里·哈里森 著

刘刚　李波　张泠然　梁晗 等 译

中国人民大学出版社

· 北京 ·

工商管理经典译丛

出 版 说 明

随着中国改革开放的深入发展，中国经济高速增长，为中国企业带来了勃勃生机，也为中国管理人才提供了成长和一显身手的广阔天地。时代呼唤能够在国际市场上搏击的中国企业家，时代呼唤谙熟国际市场规则的职业经理人。中国的工商管理教育事业也迎来了快速发展的良机。中国人民大学出版社正是为了适应这样一种时代的需要，从1997年开始就组织策划“工商管理经典译丛”，这是国内第一套与国际管理教育全面接轨的引进版工商管理类丛书，该套丛书凝聚着100多位管理学专家学者的心血，一经推出，立即受到了国内管理学界和企业界读者们的一致好评和普遍欢迎，并持续畅销数年。全国人民代表大会常务委员会副委员长、国家自然科学基金会管理科学部主任成思危先生，以及全国MBA教育指导委员会的专家们，都对这套丛书给予了很高的评价，认为这套译丛为中国工商管理教育事业做了开创性的工作，为国内管理专业教学首次系统地引进了优秀的范本，并为广大管理专业教师提高教材甄选和编写水平发挥了很大的作用。其中《人力资源管理》（第六版）获第十二届“中国图书奖”；《管理学》（第四版）获全国优秀畅销书奖。

进入21世纪后，随着经济全球化和信息化的发展，国际MBA教育在课程体系上进行了重大的改革，从20世纪80年代以行为科学为基础，注重营销管理、运营管理、财务管理到战略管理等方面的研究，到开始重视沟通、创业、公共关系和商业伦理等人文类内容，并且增加了基于网络的电子商务、技术管理、业务流程重组和统计学等技术类内容。另外，管理教育的国际化趋势也越来越明显，主要表现在师资的国际化、生源的国际化和教材的国际化方面。近年来，随着我国MBA和工商管理教育事业的快速发展，国内管理类引进版图书的品种越来越多，出版和更新的周期也在明显加快。为此，我们这套“工商管理经典译丛”也适时更新版本，增加新的内容，同时还将陆续推出新的系列和配套参考书，以顺应国际管理教育发展的大趋势。

本译丛选入的书目，都是世界著名的权威出版机构畅销全球的工商管理图书，被世界各国和地区的著名大学商学院和管理学院所普遍选用，是国际工商管理教育界最具影响力的教学用书。本丛书的作者，皆为管理学界享有盛誉的著名教授，他们的这些著作，经过了世界各地数千所大学和管理学院教学实践的检验，被证明是论述精辟、视野开阔、资料丰富、通俗易懂，又具有生动性、启发性和可操作性的经典之作。本译丛的译者，大多是国内各著名大学的优秀中青年学术骨干，他们不仅在长期的教学研究和社会实践中积累了丰富的经验，而且具有较高的翻译水平。

本丛书的引进和运作过程，从市场调研与选题策划、每本书的推荐与论证、对译者翻译水平的考察与甄选、翻译规程与交稿要求的制定、对翻译质量的严格把关和控制，到版式、封面和插图的设计等各方面，都坚持高水平和高标准的原则，力图奉献给读者一套译文准确、文字流畅、从内容到形式都保持原著风格的工商管理精品图书。

本丛书参考了国际上通行的 MBA 和工商管理专业核心课程的设置，充分兼顾了我国管理各专业现行通开课与专业课程设置，以及企业管理培训的要求，故适应面较广，既可用于管理各专业不同层次的教学参考，又可供各类管理人员培训和自学使用。

为了本丛书的出版，我们成立了由中国人民大学、北京大学、中国社会科学院等单位专家学者组成的编辑委员会，这些专家学者给了我们强有力的支持，使本丛书得以在管理学界和企业界产生较大的影响。许多我国留美学者和国内管理学界著名专家教授，参与了原著的推荐、论证和翻译工作，原我社编辑闻洁女士在这套书的总体策划中付出了很多心血。在此，谨向他们致以崇高的敬意并表示衷心的感谢。

愿这套丛书为我国 MBA 和工商管理教育事业的发展，为中国企业管理水平的不断提升继续做出应有的贡献。

中国人民大学出版社

译者序

TRANSLATORS' PREFACE

管理大师彼得·德鲁克说过这样一段话：我们走进一片丛林，开始清除低矮的灌木。当我们千辛万苦，好不容易清除完一片灌木，直起腰来，准备享受一下成功的喜悦时，却猛然发现旁边的一片灌木才是我们要去清除的！有多少企业在市场竞争中就如同清除灌木一样，只是埋头苦干，却没有意识到要清除的并非那片灌木。当企业一味追求做大做强时，或许需要冷静下来反思一下是否走错了方向，这正是我们学习战略管理的意义所在。

首先，战略管理关注企业发展的方向，追求企业的长期生存、发展和战略竞争力的提高，重视企业的长远利益和发展潜力。它为企业确定长期生存与发展的目标以及实现目标的途径和手段提供了理论框架。在现代企业管理中，战略管理日益成为最高层次的综合性管理学科，成为企业成功的关键所在，企业高层管理者战略管理的水平和能力关系着企业的生死存亡。因此，战略管理不仅是现代企业管理者必须具备的管理知识和能力，更是企业建立和提高竞争优势、生存和发展的必备条件。

其次，战略管理从企业整体、全局的角度出发，综合运用相关学科和各种职能性管理的理论，服务于企业的可持续发展。日常经营管理中的生产管理、财务管理、市场营销管理等都属于职能性管理，是从企业局部的角度来进行管理。这种职能性管理是企业必不可少的，企业是由执行不同职能的部分组成的统一整体，如何使企业的各个职能相互协调一致，有机地结合起来运作，就需要战略管理发挥作用。

再次，战略管理在复杂多变的经营环境中，注重监测企业环境的动态变化，制定有效的战略规划，利用有限的资源，保证企业在动荡的环境中生存和发展。因此，战略管理强调对内外部环境的分析，并根据环境的变化以及战略实施结果的反馈信息等，进行新一轮的战略管理。这是一个不断循环、不断调整和不断自我适应的过程。

最后，战略管理不仅涉及战略的制定过程，而且强调将制定出的战略付诸实施并进行有效的控制，因此是全过程的管理。在这一过程中，战略的制定、实施和控制各环节前后衔接、密不可分，对任何一个环节的忽视都将导致整个战略的失败。因此，企业决策者应从全局的角度出发，着眼于企业的长期发展，在复杂多变的环境中，对企业战略实施全过程进行管理。

认识战略管理的地位和作用，重视企业的战略管理，有助于决策者从琐碎的日常事务中抽离出来，及时发现和解决那些事关企业生死存亡、前途命运的重大战略问题；有助于用战略眼光将企业经营管理活动放在全方位的未来发展和广阔的市场竞争中看待，以使企业获得更快、更好、更大的发展。我国企业要想打造自身的核心竞争力，应对日益激烈的竞争环境和不断加剧的贸易保护主义趋势，学习和研究战略管理愈发重要。

正是在这样一个竞争白热化、国际化的大背景下，为了让国内商学院的学生、经理人更好地掌握战略管理的必备知识及最新发展趋势并从中受益，我们将迈克尔·希特等所著的最新版的《战略管理：概念与案例》引入中国。第 14 版融合了以往版本的诸多优点，更能体现新的企业战略管理实践特征，具有更强的时代性和实践性。具体特色主要体现在以下几个方面：

第一，整体结构清晰合理。本书以战略管理过程中的各个环节为主线，对战略管理领域的知识体系进行了系统完整的介绍。合理的结构与清晰的条理能够帮助读者更好地理解企业该如何更好地运用战略管理的工具、技术和思想。

第二，研究成果与企业实践有效平衡。本书通过引入众多的全新案例，实现了已有研究成果与全世界企业实践之间的完美对接及平衡。全书涵盖了对全球数百家公司战略管理相关内容的探讨，其中既包括世界知名的、规模庞大的跨国公司，又有在本地运营的中小企业，多样化的内容能够帮助读者更好地理解不同类型的企业为实现愿景、超越竞争对手所采取的不同类型的战略。书中案例研究部分更新的案例均涉及新的时代背景下具有重要意义的话题，有的附有完整的业务、财务数据。

第三，经典理论与前沿成果完美结合。本书既有对经典战略管理理论的论述，又涵盖了战略管理领域新近学术研究成果，包括企业社会责任（CSR）、可持续性、非市场战略和社会资本、生态系统、平台战略、大数据与数字化战略、人工智能、新冠疫情、去全球化和保护主义等方面的内容。前者为我们学习企业战略管理的基础理论打开了方便之门，后者则能够帮助我们更好地掌握企业战略管理理论的发展动态。

第四，深入浅出、可读性更强。本书的语言简洁明快，行文轻松流畅，有助于提升读者的阅读体验，增加读者的阅读兴趣。对于广大商学院或管理学院的学生，尤其是MBA、EMBA、EDP学员来说，本书是学习战略管理的必备书籍。对于从事战略管理的商界精英来说，本书可以帮助他们了解战略管理的前沿理论、新发展以及运用现状，为战略决策提供理论依据和实践借鉴。

第14版的翻译工作历时近8个月。参与翻译的人员有（按译者姓名拼音排序）：程熙鎔（北京工商大学经济学院）、黄苏萍（首都经济贸易大学工商管理学院）、李波（山东政法学院商学院）、梁晗（首都经济贸易大学工商管理学院）、刘刚（中国人民大学商学院）、刘嘉颖（意大利路易斯大学）、刘静（内蒙古大学经济管理学院）、马姗子（中国人民大学商学院）、于晓东（中央财经大学商学院）、张泠然（中央民族大学管理学院）、郑云坚（闽江学院新华都商学院）。具体分工如下：第1～2章由刘刚、李波、梁晗翻译；第3章由刘刚、梁晗、李波翻译；第4～5章由刘刚、程熙鎔、张泠然翻译；第6～7章由刘刚、李波、张泠然翻译；第8～9章由刘刚、张泠然、郑云坚翻译；第10～11章由刘刚、刘静、李波翻译；第12章由黄苏萍、于晓东翻译；第13章由于晓东、李波翻译；案例1由刘刚、李波翻译；案例2由郑云坚、刘嘉颖、马姗子翻译；案例3由刘刚、马姗子、李波翻译；案例4由梁晗、李波、刘嘉颖翻译；案例5由李波、刘嘉颖、程熙鎔翻译。全书由刘刚、李波统稿。

由我们翻译的本书第10版、第12版、第13版在出版之后，得到了广大读者的热烈响应和积极反馈。一些读者对书中的具体翻译问题提出了不少中肯的意见和建议。这些热心读者的支持与帮助为我们不断提高翻译质量、改进翻译工作提供了莫大的动力，我们对他们充满感激之情！

本书的顺利出版得益于中国人民大学出版社各位编辑的大力支持，对于他们耐心、细致的编辑工作和认真、精心的出版组织工作，我们表示由衷的感谢！

由于译者水平所限，书中若有不妥之处，敬请读者批评指正！

刘　刚

于中国人民大学商学院

PREFACE 前言

我们每次更新的目的在于展现一种全新的、紧跟时代潮流的解释战略管理过程的方法。第 14 版也不例外，我们将再次向你展示睿智的、极具实用性的战略管理分析方法。

由于近年来全球商业、社会、技术、政治环境的深刻变化以及战略管理学术与实践文献的发展，在着手编写这个新版本之前，我们召开了多次会议，制定了一份详尽的清单，清单上的主题需要被添加或大幅修订。确定清单后，我们对相关文献进行了深入研究，并进一步拓展阅读全球出版的期刊论文、主流商业媒体（如《华尔街日报》《彭博商业周刊》《财富》《金融时报》《福布斯》等）报道，以及一些可靠的社交媒体平台上的文章（如由专业组织运营的博客）。

我们的目标是确保书中内容的准确性、趣味性，并捕捉商业世界中最关键的发展动态。为达成这一目标，本书新增了 1 000 多条自上一版出版以来的文献引用。

我们广泛阅读各种资料，收集到大量珍贵的案例，展示了全球各地公司如何运用（或未能有效运用）战略管理过程。在本书所讨论的数百家公司中，你可能会对一些公司感到熟悉，也会看到不少新面孔。多样化的一个原因是，本书涵盖了全球各地公司的案例，以突出商业运作的全球化特征。这些公司中有些规模庞大、广为人知，而有些则是小规模运营的公司，其知名度仅限于其服务的客户。为了促进学习，本书采用“分析-战略-绩效”框架。 我们在第 1 章详细解释了这一框架，并在全书中反复引用。

本书的以下特点有助于优化你的学习体验：

• 内容全面、详尽，涵盖了市场上所能见到的战略管理的内容。

• 研究内容既包括经典理论，又有战略管理的新成果。经典理论为我们提供了理解战略管理的基础，新近研究成果则向我们揭示了在复杂的全球化商业环境中，应如何有效地运用战略管理过程。除此之外，本书还兼具很强的应用导向色彩，向读者展示了大量关于战略管理的思想、技术和工具的范例和应用。例如，在这一版中，我们使用了众多公司的实际案例来生动展示战略管理的实施情况。总体来说，没有任何一本战略管理的书能像本书这样，通过范围如此之广的组织实践来向你展现兼具深刻性与实用性的研究与应用的完美结合。

- 案例丰富。书中的案例包括特斯拉、Meta、贝莱德集团、开市客、苹果、麦当劳、联邦快递、星巴克、沃尔玛、迪士尼、通用电气、英特尔、美国运通、可口可乐、网飞、特百惠、肖氏工业、Instacart、哈雷-戴维森、Publix、派乐腾、克罗格、金宝汤、Fanatics、边疆航空、埃森哲、辉瑞、谷歌、塔吉特、UPS、Bed Bath & Beyond 等许多大型公司的实践。

第14版还具有以下独特之处：

- 全新的引例和战略聚焦专栏。几乎所有引例和战略聚焦专栏都是全新的！只有少数几个由于其持续的相关性和重要性而保留下来，但也进行了更新。每章中所包含的具体公司案例，无论是全新的还是旧有的，都经过了持续的相关性和准确性的确认。

- 新案例。本书的案例研究部分将美国和其他国家的组织的案例有效地组合在一起，其中有很多案例都涉及当今具有重要意义的战略管理话题，有的案例附有完整的财务数据。这些新案例为读者提供了应用战略管理过程、理解组织条件和背景以及对主要的关注点提出适当建议的机会。

- 全新的微案例。为了说明公司如何应对本书中所提出的主要问题，本书在各章末增加了全新的微案例。微案例每章一篇，共13篇。读者会喜欢这些微案例，它们简明扼要，同时也提供了丰富的内容供个人或小组分析和集体讨论。每个微案例后都有一组指导分析和讨论的问题。

- 全新或扩展的内容。本书各章都有全新的或者扩展的内容，以反映战略管理领域当前所进行的诸多变革。其中的许多观点不只是在单一章节中出现，而是跨越多个章节，形成了一个连贯的综合主题。读者在阅读过程中会发现，这些主题在书中被反复探讨，并且会引导读者回顾概念最初被提出或定义的地方。第1章作为基础，引入了许多新概念，对这些概念的深入讨论和分析大多分布在后续章节中。以下是这些内容的一些示例及其在各章的分布：
    - 企业社会责任（CSR），可持续性，环境、社会和治理（ESG）以及绿色洗钱（第1、2、6、8~13章）
    - 非市场战略和社会资本（第2、3、5章）
    - 生态系统、平台战略、多方联盟和竞合（第2、5、9章）
    - 去全球化和保护主义（第1、8章）

- 数字化、数字战略、大数据和元宇宙（第 1、2、4 ~ 9、13 章）
- 公益公司和 B 型企业认证（第 2、10 章）
- 利益相关者的视角和以利益相关者为导向的战略管理（第 1、6、10、12 章）
- 全球供应链和全球价值链（第 1、8 章）
- 加密货币和区块链技术（第 2、13 章）
- 人工智能（第 1、3 章）
- 数字平台组织和结构（第 4、8、11 章）
- 跨境学习（第 8 章）
- 通货膨胀（第 2、8 章）
- 全球冲突和战争（第 2、8 章）
- 全球大流行病，新冠疫情（第 1 ~ 5、8 章）
- 激进投资者和投资者“狼群”（第 6、7、10 章）
- 战略性人力资本（第 3、4 章）
- 重组以创造价值（第 7、10 章）
- 董事会和高层管理团队中的性别和种族多样性（第 10、12 章）

• 完美的平衡。本书保持了当前研究成果和世界范围内现实组织应用的完美平衡。本书的内容不仅涵盖了优秀的研究文献，而且包括大量真实世界的案例，以帮助读者更好地理解组织为了实现愿景和使命以及超越竞争对手所采取的不同类型的战略。

迈克尔 · 希特
杜安 · 爱尔兰
罗伯特 · 霍斯基森
杰弗里 · 哈里森

CONTENTS 目录

第一部分 战略管理输入

第二部分 战略行动：战略形成

第三部分　战略行动：战略实施

第一部分

战略管理输入

第1章

战略管理和战略竞争力

学习目标

1. 定义战略竞争力、战略、竞争优势、超额利润以及战略管理过程。
2. 描述竞争格局，解释全球化、技术变革和社会责任行为对竞争格局的影响。
3. 利用产业组织模型解释公司如何获取超额利润。
4. 利用资源基础模型解释公司如何获取超额利润。
5. 利用利益相关者模型解释公司如何获得高于平均水平的回报。
6. 描述一个组织的愿景、使命和核心价值观，并阐述它们的重要性。
7. 描述战略领导者的角色及其职责。
8. 解释战略管理过程。

引例 赫兹公司的狂野之旅

赫兹公司（Hertz Corporation），现为赫兹全球控股公司的子公司，1918 年在芝加哥由沃尔特·雅各布斯（Walter Jacobs）带领下，以福特 T 型汽车开启了其汽车租赁业务。公司最初名为租用汽车公司（Rent-a-Car，Inc.），它迅速扩张，1923 年，被 Yellow Truck and Coach Manufacturing 公司的所有者约翰·D. 赫兹（John D. Hertz）收购。赫兹将公司重新命名为赫兹自助驾驶系统（Hertz Drive-Ur-Self System）。三年后，这个租车品牌被卖给了通用汽车公司（General Motors），而通用汽车在 1953 年又将该品牌卖回给了约翰·D. 赫兹。公司的股票于 1954 年开始在纽约证券交易所交易。多年来，除了通用汽车，公司还曾被美国无线电公司（Radio Corporation of America）、美国联合航空公司（UAL Corporation）、福特汽车公司（Ford Motor Company）以及一个私募股权公司财团拥有，最终在 2006 年再次上市。

尽管经历了多次所有权变更，赫兹公司仍然保持着创新的传统。它是第一家提供租车收费卡的公司，是第一家提供单程租车的公司，也是第一家将业务扩展到中国的国际租车公司。此外，赫兹公司还与汽车制造商合作，为其车队开发和租赁特种车辆，包括福特野马 GT350H 和改装的雪佛兰科尔维特 ZH-Z 双门车。赫兹公司在自助服务汽车租赁亭和按小时租赁汽车方面也是早期的创新者。赫兹公司还通过发展新品牌“Advantage Rent-A-Car”和收购 Dollar Thrifty 汽车集团不断扩张，之后 Advantage 品牌被出售。赫兹公司还在国际市场运营 Firefly 品牌。在广告领域，赫兹公司是首批在商业广告中展示非洲裔美国人的公司之一。

汽车租赁行业的竞争非常激烈。企业控股公司（Enterprise Holdings）是美国最大的汽车租赁公司，拥有超过 100 万辆汽车。在国际上，企业控股公司在大约 100 个国家和地区设有近 10 000 个汽车租赁点。相比之下，赫兹公司在美国有大约 1 500 个机场租赁点，在国外有 2 000 个机场租赁点。然而，赫兹公司在美国还有大约 2 400 个非机场租赁点，在国外有 6 100 个非机场租赁点，这使得赫兹公司在规模上与企业控股公司相当。安飞士百捷特集团（Avis Budget）是美国的第三大租车公司。这三家公司控制着美国超过 90%的汽车租赁业务。该行业的竞争主要基于广告引发的品牌偏好、竞争性价格和忠诚度计划。像 Priceline. com、Expedia. com 和 Kayak. com 这样的在线服务，使得消费者在寻找竞争性价格时比汽车租赁公司具有信息优势，这有助于维持较低的价格。

尽管面临保持低价的压力，汽车租赁公司仍然能够通过其商业模式获得利润。它们大多数以优惠价格直接从制造商批量购买新车，在很短的时间内拥有汽车，这使得汽车对顾客非常有吸引力，同时降低了维护成本。当它们出售汽车时，由于汽车的行驶里程较少且汽车是以折扣价购买的，汽车租赁公司能够收回大部分或全部的初始购买成本。然而，如果二手车价格下跌，这种商业模式可能会使汽车租赁公司面临严重的损失。汽车租赁公司还容易受到旅游趋势变化的影响。

当新冠疫情大流行冲击全球经济时，这两种脆弱性变得尤为明显。旅游业几乎停滞，这对汽车租赁公司、航空公司和酒店造成了巨大打击，此外，对二手车的需求也大幅下降，使赫兹公司的销售变得困难。赫兹公司削减了工作岗位，并出售了大量车队，试图偿还债权人并保持偿债能力。公司的销售额从 2019 年到 2020 年下降了 46%，损失了近 20 亿美元。2020 年 5 月，公司被迫申请破产保护，以从债权人那里获得一些临时救济，并争取时间重组其债务和运营。赫兹公司的股价一度跌至不到一美元。

2021 年 5 月，一些投资者在破产法庭的竞标中赢得了对公司的控制权，他们计划更新公司的技术，提升客户服务。7 月初，在赫兹公司退出破产后的第二天，投资者们开始交易新的赫兹股票。在 2021 年夏天，公司迎来了好运。随着许多旅行限制的解除，旅游业飞速复苏，而汽车租赁行业未能做好准备。租赁汽车的供应无法满足需求，度假者在热门地点每天支付 275 美元租用 SUV 的情况并不罕见，普通汽车每天 100 美元的租赁费也很常见。重组显著减轻了赫兹公司的债务负担，使其能够充分利用需求的增长。

随着赫兹公司的复苏，创新再次成为其首要任务。公司正在从特斯拉购买 10 万辆电动汽车，以扩充其车队。它还与优步科技（Uber Technologies）建立了合作伙伴关系，聚焦自动驾驶技术，探究开发自动驾驶出租车网络的可能性。赫兹公司希望在现代移动生态系统中发挥重要作用。在财富的惊人逆转中，《巴伦周刊》（*Barron's*）将赫兹公司列为 2022 年值得投资的 10 大股票之一。

资料来源：C. English，2022，Hertz stock could take off this year. Here's why，*Barron's*，www. barrons. com，January 7；2022，Financials for Hertz Global Holdings Inc.，*Barrons*，www. barrons. com，January 26；2020，*Hertz Global Holdings Annual Report*；A. Bary，2021，Here are Barron's 10 top stocks for the new year，*Barrons*，www. barrons. com，December 27；A. Bary，2021，Reorganized Hertz puts investors in driver's seat，*Barrons*，www. barrons. com，June 28；K. G. Pringle，2021，Hertz could revolutionize rental cars once again，*Barrons*，www. barrons. com，November 10.

1.1 战略和战略竞争力概述

正如引例所示，在变幻莫测的全球经济环境中，要想实现并持续保持战略上的竞争优势，确实是一项艰巨的任务。在汽车租赁行业，几大行业巨头之间的激烈竞争、对旅游业的深度依赖，以及技术的快速变革，都是推动行业发展的强大动力。类似新冠疫情大流行这样的冲击对行业产生了非常大的负面影响，同时，解除旅行限制也释放了强大的积极力量，使行业和赫兹公司得以快速复苏。

当一个公司成功地制定并且执行价值创造战略时，它将获得**战略竞争力**（strategic competitiveness）。**战略**（strategy）就是用来发展核心竞争力，获得竞争优势的一系列综合的、协调性的约定和行动。进行战略选择时，公司可以选择不同的竞争方式，以获得战略竞争力。从这个意义上说，战略选择表明公司能做什么，不能做什么。

当一个公司具有**竞争优势**（competitive advantage）时，其战略的执行将给顾客带来更多的价值，竞争对手亦无法复制，高昂的成本也使对手难以模仿。[1]当竞争对手模仿的努力停止或失败后，一个组织才能确信已拥有一个或多个竞争优势。同时，公司还需清楚地认识到，没有一种竞争优势是持久不变的。竞争对手掌握复制该公司价值创造战略的技能的速度，决定了该公司竞争优势的持续时间。[2]以赫兹公司为例，尽管它以往作为汽车租赁行业创新先锋的角色存在，但若竞争对手能够相对容易地模仿其创新成果，这就意味着赫兹公司只能在短时间内保持其竞争优势。

拥有竞争优势并懂得如何在市场竞争中有效运用这一优势，是所有企业努力实现战略竞争力并超越对手的基础。本质上，一家公司在对客户重要的方面，尽可能地打造客户愿意为之付费的差异化，且竞争对手无法复制，以此来创造竞争优势。在汽车租赁行业，可持续的竞争优势来源之一就是品牌知名度。像赫兹、企业控股或安飞士这样的知名品牌能够为它们的车辆租赁收取溢价。当然，消费者可以通过搜寻更多信息获得其他公司的服务及价格进行比较。这意味着一些规模较小、知名度较低的竞争对手必须以远低于知名品牌的价格出租它们的汽车。

几乎没有竞争优势是永久可持续的。在某些情况下，公司的优势不再为客户创造他们愿意支付的价值。在其他情况下，竞争对手将学会如何在客户愿意为之付费的有价值的竞争维度上为客户创造更多价值。因此，为了实现战略竞争力，公司必须集中精力利用今天拥有的竞争优势，同时考虑做出必要的决策，以确保它在未来拥有竞争优势。

在一个行业内，企业制定和执行其创造价值战略的成功程度，决定了它们的表现是优于、等于还是低于同行业可比公司的水平。**超额利润**（above-average returns）是指一项投资的利润超过投资者预期能从其他类似风险投资项目所获得的利润。**风险**（risk）是指一项特定投资的盈亏的不确定性。大多数成功的公司都懂得如何有效地管理风险，有效的风险管理可以降低投资的不确定性。[3]利润通常通过财务数据来计量，如资产收益率、股本收益率、销售回报等。此外，利润也可以以股票市场收益为基础来进行衡量。

新成立的规模较小的风险投资公司，有时也会用增长的规模和速度而非传统的指标来衡量利润，如年销售额，因为这样的公司需要一段时间才能获得对投资者而言可接受的利润。[4]

懂得如何开发竞争优势，对公司寻求超额利润是至关重要的。[5]对于那些不具备竞争优势，或者未能在有吸引力的行业开展竞争的公司来说，至多能获得平均利润。平均利润（average returns）是指该利润等同于投资者预期从其他类似风险投资项目中所获得的利润。从长期来看，如果公司连平均利润都无法获得，那么公司的业绩会下滑，投资者会收回投资，最终导致公司失败。[6]例如，有一段时间，赫兹公司在租车这样一个高风险行业中无法产生足够的回报，因此无法获得必要的融资来保持偿债能力。这种情况十分典型，当投资者从那些收益低于平均水平的公司撤回投资时，失败就会发生，即使导致业绩不佳的原因是像新冠疫情大流行这样的外部冲击。

战略管理过程（strategic management process）是公司获得竞争优势和超额利润所必需的，由约定、决策和行动所组成的一套体系。[7]这一过程包括分析、战略和绩效（即 A-S-P 模型，见图 1－1）。该过程中，第一步是对公司的外部环境和内部环境进行分析，以确定外部机会和威胁以及资源、能力和核心竞争力。这些分析的结果会影响公司战略的选择。该模型中的“战略”部分包含战略形成和战略实施。

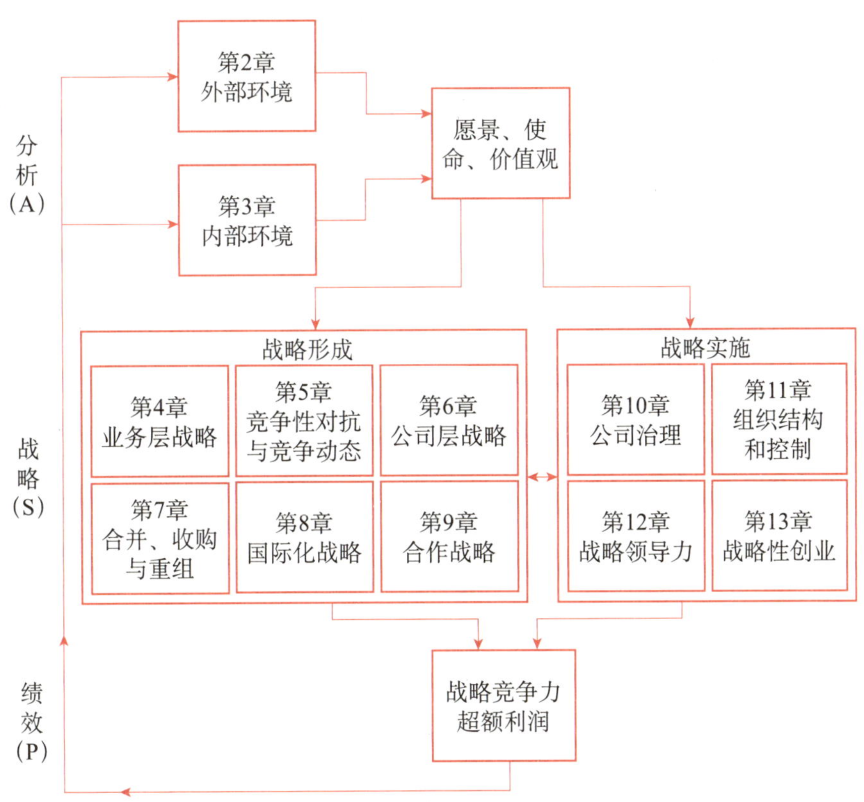

图 1－1　战略管理过程

在分析公司内外部环境的基础上，公司可以制定愿景、使命和价值观并形成一个或多个战略。执行战略的过程就是公司为获得战略竞争力和超额利润（绩效）采取一系列行动的过程。战略形成和战略实施的整合将有助于提高战略行动的有效性，并最终获得积极的绩效。这一动态的过程是可持续的，因为不断变化的市场和竞争结构与公司持续发展的战略输入是一致的。[8]在本书后面的章节中，我们将利用战略管理过程来解释公司是如何获得战略竞争力和超额利润的，并说明为什么有的公司能够不断取得成功，有的公司却不能。全球竞争的现状是战略管理过程的一个关键部分，并深刻影响着公司的绩效。事实上，学习如何在全球竞争中获得成功，是当代公司面临的一个巨大挑战。

本章将讨论以下主题。首先，我们将描述当前的竞争格局。全球经济的出现，以及经济和技术的快速变化所导致的全球一体化，是形成当前激烈竞争格局的主要原因。其次，我们将研究公司为了有效地执行战略而用来收集信息和选择知识的三个模型。第一个模型——产业组织模型（I/O 模型），它表明外部环境是影响公司战略行动的首要因素。根据这一模型，选择和识别一个有吸引力的（例如，有利可图的）行业，并在该行业中运营是获得竞争成功的关键。[9]第二个模型——资源基础模型，它表明公司拥有的独特资源和能力与战略竞争力的获得密切相关。[10]第三个模型基于这样的理念：企业与内部和外部利益相关者（即股东）的关系质量，能够引导组织实现超出平均水平的收益。

公司在应用上述三个模型过程中收集的信息，有助于明确其宗旨（体现在使命、愿景和价值观中）。在探讨了使命、愿景和价值观之后，本章将简要介绍战略领导力及战略管理过程要素。

1.2 竞争格局

全球许多行业竞争的基本特征已经变化。例如数字化，就是将某种东西转化为数字形式的过程，是一个影响全球多个行业竞争的竞争维度。致力于成为数字领导者的企业可能通过生产独特客户群体所重视的创新产品来区别于竞争对手。数字化的一个重大好处是，它允许企业识别特定的客户群体，满足他们的个性化和独特需求。此外，正在崛起的一代年轻人通过智能手机、平板电脑、游戏系统和其他媒体始终在线，这种趋势为企业提供了巨大的机会，能更好地理解和服务它们的目标客户。因此，在当今的竞争格局中，企业面临的一项挑战是了解与数字化有关的战略意义，并有效地将数字化融入其战略之中。

在当前的竞争格局中，传统的竞争优势来源，如规模经济和庞大的广告预算，可能不再像过去那样，能够显著帮助企业获得高于平均水平的回报。具有规模经济效应的大型工厂往往已经被外包到劳动力成本较低的国家。由于数字化带来的直接影响，消费者获取娱乐和新闻的媒体渠道急剧增多，导致电视、杂志和其他传统媒体广告的效果不如从前。因此，众多行业的管理者必须建立一种新的思维模式，重视灵活性、速度、创新、整合，以及由不断变化的环境条件带来的挑战。[11] 竞争格局的现状使商业世界变得更加危险，在这个世界里，参与全球竞争的公司进行大规模的投资，当然，失败也是惨重的。[12] 对战略管理过程的有效利用将降低公司失败的可能性，因为这一过程可以使公司更好地适应。

超级竞争（hypercompetition）是指竞争者们进行激烈的竞争，市场变化迅速且频繁，同时进入壁垒很低的情况。在这样的环境中，企业会发现很难保持竞争优势。[13] 超级竞争环境中的竞争往往发生在定期进行成功创新的全球竞争者之间。[14] 超级竞争是一种迅速升级的竞争，它可以是基于价格-质量定位的竞争，可以是基于创造新技术并建立先动者优势的竞争，也可以是保护或进入现有产品市场或地域市场的竞争。在超级竞争市场中，公司经常会对竞争对手实施侵略性的挑战，以期改变其竞争地位以及业绩表现。[15] 快餐行业和电子商务是典型的超级竞争市场。由于全球经济的兴起、技术的迅猛发展，以及全球范围内对企业社会责任的日益关注，许多行业和市场展现出了超级竞争的一些特征。

这些因素影响了当前竞争格局的本质。

全球经济

全球经济（global economy）是一个商品、服务、人才、技能和思想在地理边界上面临较少障碍、自由流动的经济体系。关税等人工制约因素可能只产生有限的影响，但全球经济中的相对自由交流极大地增加了企业竞争环境的复杂性。[16] 企业必须深入研究全球经济，以此为基础，学习如何定位自身，以保持竞争力。

当研究全球环境时，了解企业参与经济体的规模至关重要。例如，在 2021 年，美国以约 23 万亿美元的估值成为世界上最大的经济体。当时，中国紧随其后，成为世界第二大经济体，而日本的经济规模略高于 5 万亿美元，位居第三。德国、英国、印度和法国紧随其后。[17] 因此，企业在扫描全球经济寻找机会时，可能会发现美国、中国和日本市场为它们提供了潜在的重大机遇。

当然，这种分析还必须考虑以关税形式存在的进入不同经济体的壁垒。关税是政府对进口商品征收的税，是保护主义的体现之一。**保护主义**（protectionism）涉及政府采取措施，以保护其经济免受对外贸易的不利影响。[18] 有时，关税被用作对一个国家的策略手段，以期在其他领域获得让步。[19] 例如，美国政府对中国进口商品征收高关税。[20] 除了关税，保护主义还可能涉及政府使用贸易协定和进口配额等工具，限制可以进口的商品数量。

此外，在评估一个国家的吸引力时，考虑其经济增长也很重要，因为经济增长往往伴随着对产品和服务需求的增加。2021 年，印度、沙特阿拉伯和法国的经济增长速度超过了大多数国家，为进入这些国家的公司提供了机会。[21] 像印度这样的新兴经济体往往比发达经济体增长更快，这主要是因为其拥有可支配收入的公民数量增加。重要的新兴经济体包括金砖国家（创始成员国为巴西、俄罗斯、印度和中国）[22]，以及一些被认为

具有高增长潜力的其他几个国家，如越南、印度尼西亚、南非、土耳其、阿根廷、哥伦比亚和埃及。[23] *

全球化进程

全球化（globalization）反映了不同国家间经济的相互依赖性，各种组织正不断跨越国界进行产品、服务、金融资本和知识的交流。[24] 全球化是大量公司在不断增长的全球经济中相互竞争的产物。在全球化的市场和行业中，一个公司可以从一个国家获得金融资本，购买另一个国家的原材料，然后从第三个国家购买生产设备，将生产出来的产品销售给第四个国家。这种现象被称为全球供应链。**全球供应链**（global supply chain）是覆盖多个国家的公司的网络，旨在在全球提供商品和服务。[25] 由于企业总是在全球范围内寻找最优且成本最低的物资和产品，几乎每一个行业都或多或少地参与到全球供应链中。

总而言之，全球化已经对多个竞争维度提出了更高的业绩评估标准，包括质量、成本、产量、产品上市时间、运营效率等，这一点至关重要。公司还需要掌握如何应对如今的竞争格局，因为只有那些能够达到甚至超越全球化标准的公司，才有能力获取超额利润。

虽然全球化给公司带来了潜在的利益，但也并非没有挑战。管理上的一个挑战来自动力在全球经济中相对自由的流动。这非常重要，因为员工是企业获得竞争优势的关键来源。[26] 例如，目前阿根廷面临着留住高技能技术工人的巨大困难，因为他们被美国和欧洲的公司吸引，后者为他们提供显著的薪资增长。[27]

另一个挑战来自所谓的“外国性风险”（liability of foreignness），这个术语描述了在公司本国市场之外竞争的风险。[28] 公司通常需要时间来学习如何在新市场中竞争，这是进入全球市场的风险之一。公司的表现可能会受到影响，直到它获得在全球市场中成功竞争所需的知识。[29] 这在很大程度上是因为公司本国市场和国外市场之间很可能存在文化差异。此外，如果公司同时或过快进入太多国外市场，其整体业绩也可能受到影响。当这种情况发生时，整个组织可能缺乏对多样化的全球运营进行有效管理所需的技能。[30] 战略聚焦表明，与全球供应链相关的全球互联性也会造成问题，而这些问题在公司仅依赖国内市场获取生产性投入时是不存在的。

战略聚焦　全球供应链与互联性的风险

与全球供应链相关的是**全球价值链**（global value chain）。全球供应链仅指货物在全球网络中的转移，而全球价值链则涉及公司接收原材料、通过制造产品增加其价值、为消费者提供更大效用，并将产品出售给另一家公司或最终消费者的过程。[31] 换句话说，全球供应链涉及整个行业，而全球价值链则关注个体公司如何通过管理全球供应链来创造价值。它是一系列涉及多个国家公司的相互关联的活动，由特定公司协调，以寻求竞

* 南非、埃及、印度尼西亚现已成为金砖国家成员国。

争优势。

表面上，全球供应链和全球价值链可能看起来相同。全球供应链描述了从原材料到最终消费者的生产步骤，但它并不描述公司增加价值的集成过程。那些创新型公司更倾向于参与全球价值链。[32]此外，全球价值链中的协调过程已被发现是将技术转移到发展中国家公司的有效方法。[33]然而，参与全球价值链的新兴经济体的供应商经常无法从它们的创新中获得许多经济利益[34]，这可能是保护主义增加的原因之一。

保护主义、外国性风险和全球供应链互联性的风险都是去全球化力量。[35]减少参与全球供应链和全球价值链的公司是去全球化趋势的一部分。[36]与此同时，一些公司仍在提升其跨境活动的参与度，以扩大市场，购买最好或成本最低的产品，并学习或开发新技术。

本小节内容表明，即使对于在全球经济中拥有丰富经验的企业来说，要在国际市场上取得成功，也需要有效运用战略管理过程。即使企业能够在国际市场上成功竞争，它也需要致力于在本土市场保持竞争力。企业在国内外市场寻求竞争力，部分原因在于保持对技术机会和潜在颠覆性创新的敏感性。

技术和技术变革

技术正越来越多地影响企业运作的方方面面以及企业选择实施的战略。波士顿咨询集团（Boston Consulting Group）的分析师这样描述技术的影响："没有哪家公司能够忽视技术对从供应链到客户参与等所有方面的影响，而更先进技术的出现，如人工智能（AI）和物联网（Internet of Things），预示着更深远的变化。"[37]信息技术促进了企业融入前述的全球供应链。[38]

技术扩散的速度是指一项新技术从研发到能够实现和利用的时间，在过去的 10 ~ 20 年，这一速度得到了极大提升。我们可以看一下技术扩散的速度：

> 在美国，电话用了 35 年进入 25% 的美国家庭，电视用了 26 年，收音机用了 22 年，电脑用了 16 年，互联网只用了 7 年。[39]

技术进步对每一家公司和每一个行业都产生了广泛而重要的影响。例如，信息技术的发展极大地提高了在家工作的效率和效果，而新冠疫情大流行更是加速了这一趋势。[40]像 Zoom 和微软这样的公司，它们提供的在家工作解决方案获得了巨大成功，同时也激发了竞争对手的追赶。[41]在交通领域，电动汽车的受欢迎程度正在迅速上升，汽车制造商也在做出响应，这标志着内燃机正逐步退出汽车市场。[42]此外，一些创新型公司正在研发自动驾驶汽车和空中出租车——这些小型无人驾驶飞机旨在为城市及其周边的乘客提供短途运输服务。[43]同时，像比特币这样的加密货币也在影响着国际商业和投资界。[44]一些人认为，支撑加密货币的公共区块链技术有潜力构建一个全新的去中心化数字经济。[45]

与许多其他技术紧密相关的是人工智能（AI），它已在众多领域产生显著的影响。[46]人工智能可以理解为由机器展示的智能。例如，一个具有人工智能的机器会利用传感器来感知环境，并通过执行器做出反应。[47]在不远的将来，AI 将通过新技术、产品和服务，改变人们的工作、沟通和管理业务的方式，来重塑人类体验。[48]著名的理论物理学家斯蒂芬·霍金（Stephen Hawking）曾说："强大的人工智能的崛起将是人类历史上最好或最坏的事情。我们尚未知晓答案。"[49]

"持续创新"一词就是用来描述信息密集型的新技术是如何快速和持续替代旧技术的。新技术的快速扩散缩短了产品生命周期，把竞争优势赋予那些能够快速向市场推出新产品和新服务的公司。[50]例如，在 2021 年，波士顿咨询集团评选出了全球最具创新力的 50 家公司。位居榜单前五位的是一些大型企业——苹果、谷歌、亚马逊、微软和特斯拉。[51]波士顿咨询集团在为这一排名进行的调研中，发现了一些有趣的现象，这些现象进一步凸显了创新在当今商业中的价值。他们对 1 500 名全球创新领域的高层管理者进行了调查，结果显示，新冠疫情的经历使得创新在他们公司中的重要性有所提升。此外，超过 60% 的公司计划增加对创新活动的投入，力求跟上技术变革的步伐。

新技术扩散的另一个标志是公司可以更快收集到竞争对手研发和产品决策的信息，有时候甚至只需要十几天。[52]此外，当公司从竞争对手企业挖走员工时，会导致技术知识从一家公司流向另一家公司。[53]鉴于技术传播和知识溢出的潜力，企业必须迅速行动，有效地将它们的创新转化为生产力。这就意味着，技术的快速扩散降低了专利的竞争优势。[54]如今，只有少数几个行业（如医药）的专利能够成为技术保护的有效手段。相比之下，一些在电子行业竞争的公司并不会去申请专利来阻止竞争对手获取相关的技术知识。

突破性技术是指能够摧毁原有技术并创造新市场的技术。[55]在当今的竞争市场上，已经出现突破性的技术，例如竞争带来了 Wi-Fi、网络浏览器、智能手机和电动汽车，这些产品也被认为代表了全新的、突破性的技术（在第 13 章中我们将详细讨论突破性技术）。[56]虽然一项突破性技术可以创造一个新的产业，但同时它也会损害原有产业中的公司。

信息技术和大数据

知识（信息、智能、专长）是技术及技术应用的基础。当今，知识是一项关键的组织资源和获取竞争优势的价值来源。[57]知识是通过经验、观察和推理得到的一种无形资源（有形资源和无形资源将在第 3 章详细阐述）。在当今的竞争格局中，包括知识在内的无形资源日益成为利益相关者价值的一部分。[58]知识是企业的关键无形资产，知识在企业内部迅速扩散有助于企业超越竞争对手。[59]因此，公司必须培育（例如，通过培训项目）和获取（例如，通过雇用受过良好教育的、有经验的员工）知识，将知识与组织进行整合，以增强获取竞争优势的能力。[60]

信息技术在获取和管理知识流方面发挥着关键作用。企业已经开始采用大数据技术来辅助这些流程。[61]所谓大数据，指的是企业收集的数据量、种类和更新频率都在不断增长。大数据分析涉及对海量数据进行审查，以揭示隐藏的模式和其他有助于改进决策的信息。互联网的发展极大地提高了低成本数据存储的能力，并伴随着高效的数据处理技术，使得捕获和处理大量数据成为可能。事实上，云计算技术通过互联网连接计算机服务器，使得许多数据处理流程可以在远程服务器上而非本地计算机上完成。亚马逊网络服务（Amazon Web Services）向其他企业提供大数据解决方案，包括描述性分析（解答“发生了什么以及为什么发生?”的问题）、预测性分析以及指导性分析（为客户提供关于应该采取何种行动的建议）。[62]

通过结合内部系统，大数据分析有助于将信息传递到组织中最能发挥作用的部分，从而增强公司的战略柔性。**战略柔性**（strategic flexibility）是指在动态的不确定性环境中应对各种需求和机会的能力。战略柔性包括对不确定性及风险的处理。[63]公司应该在运营的各个领域都尽力发展战略柔性。

要想长期保持战略柔性并获得战略柔性所带来的竞争利益，公司必须发展学习的能力。持续学习可以使公司掌握最新的技巧，在面对环境变化时能迅速做出调整。[64]公司对所学知识快速和广泛的应用，显示了战略柔性和应变能力，增加了公司成功应对不确定性甚至超级竞争环境的可能性。

社会责任

当今的竞争环境也强调将社会责任纳入公司的战略管理中，这通常被称为企业社会责任（CSR）。[65]社会比以往任何时候都更加要求企业和其他商业组织，无论规模大小，都要对其行为负责，以满足一系列社会期望。其中包括：如何对待员工、在包容性方面的记录、生产的产品和服务的质量和安全性、环境记录、是否面临任何利益相关者提起的法律诉讼，以及慈善活动。[66]

推动**可持续性**（sustainability）的努力涵盖了社会对企业的许多期望。可持续性背后的基本思想是，公司不应耗尽或破坏其生存所依赖的自然要素。[67]例如，如果一家林业公司砍伐树木来制造纸浆，它至少应该通过种树来保证将来可以持续砍伐树木。可持续性的概念也已扩展到环境之外的其他资源领域，如人力资本、性别平等、全球贫困和创新。例如，一家公司开发程序，这些程序旨在帮助招聘和培训那些生活在贫困中的员工，该公司就是在促进可持续性，因为这些活动将提供生产产品和提供服务的重要人力资源。

企业社会责任运动不仅限于公司自身的活动。通常大型公司还对其业务往来的公司的行为负责。[68]这种现象最显著的表现之一是，当一家大公司将其部分生产外包给其他国家的公司，如果这些公司雇用未成年儿童，或向过度劳累的员工支付微薄工资（有时此类公司被称为血汗工厂）[69]等时，会受到批评。多年来，苹果公司因其无法完全解决供应链中的这些问题而受到激烈的批评。[70]

随着社会对于 CSR、企业社会绩效（CSP）和可持续性准则接受性的增强，投资者也接受了这些准则，特别是机构投资者。[71]许多投资者希望投资于具有社会责任感的公司。这种投资的经济原因之一是，具有高度社会责任感的公司面临法律诉讼、负面社交媒体、罢工等方面的风险较小。[72]此外，研究证据支持企业社会责任与经济绩效之间存在虽然微小但积极的关系。[73]

由于对企业社会责任兴趣的增加，许多公司应运而生，它们追踪 ESG（环境、社会和治理）信息。此外，大多数大型公司会发布可持续性报告，概述在这些领域从事的活动。遗憾的是，一些报告夸大了公司在保护环境等领域的活动，这种现象被称为绿色洗钱。[74]有一些组织在报告可持续性时要求企业遵守一套标准，如 ISO 14000 标准和全球报告倡议。然而，并没有一套被普遍接受的标准，公司也不是必须要参与。[75]

我们现在已经讨论了管理者在制定战略时面临的几乎无法抗拒的复杂的全球竞争环境。幸运的是，有一些发展良好的模型和工具可以帮助管理者做出这些决策。在接下来的三节，我们将检视三种不同的模型，管理者可以使用这些模型来帮助他们的公司获得战略竞争力，实现高于平均水平的回报。

1.3 超额利润的产业组织模型

20 世纪 60—80 年代，外部环境一直被视为公司获得成功的战略决定因素。[76]超额利润的产业组织（I/O）模型解释了外部环境对公司战略行动的决定性影响。该模型指出，与管理者做出的组织内部决定相比，公司选择进入的行业或细分行业对业绩产生的影响更大。公司的业绩被认为主要取决于行业的一系列特征，包括经济规模、市场进入壁垒、多元化、产品差异化、市场集中度以及市场摩擦。[77]我们将在第 2 章中解释行业的这些特征。

基于经济学，I/O 模型有四个基本假设：第一，外部环境被认为能够对获得超额利润的战略产生压力和约束；第二，在行业或细分行业中进行竞争的公司被认为控制相似的资源，同时，基于这些资源采取相似的战略；第三，资源被认为可以在公司间自由流动，因此，公司间所产生的任何资源差异都是暂时的；第四，公司的决策制定者被认为是完全理性的，并以公司的利益最大化为出发点。[78]

I/O 模型要求公司必须选择进入最具吸引力的行业。基于第二和第三个假设——公司拥有相似的宝贵资源并且这些资源可以在公司之间流动，公司只有在具有最高潜在利润的行业中经营，学会如何利用资源来执行由行业结构特征决定的战略，才能使公司的业绩提升。为此，它们必须彼此模仿。[79]

竞争的五力模型是一种分析工具，公司用它来寻找对自己最具吸引力的行业。该模型（在第 2 章中有所解释）尝试通过揭示五种力量之间的相互作用来捕捉竞争的复杂性。这五种力量包括：供应商、买家、行业内现有公司之间的竞争、替代品以及行业的潜在进入者。这些力量共同决定了行业的盈利潜力。[80]在已知行业特征的条件下，五力模型可以用来识别行业的吸引力以及公司在行业中最有利的位置。[81]该模型表明，公司可以通过提供低于竞争者成本的产品或服务获得超额利润（成本领先战略），或者通过生产消费者愿意高价购买的差异化产品或服务来获取超额利润（差异化战略）。第 4 章将对成本领先战略和差异化战略进行更详细的讨论。

如图 1－2 所示，I/O 模型指出，只要公司能够有效地研究外部环境，以此为基础来识别有吸引力的行业，并执行适当的战略，公司是可以获得超额利润的。例如，在一些行业中，公司可以通过与其他公司形成战略联盟来减少竞争者，提高行业进入壁垒，因此，企业之间合作可以增加行业的获利能力。[82] 公司掌握外部环境所需的战略执行技巧，就可以增大成功的可能性，反之，则容易导致失败。[83] 因此，该模型认为，决定公司能否盈利的首要因素是外部环境特征而非公司内部所特有的资源或能力。

图 1－2 超额利润的产业组织（I/O）模型

相关研究发现，有 20% 的利润来自公司选择竞争的行业，这再次支持了 I/O 模型。然而，研究还表明，36% 的利润变化源于公司的特征及采取的行动。[84] 因此，除了外部环境，管理者的战略行动也会影响公司的绩效，或者两者共同造成了影响。[85] 这些研究结果表明，外部环境、公司的资源、能力、核心竞争力和竞争优势（见第 3 章），共同影响公司赢得战略竞争力和获取超额利润的能力。

如图 1－2 所示，I/O 模型认为，公司的战略是由行业特征决定的一系列约定和行动决定的，接下来要讨论的资源基础模型对于影响公司战略选择的因素则持不同的观点。

1.4 超额利润的资源基础模型

超额利润的资源基础模型认为，任何一个组织都是独特的资源和能力的组合体，这些资源和能力的独特性是公司战略和超额利润的基础。[86]

资源（resources）是指生产过程中的各种投入要素，如资本设备、员工技能、专利技术、资金以及有才能的管理者。一般而言，公司的资源分为三类：实物资源、人力资源和组织资本。资源的本质分为有形和无形两种，第3章将对此进行详细介绍。

单个资源或许无法创造竞争优势。事实上，资源组合成能力后，才更有可能成为创造竞争优势的资源。**能力**（capability）是指整合众多资源以完成一项任务或活动的才能。[87]**核心竞争力**（core competencies）是指可以作为战胜竞争对手的竞争优势来源的一系列能力。[88]核心竞争力通常体现为组织职能。例如，苹果公司的研发职能就是其核心竞争力之一。苹果公司生产新产品的能力具有极大的市场价值，是苹果公司取得成功的关键之一。亚马逊的分销功能是其核心竞争力，而信息技术则是沃尔玛的核心竞争力。

根据资源基础模型，随着时间的推移，不同公司所表现出来的业绩差异主要源于它们所拥有的独特资源和能力而不是行业结构特征。通过持续运用，能力会变得更强，也更难被竞争对手掌握和复制。作为竞争优势的来源之一，能力既不能简单到易被竞争对手模仿，也不能复杂到难以在公司内部把握和管理。[89]

超额利润的资源基础模型如图1-3所示。该模型指出，公司选择的战略应该能让它在有吸引力的行业中发挥竞争优势（I/O模型则通常用来识别有吸引力的行业）。

并非公司拥有的所有资源和能力都有可能成为竞争优势的基础，只有当资源和能力是有价值的、稀缺的、难以模仿的和不可替代的，这种可能性才会成为现实。[90]资源和能力的价值性是指公司可以靠资源和能力来获取外部环境中的机会，应对各种风险；资源和能力的稀缺性是指资源和能力只被少数现有的和潜在的竞争对手拥有；资源和能力的难以模仿性是指与已经拥有该资源和能力的公司相比，其他公司难以获取这种资源和能力或者需要付出高昂的成本才能获得该资源和能力；资源和能力的不可替代性是指不存在结构类似的资源和能力。

随着时间的推移，许多资源都变得可以模仿或可以替代，因此，单纯依靠资源很难获得或者长期维持竞争优势。为了获得能力，单个资源经常被整合在一起，整合后的能力才更有可能具备上述四个特征，成为公司的核心竞争力。[91]

I/O模型关注行业，侧重于组织外部因素，而资源基础模型则侧重于组织内部的资源和能力。第三种专注于实现高于平均水平回报的模型，则同时关注内部利益相关者（如员工）和外部利益相关者（如客户、供应商、社区和股东），尤其是公司与这些利益相关者之间的关系。由于公司的所有资源都源自利益相关者，因此与这些利益相关者的关系性质，对于公司能否创造并维持竞争优势，从而实现高于平均水平的回报具有重大影响。实际上，资源基础模型的权威学者杰伊·巴尼（Jay Barney）曾指出，如果没有其他利益相关者为

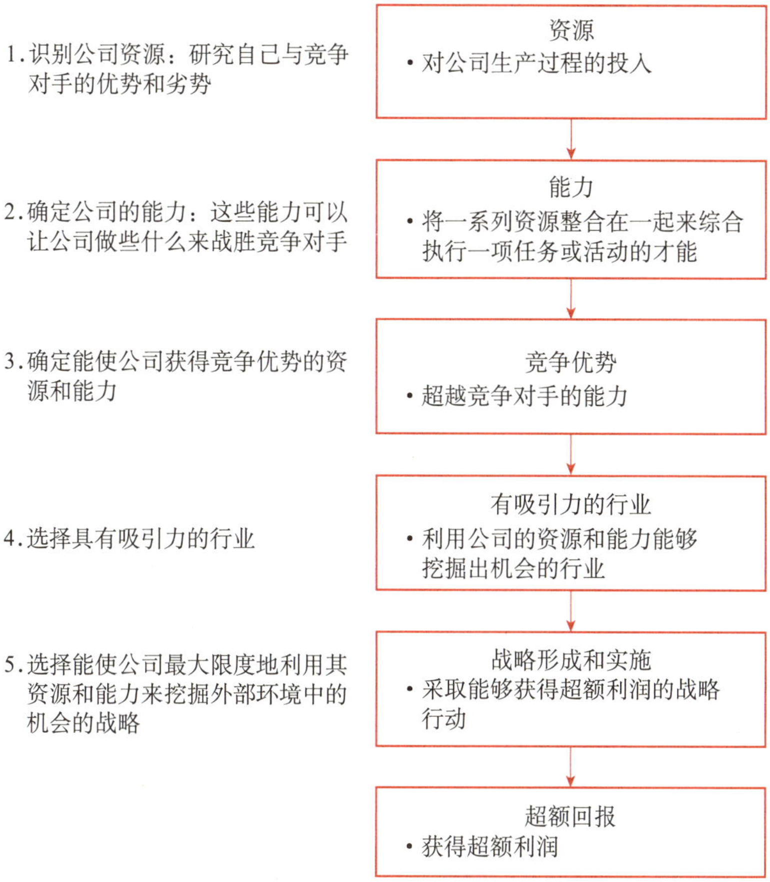

图 1-3　超额利润的资源基础模型

公司提供资源，而只有股东具有获得利润的潜在能力，那么公司将无法实现利润。[92]

1.5　超额利润的利益相关者模型

每个组织都涉及一个利益相关者群体系统，它面向这些群体，建立和管理与利益相关者的关系。[93]

利益相关者（stakeholders）包括能够对公司的目标、行为和成果施加影响，同时也受其影响的个人、群体和组织。利益相关者既是公司内部和外部的组成部分，对组织的活动和成果有深切的兴趣，也是公司实现自身目标所依赖的力量。[94] 内部利益相关者涵盖了公司所有员工，包括基层和管理层人员。外部利益相关者则包括多样化的群体，如公司资本的主要供应者、产品市场的参与者——公司的客户、供应商、所在社区、代表员工的工会，还有监管机构，以及在监督公司行为中扮演角色的特殊利益团体或非政府组织（NGO）。

公司管理者在制定竞争策略时，如何平衡这些不同的利益相关者？基于创造价值和实现超额回报的目标而制定战略时，是否所有利益相关者都同等重要，或者应该是同等重要的。将利益相关者划分为主要和次要两类，有助于管理者回答这些问题。**主要利益相关者**（primary stakeholders）直接参与公司的价值创造过程，包括供应商、员工、客户、公司运营所在的社区以及为公司提供资金的股东和银行等。实际上，美国最大的公司中有近 200 位首席执行官通过一个名为商业圆桌会议（Business Roundtable）的组织发表了联合声明，宣称公司的目标是服务于这五个主要利益相关者群体的。[95]

次要利益相关者（secondary stakeholders）虽然能够对公司的活动产生影响并受其影响，但他们并不直接为公司创造价值做出贡献。许多成功的组织已经认识到，着重关注主要利益相关者的利益可以带来竞争优势和优异的表现。[96]图 1－4 概述了竞争优势的一些来源以及它们创造的价值。这种管理方式通常被称为利益相关者管理或以利益相关者为导向的管理。

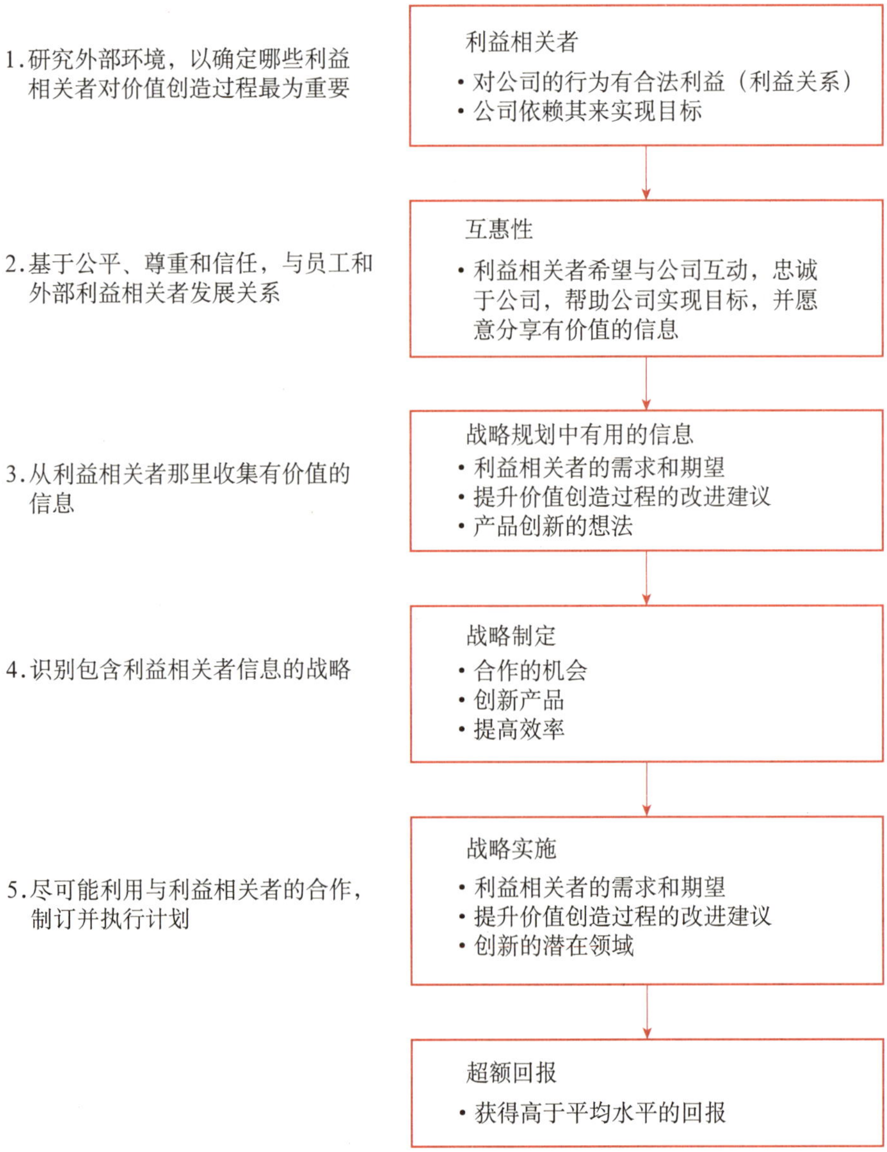

图 1－4　超额利润的利益相关者模型

利益相关者管理意味着公司需要投入更多的注意力和资源来满足利益相关者的需求，这可能超出了仅仅为了保持其参与公司生产活动所必需的程度。[97]这也意味着公司可能会承担更高的成本，例如为员工提供更好的工资和福利，在他们运营的社区进行回馈，以及以可能略低于本可以收取的价格向客户提供高质量的产品或卓越的服务。利益相关者管理在经济上是可行的，因为它能够促使利益相关者采取有助于公司创造更多价值的行为。[98]

受到良好对待的利益相关者会以同样的方式回报公司及其他利益相关者。互惠的一个基本驱动力是公平，也就是学者们所说的组织公正。[99]组织公正可以分为三种主要类型：分配公正、程序公正和互动公正。分配公正意味着利益相关者感觉其通过与公司的关系获得的价值与其对公司的投入相匹配。例如，一位工作非常努力并为公司创新提供了许多好建议的员工，会感到他因为所提供的额外价值而得到了公平的补偿。程序公正意味着公司在做可能影响利益相关者的重要决策时，会听取其意见并考虑立场。这并不意味着公司总是会做出对任何利益相关者都没有负面影响的决定，尽管这是一个值得追求的目标。互动公正则意味着所有利益相关者都被以诚实、尊重和正直的态度对待，正式和非正式的合同都被制定并遵守。与利益相关者的日常交易通常是积极的，如果出现问题，公司会尽力补救。[100]

体验到组织公正的利益相关者可能拥有更高水平的动力与公司合作，并可能回报公司以更高水平的努力和忠诚（与对同行其他公司相比）。因为这些公司倾向于建立强大的公平声誉，新的利益相关者会希望与它们建立联系。社区会欢迎扩张，工作申请将会增加，客户会想要购买并对公司保持忠诚，供应商会希望向公司销售，这意味着公司将拥有更有吸引力的购买提议，并有机会获得优质资源和发展高水平竞争的能力。总的来说，利益相关者在创造价值的活动中与公司及彼此更加合作。[101]

组织公正还会使利益相关者信任水平提高，这意味着利益相关者更有可能与公司分享重要信息。利用这种信任，像本田（Honda）和哈雷-戴维森（Harley Davidson）这样的公司向它们的汽车和摩托车购买者发送非常长的调查问卷，收集的信息对于开发下一代产品非常有帮助，如果客户不信任他们提供的信息会受到关注，就不会提供这些信息。与组织公正相关的信任是竞争优势的重要来源。在最近的一项调查中，一个小组报告说："与其他在线零售商不同，67% 的亚马逊客户相信公司会保护他们的隐私和个人数据。"

在员工中产生信任感也有优势。他们更有可能与管理层分享应该如何改进产品或服务，或如何提高制造和交付效率。此外，信任公司的供应商更愿意投资资源开发新组件以供公司销售，也更有可能与公司分享应该如何改进其产品和生产流程，因为他们相信这些信息不会被利用来对付他们。[102]

这些因素可以促使创新水平、销售水平和运营效率提高。签约过程也更有效，因为高水平的信任意味着合同不需要包含太多保障措施或复杂的应急条款。[103]此外，因为利益相关者受到良好的对待，对其承诺也得以兑现，利益相关者不太可能采取类似抵制、法律诉讼、罢工、游说新法规或负面社交媒体活动等负面行动。这意味着一个注重组织公正的公司，对于所有向公司投入时间、物质资源、精力或资金的利益相关者来说，都是一个较低风险的选择。[104]此外，公司声誉的提高意味着潜在的、新的利益相关者，如新客户、新供应商和卓越的新员工将被吸引到公司，从而公司在竞争中获得优势。这些积极的结果所导致的价值创造水平，比公司以不太公正和不太可信赖的方式运营时更高，如果考虑到非经济因素更是如此。[105]

如前所述，从经济角度来看，这种管理方式只有在其带来的经济收益超过为了更好地维护利益相关者与公司的联系而产生的额外成本时，才会得到实际的回报。幸运的是，研究证据支持这样的观点：以利益相关者为导向管理的公司往往比不以利益相关者为导向管理的公司享有高于平均水平的回报。[106]此外，如在下面战略聚焦中讨论的，以利益相关者为导向管理的公司也倾向于在 CSR（企业社会责任）、CSP（企业社会绩效）和 ESG（环境、社会和治理）等相关维度上表现良好。

战略聚焦　CSR、CSP 和 ESG

以利益相关者为导向管理的公司通常在社会认为重要的事务上表现出色，不仅仅是照顾好它们的利益相关者。这些表现可能被标记为 CSR、CSP 或 ESG。这些标签经常被互换使用，可能会让人混淆，即使是那些一生都在研究这些现象的人也是如此。不管它们如何被标记，与社会责任相关的公司行为对许多经济参与者和广大社会群体来说都非常重要。

研究社会责任的学者之间存在争论，他们讨论究竟是企业社会责任（CSR）还是企业社会绩效（CSP）更能准确描述企业的行为是符合还是违反社会价值。然而，这些学者在研究中往往测量的是相同的现象，因此，这一术语之争实际上只是学术上的分歧。当然，前面提到的可持续性这个术语也在文献中被使用。然而，可持续性往往更关注环境问题和其他一些问题，而 CSR 和 CSP 则涵盖了社会审查的所有领域，也包括公司如何对待其利益相关者。

文献中的另一个常见标签是 ESG。追踪和报告社会责任信息的公司向投资界提供的数据往往被分为三个领域。第一个领域是环境（E），例如公司运营中的碳排放量，公司以其他方式污染环境的程度，比如污染地下水，及其运营破坏或耗尽其他自然资源（如树木或矿物）的程度。在社会（S）领域中，这些公司追踪了大量关于公司如何对待其利益相关者的信息，它们在歧视和包容等问题上的记录，以及是否从事“罪恶”行业，如赌博。在治理（G）领域，评级公司收集了有关公司董事会、高层管理者薪酬和报告透明度的信息。公司治理将在第 10 章详细讨论。多年来，商业新闻界以及许多管理者和投资者已经采用了 ESG 标签，用以描述社会责任或可持续性相关商业活动。

各种社会责任标签之间有很多重叠，主要是因为它们测量的多是相同的事件。然而，利益相关者管理是不同的。公司如何管理其利益相关者——如何对待利益相关者——只是 CSR、CSP 或 ESG 度量的一个组成部分。本节的重点一直放在那些特别善待其利益相关者的公司可以获得的战略优势上，而不是企业社会责任这些更广泛的概念。尽管那些在社会责任维度上得分高的公司也倾向于很好地照顾它们的利益相关者，我们仍需再次强调，它们之间有相关性，但不是同一件事。

资料来源：S. Schaltegger，K. L. Christ，J. Wenzig，& R. L. Burritt，2022，Corporate sustainability management accounting and multi-level links for sustainability-A systematic review，*International Journal of Manage-*

ment Reviews, in press; J. Mattingly & B. Bailey, 2021, Constructs and measures in stakeholder management research, in M. A. Hitt (ed.), *Oxford Encyclopedia of Business and Management*, New York, Oxford University Press, doi: 10. 1093/acrefore/9780190224851. 013. 316; J. Hörisch, S. Schaltegger, & R. E. Freeman, 2020, Integrating stakeholder theory and sustainability accounting: A conceptual synthesis, *Journal of Cleaner Production*, 275, https://doi. org/10. 1016/j. jclepro. 2020. 124097.

利益相关者管理

尽管研究证实了利益相关者管理与公司绩效之间存在积极的关系，但并非所有采取这种管理方式的公司都会获得高于平均水平的回报，这是因为利益相关者管理只是战略管理过程中的一个重要组成部分。本书的其余部分将概述制定战略的许多其他重要组成部分。此外，可能会出现这样的情况：如果公司只是与利益相关者进行“保持距离的交易”，公司的表现会更好。[107]这意味着公司不试图与利益相关者发展密切关系，而只是响应市场力量，在购买和销售产品及其他资源时做出反应。当创新、忠诚度和更高水平的利益相关者动机不那么重要时，这种方式可能更有效率，但这并不意味着公司应该对待利益相关者不好。不良的利益相关者待遇可能会随着时间的推移导致竞争问题，因为利益相关者可能会选择不再与公司合作。

此外，利益相关者模型建议公司应该比竞争对手更好地对待利益相关者，但并不建议过度热情，这可能导致“过度慷慨”。管理者需要在分配他们的时间、注意力和公司的资源时小心谨慎。利益相关者管理的关键之一是确定在给予利益相关者价值的分配中，多少是过多的。从经济效率的角度来看，最好是为每个利益相关者提供一个价值主张，这个价值主张只是明显比其与竞争对手进行相同类型的交易时获得的更好。[108]这些对利益相关者的价值分配可以解锁许多利益相关者管理的益处，如忠诚度，或更高水平与公司合作创造额外价值的动力。超过这个水平的分配可能导致一些利益相关者感觉公司表现出偏袒倾向，从而感到不公平。或者，随着时间的推移，超乎寻常的分配可能意味着公司没有足够的资源投资于其他重要的资源领域或利益相关者。

尽管组织与所有主要利益相关者都有依赖关系，但它们并不总是同等程度地依赖所有利益相关者。不平等的依赖意味着利益相关者拥有不同程度的影响组织的能力。[109]利益相关者的参与越关键、越有价值，公司对该利益相关者的依赖就越大。更大的依赖反过来又给了利益相关者对公司承诺、决策和行动的更多的潜在影响力。管理者必须找到方法，要么适应，要么使组织免受控制关键资源的利益相关者的影响。[110]

I/O 模型、资源基础模型和利益相关者模型都有助于公司制定竞争战略。它们并不相互矛盾，而是通过三个不同的视角来看待组织。它们也在帮助确定公司的整体宗旨，反映在愿景、使命和价值观中。详见下一节的主题。

1.6　愿景、使命和价值观

通过对外部环境、内部组织的分析和利益相关者之间的关系，公司可以获得形成愿景、使命和价值观所需的各种信息（见图 1－1）。利益相关者从公司的愿景、使命和价值观中可以获得大量信息。事实上，对愿景、使命和价值观进行描述的主要目的之一就是告诉利益相关者，公司是干什么的，公司希望成为什么，公司为谁服务。

愿景

愿景（vision）是指公司希望成为什么，从广义上讲，是对公司希望最终成为什么所做的描绘。[111]因此，愿景描述了组织的理想状态，勾勒出组织的未来。换言之，愿景指明了公司未来几年的前进方向。同时，有效的愿景还可以指引和激励员工。卡迈恩·加洛（Carmine Gallo）在所写的关于苹果公司最成功的首席执行官史蒂夫·乔布斯（Steve Jobs）的书中指出，苹果之所以能如此具有创新性，原因就在于乔布斯对公司愿景的描述。她认为乔布斯比大多数人的想法更多、更新颖。她解释说，要想具有创新性，就必须从不同的角度去看待顾客和产品——销售梦想而非产品，拥有与众不同的关于“创造伟大梦想”的想法。[112]

愿景还反映了一个公司的价值观和志向，公司希望以此来吸引每一位员工，甚至是其他利益相关者。公司的愿景一般保持不变，使命则会随着外部环境的变化而改变。对愿景的表述通常比较简洁，容易记忆。以下是几个有关愿景表述的例子：

- 使世界成为一个移动的、可持续的、所有人都有获得感的地方。（大众汽车（Volkswagen））
- 在一个日益连接的世界中成为通信领域的领导者。（沃达丰（Vodaphone））

作为公司最重要的战略领导者，首席执行官有责任与其他人一起制定公司的愿景。经验表明，大多数有效的愿景都是由首席执行官与其他利益相关者（如公司的其他高层管理者、来自不同部门的员工、供应商和顾客）共同制定的。简而言之，为了使公司获得成功，他们需要制定一个清晰的共享愿景。为了能让公司达到期望的状态，愿景的表述必须与公司的内外部环境紧密结合。另外，在愿景形成过程中，首席执行官和其他高层管理者所做出的决定和行动，都必须与愿景保持一致。

使命

公司的愿景是使命的基础。**使命**（mission）指明了一个公司想要从事的业务以及所要服务的顾客。[113]与愿景不同的是，公司的使命更加具体。与愿景相同的是，使命也需要塑造个性，鼓舞员工，照顾到所有的利益相关者。愿景和使命共同构成了公司选择和执行战略的基础。当员工能够强烈地意识到指引其行动并帮助公司实现愿景的道德标准时，公司才更有可能形成有效的使命。[114]因此，公司在讨论想要成为什么（愿景），想要为谁提供服务，以及想要如何提供服务（使命）时，商业道德是至关重要的一部分。[115]

尽管首席执行官担负着制定公司使命的任务，但他和公司其他高层管理者经常会邀请其他有关人员共同制定公司的使命。这是因为使命与产品市场和顾客直接相关，中基层管理者和员工与所服务的顾客及市场有着直接的联系。美国红十字会（Red Cross）的使命如下：

> 美国红十字会通过动员志愿者的力量和捐赠者的慷慨，致力于预防和减轻紧急情况下的人类痛苦。

这一使命声明源自红十字会的人道主义宗旨，它也清晰地阐述了该组织所做的事情、服务对象以及实现方式。红十字国际委员会，一个总部位于瑞士日内瓦的独立组织，拥有 2 万名员工，在 100 多个国家开展工作。它有一个非常具体的使命，主要关注冲突受害者，同时也致力于推广政治和社会人道主义法：

> 红十字国际委员会是一个公正、中立和独立的组织，其唯一的人道主义使命是保护在武装冲突和其他暴力情况中受害者的生命和尊严，并向他们提供援助。红十字国际委员会还致力于通过促进、加强人道主义法和普遍人道主义原则来预防痛苦。

在全球范围内，红十字符号被普遍理解为与人道主义援助相关联。然而，这两个高尚的组织在提供援助的一般类别内有着非常不同的使命。

价值观

组织的**价值观**（values）——有时被称为核心价值观——定义了管理者和员工在制定和实施战略决策时应该最重视什么。它还有助于指导组织中什么行为受到奖励和强化。它是商业伦理的实际应用。[116]例如，如果一个组织非常重视尊重顾客，那么尊重顾客的行为应该得到认可和奖励。

价值观可以帮助公司定义其宗旨，并回答公司代表什么的根本问题。如果它得到良好的沟通和强化，则有助于决定利益相关者如何被对待以及在重要决策中的优先级。核心价值观有时被纳入公司的使命声明中，但现在越来越多的公司将它放入单独的声明中，以达到向利益相关者强化说明的目的。在一个对企业行为及其社会责任越来越关注的世界里，这样做是明智之举。然而，公司还需要展示与其价值观一致的行为，否则这类声明可能会适得其反，对其声誉造成相当大的损害。[117]

麦当劳（McDonald's）可以说是世界上最成功的快餐连锁店。麦当劳的价值观声明是：

- 服务：我们把顾客和人放在第一位。
- 包容：我们向每个人敞开大门。
- 诚信：我们做正确的事情。
- 社区：我们是好邻居。
- 家庭：我们共同进步。[118]

显然，如果公司的愿景、使命和价值观不够明确，就难以引导公司采取正确的战略行动。如图 1－1 所示，公司的愿景、使命和价值观是分析的关键组成部分，分析与战略共同促成战略竞争力和获取超额利润。因此，公司必须具有有效的愿景、使命和价值观。

1.7 战略领导者

战略领导者（strategic leaders）是指那些来自公司不同部门和不同层级，用战略管理过程来选择战略行动，并帮助公司实现愿景、履行使命并坚持其价值观的人。无论在公司的位置如何，成功的战略领导者都具有决断力，乐于培养人，乐于帮助公司为所有利益相关者创造价值。[119]

在确定战略领导者时，大多数人倾向于首席执行官或其他高层管理者。显然，这些人的确是战略领导者。此外，还有其他人也在帮助公司选择战略，决定成功实施战略应采取的行动。[120]21 世纪的竞争现状（如全球经济、全球化、技术的快速发展、强调社会责任），使得一线人员有必要亲自参与制定决策，并决定采取何种行动。实际上，所有的管理者（作为战略领导者）都必须以国际化思维思考问题、以本土化视角实施行动。[121]因此，有效的首席执行官和高层管理者应懂得如何对那些能够影响组织资源使用的人进行授权。在允许进行自由裁量的情形下，授权还有助于避免高层的傲慢管理，以及由此引发的一系列问题。[122]

战略领导者的决策和行动也会影响组织文化的塑造。**组织文化**（organizational culture）是整个公司共有的复杂体系，由信念、标志和核心价值观构成，影响着公司开展业务的方式。无论成功与否，它都是推动组织前进的社会力量。[123]例如，西南航空公司（Southwest Airlines）以其独特而富有价值的企业文化著称。它的文化鼓励员工努力工作，在工作中寻找乐趣。它的文化还崇尚尊重，无论是对员工还是顾客。公司还承诺为顾客提供“最佳的非常服务”（positively outrageous service），并为此设置了额外津贴。

以上是对战略领导力及其职责的一个简短概述。第 12 章将对这些主题进行深入探讨。

1.8 战略管理过程

如图 1－1 所示，战略管理过程是公司赢得战略竞争力、获取超额利润的理性途径。该图涵盖了本书所要阐述的所有主题，并展示了战略管理的全过程。

与本章开始时阐述的分析-战略-绩效（A-S-P）战略过程相匹配，本书第 1 篇讲述了制定战略所必要的分析（analyses，A）过程。我们阐述了公司应该如何分析外部环境（第 2 章）和内部环境（第 3 章）。利用内外部环境的有关知识，公司可以形成包含愿景、使命和价值观的战略。

公司的分析过程为一个或多个战略（strategies，S）的形成和实施奠定了基础。公司要想成功地应用战略管理过程，战略形成和战略实施必须相互融合。

在第 2 篇，我们将探讨不同的战略选择。首先介绍的是业务层战略（第 4 章）。业务层战略描述的是公司应采取何种行动来赢得竞争优势。在单一产品市场上竞争的公司

（例如，一家只在本地区运营的百货店）只有一个业务层战略，多元化公司（如通用电气公司）则会对每一个业务单元都制定业务层战略。第 5 章阐述的是不同公司在面对竞争时采取的行动以及相互的反应。竞争者往往试图预测别人的行动并做出反应。动态的竞争会影响公司的战略选择与执行。[124]

公司层战略（第 6 章）关注的是如何确定竞争领域以及如何管理不同的业务单元。

战略形成的其他重要主题，尤其是对多元化公司而言，主要包括：获取其他合适的业务单元、公司业务重组（第 7 章）以及国际化战略选择（第 8 章）。不同公司为了赢得竞争优势而进行战略合作（第 9 章），相互分享资源和能力。随着公司在全球不同市场展开竞争，战略合作越来越重要。

在本书的第 3 篇，我们将探讨几个关于战略实施的话题。首先，审视了公司不同的治理机制（第 10 章）。在当前的商业环境下，利益相关者不断要求改善公司治理，因此，公司不得不面对如何同时满足不同利益相关者利益的挑战。[125]然后，依次介绍公司运营所需的组织结构和控制（第 11 章）、适合当前公司条件和环境状况的战略领导力（第 12 章）以及作为持续创新路径之一的战略性创业（第 13 章）。

本书研究的战略管理过程要求将规范的方法作为公司赢得竞争优势的基础。这对公司绩效（performance，P）也产生了重大影响。精通这一战略管理过程，有利于公司获取战略竞争力，并在此过程中为其利益相关者创造价值。

小结

1. 公司利用战略管理过程获得战略竞争力和超额利润。公司对外部环境和内部环境进行分析，进而制定和实施战略，以实现一个令人满意的战略管理过程（A-S-P）。公司的绩效体现了公司创造战略竞争力和获取超额利润的能力。当公司制定并实施价值创造战略时，它就可以获得战略竞争力。超额利润（超出投资者期望的、可以在其他类似风险投资项目中获取的利润）是公司满足各利益相关者需求的基础。

2. 在当前的竞争环境中，竞争的基本性质已经发生了变化。因此，制定战略决策的人必须采取不同的思维方式——一种使他们能够适应在高度动荡和混乱的环境中竞争的方式，这些环境带来了极大的不确定性。产业及其市场的全球化、快速而显著的技术变革，以及对社会责任的重视，是造成竞争格局动荡的主要因素。

3. 为了获取战略竞争力和超额利润，公司可以利用三个主要模型来制定愿景、使命和价值观进行战略选择。产业组织模型的核心假设是，在进行战略选择时，公司的外部环境比公司的内部资源、能力和核心竞争力有更大的影响力。因此，该模型主要用来分析行业特征对战略选择的作用。按该模型的逻辑来分析，当公司处于有吸引力的行业并成功实施了由行业特征所决定的战略时，公司就可以获得超额利润。

4. 资源基础模型的核心假设是，与公司外部环境相比，公司所拥有的独特的资源、能力和核心竞争力对战略选择和实施有更大的影响力。当公司在一个或多个行业中利用有价值的、稀缺的、难以模仿的、不可替代的资源和能力展开竞争时，公司就可以获得超额利润。有证据表明，这两个模型的观点都与成功的战略选择和实施相联系。因此，公司应将独特的资源、能力和核心竞争力作为战略实施的基础，以有效地与行业中的竞争对手展开竞争。

5. 利益相关者模型侧重于公司与其利益相关者之间关系的本质。基于组织公正原则的良好关系会促成利益相关者的高度互惠性以及一系列其他积极结果，这些结果使公司为利益相关者创造更多价值，从而产生高于平均水平的回报。

6. 在内外部环境分析、利益相关者的需求和期望，以及其他有价值的信息的基础上可以形成愿景、使命和价值观，以指导公司的战略选择。愿景是公司期望成为什么，从广义上讲，是对公司期望最终成为什么所做的描绘。愿景形成后，使命则具体指明了公司现有的业务和想要参与竞争的业务，以及所要提供服务的顾客。价值观涉及公司的宗旨以及它将如何开展业务。愿景、使命和价值观指引公司前进的方向，为利益相关者提供了重要的描述性信息。

7. 利益相关者是指那些能够影响公司的战略产出，同时也受其影响的个人、群体或组织。由于公司依赖利益相关者（股东、主要顾客、供应商、员工、社区等）的不断支持，因此，利益相关者对公司的业绩表现有主张权。当公司获得超额利润时，它就拥有了能够满足全部利益相关者的资源。然而，如果获得平均利润，公司则要妥善应对利益相关者，以继续得到其支持。如果公司连平均利润都无法获得，就要把不满意的利益相关者减少支持所造成的损失降到最低。

8. 战略领导者是指来自公司不同层级的、利用战略管理过程帮助公司达成愿景、使命的人。总体来说，首席执行官负有保证公司运用适当的战略管理过程的责任。然而，战略领导者在组织各个部分的参与是重要的。战略领导者的决策和行动有助于决定组织文化，而组织文化反过来又影响战略管理过程的有效性。

关键术语

超额利润（above-average returns）
平均利润（average returns）
能力（capability）
竞争优势（competitive advantage）
核心竞争力（core competencies）
全球经济（global economy）
全球供应链（global supply chain）
全球价值链（global value chain）
全球化（globalization）
超级竞争（hypercompetition）
使命（mission）
组织文化（organizational culture）
主要利益相关者（primary stakeholders）
保护主义（protectionism）
资源（resources）
风险（risk）
次要利益相关者（secondary stakeholders）
利益相关者（stakeholders）
战略竞争力（strategic competitiveness）
战略柔性（strategic flexibility）
战略领导者（strategic leaders）
战略管理过程（strategic management process）
战略（strategy）
可持续性（sustainability）
价值观（values）
愿景（vision）

复习题

1. 什么是战略竞争力、战略、竞争优势、超额利润以及战略管理过程？
2. 当前竞争格局的特点是什么？导致这种格局的两个主要因素是什么？
3. 根据产业组织模型，公司应如何获得超额利润？
4. 资源基础模型认为公司应如何获得超额利润？
5. 基于利益相关者模型，公司怎样赚取高于平均水平的回报？
6. 愿景、使命和价值观是什么？
7. 应如何描述战略领导者的工作？
8. 战略管理过程的要素有哪些？它们之间的关系如何？

微案例 Kipling 仪器公司面临严重的经济和道德困境

雪莉·何（Sherry Ho）是 Kipling 仪器公司的首席执行官。该公司拥有 50 年历史，主要向美国各地的折扣店和硬件商店销售烟雾探测器，同时，最终消费者也可以从公司网站直接购买产品。然而，此类网上销售占比较少。Kipling 不通过亚马逊这样的在线零售商销售，因为它的主要客户（折扣店和硬件商店）表示，这样做会侵蚀它们自己的销售，而 Kipling 对其客户非常忠诚。

烟雾探测器属于消费电子行业，和这个行业中的大多数公司一样，Kipling 受到外国竞争对手的冲击，这些竞争对手提供类似产品但价格更低。Kipling 凭借产品可靠的声誉以及与客户的长期关系维持运营。然而，价格差异已经侵蚀了 Kipling 的销售。为了保持竞争力，20 年前 Kipling 开始将产品的制造外包到海外，公司现在与越南和波兰的制造公司合作。越南公司完成大部分订单，Kipling 的所有产品仍然在国内设计，并在到达仓库时仔细检查和测试，以确保产品拥有最高的质量和可靠性。

该公司位于美国中西部偏远地区的一个小镇，在租用的办公室和仓库内运营，年销售额约为 5 000 万美元。雪莉于五年前在创始人退休后成为首席执行官。在被任命为首席执行官之前，她在公司担任了五年的销售经理，后来又担任了四年的行政助理。她毕业于堪萨斯大学，获得了商业学士学位，进入公司后立即担任了销售经理一职。除了雪莉之外，Kipling 的 14 名员工还包括一名行政助理、四名销售经理、一名设计和检查探测器的电气工程师、一名采购代理、一名仓库主管、两名仓库员工、一名司机以及两名清洁工，他们同时还负责办公室和仓库的大部分维护工作。电气工程师技能高超，拥有机械工程硕士学位以及多年的经验。销售经理们在公司工作至少已有 10 年。采购代理根据需要兼职为公司工作，并且精通英语、越南语、泰语，还会一些波兰语。其余员工没有特殊技能或培训。

Kipling 仪器公司是一家股份有限公司，创始家族（72 岁已退休的波兰移民和他 80 岁的妻子，他们没有子女，在美国也没有亲属）拥有公司 60% 的股份，其余 40% 的股份由员工持有。他们通过员工持股计划（ESOP）获得股份，每服务一年获得 100 股股票。这些股票不在任何交易所交易，公司过去 10 年一直在支付每股 10 美元的股息。创始家族现在依靠这些股息作为主要的收入来源。在过去的五年中，公司一直在为一个当地社区组织提供财务援助，该组织为低收入老年人提供餐食。Kipling 仪器公司以诚信和对所有员工的良好待遇而享有杰出声誉。

工作流程相当简单。销售经理们将美国大陆分为四个区域，他们在国内出差，拜访所在区域折扣店和硬件商店的采购经理。他们不仅进行最初的销售拜访，而且不断跟进，以确保客户满意。尽管服务出色，该公司尚未获得像沃尔玛这样的大客户，但客户名单上有几个大型区域性连锁店。

销售经理们向客户提供公司的标准烟雾探测器产品，但有些客户需要特殊定制的产品。在这些情况下，如果客户规模足够大，公司的工程师会设计产品，并将规格发送给采购代理，由其与越南或波兰的制造商协商合同。采购代理负责管理与供应商的关系，并确保产品按时、按规格发货。当烟雾探测器到达仓库时，工程师会进行质量检查。其中，部分产品存入仓库，部分则立即发送给客户。仓库员工负责库存管理，并将出货的烟雾探测器装载到公司车辆上。100 英里[①]半径内的，司机直接将产品交付给客户，但大多数货物会运送到约 50 英里外大城市的第三方运输公司，由其负责后续的配送工作。

如前所述，激烈的市场竞争给公司带来了严重的财务问题。虽然由于客户服务出色和产品质量过硬，销售保持稳定，但竞争迫使公司降价，尤其是在其销售的标准产品上（定制产品的利润仍较高）。总体而言，利润率的降低使得公司在某些年份出现了亏损。三年前，公司开始承担新的债务，通过银行贷款来支付部分运营成本。当地银行与公司早已建立起长期合作关系，银行相信雪莉将会解决这些经营问题，所以愿意提供融资。然而，由于情况没有改善，银行最近要求公司偿还大额债务。公司目前面临着支付员工工资和其他费用的困难。

在这种困难的情况下，三个月前，一家名为 Way-to-Go 的大型区域折扣百货连锁店向公司下了一份大订单，定制了一批烟雾探测器。这些产品基本遵循标准烟雾探测器的设计，但 Way-to-Go 希望它们是浅棕色而非白色的。该要求不难满足，而且因为是定制订单，浅棕色烟雾探测器的利润率更高。工程师迅速将规格发送给采购代理，后者与越南的制造商签订了合同，产品很快从越南发货并已到达。如果能够立即给客户发出，并且 Way-to-Go 在交货后大约 30 天内支付货款，这笔大单将为公司带来足够的现金，不仅可以偿还银行的贷款，而且足以解决未来几个月的其他费用。

雪莉正在考虑该新客户能否为公司争取一些时间，以便她找出解决方案。这时，工程师伊兹（Izzy）敲门进来。她在测试到货的烟雾探测器时发现了问题：虽然产品确实可以正常工作，但由于烟雾检测灵敏度过高，以至于工作时存在安全隐患。伊兹立即联系了越南的采购代理，得知制造这些烟雾探测器的公司经营方面出现了问题，在烟雾探测器发货后不久就倒闭了。然而，伊兹向雪莉保证，Way-to-Go 不可能发现这些烟雾探测器的隐患。

因为面临着与供应商之间的问题、全球化趋势减缓、新冠疫情大流行导致的供应限制、政治冲突带来的国家间贸易的影响等不确定性，雪莉除了要考虑是否告知 Way-to-Go 有关烟雾探测器的问题外，还在思考是否应该将公司部分的制造业务迁回国内。她还想知道：第一，从长远来看，Kipling 是否可以利用已有的上下游关系及其专业知识，扩展到其他产品线；第二，公司是否到了需要开发新的数字营销策略的时候。

说明：这是一个虚构的公司，但它反映了全球许多小型、中型甚至一些大型公司的竞争状况。

讨论题

1. Kipling 仪器公司是否处于一个具有吸引力的行业？哪些因素使得该行业具有或缺

① 1 英里 =1.609 344 千米。

乏吸引力？基于这种分析，你认为在该行业中赚取高于平均水平的回报是比较容易还是比较困难？

2. 描述 Kipling 仪器公司在其业务中使用的主要资源。这些资源中有哪些可能被视为核心能力，从而为公司在行业中带来竞争优势？如果是这样，你认为这种竞争优势是否可持续？

3. 如果雪莉决定向 Way-to-Go 公司透露烟雾探测器的问题，这将对 Kipling 仪器公司的主要利益相关者（包括创始人、员工、社区、银行、供应商和客户）产生哪些可能的影响？总体而言，向 Way-to-Go 公司透露问题会带来更多的损失还是益处？

4. 假设雪莉决定向 Way-to-Go 公司透露问题，为了解决公司的困境，她可以采取哪些短期行动？

5. 从战略（长期）的角度来看，Kipling 仪器公司应该考虑采取哪些措施来提升表现，并避免未来发生类似的情况？

注 释

第2章

外部环境：机会、威胁、行业竞争和竞争对手分析

学习目标

1. 分析和理解公司外部环境的重要性。
2. 定义和描述总体环境与行业环境。
3. 讨论外部环境分析的四个步骤。
4. 描述总体环境的七个要素。
5. 识别五种竞争力量，并解释它们如何决定行业的潜在盈利能力。
6. 定义战略集团并描述它们对公司的影响。
7. 说明公司应了解竞争对手的哪些情况，以及在收集竞争对手情报时可采用的不同方法。

引例 / 特百惠在适应时代潮流中面临挑战

2020 年初，特百惠公司（Tupperware）迎来了新的掌门人——米格尔·费尔南德斯（Miguel Fernandez），他被任命为公司的首席执行官。费尔南德斯在销售领域拥有深厚的经验，此前曾在雅芳产品公司（Avon Products Inc.）和康宝莱营养有限公司（Herbalife Nutrition Ltd.）担任高级管理职位。公司期望他能够引领特百惠在不断变化的市场环境中实现品牌的复兴。

特百惠的传统销售模式依赖于独立的销售团队推广和销售其塑料容器和美容产品。尽管其标志性的塑料容器曾在现代食品储存领域具有创新性的地位，但如今消费者在食品容器和美容产品上的选择极为丰富。面对激烈的市场竞争，特百惠一直在积极探索新的销售渠道以更好地接触消费者。然而，在费尔南德斯上任之际，公司发现销售其产品的活跃人数正在减少，特别是在美国和加拿大下降了 7%，在南美下降了 16%，在亚洲更是下降了 22%。全球范围内，公司的活跃销售人员略多于 50 万人。这些下降趋势是在公司收入和利润多年持续下滑，以及消费者与品牌联系日益疏远的背景下发生的。

2020 年，随着新冠疫情的暴发，人们开始更多地在家中烹饪并寻找储存剩菜的解决方案，这为特百惠带来了转机。尽管餐饮业收入大幅下降，但对特百惠产品的需求急剧上升。当年，公司股

价几乎涨了四倍，收入和利润也随之增长。

然而，随着新冠疫情初期影响的逐渐消退和市场竞争环境的恢复，特百惠的好运迅速逆转。股价再次下跌，公司高层管理者开始增持股份。为了应对挑战，公司增加了三名董事会成员，协助制定扭转局面的策略。特百惠开始出售一些非核心资产，如在墨西哥的 House of Fuller 美容业务、在南非的 Avroy Shain 美容业务，以及位于佛罗里达州奥兰多总部附近的一些房地产，精简运营并集中精力于核心业务。

尽管公司正在进行结构调整，但它也制订了雄心勃勃的增长计划。特百惠计划在新加坡设立了一个全球采购中心，以更好地管理产品创新和市场拓展。首席运营官桑德拉 · 哈里斯（Sandra Harris）表示，公司计划在现有业务的基础上开拓新市场，以满足更多客户的需求。然而，特百惠能否重新获得市场竞争力，仍存在不确定性。公司所处行业不仅存在众多高端品牌，还有大量价格低廉的仿制品充斥市场。

资料来源：A. Keller，2022，Tupperware Brands，*Florida Trend*，www. global. factiva. com，February 1；2021，Tupperware Brands announces new global sourcing and supply chain center of excellence in Singapore，*PR Newswire*，www. global. factiva. com，December 9；E. Lin，2021，Tupperware stock is slipping，and executives are buying up shares，*Barron's*，www. barrons. com，March 26；M. Maidenberg，2020，Tupperware brands names new CEO as business looks for traction，*Barron's*，www. barrons. com，March 12；M. Maidenberg，2020，How Tupperware lost its grip on America's kitchens，*Wall Street Journal*，www. wsj. com，March 8.

2.1 洞察企业的外部环境

正如引例所表明的，外部环境影响着公司超越竞争对手和获取超额利润所采取的竞争行动和反应。[1] 例如，虽然特百惠在全球塑料储存容器市场中率先开创了市场，但激烈的市场竞争最终削弱了其先发优势，公司正在努力探索增长的新途径。特百惠进军美容产品领域与通过私人销售者推广产品的理念相得益彰。然而，美容产品市场同样竞争者众多。在一段时间内，新冠疫情引发的环境变化似乎为特百惠品牌注入了新的活力，但这种增长是短暂的。随着市场回归常态，特百惠现在正尝试通过产品创新，并在新加坡设立新工厂以拓展新市场的方式，重塑自身形象。

如第 1 章所述，当前外部环境的特征与以往已大不相同。例如，技术的不断变革，信息收集与处理能力的不断提高，使得公司必须采取快速、有效的竞争行为。[2]（我们将在第 5 章全面讨论竞争行动和竞争反应。）此外，在许多国家，社会环境的快速变化影响着劳动力状况以及消费者需求日益多样化的特征。政府的政策和法律影响公司在何地、如何开展竞争。[3] 2008—2009 年金融危机之后，许多国家金融监管体系发生了变化，增加了组织间财务交易的复杂性。[4]

另外，公司可以通过获取竞争者、顾客和其他利益相关者的信息来了解外部环境，形成自己的知识。[5] 在这些新信息的基础上，公司可以采取行动，如培养新能力和核心竞争力，远离战略环境的消极影响，寻求机会以更好地满足利益相关者的需求。[6]

一个公司的竞争行动和竞争反应受到公司所在外部环境的三个组成部分——总体环境、行业环境和竞争者环境（见图 2－1）的状况以及对这些状况的了解程度的影响。[7] 接下来，我们将对公司所处的每一种外部环境进行详细描述。

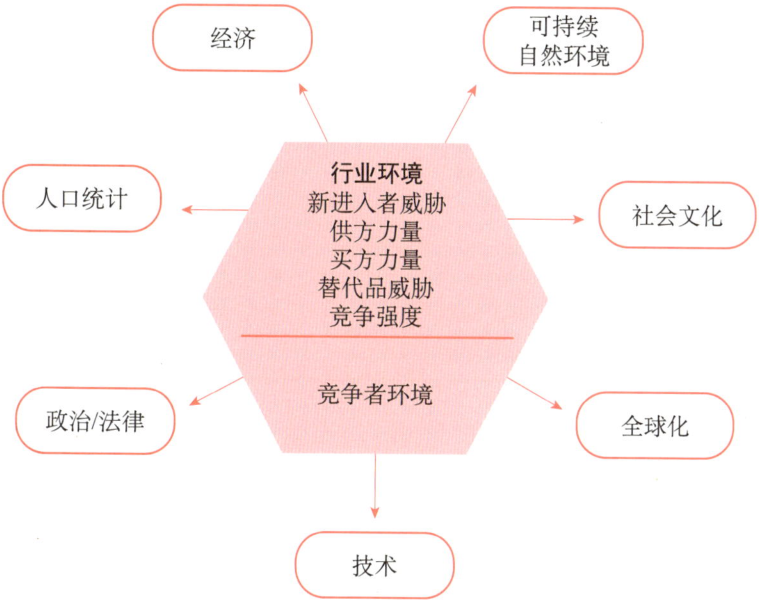

图 2－1　外部环境

2.2　总体环境和行业环境

总体环境（general environment）由社会中影响行业和公司的所有因素组成。[8] 我们将这些因素分为七类——人口统计、经济、政治/法律、社会文化、技术、全球化和可持续自然环境，如表 2－1 所示。

表 2－1　总体环境：细分与要素

人口统计因素	• 人口数量 • 年龄结构 • 地理分布	• 种族构成 • 收入分布
经济因素	• 通货膨胀率 • 利率 • 贸易赤字或盈余 • 预算赤字或盈余	• 个人存款率 • 商业存款率 • 国内生产总值
政治/法律因素	• 反托拉斯法 • 税法 • 放松管制的态度	• 劳动力培训法 • 教育理念和政策

续表

社会文化因素	• 劳动力中的女性 • 劳动力的多样性 • 对工作生活质量的态度	• 工作和职业偏好的转变 • 对产品和服务特点的偏好的转变
技术因素	• 产品创新 • 知识运用	• 私人和政府支持的研发支出的重点 • 新的沟通技术
全球化因素	• 重要政治事件 • 关键的全球市场	• 新兴工业化国家 • 不同文化和制度的属性
可持续自然环境因素	• 能源消耗 • 开发能源的政策 • 对可再生能源的利用 • 最小化公司对环境的影响	• 水资源的可获得性 • 生产环境友好型产品 • 对自然或人为灾害的反应

公司通常无法直接控制总体环境。因此，公司追求的是识别总体环境中每一种因素的趋势，并预测每一种趋势对公司的影响。例如，可以预料到，在接下来的 10～20 年，那些新兴市场国家中有数百万人将步入中产阶层。事实上，预计到 2030 年，全球大约 5.25 亿中产阶层中有 2/3 将居住在亚太地区。[9] 当然，这并不奇怪，因为世界约 60% 的人口在亚洲。[10] 当然，包括大型跨国企业在内，没有任何一家公司能够控制接下来 10 年或 20 年将在哪里出现潜在客户的增长。尽管如此，公司仍必须以研究这种预期趋势为基础，预测对自身能力所带来的影响，从而确定采用什么战略以使自身在市场条件改变的情况下也能够保持成功。

行业环境（industry environment）是指一系列可以直接影响公司及其竞争行动和反应的因素：新进入者威胁、供方议价能力、买方议价能力、替代品威胁、竞争对手间的竞争强度。[11] 总体来说，这五种力量的相互作用决定了行业的潜在盈利能力；反过来，行业的盈利能力又影响着公司竞争行动和反应的选择。公司所面临的挑战是，如何在行业中确定一个位置，使公司能够影响这五种力量，或者能有效地防御这五种力量的影响。公司对这五种力量的影响力越大，获取超额利润的可能性就越大。

在**竞争对手分析**（competitor analysis）中，企业会收集并分析有关竞争对手的信息。对竞争者环境的了解是研究总体环境和行业环境的必要补充。[12] 例如，这意味着麦当劳需要做好总体环境和行业环境的分析和了解工作。

总体环境分析关注的是环境的变化趋势及影响，行业环境分析的重点在于了解影响公司潜在盈利能力的要素和条件，对竞争对手的分析主要是为了预测竞争对手的行动、反应和意图。总体来说，这三种分析结果将影响公司的愿景、使命、战略选择、实施这些战略将带来的竞争行动和反应。我们将分别对这三类环境进行讨论，但是只有将这三类分析的结果有效地整合起来，公司才能制定和实施更具成效的战略。

2.3 外部环境分析

外部环境的动荡、复杂化和全球化，使公司对外部环境的理解更加困难。[13] 为了处理模糊和复杂的环境数据，增加对外部环境的认识，公司必须进行外部环境分析，主要包括四部分：扫描、监测、预测和评估（见表2-2）。

表2-2 外部环境分析的构成

扫描	• 识别环境变化和趋势的早期信号
监测	• 通过对环境变化和趋势的持续观察来探索其中的含义
预测	• 根据监测到的变化和趋势推断预期的结果
评估	• 判断环境变化和趋势对公司的战略和管理的影响时间与影响程度

识别机会和威胁是环境分析的主要目的之一。**机会**（opportunity）是指只要进行有效开发，就可以帮助公司获得战略竞争力的一系列条件。例如，美国日益增长的老年人口为医疗保健和养老院行业带来了商机，同时技术进步为全球各地的教育机构，包括发展中国家在内，提供了开设新课程的机会。[14] 大多数公司，当然也包括大型公司，一直面临着多种多样的机会和威胁。

威胁（threat）是指总体环境中妨碍公司获得竞争优势的一系列条件。[15] 无论在国内还是在国际上，知识产权保护已经成为一个关键问题。例如，唐纳德·特朗普（Donald Trump）在总统任内，对中国出口到美国的商品加征关税，中国采取了反制措施，这引发了对全球两大经济体可能爆发贸易战的担忧。这种威胁与政治和法律领域紧密相关。

公司利用各种来源，通过扫描、监测、预测和评估来分析总体环境。这些来源包括：各种形式的印刷材料（如贸易出版物、报纸、商业出版物、学术研究成果和公众调查结果）、贸易展览、供应商、顾客以及公共组织的员工。当然，对于一家公司研究总体环境来说，它通过互联网获取信息越来越重要。

扫描

扫描包括对总体环境所有要素的研究。尽管环境扫描具有一定的挑战性，但对于公司了解总体环境的趋势和预测其影响而言，扫描至关重要。对于在高度变化的环境中竞争的公司而言，尤为如此。[16]

通过扫描，公司可以及时发现环境中潜在变化的信号以及那些正在发生的环境变化。[17] 环境扫描应与组织背景相结合，为多变环境设计的扫描系统就不太适用于稳定的环境。[18] 通过谨慎分析，扫描通常可以揭示模糊的、不完整的、无关联的数据和信息。

许多公司利用专门的软件来帮助自己识别正在发生的和已公开发布的事件。例如，公司在对新闻事件的分析中可以使用信息系统进行文本分类，以减少权衡是遗漏的重大事件还是虚假情报的次数。这些系统越来越多地用于研究社交媒体，并以此为信息来源。[19]

一般来说，互联网为环境扫描提供了大量的机会。例如，亚马逊网站记录个人访问网站的重要信息，尤其是交易信息。网站也会向顾客发送与其之前所购产品相关的新产品信息。其他一些公司，如网飞（Netflix），则收集顾客的人口统计信息，以识别其特殊偏好（人口统计信息是总体环境因素之一）。近 50 亿人通过各种方式接入互联网，这使得互联网成为收集用户信息的一个重要来源。[20]第 1 章中提到的与分析大数据相关的信息技术，对于获取和管理这些信息非常有用。

监测

在进行监测时，分析师通过观察环境的变化，来分析扫描结果是否显示了重要的变化趋势。[21]有效的监测要求公司能够明确重要的利益相关者，以及公司对利益相关者的信誉，并以此为基础来满足利益相关者的特殊需求。[22]监测重要利益相关者的一种方法是利用一些同时服务于其他董事会的董事（也就是连锁董事（interlocking directorates）），他们能够促进外部来源信息和知识的传递。[23]对于处在技术高度不稳定的环境中的公司而言，环境的扫描和监测十分重要。[24]例如，由于技术进步，制药、游戏和快递服务行业都在经历高度的不确定性。扫描和监测不仅给公司提供了信息，而且可以作为引入新知识和成功进行新技术的商业运作的手段之一。[25]

预测

扫描和监测关注的是某个时间点上总体环境中的事件和趋势。在进行预测时，分析师通过对扫描和监测得到的变化和趋势的分析，推断出未来可能发生的事情及其发展速度。[26]例如，分析师可能会预测新技术进入市场的时间，或者劳动力市场的可能变化所导致的不同公司培训程序的周期变化，或者政府税收政策在改变多久后会影响顾客的购买方式。新冠疫情引发了商业运作方式的诸多变革，特别是在工作环境方面。因此，为应对后疫情时期的商业环境而做出规划应成为公司最高级别的规划任务之一。[27]

准确地预测事件及其结果是具有挑战性的。技术的发展使产品生命周期不断缩短，因此，对新技术产品的预测越来越困难。像英特尔这样的公司尤其如此，因为技术产品在不断地更新。随着预测难度的增加，英特尔为生产每一代芯片产品而投资的每一个制造晶圆和硅芯片的工厂的成本越来越大。在这种情况下，当英特尔研究其外部环境状况时，拥有能够更好地对电子产品进行预测的工具非常重要。[28]

评估

进行评估的主要目的是判断已经识别出来的环境变化和趋势对公司的影响时间和影响程度。[29]通过扫描、监测和预测，分析师对总体环境有了初步的认识，评估就是要明确这些认识对公司有何具体意义。如果没有评估，公司拥有的只是一些或许有趣的数据，但与公司的竞争力毫无关系。

准确评估公司所处总体环境中各种因素的预期趋势是重要的，不过，准确地解读这些趋势的含义更加重要。以略微不同的方式进行表述，即尽管收集和组织信息很重要，但恰当地解读收集到的信息更加重要，因为它可以帮助公司识别环境中的趋势能否成为一个机会或威胁。[30] 这些信息可以用来帮助企业制定策略，以抓住机遇或应对挑战。

评估一般环境趋势中最具挑战性的一项是不断增加的对加密货币的使用。加密货币是一种不依赖于任何诸如银行或政府中央权威的数字货币。[31] 它们通过一种称为分布式账簿（区块链）的方式进行管理，这种账簿由一个去中心化的互联计算机系统网络控制。比特币是第一种流行的去中心化加密货币，此后还创建了许多其他类型的加密货币。表面上看，加密货币的使用似乎为企业提供了一个机遇，因为它们能够提高国际经济交易的效率。然而，由于存在许多不确定性，很难预测加密货币未来的发展。[32] 不确定性来源于政府的监管和税收政策，以及这些货币价值的极端波动性，这使得持有它们具有高度风险性。[33] 此外，中国也进入了这一领域，推出了数字人民币，这是一种由政府发行的数字货币。[34] 这是否会成为一种新趋势？如果是，对企业来说是威胁还是机会？

2.4　总体环境的七个因素

总体环境由公司外部的多个因素组成（见表 2－1）。虽然影响的程度不尽相同，但是每一个行业及公司都会受到这些因素的影响。公司面临的挑战是，如何对每一个因素都进行扫描、监测、预测和评估，以明确它们对公司的影响。有效的扫描、监测、预测和评估对识别机会和威胁有很大的帮助。

人口统计因素

人口统计因素（demographic segment）与人口数量、年龄结构、地理分布、种族构成以及收入分布有关。[35] 人口统计因素的分析应立足于全球，因为人口统计因素的潜在影响已经跨越了国界，并且许多公司是在全球市场开展竞争的。

人口数量

1959—1999 年世界人口翻了一番（从 30 亿人增长到 60 亿人）。按照目前的状况，21 世纪人口还会增加，但增长速度有所放缓。在 2022 年，全球人口大约为 80 亿，预计在未来，每年将以约 1% 的速度增长。[36] 同年，中国以略超过 14 亿的人口规模成为世界上人口最多的国家。印度作为第二大人口国，其人口增长速度超过了中国，并预计在不久的将来超过中国的人口总数。紧随其后的是美国、印度尼西亚和巴基斯坦。企业在寻找增长中的市场以销售其商品和服务时，需要考虑上述五个国家可能具有的市场潜力。

年龄结构

人口统计因素中最值得一提的是世界人口正在快速老龄化。[37] 预测显示，到 21 世纪下半叶，一些工业化国家的人口预期寿命将超过 100 岁，约是早期人类平均寿命的三倍。[38] 20 世纪 50 年代，日本是世界上人口最年轻的国家之一。然而，现在日本人和德国人的平均年龄是 47 岁。[39] 到 2050 年，全世界约有 25% 的人口将达到或超过 65 岁。这些人口年龄结构的改变对获得合格劳动力、退休医疗政策和商业机会都造成了显著影响。[40]

人口老龄化威胁到公司雇用和维持满足其需求的劳动力的能力。因此，公司面临的挑战是提高其工人的生产力，或在其他国家开展业务，以便接触到潜在的工作年龄人口。这种国际化趋势已经持续多年，尤其是在劳动力成本较低且人力资源丰富的国家，如印度、巴西和中国。[41]引例中描述了特百惠公司将其大量的创新和市场发展活动转移到新加坡。尽管新加坡国土面积不大，但拥有一支教育水平高、技能全面的劳动力队伍，这为特百惠的业务扩展和战略实施提供了坚实的基础。

另一个潜在的机会是延迟退休。有较长预期寿命的工人可能需要工作更长的时间，以负担得起退休后的生活开支。公司也可以通过更有经验的资深员工将知识传递给年轻员工，帮助他们更快地获得有价值的技能。公司能够更有效地利用劳动力市场的人才也是一个机会。例如，让女性承担更高层次的专业和管理工作能够抵消总体人才市场上人才短缺带来的挑战，并且，基于研究，打破阻碍女性晋升至高层领导职位的“玻璃天花板”，可能会进一步提升整体业绩。[42]

地理分布

国家和地区的人口分布具有随着时间不断变迁的倾向。例如，过去几十年，美国人口不断从东北部和五大湖地区迁向西部（加利福尼亚州）、南部（佛罗里达州）和西南部（得克萨斯州）。[43]这些变迁被描述为从“霜冻地带”向“阳光地带”转移。这些迁移导致的结果包括加利福尼亚州 2021 年的生产总值略高于 3.1 万亿美元，这一数字使加利福尼亚州成为世界第五大经济体。同年，得克萨斯州以 1.7 万亿美元的生产总值居于加利福尼亚州之后，位居美国第二。[44]

公司希望对各个国家和地区的人口分布模式进行认真研究，以识别其中的机会和威胁。美国当前的格局表明美国西海岸、南部以及西南部的一些州存在着潜在的机会。相对来说，那些在东北地区和大湖区竞争的企业可能会专注于识别其业务盈利能力所面临的潜在威胁，并制定策略应对挑战。

当然，世界各地人口的地理分布特征不尽相同。比如，在过去，中国大部分人口生活在农村，后来，人口不断向上海和北京这些城市转移。事实上，现在居住在城市地区的中国人比居住在农村地区的还要多。[45]总的来说，欧洲的人口分布格局已经相当稳定。[46]

种族构成

各国人口的种族构成也在不断发生变化，对于很多公司而言，这也创造了机会和威胁。例如，西班牙裔成为美国最大的少数族裔。[47]事实上，美国的西班牙裔市场是仅次于巴西和墨西哥的第三大拉美市场。在美国的一些州，如得克萨斯州、加利福尼亚州、佛罗里达州和新墨西哥州，西班牙语是主流语言。基于这些事实，公司应该评估如何调整它们的产品和服务，以更好地满足西班牙裔顾客的特殊需求。

有趣的是，据预计，到 2044 年，美国人口中将会有大部分人属于少数族裔。到 2060

年，白人预计将占美国人口的 44%。[48] 人口的种族多元化之所以重要，不仅仅在于客户需求，还在于劳动力构成。有意思的是，研究表明，公司管理团队的种族多元化程度越高，越有可能带来更高的绩效。[49]

当公司考察这一要素时，其他一些迹象也会引起公司的关注。例如，非洲国家种族最为多元化，乌干达是世界上种族多元化程度最高的国家，利比里亚排名第二。与之相反，日本和韩国的人口种族多元化程度最低。欧洲国家很大程度上是种族同质化的，美国则更加多元化。"从美国穿过中美洲各国，再往下到巴西，这些国家往往相当多元化，也许某种程度上是因为它们相对开放的移民历史（并且，在某些情况下，发生了本土人口和外来人口的结合）。"[50]

收入分布

了解收入在不同人群中是如何分配的，有助于公司了解不同人群的购买能力和可支配收入情况。公司感兴趣的是家庭平均收入和个人平均收入情况。例如，对于双职工家庭，人均收入的提高更明显，在一些国家，尽管总体上实际收入在减少，但这种家庭的收入却在增加，尤其是在美国。[51] 这一趋势为那些向无暇做饭、打扫、购物或处理日常事务的忙碌的人们提供商品和服务的企业带来了机遇。例如，优步（Uber）已经从提供地面交通服务扩展到通过其 Uber Eats 平台为本地餐馆提供送餐服务。[52]

中国经济的增长之所以能带动许多公司的发展，原因不仅在于制造成本低，还在于以人口为基础形成的大量的潜在产品需求。然而，在国内生产总值的构成中，中国国内消费比例低于其他主要经济体，占不到 1/3 的比例。相比而言，印度的国内消费占经济总量的比例是2/3，是中国的两倍。因此，随着印度中产阶层的不断扩大，许多西方跨国公司对印度产生了浓厚的兴趣。由于这种状况，以收入分布为基础，关注不同市场间的差异是非常重要的。[53] 不同国家的这些差异表明，对于大多数公司而言，识别出那些最可能产生最多收入增长和市场机会的经济体非常重要。[54] 因此，经济因素是公司环境分析至关重要的一个聚焦点。

经济因素

经济因素（economic environment）是指公司参与竞争的或可能参与竞争的经济体的特征和发展方向。[55] 一般来说，公司更愿意在稳定的、增长潜力大的经济条件下进行竞争。经济全球化使得国家间的依赖程度增加，因此，公司必须对本国及其他国家的经济状况进行扫描、监测、预测和评估。

对于公司而言，对经济环境进行研究以预测可能出现的经济趋势及对它们的影响具有挑战性。全球经济衰退（比如 2007 年末开始的被称为"大萧条"的经济衰退）往往会给世界各地的公司带来诸多问题，包括消费者需求减少、企业库存水平上升、政府监管法规增加以及融资渠道收紧等问题。[56]

当然，对企业来说，在新冠疫情大流行这样的重大冲击下，供应链中断和消费者需求急剧减少所带来的困难程度可能与经济衰退相仿，尤其是在与旅行和酒店业（如餐馆、酒店）相关的行业中更是如此。在新冠疫情大流行期间，提供让人们在家工作和娱乐的产品和服务的科技公司（如微软、苹果和Zoom）蓬勃发展。引例中讨论的特百惠和世界上最大的包装食品制造商雀巢（Nestle）的业绩也非常好。[57]但对所有企业来说，高度的不确定性使得管理变得困难。研究发现，新冠疫情大流行对企业绩效的负面影响在拥有更先进的金融系统和更好医疗保健系统的国家更为严重。[58]

通货膨胀是另一个需要密切监控的因素。消费品价格和生产商所需原材料价格的快速上涨可能造成经济不稳定。生产商将成本上涨转嫁给消费者，消费者随后减少消费，直到工资提高。更高的工资增加了对商品和服务的需求，这可能再次推高价格，形成恶性循环。在高通胀时期，小型企业往往比大型企业更难应对，因为它们可利用的资源更少，难以渡过经济困难时期。[59]

政府用来抑制通货膨胀的工具之一是提高利率，然而，随着利率的上升，企业发现新项目由于融资成本增加而变得不那么吸引人。商业投资的减少可能会使经济增长放缓，因此政府在采取这一措施时会非常谨慎。[60]在新冠疫情大流行期间，美国政府通过了多项刺激法案，向个人提供直接支付，甚至鼓励失业者不要寻找工作。此类过度支付刺激了经济，同时，供应链问题减少了商品供应，从而导致需求超过供应，进而导致了较高的通货膨胀率。

企业仔细研究并预测所在经济体的经济增长和其他趋势，有助于确定最大的增长机会所在，并进一步实现高于平均水平的回报。

政治/法律因素

政治/法律因素（political/legal segment）是指在某一领域，不同组织和利益集团相互竞争，争夺注意力，控制某些资源，寻求监督法律法规的权利。这些因素决定了国家间以及各种公司和当地政府间如何相互影响。[61]从本质上讲，这些因素反映了组织如何影响政府以及组织如何试图理解政府对竞争行动和反应的影响（当前和预期）。通常来说，公司会制定一项政治战略，详细说明公司将如何研究政治/法律因素，以及它们可能会采取什么措施（例如游说行动）以成功应对不同时间点这一因素所带来的机会和威胁。[62]这种策略经常被称为非市场策略，因为它不直接处理特定产品市场中的竞争问题（我们将在第5章详细讨论非市场策略）。

为了应对新的国家、区域、州/省和当地法律——这些法律通常会影响一个公司的竞争行动和反应，公司会形成一些规章制度。[63]例如，美国的许多州现在将大麻销售合法化。眼下的问题是，公司在这项业务上进行投资还具有很大风险，因为不清楚美国司法部是否会允许各州在联邦法律不允许销售的情况下继续销售这种产品。因此，国家、地区和地方层面的法律法规间的关系形成了一个高度复杂的环境，企业必须在其中找准方向。[64]

对于脸书、Alphabet（谷歌）和亚马逊这样的互动型技术公司来说，欧洲通过的世界上最强有力的数据保护法使它们面临重大挑战。高度保护客户隐私的法律会威胁到这些公司在欧盟各国开展业务。另外，公司在正式制度不完善的国家经营时，必须应对完全不同的挑战（例如，对知识产权的法律保护较差）。法律法规提供了指导战略行动和竞争行动的结构，没有这种结构，就难以确定最佳的战略行动。[65]

社会文化因素

社会文化因素（sociocultural segment）与社会态度和文化价值观有关。由于态度和价值观是构建社会的基石，因此，社会文化因素是推动人口、经济、政治/法律、技术和其他因素变化的动力。

个人的社会态度和文化取向是相对稳定的，但也会随着时间变化。因此公司必须认真地对它们进行扫描、监测、预测和评估，以辨别和研究与之相关的机会和威胁。成功的企业还必须认识到它们所参与竞争的社会以及相关的文化领域所发生的变化。确实，社会文化因素的改变对公司提出了挑战，公司需要想方设法"调整自身以抢在竞争者之前保持在消费者心中的重要地位"[66]。研究表明，社会文化因素会影响新进入者进入新市场以及新公司在一个国家中的发展。[67]

尽管一些社会运动，如推动缓解全球变暖和环境保护（本章后文将讨论），具有国际影响，但每个国家都有其独特的社会文化特征。一个国家的文化价值观（例如对管理风格与成功关系的看法）会影响组织内的行为，进而影响组织绩效。同样，国家文化也深刻影响着企业的国际化战略。[68]

知识共享和培训对于企业国际化经营至关重要。它们帮助员工了解不同国家的最新动态以及当地的可接受行为标准。成功的管理离不开这些知识。例如，在中国，个人关系至关重要，"关系"（指个人之间的联系或良好的社交网络）对于商业交易和个人职业发展在开放的市场社会中起着关键作用。对中国的外国企业来说，认识到"关系"文化的重要性，是开展业务的关键。[69]

在美国，一个名为"黑人的命也是命"的社会运动因在社交媒体上公开了一段视频而获得了广泛关注，该视频显示一名警察在逮捕过程中不公正地夺走了一名黑人嫌疑人的生命。在美国，争取种族平等的斗争历史悠久，这在大多数西方国家以及其他一些国家也是需要关注的主要问题。发布的视频及其引发的抗议和骚乱，再次激发了这场运动。很多因素都要求企业对种族平等和正义问题保持敏感。事实上，忽略这些问题的企业可能会面临负面影响的风险，如负面社交媒体反响、声誉受损、抵制、销售下降以及难以吸引最合格的员工。[70]

技术因素

技术变革从不同深度和广度影响着社会的方方面面。这些影响主要源于新产品、新流程和新材料。技术因素（technological segment）包括所有能创造新知识，并将知识转化为新产出、新产品、新过程和新材料的制度和行为。

由于技术变革的速度很快，公司必须全面研究技术因素。[71]有研究发现，越早采用新技术，公司越可能获得更高的市场份额和更高的回报。因此，不论公司大小，都应持续进行环境扫描，识别当前技术的潜在替代品以及能给公司带来竞争优势的新技术。[72]

新技术和创新正在改变许多行业。[73] 这些变化体现在多个方面，比如数字出版（如电子书）的兴起，人工智能技术在众多行业的应用，零售业从实体店铺向互联网销售的转型，以及结合了虚拟现实、增强现实和 3D 计算的元宇宙的崛起。[74] 因此，所有行业的企业都必须更具创新性才能生存，必须开发新技术，或者取得至少可比肩现有技术的创新成果，并不断对其进行改进。[75] 在这一过程中，大多数企业都需要一个先进的信息系统来支持它们的新产品开发工作。[76]

互联网为企业在扫描、监测、预测和评估宏观环境方面提供了卓越的能力。企业持续研究互联网的功能，以预测其如何帮助它们为客户创造更多价值，并预见未来的发展趋势。同时，互联网也为全球各地的企业带来了大量的机会和挑战。互联网促成的最重要的全球变化之一是数字平台（digital platform）的增加，这催生了被称为“共享经济”的社会经济系统。共享经济是一个利用信息技术将各方利益相关者联系起来的系统。[77] 这些系统不仅促进了信息的传递，还使企业能够通过共享其过剩的产品、服务和创新技术来创造更大的价值。

互联网影响深远，带来了许多潜在的机会和威胁，无线通信技术已成为公司所追求的一个明显的技术机会。手提装置和其他无线通信设备已运用于获取各种基于网络的服务。具有无线网络功能的手提电脑（多种类型）已成为沟通和贸易的主要形式。实际上，这些产品每一个新版本的推出，附加的一些功能和软件应用都为各类公司带来了许多机会和潜在威胁。

全球化因素

全球化因素（global segment）包括新兴的全球市场、不断变化的现有市场、重要的国际事件，以及全球市场重要的文化和制度特征。[78] 例如，在汽车行业中竞争的公司就必须对全球化因素进行研究。这一观点得到了以下事实的支持：各国消费者都愿意从世界各地购买汽车和卡车，而且最优秀的零部件供应商往往并不位于进行汽车组装工作的国家。

研究全球化因素时，公司应该意识到，商业市场的全球化为公司创造了进入新市场的机遇，同时企业也要面对来自其他经济体的新竞争对手的威胁。[79] 此外，预测一家公司的产品和服务在海外市场的接受度是充满挑战的，不同国家在政治和法律体系方面的差异，可能给全球化运营的公司带来难题。实际上，一家公司在某个国际区域采取的某些做法，尽管可能在当地带来了竞争优势，但换到另一个区域可能成为竞争劣势。[80]

当然，对于在外国市场开展业务的公司来说，它们面临着重大事件导致该国政治和经济状况发生剧烈变化的风险。以 2022 年俄乌冲突为例，西方企业如麦当劳、可口可乐和 IBM 纷纷暂停在俄罗斯的运作。同时，许多银行也冻结了俄罗斯账户，给贸易活动带来诸多不便。那些在俄罗斯投资的企业，如今很可能面临血本无归的风险。[81]

鉴于参与国际市场带来的威胁，许多公司采用更谨慎的方式在国际市场中进行竞争。

例如，家族企业，甚至是一些大型的家族企业，通常会采取一种比较保守的方式进入国际市场，这与它们开发和引进新技术的方式非常相似。它们试图管理自己的风险。[82]这些公司采用的是一种称为全球聚焦的方式。全球聚焦经常被具有中等国际运营水平的公司采用，主要通过聚焦全球利基市场来提高公司的国际化程度。[83]这种方式使公司可以建立和利用其核心竞争力，来控制利基市场中的风险。另一种控制国际市场风险的方式是公司将自己的运营和销售聚焦于全球市场中的某一地区。[84]这种方式的成功运用可以使公司与当地市场建立联系，获取关于当地市场的知识并加强与各方利益相关者的关系，这将有助于企业成功进行业务拓展。

公司参与全球竞争时，都应了解各种社会文化和制度特征。[85]例如，韩国倡导集体主义，这是许多亚洲国家的共同特征。同样，如之前提到的，中国特别强调“关系”，即个人之间的联系，而在日本，更注重“和”，即团体和谐和社会凝聚力。[86]中国政府在规划中扮演着核心角色。中国政府为企业与拥有先进技术的外国公司建立联盟提供了激励，期望通过时间积累知识，并将新技术引入中国市场。[87]因此，分析外国公司在海外寻求战略联盟时的意图非常重要，特别是当本地合作伙伴接收的技术可能在长期内削弱外国公司的竞争优势时。[88]

非正式经济在世界范围内的存在使其逐渐成为全球化因素分析的另一个方面。非正式经济是指那些具有市场价值但未被正式记录在企业组织活动之内的经济活动。[89]一些典型的例子包括非洲的小型巴士司机、全球各地摆摊的小贩，以及所谓的“零工经济从业者”——他们是独立的承包商，通常为多个不同的雇主短期工作。大约 60% 的全球人口在某种程度上参与了非正式经济活动。[90]非正式经济的规模正在不断增大，对公司的竞争行动和反应带来了影响，在正式经济中开展竞争的公司逐渐发现，它们正在与非正式经济中的公司进行竞争。

可持续自然环境因素

可持续自然环境因素（sustainable physical environment segment）是指自然环境中潜在的和实际的变化，商业活动就是要积极应对和处理这些变化，并以创造一个可持续自然环境为目的。[91]考虑到全球自然环境保护的大趋势，公司应该意识到，生态、社会和经济系统中发生的变化是相互影响的，这些因素是相互联系的全球社会的一部分。[92]不容忽视的一点是，由于激烈的社会运动的推动，企业对自然环境的影响的议题受到进一步的关注。鉴于可持续发展对全球企业的重要性日益凸显，这一议题不仅在本书多个章节中深入讨论，而且将持续成为讨论的焦点。

全球各地的企业正在采取行动保护环境，比如减少碳排放、重新造林以恢复工业化破坏的地区、通过新技术提高运营效率、减少浪费或增加可持续材料的使用。

一些认证计划帮助企业了解如何成为更可持续的组织。[93]例如，企业可以通过达到与可持续性相关的高标准业绩来获得 B 型企业认证（此类企业与仅追求盈利的组织显著不同，将在第 11 章进一步讨论）。[94]为了获得这种认证，企业必须证明其行为与所宣称的一致。ISO 标准在强调可持续性方面与此类似。[95]这些标准直接基于联合国的可持续发展目标（SDGs）。国际标准化组织（ISO）提供多种不同的认证计划。

几乎所有的大型公司都在名为“可持续性”或“企业社会责任”的报告中概述此类活动。然而，一些公司利用这些报告、社交媒体、广告活动和新闻稿来塑造一种公众认知，即它们在环境方面是负责任的，实际却并非如此。这种行为被称为“绿色洗钱”（在第 1 章中首次提及），它带来了一些非常真实的风险，即利益相关者可能会发现真相，从而失去对公司的信任。信任的丧失可能会引发利益相关者的负面反应，如销售损失、法律诉讼、负面的社交媒体宣传，或供应商不愿向公司供货。[96]

正如战略聚焦所揭示的，尽管部分企业通过所谓的“绿色洗钱”手段来营造一种承担社会责任的形象，但的确有很多企业身体力行地承担社会责任。肖氏工业集团（Shaw Industries）便是其中之一，它因卓越的可持续商业实践而享有竞争优势。

战略聚焦　肖氏工业集团通过在地毯制造行业中实施更环保的生产方式，积极应对环境挑战

正如上述讨论所示，了解总体环境各部分的变化和趋势，可以帮助企业识别机会和威胁。企业有必要建设一支具备经验、知识和敏感性的高层管理团队，以有效地分析公司总体环境中的条件，以及行业环境和竞争对手等信息。[97]接下来，我们将关注外部环境分析中其他重要的部分。

2.5　行业环境分析

行业（industry）由许多生产可相互替代的产品的公司组成。[98]在竞争中，这些公司相互影响。一般来说，当公司在某一特定的行业中竞争时，通常会采用不同的竞争战略组合来获取高额利润。一个行业的结构特征将会影响一个公司的战略选择。[99]

与总体环境相比，行业环境（主要以特征的形式进行衡量）对公司获取成功所采用的竞争行动和反应有更直接的影响。[100]研究一个行业，公司通常会考察五种力量。在给定的一个行业中，这五种力量会影响行业中所有企业获得利润的能力。[101]如图 2－2 所示，这五种力量分别是：新进入者威胁、供方议价能力、买方议价能力、替代品威胁以及竞争对手间的竞争强度。

图 2－2 所描述的五力竞争模型扩展了竞争分析的范围。过去，公司在分析竞争环境时，往往只关注与其直接竞争的公司。然而，公司需要从更广范围识别现有的和潜在的顾客，从而辨别现有的和潜在的竞争对手。例如，从广义上讲，通信行业包括媒体公司、电信公司、娱乐公司以及一些生产诸如智能手机等设备的公司。在这种环境下，公司必须对其他行业进行研究，确认自己已经具备了相应的能力（尤其是以技术为基础的能力），这是公司的产品和服务进行竞争的基础。

在研究行业环境时，公司还要意识到，供方（通过前向整合）和买方（通过后向整合）都有可能变成竞争对手。例如在制药行业，一些公司通过并购分销商和批发商实现

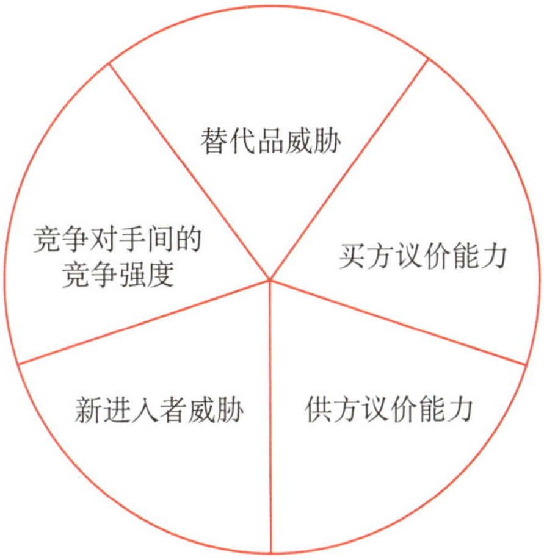

图 2－2　五力竞争模型

前向整合。另外，新进入市场的公司以及生产替代品的公司也可能成为竞争对手。

接下来，我们研究企业需要分析的五种力量，以了解其在参与竞争或在可能选择竞争的行业（或一个行业的一部分）的盈利能力。

新进入者威胁

识别新的进入者对公司是非常重要的，因为它们可能威胁到现有竞争者的市场份额。[102] 新进入者造成威胁的原因之一是，它们带来了额外的生产能力。除非产品或服务的需求增加，否则额外的产能会降低消费者的成本，从而导致竞争公司的收入和回报下降，而且新进入者往往对占有更大的市场份额有浓厚的兴趣，因此，新的竞争对手将迫使现有公司提高效率，并学习如何在新的领域进行竞争（例如，使用网络分销渠道）。

公司进入新行业的可能性主要取决于两个因素：进入壁垒和行业内现有公司的报复行为。进入壁垒增加了新公司的进入难度，即使进入，新公司也会处于竞争的劣势。高进入壁垒增加了行业中现有竞争者的利润，也使一些公司能够垄断整个行业。[103] 因此，在行业竞争中获得成功的公司都希望能维持高进入壁垒，以打消潜在竞争者的进入企图。

进入壁垒

行业中的现有公司（尤其是获得超额利润的公司）会设法增加进入壁垒来阻挠潜在的进入者。总的来说，那些北美和西欧的工业化国家对于进入壁垒（关于公司如何建立进入壁垒，以及可以通过哪些路径克服这些壁垒）了解更多。与之相反，像中国这样发展快速的新兴市场对于进入壁垒的了解相对较少。

当考察一个行业的环境时，可以考虑到有多种不同的市场进入壁垒。在一个特定行业中开展竞争的公司会对这些壁垒进行研究，以确定它们的竞争位置在多大程度上能够降低新竞争者进入行业并与之竞争的可能性。那些考虑进入某一行业的公司也会对进入壁垒进行研究，以确定占据行业中具有吸引力的竞争位置的可能性。接下来，我们将讨论几种重要的进入壁垒，这些进入壁垒可能会阻止竞争者进入市场，也可能会使一个公司在现有竞争市场中维持竞争力。

规模经济 规模经济是指随着规模的不断扩大，公司通过经验的积累而使效率不断提高。因此，一定时期内随着产品产量的不断增加，单位产品的成本不断下降。新进入者不太可能快速地达到能使其发挥规模经济效应的产品需求水平。

规模经济可以通过许多商业功能来实现，如营销、制造、研发和采购等。[104]有时，公司会形成战略联盟或建立合资企业以获得规模经济。战略联盟中的一种形式是合资企业，即两个或多个企业共同持有为实现特定战略目标而组建的公司的股份。战略联盟的目标是实现规模经济。另外，有的公司也会通过兼并对手来建立规模经济，并提升市场份额。

产品差异化 随着时间的推移，顾客可能会认为公司的产品是独特的。这种认知可能来自公司对顾客的服务、有效的广告、率先提供某种产品或服务的行为。[105]消费者认为产品的独特性越高，越可能持续地购买公司的产品。为了战胜独特性，新进入者经常低价销售产品，但这种做法会导致公司的利润下降，甚至是亏损。

可口可乐公司和百事公司都在软饮料市场建立了强大的品牌，并在世界范围内开展竞争。由于每个公司都耗费了大量的资源来建立品牌，因此其顾客具有很高的忠诚度。在考虑进入软饮料市场时，潜在的进入者需要好好想一想，如何才能战胜该行业两大巨头塑造的品牌形象和顾客忠诚。

资本要求 进入新行业竞争，需要公司投入足够的资源。除了实体设施，资本也是库存、市场营销活动以及其他重要职能的基础。即使新行业具有吸引力，公司也可能由于缺乏成功进入该行业所必需的资本而放弃该市场机会。[106]例如，进入国防行业就很难，因为公司必须投入大量的资源才能获得竞争力。另外，由于该行业对知识水平要求极高，因此，其他公司可能会通过兼并行业内现有公司来进入该行业，但前提是公司必须有足够的资本。

转换成本 转换成本是顾客转向不同供应商购买产品时产生的一次性成本。购买新的辅助设备，重新培训员工，甚至是结束原有购买关系的心理成本，都会产生转换成本。在有些情形下，转换成本比较低，如顾客购买不同品牌的软饮料。转换成本还会随时间发生变化。例如，考虑到毕业的学分要求，低年级学生转换学校的成本就比高年级学生转换学校的成本要低。

有时，制造商做出的生产创新型产品的决定，会给消费者带来较高的转换成本。顾客忠诚计划，如航空公司的里程累积计划，目的就是增加顾客的转换成本。如果转换成本高，那么新进入者只能利用超低的价格或更好的产品来吸引顾客。一般来说，双方关系越紧密，顾客转换成本越高。

分销渠道的获得 随着时间的推移，行业的竞争者普遍都学会如何有效地分销产品。在与分销商建立关系之后，公司会细心地培育双方的关系，以增加分销商的转换成本。分销渠道也会成为新进入者的进入壁垒，非耐用消费品市场（比如，百货商店的货架空间是有限的）和国际市场更是如此。[107]新进入者必须设法说服分销商经销它们的产品，即在原有销售产品之外增加新进入者的产品，或者替代现有的产品。降价和广告费用补贴经常用来达成这一目的，然而这些做法会降低新进入者的利润。当然，对于进行网络产品销售的公司来说，分销渠道并不会成为进入壁垒。

与规模无关的成本劣势　有时，现有公司的成本优势是新进入者无法复制的，比如独有的产品技术、唯一的原材料获取途径、优越的地理位置以及政府津贴等。新进入者要想成功开展竞争，就必须减少与这些因素的战略相关性。比如，送货上门可以抵消地理位置的劣势，处于不利位置的新食品店经常会采取这种做法。商业模式的创新可能是当前零售业生存和成功的关键。[108]

政府政策　通过对颁发执照和许可证等这类事项的决定权，政府可以对企业进入一个行业实施控制。对于酒类零售业、广播和电视业、银行和运输业，政府的决策和做法对进入这类行业的可能性有较大影响。另外，为了保证服务质量和保护就业，政府通常会限制其他公司进入某些行业。政府对外国公司的进入加以控制也比较常见，尤其是一些被认为对国家经济和重要市场非常重要的行业。[109]

政府关于反托拉斯的决定和政策也会影响进入壁垒。例如，在美国，司法部反托拉斯司（Antitrust Division of the Justice Department）或联邦贸易委员会（Federal Trade Commission，FTC）有时会拒绝一些合并计划，因为官员们认为批准合并会形成在某一行业过于占主导地位的公司，从而导致不公平竞争。在一个典型案例中，美国联邦贸易委员会（FTC）提起诉讼，试图阻止主要国防承包商洛克希德·马丁公司收购 Aerojet Rocketdyne Holdings。FTC 认为，这笔交易将对其他国防承包商造成不利影响，并可能导致对国家安全至关重要的国防行业出现过度整合。[110]

预期的报复　公司在进入某个行业时，还需要估计该行业中现有公司的反应。如果预计反应是迅速的、激烈的，则会减小公司进入的可能性。如果现有公司与行业利益攸关（如大量无法用于其他用途的专用固定资产），或者拥有大量的资源，行业增长缓慢或受到限制，那么现有公司的报复行为会比较激烈。[111] 例如，由于营运能力过剩，任何企图进入航空业的公司都会遭到现有航空公司的激烈报复。

如果新进入者定位于现有公司未能提供服务的利基市场，则可以避开进入壁垒。一些小的创业公司是最适合识别和服务于那些被忽视的细分市场的。本田公司最初进入美国摩托车市场时，将重点放在被哈雷-戴维森（Harley-Davidson）这样的公司忽略的小型摩托车市场。通过定位于利基市场，本田避开了与知名公司面对面的激烈竞争。在地位巩固后，本田公司通过引入大型摩托车向对手发起进攻，开始在更广阔的市场上开展竞争。

供方议价能力

提高价格和降低产品质量是供方对公司施加影响的手段。如果公司无法通过自身的价格结构来弥补由供方引起的成本的增加，那么它的盈利能力就会因供方的行为而降低。[112] 下列情形中供方将更具议价能力：

- 与产品销售市场相比，供方市场只由少数几个大公司控制，市场集中程度更高。
- 供应商的产品没有很好的替代品。
- 对供应商而言，行业内公司不是重要的客户。
- 供应商的产品是行业内公司获得成功的关键。
- 供应商产品的有效性增加了行业内公司的转换成本。
- 供应商通过前向整合进入买方的市场而对公司造成威胁。如果供应商拥有充足的资源并能提供高度差异化的产品，那么这种威胁的可能性将增大。[113]

一些买方通过发展与供应商之间的长期关系来管理或降低供应商的议价能力。尽管长期协议降低了买方的议价能力，但提高了供应商的动力，使其在更为长期的关系中给予帮助和保持合作（保证销售）。当合作伙伴之间形成对彼此的信任时，这一点尤为准确。[114]

买方议价能力

公司总是追求投资回报最大化，买方（行业内的顾客或公司）则总是希望以尽可能低的价格购买产品——在这个价格上，行业只能获得可接受的最低投资回报率。为了降低成本，买方会要求更高的质量、更高水平的服务和更低的价格。[115]通过鼓励公司间的竞争可以达到这些目的。顾客（买方群体）在下列情况下具有更强的议价能力：

- 买方的购买量占整个行业产出的比例很大。
- 买方购买产品的总数额占销售方年收入的比重很大。
- 买方的转换成本很低。
- 行业产品差别不大或者是标准化产品，买方可以后向整合进入销售方的市场而带来实实在在的威胁。[116]

在许多行业，顾客能够获得更多的有关制造商成本的信息，以及互联网给销售和分销带来的影响，都增强了买方的议价能力。

替代品威胁

替代品是指外部特定行业生产的，与本行业的产品和服务具有类似或相同功能的产品和服务。例如，作为食糖的替代品，纽特公司（NutraSweet）生产的甜味剂（以及其他食糖替代品）虽然和食糖不同，功能却相同，它制约了食糖生产商的产品价格上限。

过去 20 年里，报纸的销售量大幅下滑，原因在于出现了各种随处可得的新闻传播替代品，如互联网、有线电视新闻频道、电子邮件和智能手机。同样，卫星电视、网络和通信公司提供的电视、互联网和手机等媒体服务也可相互替代。许多电子设备提供的服务与个人电脑（如笔记本电脑）重叠，如平板电脑、手表（iWatch）等，它们正在改变个人电脑市场，因为市场上有了更多选择。

总而言之，如果顾客的转换成本很低，甚至为零，或者替代品的价格更低而质量或功能却等同甚至超过竞争产品，那么替代品会给公司带来很大的威胁。有趣的是，一些生产替代品的公司已经开始组成品牌联盟，研究表明，当两种产品的质量相当时，这种联盟就是有效的。如果在质量上存在差异，那么拥有更高质量产品的公司将从这种联盟中获得较低的回报。[117]在顾客认为有价值的方面（如质量、售后服务、位置）进行差异化，则可以减少替代品的吸引力。

竞争对手间的竞争强度

行业中各公司是相互制约的，一个公司的行为会引起其他公司的反应。在许多行业中，公司间竞争相当激烈。如果公司受到竞争对手的挑战，或者发现了一个改善市场地位的机会，竞争往往会加剧。[118]

同一行业内很少有完全相同的公司，各公司在资源、能力方面总会有所不同，并会努力寻求与竞争对手的差异。通常公司会在顾客认为有价值的方面寻求与竞争对手产品的差异，以此来获得竞争优势。竞争的维度一般包括价格、售后服务以及创新。最近，公司开始快速行动（在市场中加快推出新产品）以获得竞争优势。[119]

接下来我们将讨论经过实践证明的、对竞争强度有重要影响的几个显著因素。

大量的或势均力敌的竞争者

公司数量较多的行业中，竞争往往非常激烈。竞争对手的数量较多时，少数公司会片面地认为，它们的行动不会引来竞争对手的反应。然而，有证据表明，其他公司通常会密切注意竞争者的行动，并且做出适当的反应。另一个极端是，行业内只有少数几个势均力敌的公司，竞争也会很激烈。这些拥有相同规模和资源基础的公司，会有强有力的行动和反应。波音和空中客车之间、可口可乐和百事之间的竞争，就是势均力敌的对手间竞争的典型例子。

缓慢的行业增长

当市场处于增长阶段时，公司会设法有效地利用资源以满足更多的顾客。市场规模的增长降低了公司与竞争对手争夺顾客的压力。然而，在无增长或增长缓慢的市场上，由于要吸引竞争对手的顾客来扩大自己的市场份额，公司间竞争激烈。当然，这也是快餐行业的状况，麦当劳、温迪（Wendy's）、汉堡王（Burger King）都在利用各自的资源、能力和核心竞争力相互争夺顾客。竞争引起的行业的不稳定会导致所有参与竞争的公司的利润下降。

高额的固定成本或库存成本

如果在总成本中固定成本的比例较大，公司就会设法最大限度地利用生产能力，因为产出的增加可以分摊成本。然而，当每个公司都试图使产能最大化时，就会导致整个行业的产能过剩。为了减少库存，公司一般会降低价格，向顾客提供折扣或其他特殊折扣。然而，这种做法通常会加剧竞争。在高库存成本行业，经常可以见到行业产能过剩导致公司间激烈竞争的情况。例如，由于一些易腐食品的价值会随着时间的推移而迅速降低，当库存增加时，制造商经常采用价格策略迅速甩卖这类产品。

缺少差异化或转换成本低

一旦顾客发现了一种能够满足需求的差异化产品，他们以后还会经常购买这种产品。

如果行业中的公司能够成功实现产品差异化，公司间的竞争程度就会降低。开发并保持竞争对手难以模仿的差异化产品，可以使公司获得高额利润。然而，如果购买者认为产品都是同质化的（即缺乏差异化特征和能力），那么竞争将会加剧。在上述例子中，顾客的购买决策是以价格为基础的，较少考虑服务。

个人电脑就是一种同质化商品，并且消费者从一个电脑制造商转向另一个电脑制造商的成本非常低。因此，戴尔、惠普、联想以及其他电脑制造商之间的竞争异常激烈，这些公司也一直在想方设法使自己的产品具有差异化特征。苹果的电脑产品拥有许多独特的功能，这些功能增加了用户转向其他品牌产品的难度。这正是苹果能够为其个人电脑设定更高价格的部分原因。

重要的战略利益

如果行业中的几家公司都重视好的业绩表现，竞争就会比较激烈。三星在多元化的业务中竞争（例如半导体、石油化工、时装、医药、高层建筑施工等领域），对于苹果公司来说，三星是全球智能手机市场中强劲的对手。三星投入了大量资源来开发创新产品，以此作为在销售手机这一特定产品方面超越苹果的基础。由于该市场对两家公司至关重要，它们（以及与其他竞争对手）之间的智能手机竞争预计会持续保持异常激烈的态势。

高退出壁垒

有时，即使公司的资本回报率很低甚至为负，公司还是坚持竞争。之所以做出这样的决策，原因之一是退出壁垒很高，尽管公司继续留在行业内盈利具有不确定性，但是诸如经济的、战略的和情感的因素使它们不得不这样做。

常见的退出壁垒包括：

- 专用资产（只在特定的产业或地区有价值的资产）。
- 退出的固定成本（如劳动合同）。
- 战略相关性（相互依存的关系，如一种业务与公司其他运营部门的关系，包括共享的设备和金融市场的准入）。
- 情感障碍（出于对自己职业的担心，保持对员工的忠诚等原因，不愿采取经济合理的商业决策）。
- 政府和社会约束（基于政府对失业和地区经济的考虑）。

航空业的退出壁垒特别高。在该行业最困难的时期，也没有任何一家主要航空公司退出市场。幸运的是，全球疫情之后，该行业的收入有所回升。航空公司一直通过规模经济提高效率，采取合并航线、收购等方式，扩展其服务覆盖区域。因此，多年来始终进行着行业整合。[120]

解读行业分析

有效的行业分析源于对各种来源的数据和信息的仔细研究和解读。对某一行业具体数据的分析，有利于公司更好地了解该行业的竞争实况。全球化使公司在进行行业分析时必须考虑两个因素，即国际市场和竞争对手。由于全球市场的不断发展，国家界限已经不能限制行业的结构。事实上，一般来说，进入国际市场为新合资公司和现有公司提供了更多成功的机会。[121]

在一个给定行业中，借助行业五力分析，公司可以判断行业的吸引力，即能否给公司带来平均利润或超额利润。一般来讲，竞争越激烈，公司通过实施战略产生的潜在盈利越低。对于一个缺乏吸引力的行业而言，进入壁垒往往比较低，供方和买方的议价能力比较强，替代产品的竞争威胁比较大，竞争也比较激烈。这些行业特征使公司很难获得战略竞争力和超额利润。相反，有吸引力的行业的进入壁垒会比较高，供方和买方的议价能力比较弱，替代品的竞争威胁比较小，竞争相对缓和。[122]

接下来我们将讨论行业竞争中的战略集团。

2.6 战略集团及其影响

战略集团（strategic group）是指重视相似的战略维度，采用相似战略的公司。[123] 肖氏工业集团，本章前面介绍过的企业，是美国佐治亚州地板制造业战略集团的一部分，该集团中的大多数公司同样位于佐治亚州。战略集团内部公司间的竞争，比战略集团外公司之间的竞争以及战略集团之间的竞争更为激烈。战略集团内业绩的领先者采用与战略集团内其他公司相似的战略，同时又保持着战略的独特性，以此为获取超额利润的基础。[124] 技术水平、产品质量、定价策略、分销渠道和客户服务等方面，是战略集团中的企业可能采取相似策略的几个维度。

战略集团的概念对于分析行业竞争结构是非常有用的。这种分析可以帮助公司判断竞争状况、定位以及行业内公司的盈利情况。高流动性壁垒、竞争的激烈性和资源的不足限制了战略集团的形成。[125] 然而，战略集团一旦形成，战略集团内公司的关系在一段时间内会比较稳定。利用战略集团理解行业的组织结构时，要求公司根据战略的维度，如价格策略、产品质量、分销渠道等，预先计划竞争行动和竞争反应。这种类型的分析表明公司是如何在相似的战略维度中进行相似的竞争的。

战略集团具有以下几层含义：第一，由于战略集团内的公司向相同的顾客群提供相似的产品，所以它们之间的竞争很激烈。竞争越激烈，每个公司获得利润的威胁越大。第二，不同战略集团的行业五种力量的强度是不一样的。第三，不同战略集团的战略越接近，战略集团间竞争的可能性越大。

传统百货商店零售商正面临严峻挑战。像西尔斯（Sears）、梅西百货（Macy's）和杰西潘尼（J. C. Penney）这样的老牌企业都在苦苦挣扎，主要是因为它们忽视了竞争对手，而这些竞争对手已迎头赶上。沃尔玛（Walmart）和塔吉特（Target）等折扣店侵蚀了它们的市场份额，这些折扣店提供更多高质量商品，消费者原本是在更高端的百货商店购买此类商品的。目前的主要竞争者是强大的亚马逊（Amazon）。亚马逊不仅在与实力较弱的零售商的竞争中获胜，甚至在与 Alphabet（谷歌的母公司）和沃尔玛的竞争中也占据了上风。此案例的启示在于：即便是极为成功的企业也必须持续分析和研究竞争对手，以维持市场领导地位。如果亚马逊继续有效地跨行业分析其竞争对手，那么有个问题必须思考：它的竞争对手们还有机会战胜它吗？[126]

2.7 竞争对手分析

竞争者环境是外部环境中最后一个需要研究的内容。竞争对手分析聚焦于直接竞争的公司。可口可乐和百事、家得宝和劳氏（Lowe's）、家乐福和特易购（Tesco）、亚马逊和谷歌都是竞争对手的一些实例，它们都对竞争对手的目标、战略、假设和能力非常感兴趣。事实上，为应对激烈的竞争，更需要对竞争对手做充分了解。[127]在竞争对手分析中，公司希望了解的信息包括：

- 竞争对手的驱动因素是什么，即它未来的目标；
- 竞争对手正在做什么，能做什么，即它当前的战略；
- 竞争对手对行业有何看法，即它的假设；
- 竞争对手的能力是什么，即它的优势和弱点。[128]

上述四个维度的知识，可以帮助公司对每一个竞争对手制定有针对性的反应预案（见图 2－3）。对竞争对手的有效分析有助于公司了解、解读和预测竞争对手的行动和反应。显然，若能对竞争对手的行动和反应了如指掌，公司就有能力在行业竞争中获得成功。[129]研究表明，管理者经常忽略对竞争对手的竞争行动做出反应，结果导致公司处于竞争的不利地位。[130]全球汽车产业的发展演变揭示了主要汽车制造商之间激烈的竞争态势，这种竞争是由它们各自的战略目标和所追求的成功所激发的，同时，这也反映出对行业的错误预判可能导致丧失竞争优势。

战略聚焦　推动全球汽车产业演进的一般力量和竞争性力量

对竞争对手进行有效分析的关键是收集数据与信息，以帮助公司了解竞争对手的意图和战略含义。[131]有效的数据与信息相互结合便形成了**竞争对手情报**（competitor intelligence），这是公司收集的一组数据，用来更好地了解和预测竞争对手的目标、战略、假设和能力。在竞争对手分析中，公司不仅要收集有关竞争对手的情报，而且要收集世界各国相关的公共政策信息。这些信息有助于了解国外竞争对手的战略态势，还可以使公司制定出有效的战略决策，与竞争对手展开竞争。

当被问到对竞争情报的理解时，“竞争间谍”“商业间谍”这样的词经常会出现在人们的脑海中。这些词暗示竞争情报是一种涉及交易的活动。[132]之所以会有这样的理解，原因在于不同国家对于“什么是道德的”所持的观点是不同的。这进一步说明，在不同国家收集竞争情报时所遵守的基本约定并不完全相同。[133]只有在收集竞争情报时恪守道德和法律，公司才有可能避免法律纠纷和道德困境。[134]也就是说，行为道德和法律法规是公司收集竞争情报的基础。

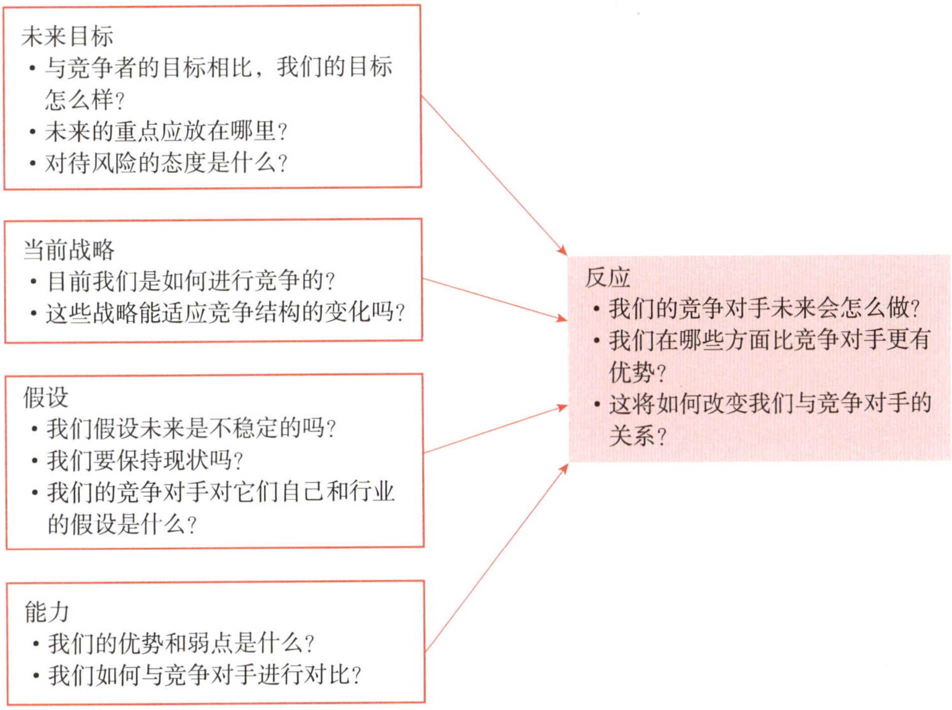

图 2－3　竞争对手分析的构成

在收集竞争情报时，公司还需要注意互补公司的产品和战略。[135] **互补公司**（complementors）是指那些销售和本公司产品或服务相互兼容的互补产品或服务的公司或公司网络。[136] 当互补公司的产品或服务能够对另一个公司的产品或服务提供功能时，也会反过来为该互补公司创造额外的价值。互补者在商业生态系统中扮演着关键角色。**商业生态系统**（business ecosystem）是一个由众多相互关联的组织构成的复杂网络，这些组织包括供应商、客户、政府机构、技术提供者、资金提供者以及其他利益相关者。这些组织通过竞争与合作，共同致力于实现特定的、与产品或服务相关联的价值主张。[137]

许多公司的产品或服务都可以作为其他公司的互补品。例如，小型家用照片打印机就是数码照相机的互补品。英特尔和微软或许是世界上最大的互补公司，微软产品上的标识“英特尔处理器”表明了两者之间的关系，虽然不是直接的买卖关系，但是它们的产品有很高的互补性。

航空公司间的运营联盟（如寰宇一家（Oneworld）和星空联盟（Star））使这些公司可以共享路线结构和忠诚顾客计划，以此作为公司运营的互补。（联盟和其他合作战略将会在第 9 章进一步描述。）我们在这里所考虑的例子中，每一个联盟都是一个互补的网络。美国航空（American Airlines）、英国航空（British Airways）、芬兰航空（Finnair）、日本航空（Japan Airlines）以及斐济航空（Fiji Airways）都是寰宇一家的航空公司。加拿大航空（Air Canada）、中国国际航空（Air China）、新西兰航空（Air New Zealand）、汉莎航空（Lufthansa）以及美国联合航空（United Airlines）是星空联盟的五家航空公司。这些联盟都在不断地调整成员和提供的服务，以更好地满足消费者的需求。

如上所述，在进行完整的竞争对手分析时，必须评估互补公司中隐藏的竞争对手。从这一层面上讲，美国航空和美国联合航空在多样化路线上彼此都将对方视为直接竞争对手，但从作为不同联盟的成员（美国航空是寰宇一家成员，美国联合航空是星空联盟成员）来讲，它们为互补公司。在考虑了所有这些情况下，竞争对手分析应该以道德承诺和行动为基础。

道德思考

公司在收集竞争对手情报时，必须遵循相关的法律法规以及明确的道德准则。行业协会通常会做出此类规定，包括：

1. 收集公开的、可获取的信息（比如法庭记录、竞争对手的招聘广告、年报、上市公司的财务报告、《统一商法典》的条款）。

2. 在贸易会议和展览会上收集竞争对手的宣传册，参观展览，参加产品讨论会。

有些活动，如勒索，非法侵入，窃听，偷盗图样、样品和文件，则普遍被认为是不道德的行为，通常也是违法的行为。

虽然有些获取竞争情报的行为可能是合法的，但是如果公司希望成为企业公民，那么它必须判断这些行为是否符合道德规范，尤其在电子传输中，往往很难判断法律与道德之间的界限。例如，一家公司的电子邮箱可能与竞争对手的相似，因此，有时就会收到原本发给竞争对手的电子邮件。这意味着公司面临的挑战不仅在于决定如何收集竞争对手情报，还在于如何阻止竞争对手获取太多关于自己的信息。为了应对这些挑战，公司应该有统一的原则和行动。

对于公司而言，专业协会也能够作为一种竞争情报的信息来源。例如，战略和竞争情报专业人员协会（Strategy and Competitive Intelligence Professionals Association）以帮助公司“通过竞争情报更好地决策”为使命，当公司决定如何收集竞争情报时，它会为公司提供可能会用到的专业实践和道德标准的准则。[138]

公开情报收集技术可以帮助公司让雇员、客户、供应商，甚至是潜在的竞争对手相信，它在收集竞争情报的过程中会遵循道德准则。收集竞争对手情报的基本指导方针就是尊重一般道德准则以及竞争对手保护产品、经营战略意向等信息不被泄露的权利。

通过总体环境分析、行业分析、竞争对手分析和互补者分析所收集的信息，都需要被妥善地组织和评估，并且反馈给能够利用这些信息做出明智战略决策的管理者。第 1 章介绍的信息技术在这一过程中发挥着关键作用。

小　结

公司的外部环境兼具挑战性和复杂性。鉴于外部环境对公司业绩的影响，公司必须提高分析技巧，以识别环境中的机会和威胁，这也是外部环境的一部分。

外部环境主要包括三部分：

1. 总体环境（社会中影响行业和公司的所有领域和因素）。
2. 行业环境（影响公司的竞争行动、反应以及行业潜在盈利能力的因素）。
3. 竞争者环境（分析主要竞争对手的未来目标、当前战略、假设和能力）。

扫描、监测、预测和评估是外部环境分析过程的四个步骤。有效运用这一过程有助于公司识别机会和威胁。

总体环境包括七个因素：人口统计、经济、政治/法律、社会文化、技术、全球化和可持续自然环境。公司需要针对每一个因素，确定战略与环境变化趋势间的相关性。

与总体环境相比，行业环境对公司竞争行动和反应的影响更直接。五力竞争模型包括：新进入者威胁、供方议价能力、买方议价能力、替代品威胁以及竞争对手间的竞争强度。通过研究这些力量，公司可以确定自己在行业中的位置，从而使这些因素朝有利于自己的方向发展，或者避开这些因素的不利影响，获得竞争优势和超额利润。

行业中存在不同的战略集团。战略集团是一组在相似维度上具有相似战略的公司。战略集团内公司间的竞争比战略集团间的竞争更为激烈。

竞争对手分析可使公司了解直接竞争对手的未来目标、当前战略、假设和能力。一个完整的竞争对手分析还应该对互补公司加以考察，它们为竞争对手战略的形成和实施提供了支持。

收集竞争对手的情报有多种方法，收集的一系列数据、信息和知识可以使公司更好地了解竞争对手，并预测它们可能采取的竞争行动和反应。公司只能通过符合法律和道德的方法来收集情报。互联网提高了公司对竞争对手及其战略意图的认知能力。

关键术语

商业生态系统（business ecosystem）

竞争对手情报（competitor intelligence）

竞争对手分析（competitor analysis）

互补公司（complementors）

人口统计因素（demographic segment）
经济因素（economic environment）
总体环境（general environment）
全球化因素（global segment）
行业（industry）
行业环境（industry environment）
机会（opportunity）
政治/法律因素（political/legal segment）
社会文化因素（sociocultural segment）
可持续自然环境因素（sustainable physical environment segment）
战略集团（strategic group）
威胁（threat）
技术因素（technological segment）

复习题

1. 为什么公司研究和了解外部环境是非常重要的？
2. 总体环境和行业环境之间的区别是什么？为什么这些区别是重要的？
3. 外部环境分析的过程（四步）是什么？通过这一过程公司想要了解什么？
4. 总体环境的七个因素是什么？解释它们之间的区别。
5. 五种竞争力量是如何影响行业潜在盈利能力的？请解释。
6. 什么是战略集团？战略集团的相关知识对公司战略的形成有何价值？
7. 收集和解释竞争者的数据和信息有何重要性？公司在收集竞争对手情报时应遵循哪些规则？为什么？

微案例 Instacart 在快速演变且竞争不断加剧的环境中探索新的成功路径

Instacart，由前亚马逊员工阿波瓦·梅塔（Apporva Metha）创立，自 2012 年起就已成为移动购物领域的领头羊，为客户提供通过智能手机购买杂货的便捷服务。2017 年，随着亚马逊对全食超市（Whole Foods Market）的收购，Instacart 的业务得到了迅猛扩张，众多零售商寻求通过扩展其在线销售渠道以适应这一变化。新冠疫情的暴发加速了这一增长趋势，消费者和零售商对在线服务的依赖性显著增加。在 2019—2020 年期间，Instacart 的销售额实现了 330% 的增长，年交易量也翻了两番。公司开始配送非杂货类商品，并吸引了包括百思买（Best Buy）和迪克体育用品（Dick's Sporting Goods）等在内的新客户。疫情之前，Instacart 在线杂货配送市场的份额为 20%，到了 2020 年，其市场份额已经增长至 40% 。目前，Instacart 拥有超过 750 家零售商客户，并成功从投资者那里筹集了 6 亿美元的资金。

然而，在快速增长的行业中，新的竞争对手总是层出不穷。实际上，到 2021 年在线杂货和配送应用行业共筹集了超过 250 亿美元的风险资本。新兴竞争者 Gopuff 通过自己的配送中心配送商品，而 DoorDash 则推出了 DashMarts，从自己的商店配送便利商品和食品。在纽约市的一个区域，DoorDash 甚至能在 10 ~ 15 分钟内完成本地配送。仅在纽约，其他的配送服务商还包括 Fridge NoMore、Gorillas、Buyk 和 JOKR 等。由于竞争的加剧和疫情期间相关增长的放缓，2021 年，Instacart 的销售额增长仅为 15%。

为了应对销售增长的放缓和新的竞争，Instacart 曾与 DoorDash 探讨合并的可能性，但最终未能达成协议。与优步的交易尝试也未能成功。除此之外，Instacart 还收购了一家制造自动化购物车的公司和一家提供餐饮软件的公司。公司内部推出了新的“Instacart 平台”，包括仓库、广告和店内服务，并宣布将对克罗格（Kroger）等主要零售商的配送时间缩短至 30 分钟。尽管采取了这些大胆举措，在 2022 年初公司仍不得不将其估值削减约 38%，以应对配送市场竞争的困难。此外，Instacart 还失去了其首席执行官卡罗琳·埃弗森（Carolyn Everson），她是 Meta 的前员工，她取代创始人阿波瓦·梅塔担任首席执行官，可是仅仅四个月后就离开了公司。

与此同时，沃尔玛的举措将为 Instacart 等配送服务公司带来更大的挑战。随着疫情引发的电子商务热潮逐渐平息，该零售巨头正致力于提供新的家庭配送方式，同时也在寻求更高效的方法来管理其在线库存。截至 2022 年初，DoorDash 等第三方公司承担了沃尔玛的大量家庭配送服务，已覆盖其 3 400 多家门店。除此之外，沃尔玛还在试验用自己的员工进行家庭配送，沃尔玛也在探索使用无人驾驶配送车辆。

无人机配送正逐渐变为现实。2022 年，Alphabet 子公司 Wing 在达拉斯-沃斯堡地区启动了无人机配送系统。这一系统之所以引人注目，是因为 Wing 的最大客户沃尔格林联合博姿集团（Walgreens Boots Alliance）正在运营该系统。沃尔格林为客户提供了 100 种商品选择，包括一些流行的非处方药品和家庭用品。Wing 也为其他客户，包括得克萨斯州弗里斯科的 Blue Bell Creameries 提供无人机配送服务。

未来，Instacart 打算通过为超市顾客提供基础设施和在线工具、开发智能购物车，以及建立商店结账区和配送中心来扩大其企业技术业务。这些战略布局是否足以应对环境的变化和日益激烈的竞争，还有待进一步观察。

资料来源：S. Bhattacharyya，2022，Alphabet unit launches drone delivery in Texas，*Wall Street Journal*，April 8：B3；J. Kang，P. Rana，& C. Driebusch，2022，Instacart hits volatility after boom，*Wall Street Journal*，April 6：B4；S. Nassauer，Walmart pushes new delivery services for a post-pandemic world，*Wall Street Journal*，www. wsj. com，February 27；A. Loten，2022，Food delivery startups look for new ways to sustain growth，*Wall Street Journal*，www. wsj. com，February 14；J. Kong，2022，Instacart cuts valuation by nearly 40%，*Wall Street Journal*，www. wsj. com，March 25；L. Forman，2022，Fast grocery delivery can't make fast money，*Wall Street Journal*，www. wsj. com，January 11.

讨论题

1. 进入家庭配送业务的难度有多大？需要哪些条件？进入这一市场的主要障碍是什么？

2. 你认为投资者为何持续向家庭配送业务注入资金？换句话说，是哪些主要因素在推动这一行业的整体增长？

3. 未来可能会出现哪些新技术，它们将如何改变杂货和其他商品的配送方式？

4. 配送公司应如何使自己在竞争中脱颖而出？

5. 你现在会考虑投资 Instacart 吗？你的决定是基于哪些考虑？

注释

第3章

内部环境：资源、能力、核心竞争力和竞争优势

学习目标

1. 解释公司为何需要研究和了解内部环境。
2. 定义价值并讨论其重要性。
3. 描述有形资源与无形资源之间的区别。
4. 定义能力并讨论能力的开发。
5. 描述资源和能力成为核心竞争力的四个标准。
6. 解释如何通过价值链分析来识别公司在哪些环节可以利用资源、能力和核心竞争力来创造价值。
7. 定义外包并讨论外包的原因。
8. 讨论识别公司内部的优势和劣势的重要性。

引例 新冠疫情大流行时期展示了大数据核心分析能力在制药行业的价值

也许这有些出乎意料，但到目前为止，在某些组织中战略性地运用数据的想法仍然有些新奇。然而，正如第 1 章所提到的，大数据和大数据分析正变得越来越流行。有一些人认为，在如今的时代，如果一个组织想要创新，那么至少应该快速学会如何通过每一种消费者渠道（手机、网络、电子邮件和实体店）和整个供应链全面应用大数据分析。

大型制药公司，如默克（Merck）、辉瑞（Pfizer）、罗氏（Roche）和强生（Johnson & Johnson），在全球疫情之前不断面临创新的挑战。它们经常将重心放在市场推广而非新药的研发上。它们的投资回报率（ROI）从 10 年前的 10% 跌落至大约 3%。实际上，在盖洛普（Gallup）的一项调查中，消费者对制药行业的好感度排在了 20 多个行业中的末位。

面对销售增长缓慢和创新能力不足，许多制药公司在疫情暴发前就开始培养大数据分析的核心能力。这在一定程度上是因为医疗保健交付的环境和医疗改革的变化，为了保持竞争力，它们必须提高大数据分析能力，以应对所要研究和解读数据量的大幅增加。

全球疫情凸显了发展大数据分析能力给制药公司带来的多方面好处。为了应对新冠疫情，需要

在短时间内分析大量数据，这被认为将根本改变制药公司未来的运作模式。大数据分析帮助公司迅速识别试验对象，加速招募进程，改进临床试验的纳入和排除标准，并发现产品的新用途。特别是辉瑞公司，通过新冠疫苗的销售大幅提高了销售额和现金流，加强了对信息技术的投资，以期在未来获取更好的表现。

在培养大数据分析能力的同时，许多大型制药公司也投资于人工智能（AI）。AI 能够分析多种信息集合，如临床试验、健康记录、基因档案和临床前研究（preclinical studies）等数据。AI 可分析整合这些数据，识别模式并提出关于数据间关系的假设。新药研发通常需要大约十年的时间和高达数十亿美元的投资，而只有大约 5%的药物能成功上市。预计 AI 的使用将把研发初期所需的时间从 4 ~6 年缩短至 1 年，大幅度减少开发时间和成本。

正如本章所讨论的，能力是发展核心竞争力的基础。大型制药公司需要具备一系列大数据分析能力，以构建其核心竞争力，包括支持性架构、合适的数据科学家团队，以及灵活、可扩展的技术，能够整合和管理各种新数据源，同时确保数据治理、数据质量和数据安全维持在最高标准。

大数据分析能力很可能成为制药公司未来成功的关键，具备这一能力的企业将超越竞争对手。这一竞争性行业预计在全球范围内竞争更加激烈。中国大多数制药公司规模居中，销售仿制药和治疗性药物，其研发投资仅占发达国家大型制药公司的约 25%。然而，中国有计划发展大型且具有竞争力的制药企业，同时还有一个目标，就是成为全球 AI 领域的领导者，这将促进此类制药企业的创新。

面对开发大数据分析和 AI 的前期成本，大型制药公司的高层管理者们感到了压力。他们希望这些领域的投资能够降低成本，提高新药研发的成功率。尽管如此，分析师预计，制药行业将有更多的并购活动，大型制药公司将收购成功的中型制药和生物技术公司。例如，2021 年 12 月，辉瑞同意以 67 亿美元收购阿里那制药（Arena Pharmaceuticals）。

资料来源：2022, Pfizer forecasts $54 billion in 2022 sales from covid vaccine, treatment, *Wall Street Journal*, www. WSJ. com, February 8; 2021, Pfizer to acquire Arena Pharmaceuticals in $6.7 billion deal, *Wall Street Journal*, www. wsj. com, December 13; 2021, Pfizer's boss thinks covid -19 is reshaping Big Pharma for the better, *The Economist*, www. economist. com, April 10; S. Mukherjee, 2018, How big pharma is using AI to make better drugs, *Fortune*, www. fortune. com, March 19; Z. Torrey, 2018, China prepares for big pharma, *The Diplomat*, www. thediplomat. com, March 14; E. Corbett, 2018, European mid-sized pharma companies—biotechs and big pharma? *The Pharmaletter*, www. thepharmaletter. com, March 9; M. Jewel, 2018, Signs that 2018 will be a record year for pharma M&A, *The Pharmaletter*, www. thepharmaletter. com, March1; B. Nelson, 2018, Why big pharma and biotech are betting big on AI, *NBC News*, www. nbc. news. com, March 1; Big data analytics: What it is & why it matters, 2015, SAS, www. sas. com, April 2; B. Atkins, 2015, Big data and the board, Wall Street Journal Online, www. wsj. com, April 16.

3.1 深入理解企业的内部环境

正如前面两章所讨论的，全球经济中的一些因素，包括互联网的迅速发展、全球化程度的不断加深，使公司发展独特的竞争优势变得困难。但是，创新正逐渐成为发展竞争优势的关键途径，尤其是持续的竞争优势。[1]这意味着许多企业都在努力将创新培养成自己的核心竞争力。在第 1 章，我们把核心竞争力定义为一种能力，它能够为企业带来相对于竞争对手的竞争优势。在本章中，我们进一步探讨核心竞争力，并解释企业是如何利用其资源和能力来构建这种竞争力的。组织通过获取、整合和利用资源，抓住外部环境中的机会，创造客户价值，获得战略优势，取得高于平均水平的回报。[2]正如引例所展示的，许多制药公司正在尝试使用大数据和人工智能等新技术，更有效地利用它们现有的资源，以获得竞争优势。

即使公司通过开发和管理资源获得了核心竞争力和竞争优势，竞争对手最终还是会学会如何复制公司的价值创造战略，因此，所有的竞争优势都是暂时的。[3]问题的关键不在于竞争优势是否会被复制而在于它何时被复制。一般来说，竞争优势的可持续性取决于三个因素：

1. 环境的变化导致核心竞争力被淘汰的速度。
2. 核心竞争力的替代者出现的可能性。
3. 核心竞争力的可模仿性。[4]

公司面临的挑战在于如何有效地管理现有的核心竞争力，并同时培育新的核心竞争力。只有做到这一点，才能获取战略优势，取得超过平均水平的收益，并在长期内保持对竞争对手的领先。正如著名战略学者克莱顿·克里斯滕森（Clayton Christensen）所指出的："成功的战略家需要深刻理解竞争和进步的过程，以及支撑每个优势的基础因素。只有这样，他们才能洞察到原有优势何时消失，并知道如何在其基础上构建新的优势。"[5]

我们在第 2 章中研究了总体环境、行业环境和竞争者环境。在掌握了外部环境的现状和条件后，公司对市场机会以及所处的竞争环境的特征有了更加清楚的认识。本章我们将聚焦于公司本身。通过内部环境分析，公司可以决定它能做什么。将公司能做什么（取决于内部环境中的资源、能力和核心竞争力）与公司应该做什么（取决于外部环境中的机会与威胁）相匹配，这一过程能够为公司的战略选择（从我们在第 4 ~9 章中讨论的战略中进行选择）提供一些洞见。

在本章一开始，我们将首先简单介绍一些与公司内部环境分析有关的问题。然后讨论资源、能力在开发公司核心竞争力中的作用，核心竞争力正是公司获取竞争优势的源泉。这部分的讨论还包括公司识别和评价各种资源和能力的方式，以及识别核心竞争力的标准。

资源本身并不是竞争优势，事实上，只有在利用资源形成各种能力的过程中，资源才创造价值，形成的这些能力才会成为核心竞争力，并有可能成为竞争优势。鉴于资源、能力和核心竞争力之间的关系，我们还将讨论价值链的概念，以及公司用来确定能力能否成为获取竞争优势的核心竞争力的四个标准。[6]本章的最后对外包和公司避免核心竞争力变成核心刚性的必要性做了评论，核心刚性会阻碍公司持续发展新能力和核心竞争力。

为何需要了解组织的内部运作

公司在分析内部环境时面对的一个现实状况是，在全球经济环境下，尽管一些传统的关键资源（如劳动力、财务资源和原材料以及受到保护或管制的市场）对公司产品和服务的生产、销售和分销仍然具有重要的影响，但是现在这些资源成为竞争优势来源的可能性已经大大降低。[7]

考虑到全球经济日益重要，越来越多的公司在分析内部环境时会采用一种全球思维模式。**全球思维模式**（global mind-set）是指不以单一国家、文化和背景为假设，对内部环境进行分析和管理的能力。[8]由于可以人为扩大边界，那些具有全球思维模式的公司必须拥有相应的资源和能力，从而能够对受具体国家的相关因素和独特文化影响的竞争形势有正确的认识，并做出适当的反应。采用全球思维模式对内部环境进行分析，对于公司战胜竞争对手有很大的帮助。[9]

最后，在分析公司内部环境时，还要求评估人员对公司全部的资源和能力的组合进行考察。这一观点告诉我们，每个公司都要拥有一些其他公司不具备的资源和能力——至少不是相同的资源和能力的组合。资源是能力的源泉，有些能力可以发展成核心竞争力，有些核心竞争力可以进一步成为公司的竞争优势。[10]明白如何平衡公司的独特资源和能力，是决策制定者在分析内部环境时的一个关键目标。[11]图 3－1 表明了资源、能力、核心竞争力和竞争优势之间的关系，以及它们之间的整合是如何帮助公司获得战略竞争力的。我们接下来讨论公司如何利用内部资源为顾客创造价值。

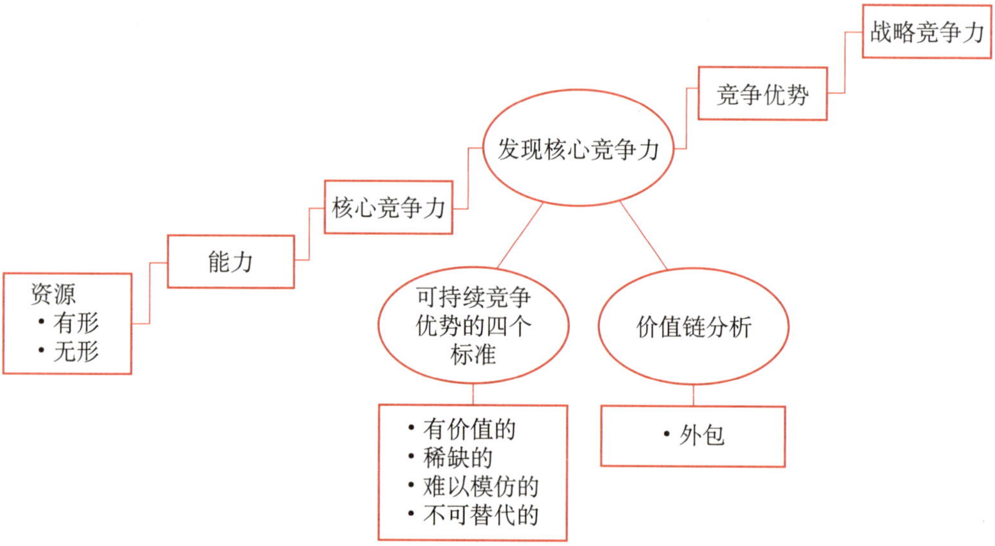

图 3－1　内部环境分析的构成

3.2　价值创造及其重要性

公司以资源为基础生产产品或提供服务，为顾客创造价值。[12]**价值**（value）是以顾客愿意购买的产品功能特征和属性来衡量的。公司通常创新性地组合和利用资源形成能力和核心竞争力来创造价值。[13]具有竞争优势的公司往往能比竞争对手为顾客创造更多的价值。与竞争对手相比，沃尔玛利用“天天低价”的方法（一种以公司的核心竞争力即信息技术和分销渠道为基础的方法），为那些想要以更低的价格购买商品的顾客创造价值。公司的核心竞争力越强，为顾客创造的价值就越大。[14]归根结底，为顾客创造更多价值是公司获得超额利润的源泉。

对公司资产做决策，即识别、发展、部署并保护资源、能力和核心竞争力，看起来很容易，然而，管理者关于内部组织所做的战略决策并非例行决策，具有伦理影响，并且对公司获取超额利润的能力有显著影响。[15]这些决策涉及公司需要获取的资源，以及如何最好地管理和利用这些资源。此外，在做出这些决策时，管理者还必须同时关注公司外部环境的变化。[16]这项工作的国际化程度在不断加深。[17]管理者承受着巨大的压力，他们只是一味地寻求能帮助公司实现预期收入目标的决策，这使他们很难准确考察公司的内部环境。[18]

近一半的组织决策是失败的，这一初步的证据表明了制定有效决策的挑战性。[19]有时，错误源于对组织内部条件的分析。[20]例如，有时管理者可能会错误地认为某项能力是核心竞争力。也就是说，他们可能相信该能力能够带来长期竞争力，但事实并非如此。第2章讨论的美国汽车制造商就曾认为，它们在制造大型、舒适汽车方面的竞争力能够维持其长期发展。然而，市场转向了对小型、节能汽车的需求，而美国汽车制造商对此反应迟缓。

对错误的研究可以使公司变得更好。事实上，吸取教训，改正错误，对公司创造新的能力和核心竞争力是非常重要的。[21]可以从失败中学习到的一种能力就是什么时候该放弃。例如，新闻集团（News Corp.）2011年创立了Amplify部门，到2015年中期，公司对该部门的投资超过10亿美元，该部门推出平板电脑应用、销售在线课程以及提供一些测试服务。2014年，Amplify部门亏损1.93亿美元。2015年9月，新闻集团决定将Amplify部门出售给一个由经理人和私人投资者组成的团队，这导致了巨额亏损。[22]如果新闻集团早一点放弃Amplify部门，它本可以节省下一笔可观的资金。

管理者分析内部环境以及针对资源制定决策时有三个因素会对他们产生影响，即不确定性、复杂性和组织内部的冲突（见表3-1）。外部环境的不确定性使内部环境分析变得更复杂，问题也更多。[23]管理者面临着诸多不确定性，这些不确定性源自新专有技术的出现、经济和政治趋势的迅速变动、社会价值观的转变，以及客户需求的不断变化等因素。[24]我们来看一下，在煤炭公司中，例如皮博迪能源公司（Peabody Energy）和穆雷能源公司（Murray Energy），不确定性是如何影响资源的利用方式的。煤炭公司在过去十年或更长时间里一直受到重大法规的限制，以及来自更清洁的能源如天然气的竞争。因此，煤炭公司的环境极其复杂（需要考虑的因素众多），同时充满不确定性。对如何处理复杂性和不确定性存在的偏差，会影响相关决策（如应如何管理资源和能力来形成核心竞争力）的制定。[25]

表 3-1　影响有关资源、能力和核心竞争力的管理决策的因素

因素	含义
不确定性	公司的总体环境、行业环境和顾客需求存在的不确定性
复杂性	公司面临的诸多条件间的相互关系导致的复杂性
组织内部的冲突	制定决策的管理者与受这些决策影响的人之间存在的组织冲突

此外，在决定公司应该发展和培育何种核心竞争力时，组织内部可能会出现冲突。上述提及的能源公司都面临着冲突，主要表现在是应该利用资源和能力发展支持当前煤炭技术的核心竞争力，还是发展支持新的“清洁技术”的核心竞争力。

由于决策的制定会受到上述三个因素的影响，因此，公司需要进行合理的判断。判断是指在没有必然正确的模型或规则为指导，而且相关的数据不可靠或不完全的情况下，做出正确决策的能力。在这种情况下，决策制定者必须意识到认知存在偏差，避免盲目自信。盲目自信的人在决定如何利用公司的资源时，往往缺乏对影响决策的偶然性因素的估计。[26]

在进行判断时，决策制定者往往要承担智力风险。在当今的竞争格局中，高层管理者的判断能力已经成为一种有价值的能力，因为从长期来看，决策制定者做出的有效判断可以提高公司的声誉，使利益相关者保持对公司的忠诚，利益相关者的支持与超额利润又是密切相关的。[27]如第 12 章将要详细讨论的，战略领导者可以被视为具备该种能力的人：他们能够审视公司的资源、能力以及核心竞争力，并就其使用和发展做出有效的选择。

接下来我们将讨论公司的资源、能力和核心竞争力之间的关系。在阅读这部分内容时，需要牢记组织拥有的能力比核心竞争力多，拥有的资源又比能力多。

3.3　资源、有形资源和无形资源

资源、能力和核心竞争力是竞争优势的基础。资源整合在一起可以创造组织能力，能力又是核心竞争力的源泉，核心竞争力是建立竞争优势的基础。[28]我们已在图 3-1 中介绍了这些关系，并将在下文进行讨论。

从广义上讲，资源涵盖了一系列个人、社会和组织现象。资源本身并不能让公司为顾客创造价值，并以此为基础获得超额利润。事实上，资源整合在一起才能形成能力。[29]例如，赛百味（Subway），这家快餐三明治连锁店，将新鲜原料与其他能力相结合，如对公司每一个门店的运营者进行持续培训，作为提供顾客服务的基础，从而形成能力。顾客服务是赛百味的核心竞争力。

互联网是亚马逊的一个资源。该公司利用互联网销售产品，产品的价格通常低于竞争对手在实体店销售的同一种产品的价格。通过与其他资源的结合（如获得各种库存产

品和高效的配送系统），亚马逊在顾客服务方面赢得了很高的信誉。顾客服务能力是亚马逊的核心竞争力，它为顾客创造了独特的价值。

公司资源有些是有形的，有些则是无形的。**有形资源**（tangible resources）是指那些可见、可量化的资产。生产器械、制造设备、分销中心以及正式的报告系统都是有形资源。对于能源巨头金德摩根（Kinder Morgan）来说，其石油储量和输气管道就是一种关键的有形资源。**无形资源**（intangible resources）是指那些深深地根植于公司的历史之中，随着时间的流逝不断积累的资产，并且相对来说竞争者难以分析和模仿。知识、管理者与员工之间的信任、管理能力、组织制度（人们共同工作的独特方式）、科技能力、创新能力、品牌、公司的产品和服务的声誉、与利益相关者（如员工、顾客和供应商）交往的方式以及组织文化都是无形资源。[30]

无形资源要求不断培育以维持其能力，进而帮助企业投入竞争。品牌就是一种无形资源。长期以来，像可口可乐、耐克和迪士尼这样的公司，品牌长期以来一直是其宝贵的无形资源。这些公司非常珍视自己的品牌，并确保其所有产品和广告都能体现出恰当的品牌形象。同样，像英特尔这样的大型芯片制造商，其研发过程都经过精心培育。正如战略聚焦所展示的，哈雷-戴维森在其高端品牌及与利益相关者尤其是与客户的关系方面拥有得到很好保护的竞争力，这也加强了其在摩托车骑手中的品牌形象。然而，该公司在新一代骑手中并不那么受欢迎，因此，问题在于这些竞争力是否足以在未来为哈雷-戴维森提供竞争优势。

战略聚焦　哈雷-戴维森的核心竞争力能否持续带来竞争优势

哈雷-戴维森的例子显示，强大的品牌、与客户的关系等无形资源，在构建核心竞争力的过程中可能比有形资源更为关键。通过内部环境分析，公司可以明确哪些资源对其未来的成功至关重要。有形资源和无形资源可以分为几种类型。有形资源的四种主要类型为：财务资源、组织资源、实物资源和技术资源（见表 3－2）。无形资源的三种主要类型为：人力资源、创新资源和声誉资源（见表 3－3）。

表 3－2　有形资源

财务资源	• 公司的借款能力 • 公司通过内部运营产生资金的能力
组织资源	• 正式的报告系统
实物资源	• 公司先进的厂房和设备以及优越的地理位置 • 配送设施 • 产品库存
技术资源	• 可获得的技术资源：版权、专利、商标和商业秘密

资料来源：Adapted from J. B. Barney, 1991, Firm resources and sustained competitive advantage, *Journal of Management*, 17: 101; R. M. Grant, 1991, *Contemporary Strategy Analysis*, Cambridge: U. K.: Blackwell Business, 100－102.

表 3-3 无形资源

人力资源	• 知识 • 信任 • 技能 • 合作能力
创新资源	• 创意 • 科技能力 • 创新能力
声誉资源	• 品牌 • 对产品质量、耐用性和可靠性的认识 • 利益相关者的积极声誉，如供应商和顾客

资料来源：Adapted from R. Hall，1992，The strategic analysis of intangible resources，*Strategic Management Journal*，13：136-139；R. M. Grant，1991，*Contemporary Strategy Analysis*，Cambridge：U. K.：Blackwell Business，101-104.

有形资源

作为有形资源，公司的借款能力和物资设备的状况都是可见的。许多有形资源的价值可以在财务报表中反映出来，但是这些报表并不能反映公司所有资产的价值，因为它们遗漏了一些无形资源。[31]有形资源的价值也是有限的，因为它们很难进行更多的综合利用，也就是说，公司很难从有形资源中获得额外的业务或价值。例如，飞机是一种有形资源，但是“不可能让同一架飞机或同一个机务人员同时出现在 5 条不同的航线上，对飞机的财务投资也是同样的道理”[32]。

无形资源

与有形资源相比，无形资源是能力和核心竞争力的更高级别的来源。[33]事实上，在全球经济中，公司的知识资本对于公司的成功通常发挥了比实物资产更为重要的作用。[34]因此，对于今天的领导者而言，有效管理知识资本是一项越来越重要的技能。[35]

由于无形资源不可见，很难被竞争对手了解、购买、模仿或替代，因此，公司更倾向于以无形资源而非有形资源作为能力的基础。实际上，资源越难以观察（如无形资源），它创造的能力越有价值。[36]无形资源的另一个好处是，无形资源可以得到更大限度的综合利用。例如，员工间的知识共享不会减少知识的价值，恰恰相反，如果两个人共享各自独有的知识，那么可以创造出更多的知识，这些知识对双方来说都是全新的，可能改善公司的经营业绩。

声誉资源（见表 3-3），如哈雷-戴维森的例子所示，可以成为公司能力和核心竞争力的重要来源。[37]通过公司的行动和宣传获得能创造价值的声誉，是公司多年来在市场竞争中出色表现的结果，这个结果也是利益相关者能够感知到的。[38]因此，声誉表明了利益相关者对公司发展的认知程度和对公司的尊重程度。[39]

一些公司正在使用社交媒体，将其作为一种影响自身声誉的手段。[40]可口可乐认识到这个世界上每天都有无数的对话在发生，这些言论可能会影响它的声誉，它鼓励员工参与到社交媒体的讨论中，将社交媒体作为一种积极影响公司声誉的方式。可口可乐的员工将公司的承诺作为参与各种各样的社交媒体的基础，真诚坦率并且保护客户的隐私就是公司的承诺。[41]

3.4　能力和核心竞争力

公司将有形资源与无形资源相结合来创造能力[42]，能力又被用来完成组织的任务，如生产、分销以及售后服务，从而为顾客创造价值。作为核心竞争力和竞争优势的基础，能力一般是以公司的人力资本对信息和知识的开发、传播和交流为基础来进行塑造。[43] **战略性人力资本**（strategic human capital）使企业能够通过将员工的知识和技能与特定的战略目标相匹配来培养能力。仅仅拥有技能高超、知识丰富的员工并不足以支撑企业的发展。例如，一个企业可能拥有掌握多元文化知识、技能和能力的员工，但如果不将他们安排在能够利用这些特长协助公司实施其国际战略和运营的岗位上，他们就无法助力跨国企业实现更卓越的业绩。[44]

如表 3－4 所示，能力通常在某个具体的职能领域（例如制造、研发和市场营销）或职能领域的某一部分（例如广告）得到发展。表 3－4 中列举了公司想要全部或部分拥有的组织职能和能力。

表 3－4　公司能力举例

职能领域	能力	公司举例
分销	• 有效地利用物流管理技术	• 沃尔玛
人力资源	• 激励、授权以及留住人	• 微软
管理信息系统	• 通过购买点数据收集法有效地、高效地控制存货	• 沃尔玛
营销	• 有效地促销品牌产品 • 有效的顾客服务 • 创新性采购	• 宝洁 • 拉尔夫 · 劳伦 • 麦肯锡 • Crate & Barrel
管理	• 预见未来潮流的能力	• Hugo Boss
生产	• 可靠产品的设计和生产能力 • 产品和设计的质量 • 产品和元件的微型化	• 小松集团 • Witt Gas Technology • 索尼
研发	• 技术创新 • 开发精密的电梯控制系统 • 把技术快速转化为新产品和新流程 • 数字技术	• 卡特彼勒 • 奥的斯电梯 • Chaparral Steel • Thomson Consumer Electronics

核心竞争力

正如第 1 章定义的，核心竞争力是可以作为战胜竞争对手的竞争优势的来源的一系列资源和能力。核心竞争力凸显了公司的竞争力，反映了公司的独特个性。核心竞争力是在组织的长期积累以及学习如何利用各种不同的资源和能力的过程中逐步形成的。[45] 作为采取行动的一种能力，核心竞争力是“公司的御宝”。公司凭借核心竞争力，可以为销售给顾客的产品和服务增加独特的价值。[46] 因此，如果一家大型制药公司开发大数据分析作为核心竞争力，可以得出结论：该公司通过一种在竞争中出众的方式有效地使用并分析海量数据，进而形成了能力。

创新是苹果公司的核心竞争力。作为一种能力，研发活动是这种核心竞争力的来源。具体来说，苹果将某些有形资源（比如财务资源和研究实验室）与无形资源（比如科学家、工程师和组织流程）相结合来完成研发任务，这种方式创造了公司的研发能力。通过强调研发能力，苹果公司不断创新，以产品的形式为顾客创造独特价值。

零售店出色的顾客服务是苹果的另一种能力。独特、时尚的店面设计（有形资源）与知识型、技术型员工（无形资源）相结合，为顾客提供了上佳的服务。苹果出色的顾客服务这一能力，是在大量的开发培训和发展程序等能力的基础上发展而来的。这些程序也是一种能力，包括员工如何与顾客交流的详细要求，对提供给顾客的现场技术支持进行详细描述的书面培训指南，以及仔细考虑门店设计的每一个方面，包括播放的音乐等。苹果有一个专门的培训项目，旨在帮助员工熟悉苹果产品的知识和销售方法。[47]

建立核心竞争力

有两种工具可以帮助公司识别核心竞争力。第一种工具是可持续竞争优势的四个标准（如表 3－5 所示），可以用来判定哪些能力是核心竞争力。第二种工具是价值链分析。公司用这种工具来选择创造价值的能力——这些能力需要不断维护、更新和发展，以及选择应该外包出去的能力。

表 3－5　可持续竞争优势的四个标准

有价值的	• 帮助公司抵御威胁或利用机会
稀缺的	• 不被他人拥有
难以模仿的	• 历史性：独特而有价值的组织文化或品牌 • 模糊性：竞争力的起因和应用是模糊的 • 社会复杂性：管理者、供应商以及顾客间的人际关系、信任和友谊
不可替代的	• 不具有战略对等性

3.5　可持续竞争优势的四个标准

那些有价值的、稀缺的、难以模仿的和不可替代的能力就是核心竞争力（见表 3－5）。

核心竞争力又可以进一步成为战胜竞争对手的竞争优势。不能满足这四个标准的能力就不能称为核心竞争力，这意味着虽然每一种核心竞争力都是能力，但并非每一种能力都是核心竞争力。换句话说，一种能力要想成为核心竞争力，那么在顾客眼里，它一定是有价值的、独一无二的（稀缺的），一种核心竞争力要成为竞争优势的潜在来源，那么对竞争对手来说，它一定是难以模仿的和不可替代的。[48]

只有竞争对手无法复制带来收益的公司战略，或者缺乏足够的资源进行模仿，公司才能获得可持续竞争优势。[49]在一段时间内，公司可以利用有价值的、稀缺的但是易模仿的能力来获得核心竞争力。例如，有些公司正试图通过比竞争对手“更绿色”来发展核心竞争力和潜在竞争优势。构建一种“绿色”核心竞争力不仅能够助力企业获得超出平均水平的收益，还能为社会带来更广泛的益处。在战略聚焦中介绍的巴塔哥尼亚（Patagonia）便是一个典型例子，该公司凭借其“绿色”核心竞争力，在户外服装市场中长期占据有利地位。

公司利用核心竞争力创造的价值能维持多长时间，取决于竞争对手成功地模仿产品、服务或生产流程的速度。只有接下来要讨论的这四项标准都满足，创造价值的核心竞争力才能持续比较长的时间。

有价值的

有价值的能力（valuable capabilities）能让公司抓住外部环境中的机遇，消除环境中的威胁。有效地利用能力来把握机遇或消除威胁，公司就可以为顾客创造价值。[50]例如，Groupon 团购网站开创了“每日特惠”的市场空间，通过向其会员提供大幅的在线优惠券折扣，将消费者与商家紧密联系在一起。作为该领域的开创者，Groupon 的营收增长速度在历史上是空前的，迅速突破了 10 亿美元大关。餐厅、美发和美甲沙龙以及酒店等都频繁使用 Groupon 服务。城市中那些希望能够负担得起所在城市生活的年轻专业人士，就是该公司的目标客户。[51]

尽管 Groupon 为客户提供了价值，但它提供服务的能力可以被模仿。Groupon 初期的成功吸引了竞争对手进入市场，与之竞争的日常交易网站如 LivingSocial 很快出现，经常以较低的价格提供类似的优惠服务。事实上，许多竞争者进入了这个市场，包括 Yipit、Woot、RetailMeNot、Tanga、Ebate 以及 LivingSocial。[52] Groupon 的盈利状况急剧恶化：2017 年的净利润为 1 400 万美元，而 2018 年则转为亏损 1 100 万美元，到了 2020 年，亏损额进一步扩大至 2. 88 亿美元，同时，其收入也从 2017 年的 28 亿美元减少至 2020 年的 14 亿美元。[53]

稀缺的

稀缺的能力（rare capabilities）是指只有极少数竞争对手拥有的能力。评估这一标准时，公司需要回答的一个关键问题是：“有多少竞争对手拥有这些有价值的能力?”对任何公司来说，许多竞争对手都有的能力不可能成为核心竞争力。[54]有价值但又普遍存在的（不是稀缺的）能力会导致对等的竞争。[55]只有当公司创造并开发的有价值的能力成为核心竞争力，并与竞争对手不同时，公司才能获得竞争优势。Groupon 面临的核心挑战在于：它通过每日特惠和折扣活动将买家与卖家联系起来的能力，很快遭遇了市场竞争的饱和。

难以模仿的

难以模仿的能力（costly-to-imitate capabilities）是指其他公司不能轻易形成的能力。之所以能够创造出难以模仿的能力，有时是基于一个原因，有时则是基于三个原因的结合。第一个原因是，有时公司可以基于特定的历史条件形成能力。随着公司的发展，公司会不断获取和开发独一无二的能力。[56] 例如，在公司发展的早期阶段形成的独特的、有价值的组织文化，“会让该公司具有那些在其他历史时期成立的公司所不能完全模仿的优势”[57]。第 1 章中曾简短地讨论过，组织文化是组织成员共同拥有的一系列价值观的集合。当所有员工通过共同的信念紧紧凝聚在一起，并且领导促进其形成时，组织文化就会成为优势的来源。[58] 迪士尼、谷歌等公司在各自创始人的领导下塑造了强大的企业文化，这些文化至今仍然在为它们带来丰厚的回报。

第二个原因是，公司的核心竞争力和竞争优势之间的界限有时比较模糊。[59] 在这种情况下，竞争对手很难清楚地了解公司是如何利用成为核心竞争力的能力来获取竞争优势的。这样一来，竞争对手也很难确定到底要发展何种能力才能复制公司的价值创造战略来获得收益。在各自行业的前沿领域，大型公司的研发流程明显展现出一种现象：尽管竞争对手能够仿制这些流程所产出的产品，但它们往往难以准确把握这些研发流程是如何整合公司的能力来创造这些产品的。正是这种因果关系的模糊性，形成了英特尔、苹果和谷歌等公司持续竞争力的源泉。

社会复杂性是第三个原因。社会复杂性意味着至少有一些或者经常有很多公司的能力是错综复杂的社会现象的产物。管理者之间以及管理者与员工之间的关系、信任、友谊，以及公司在供应商和顾客中的声誉，都是社会复杂性塑造难以模仿的能力的例子。[60] 西南航空公司招聘认可该公司文化的员工，以及公司文化与人力资本之间的关系，都增添了其他公司无法模仿的价值，比如飞机乘务员之间的玩笑，或者机场员工与飞行员之间高水平的合作。

不可替代的

不可替代的能力（nonsubstitutable capabilities）是指那些不具有战略对等性的能力。具有战略对等性的有价值的资源，既不可能是稀缺的，也不是不可模仿的。如果两种有价值的公司资源分别被用来执行相同的战略，这两种资源就是战略对等的。[61] 总体来说，一种能力越难以替代，就越具有战略价值。一种能力越是无形的、不可见的，其他公司就越难找到它的替代能力，在模仿价值创造战略时就会面临更大的挑战。公司特有的知识以及管理者与非管理者之间建立的相互信任的工作关系，就像思科（Cisco Systems）、赛富时（Salesforce）和希尔顿（Hilton）的员工关系一样，都是一些很难被识别和替代的能力。[62]

综上所述，可持续竞争优势只属于那些运用了有价值的、稀缺的、难以模仿的和不可替代的能力的企业。表 3－6 列举了这四个标准相互结合后，对公司的竞争结果和业绩表现的影响。这些分析可以很好地帮助管理者确定公司各种能力的战略价值。需要注意的是，公司绝对不能选择既不是有价值的，也不是稀缺的，还可以被模仿和替代的能力，公司应选择那些能产生竞争对等性的能力，以及能产生暂时的或可持续竞争优势的能力。像可口可乐与百事可乐、波音与空客这样的竞争对手，可能具备某些能力，使得它们在任何特定领域都难以显著超越对方，形成一种竞争平衡状态。在这种情况下，公司应该继续培育能力，同时设法开发能产生暂时的或可持续竞争优势的能力。[63]

表 3－6　可持续竞争优势的标准相互结合的结果

能力是有价值的吗?	能力是稀缺的吗?	能力是难以模仿的吗?	能力是不可替代的吗?	竞争结果	业绩影响
否	否	否	否	竞争劣势	低于平均利润
是	否	否	是/否	竞争均势	平均利润
是	是	否	是/否	暂时的竞争优势	平均利润或超额利润
是	是	是	是/否	可持续竞争优势	超额利润

3.6　价值链分析

价值链分析（value chain analysis）帮助企业识别在运营中为顾客创造最大价值的环节，这些环节可能成为竞争优势的源泉。如果这些运营环节体现了难以被轻易复制的核心能力，它们甚至可能转化为可持续竞争优势。[64] 了解这些是非常重要的，因为只有公司创造的价值大于价值创造过程中消耗的成本，公司才能获得超额利润。[65]

价值链是一个模板，公司可以用它来分析成本定位，并且识别能促进战略实施的各种方式。[66] 在目前的竞争格局下，公司必须在全球范围考察价值链，而不是仅局限于本国[67]，尤其是与供应链相关的一些活动更要放在全球范围进行研究。[68]

我们在图 3－2 中给出了一个价值链模型。正如该模型所描述的，公司的价值链可以分解为价值链活动和辅助职能。**价值链活动**（value chain activities）是指在产品的生产、销售、分销和售后服务过程中能为顾客创造价值的一系列活动和任务。**辅助职能**（support functions）是指为了支持产品的生产、销售、分销和售后服务工作而进行的活动或任务。公司可以在任何一个价值链活动或辅助职能中发展自己的能力或者核心竞争力。企业通过运用其独特的核心能力，以一种竞争对手无法复制的方式为顾客提供独特价值，从而确立一个或多个竞争优势的来源。[69]

图 3－3 列出的是与价值链各环节相关的所有活动，图 3－4 列出的则是与辅助职能相关的一些活动。在对这两个图中列举的所有项目进行评价时，必须与竞争对手的能力

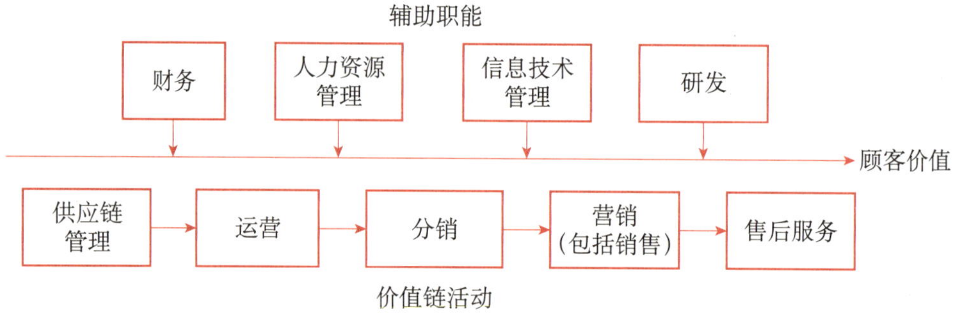

图 3－2　价值链模型

和核心竞争力进行比较。一种能力要成为核心竞争力和竞争优势的来源，它必须满足：

1. 让公司在执行一个活动时能创造出比竞争对手更高的价值。
2. 让公司能够执行竞争对手无法执行的价值创造活动。

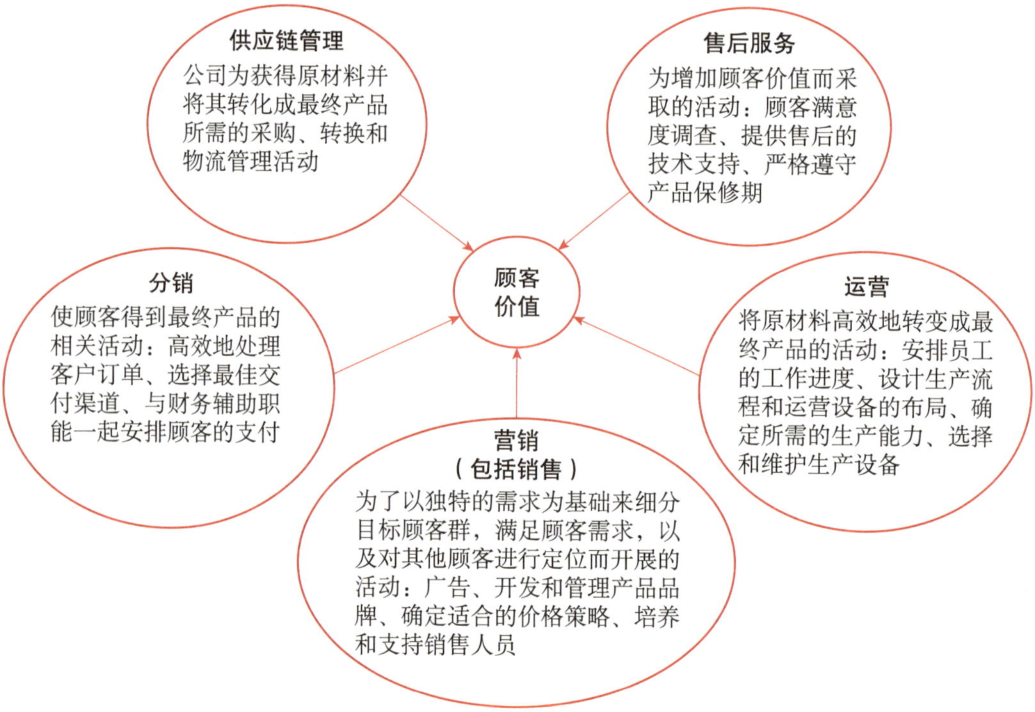

图 3－3　通过价值链活动创造价值

若一家公司在某些领域未能超越竞争对手，价值链分析便能辅助管理者辨识出哪些环节最有潜力转化为公司的独特优势。在最理想的情况下，管理者或许能发掘出某个环节，公司可在其中培育出核心竞争力（因为目前该行业内尚无其他企业达到此一水平）。

到目前为止，我们主要强调利用价值链来识别公司已经拥有或可能培养出核心竞争力的活动。然而，价值链分析同样可以用来发现组织中可能阻碍价值创造的不足之处。[70]这部分分析基于一个假设：公司是一个价值创造系统。在一个**价值创造系统**（value

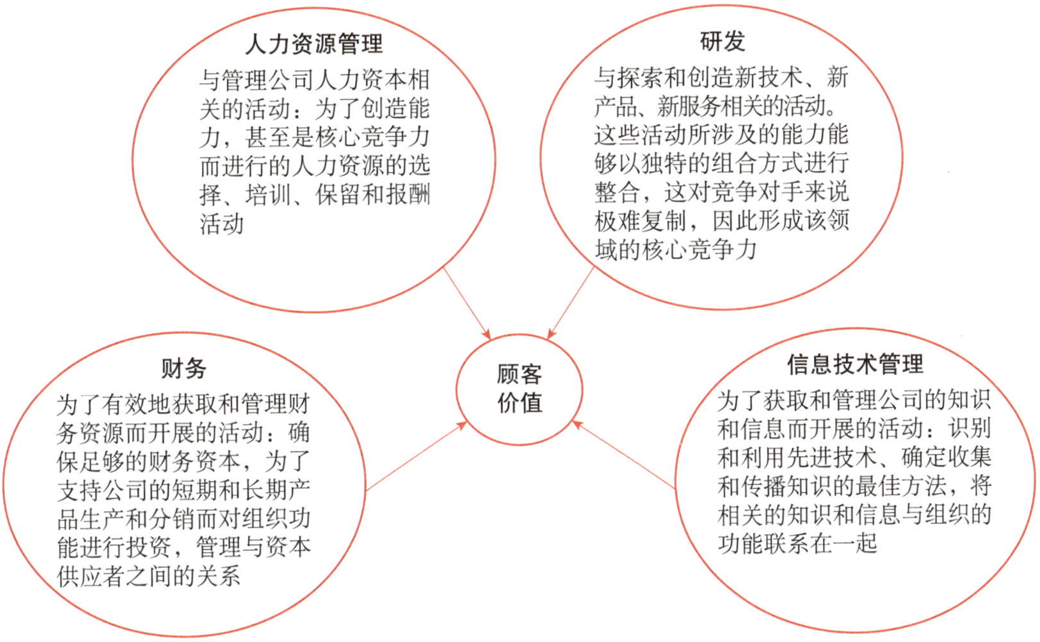

图 3－4　通过辅助职能创造价值

creation system）中，系统的各个部分相互依赖，共同创造价值。[71] 如果系统中的某个部分运作不正常，它可能会阻碍整个系统的价值创造。[72]

以下是一些例子，展示了公司如何成为一个价值创造系统。如果财务部门运作不佳，可能会限制在运营、研发或市场营销等关键领域的基本投资。同样，如果供应链管理活动薄弱，运营将无法获得其良好运行所需的资源，这不仅会影响下游的活动，如分销和营销，还会因为客户需求（及其消费）减少而减少资金流向其他关键领域。这种模式在价值链活动及辅助职能之间的关系中都很明显。一个薄弱环节可能会损害整个系统的表现。

为客户创造价值，需要完成价值链相关活动，这要求与包括客户、供应商和合作伙伴在内的利益相关者建立牢固且高效的联系。[73] 当公司与供应商和利益相关者建立了强有力的良好关系时，它就拥有了社会资本。[74] 这些关系本身就具有价值，因为它们会带来知识的转移，并且让公司接触到一些其内部没有的资源。[75] 建立社会资本需要信任作为基础，这样知识和其他资源才能在不同组织间顺利传递。实际上，合作伙伴间的信任可以让所有成员在资源的使用过程中长期受益而不是相互利用。[76] 如果与某个特定利益相关者的关系处理得不好，这可能会限制我们为顾客和其他利益相关者创造更多价值的能力。

评价公司执行价值链活动和辅助职能的能力是一项颇具挑战性的工作。在本章前面我们曾指出，确定并评估公司的资源和能力的价值是需要判断力的。在进行价值链分析时，判断力同样很重要，因为没有通用的必然正确的模型或规则可以在这个过程中使用。

3.7 外包的原因

当核心价值链活动或辅助职能并非公司的强项时，公司可以将这些活动外包出去。作为公司获得零部件、成品或服务的一种方式，外包（outsourcing）是指从外部供应商那里购买价值创造活动或者辅助职能活动。非营利组织、营利性组织甚至政府机构都在积极参与外包活动。[77]将外包业务交给外国供应商通常被称为离岸外包。许多金融机构正将支持无现金交易的职能外包出去，因为它们的信息技术系统无法高效地处理这些业务。一些政府为了提升服务质量和效率，也在将服务外包出去（例如，英国将部分手术外包给法国的医疗服务提供者）。外包决策需要慎重考虑所有可能的选项。然而，如果执行得当，外包可以获取所需的能力，而无须在内部进行开发。

有效的外包可以提高公司的灵活性，降低风险，减少资本投资规模。[78]此外，在一些行业中，几乎所有的公司都在寻求通过有效的外包来获得价值。和其他战略管理过程决策一样，公司在决定外包之前也需要进行仔细的分析。[79]在进行外包时，公司必须认识到，只有那些不能为公司创造价值的活动，或者与竞争对手相比存在很大劣势的活动才能进行外包。[80]经验表明，与价值链活动或辅助职能相关的几乎所有活动都归为这一类别。

由于很少有公司能拥有让自己在每一项价值链活动和辅助职能上都获得竞争优势的资源和能力，所以外包才会如此有效。例如，研究显示，很少有公司能独自研发出可以让公司获得竞争优势的所有技术。[81]通过外包，公司本身只需培育少数几种能力，就可以提高公司获得竞争力和竞争优势的可能性，并且这种做法不会导致公司的过度扩张。

另外，将公司缺乏竞争力的业务外包出去，可以让公司更加专注于能创造价值的领域。

外包也存在一些问题。[82]其中两个重要的问题是公司创新能力的缺失以及公司内部工作职位的减少。当评估外包的可能性时，应该预想到对公司未来创新能力和人力资源缺失的一些可能影响。有时候公司也可以通过研究承接外包活动的公司如何完成这些活动来强化自身的创新能力。[83]

3.8 竞争力、优势、劣势和战略决策

通过内部环境分析，公司可以识别资源的优势和劣势。例如，如果公司在某方面存在劣势或者无法获得核心竞争力来实现竞争优势，公司就必须想办法获得这方面的资源，塑造必要的能力和核心竞争力。正如前文提到的，一些公司可能会选择将自身不擅长的某些职能或活动外包，这样做可以增强它们利用剩余资源为客户创造价值的能力。

考虑到内部环境分析的结果，管理者应该明白，拥有大量的资源和能力与拥有正确的资源和能力不是同一个概念。正确的资源和能力可以形成核心竞争力，从而成为为顾

客创造价值和发展竞争优势的基础。有趣的是，在公司的所有资源受限制的情况下，决策制定者在寻找正确的资源和能力时，有时会变得更专心、更富有成效。[84]

像外包这样的工具可以帮助公司聚焦于核心竞争力，并作为竞争优势的来源。然而，有证据显示，核心竞争力的价值创造能力是不能从别人那里获得的，并且能成为长久竞争优势的核心竞争力也不能由别人来承担。之所以需要这样小心谨慎，是由于所有核心竞争力都有可能转变为核心刚性（core rigidities）。核心刚性发生在对某一核心竞争力的过度依赖上，哪怕环境已经改变，这种核心竞争力不再能够产生竞争优势。[85]一般来说，外部环境中发生的事件会给核心竞争力变成核心刚性、形成惯性（例如，对变化的抗拒）和抑制创新创造条件。[86]

研究完外部环境，公司可以决定做什么（如第2章所述）；研究完内部环境，公司可以了解自己能做什么（如本章所述）。有了这些信息，公司就可以选择业务层战略，与对手进行竞争。我们将在下一章介绍不同类型的业务层战略。

小结

在当前的竞争格局下，成功的公司已经意识到，只有核心竞争力（通过研究公司的内部环境进行识别）与机遇（通过研究公司的外部环境进行识别）相匹配，公司才能获得战略竞争力和超额利润。

没有一种竞争优势是长久不变的。随着时间的推移，竞争对手会运用自己独特的资源、能力和核心竞争力形成不同的价值创造能力，凭借这种能力，竞争对手可以复制其他公司的竞争优势。公司在充分挖掘现有竞争优势的同时，还要充分利用资源和能力来形成新的优势，进而在未来的竞争中取得成功。

资源的概念非常广泛，它包括个人、社会和组织现象的各个方面。这些资源被整合起来，形成组织的特定能力。有形资源是可以观察和量化的资产，例如生产设备、制造设施、配送中心和正式的报告结构。无形资源则是深植于公司历史、随时间积累形成的资产，这些资源对于竞争对手来说较难分析和模仿。由于无形资源不易被观察到，竞争对手也难以理解、购买、模仿或替代，因此公司更倾向于依赖无形资源而非有形资源来构建其能力基础。实际上，资源越是不可见（即无形），在创造能力时就越宝贵。

公司将个别的有形和无形资源结合起来，形成自己的能力。这些能力随后被用来完成组织任务，而这些任务对于生产、分销和服务——公司向客户提供的商品或服务——是必需的。核心竞争力是公司相对于其竞争对手的竞争优势来源。能力是公司执行得特别出色的活动，通过这些活动，公司为商品或服务增加了独特的价值。例如，战略人力资本使公司能够通过将员工的知识和技能与特定的战略目标相匹配，从而发展出自身的能力。

有效地管理核心竞争力要求公司必须认真分析自己拥有的资源（生产过程的投入要素）和能力（将资源整合起来去完成一个或几个任务）。公司人力资本拥有的知识是重要的组织能力之一，并最终成为竞争优势的基础。因此，公司必须创造一种组织文化，让人们的知识相互交流、整合，从而使公司拥有重要的价值创造知识。

公司的整体能力最有可能成为核心竞争力以及竞争优势的来源。公司应该以一种竞争对手看不见的、难以理解的、难以模仿的方式，来开发和支持核心竞争力。

只有那些有价值的、稀缺的、难以模仿的和不可替代的能力，才有可能成为公司的核心竞争力和持续竞争优势的来源。随着时间的推移，公司必须不断支持自己的核心竞争力，但也要避免它成为核心刚性。当核心竞争力能够促使公司利用外部环境中的机会为顾客创造价值时，它才能成为竞争优势的来源。如果核心竞争力做不到这一点，公司就必须选择发展其他能满足可持续竞争优势的四个标准的能力。

价值链分析用来识别和评价资源和能力的竞争潜力。通过研究与价值链活动和辅助职能相关的技能，公司可以了解成本结构，识别哪些活动可以创造价值。管理者还可以通过价值链分析，找出可能限制公司创造更大价值的特定活动领域。

如果价值链活动和辅助职能都不能创造价值，公司就应该考虑将这些活动外包出去。在当今的全球经济中，外包已非常普遍。外包就是从外部供应商那里购买价值创造活动。公司可以选择在特定的价值链活动和辅助职能方面具有竞争优势的公司进行外包。另外，公司还要不断确定没有将价值创造活动外包出去。

通过审视内部组织结构，可以发现公司是否拥有足够的“合适”的资源和能力。所谓“合适”的资源和能力，是指那些有可能被塑造成核心竞争力的要素。决策者随后会根据这些发现，选择相应的策略来获取或培养这些资源和能力。

关键术语

难以模仿的能力（costly-to-imitate capabilities）
全球思维模式（global mind-set）
无形资源（intangible resources）
不可替代的能力（nonsubstitutable capabilities）
外包（outsourcing）
稀缺的能力（rare capabilities）
战略性人力资源（strategic human capital）
辅助职能（support functions）
有形资源（tangible resources）
有价值的能力（valuable capabilities）
价值（value）
价值链活动（value chain activities）
价值创造系统（value creation system）

复习题

1. 对一个公司来说，为什么研究和了解其内部环境是非常重要的？
2. 什么是价值？为什么创造价值对公司来说是非常重要的？公司应当如何创造价值？
3. 有形资源与无形资源之间的区别是什么？对决策制定者来说，了解这些区别的重要性是什么？对于创造能力来说，哪种资源更重要？为什么？
4. 什么是能力？公司如何创造自己的能力？
5. 能力必须具备哪四个标准才能成为核心竞争力？为什么说这四个标准是非常重要的？
6. 什么是价值链分析？成功的价值链分析能让公司获得哪些好处？
7. 公司作为一个价值创造系统是如何运作的？请举例说明。
8. 什么是外包？为什么公司需要进行外包？今后外包会越来越重要吗？如果是，原因是什么？
9. 公司如何识别优势和劣势？为什么说管理者了解公司的优势和劣势是非常重要的？
10. 什么是核心刚性？你如何理解每一种核心竞争力都有可能变成核心刚性？

微案例　Publix 如何通过其资源和能力来构建可持续竞争优势

Publix Super Markets，Inc.，这家坐落于佛罗里达州莱克兰的公司，运营着跨州的连锁超市网络。公司不仅提供杂货、乳制品、熟食和医疗保健产品，还经营药房并销售花卉。Publix 自建了乳制品和熟食工厂，拥有多个配送中心和制造设施，这些设施大多位于超市附近，便于运营。公司年收入接近 450 亿美元，拥有约 23 万名员工，仍在持续增长。

与其他美国连锁超市不同，Publix 是一家员工持股的公司，对员工的待遇极为优厚。实际上，截至 2022 年，Publix 已连续 25 年跻身《财富》杂志最佳工作场所排行榜，仅有四家公司获此殊荣。公司积极聘用年轻人才，并投资于员工培训，使他们成为各自领域的专家。员工无须加入工会，因为他们已经享有与工会合同相同的报酬和福利。例如，自 2022 年起，Publix 开始为员工提供带薪育儿假。

Publix 为员工提供了丰富的职业发展机会，公司内部晋升机会众多。许多高层管理者都是从基层岗位起步的——90% 的现任管理者最初在超市从事基础工作。员工工作满一年后，可获得只能在公司内部交易的 Publix 股票，“这种模式类似于创业公司给员工股份，鼓励员工长期留任”。这种雇佣模式在零售业中较为罕见，在其他零售公司，员工流动率极高，尤其是在疫情期间，这一直是一个严重问题。“2021 年 12 月，约有 786 000 名零售员工辞职——创下了该行业的纪录。”在零售业中，拥有一支训练有素且稳定的员工队伍是一个巨大的优势。

顾客对 Publix 极为忠诚，甚至被誉为公司的粉丝。“顾客喜欢在 Publix 购物，很大程度上是因为员工似乎真的很享受在那里工作。”熟食三明治是顾客的最爱之一，他们经常在午餐时间排队购买。如果顾客接近任何 Publix 员工，他们肯定会得到热情的问候。如果产品在收银台扫描的价格与货架上的价格不同，该产品就免费。2020 年，Publix 为其客户推出了两项新举措——一个是名为 Club Publix 的个性化会员计划，另一个是 Instacart Meals 应用程序，为客户提供在线订购以及定制食品的配送或自取服务。Publix 药房为顾客免费提供几种口服抗生素以及用于糖尿病和高血压的维持药物，并于 2021 年开出第 1 亿张免费处方。即使提供了这些额外的服务，Publix 的营业利润率仍然高于克罗格（Kroger）和沃尔玛。

Publix 也是一位杰出的企业公民。例如，在 2020 年 4 月，面对新冠疫情大流行对农民造成的影响，Publix 推出了一项新的援助计划。公司从受影响最严重的农民那里采购了农产品和牛奶，并将它们捐赠给食品银行，以帮助其运营区域内同样受到疫情影响的人们。此外，Publix 还向“Feeding America”食品银行捐赠了数百万美元。

尽管取得了长期的成功，Publix 并未因此而自满。2018 年，为了顺应健康食品的潮流，Publix 在佛罗里达州塔拉哈西开设了一家名为 GreenWise Markets 的概念店，并宣布计划在美国东南部开设更多此类店铺。GreenWise 专注于有机和健康食品。在该店面，其标识或店内任何地方均不使用 Publix 的名称。产品组合是独一无二的——唯一的共同点是一些 GreenWise 的产品也在 Publix 超市有售（但 GreenWise 不提供任何 Publix 品牌的产品）。GreenWise Markets 旨在与 Publix 超市形成互补而非竞争关系，目标是吸引新的消费群体。

自开业以来，Publix 已在佐治亚州、南卡罗来纳州和佛罗里达州开设了更多 GreenWise Markets。在劳德代尔堡的分店，顾客可以在“CUTS”专区找到不含抗生素或添加激素的肉类以及可持续海鲜。同时，“EATS”专区提供现点现做的餐点和即食食品，如美食三明治和新鲜烤制的比萨饼。“POURS”专区则提供更多餐饮服务，包括本地烘焙的咖啡、现倒的桶装啤酒，以及其他可以在店内享用的饮品。

资料来源：B. Kowitt，2022，Feed your career，*Fortune*，April/May：104－108；B. Case，Publix to offer paid parental leave starting in New Year，*Bloomberg*，www. bloomberg. com，December 30；R. Redman，2021，Publix heads downtown with new GreenWise Market，*Supermarket News*，www. supermarketnews. com，March；2021，Health and wellness services at Publix foster loyalty，*Chain Drug Review*，August 9：64；2021，Publix Super Markets，Inc.，*MarketLine*，www. marketline. com，November 16；R. Redman，2020，Publix purchases produce，milk from farmers impacted by pandemic，*Supermarket News*，www. supermarketnews. com，May；J. S. Harrison，M. Owdom，D. Pitchford，A. Stratton，& B. Warren，2020，Publix Supermarkets，Inc.，in M. A. Hitt，R. D. Ireland，& R. E. Hoskisson，*Strategic Management*：*Competitiveness & Globalization*：*Concepts & Cases*，Boston，MA，Cengage：C-175－C-189；M. Troy，2020，What's next for GreenWise Market，*Progressive Grocer*，99（1）：34－37；2020，Instacart pilots online meal ordering/delivery with Publix，*Supermarket News*，March：23.

讨论题

1. 列出 Publix 所拥有的关键资源和能力。

2. 根据你对其他超市的了解，Publix 的哪些资源和能力是其独有的？

3. 在这些资源和能力中，哪些是竞争对手难以模仿的或以高昂代价去模仿的？换言之，哪些可能成为其可持续竞争优势的来源？

4. 利用第 1 章中讲解的利益相关者理论，解释 Publix 如何在对员工、客户服务和社区回馈上投入巨资的同时，仍然能够获得高于平均水平的回报。

5. 如果你是 Publix 的直接竞争对手，你的竞争策略会是怎样的？也就是说，面对市场中的 Publix，你可以采取哪些措施来确保自己成功？

注 释

第二部分

战略行动：战略形成

第4章

业务层战略

学习目标

1. 解释业务层战略及其目标。

2. 讨论客户与业务层战略之间的关系：为谁服务；满足顾客的哪些需求；如何满足这些需求。

3. 描述商业模式，包括它们与业务层战略的关系。

4. 使用五力模型解释成本领先战略及其相关风险。

5. 使用五力模型解释差异化战略及其相关风险。

6. 解释聚焦战略及其相关风险。

7. 解释整体成本领先/差异化战略及其相关风险。

引例 数字时代的全渠道零售

变革的步伐正在加快，随之而来的不确定性和复杂性也在增加，这在历史上是前所未有的。数字技术是推动这种不确定性和复杂性的主要力量，面临全球激烈竞争的企业正在迅速加强其信息密集型业务和互联互通的能力。这种形势表明，企业必须制定数字战略以支持其他战略目标的实现。有效的数字战略建立在数字原则之上，这些原则重新定义了企业如何在客户关注、增长、效率和创新等方面展开竞争。

零售业在过去几十年经历了翻天覆地的变化，这主要得益于数字技术的发展。过去，几乎所有商品都是通过实体店购买的。然而，随着互联网的迅速普及，像亚马逊和 eBay 这样的数字平台开始在零售购买中占据越来越大的份额。为了对抗这种趋势，传统的实体零售商启动了不同程度的数字战略。新冠疫情进一步推动了公众对数字购物的广泛接受。目前，许多传统零售商正面临销售下滑，有些甚至可能无法继续生存。

随着数字技术的发展，零售业出现了一种新的理念——全渠道零售。这反映了一种商业模式，即无论是在线购物还是实体店购物，都能为客户提供无缝的购物体验。实体零售商正在通过建立网络商店和移动应用程序来不断增强客户的在线体验，并在数字领域增加了与客户的接触点。同时，像亚马逊这样的在线零售商也开始进军实体零售空间（例如 Amazon Go），甚至出现了不需要收银员的新型商店。这些举措正在模糊线上和线下零售之间的界限。

瑞典在线服装零售商 ASKET 找到了一种创新的方法来探索全渠道零售。ASKET 的管理者担心，顾客无法通过在线商店体验到 ASKET 产品的质量，因此他们在斯德哥尔摩及其他地区测试了不同的快闪店，这些店铺的运营时间从几天到几个月不等。顾客在访问快闪店后，会收到一封电子邮件，其中包含个性化的尺寸图表和如何在线或离线下单的指南。

在实施全渠道业务模式时，公司需要培训销售人员使用店内技术，并帮助客户在店内与这些技术顺利互动。可以帮助客户定位产品并立即购买的手持设备已经非常常见。公司还应利用移动渠道，以实现与客户的高度互动。此外，数据分析战略是全渠道企业分析客户数据以确定其偏好的重要手段。与其他企业的合作也很重要。例如，公司可以与供应商合作组织特别活动。

与所有战略一样——无论是纯数字化战略、全渠道战略、实体店战略，还是其他类型的战略——领导层的坚定承诺都是至关重要的。领导者与他人合作，决定如何实施战略，分配执行战略所需的资源，并以一种清晰的方式预测未来，从而使公司能够识别出未来可能的竞争优势。

资料来源：L. Forman，2021，Instacart needs to ring up grocers in store，*Wall Street Journal*，www. wsj. com，October 22；M. Jocevski，2020，Blurring the lines between physical and digital spaces：Business model innovation in retailing，*California Management Review*，63：99 – 117；J. Ferguson & N. Anderson，2018，How to build a digital strategy，*World Economic Forum*，www. weforum. org，January 10；K. Tama-Rutgliano，2018，Mapping out your digital marketing strategy for 2018，*Forbes*，www. forbes. com，January 2；A. Bollard，E. Larrea，A. Singla，& R. Sood，2017，The next-generation operating model for the digital world，*McKinsey & Company*，www. mckinsey. com，March.

4.1 理解业务层战略

公司需要在两个或两个以上的备选方案中进行战略选择。[1] 外部环境中的机会和威胁（见第 2 章），以及内部环境中的资源、能力和核心竞争力的本质和质量（见第 3 章），都会影响公司的决定。[2]

正如引例中所提到的，日新月异的信息技术是商业组织所面临机会与威胁的最重要外部来源之一。信息以及收集与分析信息的技术，是公司构建数字战略的核心。**数字战略**（digital strategy）运用数字技术帮助公司更清晰地理解客户及其需求，为创新发展提供基础，从而为客户创造更多价值。[3] 数字战略是与其他公司战略相结合而制定和实施的。在零售业，公司正在探索如何通过数字战略提升传统的实体购物体验，这种战略最大限度地利用了线上和线下体验的优势。

本章讲的是第一种战略类型，也是第 1 章所阐释的战略管理过程的第二部分。任何一种战略（见图 1－1）的基本目标都是获取战略竞争力和超额利润。[4] 战略都是有目的的，在采取行动之前先要制定战略，它代表了公司共同理解、认可的愿景和使命。[5] 一个有效的战略可以统筹、整合、分配公司的资源、能力和竞争力，使它们更好地适应外部环境。一个合适的发展战略能使公司的愿景、使命以及采取的行动变得更加合理。

作为本章的重点内容，业务层战略是公司做出的关于如何在单个产品市场上进行竞争的一系列选择。[6]**业务层战略**（business-level strategy）是指在具体的产品市场上，公司用来开发核心竞争力以获得竞争优势的一系列相互整合、协调的约定和行动。[7]这些选择非常重要，因为长期绩效与公司战略密切相关。全球经济下的竞争越来越复杂，对公司来说，竞争方式的选择也就更加困难。

虽然每一个公司都必须制定和实施业务层战略，但是一些公司可能并不会采用本书第 6 章至第 9 章中讨论的所有其他战略，这些战略包括业务层战略、并购战略、国际化战略以及合作战略。例如，在单一产品市场且仅在单一地理区域运营的公司，并不需要制定涵盖产品多样化类型和程度的公司层战略，也无须制定应对地理多样性的国际化战略。每个公司至少必须开发和运用一种业务层战略，这便是核心战略——公司制定的用以描述其如何在所选产品市场中与竞争对手进行日常竞争的战略。[8]其他类型的战略均以公司的核心业务战略为基础构建。

业务层战略的目的是在公司与竞争对手之间创造差异。[9]为了在竞争中独树一帜，公司必须决定是执行活动的方式不同，还是执行不同的活动。[10]战略定义了组织领导者采取行动的方向，以帮助公司取得成功。[11]在当今竞争激烈的商业环境中，成功运用业务层战略意味着公司学会如何整合其活动，为客户创造更大的价值。

虽然公司在制定业务层战略时需要考虑外部环境，但重要的是要认识到，它们不必完全受制于环境。实际上，公司可以通过自己的战略来影响外部环境。[12]例如，在公司早期历史中，沃尔玛的首席执行官山姆·沃尔顿（Sam Walton）制定了一个战略，主要在偏远地区建设大型折扣百货商店，这些地区的消费者之前难以接触到这类零售商。当时普遍的看法是这类企业会失败。另一个例子是，美国银行（Bank of America）在实施战略时使用的一些策略包括建立非营利联盟以及提供低于成本的贷款。[13]

在对业务层战略的研究中，我们探讨了多个主题。客户是所有业务层战略成功的基石，公司若想维系客户，就必须不断地为他们创造新的价值。[14]因此，我们首先讨论客户导向如何塑造业务层战略。之后，我们界定商业模式，并阐释它们与业务层战略的联系。在讨论商业模式之后，我们审视了五种普遍适用的业务层战略。这些战略之所以通用，是因为参与任何行业竞争的组织都可以采用它们。[15]我们的分析描述了如何有效运用每种战略，使公司相对于行业的五种竞争力量（见第 2 章）处于有利位置。

另外，我们还利用价值链来举例说明实施具体的业务层战略时所需的主要活动和辅助活动。由于所有的战略都是有风险的，因此我们也会讨论公司在战略运用过程中可能遇到的风险。[16]在第 11 章，我们将介绍与成功地运用每一种业务层战略相关的组织结构和控制。

4.2 顾客：与业务层战略的关系

只有当公司将竞争优势作为在单一产品市场竞争的基础来满足某一顾客群的需求时，

才会引起战略性竞争。[17]高效的全球竞争者精于识别不同文化和地区顾客的需求，并学习如何响应顾客需求的变化。它们与顾客广泛接触和互动，建立了紧密的联系。[18]顾客关系的“覆盖度”涉及公司与顾客的接触和连接。通常企业力图扩大其覆盖范围，在此过程中增加顾客数量。“丰富度”关注的是公司与顾客之间双向信息交流的深度和细节。“关联度”是第三个维度，它致力于鼓励持续的客户互动。[19]从顾客的视角观察世界，并不断寻求为顾客创造更多价值的方法，对于增强顾客关联度有积极的影响。

如果公司能为顾客创造更高的价值，公司与顾客的关系就可以得到加强。与顾客的牢固关系可以为公司有效地满足顾客的独特需求奠定坚实的基础。为顾客创造更高的价值可以提高顾客满意度，顾客满意度又与公司的盈利能力有正相关关系，因为感到满意的顾客最有可能成为回头客，并且他们会将好评传播给其他潜在顾客。

因此，在制定业务层战略时，公司会给予顾客极大的重视。特别是，管理者需要确定：

1. 为谁服务；
2. 满足顾客的哪些需求；
3. 如何满足这些需求。

为谁：决定要服务的顾客

确定谁是公司计划用业务层战略提供服务的目标顾客，对公司来说是一个非常重要的决定。[20]公司在做决定时，会根据需求的不同（在下面的内容中会进一步介绍需求）对顾客进行分类。根据需求划分顾客的过程称为**市场细分**（market segmentation），这一过程用于把需求相同的顾客划分成一个单独的、可识别的群体。[21]例如，在动物食品业务中，陪伴性宠物（如狗和猫）和生产性动物（如家畜）的产品需求就各不相同。作为高露洁-棕榄公司子公司之一的 Hill's Pet Nutrition 公司就是专门销售宠物食品的。该公司的愿景是“使营养成为兽医学的基石”，其使命是“帮助人们丰富和延长与宠物之间的关系”[22]。该公司将猫分为四类：小猫、成年猫（1 岁以上）、成熟猫（7 岁以上）和老年猫（11 岁以上），该公司生产和销售的每个类别的宠物猫食品是根据兽医确定的需要进行区分的。

几乎任何一个可以识别人群或组织的特征，都可以用来细分出一个又一个特征不同的市场。表 4-1 中列举了几个常见的细分顾客的特征。

表 4-1　顾客细分的基础

消费品市场：
1. 人口统计因素（年龄、收入、性别等）
2. 社会经济因素（社会阶层、家庭生命周期阶段）
3. 地理因素（文化、地域、国家间差异）
4. 心理因素（生活方式、性格特征）
5. 消费模式（用量大、用量适中、用量少的使用者）
6. 感觉因素（利益细分、感知定位）

续表

工业品市场：
1. 终端市场细分（根据标准产业分类代码进行识别）
2. 产品细分（以技术差异或产品经济学为基础）
3. 地理细分（根据国家间的界线或地域差异来划分）
4. 共同购买要素细分（融合产品细分与地理细分）
5. 顾客规模细分

资料来源：Based on information in S. C. Jain, 2009, *Marketing Planning and Strategy*, Mason, OH: South-Western Cengage Custom Publishing.

做什么：决定要满足的顾客需求

公司确定了服务对象之后，必须识别它的产品和服务能否满足目标顾客群的需求。一般来讲，需求（做什么）与产品的利益和特性有关。成功的公司总是不断学习如何在顾客需要时，把所需要的产品提供给他们。例如，对顾客需求的深入了解正促使美国最大的连锁杂货店克罗格（Kroger）加快其杂货配送服务的速度。[23] 自 2017 年起，该公司就与 Instacart 开始了合作。目前，这一合作伙伴关系正在推进一项计划，目标是在最短 30 分钟内将食品和家庭用品送达顾客手中。

从战略角度看，顾客最基本的需求是购买能为他们创造价值的产品。产品或服务提供价值的基本方式是以低价格为顾客提供可以接受的产品，或者以可以接受的价格提供差异化的产品。最有效的公司总在不断尝试预测顾客需求的变化。那些没有预测和识别顾客需求变化的公司，会因此失去顾客，这些顾客会转而购买竞争对手提供的能够为他们创造更多价值的产品。

成功的公司会认识到消费者需要改变这一事实。多年来，赛百味在美国的分店数量超过任何其他餐饮连锁品牌，一直提供相对固定的菜单，顾客可选择的新三明治种类也很有限。[24] 然而，在经历了一轮大规模扩张之后，该公司开始缩减规模，到 2022 年的五年间，其在美国国内的分店数量减少了 20% 。首席执行官约翰·奇德西（John Chidsey）认识到，顾客渴望的是他们真正想吃的食物。为此，公司彻底更新了菜单，声称这是其历史上最大规模的烹饪变革。这次菜单改革是在其全球餐厅数量增加的基础上进行的。

如何做：确定满足顾客需求所必需的核心竞争力

在确定了公司的服务对象及其具体需求之后，公司就要决定应如何利用能力和竞争力来开发能够满足目标顾客需求的产品。正如第 1 章和第 3 章所述，核心竞争力是指可以作为战胜竞争对手的竞争优势的来源的一系列资源和能力。公司利用核心竞争力（如何做）来执行价值创造战略并满足顾客的需求。只有那些能够不断改进、创新和提高竞争力的公司，才能够长久地满足并且有可能超出顾客的期望。[25] 公司必须不断提高自己的竞争力，才能维持相对于竞争对手的竞争优势，并向顾客提供超过竞争对手所创造价值的产品。[26]

公司可以综合多方面的核心竞争力来提供能满足顾客需求的产品或服务。在当今的竞争环境和跨行业竞争中，通过研发能力发展核心竞争力至关重要。在众多商业环境中，公司有效管理人力资源的能力是一项至关重要的核心竞争力。战略性人力资源管理意味着公司的人员管理实践要么反映其行业中的最佳实践，要么与环境需求（通常侧重于客户）高度契合。[27]在酒店行业中，希尔顿在战略性人力资源管理方面无人能出其右。[28]该公司年年被评为最佳工作场所之一，这一点在考虑到它有多少员工从事房间清洁和与（常常不易相处的）客户打交道的工作时，显得尤为难能可贵。这种能力为希尔顿吸引到了众多优秀的员工，不仅提升了客户满意度、忠诚度，最终也实现了更高的利润。

上述关于顾客的讨论说明，公司必须利用其能力和核心竞争力（如何做）来满足已经选择的目标顾客群（为谁）的需求（做什么）。

4.3 商业模式及其与业务层战略之间的关系

商业模式是全面业务层战略的一部分。[29]虽然一个公司可以选择实施其制定和使用的其他类型战略，但这些战略主要是搭配业务层战略使用。正如本章前面所述，业务层战略是企业的核心战略——企业制定这种战略是为了指导在所选择的产品市场中开展日常竞争。作为企业业务层战略的一部分，企业所选择的商业模式影响着战略的实施，尤其是在实施过程中相互影响的流程。制定和整合商业模式和业务层战略可以增加公司成功的可能性。[30]我们将关于商业模式及其与战略间关系的讨论作为基础，然后探讨企业可能选择实施的五种业务层战略。

定义商业模式的方法多种多样。[31]这些定义的共同点是，**商业模式**（business model）描述了企业是如何为其利益相关者创造、传递、获取价值的。[32]正如第 1 章所解释的，利益相关者看重的是相关但不同的结果。例如，对于股东来说，公司以投资回报的形式获取价值并向他们分配价值。对于顾客来说，公司以产品的形式创造和传递价值，产品是价格和功能的结合，顾客愿意为此支付价格。对于员工来说，公司以他们所热爱的工作的形式创造和传递价值，同时，他们有机会通过不断学习累积经验，从而提升自己的技能。[33]

从某种意义上来说，商业模式是企业如何创造、传递和获取价值的框架，而业务层战略是一系列约定和行动，这些约定和行动会指引企业通过在特定产品市场上利用其核心竞争力来获得竞争优势。从为谁、做什么以及如何做的角度来理解顾客，是制定和成功使用商业模式和业务层战略的基础。[34]

无论选择哪种商业模式，公司的领导者都应该把这种选择看作一种需要根据公司外部环境（例如，进入一个新地区的机会）和内部环境（例如，新竞争力的培育）随时变化的条件进行调整的选择。[35]**商业模式创新**（business model innovation）通常发生在企业意识到其现有商业模式已不再适应时代发展的需求，并成功地以一个更新的模式取而代之的时候。[36]例如，网飞（Netflix）和百视达（Blockbuster）都曾通过租赁 DVD 向顾客提供电影服务，网飞通过邮寄方式租赁，而百视达则通过实体店。然而，随着宽带速度的提升，消费者开始更倾向于在自己家中享受流媒体观看电影的便利。网飞成功地将其商业模式转变为专注于家庭流媒体服务。百视达没有改变其商业模式，最终走向了失败。商业模式创新之所以困难，是因为它要克服惯性，即所有导致组织抵制变革的力量。[37]如果一个商业模式长期以来一直非常成功，那么要转向一个不同的模式更加困难。

企业从众多不同的商业模式中进行选择。[38]例如，一些公司采用免费增值模式（freemium model），即向顾客免费提供基础产品，并通过销售高级版服务赚取收入和利润。此类模式的例子有 Dropbox 和 Adobe PDF Reader。使用广告模式（advertising model）的公司则通过向广告商收费，为其提供高质量的目标顾客访问渠道，传统电视网络和 Pinterest 就是这种模式的例子。此外，公司可以使用点对点模式（peer-to-peer model），即将需要某项服务的人与提供该服务的人进行匹配，例如 Task Rabbit 和爱彼迎（Airbnb）。现在，我们将重点介绍三种其他流行的商业模式：特许经营商业模式、订阅商业模式和数字平台商业模式。

特许经营商业模式

特许经营商业模式是一家公司将其商标及其创造和交付产品的相关流程授权给加盟商。[39]在这种情况下，授权其商标和流程的公司通过从加盟商那里收取费用和版税来实现价值获取。特许人还可以向加盟商销售业务运营中使用的产品，这在许多快餐店中是常见的情况。

麦当劳和 Panera Bread 都采用了特许经营模式。然而，麦当劳将其作为成本领先战略的一部分，而 Panera Bread 则用它来实施差异化战略（这两种战略将在下一主要部分详细讨论）。麦当劳的成本领先战略使得公司能够通过其特许经营模式中明确规定的流程，向顾客提供价格合理、口味和服务品质均达到可接受标准的统一食品，并确保顾客在清洁的环境中用餐。[40]

Panera Bread 也采用特许经营模式，但其模式与麦当劳的有所不同。其中一个区别是，个人可以购买单一的麦当劳特许经营权，但 Panera Bread 不出售单一的特许经营权，相反，它与加盟商合作，在 6 年内开设大约 15 家面包咖啡店。[41]在快餐休闲餐饮业（与麦当劳所在的快餐业不同）运营的 Panera Bread，实施了差异化战略，以合理的价格向顾客提供美味、高品质的食品。正如公司所说："什么是好的饮食？我们相信，那是食物和一种体验，让你感到满足和营养，无须在美味和对你有益之间做出妥协。"[42]通过这种差异化战略，Panera Bread 运用精心设计的一套流程，在独特的环境中提供差异化的食品项目，以此向顾客提供他们愿意支付的价值，并且价格在他们可接受的范围内。尽管麦当劳和 Panera Bread 采用了相同的商业模式，但由于两家公司根据各自的业务层战略对这一模式进行了不同的应用，因此这一模式也呈现出不同的发展态势。

订阅商业模式

采用订阅商业模式的公司会定期向顾客提供产品，可能是每月一次、每年一次，或者根据需求提供。[43] Blue Apron 就是采用订阅商业模式的一家公司。公司基于这样的理念：食物的生产和分配过程极为复杂，这给家庭在选择健康饮食时带来了挑战。Blue Apron 直接将食材配送给消费者，省去了商店等中间环节。公司与那些致力于可持续生产的农民合作，确保提供最高品质的原料。因此，公司结合了订阅商业模式和差异化战略，为其在执行业务层战略时互动的各方利益相关者（如客户、供应商、员工和当地社区）创造、传递和捕获价值。[44]

在新冠疫情暴发后，像 Blue Apron 这样的家庭送餐订阅服务变得极为普及，并且业务量大幅上升。网飞是另一家使用订阅商业模式的公司。[45] 该公司向订阅者每月收取费用，提供数千部电影和电视剧。2010 年，公司首次国际扩张选择了加拿大市场。不到 10 年的时间，公司便在全球 190 多个国家拥有了订阅用户。考虑到每个地区都面临特定的挑战，如法规差异和获取特定内容权利的难题，这一成就实属不易。此外，在许多其他国家，网飞还面临着诸如 Amazon Prime 等竞争对手。目前，网飞的大部分收入实际上来自美国以外的市场。

数字平台商业模式

数字平台促进了众多利益相关者之间的交易。[46] **数字平台**（digital platform）是一个基于互联网的场所，生产者、消费者以及平台社区的其他成员可以在这里交换信息、商品或服务。包括像推特（Twitter）或领英（LinkedIn）这样的社交媒体平台，像 Spotify 和 YouTube 这样的媒体分享平台，像优步和爱彼迎这样的服务导向平台，以及像 Yahoo! 和 Quora 这样的知识平台。[47] 它们是一种管理自主互补者（autonomous complementors）的方式，这些互补者是与平台提供商合作的利益相关者，但通常并不是其直接竞争对手。[48] 有时，作为特定平台互补者的公司会开发一个竞争平台，但在建立合法性并且不削弱原有平台的过程中可能会遇到困难。例如，思科通过重新定位自己在市场中的位置，部分竞争于云平台，同时仍作为互补者在云平台中合作，并成功创建了一个新的平台——Fog。[49]

数字平台在包括电子商务、电子游戏、汽车、支付系统、移动电话在内的许多经济领域推动创新并提高了效率。[50] 它们以多种形式出现，包括在线市场（eBay）、搜索引擎（谷歌）、社交媒体（推特）、专业网络和招聘（领英）以及操作系统（微软的 Windows）。它们有两个基本类型：促进互补产品和服务发展的创新平台（例如安卓、谷歌）和促进买卖商品和服务的交易平台（例如 eBay、优步）。[51] 有些平台，如微软的 Windows 和 Alphabet 的谷歌，在各自市场上几乎拥有垄断地位，市场份额超过 70%。[52] 数字平台商业模式的最大优势之一是，与其他许多商业模式相比，它可以以相对较低的成本快速扩大规模。[53] 正如战略聚焦所示，数字平台还可以是公司之间共享盈余资源的一种方式，从而提高经济效率。

提供数字平台的公司以多种方式获得收入。微软直接为其 Windows 软件收费，无论是直接收费还是当消费者购买包含来自另一家公司软件的硬件产品（例如计算机）时。Alphabet 从在其谷歌搜索引擎上做广告的公司收取费用。优步收取使用其服务的乘客支付费用的一部分。世界上许多最有价值的公司——阿里巴巴、微软、元宇宙平台公司和亚马逊——至少运营着一个突出的平台。[54]

差异化战略是大多数成功数字平台流行的推动力。例如，亚马逊为其销售的产品提供高质量服务，它也为其创建的平台提供卓越的服务，该平台直接连接买家和卖家。也就是说，在亚马逊上销售的许多产品直接从非亚马逊卖家那里发货。如果客户遇到这些产品中的一个问题，而与卖家无法解决，亚马逊会介入，在某些情况下，甚至为客户退款。差异化是下面将讨论的几种业务层战略之一。

战略聚焦　Piclo Flex、混合商业模式和共享经济

混合商业模式是一种旨在同时实现盈利和公益目标的经营方式。例如，一家既追求利润又致力于环保的户外服装品牌就采用了这种模式。该公司以其环保活动和“我们的业务是为了拯救我们的家园——地球”的使命而闻名，它正在实践混合商业模式，许多公司正在采纳这种模式。仅仅成为一个具有社会责任感的公司并不足够，混合商业模式要求公司将推动社会认为重要的事业作为其主要目标之一。除了环保，其他可以通过混合商业模式来解决的公益问题包括减少贫困、保护儿童、教育和安全。追求混合商业模式的组织面临着持续的挑战，因为盈利目标和公益目标之间常常存在冲突，公司必须在分配有限资源时审慎行事，确保资源能够合理地用于支持每个目标的相关活动。

公司可以通过构建共享经济模式来取得进展，这有助于解决一些重大的社会挑战，并减少公司目标中的潜在冲突。共享经济是一种社会经济生态系统，它通常利用信息技术（如数字平台）来连接不同的利益相关者，通过共享其对产品和服务的过剩能力来创造价值。共享经济对环境和经济都有益处，因为它使资源的使用更加高效。此外，它还减少了公司自行生产商品或服务的需求，因为这些商品或服务可以很容易地从其他提供者那里获得，并通过数字平台轻松获取。基于这两个原因，共享经济有助于减少总体资源消耗。全球共享经济的规模从 2014 年的估计 150 亿美元增长到预计 2025 年的 3 350 亿美元，覆盖了多个行业，包括交通、住宿、劳动力、专业知识、食品和能源等行业。

英国的 Piclo Flex 自称为“在线能源灵活性交易独立市场”。该公司创建了一个“提供多种能源服务的平台，包括系统平衡、稳定性和网络容量等，目的是让提供能源资产运营的服务变得更加快捷和简便”。服务提供者在平台上注册并提供他们要销售的产品，而买家则在竞标过程中对这些服务出价。目前，已有超过 300 家服务提供商遍布全球多个国家。

Piclo Flex 深刻认识到环境保护的重要性，并设计了其数字平台以最大化能源服务的有效利用。Piclo 的一个投资者是清洁增长基金，它是由英国商业、能源和工业战略部成立的基金，也是英国最大的慈善基金管理机构之一，专注于投资那些致力于减少碳排放的早期“清洁增长”公司。另一位投资者是马特 · 麦克唐纳德风险投资公司（Matt MacDonald Ventures），这是一家风险投资咨询机构的子公司。这两家投资者的存在证明了 Piclo Flex 正在成功地执行混合战略，其中清洁

增长基金主要关注公益目标，而马特·麦克唐纳德公司的投资则更紧密地与公司的盈利目标相关联。

资料来源：R. Garud，A. Kumaraswamy，A. Roberts，& L. Xu，2022，Liminal movement by digital platform-based sharing economy ventures：The case of Uber Technologies，*Strategic Management Journal*，43：447－475；E. Reuter，2022，Hybrid business models in the sharing economy：The role of business model design for managing the environmental paradox，*Business Strategy and the Environment*，31：603－618；2022，*Piclo Flex Homepage*，www.picloflex.com，February 19；E. Mazareanu，2019，Value of the global sharing economy，2014－2015，*Statista*，www.statista.com，August 9；T. Laamanen，J. Pfeffer，K. Rong，& A. Van de Ven，2016，Business models，ecosystems，and society in the sharing economy，*Academy of Management Discoveries*，4（3）：213－219.

业务层战略的类型

公司可以选择五种业务层战略中的一种，来建立和巩固它渴望的战略地位，以此对抗竞争对手。这五种业务层战略分别是：成本领先、差异化、聚焦成本领先、聚焦差异化、整体成本领先/差异化（见图 4－1）。每一种业务层战略都可以帮助公司建立和利用竞争优势（成本领先或差异化），作为其在特定竞争范围（广阔市场或狭窄细分市场）内为客户创造价值的基础。公司在实施不同的业务层战略中整合活动的方式，决定了该公司与其他公司的区别。[55]例如，每个公司都有各自不同的业务活动图，西南航空公司与竞争对手 JetBlue 航空、美国联合航空、美国航空等的业务活动图就不一样。出色的业务活动的整合可以增加公司获得竞争优势和超额利润的可能性。

在选择业务层战略时，公司需要评价两种潜在的竞争优势：“一是比对手更低的成本；二是差异化的能力以及对超出差异化成本的高价格的控制能力。”[56]低成本源于公司以不同于竞争对手的方式开展活动的能力，差异化则表明了公司开展不同（有价值的）活动的能力。因此，基于内部资源、能力和核心竞争力的本质及质量，公司可以将成本竞争优势或差异化竞争优势作为实施业务层战略的基础。[57]

目标市场可以根据其范围被明确区分为广阔市场或狭窄细分市场（参见图 4－1）。服务于广阔市场的公司以整个行业为基础，寻求为顾客创造价值的能力。瞄准狭窄细分市场则意味着公司打算满足窄顾客群体的需求。通过聚焦战略，公司“在行业中选择一个或几个细分市场，调整战略以服务于这个市场，并把其他公司排除在市场之外”[58]。具有特殊需求的顾客或者位于特殊地理位置的顾客都是窄顾客群体的例子。如图 4－1 所示，公司还可以开发一种将低成本与差异化相结合的价值创造方法，并以这种方法作为服务目标顾客群体的基础，这个目标群体往往比窄顾客群体更大，但又没有宽顾客群体（或整个行业）那么复杂，也正是在这样一种顾客群体中才适合采用低成本与差异化相结合的战略。

在图 4－1 展示的五种业务层战略中，没有哪一种战略必然或普遍地优于其他战略。每种战略的有效性都取决于外部环境中存在的机会和威胁，以及内部资源组合带来的优

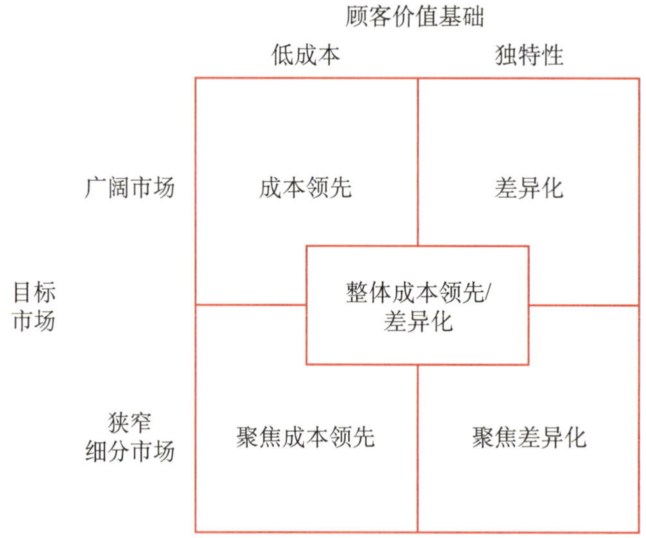

图4-1　五种业务层战略

资料来源：Based on M. E. Porter，1998，*Competitive Advantage*：*Creating and Sustaining Superior Performance*，New York：The Free Press；D. G. Sirmon，M. A. Hitt，& R. D. Ireland，2007，Managing firm resources in dynamic environments to create value：Looking inside the black box，*Academy of Management Review*，32：273 - 292；D. G. Sirmon，M. A. Hitt，R. D. Ireland，& B. A. Gilbert，2011，Resource orchestration to create competitive advantage：Breadth，depth and life cycles effects，*Journal of Management*，37：1390 - 1412.

势和劣势。因此，在选择业务层战略时，能否与外部环境中的机会与威胁以及基于核心竞争力的内部环境中的优势有效匹配至关重要。[59]选择战略之后，公司还要不断强调成功运用战略所需的一系列活动。

4.4　成本领先战略

成本领先战略（cost leadership strategy）是指通过采取一整套行动，以低于竞争对手的成本，为顾客提供可接受的、具有某种特性的产品或服务。[60]采用成本领先战略的公司往往向行业内最典型的顾客销售标准化同时又具有竞争性差异化的产品或服务。开发新的生产和分销方法、研发新技术的创新过程，对于提高公司的运营效率和成功实施成本领先战略都是非常重要的。近年来，一些公司制定了外包战略，将各种各样的职能（如产品生产）外包给低成本供应商以保持自身的低成本。[61]

执行成本领先战略的公司始终致力于将其成本压至比竞争对手更低的水平，这样它们就能以低廉甚至可能是最低的价格向客户销售其产品和服务。美国的Frontier航空公司，欧洲的易捷航空（EasyJet）和瑞安航空（Ryanair），以及亚洲的亚洲航空（AirAsia），都在采用成本领先战略。[62]这些航空公司为客户提供的是“无附加服务”的飞行体验，这通常意味着除了水以外，不提供免费饮料或小吃。客户还需要为他们携带的任何行李支付费用，包括随身行李。此外，他们还需要为指定座位或额外腿部空间等附加服务付费。

正如第 3 章所述，公司利用价值链分析来确定运营中的价值增值环节和非价值增值环节。图 4 - 2 给出了公司通过成本领先战略创造价值所必需的价值链活动和辅助职能。如果公司不能将图中所列的活动和职能有效地整合起来，那么一般情况下，公司将无法拥有成功运用成本领先战略所必需的核心竞争力。作为核心活动，进货物流（例如物料搬运、仓储和库存控制）和发货物流（例如收集、储存和向客户分发产品）常常占据了某些产品生产总成本的很大一部分。研究指出，在物流领域拥有的竞争优势通过成本领先战略比通过差异化战略能创造更大的价值。[63] 因此，寻求以竞争性价值降低成本的成本领先者可能希望专注于进货和发货物流的核心活动。一些低成本生产商决定将制造业务外包给拥有低工资员工的低成本公司（例如中国、马来西亚和越南）。[64]

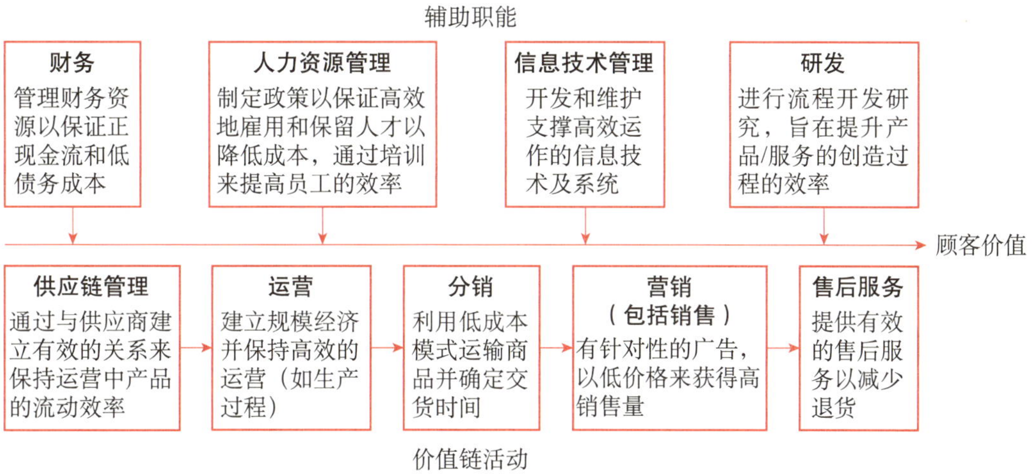

图 4 - 2　与成本领先战略相关的增值活动

资料来源：Based on M. E. Porter, 1998, *Competitive Advantage: Creating and Sustaining Superior Performance*, New York, The Free Press; D. G. Sirmon, M. A. Hitt, & R. D. Ireland, 2007, Managing firm resources in dynamic environments to create value: Looking inside the black box, *Academy of Management Review*, 32: 273 - 292; D. G. Sirmon, M. A. Hitt, & B. A. Gilbert, 2011, Resource orchestration to create competitive advantage: Breadth, depth and life cycles effects, *Journal of Management*, 37, 1390 - 1412; J. S. Harrison, 2020, Sustaining High Performance in Business: Systems, Resources, and Relationships, New York, Business Expert Press.

成本领先者还会审查所有辅助活动，以寻找额外的成本削减。开发新的系统以在所需原材料中找到最低成本与可接受的差异化水平之间的最佳组合，就是采购支持活动在实施成本领先战略时所能提供帮助的一个例子。

尽管存在五种强有力的力量（见第 2 章），但有效地运用成本领先战略是可以让公司获得超额利润的。接下来我们将从五种力量的角度解释公司是如何实施成本领先战略的。

与现有竞争对手的竞争

在应对竞争对手时，低成本是非常有价值的。由于成本领先者占据着有利的位置，竞争对手在决定是否进行价格竞争时会犹豫不决，尤其是在评估这种竞争的潜在后果之前。[65]沃尔玛和达乐公司（Dollar General）均采用成本领先战略。成功实施该种战略使得竞争对手不再将价格作为竞争的主要手段。

在实施成本领先战略时，有许多因素会影响竞争的激烈程度。这些因素包括组织规模、竞争对手拥有的资源、企业对特定市场的依赖性、企业之间的地理位置和先前的竞争互动，以及企业的可及范围、丰富性和与顾客间的密切关系。[66]沃尔玛的规模阻止了一些竞争对手与该公司竞争。亚马逊与客户之间的丰富性和亲密度给竞争对手带来了挑战，就连沃尔玛也在加大力度，通过 Walmart. com 挑战亚马逊在线上销售方面的优势。

那些采用成本领先战略的公司也可能采取行动减少来自竞争对手的竞争。企业可能会形成合作关系，如合资企业和战略联盟（见第9章）以减少竞争。[67]其他情况下，成本领先者试图与利益相关者（如重要的政府官员、供应商和客户）建立强有力的、相互支持的关系，以抑制竞争和降低成本。[68]关系是用来描述企业为了减少竞争而与他人发展的联系。[69]

买方（顾客）的议价能力

强有力的买方（例如那些购买焦点公司大量产出的买方）可以迫使成本领先者降低价格。然而，竞争压力意味着价格通常不会降到使成本领先者的次高效竞争对手无法获得平均收益的水平，除非低成本领导者试图将这一次高效竞争对手赶出市场。如果买方必须购买该公司的产品（如垄断），那么买方将没有讨价还价的能力，只能为产品支付高价。在一些情况下，强有力的买方不是强迫卖方降低价格，而是给卖方造成压力促使其提供创新的产品和服务。

供应商的议价能力

成本领先者赚到的利润比其他竞争对手要多，并经常试图通过不断降低成本来增加其利润。另外，较高的利润还使成本领先者能更好地应对供应商的提价。当整个行业的供应成本大幅增加时，只有成本领先者能负担得起该价格，并且继续获得平均利润或超额利润。从另一个角度讲，强有力的成本领先者也可以迫使供应商维持原价，从而使供应商的利润降低。[70]例如，沃尔玛规模庞大且实力雄厚，能够有效地向供应商施压，以维持较低的价格和利润空间。

一些公司通过将整体功能外包来建立与供应商相互信赖的关系，这种做法可以让它们减少整体成本。[71]利益相关者，特别是机构投资者，其施加的盈利压力使公司不得不将一些活动外包出去以减少成本。[72]公司决策者面对盈利压力可能会得出结论，外包将会减少成本，从而使公司能够降低其产品价格。

潜在进入者威胁

成本领先者不断努力使成本低于竞争对手，进而使自己变得更有效率。这是因为效率的不断提高（如规模经济）可以巩固利润率，给潜在竞争对手造成巨大的进入壁垒。[73] 在新进入者获得成本领先者实现高效率的经验之前，必须接受低于平均水平的利润。

替代品威胁

在替代品方面，成本领先者的市场地位比其他竞争对手更有利。当替代品的特性和特征在成本和差异化方面更能吸引顾客的注意力时，替代品就成了一个公司非常关注的问题。面对可能出现的替代品，成本领先者往往比其他竞争对手更灵活。为了留住顾客，成本领先者通常会降低产品或服务的价格。有了低价的产品和具有竞争性的差异化，成本领先者可以提高顾客对自己产品而非替代品的偏好程度。

成本领先战略的竞争性风险

成本领先战略具有一定的风险。第一个风险是，成本领先者用来生产和分销产品的流程可能会因竞争对手的创新而过时。[74] 这些创新可以让竞争对手以更低的成本提供产品和服务，或者在不提高价格的情况下给顾客带来额外的差异化特征。

第二个风险是，过分强调降低成本会使公司无法很好地理解顾客对于“竞争性差异化水平”的感知。例如，沃尔玛就因为销售人员数量太少，不能很好地为顾客提供帮助，以及收银台的数量太少等问题而备受批评。这些抱怨说明，沃尔玛的顾客对“最低限度服务”的界定与公司不断降低成本的努力之间存在矛盾。

模仿是成本领先战略的第三个风险。通过利用核心竞争力，竞争对手有时可以学会如何成功地模仿成本领先者的战略。一旦这种情况发生，成本领先者必须增加产品或服务的价值。通常来说，公司可以通过降低产品的价格，或者在保持价格不变的情况下增加产品的差异化特征这两种途径来创造价值。

4.5　差异化战略

差异化战略（differentiation strategy）是指以顾客认为重要的差异化方式来生产产品或提供服务（以可接受的成本）的一系列整合行动。[75] 成本领先者服务的是行业内的典型顾客群，差异化战略瞄准的则是用不同于竞争对手的差异化产品为顾客创造价值。产品创新，也就是公司为了满足客户需求而创造的新产品，或对现有产品及服务进行的改进，对于有效实施差异化战略至关重要。[76]

公司应当以具有竞争力的成本来生产差异化产品，以减少价格的不断上升给顾客带来的压力，即客户必须愿意为产品或服务的差异化特性支付高于其生产所带来增量成本的额外费用。[77] 如果公司生产的差异化产品的成本不具有竞争力，那么产品的价格将超出目标顾客愿意支付的价格。只有公司完全了解目标顾客群的价值是什么，各种不同需求的重要性如何，以及目标顾客群为什么愿意额外支付，差异化战略才能有效地帮助公司获取超额利润。

通过差异化战略，公司为那些更重视产品的差异化特征的顾客生产与众不同的产品。例如，宝马或丰田汽车公司的雷克萨斯（Lexus）系列高端汽车，其卓越的产品可靠性、耐用性和高性能是其差异化的特点。是产品的独特属性而非售价，为顾客提供了他们愿意支付更高价格的增值价值，尤其是与低成本品牌的产品相比。

为了通过执行差异化战略维持成功，公司必须持续改进那些客户看重的差异化特性，和/或创造出新的有价值特性，同时确保成本不会增加到需要提高价格，以至于对顾客失去吸引力。[78]换句话说，需要在提升那些持续提供高度差异化的特性与生产这些特性的成本之间进行细致的权衡。总之，实施差异化战略的公司要尽可能在更多方面显示出与竞争对手的不同之处。与竞争对手的产品或服务的相似性越少，公司受竞争对手的行动的影响就越少。当企业成功实施这一战略时，能够以显著高于其差异化特性生产成本的价格销售产品，使得企业能够超越竞争对手，获得高于平均水平的收益。

企业可以从多个方面实现其与竞争对手产品的差异化。与众不同的特征、及时的顾客服务、快速的产品创新和领先的技术、良好的声誉和地位、不同的口味、出色的设计和功能等，都可以成为差异化的来源。[79]也就是说，公司拥有的任何一种能为顾客创造真实价值或感知价值的方法，都可以作为差异化的基础，相比之下，降低成本的方法则要少得多。

价值链可以用来分析公司是否有能力将实施差异化战略所需的价值创造活动连为一体。图4－3中列出了几种常用的对产品或服务实施差异化的价值链活动和辅助职能。没有能力将这些活动联系在一起的公司，是很难成功实施差异化战略的。

接下来我们还是从五种竞争力量（见第2章）的角度解释公司应如何利用差异化战略成功地进行定位，进而获取超额利润。

与现有竞争对手的竞争

顾客对于那些他们认为有意义的差异化产品往往更加忠诚。随着品牌忠诚度的提高，顾客对涨价的敏感度会下降，这两者之间的关系可以使公司免遭竞争对手的挑战。例如，声誉可以使实施差异化战略的公司保持竞争优势。[80]尽管如此，使用差异化战略的公司必须意识到竞争对手的模仿行为和由此可能带来的任何成功。这就是三星和苹果之间的情况，三星试图基于苹果的产品进行改进，为消费者创造潜在的价值。在竞争对抗的背景下（见第5章），苹果必须对模仿做出回应，以提高其产品为客户创造的价值。与此同时，作为一家采用差异化战略的公司，苹果必须开发创新的产品，以保持其生产和销售创新以及时尚的产品的声誉，这些产品需要被目标客户认为是有价值的。[81]

买方（顾客）的议价能力

由于差异化产品或服务的独特性降低了顾客对涨价的敏感程度，因此，只要产品能更好地满足顾客感知的独特需求，他们就愿意接受这种产品的价格上涨。例如，只要高尔夫球手的需求得到了满足，即使Ping G弹力系列球杆或Piretti推杆价格上涨，他们还是可能会继续购买这些产品。只要顾客一直认为知名品牌提供的产品（如亨氏（Heinz）

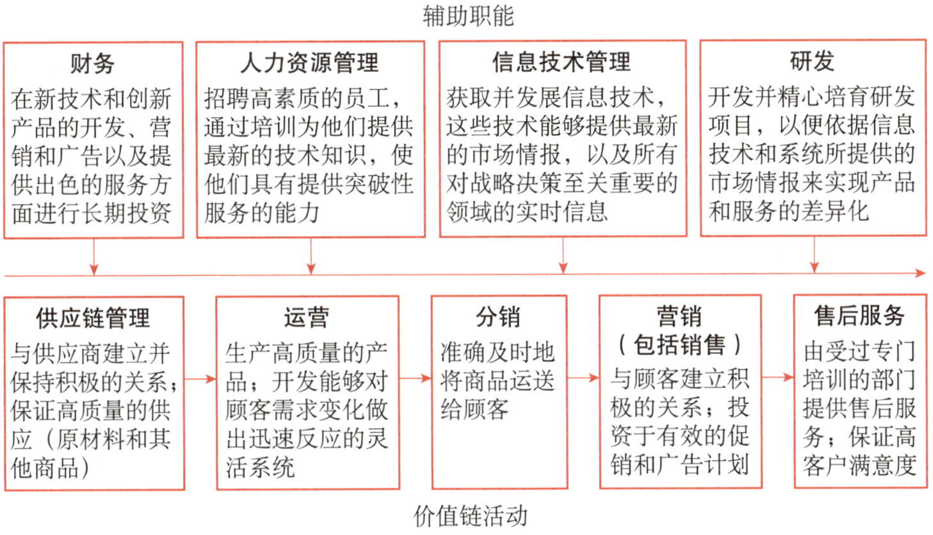

图 4-3　与差异化战略相关的增值活动

资料来源：Based on M. E. Porter, 1998, *Competitive Advantage: Creating and Sustaining Superior Performance*, New York, The Free Press; D. G. Sirmon, M. A. Hitt, & R. D. Ireland, 2007, Managing firm resources in dynamic environments to create value: Looking inside the black box, *Academy of Management Review*, 32: 273-292; D. G. Sirmon, M. A. Hitt, & B. A. Gilbert, 2011, Resource orchestration to create competitive advantage: Breadth, depth and life cycles effects, *Journal of Management*, 37, 1390-1412; J. S. Harrison, 2020, *Sustaining High Performance in Business: Systems, Resources, and Relationships*, New York, Business Expert Press.

番茄酱、肯辛顿爵士（Sir Kensington's）番茄酱和舒洁（Kleenex）纸巾）是以可接受的价格满足了自己的独特需求，他们就会接受这些产品价格的上涨。在所有这些例子中，顾客对价格的上涨都不太敏感，原因就在于他们不认为存在可以接受的替代品。如我们在战略聚焦部分所见，派乐腾（Peloton）希望这一策略能够奏效，它针对产品需求下降的情况，大幅提高了健身单车和跑步机的价格。[82]

战略聚焦　派乐腾的差异化战略陷入困境

供应商的议价能力

由于实施差异化战略的公司对其产品的定价通常都比较高，因此要求供应商必须提供高质量的原材料，这进一步增加了公司的成本。然而，公司赚取的高额利润可以弥补原材料的高成本，因此，这在一定程度上可以抵消供应商的影响。[83]此外，由于顾客对价格不敏感，公司可以通过提高这些特有产品的价格，把供应商的额外成本转嫁给最终的顾客。

潜在进入者威胁

对潜在进入者而言，顾客的忠诚和不同产品的独特性是主要的进入壁垒。公司在进入一个行业时，需要投入大量的资源，还要保持寻求顾客忠诚度的极大耐心。在这些情况下，一些潜在的进入者决定以更小的投资看看自己能否在市场中找到一个立足点（或者一个可以促进竞争、相对安全的位置）。如果没有找到立足点，它们可能遭受的潜在损失是相对较小的；如果找到了立足点，它们则会投入更多的资源来强化其竞争位置。[84]

替代品威胁

向顾客销售品牌产品和服务的公司，通常处于抵御替代品威胁的有利位置。相反，对于缺乏品牌忠诚度的公司来说，它们的顾客更容易转向与现有产品功能相同但又具有某些差异化特征的替代产品（尤其是当替代品的价格更低时），或者转向其他功能更多、更有吸引力的产品，因此，它们可能会受到这些来自行业外部的创新的侵害，这些创新能够更好地满足顾客的需求（例如，音乐行业中亚马逊的 Alexa）。[85]

差异化战略的竞争风险

差异化战略的第一个风险是，顾客可能会认为实施差异化战略的产品与实施成本领先战略的产品之间价格差距太大。在这种情况下，公司提供的差异化特征会超出目标顾客群的需求。此时，公司会变得不堪一击，因为竞争对手提供的性价比更高的产品能更好地迎合顾客的需求。

差异化战略的第二个风险是，公司的差异化方式不再能创造顾客愿意买单的价值。如果竞争对手通过模仿而为顾客提供相同的产品或服务，但是价格更低，那么差异化产品的价值会进一步减少。比如，购买和使用 iPhone 是否创造了超过某些竞争对手产品成本和功能的价值？

差异化战略的第三个风险是，不断重复的体验可能会减少顾客对差异化特征的价值的认同感。例如，顾客对一般纸巾的感觉都不错，他们就会认为不值得为舒洁纸巾支付高价。为了应对这一风险，公司必须以顾客愿意支付的价格对产品继续进行有意义的差异化（如通过创新）。[86]

伪造是差异化战略的第四个风险。伪造品与原商品的商标和标识完全相同或者没有明显的差异，侵犯了商标所有者的权益。当消费者购买了这样的产品并发现被欺骗时，后悔会带来对品牌产品的不信任并且降低其差异性。[87] 因此公司必须采取行动应对伪造品的问题。

未能通过公司的产品和服务向顾客提供清晰和可识别的差异化是差异化战略的第五个风险。在这种情况下，公司未能实施差异化战略来满足顾客的期望。这种风险的另一种理解方式是，公司在实施差异化战略时，有时未能创造出顾客愿意为之支付的明显的差异化功能。战略聚焦中派乐腾的例子显示，竞争对手的产品在消费者眼中与派乐腾的产品足够相似，以至于他们开始质疑派乐腾的高价位是否合理。

4.6 聚焦战略

聚焦战略（focus strategy）是指通过一系列行动来生产产品或提供服务，以满足特定的竞争性细分市场的需求。当公司利用核心竞争力来满足特定细分市场的需求时，或者想要把他人排除出这个市场时，就可以使用聚焦战略。可以运用聚焦战略的细分市场有：

1. 某个特定的购买群体（如年轻人或老年人）；
2. 某一产品线的特定部分（例如专业油漆匠或 DIY（自己动手做）一族使用的产品）；
3. 某一特定地理区域的市场（如意大利的北部或南部）。
4. 某种特定技术（如人工智能（AI）或机器人技术）。[88]

关于第四个细分市场，公司会发展一种专注于特定技术专长的技术战略，而不是仅仅针对特定市场进行销售。公司将这种技术出售给其他企业，这些企业再利用这些技术来执行自己的战略。例如，Reliabotics 为汽车制造和制药行业的企业提供产品设计和开发服务，以及一站式的机器人和自动化解决方案。它的机器人自动化和工程服务的具体应用实例包括表面处理、具有可编程运动路径的激光引导机器人，以及增材制造技术。[89]当然，技术战略也可以用于追求其他业务层战略的企业，作为实现核心业务层战略的方式。例如，微软正在利用人工智能、机器人和其他技术来减少其财务部门的新员工招聘。[90]

虽然目标市场的宽度实际上就是程度问题，但聚焦战略的本质在于“从均衡的行业中探索狭窄目标市场的差别”[91]。使用聚焦战略的公司试图比行业内的其他公司更有效地服务于某一特定的细分市场。实际上，初创型公司普遍只服务于一个特定的利基市场或细分市场，某种程度上是因为它们拥有的知识或资源不足以服务更大的市场。[92]事实上，它们通常更偏向于在“雷达范围外”运营，避开那些拥有更多丰富资源、服务于更大市场的大公司。当公司能有效地服务于特定的细分市场，并且该细分市场的需求特殊到其他竞争者都不为这一市场提供服务，或者公司能够满足其他竞争对手无法很好地满足的需求时，使用聚焦战略才会取得成功。

公司可以通过使用聚焦成本领先战略或者聚焦差异化战略，来为具体的或独特的细分市场创造价值。

聚焦成本领先战略

总部位于瑞典的宜家公司（IKEA）是一个全球家具零售商，它在 63 个国家和地区拥有 465 家门店，2021 年的销售收入达到 419 亿欧元，该公司使用的就是聚焦成本领先战略。[93]欧洲是宜家最大的市场，拥有 275 家门店。亚洲位居第二，有 93 家门店。北美排在第三位，有 68 家门店。

宜家一直致力于在不损害质量的前提下压低成本，这是该公司战略中低成本战略的体现。宜家实施某些策略以保持其成本低廉。例如，宜家不主要依赖第三方制造商，而是其工程师设计低成本、模块化的家具，供顾客自行组装。为了消除对销售助理或装饰师的需求，宜家在商店中布置产品，使顾客可以在类似单间房间的环境中查看不同的家具组合（包括沙发、椅子、桌子等）。特定房间的设置帮助顾客想象家具在他们家中会是什么样子。[94]

宜家专注于成本领先战略的核心是其目标市场：追求经济实惠同时又不失时尚品位的年轻消费者。设计在宜家以低成本提供时尚产品给这些顾客的能力中扮演着关键角色。

尽管宜家是成本领先者，但它同时也提供能吸引目标顾客群的差异化特征，包括独特的家具设计、店内的儿童游乐场、供顾客使用的轮椅以及延长营业时间等。因此，宜家的聚焦成本领先战略还包括低成本产品的差异化特征。

聚焦差异化战略

还有一些公司采用的是聚焦差异化战略。如前所述，公司可以利用多种方法实现产品或服务的差异化。例如，戈雅食品（Goya Foods）通过专注于西班牙裔消费者，提供丰富多样的高品质食品来实现差异化竞争。戈雅食品公司由唐·普鲁登西奥·乌纳尼（Don Prudencio Unanue）和他的妻子卡罗琳娜（Carolina）在1936年成立，是美国最大的由西班牙裔拥有的食品企业。戈雅提供来自墨西哥、西班牙、加勒比、中美洲和南美洲的数千种高品质食品产品。[95]作为西班牙食品领域的佼佼者，戈雅公司致力于成为那些寻求购买正宗拉丁美食的消费者的首选目的地。通过有效运用聚焦战略，戈雅这样的公司在特定的细分市场中获得竞争优势，即使它们并不在全行业中占据主导地位。

在使用聚焦战略时，公司必须以更具竞争力的方式来完成价值链中的各种主要活动和辅助职能，以获取和保持竞争优势以及超额利润。聚焦成本领先战略所需的活动与行业成本领先战略所需的活动基本相同（见图4－2），聚焦差异化战略与行业差异化战略所需的活动也大体相似（见图4－3）。同样，公司利用两种聚焦战略成功地处理与五种竞争力量间关系的方式，与另外两种广阔市场战略也基本类似（见图4－1），唯一不同的是公司的竞争范围，前者聚焦的是狭窄细分市场。因此，图4－2和图4－3以及五种竞争力量都能很好地解释两种聚焦战略与竞争优势之间的关系。

聚焦战略的竞争风险

无论采用何种聚焦战略，公司都面临与行业成本领先战略或差异化战略相同的一般性风险。然而，聚焦战略由于目标市场狭窄，存在三个额外的风险。

第一种风险是竞争对手可能会聚焦于更窄的竞争性细分市场，从而使公司的聚焦战略变得“不再聚焦”。如果有其他公司向宜家的顾客提供更多的差异化产品而价格保持不变，或者以更低的价格提供同样的差异化产品，那么宜家公司有可能面临竞争风险。哈雷-戴维森最近决定销售电动摩托车，这可能会挑战Zero摩托车（Zero Motorcycles）。Zero摩托车是一家规模小得多的公司，只生产电动摩托车。[96]正如第3章所述，哈雷-戴维森通过推动电动摩托车业务上市，实现了大规模的资金注入。这一举措虽然降低了哈雷-戴维森的持股比例，却使其成为争夺市场份额的强大对手。[97]

第二种风险是在行业范围内开展竞争的公司可能会认为执行聚焦战略的公司所服务的细分市场很有吸引力，值得争取。[98]例如，虽然派乐腾最初是超高端健身器材市场的领头羊，但现在这个领域已经涌入了许多其他竞争对手。

第三种风险是随着时间的推移，狭窄细分市场的顾客需求会与整个行业的顾客需求趋于一致，因此，聚焦战略的优势就会减少或者消失。例如，RadioShack过去聚焦于业余无线电爱好者和DIY爱好者的独特需求，随着时间的推移，这种需求也逐渐消散。RadioShack 苦苦挣扎了好些年以寻找正确的聚焦定位，也实施了许多战略变革，但是最终公司仍然破产了。[99]

4.7　整体成本领先/差异化战略

在购买产品或服务时，顾客总是抱有很高的期望，希望能买到物美价廉的产品。鉴于顾客的这一期望，很多公司参与主要的价值链活动和辅助职能，同时寻求低成本和差异化。

为此，公司将采用整体成本领先/差异化战略（integrated cost leadership/differentiation strategy），该战略涉及参与主要的价值链活动和辅助职能，使公司得以同时寻求低成本和差异化。使用这种战略的目的是高效率地生产差异化产品。效率是维持低成本的源泉，差异化则是创造独特价值的来源。成功实施这种战略的公司通常能对技术的变化和外部环境的变化做出快速的调整。另外，由于同时专注于两种竞争优势（低成本和差异化）的开发，公司必须增加具有竞争力的价值链活动和辅助职能的数量。这类公司通常与参与主要的价值链活动和辅助职能的外部合作者具有牢固的关系。[100]反过来，公司掌握的处理多项活动的技巧又进一步增加了它的柔性。

为了更好地专注于核心顾客群的需求（如高收入、关注时尚的折扣购物者），塔吉特公司使用了整体成本领先/差异化战略。该公司在其使命陈述中做出了品牌承诺，“期待更多，付出更少”。该公司是这样描述这一战略的：“我们致力于让所有家庭体验到日常生活的乐趣。”[101]塔吉特公司除了为差异化产品提供相对较低的价格外（与沃尔玛相比），还通过为客户提供快速结账体验和个性化服务的专门团队，为客户创造差异化。

公司在完成主要的价值链活动和辅助职能时需要具有柔性，这样才能利用整体成本领先/差异化战略来生产低成本的差异化产品。一些中国公司，包括汽车制造商，开发了一种产品设计方法，使组织结构更具柔性，能够以较低成本进行生产，同时又可以设计出与竞争对手不同的汽车。[102]柔性制造系统、信息网络和全面质量管理是柔性的三个来源，它们对于整合战略所要求的不断降低成本和不断巩固差异化这两个主要目标的平衡是非常有帮助的。

柔性制造系统

通过采用柔性制造系统（flexible manufacturing system，FMS），公司能够整合人力资源、物质资源和信息资源以创造低成本的差异化产品。作为一项重要的技术进步，它是一种由计算机控制的流程，在人工干预最低的情况下，生产各种数量适中又具有灵活性的产品。[103]“柔性制造系统（FMS）通过提升效率以减少公司的生产成本。此外，柔性制造还是实施按需定制生产战略的核心要素，这一战略使得客户能够根据自己的需求定制产品。”[104]

位于中国重庆的中美合资企业长安福特汽车有限公司的汽车制造工艺展示了柔性制

造的明显好处。两家公司各拥有这家合资企业50%的股份，为中国市场生产福特品牌汽车。[105]长安福特的制造工程经理强调了使用FMS的好处：

> 我们能够在几个小时之内引进新模型，对新模型生产线进行简单组合重构，在引进新模型期间，仍然能够生产现有模型……这使得公司直接受到市场需求驱动引入新模型、淘汰旧模型，而不受生产能力驱动，也不需要等待基础设施建设的时间。[106]

FMS的目标是消除传统制造技术固有的低成本与产品多样化之间的矛盾。公司使用FMS后，可以非常迅速、轻松地完成从一种产品到另一种产品的生产调整，可以使公司在保持低成本优势和产品质量的情况下更有效地应对顾客需求的变化。由于FMS使公司减小了有效生产某种产品的批量规模，因此，公司满足某一狭窄细分市场的独特需求的能力得到了提高。

信息网络

通过把公司的供应商、分销商、顾客连接在一起，信息网络成为柔性的又一个来源。有效利用网络可以帮助公司更好地满足顾客在产品质量和交货速度方面的期望。[107]

在本书前面的内容中，我们讨论了为理解顾客需求而进行客户关系管理的重要性。客户关系管理（CRM）就是为了实现这一目的而采取的一种以信息为基础的网络流程形式。[108]有效的客户关系管理系统为公司审视客户关系提供了360度视角，包括所有的接触点、业务流程、沟通媒介和销售渠道。

赛富时（Salesforce. com）是全球最大的客户关系管理服务提供商。该公司运营着一个客户成功管理（Customer Success Management，CSM）平台，该平台协助企业整合市场营销、销售和信息技术团队的工作。公司这样表述其服务："赛富时通过客户360（Customer 360），无论身处何地，都能将您的市场营销、销售、商务、服务和IT团队紧密联合起来——这是一个统一的CRM平台，为我们所有相互连接的应用程序提供动力。借助客户360，您可以让员工集中精力于当前最重要的事项：稳定您的业务、重新开业，并恢复提供卓越的客户体验。"[109]公司可以利用这些信息理解顾客是如何在低成本和产品差异化特征之间进行权衡的，这对于那些采用整体成本领先/差异化战略的公司来说非常重要。企业还利用信息网络管理供应链。[110]企业通过这些信息网络利用供应链，以低成本的方式管理制造过程中差异化的生产投入。

全面质量管理

全面质量管理（total quality management，TQM）是一个管理流程，它强调组织对顾客的承诺，并且承诺在对员工授权的基础上利用问题解决方法来持续不断地改进所有流程。[111]公司开发和使用TQM主要有三个目的：（1）提高顾客满意度；（2）削减成本；（3）减少创新产品引入市场的时间。[112]

提高产品质量的同时降低成本似乎有些违背常理，然而，这种成本的降低是因为当产品生产得恰到好处时，它需要的返工量减少，在检验过程中的拒收率降低，同时客户退货的情况也减少了。那些能在提升创新产品开发能力的同时，仍能降低成本的公司，其灵活性得到了增强，这对于正在实施整体成本领先和差异化战略的公司来说尤其有益。在质量上超越客户的期望是一种差异化的优势，而通过消除流程中的低效来降低成本，使得公司能够以相对较低的价格向客户提供高质量的产品。[113]

今天，许多公司对于如何有效地建立和使用 TQM 系统有丰富的知识。企业的 TQM 系统通常产生的是竞争对等而不是竞争优势（见第 3 章）。[114]有效的 TQM 系统有助于企业以较低的成本提高产品质量，对于实施整体成本领先/差异化战略的企业尤其有价值。

整体成本领先/差异化战略的竞争风险

成功运用整体成本领先/差异化战略获得超额利润的潜力是非常有吸引力的。然而，这也是一个有风险的战略，因为公司发现，通过主要的价值链活动和辅助职能来生产相对便宜又能为顾客创造价值的差异化产品，是一件非常困难的事情。另外，公司想要长期适当地使用这一战略，就必须在减少成本（成本领先战略所需的）的同时增加产品的差异化（差异化战略所需的）。

如果不能以最理想的方式完成价值链活动和辅助职能，那么公司将处于两难的境地。[115]这意味着公司的成本结构没有低到可以为产品制定一个有吸引力的价格，产品也没有足够的差异化特征为目标顾客创造价值。

这似乎是杰西潘尼近些年遇到的问题。罗恩·约翰逊（Ron Johnson）在担任公司 CEO 期间（2011 年 11 月到 2013 年 4 月）做出了一个关键决定，就是用新的定价策略取代公司从前的定价策略。约翰逊决定，公司应该采取苹果商店“天天低价”（everyday low prices）的定价策略（他在苹果公司担任高层管理者时就采用了这种策略），而不是通过优惠券向顾客提供折扣。除了取消优惠券形式的促销活动外，约翰逊还改变了公司的商品陈列方式，并在店内增加了精品区。[116]这些策略使得杰西潘尼处于一个两难境地，它的价格不再低到足以吸引公司从前的顾客群，而其商品也没有达到足够的差异化程度以吸引新顾客。那些处于两难境地的公司无法获得平均或超额回报，除非公司参与竞争的行业结构非常有利。[117]

尽管有上述风险，但由于技术的进步和全球化的竞争，整体成本领先/差异化战略越来越普遍，甚至在一些行业中采取这一战略是必需的。从长期来看，这一战略可以提高公司效率，因为要等到几年之后才能得到回报。

小结

业务层战略是指在具体的产品市场上，公司用来开发核心竞争力以获得竞争优势的一系列相互整合、协调的约定和行动。本章主要介绍了五种业务层战略（成本领先战略、差异化战略、聚焦成本领先战略、聚焦差异化战略和整体成本领先/差异化战略）。

顾客是业务层战略成功的基础。对于顾客，公司需要考虑三个问题：为谁、做什么、如何做。这三个问题分别涉及：服务的顾客群体、公司要满足的顾客需求以及公司用来满足这些需求的核心竞争力。在全球经济下，细分市场不断增加，这为公司创造了更多识别顾客独特需求的机会，公司可以选择一种业务层战略来满足这些需求。

商业模式是企业业务层战略的一部分，它描述了企业是如何为其利益相关者创造、传递和获取价值的。从本质上讲，商业模式是企业如何通过流程创造、传递和获取价值的框架。业务层战略则是企业通过在特定产品市场开发其核心竞争力并获得竞争优势的途径。商业模式有许多类型，包括特许经营商业模式、免费增值模式、订阅商业模式和数字平台商业模式等。公司可以将这些商业模式与五种通用的业务层战略中的任何一种结合起来，以实现竞争成功。商业模式创新出现于企业认识到其现有商业模式已不再适应时代发展，需要用一个更新的模式取而代之。该过程因组织惯性而变得相当困难。

通过成本领先战略寻求竞争优势的公司，通常为行业中的典型顾客生产经济实惠的、标准化的产品。然而，这些低成本产品必须具有一定的差异化。只有持续地强调效率以使成本比竞争对手更低，同时为顾客提供可接受的差异化特征，公司才能获得超额利润。

与成本领先战略相关的竞争风险包括：(1) 因新技术而丧失竞争优势；(2) 未能识别顾客需求的变化；(3) 竞争对手通过自己独特的战略行动来模仿成本领先者的竞争优势。

公司通过差异化战略为顾客提供具有差异化特征（有价值）的产品。与竞争对手的产品相比，差异化产品必须以顾客认为有竞争力的价格进行销售。由于这些产品或服务具有差异化的特征，它们的售价通常比较高。产品可以从顾客群体认为有价值的任何维度进行差异化。采取这种战略的公司通常会在尽可能多的维度使自己的产品或服务与竞争对手的相区别。与竞争对手产品的相似性越少，公司受竞争对手的挑战也就越少。

与差异化战略相关的风险包括：(1) 与成本领先者的产品或服务相比，顾客认为不值得为差异化产品的独特性支付额外的费用；(2) 差异化产品无法为顾客创造值得支付高价的价值；(3) 竞争对手有能力以更低的价格为顾客提供具有相同特征的产品；(4) 来自伪造品的威胁，即其他公司生产的价格低廉的模仿品；(5) 未能以创造顾客愿意支付的价值的方式实施差异化战略。

通过聚焦成本领先战略与聚焦差异化战略，公司可以为狭窄细分市场（如一个特殊购买群体、产品类别或地理区域）提供服务。当公司具有的核心竞争力能为具体的细分市场创造价值，并且该价值超出在整个市场（行业范围内）进行竞争的公司所创造的价值时，该战略才会成功。

与聚焦战略相关的竞争风险包括：(1) 竞争对手利用核心竞争力服务于一个更窄的细分市场而使原聚焦战略不再聚焦；(2) 在整个行业范围内竞争的公司决定聚焦于顾客群的特殊需求；(3) 狭窄细分市场和整个行业市场内顾客需求间的差异逐渐减小。

使用整体成本领先/差异化战略的公司寻求的是以较低的价格为顾客提供有价值的、差异化的产品。柔性对于公司学习如何利用主要的价值链活动和辅助职能，为顾客提供低成本的差异化产品，是非常必要的。柔性制造系统以及公司内部、公司与公司之间（买方和供应商）信息系统的改进和互联能够促进这种柔性。由全面质量管理（TQM）系统带来的对公司工作流程的持续改进也促进了该战略的使用。该战略的主要风险是：当公司生产的产品在价格和差异化方面无法为顾客创造足够的价值时，公司会陷入两难的境地，这将导致公司在竞争中处于不利位置，并且无法获得超额利润。

关键术语

业务层战略（business-level strategy）
商业模式（business model）
商业模式创新（business model innovation）
成本领先战略（cost leadership strategy）
差异化战略（differentiation strategy）
聚焦战略（focus strategy）
数字平台（digital platform）
数字战略（digital strategy）
整体成本领先/差异化战略（integrated cost leadership/differentiation strategy）
市场细分（market segmentation）
全面质量管理（total quality management, TQM）

复习题

1. 什么是业务层战略？
2. 从为谁、做什么和如何做三个方面来看，顾客与业务层战略之间有何关系？这个关系为什么如此重要？
3. 什么是商业模式？它与业务层战略的区别是什么？
4. 五种业务层战略之间的区别是什么？
5. 从五种力量的角度看，每一种业务层战略是如何帮助公司进行定位以获得超额利润的？
6. 与每一种业务层战略相关的特定风险是什么？

微案例 UPS 用微笑服务全球

本章重点讨论的是业务层战略，详细阐述了公司如何在特定市场或细分市场中获得竞争优势，即公司如何利用其资源、能力和核心竞争力来创造市场优势。联合包裹运送服务公司（UPS）就是一个运用整体成本领先和差异化战略的典型例子。“对 UPS 来说，战略始终是核心。公司专门成立了团队，定期举行月度会议来预测未来和评估决策，这在 UPS 的低成本管理和通过卓越的客户服务实现差异化战略中起着至关重要的作用。”

UPS 的首席执行官是卡罗尔·B. 托梅（Carol B. Tomé）。在加入 UPS 之前，她曾是家居建材零售巨头家得宝（Home Depot）的执行副总裁兼首席财务官。她在 UPS 的第一个职位是副总裁兼财务主管。从业务层战略的角度来看，家得宝和 UPS 有许多共同之处——两家公司都专注于降低运营成本和提高客户服务水平。因此，她的技能和经验使她成为领导 UPS 的理想人选。托梅对公司有明确的愿景：“UPS 是一个拥有辉煌过去和更加灿烂未来的公司。我们的价值观塑造了我们，我们的文化使我们独树一帜。在 UPS，我们始终将客户放在首位，以人为本，创新驱动。”公司的“客户至上”战略旨在为客户提供最佳的数字体验，简化与 UPS 的合作流程，并消除任何阻碍卓越客户体验的障碍。“以人为本”意味着提供卓越的就业体验，提高员工将 UPS 推荐为理想工作场所的可能性。“创新驱动”则涉及持续实施技术和生产力提升计划，并向股东提供高回报。

尽管 UPS 在行业中保持合理的价格，但它并不以价格作为主要竞争手段。“我们提供的服务价格相对优惠，可以帮助客户将包裹运送到世界几乎任何地方。我们承诺提供卓越的客户服务和及时交付。近年来我们的价格相比最接近的竞争对手联邦快递有所上涨，我们的质量和服务并没有降低。借助新技术，我们已经能够更快、更高效地将产品直接送到您的家门口。”

重要的是要理解，在整体成本领先与差异化的业务层战略中，低成本并不意味着公司提供市场上最低的价格。这里的“低成本”是指为客户提供产品或服务的成本而非向客户收取的价格。为了降低运营成本，UPS 充分利用了所有可能的技术革新，它甚至在运营方面采取了一些可能会被其他人视为极端的措施。例如，UPS 精心规划司机的递送路线，以避免左转，这不仅节省了行驶里程，也减少了公司的碳排放。

尽管 UPS 拥有长期的成功历史，但它也面临着一些未来的挑战，其中最大的挑战之一是市场向更多住宅递送的转变。疫情促使更多消费者转向在线购物，预计住宅递送相对于企业对企业递送的比例将持续增加。企业对消费者递送的包裹通常重量较轻，需要更多的停靠点。据 UPS 美国运营总裁乔治·威利斯（George Willis）所述，公司行驶里程增加了 10%，停靠次数增加了 15%，而包裹的平均重量却有所下降。同时，竞争也来自一些意想不到的地方。例如，亚马逊正在扩展自己的货运网络，购买自己的货机，并与私营企业合作，通过亚马逊配送服务合作伙伴（DSP）计划来增加其配送量。

资料来源：2022，Women CEOs of the S&P 500，*Catalyst*，www. catalyst. org，March 25；2022，Carol B. Tomé，*UPS Homepage*，www. ups. com，May 18；2022，Be a great leader and earn the rewards，*Amazon*

Homepage, www. logistics. amazon. com, May 18, 2022, UPS, *Teamtres*, www. teamtres. blogspot. com, May 18; M. Waters, 2021, A long-term commitment: How Amazon's cargo fleet ambitions are getting serious, *Modern Retail*, www. modernretail. com, January 8; 2021, UPS announces strategic priorities, three-year financial targets and new ESG targets, *UPS Investors Homepage*, www. investors. ups. com, June 9; D. Defoe, 2020, United Parcel Service (UPS): A Harvard case study strategy and industry analysis, *ToughNickel*, www. toughnickel. com, May 29; J. Vogel, UPS notes new "customer by customer" price negotiation strategy, *Transimpact Homepage*, www. transimpact. com, May 4.

讨论题

1. 我们注意到案例中 UPS 正在实施差异化战略，举例说明该公司在实施差异化战略时所关注的竞争维度。

2. 是什么因素导致面向消费者的递送量超过了面向企业的递送量？你是否预期这一趋势将继续？如果是，为什么？如果不是，又是为什么？

3. 在未来几年里，UPS 应该主要通过什么方式来有组织地发展壮大？应该通过合资企业和战略联盟这样的合作战略，还是并购？请解释你的答案。（可以提前阅读第 7 章了解并购，阅读第 9 章了解合资企业和战略联盟。）

4. UPS 应如何有效应对亚马逊带来的竞争威胁？你是否预期会有新的竞争对手加入这个行业？如果是，你认为原因是什么？

注　释

第5章

竞争性对抗与竞争动态

学习目标

1. 定义竞争者、竞争性对抗、竞争性行为和竞争动态。
2. 阐述竞争对手在相互竞争过程中所采取的各种竞争行动、竞争应对措施以及非市场战略。
3. 描述市场共性和资源相似性，进行竞争者分析。
4. 解释竞争性行为的驱动力：意识、动机和能力。
5. 讨论公司采取竞争性行动的影响因素。
6. 描述竞争者采取竞争性反应的影响因素。
7. 描述慢周期市场、快周期市场和标准周期市场的竞争动态。

引例 克罗格公司在食品杂货业的竞争动态

克罗格公司（Kroger）每天为近 1 100 万名顾客提供服务，并雇用了近 50 万名员工，是美国乃至全球最大的超级市场连锁企业之一。该公司拥有知名品牌和通过优异表现满足利益相关者的历史能力，并秉持着“想象一个无饥饿、无浪费的世界，通过改变社区并改善数百万美国人的健康”的愿景。凭借这些优势，克罗格似乎具备实现其“服务未来客户”这一目标所需的潜力。然而，近年来，杂货行业经历了巨大变化。来自美国以外的企业，如德国的低价杂货商奥乐奇（ALDI），以及传统上未涉足杂货行业的全球巨头沃尔玛，已占据了美国杂货市场的大部分份额。此外，像艾伯森（Albertsons）这样的美国国内巨头也构成了强大的竞争。

数字技术已成为推动行业发展和竞争的关键因素。克罗格的首席执行官罗德尼 · 麦克马伦（Rodney McMullen）指出，公司“非常关注未来的顾客”，对在线订购业务的投资和在店内引进新产品的能力，对于公司未来的成功至关重要。其竞争对手包括正在加强其数字技术的传统杂货店、通过大幅投资以改善其在线杂货订购体验和为顾客提供送货选项的沃尔玛，此外克罗格还面临来自线上竞争对手亚马逊的竞争，后者收购了全食超市。2017 年，亚马逊花费约 137 亿美元收购了全食超市。

亚马逊收购全食超市是一项战略性行动。本章后面将对战略性行动进行定义和讨论，战略性行动是指企业分配物质资源来支持重大的、基于市场的行动，这些行动有可能影响行业内竞争对手之间的竞争。在谈到收购全食超市时，一些分析师认为，“这对食品杂货行业的影响将是巨大的”。通常来讲，像亚马逊收购全食超市这样的战略性行动会引发战略性反应。本章探讨的战略性反应，同时也是资源密集型的，是竞争者在市场上对竞争对手的战略性行动所采取的反应。

在考虑亚马逊收购全食超市的行为时，克罗格和其他传统的食品超市经营者，如艾伯森，必须认识到它们所面临挑战的严重性。例如，有些人认为，“向电子商务转变不同于克罗格多年来在市场中所经历的潮起潮落。这是一种截然不同的商业模式，存在一系列新的竞争对手、物流障碍和阻碍盈利能力的因素”。当然，新冠疫情促使杂货店行业变革的步伐加快，因为许多消费者已经习惯了在线订购、送货上门以及自提服务。

认识到这一现实，克罗格的 CEO 观察到，“对于线上购物的投资对克罗格的未来至关重要，需要花费两三年的时间来建立”。克罗格针对亚马逊以及其他竞争对手的战略性行动所采取的战略性反应包括：（1）减少实体店面的建设，为发展电子商务积累资本；（2）增加使顾客可以线上订购、线下取货的店面数量；（3）与供应商合作，以降低运费，节省下来的资金将用于电子商务投资；（4）重新设计供应链，使其成为“允许顾客通过笔记本电脑或手机购物，进行店内购物或电话购物的全方位渠道”；（5）对科技和基础设施进行投资，以支持新兴的电子商务运营；（6）对收购和合作伙伴关系进行评估，以扩大与美国顾客的联系，同时计划建立国际业务。

由于竞争性对抗和竞争动态使竞争者不断做出一系列行动和反应，因此，当克罗格对亚马逊和沃尔玛等竞争对手的行动做出回应时，这些公司也会对克罗格的回应做出反应。例如，在收购全食超市后，亚马逊立即评估了向其尊享计划顾客提供全食超市食品的方法。这个策略是亚马逊利用全食超市实体店扩大其食品杂货配送服务野心的一个例子。随着时间的推移，我们可以期待看到，亚马逊和克罗格之间为了建立一个有利的市场地位所做出的持续努力（以战略性、战术性行动以及战略性、战术性反应的形式）。

资料来源：G. Acosta，2022，Experiment and conquer：How Amazon plans to transform grocery in 2022，*Progressive Grocer*，101（2）：40－45；J. Child，R. Durand，& D. Lavie，2021，Competitive and cooperative strategy，in I. M. Duhaime，M. A. Hitt，& M. A. Lyles（eds.），*Strategic Management*：*State of the Field and Its Future*，New York，Oxford University Press：223－242；S. Nassauer，2022，Walmart revamps delivery options，*Wall Street Journal*，February 28：B3；2022，*Aldi Homepage*，www.corporate.aldi.us，February 28，C. Kolmar，2021，15 largest food retailers in the world，*Zippia*，www.Zippia.com，February 25；N. Meyersohn，2019，How a cheap，brutally efficient grocery chain is upending America's supermarkets，*CNN Business*，www.cnn.com，May 17；B. Farfan，2019，The world's largest grocery store chains，*The Balance Small Business*，www.thebalancesmb.com，August 5；H. Haddon，2018，Kroger shares drop as battle with Amazon cuts into profits，*Wall Street Journal*，www.wsj.com，March 8；G. Bruno，2017，Why Amazon really bought Whole Foods，*The Street*，www.thestreet.com，October 11；S. Halzack，G. Petro，2017，Amazon's acquisition of Whole Foods is about two things：Data and product，*Forbes*，www.forbes.com，August 2.

5.1 明确并理解竞争对手

竞争者（competitors）是指在同一市场中进行竞争、针对相同目标顾客群提供相似产品的公司。[1]因此，在食品杂货行业中，克罗格和亚马逊（通过全食超市）采取竞争性行为（下文将对其进行更详尽的定义，本质上而言，竞争性行为是一个公司与其竞争对手竞争时所采取的行动和反应的集合）。当然，克罗格和全食超市（Whole Foods）还要与许多其他竞争对手竞争，包括艾伯森、开市客、沃尔玛、塔吉特和奥乐奇。

公司与竞争对手在参与运营的广阔的市场空间中进行竞争，并试图获得超额利润。[2]也可以从另一个角度来考虑这一点，应该注意到没有一家公司是在真空中开展竞争。每一家公司的行动都是发生在众多公司中的竞争性行动和反应的组成部分之一，这些公司都在追求同一个目标——卓越绩效。这些公司参与了商业生态系统。第 2 章将商业生态系统定义为“一个由众多相互关联的组织构成的复杂网络，这些组织包括供应商、客户、政府机构、技术提供者、资金提供者以及其他利益相关者。这些组织通过竞争与合作，共同致力于实现特定的、与产品或服务相关联的价值主张。”[3]

行业（由生产互为近似替代品的公司组成）通过直接竞争对手之间的博弈以及生态系统内其他企业的行动不断演变。[4]创新是这一过程中不可或缺的要素。[5]当一家公司进行创新时，无论是在产品与服务（产品创新）还是在生产和交付方式（流程创新）上，行业内的其他公司都会感受到压力，也必须采取相应的创新措施以维持竞争力。[6]

此外，生态系统中的其他公司（例如供应商）提供了创新所需的新供应品和组件，它们之间的竞争就如最终产品生产者之间的竞争一样激烈。[7]例如，如果中国的计算机制造商联想为其笔记本电脑开发了一项重大的新特性，那么行业内的竞争对手惠普、戴尔、苹果和华硕就会感到压力，必须匹配或超越这项新特性以保持竞争力。在更广泛的计算机生态系统中，供应商们会争相提供联想实施这项新特性所需的资源。联想的客户们（大型电子产品商店、亚马逊和其他在线零售商、折扣百货商店等）也会相互竞争，寻找最有效的市场推广和销售方式来销售这款带有新特性的笔记本电脑。随着时间的推移，这些竞争行为定义了行业及其所属的更大生态系统的特征。[8]

竞争性对抗的基本认识

竞争性对抗（competitive rivalry）是指企业在谋求市场优势地位时所进行的竞争行为和所做出的竞争回应。[9]证据表明，企业在与竞争对手互动时所做的决策会影响它们赚取高于平均水平收益的能力。[10]特别是在一些高度竞争的行业中，公司采取战略行动以及对竞争对手的行动做出反应和反击时，会不断地运用各种计谋来获得竞争优势。[11]首先开展竞争性行动，然后对竞争对手的行动做出反应，由此产生了公司间的竞争性对抗。[12]研究表明，当竞争对手企业遭遇暂时的弱势时，其他企业很可能会发起竞争行动，因为此时竞争对手的应对能力会降低。[13]

竞争性行为（competitive behavior）是指公司为了建立或保持竞争优势、提高市场地位而采取的竞争性行动以及竞争性反应。[14]如引例所述，亚马逊收购全食超市的原因之一似乎是希望扩大其送货渠道。从这个意义上说，亚马逊对全食超市作为销售渠道的兴趣可能超过了对其作为实体店面的兴趣。[15] 为了应对亚马逊的竞争性行为，克罗格和其他竞争对手正在守护它们当前的市场地位（例如克罗格的店面业务），同时努力提高其在相关市场上的竞争力（例如克罗格改进其电子商务业务）。

越来越多的公司在不止一个市场上开展竞争性行动并做出竞争性反应。[16] 例如美国联合航空和达美航空，谷歌和苹果。公司在几个产品系列或不同区域市场同时开展的竞争称为**多元化市场竞争**（multimarket competition）。[17] 所有的竞争性行为，也就是说在一个市场上竞争的所有公司采取的所有行动和反应，称为**竞争动态**（competitive dynamics）。[18] 竞争者、竞争性对抗和竞争性行为之间的关系如图 5－1 所示。

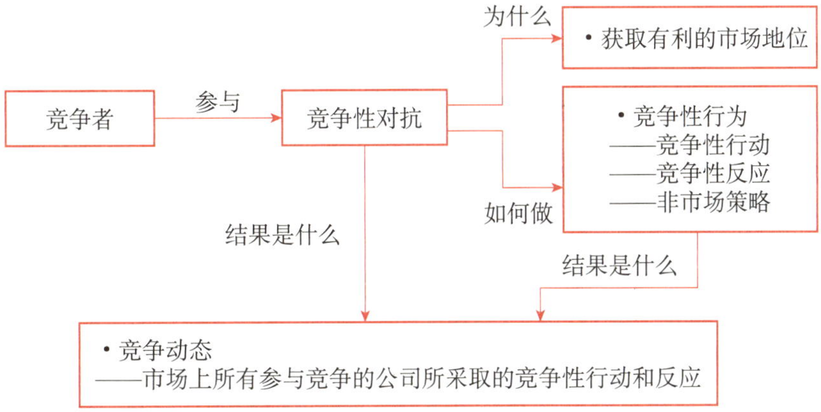

图 5－1　从竞争到竞争动态

资料来源：Adapted from M. J. Chen, 1996, Competitor analysis and interfirm rivalry: Toward a theoretical integration, *Academy of Management Review*, 21: 100－134.

本章研究的主要内容是竞争性对抗和竞争动态。由于公司采取的行动会招致其他竞争者的反应，这些反应又会导致最初采取行动的公司做出进一步的反应，因此，战略从本质上说是动态的。[19] 四个科技巨头在语音识别市场争夺领导者地位的竞争就是竞争动态性的一个例子。在竞争的早期阶段，亚马逊的 Alexa 是市场的领导者。然而，随着亚马逊与苹果、纽昂斯通信公司（Nuance Communications）、微软、IBM 以及谷歌展开激烈的竞争，关于语音识别领域领导者地位的竞争也愈加激烈。[20]

竞争性对抗，比如像语音识别市场这样的竞争，会影响公司的战略。这是由于战略能否成功不仅取决于公司初始采取的竞争性行动，还取决于公司对竞争对手的竞争性反应所做的预测的准确程度，以及公司如何应对竞争者的初始行动（也称为攻击）。[21] 竞争性对抗会影响所有类型的战略（例如，公司层战略、收购、国际化和合作联盟）。然而，其中最主要的是对业务层战略产生的影响。如第 4 章所述，业务层战略关注的是公司应做些什么才能成功地利用在某一特定产品市场上的竞争优势。即使在激烈的竞争性对抗情况下，那些发展并有效运用业务层战略的公司，在独立的产品市场上还是比竞争对手表现得更好。[22]

5.2 战略性和战术性行动及反应

在参与竞争对抗的过程中，公司不仅会采取竞争性行动，做出竞争性反应，还会运用战略性行动，做出战略性反应。[23] **竞争性行动**（competitive action）是公司为建立和巩固竞争优势或改善市场地位而采取的战略性或战术性行动。**竞争性反应**（competitive response）是指公司为抵消竞争者的竞争性行动带来的影响而采取的战略性或战术性行动。**战略性行动**（strategic action）或**战略性反应**（strategic response）是指以市场为基础、涉及组织资源的重大承诺、难以执行和改变的行动。**战术性行动**（tactical action）或**战术性反应**（tactical response）是指以市场为基础的用来调整战略的行动，它涉及较少的资源并且执行和改变都比较容易。在参与竞争性对抗时，公司必须清楚地认识到战略性行动/反应和战术性行动/反应之间的区别，并在两种竞争性行动/反应之间实现平衡。

2018 年 12 月，信诺公司（Cigna Corp.）以 670 亿美元成功收购了快捷药方控股公司（Express Scripts）。这是对在同一市场中其他竞争对手先前所采取的战略性行动的战略性反应。例如，差不多在同一时间，在 2018 年 11 月，CVS 以 700 亿美元收购安泰公司（Aetna）。现在，像信诺公司这样的医疗保险公司认为，如果想获得超额利润，就必须掌控价值链的其他部分。信诺和安泰等医疗保险公司与 CVS 和快捷药方等药房福利管理公司的结合可以实现价值链的纵向整合，这增加了相关企业获得更高利润的机会。[24]

沃尔玛具有侵略性的价格是一种以牺牲竞争对手的利益为代价来提高公司利润和市场份额的竞争手段。就这一点而言，沃尔玛持续不断地采用一连串战术性行动来攻击竞争对手，例如通过不断改变产品价格以及针对竞争者（例如开市客）采取的价格变动不断变化其战术性反应。同样，为了与食品杂货公司如克罗格和线上竞争对手沃尔玛竞争，亚马逊甚至在完成收购全食超市这家高端杂货零售商之后，立即将其部分产品降价 43%。[25] 亚马逊也在机器人技术上进行巨额投资以提高效率。[26] 战略聚焦展示了其他公司在电子游戏市场中为争夺地位而进行竞争性和战略性行动及反应的实例。

战略聚焦　电子游戏巨头争夺战——元宇宙成为新战场

非市场策略

除了战略和战术行动及反应，公司还采用非市场策略来影响某一行业或该行业内特定市场的竞争格局。[27] **非市场策略**（non-market strategies）着重于改变公司的制度环境，这是其竞争战略的一部分。[28] 就非市场策略而言，制度环境包括政府的影响，比如制定“游戏规则”的法规，以及在市场或行业中占主导地位的非正式规则或标准。[29] 基本上，非市场策略被用来尝试改变行业结构，使其对某一家公司或一群公司更为有利。研究发现，非市场策略可以带来竞争优势。[30]

在政府方面，政府针对特定市场或整个行业制定的法规构成该市场中所有公司必须遵守的准则，否则相关公司将不得不承担相应的后果。因此，许多公司采用游说、向政治候选人捐款以及运用媒体策略（如社交媒体、新闻稿、广告）的方式来影响公众舆论，从而改变规则以利于自己。例如，一家公司的环境运动倡导总监在美国众议院的一个委员会作证，努力影响立法者制定更多保护环境的法律。这一行动符合该公司在其所有产品及生产方式上高度重视环境保护的战略重点。[31]

公司制度环境的另一部分涉及市场中或行业内的非正式规则或标准。例如，在高等教育行业中，有关教师留任政策（如终身教职）的严格规范指导着大多数研究型大学的行为。同样，会计公司也遵循着关于其业务开展方式的严格规范——有些规范有文档记录，但也有许多规范只是行业内成员所熟知的规则。在众多制度环境中，社会责任逐渐成为企业应遵循的一项普遍准则。因此，公司有时会参与一些能够提升其作为负责任企业公民形象的活动（如慈善捐赠、促进包容的努力、员工福利计划），以期在与其他进行业务往来或竞争的公司眼中获得合法性（从而获得影响力）。[32]

非市场策略的两种类型通常是相辅相成的。例如，通过社会责任活动获得的合法性可以增强公司影响政府政策的能力，而政治上具有影响力的公司可以在其非正式制度环境中获得合法性和影响力。因此，"企业社会责任和企业政治活动的协调管理可能带来更好的公司绩效。然而，企业社会责任和企业政治活动应精心协调，以确保两者之间的互补性得到充分发挥。"[33]

竞争性对抗模型

随着公司的竞争性行动对竞争对手的影响不断加深，并引发竞争对手的竞争性反应，竞争性对抗的行动和反应模式也不断变化。[34] 在公司与竞争对手之间持续进行的竞争互动中，双方的竞争行动和反应都对各自的表现产生了影响。[35] 这一模式表明，公司间是相互依存的，每一个公司都会受到其他公司的行动和反应的影响，市场的成功是单个公司的战略以及应用这些战略的共同结果。[36] 鉴于此，企业认真分析并深入理解所在市场竞争中的对手关系至关重要。[37]

研究显示，行业中激烈的竞争性对抗会降低各竞争公司的平均利润。[38] 例如，至少在短期内，克罗格、奥乐奇、亚马逊和沃尔玛的日益激烈的竞争可能会降低食品杂货业所有公司的盈利能力。

图 5－2 展示的是公司层面竞争性对抗的直观模型，这种对抗通常是动态的、复杂的。竞争性行动和反应是公司成功创建并利用能力和核心竞争力获得有利的竞争地位的基础。[39]

利用这一模型，公司可以了解应如何准确预测竞争对手的行为，降低与之相关的不确定性。准确地预测竞争对手的行动和反应，对于公司的市场地位和财务绩效都会产生积极的影响。[40] 竞争动态描述了特定市场中所有个体竞争对手之间的竞争行为。

本章接下来将具体解释图 5－2 展示的模型因子。作为竞争者分析的基础，我们将首

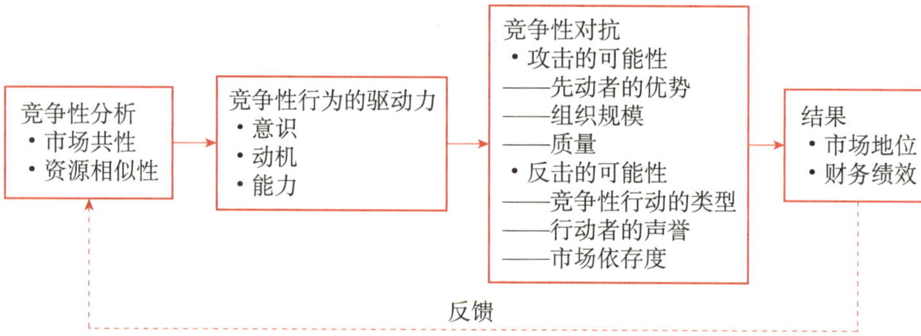

图 5-2　一个竞争性对抗模型

资料来源：Adapted from M. J. Chen，1996，Competitor analysis and interfirm rivalry：Toward a theoretical integration，*Academy of Management Review*，21：100-134.

先描述市场共性和资源相似性。接着我们将讨论三个组织特征——意识、动机、能力对公司竞争行为的影响。之后，通过对影响公司采取竞争性行动和竞争性反应的因素的描述，讨论公司之间的竞争性对抗。在本章的最后，我们将重点放在竞争动态上，描述在快、慢和标准周期市场中，市场特征是如何影响竞争性对抗的。

5.3　竞争者分析

如上所述，竞争者分析是公司预测竞争性对抗的程度和实质的第一步。当进入国外市场时，竞争者分析尤为重要，因为公司非常有必要了解当地的竞争状况以及当前在该市场中经营的外来竞争者。[41]缺乏这样的分析，公司成功的可能性会更低。

市场共性涉及公司间进行相互竞争的市场的数目，资源间的相似性称为资源相似性（后续将会对这两个术语加以讨论）。竞争的这两个维度决定了公司间会成为何种程度的竞争者。具有明显的市场共性和资源相似性的公司是直接的且相互认可的竞争对手。竞争行为的驱动因素与影响公司采取竞争性行动和反应的因素一样，都会影响竞争性对抗的激烈程度。

在第 2 章中，我们把竞争对手分析作为了解公司环境的一种技术方法来讨论。总体环境、行业环境和竞争者环境共同构成了公司的外部环境。我们还阐述了如何用竞争者分析来识别竞争对手，也就是通过未来目标、当前战略、假设和能力来研究竞争对手（见第 2 章图 2-3）。

在本章中，对竞争对手的分析是要进一步解释公司应该研究哪些内容才能预测出竞争对手的竞争性行为（竞争性行动和竞争性反应）。第 2 章和本章关于竞争对手的分析具有互补性，也就是说，公司在预测竞争对手的行动和反应（本章内容）之前，应先识别谁是竞争对手（第 2 章内容）。

能够准确地预测竞争者可能的竞争性行动和反应，有助于一个公司避免对竞争者的目标、战略、设想和能力一无所知的情况。缺乏预测竞争者这些情况所必需的信息会造成竞争盲点。通常来说，竞争盲点会使一个公司对其竞争者的行动感到突然，可能会导致负面的结果。[42]人们越来越期望公司的董事会成员能够利用自身关于其他业务和行业环境的知识和专长，帮助公司避免竞争盲点。

市场共性

每一个行业都是由各种不同的市场组成的。如金融服务行业包括保险、经纪人服务、银行等市场。按照不同的市场需求和独特的顾客群体，市场还可以进一步细分。保险市场又可以进一步按照市场（如商业客户和普通消费者）、产品（如健康险和人寿险）和地理区域（如东南亚市场和西欧市场）进行细分。

每个市场都有其独特的特点，这些特点定义了它们所属的行业。以运输行业为例，商业航空市场（例如美国联合航空、汉莎航空、新加坡航空）向顾客提供的服务特点与地面运输市场（例如联邦快递、UPS、康威（Con-Way））存在根本性差异。尽管如此，一个行业内的多个市场在技术使用或发展竞争优势所需的核心能力方面，仍然存在一些共性。例如，运输行业的所有竞争者都需要信息技术来确保服务的可靠性和及时性。因此，像美国联合航空、汉莎航空和新加坡航空这样的商业航空公司必须发展信息技术和专业技能，以满足乘客的需求；像联邦快递、UPS 或康威这样的地面运输公司，则通过发展信息技术和专业技能来满足使用其服务运输货物的客户的需求。

有时，公司会在几个市场上同时进行竞争，这种竞争者在多方面相互较量的情况称为市场共性。严格来讲，**市场共性**（market commonality）关注的是公司与竞争者共同参与竞争的市场个数，以及每一个单独市场对彼此的重要程度。[43]在多元市场竞争中，公司会在多个市场同时开展竞争，这一概念之前已有定义。[44]可口可乐和百事之间的竞争，就涉及不同的产品市场（如软饮料、瓶装水）以及不同地理区域的市场（北美市场以及全球的其他市场）。化工、医药以及食品行业中的许多公司开展的都是多元化竞争。

在几个相同市场同时进行竞争的公司不仅会对竞争者采取行动的市场做出一系列反应，而且会对其参与竞争的其他市场都做出相应的反应。这种反应使竞争状况更加复杂，即公司在一个市场上采取的竞争性行动和反应有可能是为了影响其在另外一个市场中与某一特定竞争对手对抗的结果。[45]这些类型的相互关系使竞争者之间的竞争变得更加复杂。事实上，研究显示，越是参与多元市场竞争的公司往往越不会先发动进攻，但是在受到攻击时，它们的行动（反应）会更激烈。例如，对计算机行业的研究发现，该行业“公司应对进攻的方法是开发新产品而不是以价格作为反攻的武器”[46]。因此，一般来讲，多元化竞争会减少竞争性对抗，但如果潜在回报（如可获取潜在的市场份额）比较高的话，公司仍然会进行激烈的争夺。[47]

资源相似性

资源相似性（resource similarity）是指与竞争对手相比，公司的有形资源和无形资源在类型和数量上的相似程度。[48]资源的数量和类型相似的公司往往具有类似的优势和劣势，也会使用类似的战略，基于它们相似的优势，可能会追求外部环境中相似的机会。

换句话说，资源相似性增加了竞争者之间的竞争。

资源相似性可以用来描述联邦快递和 UPS 之间的关系。例如，这两家公司拥有相似类型的货车和飞机、相似程度的财务资本，以及依赖于同样人才的人力资本库和高精尖的信息技术系统（资源）。这种关系的一个重要方面在于：两家公司在多个国家和地区的许多市场上都有交集。因此，联邦快递和 UPS 之间的竞争因为资源相似性和市场共性的叠加效应而变得更加激烈。

在进行竞争者分析时，公司通常会对每一个对手的市场共性和资源相似性进行分析。当两家公司在市场共性和资源相似性方面都达到较高水平时，它们会使用相似的资源组合，在对双方都至关重要的多个市场上展开竞争。这些公司是彼此公认的直接竞争对手。

如果公司与竞争对手共同参与竞争的市场比较少，资源相似性也较低，则表明它们之间不是直接的、相互认可的竞争对手。例如，当地的一家专门销售汉堡包的小型家庭式餐馆不会直接与麦当劳发生竞争，因为它们仅在一个小市场上有交集，资源也大相径庭，因此，即使在像麦当劳这样的大型竞争对手的阴影下，一家小餐馆也有可能兴旺发达。但同时，小型本地餐馆往往拥有相似的资源，它们自然在同一市场上竞争，两家小型本地餐馆之间的竞争很可能会非常激烈。

竞争对手之间的关系也可能随着时间的推移而发生变化。以通用磨坊（General Mills）和家乐氏公司（Kellogg's）为例，多年来它们一直在谷物产品销售上展开直接而激烈的竞争。然而，由于这两家公司采取的行动，它们之间的竞争在未来可能会变得不那么直接。例如，通用磨坊在 2018 年以 80 亿美元收购了蓝水牛宠物食品公司（Blue Buffalo Pet Products Inc.），收购的一个原因是，宠物食品业务是“美国食品和饮料市场上销量最高的品类之一”[49]。进军宠物食品领域使通用磨坊与 J. M. Smucker 公司间的竞争更为直接，J. M. Smucker 公司斥资 30 亿美元收购了拥有狗粮品牌 Milk-Bone 的 Big Heart 公司。同样，家乐氏的 CEO 指出，“家乐氏的增长引擎不一定是谷物类产品”[50]。他强调其他产品，如品客薯片、Cheez-It crackers、Pop-Tarts 等都可以刺激企业销售额的增长。家乐氏强调零食产品的战略使其更直接地与零食巨头菲多利（Frito Lay）的所有者百事公司竞争。

5.4 竞争性行为的驱动力

市场共性和资源相似性影响竞争性行为的驱动力（意识、动机、能力）[51]，反过来，这些驱动因素又会影响公司实际的竞争性行为。通过公司在参与竞争性对抗时所采取的竞争性行动和反应，我们可以看出这一点（如图 5-2 所示）。[52]

意识是公司采取任何竞争性行动和反应的先决条件，主要指公司要认识到，市场共性和资源相似性所导致的它与竞争对手间相互依存的程度如何。[53] 意识还影响公司对竞争性行动和反应结果的重要性的理解程度。缺乏必要的意识会导致过度竞争，从而对所有竞争者的业绩造成负面影响。[54]

当公司使用高度相似的资源（在数量和类型方面）在多元市场中进行竞争时，意识就成为最大的驱动力。可口可乐和百事当然意识到了彼此的存在，因为它们在多个市场进行竞争，以满足消费者的饮料需求。由于消费者口味的变化和一些政府机构对含糖饮料征税，这些公司正对更健康的替代品进行投资。[55]然而，和百事相比，开发消费者喜爱的新汽水产品对可口可乐来说更为关键。原因在于：百事拥有菲多利、桂格燕麦等食品品牌，这意味着它除了向消费者销售汽水之外，还向消费者销售许多其他产品。

动机主要涉及公司对竞争对手的攻击采取行动或做出反应的意向，它与公司感知到的收益与损失息息相关。也就是说，虽然公司能清楚地意识到竞争者的存在，但是如果公司感觉自己的地位不会因对抗而得到改善，或者认为即使不采取行动，自己的市场地位也不会动摇，公司就没有参与竞争性对抗的动机。[56]在这种情况下的不作为被称为战略性克制，企业从宏观角度审视局势，深思熟虑其潜在行动对各方利益相关者、长期竞争格局产生的影响，从而采取此种行动。[57]对于缺乏竞争动机的公司而言，选择在某一时点不参与与某一位竞争者的竞争性对抗能够带来一种好处，那就是该公司能够保留资源以用于其他目的，包括与另一位竞争者竞争。

市场共性会影响公司的前景以及行为的动机。例如，一般来讲，公司更有可能向在多元市场中进行竞争的具有低市场共性的对手发动进攻。主要原因在于：与那些同公司共享多个市场的竞争者进行对抗以获得更有利的位置，存在着巨大的风险。正如前面提到的，在多元市场竞争中，公司采取行动后，竞争对手可以在不同的市场上做出反应。这种类型的行动和反应可能会导致竞争双方无法聚焦于核心市场，还会将本应用于其他目的的资源用来进行竞争。由于在市场共性条件下的竞争会带来巨大的风险，因此，更大的可能性是受攻击的公司采取反应行动，来保护它在一个或多个市场中的地位。[58]

在有些案例中，公司可能会意识到它与竞争对手共享的市场，并且有对竞争对手的攻击做出反应的动机，但是缺乏这样做的能力。能力与每个公司的资源以及资源供给的灵活性相关。[59]如果没有可利用的资源（如金融资本和人力资源），公司就没有能力攻击竞争对手或对竞争对手的进攻进行反击。例如，尽管规模越小越年轻的公司创新能力越强，但它们没有足够的资源向现有的大公司发动进攻。同样，与本土公司相比，外国公司经常处于不利地位，因为本土公司在供应商、顾客及政府机构方面拥有更多的社会资本（关系）。[60]然而，相似的资源意味着公司与竞争对手间具有相似的进攻与反击能力，比如可口可乐和百事的例子。当公司面对具有相似资源的竞争者时，在发起进攻之前进行仔细的研究是非常必要的，因为这样的竞争对手更有可能采取反击行动。[61]

资源不相似也会影响公司间的竞争性行动和反应，采取行动的公司与竞争对手之间资源的差异性越显著，资源处于劣势的竞争对手的反应行动就会越迟缓。[62]例如，沃尔玛最初只在小城镇（人口不足2.5万人）采用聚焦成本领先战略进行竞争。通过利用成熟的物流系统和高效的采购优势，沃尔玛获得了竞争优势，并且为小型零售市场上的顾客创造了一种新型价值（主要是指提供大量可选择的具有竞争力的低价商品），当地的竞争对手则没有快速、高效地调动资源对沃尔玛的行动进行反击。

因此，即使是面对拥有更多资源（能力）的竞争对手，或者更具有吸引力的市场地位，不管任务看起来有多难，公司都应坚决地进行反击，否则，就会像那些当初没有对沃尔玛的竞争性行动做出反击的当地零售商一样，最后只有失败。如今，沃尔玛成为世界上最大的零售商，对于规模更小的竞争者来说，拥有必要的资源有效应对沃尔玛的竞争性行动和竞争性反应的确非常难。[63]

5.5 引发竞争性对抗的行动

在前面我们阐述了市场共性、资源相似性以及意识、动机和能力驱动因素，还有其他因素也会影响公司采用战略性和战术性行动来攻击竞争者的可能性。这些因素主要包括：先动者的优势、组织规模和质量。接下来我们将逐一进行讨论，并将次动者、后动者作为先动者的优势讨论的一部分予以考虑。

先动者的优势

先动者（first mover）是指率先采取竞争性行动来建立或巩固竞争优势，或者提高市场地位的公司。[64]先动者的概念受到了著名经济学家约瑟夫・熊彼特（Joseph Schumpeter）的研究的影响，熊彼特认为公司应通过创新行动来获取竞争优势。[65]一般来讲，先动者非常重视研发，将其视为一种开发顾客认为有价值的创新产品和服务的途径。[66]亚马逊就是在线书店的先动者，而 eBay 则是第一个在线拍卖网站。[67]

成功的先动者可以获得巨大的收益。[68]尤其是在快周期市场（在本章后面的内容中进行讨论），市场变化迅速，任何公司都无法长时间保持竞争优势，但是先动者可以比次动者多获得几倍的价值和收入。[69]这表明，尽管先动者获得的收益并不是绝对的，但对于技术快速发展和短产品生命周期行业中的公司获取成功，却是至关重要的。[70]除了获取超额利润，在竞争者对成功的竞争性行动做出反应之前，市场中的先行公司还可以获得：

- 顾客的忠诚，顾客往往忠诚于首先为他们提供能满足其需求的产品或服务的公司。
- 市场份额，竞争者在未来的竞争性对抗中很难获得更多的市场份额。

大量的证据显示，先动者比后进入市场者的生存概率更大，这也许是先动者可以获得的最大优势。[71]

公司试图预测其竞争者的竞争性行动时可能会得出结论：竞争者可能会采取侵略性的战略性行动来获取先动者的优势。尽管公司的竞争者或许确实期望成为先动者，但它们可能没有能力做到这一点。先动者通常更具有侵略性，愿意进行创新以及承担较高但合理的风险，先动者的长期成功依赖于这些能力的维持。[72]

要想成为先动者，公司必须拥有足够的资源对研发部门进行大量的投资，并且能够快速、成功地生产和销售一系列创新产品。[73]组织资源的富余可以使公司具备成为先动者的能力（从可获得的资源角度来衡量）。富余资源是组织实际资源和可获得资源的缓冲器，这些资源并没有被使用，而且超出了组织特定水平的产出所需的最低限度。[74] 作为可流动的资源，富余资源可以迅速用来支持竞争性行动，如研发和侵略性营销活动，这些行动可以帮助公司获得先动者的优势。富余资源和成为先动者的能力之间的关系，使公司可以预测出先行竞争者可能拥有富余资源，以及它们是否会采取侵略性的竞争行动来持续不断地推出创新产品。公司还可以进一步预测出，先动者是否会迅速占领市场并赢得顾客的忠诚，从而获得超额利润，直到它的竞争对手能够对先期行动做出有效的反应。

在评估竞争对手时，公司应该意识到成为先动者需要承担的风险。例如，我们很难准确估计创新产品投放到市场上可以获得的收益。另外，由于先动者开发新产品的成本相当高，因此用于支持进一步创新的富余资源会减少。[75] 公司必须仔细研究成为先动者的后果。公司要想获得持续的成功就要不断地进行产品创新。同样，进入某个新的国际市场的先行者，实际上可能比后来者在该市场立足时遇到更多困难，因为它被视为外来者，这便是所谓的“外来者劣势”。[76]

次动者（second mover）是指通过模仿而对先动者的竞争性行动做出反应的公司。[77] 尽管苹果成功的 iPhone 产品改变了消费者和公司对于手机潜力的看法，但苹果在许多产品的推出方面是著名的次动者。事实上，“苹果在很多产品上都是次动者。从这个词语的意义来说，苹果并不是一个真正的创新者。苹果不是第一个拥有面向对象计算技术（鼠标）的公司，不是第一个推出 MP3 播放器的公司，也不是第一个生产手机的公司”[78]。苹果公司做得非常好的一点是，通过研究产品，发现如何改进产品，使其对消费者更加友好。

次动者通常比先动者更加谨慎，比如苹果公司会仔细研究顾客对创新产品的反应。在这一过程中，次动者还会努力寻找先动者的所有微小失误，从而使自己避免犯同样的错误和产生同样的问题。也就是说，次动者对先动者创新的成功模仿可以使它避免犯错，以及免于承担成为先动者的巨额费用。[79]

次动者有时间来开发一些比先动者更高效的或者能为顾客创造更多价值的新流程与新技术。[80] 成功的次动者很少立即采取行动，当然也不会迟迟不采取任何行动，这样做既可以全面分析先动者的行动，又不给先动者太多的时间来改正错误或者“锁定”顾客的忠诚。总之，先动者竞争性行动的结果为次动者以及后动者决定竞争性反应的性质和时机，提供了有效的蓝图。[81]

判断竞争者是否会成为有效的次动者（基于它过去的行为），可以帮助公司预测该竞争者是否会对成功的、以创新为基础的市场进入做出迅速的反应。先动者期望成功的次动者仔细研究自己的市场进入方式，并在短时间内做出反应，选择一种新的进入方式。次动者应该试图为顾客提供更大价值的产品。成功的次动者能够迅速、有意义地解读市场反馈，并且对先动者的创新做出及时而成功的反应。[82]

后动者（late mover）是指在先动者采取行动以及次动者做出反应后的相当长一段时间才做出反应的公司。[83] 通用汽车公司将悍马（Hummer）引入了运动型多功能车（sport utility vehicle，SUV）市场，但是这个产品并没有吸引足够多的消费者，并于 2010 年停止生产。尽管目前还可以买到该产品，但它仍然难以找到一个足够大的目标市场，以支撑通用汽车的雄心壮志。悍马电动多功能运动车（Hummer EV SUV）在 2021 年推出。

一般来讲，有反应总比没有反应要好，但是后动者获得成功的可能性要比先动者和次动者小得多。然而，有时如果后动者能以更加独特的方式进入市场展开竞争，还是有可能获得成功的。对于来自新兴经济体的公司来说，这意味着它们要采取生产和制造成本更低的利基战略，这也意味着它们需要学习市场中的竞争对手及其他公司，以便销售产品使它们得以在市场上开展竞争。[84]

在与后动者进行竞争时，公司可以预测出竞争者将会进入一个先动者和次动者已经取得成功的特定市场。另外，在相关性基础上，公司还可以预测到，后动者只有花费相当长的一段时间来理解如何才能创造出至少与先动者和次动者的产品相同的顾客价值后才能获得平均利润。

组织规模

组织规模会影响公司采取竞争性行动的可能性、形式和时机。[85]一般来讲，小公司比大公司更有可能采取竞争性行动，并且速度更快。因此，在为争夺有利的市场地位而进行的竞争性对抗中，小公司经常被视为敏捷、灵活的竞争对手，它们依靠速度和出其不意的方式来巩固竞争优势，或者发展新的竞争优势。[86]小公司的敏捷和灵活使它们可以采取各种各样的竞争性行动，大公司可采取的竞争性行动的种类往往会有所限制。[87]

与小公司相比，在特定时间内，大公司因为有更多的资源，更有可能采取战略性和竞争性行动。因此，从组织规模角度对竞争者进行研究时，公司需要选取一定的衡量标准，如总销售收入或员工总数等来预估竞争对手可能进行的竞争性和战略性行动。

质量

质量有多种定义，其中包括已被广为接受的产品生产或服务零缺陷方面的定义，它还被视为一个可以持续改进的循环过程。[88]从战略角度，我们把质量看成公司完成主要价值链活动和辅助职能的一种产出（见第 3 章）。因此，当公司的产品或服务达到或者超出顾客的期望时，才产生**质量**（quality）。有证据显示，质量是满足顾客需求的最关键因素。[89]

在顾客眼中，质量就是正确地做有关重要绩效指标方面的事情。[90]顾客也许从不同维度来衡量公司的产品或服务的质量，包括耐用性、性能、美观性、功能或其他许多因素。在公司高层管理者的大力支持下，当整个组织制度和价值链活动都强调质量的重要性时，质量才能实现。[91]只有质量被制度化并得到普遍重视，员工和管理者才有可能时刻提醒自己，坚持不懈地寻找新的方法来改进产品质量。在全球经济中，质量是一个永恒不变的主题，是竞争成功的必要而非充分条件。[92]没有好的质量，公司的产品就缺乏可信度，也就意味着顾客并不认为该产品是一个可行的选择。事实上，只有顾客认为某种产品或服务能够满足他们认为非常重要的质量维度的最低期望时，才会选择购买该产品或使用该服务。[93]

质量会影响竞争性对抗。如果竞争对手的产品质量较差，公司就可以预测出该对手的销售收入会下滑，直至质量问题得到解决。公司倾向于在对手处于弱势时发起攻击，因为它们认识到，存在质量问题的对手在能够解决问题之前，不太可能在竞争行动中采取激进策略。[94]但是在这之后，竞争对手则可能会采取更加激进的竞争性行动。

在战略聚焦中，我们探讨了在大规模能源储存电池市场中，企业为争夺最有利的市场地位而展开了日益激烈的竞争。随着企业努力满足客户储存大量能源以备将来使用的需求，这一市场的竞争日趋白热化。

战略聚焦　大规模电池制造商间的竞争：谁能占据最具吸引力的市场地位

大规模电池储能市场的增长潜力极为巨大。面对能源消费高峰期的需求，公用事业公司作为储能产品的主要客户，其面临的一个主要挑战是如何拥有足够的储能容量。例如，每天早晨和晚上是客户电力使用的最高峰时段。在非高峰时段，公用事业公司则拥有未被充分利用的储能容量。解决这一问题的方案之一是利用抽水蓄能水电站，它们通过在不同海拔高度的两个水库之间移动水体来储存和产生能量。在电力需求较低的时段，如夜间或周末，多余的能量被用于将水抽送至上游水库，此时涡轮机充当泵的角色，将水抽回至山上的水库。在电力需求高的时段，储存的水通过涡轮机释放，转化为电能。

然而，并非所有公用事业公司都具备适合的环境或足够的资源来运用这种类型的能源储存方式。此外，随着风能和太阳能等可再生能源电力产量的增加，对大规模电池储能单元的需求也在增长。风能和太阳能作为间歇性能源，其挑战在于它们的不可预测性——电力公司无法确切预知风何时会吹、吹多久、速度如何，同样也无法预知太阳何时会照耀、照耀多久、强度如何。大规模储能电池能够解决这一问题，它们在风能和太阳能产生能量时捕获并储存能量，待需求高峰时释放，以满足消费者的用电需求。

锂离子电池成本的降低也提升了大规模电池储能系统的吸引力。这类小型锂离子电池为我们的智能手机和其他许多产品提供动力。同时，许多公司正在转向生产固态锂离子电池，这种电池不需要液态电解质，充电速度更快，且不存在可燃风险。

特斯拉、西门子和通用电气是大规模电池储能领域的主要竞争者，它们在这个市场上争夺优势地位。通用电气计划到 2030 年向能源存储项目投资 1 030 亿美元。作为这些项目的一部分，2018 年通用电气建立了名为 GE Reservoir 的巨型能源储存平台，该平台基于模块化的、20 英尺长的高容量储能单元，可以与其他单元组合使用。该平台不仅能储存风力涡轮机和太阳能电池板产生的电力以备后用，还允许电网进行优化。此外，GE Reservoir 还提供能源咨询服务、成本效益分析、项目规划和服务协议。

2017 年特斯拉宣布与法国可再生能源供应商 Neoen 合作，100 天内在南澳大利亚的詹姆斯镇北部建造并安装了世界上最大的锂离子蓄电池组。特斯拉兑现了这一承诺，提供了一个持续运行的电池储能产品，为可再生能源提供稳定性服务，并在能源短缺时提供紧急备用电源。

为了与特斯拉和通用电气竞争，西门子和爱依斯电力（AES）联合成立了名为弗伦斯能源（Fluence Energy）的能源储存初创公司。该合作伙伴关系于 2018 年开始运营，并立即成为加利福尼亚州 Alamitos 电力中心能源储存项目的供应商，服务于南加州爱迪生公司和西洛杉矶地区。弗伦斯的电池储能项目超过了特斯拉在南澳大利亚的项目，一度成为世界上最大的电池储能项目。

2022 年，弗伦斯能源与量子景观（QuantumScape）建立了合作伙伴关系，将固态锂基可充电电池引入固定功率应用。

大规模电池储能市场的魅力吸引了大量新投资资本。例如，美国初创公司朗多能源公司（Rondo Energy Inc.）筹集了 2 200 万美元的风险资金，试图解决如何储存和利用风能和太阳能的剩余能量来为重工业提供动力的问题。凯雷投资集团（Carlyle Group）在 2022 年初对九点能源公司（NineDot）进行了巨额投资，该公司正在帮助纽约州实现到 2040 年 100%清洁能源的目标。九点能源公司的一个项目包括购买土地并与当地公用事业合作，将这些地点的电池连接到电网。这些公司可能会在短期内使用现有的电池储能系统，但它们也将随着时间推移，对这一竞争市场的发展产生影响。

资料来源：A. Root, 2022, QuantumScape is expanding beyond electric vehicles. It's a huge move, *Barron's*, www. barrons. com, January 13; M. Wirz, 2022, NineDot lands Carlyle investment for New York battery projects, *Wall Street Journal*, www. wsj. com, January 14; 2022, Reservoir solutions, *GE Power*, www. gegridsolutions. com, March 1; E. Ballard, 2022, Startup wants to store spare renewable electricity to power heavy industry, *Wall Street Journal*, www. wsj. com, February 8; S. Patterson, 2022, U. S. bets on faster-charging battery in race to catch energy rivals, *Wall Street Journal*, www. wsj. com, February 26; 2022, Pumpedstorage hydro plants, *Duke Energy*, www. duke-energy. com, March 1; 2018, Siemens backs efficient digitalized large-scale production of batteries, *Siemens Homepage*, www. siemens. co, February 22; E. Ailworth, 2018, GE Power, in need of a lift, chases Tesla and Siemens in batteries, *Wall Street Journal*, www. wsj. com, March 7; J. Cropley, 2018, GE rolls out battery-based energy storage product, *Daily Gazette*, www. dailygazette. com, March 7; F. Lambert, 2018, AES and Siemens launch new energy storage startup to compete with Tesla Energy, will supply new world's biggest battery project, Electrek, www. electrek. com, January 11; B. Spaen, 2018, New "Fluence Energy" builds world's biggest storage system in California, *GreenMatters*, www. greenmatters. com, January 12; B. Fung, 2017, Tesla's enormous battery in Australia, just weeks old, is already responding to outages in "record" time, *Washington Post*, www. washingtonpost. com, December 26.

5.6 反击的可能性

公司的竞争性行动能否获得成功，取决于竞争对手是否做出反应，以及反应的类型（战略性或战术性）和反应的有效性。如前所述，竞争性反应是公司采取的战略性或战术性行动，目的是抵消竞争者的竞争性行动的影响。在战略聚焦中，西门子和爱依斯联手创建了一家能源储存领域的初创公司，目的是为了在市场竞争中与特斯拉和通用电气一较高下。

一般来讲，在以下几种情况下公司更有可能对竞争者行动做出反应：

- 竞争者采取的行动能使其更好地利用自身能力来获得更强的竞争优势或者提高市场地位；
- 竞争者采取的行动损害了公司利用其核心竞争力创造和保持竞争优势的能力；

• 公司的市场地位岌岌可危。[95]

除了市场共性、资源相似性、意识、动机和能力等因素，公司还需要对另外三方面的因素进行评估，即竞争性行动的类型、行动者的声誉以及市场依存度，以预测竞争对手会对竞争性行动做出何种反应（见图 5－2）。

竞争性行动的类型

对战略性行动的反应和对战术性行动的反应有一定的区别。这些区别有助于公司预测竞争对手会对竞争性行动做出何种反应。战略性行动一般会遭遇战略性反应，战术性行动则通常会招来战术性反应。总体来说，战略性行动遇到的竞争性反应相对少一些，因为战略性反应（如以市场为基础的行动）需要投入大量资源，而且难以实施和转变。[96]

此外，实施战略性行动以及对行动效果进行评估所花费的时间，也推迟了竞争对手对行动的反应。相反，竞争对手对战术性行动的反应则比较迅速，比如一家航空公司可以很快地对竞争对手在特定市场上降价的战术性行动做出反应。当战略性行动和战术性行动针对的是竞争者的大量顾客时，这两种行动都会引来强烈的反应。[97] 事实上，如果竞争者的战略性行动对目标公司的影响比较大（如市场份额损失、关键员工等主要资源受到损失），公司的反应就会比较迅速、强烈。[98]

行动者的声誉

在竞争性对抗中，采取行动或做出反应的公司称为行动者，声誉则是“竞争者以过去的竞争性行为为基础，对另一个竞争者做出的正面或负面的评价”[99]。好的声誉是公司获得超额利润的源泉，尤其是对于消费品制造商。[100] 因此，好的声誉具有战略价值，并且会对竞争性对抗产生影响。为了预测竞争对手对公司当前的或计划的行动的反应，公司需要研究竞争者以前受到攻击时的反应，也就是说，过去的行为往往会预示今后的行为表现。[101]

竞争者往往更有可能对市场领导者的战略性或战术性行动做出反应。[102] 尤其是有证据显示，成功的行为，特别是战略性行动，很快就会被模仿。例如，尽管 IBM 是市场的次动者，但它仍投入大量的资源进入信息服务市场。惠普、戴尔以及其他竞争者也做出了战略性反应，纷纷进入该市场。正如在引例中讨论的那样，克罗格和其他公司对市场领导者亚马逊收购全食超市的交易反应迅速。

与拥有很高声誉的公司不同，如果公司的声誉是该公司采取的竞争性行为比较冒险、复杂且难以预测，那么竞争对手不太可能对这种公司的行动做出反应。例如，有些公司是有名的价格掠夺者（一种为了获得或保持市场份额而经常降价的公司），当这种公司采取降价的战术性行动时，竞争者很少会对这种行动做出反应，因为这种公司一旦获得想要的市场份额就会立刻涨价，对竞争者而言，这样的公司缺乏信誉。[103]

市场依存度

市场依存度是指公司从特定市场获取收入或利润的程度。[104] 一般来说，市场依存度比较高的公司，更有可能对威胁其市场地位的行动进行强烈的反击。[105]家居装修巨头劳氏（Lowe's）和家得宝（Home Depot）都依赖同一市场——自助消费者和承包商。[106]因此，它们彼此紧密监视对方的动向，并迅速对竞争行为做出反应。近期，劳氏采取了一系列竞争策略来改善运营和提升效率，以至于一位分析师宣称“劳氏从家得宝手中夺回了优势”。[107]现在，家得宝需要作出战略回应。

在另一场竞争中，中国互联网公司字节跳动（ByteDance）旗下的 TikTok 应用抢占了 Meta 平台（脸书）的市场，TikTok 在 2021 年成为下载量最高的应用。TikTok 还取代了 Instagram（同样属于 Meta 平台），成为年轻用户中最受欢迎的应用，这是两家公司的关键市场。作为回应，Meta 为其全球所有脸书用户推出了短视频产品 Reels，并开发了许多吸引广告商的新功能。此外，公司还开发了一些新的视频创作和变现功能。Meta 报告称，“视频现在占据了用户在脸书和 Instagram 上花费时间的一半以上”。[108]

5.7 不同类型市场中的竞争动态

竞争性对抗是公司与直接竞争者为了争夺市场优势地位而做出的一系列竞争性行动和竞争性反应。竞争动态则是指为了获得市场中的优势地位，所有公司相互间进行的竞争性行动和竞争性反应。例如，美国联合航空和达美航空处于竞争性对抗中，而美国联合航空、达美航空、美国航空、西南航空、英国航空、汉莎航空和阿联酋航空（Emirates Airways）（以及许多其他公司）采取的竞争性行动和反应形成了航空客运业的竞争动态。

为了解释竞争动态，我们需要讨论不同市场（慢周期市场、快周期市场和标准周期市场）中竞争速度的变化率对特定市场中竞争者的行为（行动与反应）的影响。在同一类型市场中，公司采取的竞争者行动及其原因具有一定的相似性，但在不同类型市场之间则是有区别的。因此，在慢周期市场、快周期市场和标准周期市场中，竞争动态各不相同。

正如第 1 章所述，尽管没有任何竞争优势可以长久不变，但各个公司仍然会绞尽脑汁地长时间保持竞争优势。然而，正如我们接下来所讨论的，公司竞争优势的持久性在不同类型的市场中有所不同。公司保持竞争优势的程度主要受到竞争者模仿速度和模仿成本的影响。

慢周期市场

慢周期市场（slow-cycle markets）是指在这类市场上，公司的竞争优势难以被模仿，这往往是由于模仿所需成本较高，因此这些优势通常持续很长时间。[109]在慢周期市场中，竞争优势维持的时间可以更长一些。[110]然而，由于没有任何竞争优势可以永久维持，在慢周期市场上竞争的公司会发现，其竞争优势（为目标客户创造的价值）最终会下降。

几十年来，瑞士钟表制造商就是这种情况。这些公司在很大程度上依赖于独家经营的竞争优势，而这种竞争优势来自钟表制造过程中极端精密的特点。多年来，这些公司缺乏有效的竞争者。然而，智能手表等技术创新以及消费者兴趣的变化（例如，购买钟表是为了“难忘的体验”，而不是有价值的“物品”），给瑞士钟表制造商带来严峻的竞争挑战。瑞士钟表制造商独特的竞争优势和“瑞士制造”所享有的声誉正面临挑战。瑞士钟表制造商正积极制定对策，支持瑞士钟表工业联合会的工作，共同致力于打击产品仿冒现象。此外，为了吸引年轻消费者，一些瑞士钟表制造商开始聘请艺术家和运动员作为其产品代言人。[111]

在慢周期市场中，建立一种独特的专有能力可以帮助公司获得竞争优势并取得成功，而且这种优势很难被竞争对手模仿。正如第 3 章中所讨论的，这种难以理解的、模仿成本高的能力经常来源于独特的历史条件、因果的模糊性和/或社会的复杂性。由卓越的研发流程所开发的专利——在制药等产业中是竞争优势的重要来源——就是这类能力的典型例证。[112]在慢周期市场中，一旦在使用其能力的基础上获得了专有的竞争优势，公司的竞争性行动和反应将以保护、维持和扩大该优势为主。该市场上的主要战略性行动（如收购）的风险也远小于快周期市场。[113]显然，那些获得竞争优势的公司会比那些仅仅在行业中生存的公司获得更多的成长和更高的利润，尤其是在成熟和衰退行业中。[114]

迪士尼公司在不断扩大卡通形象的专有特征，如米奇、米妮和小熊维尼。这些卡通形象都有独特的历史发展过程，源于华特·迪士尼（Walt Disney）和罗伊·迪士尼（Roy Disney）的创作和各种大众娱乐节目。人们可以在迪士尼主题公园、迪士尼专卖店以及网站上购买以迪士尼卡通人物为主题的各种产品。由于卡通人物商标受到专利权的保护，迪士尼的独特优势很难被竞争对手模仿。

与慢周期的另一属性相一致，迪士尼会保护其卡通人物的专有特征和使用权。在慢周期市场上与所有竞争对手竞争的过程中，迪士尼的竞争性行动（如在法国、日本和中国建主题公园）和反应（如提起诉讼以保护对其卡通形象的完全控制和使用的权利）主要用来保护、维持和扩大它的独特竞争优势。

在慢周期市场上，公司竞争形成的竞争动态如图 5－3 所示。在该市场上，公司通过专有优势（如卓越的研发流程）开发产品（如一种新药），并尽可能长时间地利用这种优势，从而使产品免于竞争，但最终竞争对手会进行反击。在药品市场上，当专利保护期结束或者法律保护手段被打破时，竞争对手往往会发起反击，这也进一步激发了公司开发另一种新产品来保护市场地位的需求。

快周期市场

快周期市场（fast-cycle markets）是指在这种市场上，公司获得竞争优势的能力不能免于模仿，并且模仿是迅速的，成本也不高。[115]这种高速变化的环境给高层管理者造成了巨大的压力，他们必须迅速有效地做出战略决策。对于管理者和他们领导的公司来说，这是一项具有挑战性的任务。

快周期市场上的逆向工程和技术传播的速度使模仿变得更容易。[116]竞争者可以利用

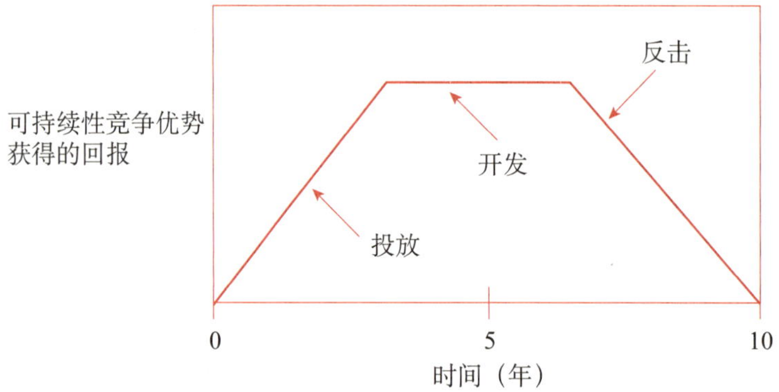

图5-3　可持续性竞争优势的逐渐侵蚀

资料来源：Adapted from I. C. MacMillan，1988，Controlling competitive dynamics by taking strategic initiative，*Academy of Management Executive*，Ⅱ（2）：111-118.

逆向工程迅速得到模仿或者改进公司产品所需的知识。技术的快速传播使得竞争者在短时间内就可以掌握公司的技术。快周期市场上竞争者使用的技术既不是专有的，也不会像慢周期市场上那样受到专利的保护。比如，在开放市场上组装一台计算机需要几百个零部件，其中受到专利保护的零部件只有区区的几个部分，如微处理器芯片。然而，当潜在进入者知道一个或多个公司的成功与否取决于开发有价值专利的能力时，他们可能会犹豫不决，甚至不愿进入快周期市场。[117]

与慢周期市场和标准周期市场相比，快周期市场更不稳定。事实上，快周期市场中的竞争几乎达到了白热化的程度，公司只能依靠创新作为发展的引擎。由于该市场的产品价格下跌速度比较快，公司必须从创新产品中迅速获得利润。[118]认清这一现实，公司不会再“忠诚”于任何一种产品，而是在竞争对手成功模仿之前就实现产品的更新换代。在快周期市场上基于这一点形成的竞争动态，与慢周期市场上的竞争动态有很大的不同。与慢周期市场上公司专注于保护、维持和扩大竞争优势不同，快周期市场上的公司更加注重学习如何快速和持续地发展新的优于现有的竞争优势，如新产品。它们不断寻求快速有效地开发新产品的方法。

例如，在快周期市场的某些行业中，公司经常会利用战略联盟和联合投资（见第9章）来获取新技术，然后开发新产品并将其引入市场。[119]最近几年，这种联盟开始不断向海外发展（与其他国家的公司进行合作），目的在于获得新技术的同时，使公司保持较低的成本。不过，既要在与国外合作者合作中分享知识和技能，又要适当阻止该合作者从焦点公司对联盟的贡献中获益，在两者之间寻找一个平衡点非常具有挑战性。[120]

图5-4展示的是快周期市场中公司的竞争性行为。该市场的竞争动态使公司的竞争性行动和竞争性反应以快速、持续地引入新产品和发展不断变化的一系列竞争优势为导向。公司一般都是通过开发新产品获得竞争优势，然后尽可能长时间地利用这种优势。公司还会在竞争对手对第一种产品做出反应之前，尝试开发另一种暂时的竞争优势。因此，快周期市场的竞争动态导致该市场中产品的快速升级和创新。[121]

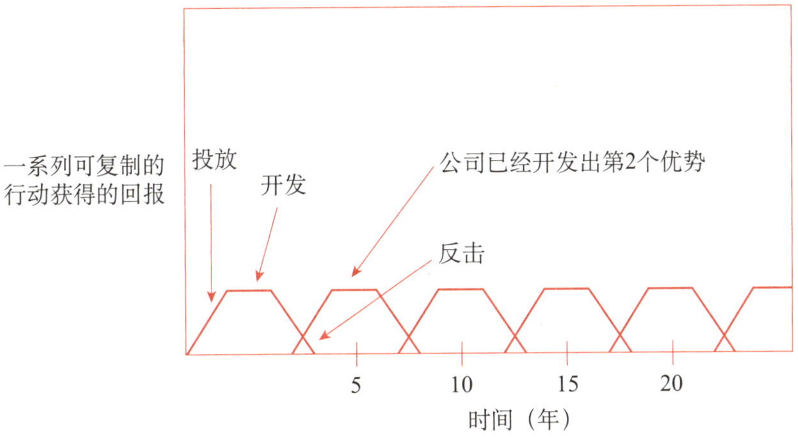

图 5-4　发展暂时性优势来创造可持续性优势

资料来源：Adapted from I. C. MacMillan，1988，Controlling competitive dynamics by taking strategic initiative，*Academy of Management Executive*，Ⅱ（2）：111-118.

科技巨头阿里巴巴和腾讯在移动互联网业务领域相互竞争。作为这个快周期市场中的竞争对手，这两个直接竞争者彼此了解，并且有动力和能力参与激烈的竞争。一些分析人士认为，如今这些巨头之间的竞争“可能会重塑中国商业世界格局，并会影响中国人的生活和中小企业的命运”[122]。最初，阿里巴巴和腾讯各自主导互联网的一部分领域：腾讯主导通信和游戏，阿里巴巴主导电子商务。由于新增在线用户的减少，这在很大程度上导致这两家公司之间的竞争变得更加直接和激烈，因为每家公司都在试图融合线上和线下服务。在激烈竞争的同时，阿里巴巴和腾讯将努力以创新的方式服务消费者。

正如我们所讨论的那样，创新在快周期市场的竞争动态中起着关键的作用。对于单个企业来说，创新是竞争优势的关键来源。通过持续有效的创新，企业可以在竞争对手成功模仿自己的产品之前升级换代，通过下一代产品保持竞争优势。

标准周期市场

在**标准周期市场**（standard-cycle markets）市场上，公司的竞争优势受到适当的保护以防止被模仿，竞争者进行模仿只需要付出适当的成本。在这种市场上，公司只要能够不断提升能力，以这些能力为基础领先于竞争者，就可以维持部分竞争优势。标准周期市场上的竞争性行动和竞争性反应主要是为了追求更大的市场份额，通过品牌赢得顾客的忠诚，并且仔细控制公司的经营运作，从而不断地为顾客提供相同的积极体验。[123]

在标准周期市场上竞争的公司往往同时服务于高度竞争市场中的许多顾客。由于作为竞争优势基础的能力和核心竞争力不具有特殊性，因此与慢周期市场上的模仿相比，标准周期市场上的模仿更迅速，成本更低，但与快周期市场相比，这种模仿则显得比较慢，成本也较高。因此，标准周期市场的竞争动态介于慢周期市场和快周期市场的动态特征之间。在标准周期市场上，如果公司能够协调与整合产品的设计及生产过程，扩大产品销量，实现规模经济，竞争者的模仿就会变慢，成本也会更高。

由于需要大产量、大市场和发展规模经济，因此，标准周期市场上的市场份额之争会异常激烈。这种形式的竞争已经在食品生产商之间的竞争中清晰地显现出来，例如糖果生产商中一些主要的竞争者，如好时、雀巢、亿滋国际（Mondelēz International，Inc.，其前身是卡夫食品）、玛氏。（在这些公司中，好时远远比其他公司更依赖糖果销售。）口味以及制作糖果的原料、广告活动、包装设计以及销售渠道是这些竞争者众多激烈竞争的维度中的一些，目的在于提高它们在糖果市场（广泛定义的糖果市场）的销售份额。[124] 近年来，糖果生产商还不得不应对来自健康专家的指责，如它们的产品中的糖分、饱和脂肪、热量等如何对人们的健康产生负面影响。

在标准周期市场上，创新同样可以作为竞争性行动和反应的驱动因素，特别是当竞争比较激烈的时候。如引例中所介绍的那样，随着亚马逊、沃尔玛及其他公司参与到与传统超市经营者（如克罗格、西夫韦）的激烈竞争中来，我们可以预见，创新将在食品杂货业的销售渠道以及数据分析应用方面发挥重要作用。标准周期市场中的一些创新在本质上是渐进式而非突破式的（渐进式和突破式创新将在第13章讨论）。尽管如此，这两种类型的创新对于在标准周期市场中竞争的企业取得战略竞争力都是至关重要的。

综上所述，不管是在快周期市场、慢周期市场还是在标准周期市场上，创新对所有公司的竞争性行动和反应都有影响，因此，它能够对竞争动态产生实质性的影响。在前面几章中，我们强调了创新对公司战略性竞争的重要性，在第13章中还会进行介绍。所有这些讨论都凸显了创新对公司的重要性，无论公司处于什么类型的竞争动态中。

小 结

竞争者是指在同一市场中进行竞争、针对相同目标顾客群提供相似产品的公司。竞争性对抗是指相互竞争的公司之间为了争夺有利的市场地位而进行的一系列竞争性行动和反应。竞争性对抗的结果将影响公司保持竞争优势的能力以及财务回报的水平（平均、低于平均、高于平均）。

单个公司参与竞争性对抗时采取的一系列竞争性行动和竞争性反应称为竞争性行为。竞争动态是指在特定市场上的所有竞争者采取的行动和反应。

公司研究竞争性对抗的目的在于：预测每一个竞争对手可能采取的竞争性行动和反应。竞争性行动可以分为战略性行动、战术性行动或非市场策略。非市场策略作为公司竞争战略的一部分，着眼于改变公司的制度环境。聚焦政府的非市场策略具有政治性质，旨在改变行业架构或游戏规则。公司采取竞争性行动是为了保护或建立竞争优势或者提高市场地位，采取竞争性反应是为了抵消竞争者的竞争性行动的影响。

战略性行动或战略性反应需要投入大量的组织资源，并且难以成功地执行和改变；相反，战术性行动和战术性反应则只需要投入较少的组织资源，执行和改变起来比较容易。例如，对航空公司而言，进入一个新的主要市场就属于战略性行动或战略性反应，在特定市场上改变票价则属于战术性行动或战术性反应。

竞争者分析是公司预测竞争者行动和反应的第一步。在第 2 章中我们阐述了公司应怎样理解竞争对手，本章则进一步讨论了公司应如何做才能预测竞争对手基于市场的各种行动。因此，应先理解后预测。对市场共性（竞争者共同参与竞争的市场的个数以及它们的重要性）和资源相似性（竞争者的资源在数量和类型上有多大的可比性）的研究可以进一步完善竞争者分析。总体来说，公司间的市场共性和资源相似性的程度越大，竞争对抗就越激烈。

市场共性和资源相似性形成了公司的意识（公司和竞争对手对它们之间的相互依存度的理解程度）、动机（公司进行攻击或反击的动机）和能力（公司用于攻击和反击的资源的质量）。对竞争对手这三个方面特征的了解，有助于公司预测竞争对手的行动和反应。拥有更广泛多点接触的公司较小可能主动发起攻势，但在遭受攻击时更可能进行激烈反击。

除了市场共性、资源相似性、意识、动机和能力外，还有三个特定因素会影响竞争者采取竞争性行动的可能性。第一个因素是先动者的优势。先动者是指首先采取竞争性行动的公司，在竞争者做出成功的反应之前，先动者往往会赢得顾客的忠诚和超额利润。并不是所有的公司都能成为先动者，因为一些公司缺乏采取此类竞争性行动的意识、动机和能力。另外，有些公司更喜欢成为次动者（对先动者的行动做出反应的公司）。原因之一是，次动者尤其是行动迅速的次动者，通常能够成功地与先动者进行竞争。通过评估先动者的产品、顾客对该产品的反应以及其他竞争者对先动者的反应，次动者可以避免先动者所犯的错误，并且可以找到一种能提高先动者的产品或服务为顾客创造的价值的方法。后动者（在先动者行动后很长一段时间才做出反应的公司）的业绩表现一般比较差，竞争力也比较弱。

组织规模往往会降低竞争性行动的多样性，大公司倾向于减少竞争性行动的多样性，小公司则正好相反。然而，鉴于其拥有的丰富资源，大公司在参与竞争对抗时可能会采取更多举措。另一个因素是质量，它是在全球经济中成功竞争的基本决定因素，它是获得平等竞争的先决条件。质量不仅关乎公司产品的品质，还涉及公司管理层的素质。因为那些由能力不足的首席执行官所领导的公司，往往更容易成为竞争对手攻击的靶子。但对于形成竞争优势来说，质量只是必要而非充分条件。

研究公司采取的竞争性行动的类型（战略性或战术性）、行动者的声誉以及竞争者对市场的依存度，有助于公司分析预测竞争者对竞争性行为的反应。如果具有声誉的公司的竞争性行为具有可预测性和可理解性，它又是一个市场领导者，那么竞争者更有可能对这种公司的行动做出反应。一般情况下，公司可以预测到，如果竞争者的收入与盈利高度依赖于一个市场，那么公司在这个市场上采取竞争性行动时，更有可能遭到竞争者的强烈反击；相反，市场多元化的公司则很少对只影响一个市场的特定行为做出反应。

在竞争优势至少可以保持一段时间的慢周期市场上，竞争动态一般包括公司为保护、维持和扩大特有优势而采取的行动和反应。在快周期市场上，由于各个公司集中发展一系列暂时性竞争优势，因此该市场上的竞争近乎白热化。之所以强调这一点，是因为快周期市场中的竞争优势并不是特有的，竞争对手的模仿速度非常快，而且成本比较低。标准周期市场上的竞争介于慢周期市场和快周期市场之间。由于公司有能力获得可适当维持一段时间的竞争优势，因此，公司通常（但不总是能够）在一定程度上免于竞争。标准周期市场上的竞争者为普通大众提供服务，并试图通过发展规模经济来提高盈利能力。在这三类市场上，创新都是成功竞争的关键因素。公司应该认识到，各种类型市场中的竞争者采取的竞争性行动和反应是不同的。

关键术语

竞争性行动（competitive action）
竞争性行为（competitive behavior）
竞争动态（competitive dynamics）
竞争性反应（competitive response）
竞争性对抗（competitive rivalry）
竞争者（competitors）
快周期市场（fast-cycle markets）
先动者（first mover）
后动者（late mover）
市场共性（market commonality）
多元化市场竞争（multimarket competition）
非市场策略（non-market strategies）

质量（quality）
资源相似性（resource similarity）
次动者（second mover）
慢周期市场（slow-cycle markets）
标准周期市场（standard-cycle markets）
战略性行动（strategic action）
战略性反应（strategic response）
战术性行动（tactical action）
战术性反应（tactical response）

复习题

1. 谁是竞争者？应如何对竞争性对抗、竞争性行为和竞争动态进行定义？
2. 什么是市场共性？什么是资源相似性？这些概念如何构成竞争者分析的基础？
3. 意识、动机和能力是如何影响公司的竞争性行动的？
4. 影响公司采取竞争性行动的因素是什么？
5. 哪些因素影响公司对竞争者的行动做出竞争性反应的可能性？
6. 慢周期市场、快周期市场和标准周期市场上的竞争动态分别是什么？

微案例　现有酒店对爱彼迎的不同应对策略

酒店业是新冠疫情大流行中受到冲击最为严重的行业之一。据美国酒店和住宿协会估计，这场大流行导致美国酒店业损失了超过 1 180 亿美元的客房收入。到了 2021 年，在国家疫苗接种计划的推进和消费者信心的复苏下，酒店业开始逐步恢复活力。例如，预计 2022 年美国的客房收入可能达到 1 680 亿美元，恢复至接近 2019 年的水平。尽管如此，预计 2022 年的入住率大约为 63.4%，仍略低于 2019 年的 66.0%。

然而，新冠病毒的新变种仍然带来不确定性，同时行业内的人力短缺问题也持续存在。此外，高通胀率也意味着酒店业即便名义上有所复苏，也可能需要多年才能真正恢复。酒店业还在适应所谓的“混合商务和休闲旅行”的增长趋势，这种旅行方式将商务和休闲元素相结合。“消费者的动机、行为和期望在疫情期间发生了变化，这深刻影响了酒店业的运营模式，以适应越来越多休闲旅行者、混合商务和休闲旅行者、数字游民（digital nomads）等不同顾客群体的需求。因此，技术在酒店成功中将扮演更加关键的角色。”

在这些挑战之上，酒店行业本身的竞争已经非常激烈。在全球范围内，万豪国际（Marriott International）是最大的酒店公司，2021 年的收入达到了 139 亿美元，其次是希尔顿（Hilton）、洲际酒店集团（InterContinental Hotels Group PLC）和凯悦酒店集团（Hyatt Hotels）。这些公司旗下拥有多个不同档次的酒店品牌，例如万豪除了自有品牌，还管理着喜来登（Sheraton）、威斯汀（Westin）、丽思卡尔顿（The Ritz-Carlton）、万丽酒店（Renaissance Hotel）等品牌。这些大型酒店集团不仅管理酒店，还涉及住宅和分时度假物业，参与了多层面的竞争。

除了面对主要竞争对手的激烈竞争、疫情不确定性等挑战外，酒店业还面临着在线住宿分享模式兴起带来的需求流失问题。“住宿行业的一个新兴挑战是在线房间共享商业模式的崛起。爱彼迎（Airbnb）作为这一领域的成功平台，允许人们短期出租住宅，已经对酒店业构成了冲击。”研究显示，每增加 1 000 个爱彼迎房源，酒店的入住率平均可能下降 3.9%，其中低档酒店受到的影响更大。

为了应对爱彼迎等在线住宿平台的冲击，酒店业进行了一项研究。研究发现，不同档次的酒店根据其业务层战略采取了不同的应对措施。低档酒店（成本领先者）通过降低房价和服务标准来应对，而高档酒店（差异化者）则提升价格和服务标准，以在高端住宿市场中重新定位。这些不同的策略反映了公司在面对竞争压力时加强自身战略的倾向。显而易见，在动荡不定且竞争激烈的酒店行业中，保持战略竞争力是一项艰巨的任务。

资料来源：H. -H. Chang & D. D. Sokol，2022，How incumbents respond to competition from innovative disruptors in the sharing economy—the impact of Airbnb on hotel performance，*Strategic Management Journal*，43：425－446；2022，*The Year of the “New” Traveler*，Washington，D. C.，American Hotel & Lodging Association & Accenture；M. Johnston，2021，10 biggest hotel companies and REITs，*Investopedia*，www. investopedia. com，September 10；2021，*Marriott International 2021 Annual Report*，Bethesda，Maryland，Marriott International，Inc.

讨论题

1. 酒店行业的竞争格局是怎样的？企业通常依据哪些因素进行竞争？

2. 在这个行业中，大型传统酒店公司如何利用人工智能或虚拟现实等新技术来增强竞争力？

3. 与在线住宿平台如爱彼迎相比，传统酒店公司具备哪些竞争优势？这些优势能否持续保持？

4. 从竞争对抗的角度分析，你认为万豪或其他大型酒店集团可能会采取哪些额外的战略和/或战术行动，以应对爱彼迎等在线住宿平台的崛起？

注 释

第 6 章

公司层战略

学习目标

1. 定义公司层战略并讨论其目的。
2. 描述采用不同的公司层战略达到的不同层次的多元化。
3. 解释公司多元化的原因。
4. 描述公司是如何通过相关多元化战略创造价值的。
5. 解释非相关多元化战略创造价值的两种途径。
6. 讨论促进多元化的动机和资源。
7. 描述促使管理者过度扩张公司业务的动机。

引例／塔塔集团的公司层战略

1868 年，年仅 29 岁的贾姆谢特吉 · 塔塔（Jamsetji Tata）在印度创立了一家贸易公司。历经一个多世纪的发展和数十次并购，塔塔集团（Tata Group）目前拥有 30 家运营公司，占据印度十大不同商业领域的领导地位。截至 2021 年 3 月，其旗下企业总市值高达 2 420 亿美元，同年收入高达 1 030 亿美元。塔塔集团旗下公司共雇用了 80 多万名员工。Tata Sons 公司是一家私有企业，持有塔塔集团多数公司的股份，尽管如此，每家上市公司均独立运营，并设有自己的董事会。Tata Sons 的董事长也兼任塔塔集团的董事长。

在塔塔集团众多公司中，塔塔咨询服务公司（TCS）以其全球影响力而著称，为众多国际大型企业提供信息技术服务和咨询。21 世纪初，TCS 开始向西方国家提供低成本数据处理服务，加速了信息技术服务外包至印度的趋势。例如，许多客户服务电话现均转接至印度，由受过专业培训的服务代表以较低成本提供服务。

作为全球领先的汽车制造商之一，塔塔汽车公司生产包括汽车、公共汽车、卡车和国防车辆在内的多种交通工具。它不仅拥有塔塔品牌，还拥有捷豹和路虎等著名品牌。在钢铁行业，塔塔钢铁公司以其 3 300 万吨年产能和在数字化运营方面的成功而闻名。以上成绩展现了半个世纪以来塔塔集团在印度经历的所有变化中所体现出的灵活性和对客户的专注。

塔塔化学公司投入大量资源于科学研究上，生产基础和特殊化学品。泰坦公司（Titan）作为塔塔集团的一员，在手表、珠宝和眼镜制造领域处于领先地位。塔塔电力是印度最大的综合电力公司之一，涉足传统和可再生能源领域，包括太阳能屋顶板和电动汽车充电站等应用。塔塔消费品公司生产食品和饮料，如面条、即食餐、茶、咖啡和矿泉水，业务遍及 50 个国家。

尽管塔塔集团的业务领域多样化，但其多元化步伐并未停止。2022 年 1 月，Tata Sons 以 1 800 亿卢比（约合 24 亿美元）的价格完成了对印度航空的收购。印度航空曾是政府拥有并经营的亏损企业，此次收购是印度推动企业私有化的一部分。随着新冠疫情限制的逐步解除，航空业分析师预测印度旅游市场将迎来快速增长，这一市场前景被看作是极具盈利潜力的投资。塔塔家族计划重振印度航空的往日辉煌，打造其成为“世界上最有声望的航空公司之一”。这次收购具有重大意义，因为自 1953 年被印度政府接管以来，印度航空再次回归塔塔旗下。

资料来源：2022，*Tata Group Homepage*，www. tata. com，March 4；P. Gupta，M. Steward，J. Narus，& D. V. R. Seshadri，2021，Pursuing digital marketing and sales transformation in an emerging market：Lessons from India's Tata Steel，*Vikalpa*：*The Journal for Decision Makers*，46（4）：197 − 208；S. Li，2021，India's Tata Sons to buy Air India for $2. 4 billion，*Wall Street Journal*，www. wsj. com，October 8；T. Varadarajan，“Tata” review：From homestead to hegemony，*Wall Street Journal*，www. wsj. com，July 13；2021，Why does Tata Group want Air India back?，*The Economist*，www. economist. com，October 16.

6.1 公司层战略及其宗旨

我们在第 4 章讨论的业务层战略和第 5 章讨论的竞争性对抗与竞争动态，都是着眼于在单一行业或产品市场进行竞争的公司。本章将讨论公司层战略，利用这一战略，公司可以将单一市场的单一业务拓展到多个产品市场中的多个业务领域。**公司层战略**（corporate-level strategy）是指通过选取和管理不同市场上的不同业务来赢得竞争优势的行动。[1] 公司层战略可以帮助公司进行新的有望提高公司价值的战略定位。[2] 正如引例中介绍的，塔塔集团在多个互不相关行业中展开竞争，这一策略被称为非相关多元化。

在深入讨论之前，首先需要明确的是，由于多元化企业涉足两个或更多不同的业务领域，它们会制定两种层面的战略：公司层战略（覆盖全公司范围）和业务层战略（竞争层面）。[3] 与之前给出的定义一致，公司层战略关注的是两个核心问题：企业应在哪些产品市场和业务领域中竞争，以及总部应如何管理这些业务。[4] 对于多元化企业而言，必须为每个已决定参与竞争的业务选择相应的业务层战略（详见第 4 章）。这表明企业在其业务组合中可以同时运行多种类型的业务层战略。

与业务层战略相似，公司层战略预期通过为利益相关者创造价值，帮助企业获得超过平均水平的回报。[5] 然而，有观点认为，真正能够为企业带来额外价值的公司层战略并不多见，这些额外价值超出了各个业务独立运营时可能创造的价值。[6] 换言之，公司层战略的价值最终取决于其管理下的业务组合的表现是否超越了它们独立运营时的表现，这一现象被称为“企业亲缘优势”。[7] 因此，一个有效的公司层战略能够在企业的所有业务中创造出超过无战略情况下的总回报，并有助于增强企业的战略竞争力和持续获得超额回报的能力。[8]

产品多元化是公司层战略的一种主要形式，关注的范围是公司参与竞争的市场和行业。由于成功的多元化可以使公司收入不只是依靠单个业务单元而是不同的业务单元，因此多元化可以减小公司获利的不确定性。[9]多元化可以使公司的投资灵活地转向回报高的市场，而不是“将所有鸡蛋都放在一个篮子里”[10]。然而，多元化企业因所需的额外监督和管理而承担更多成本。举例来说，公司层战略需要公司的管理层来进行资源在各个市场和业务间的分配，同时评估它们的业绩并给予管理者相应的奖励。[11]一个理想的业务组合应当在多元化带来的成本和收益之间找到平衡。

我们将首先讨论多元化战略的层次（从低到高）。在阐述了公司进行业务多元化的各种理由之后，我们专注于两种类型的关系多元化，这是指公司旗下业务因为拥有共同特点，如类似的客户群体、技术或分销渠道而进行的多元化。不管是通过资源共享（相关约束型战略），还是通过在公司的不同业务间传递核心竞争力（相关联系型战略），只要使用得当，这些战略都可以为多元化公司创造价值。然后，考察非相关多元化，这是另一种能为公司创造价值的公司层战略。之后，我们将转向能够引起多元化的动机和资源。多元化的某些动因实际上可能会削弱公司的价值。

6.2 通过公司层战略实现多元化的层次

根据多元化的层次和各业务间的关联程度，多元化公司可以划分为不同的类型。根据多元化层次的不断提高，图 6－1 中列举和定义了五类业务。单一业务和主导业务意味着非多元化或相当低层次的多元化，较高层次的多元化分为相关多元化和非相关多元化两类。当业务之间存在联系时，公司的多元化就是相关的。例如，公司旗下的两个或更多业务可能会共享产品市场（商品或服务）、技术（专有技术）或分销渠道。业务之间的联系越多，多元化水平的“限制”就越多。“非相关”则是指不同业务间没有直接的联系。

低层次多元化

低层次多元化公司运用的是单一业务型或主导业务型多元化战略。单一业务型多元化战略（single-business diversification strategy）是指使公司销售收入的 95% 以上来自核心业务领域的公司层战略。[12]例如，总部位于美国路易斯安那州艾弗里岛的 Tabasco 品牌生产商麦基埃尼公司（McIlhenny Company），七代人一直保持聚焦于家族的辣酱产品。

历史上，麦基埃尼公司一直秉承单一业务模式，以其有限的产品种类在全球市场上广泛布局。Tabasco 品牌的辣酱以 36 种语言和方言进行标注，其产品远销至 195 个国家和地区，不仅成为士兵配给的一部分，也普遍出现在全球各地餐厅的餐桌上。[13]尽管该公司已开始与其他企业合作，将 Tabasco 风味融入到各类食品中，例如果冻豆糖果或饼

低层次多元化		
单一业务型	95%以上的收入来自某个单一业务	
主导业务型	70%～95%的收入来自某个单一业务	
中高层次多元化		
相关约束型	来自主导业务的收入低于70%，且所有业务共享产品、技术和分销渠道	
相关联系型（混合相关和非相关）	来自主导业务的收入低于70%，且各业务之间存在有限的联系	
极高层次多元化		
非相关	来自主导业务的收入低于70%，且各业务间不存在联系	

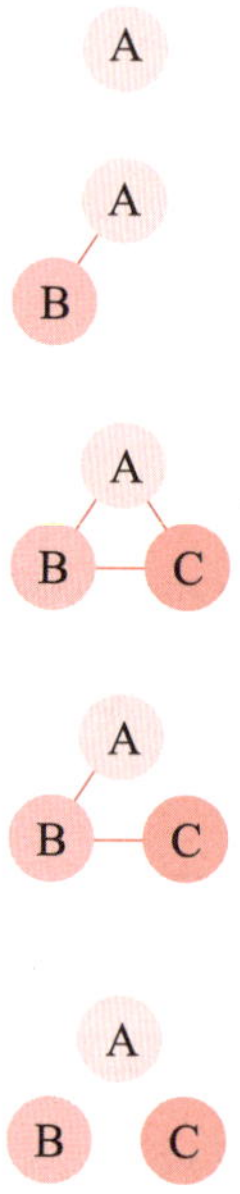

图6-1　多元化的层次及类型

资料来源：Adapted from R. P. Rumelt，1974，*Strategy*，*Structure and Economic Performance*，Boston：Harvard Business School.

干，但它依然被看作一家单一业务的公司。

主导业务型多元化战略（dominant-business diversification strategy）是指使公司总收入的70%～95%来自单一业务领域的公司层战略。最大的包裹递送公司UPS采用的就是这种战略。最近，该公司82%的收入来自美国及国际包裹投递业务，18%的收入来自非包裹业务。[14]在UPS众多非包裹业务中，医疗保健物流是一个被认为具有巨大增长潜力的领域。尽管这一业务在报表中作为独立业务呈现，但UPS并未偏离其核心业务范畴，依然能够利用其在运输管理上的核心专长。

那些聚焦于一个或少数几个业务的公司可以获得较好的回报，因为它们只发展与这些市场以及产品和服务相关的能力，为顾客提供更高水平的服务。另外，管理一个或少数几个业务的难度也不是很大，这使得公司可以实现规模经济，从而更高效地利用资源。[15]家族所有和控制的业务往往较少多元化，例如麦基埃尼公司的Tabasco辣酱业务。它们更倾向于聚焦战略，因为家族的声誉与所从事的业务有着非常密切的联系。因此，它们可能更倾向于将利润以股息的形式分配给股东，而不是将其再投资于新的多元化业务领域。[16]

因此，主导业务型多元化战略相较于接下来将讨论的相关约束型战略，体现了较低程度的多元化。

中高层次多元化

相关多元化战略是指公司超过30%的收入来自主导业务之外的业务，并且这些业务之间通过一定的方式相互联系起来。当多元化公司的业务之间的联系比较直接时，意味着它们采用了相似的采购、生产和出厂过程，这就是一种相关约束型多元化战略（related constrained diversification strategy）。卡特彼勒（Caterpillar）、宝洁、默克（Merck & Co.）采用的都是这种战略。在下面的战略聚焦中被重点介绍的金宝汤公司同样采取了这一战略。在相关约束型战略下，公司的各种业务共享资源和活动。

正如战略聚焦所指出的，金宝汤公司的各个业务领域之间具有高度的相关性。由于投入、分销渠道、技术以及客户群体的相似性，金宝汤得以实现运营效率的提升和增长潜力的扩大。金宝汤所采用的产品多样化战略是一种行业内多元化的表现形式，这种战略有助于推动公司业绩的提高。[17]

战略聚焦 金宝汤公司及其相关约束型多元化战略

金宝汤公司（Campbell Soup）在两个业务板块进行运营，且任一板块的销售额均未超过70%。由于公司各业务在产品技术与分销渠道上具有共通性，金宝汤的公司层战略被归为相关约束型多元化。其餐食与饮料板块（占销售额的 54%）涵盖了“美国和加拿大的零售及餐饮业务”，零食板块（占销售额的 46%）则包括“美国、加拿大、拉丁美洲以及近期的欧洲市场的饼干、新鲜烘焙和冷冻产品”。在餐食与饮料板块中，汤品的销售额占比超过一半。

在 2021 年年报中，金宝汤的总裁兼首席执行官马克 · 克劳斯（Mark Clouse）如此描述公司的业务组合：“金宝汤品牌在北美的日常生活中扮演着重要角色。从 Pepperidge Farm 品牌的面包开始的早餐，到午餐时孩子们喜爱的 Goldfish 饼干，以及经典的烤奶酪三明治搭配番茄汤，金宝汤的浓缩汤料、Swanson 及 Pacific Foods 品牌的肉汤是家庭晚餐的常见食材。在观看球赛时，朋友们常享用 Kettle Brand 薯片或 Snyder’s of Hanover 的椒盐脆饼。在少年棒球联盟的休息区，孩子们偏爱 Lance 饼干，而妈妈们则享受 Milano 饼干。显然，我们的产品组合独特且多元化，包含了众多深受消费者喜爱的标志性国民品牌。”

产品间的这种相关性为资源共享和能力共享提供了丰富的机会。在餐食与饮料业务中积累的市场知识有助于推广零食业务的产品。分销知识和渠道可以跨部门共享。金宝汤在预包装食品科学方面的核心能力适用于两个部门。此外，公司在管理标志性品牌方面也积累了独到的见解，这是另一个可在零食或餐食与饮料业务中运用的核心能力。

为了实现增长，提高效率，同时适应消费者食品市场的变化，金宝汤正积极调整其产品组合。例如，在 2018 年公司收购了俄勒冈州的 Pacific Foods 和 Snyder’s-Lance。2019 年，金宝汤出售了冷藏汤业务、园味鲜厨（Garden Fresh Gourmet）业务和博尔豪斯农场（Bolthouse Farms）。为了更加聚焦核心的美国市场，公司还出售了在澳大利亚、亚太地区和欧洲的部分业务。2021 年，金宝汤出售了 Plum 婴儿食品和零食业务。

为了更好地利用两个业务部门间的协同效应，金宝汤有时会将某些产品从一个部门转移到另一个部门。例如，自 2022 年起，零食部门的餐饮服务和加拿大业务将由餐食与饮料部门管理。公司还在根据消费者的偏好进行调整，例如，从所有浓缩汤中去除高果糖玉米糖浆，强调产品在应对通货膨胀时的性价比，并承诺到 2030 年实现所有包装材料的可回收。尽管 2022 年的高通胀、劳动力短缺和供应链问题给销售带来了压力，但金宝汤对劳动力市场的改善持乐观态度，并期望通过提价来缓解通胀带来的影响。

资料来源：F. Fontana，2022，Campell Soup Co.，*Wall Street Journal*，www. wsj. com，March 11；2021，A. Back，Campbell is getting warmer，*Wall Street Journal*，www. wsj. com，December 14；2021，*Campbell's 2021 Annual Report*；2021，Company Profile：Campbell Soup Company，*Marketline*，November 12；S. Harvey，2019，Campbell Soup completes fresh division disposal with Bolthouse Farms sale to Butterfly Equity，*Just Food*，www. just-food. com，April 15.

对于业务组合中各业务之间联系较少的多元化公司，它们采取一种介于相关多元化和非相关多元化之间的战略，这种公司层战略被称作相关联系型多元化战略（参见图 6－1）。以通用电气为例，它的产品从灯泡跨越到飞机引擎，多年来它一直运用相关联系型多元化战略。与采用相关约束型战略的公司不同，通用电气在各业务单元间共享的资源和资产较少，而是更注重在它们之间传递知识和核心能力。通用电气曾由四个战略业务单元构成，每个单元内部聚集了相关联的业务，而这些单元之间联系不多，但单元内的子公司或部门间有许多联系。

近几年，通用电气面临重大挑战，其石油和天然气服务、电力设备业务都出现问题。通用电气的金融服务业务也经历了显著的收入下降，并最终出售了相关资产。到了 2021 年底，通用电气宣布将拆分为三家独立公司，分别专注于医疗保健、航空以及电力和可再生能源。[18]这种拆分之所以可行，是因为通用电气的相关联系型多元化战略实际上已经在单一企业内部形成了三个业务实体。

如果一个高度多元化公司内部的业务之间没有任何战略上的联系，那么该公司采取的是非相关多元化战略（unrelated diversification strategy）。除了塔塔公司，联合技术公司（United Technologies Corporation）、德事隆集团（Textron）、三星采取的都是这种战略。采用这种战略的公司通常称为综合型公司（conglomerates）。[19]纽威品牌公司（Newell Brands Inc.）的一些客户业务之间是没有联系的。它的旗下有 100 多个品牌，包括 Rubbermaid 家居用品、Coleman 露营设备、Yankee Candle 香薰蜡烛、First Alert 火灾报警器、Elmer's 胶水以及 Nuk 婴儿安抚奶嘴。[20]纽威品牌公司在执行非相关多元化战略方面遇到了难题，近年来一直致力于满足投资者的期望并赢得分析师的好评。[21]不过，在经历了多年的增长乏力和收益不佳之后，公司通过一项重视创新的重大转型战略取得了一定的进展。纽威荣登《财富》杂志 2022 年全球最受赞赏公司榜单，位列第 224 名。[22]

凯雷集团（Carlyle Group）、黑石集团（Blackstone）和 KKR & Co. 等私募股权公司采取了另一种非相关多元化战略。[23]这些公司从机构投资者（例如养老基金）和高净值个人那里募集了大量投资资本，用以收购公司的股权。这些大型私募股权公司通常持有的公司组合在业务上彼此很少有关联。

6.3 多元化的原因

公司采用多元化公司层战略的原因有很多（见表 6－1）。多元化战略的主要目标是提升公司整体业绩表现，从而增加公司的价值。[24]公司层战略的主要目标在于辅助公司更好地实施业务层战略，这可以通过提升收入或降低业务单元成本来实现，从而创造价值。[25]实现此目标的方法之一是跨业务单元共享有形资源（如原材料、分销渠道、生产设施）或无形资源（如知识、技术、专利），以实现协同效应。当业务单元合作所创造的价值超过各自独立运作时，就产生了**协同效应**（synergy）。[26]这种协同效应源自**范围经济**（economies of scope），即通过成功共享资源和能力，或将公司层面的一个核心能力从一个业务转移到另一个业务，带来成本节约。[27]

表6-1 多元化的原因

创造价值的多元化： • 范围经济（相关多元化） ——行为共享 ——传递核心竞争力 • 市场影响力（相关多元化） ——通过多点竞争阻止竞争对手进入 ——纵向一体化 • 财务经济（非相关多元化） ——有效的内部资本配置 ——资产重组	价值中性的多元化： • 反垄断法 • 税法 • 业绩不佳 • 未来现金流的不确定性 • 降低风险 • 有形资源 • 无形资源 降低价值的多元化： • 分散管理者的就业风险 • 增加管理者的报酬

企业可以通过多元化来增强市场力量，方法是将成本降低至主要竞争对手的水平以下，或提高公司收取高于竞争对手价格的能力。此外，公司可能通过后向垂直整合，即自行生产之前从外部公司采购的投入品，来增强市场力量。同样，公司也可以通过前向垂直整合，成为自身产品或服务的客户，来增加市场力量。

公司通过多元化战略，将资本和资源配置给最需要维持竞争力的业务单元，或配置给表现最优的业务单元，从而提升投资回报，增加公司价值。[28]这种通过资本配置实现的效率属于财务经济的范畴。公司还可能通过调整业务组合来创造更多价值，比如增加新的业务或剥离表现不佳的业务。我们在战略聚焦中看到，金宝汤公司近期收购了俄勒冈州的 Pacific Foods 和 Snyder's-Lance，随后又出售了其冷藏汤业务、园味鲜厨业务和博尔豪斯农场。

采用多元化战略的其他原因可能与增加公司价值毫无关系。公司可能是在适应外部环境的变动，如反垄断法、税法变更，或是在应对低绩效、处理现金流不稳定等问题。我们将这类原因称为价值中性的多元化动因。还有一些原因可能会导致公司价值降低，比如为了减少管理者的就业风险而扩展业务组合，这可能会对公司价值产生负面影响。这里提到的管理者风险指的是失业风险。[29]此外，由于大型公司的首席执行官往往获得更高的薪酬，他们可能会为了提升个人福利而推动公司进行更高程度的多元化。

接下来，我们将更详细地探讨公司实施多元化的原因，包括创造价值的多元化、价值中性的多元化以及可能降低价值的多元化。

6.4　创造价值的多元化：相关约束型多元化和相关联系型多元化

实施相关多元化公司层战略（相关约束型或相关联系型）的公司，可以通过增强和扩展其资源和能力为顾客创造价值，从而获得竞争优势。[30]这些公司希望能发展和提高各业务的规模效应。[31]实际上，即使是非营利组织也会发现，谨慎规划和实施相关多元化能够创造价值。[32]

多元化公司的业务之间存在两种形式的相关性：经营层面的相关性和公司层面的相关性，这两种相关性均能够促成创造价值（详见图 6－2）。[33]图 6－2 的垂直轴展示了公司经营活动中共享资源的可能性，这被称为**经营层面的相关性**（operational relatedness）；水平轴则展示了在不同业务单元间传递公司核心竞争力的机会，称为**公司层面的相关性**（corporate relatedness）。那些在经营协同管理上拥有强大能力，特别是在业务间共享资源的公司，位于图的左上象限，这也代表了通过垂直整合实现资产的垂直共享。右下象限则代表了公司在跨业务转移一个或多个核心能力方面的高级能力，这种能力主要集中于公司总部。图 6－2 的左下象限展示了非相关多元化的情况。对于那些采取非相关多元化战略的公司而言，财务经济效应是其价值创造的来源，而非经营或公司层面的相关性。本节将重点讨论经营相关性和公司层面的相关性，而财务经济效应将在讨论非相关多元化时进行阐述。

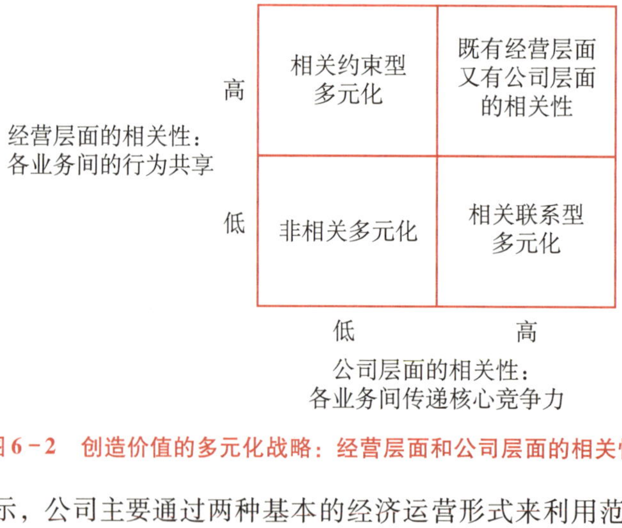

图 6－2　创造价值的多元化战略：经营层面和公司层面的相关性

如图 6－2 所示，公司主要通过两种基本的经济运营形式来利用范围经济创造价值，即行为共享（经营层面的相关性）和传递核心竞争力（公司层面的相关性）。[34]这两种方式的区别在于如何整合分散的资源来实现范围经济。为了实现有形资源的范围经济，需要将厂房、设备或其他资产进行共享，一些无形资源（如生产知识、技术能力等）也可以进行共享。然而，这种不依赖实物或有形资源而在各活动间进行的知识传递，其中包含了公司层核心竞争力的传递，不属于经营层面的活动共享。[35]

经营层面的相关性：行为共享

公司可以通过主要的价值链活动（如物流系统）和辅助职能（如采购活动）（见第 3 章价值链部分）来创建经营层面的相关性。实施相关约束型多元化战略的公司进行行为共享的目的就在于为利益者相关创造价值。宝洁公司作为一家消费品企业，在其个人护理产品系列中应用了公司层战略，这包括旗下的吉列剃须刀和博朗个人护理产品。[36] 卡特彼勒的各项业务共享了营销活动，因为它所有的设备都销售给建筑和采矿行业的一些公司。[37]

企业必须拥有成功实施资源共享所需的资源类型和能力水平。[38] 有形资源可以在生产、营销、采购和技术方面创造资源间的相互关联。一种有形资源是生产产品所必需的厂房和设备，然而，这种有形资源通常比其他类型资源的灵活性要低，因为一般来说，只有当产品密切相关时，特别是那些需要高度相似制造技术的产品，厂房和设备才能共享。

其他有形资源的过剩产能，如销售团队，可以更容易地用于多样化业务。与相关多元化相比，销售团队的过剩产能可以利用，因为它可以用来在相似的市场中销售产品（例如，相同的客户）。在这种情况下，销售团队对相关产品特性、客户和分销渠道都有所了解。[39] 有趣的是，以吸尘器闻名的戴森公司（Dyson），也销售高端的护发设备。实际上，该公司开发了一种新的护发设备——戴森 Airwrap 多功能造型器，该产品可以同时吹干、造型和拉直头发，同时使用的热度比竞争性护发产品要少。尽管价格昂贵（599 美元），但该产品经常售罄。[40] 吸尘器通常在销售这类护发产品的同一零售商处销售（例如，塔吉特、沃尔玛以及传统百货商店），有关客户的基础知识可以帮助营销产品——愿意为高端吸尘器支付更多钱的消费者可能也更愿意为先进的护发造型设备支付更多钱。

行为共享也是有风险的，因为不同业务之间的这种关系会影响到最终的产出。例如，如果市场上对其中一种业务产品的需求下降，公司就无法获得足够的收入来弥补运营共享设备所需的成本。此外，如果相关业务因为共享同一市场或同一细分市场而紧密相连，并且该市场出现下滑，那么整个组织都将受到影响。这类组织上的困难可能会降低行为共享的成功率。另外，行为共享还需要在业务间进行仔细的协调（进一步的讨论请见第 11 章）。[41]

尽管业务间的行为共享是有风险的，但研究显示，它仍然可以创造价值。例如，对银行业和软件业等行业的并购（横向并购）的研究发现，并购后的活动和资源的共享可以形成范围经济，提高公司业绩。[42] 其他一些研究还发现，业务相关性越高的公司面临的风险越小。[43] 这一研究结果表明，通过业务间的行为共享来实现范围经济，对降低风险和提高价值有非常重要的作用。如果强大的公司总部也积极促进行为共享，公司将会获得更诱人的结果。[44]

公司层面的相关性：传递核心竞争力

一直以来，公司的无形资源（如知识）都是核心竞争力的基础。**公司层核心竞争力**

（corporate-level core competencies）是与不同业务相关联的资源和能力的综合，主要包括管理和技术知识、经验和专门技术。[45] 无形资源在促进多元化方面比有形实物资产更为灵活。这种多元化方法对于像贝恩战略咨询公司（Bain Strategy Consulting）这样的专业服务公司来说并不陌生，贝恩合伙人（所有者）因对咨询业务的支持还创立了私募股权基金贝恩资本（Bain Capital）。[46]

相关联系型多元化战略至少可以通过两种途径帮助公司创造价值。首先，由于公司已经在一项业务的核心竞争力的塑造中支付了大量的费用，因此，将这一竞争力传递给第二项业务可以避免再消耗大量资源。这种转移是一种协同效应的体现，因为两个相关业务属于同一家公司，从而实现了成本节约。例如，研究表明，在公司层面集中研究与开发活动可以促进公司内部发明者之间的更多合作，并产生出利用更广泛技术的创新。[47]

其次，无形资源是公司层面的相关性创造价值的另一个来源。要记住，根据资源基础观（参见第 1 章和第 3 章），由于无形资源难以被竞争对手模仿，它们可以成为可持续竞争优势的有效来源，从而带来高于平均水平的回报。[48] 因此，那些接收公司层面能力的运营单位可以立即获得对其竞争对手的竞争优势。[49]

许多公司都成功实现了一种或多种公司层核心竞争力在业务之间的传递。维珍集团有限公司（Virgin Group Ltd.）将其营销核心能力和相关品牌转移到五大洲的五个业务领域的 40 多家公司中。维珍集团全资拥有或有投资的企业包括航空公司、音乐产业、健身俱乐部、酒店、娱乐、移动电话、太空旅行以及其他多种业务。[50] 本田公司已在其生产摩托车、割草机、飞机以及汽车和卡车等产品的业务中发展并转移了其在引擎设计和制造方面的能力。目前，本田正在向电动引擎转型，目标是在 2050 年实现碳中和。[51]

管理者进行公司层核心竞争力传递的一种有效方法是，将核心人员调整到新的管理岗位上。[52] 然而，原有业务的管理者可能并不愿意调走这些经验丰富、关系到业务成败的关键人员，而且管理者需要为核心竞争力的传递支付额外的费用，否则这些关键人员可能也不愿意调动。此外，从转移能力的业务部门来的高层管理者可能会对将能力转移给新业务持抵触态度。[53] 研究表明，高层管理团队会影响知识和技能传递能否成功。[54]

市场影响力

实施相关多元化战略的公司如果能成功地利用相关约束型或相关联系型战略，它就可以获得市场影响力。公司如果能提供高于竞争对手水平的产品或服务，或者其主要活动和辅助活动的成本比竞争对手低，该公司就具有**市场影响力**（market power）。[55] 在 2015 年，西班牙的一家私募公司 3G 资本（3G Capital Partners LP）收购了亨氏食品，近来 3G 资本也在与卡夫食品接洽，以收购这家公司。这次交易得到了沃伦·巴菲特（Warren Buffet）的伯克希尔·哈撒韦公司（Berkshire Hathaway）的支持，巴菲特联手 3G 资本以 230 亿美元的价格收购了亨氏食品颇具规模的番茄酱和速冻食品品牌业务。为了建立市场影响力，在另一场相似的交易中，3G 资本通过持股快餐汉堡王在 2014 年以 125

亿美元完成了对 Tim Hortons 公司（加拿大的一家咖啡和甜甜圈快餐厅）的收购。巴菲特在该场交易中提供了1 100 万美元的财务资助。显然，这些交易帮助公司在品牌消费者食品和快餐行业中建立了市场影响力。[56] 这些公司可以通过更大规模的运营和联合营销来降低成本。

除了通过争夺市场份额来提高市场影响力，公司还可以通过多点竞争来提高市场影响力。多点竞争（multipoint competition）是指两个或两个以上的多元化公司在同一产品市场或地理区域市场同时展开竞争。[57] 竞争公司通常会在多点竞争中受到多元化的压力，因为在它们的主导行业细分市场中，其他公司会通过收购在另一个不同的细分市场中展开竞争。UPS 和联邦快递在次日送达和地面运输两个市场上采取的行动就是多点竞争的例子。UPS 进入了联邦快递的核心业务领域，即次日送达业务；联邦快递也购买了卡车和地面运输工具，进入 UPS 的核心业务领域，即地面运输业务。

与此相似，零食生产商 J. M. Smucker 公司最近收购了 Big Heart Pet Brands，后者专门提供如 Milk-Bone 狗食饼干、狗小食、狗咬胶等产品，年营业收入超过 22 亿美元。2014 年，J. M. Smucker 公司的竞争对手玛氏收购了宝洁公司的宠物食品这一重要部门。显然，J. M. Smucker 公司通过宠物食品的多元化保持与玛氏相对的市场规模和跨行业地位。2018 年，在这些收购之后，通用磨坊宣布其有意以约 80 亿美元的价格收购蓝水牛宠物用品公司（Blue Buffalo Pet Products），以“在快速扩张的天然宠物食品市场分一杯羹”[58]。

纵向一体化

另一些公司则通过纵向一体化的相关多元化战略来获得市场影响力。**纵向一体化**（vertical integration）是指一家公司自己生产原材料（后向一体化）或拥有自己的分销渠道（前向一体化）。例如，苹果现在几乎设计了其产品中使用的所有芯片，这使得苹果比使用其他公司设计的芯片拥有“更多的控制权和更高的利润率”[59]。在一些情况下，公司会通过自有业务和外部资源来整合部分经营活动，以生产和销售产品。[60]

通过采用纵向一体化战略，公司在节省运营费用、避免采购和市场成本、改善产品质量、避免技术被竞争对手模仿，以及开发在市场中的潜在能力等方面，获得了市场影响力。[61] 相对于各业务之间独立的公司而言，纵向一体化的公司能够更好地改善产品的质量，以及改进或创造新的技术，因为它们能够获得更多互补性的信息和知识。[62] 如果公司的生产性资产之间有很密切的关系，由于不存在市场价格，这可以为公司带来市场影响力。由于为产品定价会产生高昂的调查和交易成本，公司更愿意进行纵向一体化而不是保持各业务独立。[63]

纵向一体化也存在一定的限制。例如，外部供应商的生产成本可能会更低，纵向一体化的内部交易会更贵，反而降低了公司的盈利能力。[64] 纵向一体化还可能产生官僚成本。[65] 同时，由于纵向一体化需要在特定技术上进行大量投资，这会降低公司的灵活性，尤其是在技术快速变化时。[66] 最后，需求的变化可能会导致能力的平衡和协调问题。如果公司的某个业务是为了公司内部的另一个业务而新建的，达到规模经济的首要条件是大规模的产量，如果该业务的产量超出了公司内部的购买能力和吸收能力，就需要将这些多余的产品进行外销，或者是销售给公司内部的其他业务部门。因此，尽管纵向一体化可以创造价值，尤其是通过超出竞争对手的影响力来创造价值，但它并不是无风险和无成本的。[67]

经营层面的相关性和公司层面的相关性同时运营

如图 6－2 所示，有些公司同时利用经营层面和公司层面的相关性来实现范围经济。通过行为共享（经营层面的相关性）和核心竞争力的传递（公司层面的相关性）来实现范围经济，这对竞争对手来说是难以理解和模仿的。然而，如果管理成本，包括实现这两种相关性的成本，超过创造的效益，那么追求这种类型的策略将导致业绩下降。[68]

亚马逊使用相关多元化战略，就是同时利用经营层面和公司层面的相关性来实现范围经济。这一点可以从其如何将对消费者深刻的认识整合到各类零售业务、媒体业务以及云服务和物流运输中得到说明。亚马逊主要通过其线上零售门户网站实施相关商业战略。例如，亚马逊正通过其在云计算、仓储和配送物流方面的规模经济获取价值。通过收购全食超市，亚马逊现在拥有了实体店面，从而可以在食品杂货业实现其线上能力。[69]

另外，迪士尼公司也采用相关多元化战略。该公司在媒体网络、主题公园和度假村、影视娱乐、消费品以及互动媒体领域拥有各自独立但又相互关联的业务。例如，迪士尼通过共享不同电影发行公司的行动，如漫威公司、试金石电影公司、好莱坞电影公司和帝门影业公司，来实现迪士尼影视娱乐业务的范围经济。迪士尼依靠对顾客的广泛和深入的了解，来发展广告和营销方面的公司层核心竞争力。拥有这些竞争力后，迪士尼就可以通过公园和度假村以及消费者产品业务，来交叉销售电影衍生产品，进而使该公司通过公司层面的相关性来实现范围经济。因此，电影中塑造的人物成了迪士尼专卖店（消费者产品业务的一部分）销售的产品的主要特征。另外，电影的主题也成了迪士尼主题公园新游戏的来源，这也是公园和度假村业务的一部分，同时它还衍生出服饰以及其他零售产品。

为了进一步发挥其核心竞争力，迪士尼宣布将在全美开发住宅社区。其中一个名为 Cotino 的社区将位于加利福尼亚州的兰乔米拉日（Rancho Mirage）。该社区将设有一个占地 24 英亩的潟湖、各种水上娱乐活动，并全年提供迪士尼的节目。Cotino 还将拥有一家海滨酒店，以及购物和餐饮设施。[70]

尽管迪士尼通过行为共享和传递核心竞争力实现范围经济，成功地运用相关多元化作为公司层战略，但投资者可能难以识别企业在共享行为和传递核心竞争力时创造的价值。因此，采用多元化战略创造范围经济的企业资产的价值常常被投资者低估。[71] 一个显著的例外是战略聚焦中提到的 Fanatics。随着它不断扩展相关业务，Fanatics 一直能够吸引主

战略聚焦　Fanatics 构建了一系列相关业务组合

要投资者。

6.5　通过非相关多元化创造价值

公司在实施非相关多元化公司层战略时，既不追求经营层面的相关性，也不追求公司层面的相关性。例如，本章开头提到的塔塔集团，像一个控股公司一样运营着多种多样的非相关业务（汽车、航空公司、咨询、化工、酒店、通信）。[72]非相关多元化战略（见图 6－2）可以通过两种财务经济的实现方式来创造价值。财务经济（financial economies）是指以公司内外部投资为基础，通过优化配置财务资源来实现成本的节约。[73]

研究表明有效的内部资本配置是实现财务经济的第一种方式[74]，它可以降低公司业务的风险，例如，可以通过发展风险各异的业务组合来降低整个公司的风险。[75]实现财务经济的第二种方式是资产重组。比如，某多元化公司购买另一家公司，然后将其重组来提高盈利能力，再通过在外部市场上出售该公司来获利。[76]接下来，我们将详细讨论这两种实现财务经济的方式。

有效的内部资本配置

在市场经济环境中，资本市场被认为可以有效地对资本进行配置。由于投资者对于权益（所有权）的未来现金流价值的预期较高，因此，资本市场可以实现资本配置的有效性。资本配置还可以通过债券来实现，因为股票持有人和债权人都试图通过购买预期收益高的债券来增加其投资的价值。

在大型多元化公司中，公司总部向其下属业务而不是外部市场分配资本。公司总部的管理者通常能够获得关于公司投资组合中每个业务的实际和潜在表现的更详细、更准确的信息，而资本市场（即股票市场）的投资者对该类信息的了解则相对有限。与公司办公室人员相比，外部投资者对内部信息的获取相对有限，只能估计各个业务的表现及其未来前景。因此，相比外部投资者而言，如果公司的业务作为独立实体运营，拥有自己的股东和债权人，公司投资组合管理者可以更好地决定如何分配资本给这些业务。资本可以以比外部市场分配更具体的标准进行分配。[77]研究还表明，在金融危机期间，多元化可以改善公司业绩，因为外部资本市场成本高昂，内部资本配置变得更加重要。[78]

有人可能会认为，上市公司需要向监管机构、银行和保险公司提供有关其运营和战略的详细信息，这些信息的大部分也提供给投资者。虽然寻求资本的企业必须向潜在投资者提供信息，但拥有内部资本市场的公司至少拥有两个信息优势。首先，通过年报和其他渠道向资本市场提供的信息强调了积极的前景和结果。投资者和金融家对大型组织内部运营动态的理解有限。他们不太可能获得完整的信息披露。[79]其次，当一个独立公司发布信息时，该信息会同时对其当前和潜在竞争对手开放。竞争对手可能尝试通过研究这些信息来模仿公司创造价值的战略。因此，通过内部市场有效配置资本，同时保留更多隐私的信息，有助于公司保护其发展中的竞争优势。

除了在多元化公司多个业务单元之间分配资本所带来的信息优势外，公司管理者在纠正降低业务单元创造价值能力的情况方面也具有优势。也就是说，因为公司拥有业务单元，或至少拥有业务单元的控股权益，更换管理者或要求表现不佳的业务单元进行战略调整相对容易。从公司外部策划这种变革要困难得多。外部方面可能试图通过迫使公司破产或更换管理团队来实现变革。通常这些变革是通过公司的董事会进行的，往往是由于激进投资者（即在公司中持有大量股份的投资者）的推动。但这比在内部资本市场中，公司总部微调纠正措施要困难得多，例如调整业务单元管理者激励措施，鼓励战略变革，或改变分配给公司业务的资源量。[80]

尽管与非相关多元化战略相关的资本配置存在优势，但也面临一些挑战。当公司办公室尝试对其投资组合中的业务单元进行微观管理时，会出现的最大问题之一是[81]：如果公司在其投资组合中拥有许多不相关的业务，就不可能期望公司层面的管理者理解每个业务的细微差别。如果公司试图在多个业务中实现标准化实践或政策，这些行为不太可能创造更多价值，因为每个业务都受到自己的环境和竞争影响，并拥有自己独特的客户和主导技术。使用非相关多元化战略的另一个问题是，竞争对手更容易模仿财务经济效应，而不像通过经营层面的相关性和公司层面的相关性所获得的范围经济那样难以复制。

这些挑战在发达经济体中特别突出。然而，在新兴经济体中，非相关多元化的优势超过了这些问题，因为在发达经济体中发现的一些要素在新兴经济体中是缺失的。这些要素包括有效的金融中介、健全的监管以及发达并得到执行的合同法律。在这些情况下，与非相关多元化战略相关的内部资本市场是外部市场的有效替代品。事实上，研究表明，在印度、智利等新兴经济体中，多元化可以改善大型多元化企业集团的下属公司的经营业绩，比如印度的塔塔集团。[82]

资产重组

当公司学会如何通过收购、重组以及在外部市场上出售重组公司的资产来创造价值时，就可以创造财务经济。[83]如同房地产业务一样，公司可以低价购买资产，然后对其进行重组，再以高于成本的价格卖出，从而为公司带来积极的资本投资回报。这也是私募股权公司所采取的战略，通常在四五年内完成收购、重组，然后出售。[84]

公司实施非相关多元化战略的主要目的是，通过收购和重组其他公司的资产来创造财务经济。一些公司会无限期地保留它们获得的大部分资产，并利用重组获得的利润来资助其他收购。例如，丹纳赫公司（Danaher Corp.）的成功要求它必须聚焦于成熟的制造业，因为对高技术产品的需求具有很大的不确定性。自1984年以来，丹纳赫收购了数百家企业，并应用丹纳赫业务管理系统，通过在重组期间寻找具有“长期增长驱动因素和整合机会”的公司，来降低成本并创造一个精简型的组织。[85]丹纳赫侧重于高技术含量的企业，因为这些企业的资源配置决策相当复杂，对于总部通常比较小的非相关多元化公司来说，这一信息处理过程已经超出了它们的承受能力。另外，高技术和服务业务对人力资源的依赖程度通常比较高，人才的离职或者更高的报酬要求，都有可能导致被收购公司的价值损失。[86]

收购、重组基于服务的资产，然后向外部市场出售这些资产从而获利，这同样是一件非常困难的事。因此，对于高技术公司和基于服务的公司来说，只有很少的有形资源可以被重组以创造价值和获利。对于人力资本以及购买者（顾客）和销售者（公司员工）之间形成的高效关系等无形资源的重组，是一项很难完成的工作。

有时，非相关多元化公司会对企业进行大量投资，以便影响其管理层，但它们不参与任何直接的重组活动。理想的情况是，高层管理者们会在价格较低时，例如在经济衰退期购买业务，并在扩张的后期出售它们。伯克希尔·哈撒韦公司完全拥有几家公司，同时也持有许多其他公司的大量股份，公司在投资富国银行（Wells Fargo）时就采用了这种方法。伯克希尔·哈撒韦公司在低迷时期增加了对富国银行的投资，并在股价显著提高后出售了其头寸。然而，该策略也颇具风险。尽管伯克希尔·哈撒韦公司很可能在2020 年出售股票时赚了钱，但富国银行此后表现出色，其股票也大幅上涨。一位分析师估计，伯克希尔·哈撒韦公司“少赚了约 150 亿美元”[87]。当考虑到其首席执行官沃伦·巴菲特有着卓越的成功纪录，而伯克希尔·哈撒韦公司在 2022 年底的市值超过 6 700 亿美元，这并不是一个巨大的数字。

6.6 激励驱动价值中性的多元化

公司采用相关多元化和非相关多元化战略的潜在目的是帮助公司利用公司层战略创造价值。然而，像单一业务型和主导业务型多元化战略一样，这些战略存在价值的不确定性，并非一定能创造价值。基本上，公司的资源质量和数量可能只允许进行价值中性而非价值创造的多元化。多元化的动机来自公司外部环境和内部环境。外部动机包括反垄断法和税法。内部动机包括公司业绩不佳、未来现金流的不确定性和降低风险。

反垄断法

20 世纪六七十年代，政府反垄断法和税法的颁布促使美国的公司纷纷实行多元化。[88]当时，美国反垄断法严格禁止为提高市场影响力而进行的合并行为。《塞勒-凯弗维尔反兼并法》（Celler-Kefauver Antimerger Act）（1950 年）主要鼓励能形成集团多元化的合并活动，既不支持同一市场中的公司之间进行并购，也不鼓励与垂直整合相关的并购。因此，这一时期的合并行为都以企业集团为特征，包括经营多项业务的公司。1973—1977 年 79.1% 的合并是企业集团的行为。[89]

20 世纪 80 年代，反垄断法的实施力度有所减弱，从而导致同行业公司之间的并购活动增多且规模扩大，例如两家石油公司之间的并购。[90]另外，随着法规的调整，投资银行对这种类型的合并也更加开放，结果，各种并购空前高涨。[91]随着合并限制的松绑、重组的流行，那些 20 世纪六七十年代形成的企业集团或者高度多元化的公司在八九十年代受到了更大的关注。[92]21 世纪初，反垄断法又开始加强对大规模合并和收购的限制

（见第 7 章）。[93] 目前，并购活动受到的审查比 21 世纪初更为严格。[94]

因此，像我们所描述的这类监管变化为多元化带来了激励或抑制因素。有趣的是，相较于美国，欧洲的反垄断法律在历史上对于同一市场中公司之间的并购更为严格，但随着时间的推移，它们已变得越来越相似。[95]

税法

公司税法和个人税率的改变都会对多元化产生影响。为了阐述这一点，我们将检视美国个人和公司税法的影响，并认识到类似的因素也可能影响世界其他地区的多元化行为。

就个人税相关的税法而言，我们考察公司在将多余现金是作为股息分配还是再投资方面的决策。一些公司（尤其是一些成熟的公司）在经营过程中产生的现金多于再投资所需的资金。有些人认为，自由现金流（free cash flows，即投资于当前业务不再具有经济可行性的流动性金融资产）应以股利的形式重新发放给股东。[96] 然而，在 20 世纪六七十年代，对股利征收的税要比对资本利得（随着时间推移，股票价格上涨带来的收益）征收的税高得多。因此，20 世纪 80 年代前，股东更愿意公司将自由现金流用于购买或建立业绩更好的公司。如果公司股票价格的长期表现良好，股东就可以获得比股利再分配更好的回报，因为对股票出售回报征收的税要比股利分红征收的税低得多。

根据 1986 年《税收改革法案》（Tax Reform Act），普通个人所得税的最高税率从 50% 下降到 28%，特殊资本利得的征税也发生了变化，即把资本利得与普通收入同等对待。这些变化使得股东不再鼓励公司为多元化而持有资金，并且导致 1984 年后剥离非相关业务单元的现象增多。也就是说，1984 年以前对资本利得和股利分红的税率使得股东产生了增加公司多元化的动机，但在 1984 年之后，除非投资多元化的债务可免税，否则股东不再鼓励多元化。自 20 世纪 80 年代以来，个人所得税税率的最大值也发生了变化。个人所得税税率的最高值从 1992 年的 31% 提高至 2017 年的 39. 6% 。资本利得税率也发生了一些变化。

公司税法也会影响多元化。收购可以增加公司折旧的资产补贴。因此，折旧的增加（不会产生现金流）减少了应纳税收入，从而增强了收购行为的动机。收购曾经是一种非常有吸引力的避税方法，但是财务会计准则委员会（FASB）提出了一些改革方案，取消收购资产中的“权益池”方法，废除对进行中的研发项目费用的销账，这些改革减少了公司收购的动机，尤其是相关高科技产业的收购（这些变化将在第 7 章进一步讨论）。[97]

业绩不佳

研究表明，回报越低的公司越追求高层次多元化。[98] 如果良好的绩效消除了公司追求更高层次多元化的需求，那么低绩效则有可能成为多元化的动机。葛兰素史克股份有限公司（GlaxoSmithKline PLC）在 21 世纪第二个十年期间经历了收益增长的波动和股票价格表现不佳。2014 年底，公司股价大约在 50 美元左右，三年后的 2017 年，股价徘徊在 40 美元左右。[99]就在那时，新任命的首席执行官艾玛·沃尔姆斯利（Emma Walmsley）启动了一项扭转公司的计划。作为该计划的一部分，葛兰素通过以 41.6 亿美元收购肿瘤专科公司 Tesaro，实现了向抗癌药物的多元化。不幸的是，这次收购对解决葛兰素的问题帮助甚微。到了 2021 年，一位激进投资者将葛兰素描述为过于官僚化，“未能赋予其科学家权力，其在研发上的投入少于竞争对手，并且维持了公司难以承受的股息”[100]。

尽管像葛兰素史克这样的公司可能具有多元化的动机，但需要谨慎行事，因为进入公司缺乏专业知识的新领域存在风险，可能会出现负协同效应（即收购方和目标公司之间的潜在协同效应只是一种幻想）、领导层之间的问题以及文化契合方面的困难，这些都使得价值创造变得艰难。[101]

未来现金流的不确定性

当公司的产品线已经成熟或者受到威胁时，多元化或许是一个重要的防御战略。[102]向其他产品市场或其他业务发展多元化，可以降低公司未来现金流的不确定性。美国铝业公司（Alcoa）是美国最大的铝材料生产商，受基本大宗商品业务的高竞争属性驱动，多年来该公司追求一种“多材料”多元化战略。美国铝业公司的多元化涉及铝以外的其他金属材料行业，同时涉及各种终端产品行业。然而，公司可能在多元化战略上走得太远了。2016 年，在激进投资者的压力下，它分裂成了两家独立的公司：美铝公司（Alcoa Corporation）（采矿和原铝制造）和奥科宁公司（Arconic）（铝和其他金属的加工商）。[103]

来自不确定现金流相关的风险与公司可能面临的失败的风险有关。在前文，我们解释了密切相关的业务可能依赖于相同的市场，如果一个共同市场经历衰退，它可能会损害所有依赖它的相关业务的表现。同样，多元化企业在追求范围经济时，往往会进行过于僵化的投资，以期在业务单元之间实现协同效应。例如，一座工厂可能是为两个或更多相关业务单元设计的，但这也意味着，如果其中一个相关业务单元不再需要它，重新调整工厂用途将非常困难。如前所述，当业务单元协同工作所创造的价值超过这些单元各自独立运作时的价值时，协同效应就会存在。[104]然而，当企业通过增加业务单元之间的关联性来追求协同效应时，也会增加企业失败的风险，因为协同效应会使业务之间产生相互依赖性，从而限制企业的应变灵活性。[105]

由于相关业务之间的相互依赖或不确定的现金流，失败风险过高的公司可能会决定在更确定的环境中运营，这一决策很可能导致其向增长潜力低的行业多元化。[106]或者，公司可能会限制其活动共享水平，并放弃协同效应的潜在好处。

无论是为了解决不确定的现金流而多元化，还是扩展到不同环境，都不太可能创造更多价值，这就是它们之所以被归入本节价值中性的多元化加以讨论的原因。同样，为了应对反垄断法或税法变化而多元化，或者因为公司表现不佳而多元化，也不太可能提高业绩。然而，这些原因中的任何一个也不一定会降低公司业绩。葛兰素史克的糟糕表现并不是因为它进入抗癌药物领域的多元化，而在于收购 Tesaro 并没有解决药效问题。有一些多元化的原因倾向于减少公司为其利益相关者创造的价值。这些原因将在下一节中解释。

6.7 管理人员的多元化动机

研究证据和许多公司的经验表明，多元化与绩效之间可能存在一个总体上的曲线关系，如图 6－3 所示。[107] 与竞争对手相比，更广泛多元化的公司可能整体绩效较低。这种现象的一个例子是本章前面讨论过的通用电气的拆分。拆分前，通用电气的表现不佳——它管理的业务单元正在失去竞争力。其中一项表现不佳的家电业务，在 2016 年被出售给了中国的青岛海尔集团。不再由通用电气管理后，该家电业务蓬勃发展，从 2017—2021 年每年都在美国市场中扩大市场份额。[108] 高度多元化公司绩效较低的一个原因可能是，较高水平的多元化通常被发现与较低水平的创新相关联。[109] 这一观点在通用电气与海尔集团的案例中得到了证实：海尔集团专注于家用电器和消费电子产品，它在家电业务上投资了 15 亿美元用于技术和新产品。[110]

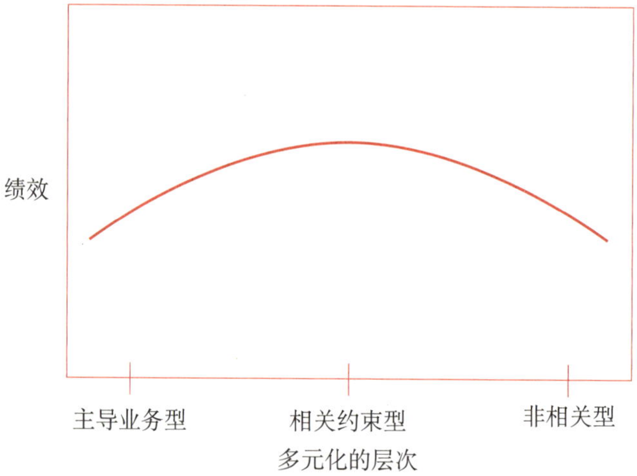

图 6－3　多元化与绩效之间的曲线关系

如果较高的多元化水平通常会导致较低的表现，至少对于高度发达经济体中的公司是这样的，那么高层管理者为什么会追求这样的策略呢？管理层追求多元化的动机可以独立于价值中性或价值创造的原因而存在。高层管理者推动公司多元化的意愿，超出了其为公司及利益相关者创造价值的动机，此种行为的动机主要源于两个方面：降低管理风险和获得更高报酬。[111]

多元化为高层管理者带来了股东享受不到的额外好处。例如，为了减少管理层风险而扩大公司业务组合的决定可能会对公司的价值产生负面影响。此处的管理层风险指的是失业风险。[112] 较高的多元化程度降低了管理层风险，因为在多元化公司中，如果其中一个业务表现不佳或失败，高层管理者失业的风险较低，因为其他一些业务（希望）做得很好。只要盈利能力没有受到过多影响，高层管理者可能会推动公司多元化，以分散自己的失业风险。[113] 如果由于额外的多元化导致利润大幅下降，他们仍然有可能被董事会替换。这种无盈利性的多元化通常被称为“帝国建设”。

此外，由于多元化可以扩大公司规模，从而提高高层管理者的薪酬，管理者们可能会有动机将公司的多元化扩展到损害其价值的程度。[114]研究表明，多元化和公司规模是高度相关的，公司规模越大，管理人员的薪酬福利越高。[115]由于大型公司更复杂且难以管理，支付给高层管理者的薪酬福利才会比较高。[116]也就是说，多元化层次越高，公司越复杂，管理人员的薪酬就会越高。治理机制——如董事会、所有者监督、执行薪酬实践以及收购带来的被接管威胁——可以减少公司在不再创造新价值的点进行过度多元化的倾向。[117]这些治理机制将在第 10 章进行详细的讨论。

在有些情况下，公司的治理机制不够完善，会导致高层管理者对公司进行过度多元化，使公司甚至连平均利润都达不到。[118]公司内部治理不健全导致公司业绩不佳时，管理人员就会面临被替换的危险。这个结果被称为资本市场干预，因为它涉及外部资本市场参与者——那些试图从他们的资本投资中获得高回报的投资者。

尽管替换效率低下的管理团队可以提高公司的效益，但是管理人员会采取一定的策略来避免被替换，如“毒丸计划”（poison pills）使公司对收购者来说不那么具有吸引力。[119]一个例子是“金色降落伞”（golden parachute）协议，如果公司被收购，且高层管理者（尤其是首席执行官）不再为其工作，他们将获得巨额赔偿。[120]例如，在甲骨文公司（Oracle）对 Cerner 公司（一家计算机和信息技术公司）的收购要约中：“包括前 Cerner 首席执行官布伦特·沙弗（Brent Shafer）在内的四名高层管理者，在甲骨文的收购中，如果被迫离职，根据向美国证券交易委员会提交的文件显示，他们的金色降落伞赔偿金从 1 000 万美元到接近 2 200 万美元不等。”因此，尽管外部管制的威胁会约束管理者的行为，但也不足以完全控制他们实施多元化的动机。[121]

强调这种行为表明，首席执行官和其他高层管理者只关心他们自己的福利，然而，大多数大型上市公司都是盈利的，因为管理者们是企业资源的积极管理者。他们的许多战略行动（包括与选择公司层面的多元化战略相关的决策）都为公司的成功做出了贡献。[122]如上所述，公司治理机制的设计应该考虑到决策制定和采取行动的管理标准的例外情况，只有这样才有助于提高公司获取超额利润的能力。此外，人们可能会过度悲观地认为，管理者总是以自己的利益为出发点而置公司利益于不顾。[123]

高层管理者在做出多元化决策时，往往会考虑自己的声誉。好的声誉有助于管理人员的发展以及管理权力的运用，不良声誉的作用则恰恰相反。同样，如果强有力的外部市场超出了管理人员的管理才能，也会使他们减少不恰当的多元化。[124]另外，多元化公司还会通过收购那些管理不善的公司，对自己的基础资源进行重组。当管理人员得知自己管理不善有可能导致公司被收购时，他们往往会更加积极地采取创造价值的多元化战略。

图 6 - 4 提供了一个模型，结合了本章中的许多基本思想。最有潜力对绩效产生积极影响的多元化是由价值创造因素（范围经济、市场影响力、财务经济）推动的结果，并由有效的内部治理促进（请参阅第 10 章以获得更详细的讨论）。价值中性的动机、业绩

不佳、未来现金流的不确定性、降低企业失败风险的愿望等可能会促进多元化，但预期内不会为利益相关者增加太多价值（如果存在价值的话）。管理层的多元化动机也可能降低价值，但内部治理和被收购的威胁可能会遏制这些动机。企业层多元化战略实施的方式也影响为利益相关者创造的价值量（即公司绩效）。

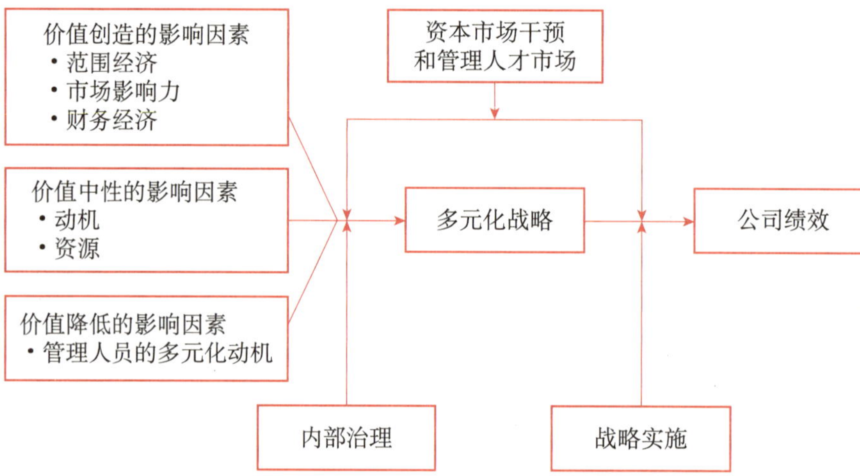

图 6-4　多元化与公司绩效关系的总结模型

资料来源：Adapted from R. E. Hoskisson & M. A. Hitt，1990，Antecedents and performance outcomes of diversification：A review and critique of theoretical perspectives，*Journal of Management*，16：498.

在本章中我们描述了公司层战略。下一章我们将讨论公司多元化和提高盈利的两个有效手段：合并和收购。由于重组的发展，通过收购来进行多元化的趋势在不断增强，这也表明就公司层多元化战略而言，公司还需要进行更多的学习。[125] 另外，公司在进行多元化时应特别谨慎，把焦点集中在几个业务上，不能过于分散。事实上，研究指出，尽管非相关多元化在减少，相关多元化在增加，但这可能仅仅是 20 世纪 90 年代至 21 世纪初一直持续的重组浪潮所导致的。目前，伴随重组而进行的多元化出现于欧洲和其他国家（如韩国），这正是追随美国和英国公司行动的真实写照。[126] 有当公司追求的多元化层次能够与公司的资源（尤其是财务资源）、核心竞争力以及国家制度和竞争环境中的机会和威胁相适应时，公司才能提升战略竞争力。[127]

小结

企业通过实施公司层战略，致力于业务多元化，以期为利益相关者创造更大的价值。若公司能在多个业务间发展范围经济或财务经济，或者能通过加深多元化来增强市场影响力，则实施单一业务型或主导业务型公司层战略的公司更愿意寻求多元化发展。对于采用公司层战略实现中高层次多元化的公司来说，范围经济和市场影响力是多元化过程中创造价值的主要源泉。

相关多元化公司层战略可以帮助公司通过行为共享和传递核心竞争力来创造价值。

经营层面的相关性指在各业务之间共享有形资源。行为共享通常和相关约束型多元化公司层战略相关。行为共享的执行和协调需要消耗一定的成本，可能会使各业务单元间利益不均衡，从而导致管理人员尽可能地规避风险。

公司层面的相关性指跨业务单元传递核心能力，或由公司总部向业务单元转移核心能力。尽管同时追求行为共享和传递核心竞争力的公司也可以实施相关联系型战略，但与相关联系型（或者是混合相关或非相关）多元化相联系的通常都是传递核心竞争力。

有效的资本配置或者重组目标公司的资产并对其进行严格的财务控制，是成功实施非相关多元化的两个主要途径。实施非相关多元化战略的公司主要通过获得财务经济来创造价值。

有时，公司实施多元化是因为一些价值不确定的因素。税收、反垄断法、业绩不佳以及未来现金流的不确定性，都是公司选择多元化时的不确定因素。

管理人员推行多元化的动机（包括提高薪酬福利或者降低失业的风险）有可能会导致公司过度多元化，并有可能降低公司为利益相关者创造价值的能力。然而，有证据显示，许多高层管理者都是公司资产的有效管理者，会拒绝实施有损公司价值的多元化战略。

当决定公司最佳层次的多元化战略时，管理者需要考虑公司的内外部环境。当然，内部资源是多元化方向的决定因素。然而，公司外部环境的变化或来自竞争对手的意外威胁，都可能推动公司向更高层次的多元化发展。

关键术语

公司层核心竞争力（corporate-level core competencies）

公司层战略（corporate-level strategy）

公司层面的相关性（corporate relatedness）

范围经济（economies of scope）

财务经济（financial economies）

市场影响力（market power）

经营层面的相关性（operational relatedness）

协同效应（synergy）　　纵向一体化（vertical integration）

复习题

1. 什么是公司层战略？它为什么很重要？
2. 在实施不同的公司层战略时，公司可以选择的多元化层次有哪些？
3. 公司选择多元化的三个主要原因是什么？
4. 在实施相关多元化战略时，公司是如何创造价值的？
5. 在实施非相关多元化战略时，公司获取财务经济的两个主要途径是什么？
6. 哪些动机和资源会促进公司实施多元化？
7. 哪些动机会导致管理者对公司进行过度多元化？

微案例　贝莱德集团的公司层战略

贝莱德集团（BlackRock Inc.）是全球最大的资产管理机构，截至 2021 年底，其管理的资产规模高达 10 万亿美元。贝莱德集团的大部分收入来源于投资咨询和行政管理费用，同时还涉足提供科技系统、风险管理服务和数字分销工具等业务领域，服务于保险公司、银行和养老基金管理人等多样的客户群体。贝莱德集团也向监管机构、银行和政府提供咨询服务，这些业务占贝莱德集团收入的约 14%。

贝莱德集团区别于其他资产管理公司的显著特点之一是其对可持续性的专注。“随着全球向低碳经济转型，我们的客户希望了解如何在自己的投资组合中应对气候风险。这正是我们提供比任何机构都多的可持续投资选项，并将可持续性作为我们管理客户资金的标准。”

贝莱德集团不仅将客户资金投资于可持续公司，还积极倡导可持续性事业。例如，社会责任投资面临的一个主要障碍是企业在环境、社会和治理（ESG）因素报告上的不一致性。“资产类别的投资专业人士越来越需要获取 ESG 数据，以识别风险和机会。然而，试图将 ESG 因素纳入投资考量的私募市场参与者面临着复杂的决策问题，因为当前市场上有大量的框架在运用，监管环境也在不断变化。”为了解决这一问题，贝莱德集团于 2022 年宣布，正在与有限合伙人和母基金组成的联盟合作，帮助“简化和标准化私募市场的 ESG 报告”。

贝莱德集团和其他社会责任基金管理者的经营方式也面临一些反对的声音。“贝莱德集团因对气候友好政策的立场持续受到批评。得克萨斯州通过了一项法案，要求州政府机构（如养老金）停止与抵制化石燃料行业的公司开展业务……立法者暗示贝莱德集团很可能被列入名单，这可能使它失去得克萨斯州数百万美元的养老金业务。”

另一个问题源于大型投资管理公司通常代表客户投票，这使它们对上市公司拥有巨大的影响力。贝莱德集团首席执行官拉里·芬克（Larry Fink）坚持认为，公司考虑环境、社会和治理风险是基于长期回报而非政治考量。他指出，气候变化“已成为决定公司长期前景的关键因素”。一项旨在为被动投资者提供投票机会的立法正在推进，当资产管理公司持有一家公司的投票证券超过 1% 时，他们将能够行使投票权。贝莱德集团已经在为其客户扩大代理投票权限，并且一些机构投资者现在可以自行投票。

贝莱德集团也会在非传统资产中进行投资，如果这些资产有助于客户实现其财务目标。例如，贝莱德集团与华纳音乐（Warner Music）共同投资了 7.5 亿美元成立了一只基金，旨在从多元化和女性艺术家手中购买音乐作品版权。“与近年来许多针对具有数十年历史的音乐作品的大型交易不同，这类交易为通过版税支付获得稳定回报的被动投资者提供了机会。这只新基金专注于所谓的‘现代常青音乐’，投资于那些仍在创作音乐作品且愿意与投资者共同持有其音乐作品版权的艺术家。” Influence Media 的创始人兼共同管理合伙人莉莱特·皮萨罗（Lylette Pizarro）对新兴和正在崛起的艺术家充满信心，她表示：“数据表明，某些年轻艺术家的作品正在抵抗 10 年内音乐作品常见的听众流失趋势。”

资料来源：A. Au-Yeung，2022，BlackRock profit rises 20% on tech，fees，*Wall Street Journal*，April 14：B10；A. Steele，2022，BlackRock，Warner Music invest $750 million in female and diverse artists，*Wall Street Journal*，www. wsj. com，February 24；J. Baer，2022，BlackRock's climate stance is about profits，not politics，Larry Fink says，*Wall Street Journal*，www. wsj. com，January 17；A. Au-Yeung，2022，Lawmakers seek to curb voting power of BlackRock，Vanguard and other big asset managers，*Wall Street Journal*，www. wsj. com，May 18；N. Reiff，2022，How BlackRock makes money，*Investopedia*，www. investopedia. com，March 18；2022，Where we stand，*BlackRock Home Page*，www. blackrock. com，May 18；2022，BlackRock expands partnership with private market investors on universal solution for ESG reporting，*BlackRock Home Page*，www. blackrock. com，May 12.

讨论题

1. 贝莱德集团追求的是何种类型的多元化战略？你有什么依据？

2. 你认为贝莱德集团是否存在实现协同效应和范围经济的潜力，这是否有助于其总体成本的降低？

3. 在贝莱德集团的所有业务领域内培养社会责任投资的核心能力，其利弊分别是什么？

4. 你认为像贝莱德集团这样的投资管理公司在解决诸如可持续性这样的社会问题上能够产生多大的影响？这些公司是否应该参与这类事务，还是应该专注于为它们的客户提供最大的回报？

注　释

第 7 章

合并、收购与重组

学习目标

1. 解释合并和收购战略在参与全球竞争的公司中的差异。
2. 讨论公司实施收购战略来获取战略竞争力的原因。
3. 描述阻碍收购战略获得成功的七个主要因素。
4. 描述有效并购的特征。
5. 区分常见的重组战略类型。
6. 解释不同重组战略类型的短期和长期效果。

引例 / 对金融行业的考量

2021 年对于金融行业的并购活动来说是一个破纪录的年份。在该行业涉及美国金融公司的交易额从 2020 年的 558 亿美元飙升至 2021 年的 1. 15 万亿美元。这 8 307 笔交易的体量表明，金融行业的重大整合趋势已经持续了相当长一段时间。这种行业整合意味着同一行业内的公司进行合并，从而减少了市场上的竞争者数量。过去十年中，航空业的合并案例就很好地说明了这一点。

尽管公司在同一行业内合并的动机各有不同，但它们普遍反映出一个共同的愿望——获取市场影响力（详见第 6 章）。在 2021 年的交易中，数字支付公司 Block（前身为 Square）同意以 290 亿美元收购澳大利亚的 Afterpay 公司，后者专注于即买即付的支付业务。Afterpay 的业务已经从澳大利亚扩展到了欧洲和美国。这次紧密相关的收购为两家公司提供了实现协同效应的机会，因为它们都在数字技术领域，特别是在支付处理方面，有着深入的参与。Block 公司计划将 Afterpay 整合到其 Cash 和 Seller 应用程序中，为消费者和商家提供服务。

在银行业，M&T 银行宣布以 76 亿美元收购康涅狄格州的人民联合金融公司（People's United Financial），这笔交易创建了美国东北部和中大西洋地区最大的社区商业银行。M&T 银行已经是最大的纽约州放贷者之一，并且是美国东北部最大的区域性银行之一。通过这次收购，M&T 银行通过规模经济获得了更大的市场影响力。M&T 银行首席执行官勒内 · 琼斯（Rene Jones）在解释这笔交易时表示："我们的特许经营中心到最远分店的距离不到 300 英里，因此我们可以真正成为那些地区客户的相关金融机构。”合并后的公司也可能因为两家银行共享资源而享受到范围经济（详见第 6 章）。此外，M&T 银行在服务当地社区方面的核心能力可能会转移到人民联合金融公司。

在大型交易中，金融服务公司出售了它们业务的一部分，以专注于它们最擅长的领域，而购买这些业务的公司可能通过此举增强了它们的市场影响力。例如，安达保险（Chubb Limited）以 60 亿美元收购了信诺集团（Cigna）在多个国家的“生命、意外和补充健康保险业务”。这次收购扩大了安达在亚洲的业务。

推动整合的主要趋势之一是对数字化转型的需求（详见第 2 章）。“银行必须在数字化转型上进行大量投资，不仅要参与竞争，而且要在竞争中处于领先地位。”另一个趋势是，较小的地区性金融机构通过合并来提高在行业中的竞争力。M&T 银行的交易就是对这一趋势的反映。此外，许多合并是为了地理扩张或追求运营效率。行业专家预计，金融行业的整合趋势将会持续。

资料来源：T. Johnson，2022，Financial services M&A sets a new record in 2021. In *KPMG M&A Trends in Banking*，*Capital Markets*，*and Insurance*，New York，KPMG：1 – 5；P. Vigna，2021，Square changes name to block，days after CEO Jack Dorsey leaves Twitter，*Wall Street Journal*，www. wsj. com，December 1；D. Fonda，2021，Square's deal for Afterpay is a hit. Why affirm could be next，*Barron's*，www. barrons. com，August 2；O. McCaffrey & C. Lombardo，2021，M&T Bank to buy People's United for ＄7. 6 billion，*Wall Street Journal*，www. wsj. com，February 22.

在第 6 章，我们学习了公司层战略，重点探讨了产品多元化战略的类型和层次，公司通过这些多元化战略为利益相关者创造价值和竞争优势。如该章所述，多元化可以帮助公司有效地利用过剩资源探索新的机会，实现价值创造。[1]在本章中，我们将探讨合并和收购战略。世界各地的公司都采用这些策略来发展和实现多元化。[2]有些公司，例如在引例中讨论的金融服务行业的公司，被卷入了重大的行业整合。它们中的许多公司与另一家做同样业务的公司合并，这被称为横向并购（如银行与银行合并），目的是增加市场影响力或地理覆盖范围，以保持竞争力。

许多并购未能达到诸如提高财务绩效的预期结果。[3]本章的关键目的之一在于解释公司如何才能成功地利用合并和收购战略为利益相关者创造价值，以及为公司创造竞争优势。[4]为此，我们将首先解释合并和收购为什么会一直流行至今。在本部分内容中，我们将描述合并、收购和接管三者之间的区别。接下来将讨论公司为什么会选择合并和收购战略，以及实施过程中可能遇到的问题。然后，描述有效收购的几个特征（本章中，我们将聚焦于收购战略）。本章最后将讨论重组战略的不同类型。重组战略经常用来纠正或者处理无效的收购和合并的后果。

7.1　合并和收购战略

合并和收购（M&A）战略（亦称并购战略）已经在美国公司中流行了许多年。有些人认为，这一战略在美国 20 世纪八九十年代的业务重组中起到了关键作用，直到 21 世纪初，一些公司还在收获这些战略带来的好处。事实上，并购活动在全球范围内也产生了巨大的影响。毕马威（KPMG）称："2021 年全球并购活动轻松超越了疫情前的水平，几乎达到了 2015 年和 2007 年的高峰。"[5]

尽管合并和收购战略作为创造价值和赚取超额利润的一种方式非常盛行，但其有效实施仍面临挑战。一些研究显示，收购公司存在的一个普遍事实是，被收购公司的股东往往能从收购中获得超额利润，实施收购的公司的股东获得的利润却接近零。[6] 另外，在近 2/3 的收购中，实施收购的公司的股价在收购意向宣布之后立刻下跌。这种市场的负面反应说明投资者普遍怀疑收购者是否有能力获得协同效应，使收购物有所值。[7]

支付过高的收购溢价会对公司实施收购战略达成的结果产生负面影响，我们将在本章的后续部分展开更全面的讨论。被收购公司的价值难以确定，这种难度提高了一个公司溢价收购目标公司的可能性。当收购方得出结论，在被收购公司归属本公司所有的情况下，其价值要高于被收购公司作为其他任何所有权安排的一部分，或者是继续作为一家独立公司时的价值，那么收购方会支付收购溢价。例如，最近，奎德尔公司（Quidel Corp）（一家美国的全球诊断医疗保健供应商）同意以每股 24.68 美元的价格收购奥索临床诊断公司（Ortho Clinical Diagnostics）（一家美国的全球体外诊断提供商），比奥索前一交易日的收盘价高出 25%。[8] 为了使该项 60 亿美元的收购成功，合并后的公司必须通过合并产生相当于 15 亿美元的协同效应。这个目标也许能实现，也许无法实现。这就是许多收购被视为失败的原因。此外，25% 的溢价并不算高。试想，如果溢价达到 40%，就更难证明收购的合理性——而辽宁方大集团（中国的一家工业集团）在 19 亿美元的交易中以 40% 的溢价收购了海南航空（同样来自中国）。[9] 类似地，加拿大多伦多道明银行（Toronto-Dominion Bank）以 37% 的溢价收购了美国的 First Horizon，交易金额为 134 亿美元。[10]

合并、收购和接管：区别何在

合并（merger）是指两家公司同意在相对平等的基础上对两者的经营进行整合。例如，两家油页岩钻探公司，Oasis 石油公司（Oasis Petroleum Inc.）和 Whiting 石油公司（Whiting Petroleum Co.），在 2022 年合并，创建了 Chord 能源公司（Chord Energy Corporation）。持有 Oasis 石油公司股份的私募股权公司 Kimmeridge 能源管理公司（Kimmeridge Energy Management Co.）的马克·维维亚诺（Mark Viviano）对这笔交易表示："这些运营商之间的平等合并将有助于合并后的公司扩大运营规模，同时，实现的协同效应将惠及双方股东。"[11] 关于交易是合并还是收购的两个线索是，合并后的公司是否会采用新名称和新的股票代码。这些并非必须满足的条件，但当这些情况发生时，就是交易是合并而非收购的有力证据。在 Oasis 石油公司和 Whiting 石油公司的案例中，两个条件都得到了满足。

相关证据表明，敲定一项公司之间对等合并或相对平等基础的提案非常困难。在实施过程中，决定谁来领导合并后的公司，如何使各不相同的公司文化融为一体，以及如何就合并之前每家公司的价值达成协议，这些问题通常会影响公司在平等基础上进行合并所做的努力。在 Oasis 和 Whiting 的合并案中，Whiting 的现任总裁兼首席执行官将担任新公司董事会的执行主席。Oasis 的首席执行官丹尼·布朗（Danny Brown）将加入董事会，并担任合并后公司的首席执行官。[12]

收购（acquisition）是指一家公司购买另一家公司的大部分或全部股票，目的是将被收购公司作为其投资组合中的子公司。[13]完成收购之后，被收购公司完全由收购公司管理。

尽管大多数合并在本质上都是善意的，但收购不是，有善意收购，也有恶意收购。**接管**（takeover）属于收购的一种特殊类型，被收购公司并非出于自愿。[14]因此，接管是一种恶意收购。如第 10 章所解释的，公司建立了一些防御机制（大多数是公司治理机制），以阻止未经请求的以及不受欢迎的接管行动的成功。[15]

公司通常将未经请求的收购视为恶意接管。当接管目标公司遇到这种收购时，会试图确定收购方愿意支付的最高数额，同时也会采取防御机制阻止接管的成功。在潜在的收购方与目标公司之间就未经请求的收购达成解决方案之前，可能还会发生多次交易，这些交易可能十分复杂。两家半导体生产商博通（Broadcom）和高通（Qualcomm）于 2017 年末发起的交易，就证明了这种复杂性。博通对高通进行出价，但高通作为关键手机零部件供应商的地位受到监管机构的关注，因而其价格受到压制。与此同时，高通正寻求完成对 NPX 的交易，NPX 是一家专注于汽车和自动驾驶汽车的半导体生产商，这导致博通降低了报价。[16]最终，博通撤回了报价，因为监管机构出于政府知识产权和安全方面的考虑否决了该交易。[17]高通公司因未获得中国监管机构的批准，放弃了对 NPX 的收购。相比而言，收购比合并和接管更为常见。因此，本章后面的内容将把重点放在对收购的讨论上。

战略聚焦　英特尔的并购策略

英特尔以制造计算机芯片闻名于世——这些芯片是驱动计算机及其他众多电子设备的“大脑”。同时，公司也涉足其他密切相关的产品领域，包括服务器、设备（例如，笔记本电脑、工作站）、无线产品、以太网产品、固态硬盘以及人工智能。实际上，英特尔的网站列出了 60 多个产品类别，每个类别中都包含多个产品。截至 2021 年底，英特尔主要通过 92 次收购实现了这种高水平的相关多元化。

英特尔多元化的产品组合有助于其渡过近期的难关。2018 年，据报道，当时使用的大多数英特尔处理器存在安全漏洞。修复这些漏洞导致速度降低。当然，英特尔在同年晚些时候宣布将重新设计其中央处理器以防范这些漏洞，但在那一年晚些时候发现了其他问题，2019 年和 2020 年还报告了新的漏洞。至少部分是因为英特尔暴露出的这些问题，在 2020 年，苹果宣布整个 Mac 产品线将从英特尔芯片转向采用自己公司内部设计的芯片。这一转变对英特尔来说是一个巨大的打击，但公司还有其他业务表现良好。

尽管英特尔的多次收购增强了其市场影响力，但近年来，与竞争对手相比，英特尔的表现令投资者和分析师失望。为了扭转局面，帕特·格尔辛格（Pat Gelsinger）在 2021 年初被选为首席执行官，目的是策划“公司的复兴计划”。英特尔长期以来一直是收购型公司，格尔辛格表示：“行业将会整合。这一趋势将持续下去，我预计我们将成为一个整合者。”格尔辛格在其先前的 EMC 和 VMware 的高层管理职位上参与了约 100 次收购。这一经验使他成为英特尔并购转型的绝佳人选。

2021 年，英特尔进行了几次并购。6 月，公司收购了 SiFive 科技公司，这是一家涉及前沿半导体技术的美国公司。11 月，收购了 RemoteMyApp，这是一家为企业提供云游戏解决方案的波兰公司。12 月，收购了 Screenovate，这是一家开发了允许智能手机屏幕投影到电脑和电视上的技术的以色列公司。

在 2021 年和 2022 年全球芯片严重短缺之前的十多年里，市场上的主要参与者一直在将芯片生产外包给专业制造商。然而，短缺导致了对这一策略的重新思考。三星大胆宣布打算耗资 170 亿美元在美国建立一家芯片工厂，“这是韩国公司竞逐代工业务的一部分——为设计芯片的公司按合同生产芯片。”同样，英特尔也采取了重大举措，增加生产其他公司的芯片。在 2022 年 2 月，公司宣布将收购 Tower 半导体公司，这是一家每年为其他芯片制造商生产 200 万片晶圆的以色列公司。晶圆是制造集成电路（芯片）的基础。这笔 54 亿美元的交易是英特尔历史上第四大交易，仅次于阿尔特拉（Altera）、魔视智能（Mobileye）和迈克菲（McAffee）。

尽管英特尔为收购 Tower 半导体支付了相当于市场价值 60%的溢价，但分析师们理解其背后的逻辑：“鉴于当前芯片制造市场的现实和英特尔的既定雄心，这一高昂的价格是合理的。长期以来，它一直为自己设计的个人电脑和服务器生产处理器。但所有类型芯片需求的激增以及全球生产能力的短缺，为英特尔开放其制造设施供他人设计创造了机会。这种所谓的晶圆代工业务模式是该公司扭亏为盈计划的关键部分，同时公司也在努力重新夺回当前由台湾积体电路制造公司（TSMC）掌握的最先进芯片制造工艺的领先地位。”

英特尔还出售那些不再与其业务组合相匹配的业务。2022 年 2 月，英特尔获得中国监管机构的批准，将其闪存芯片业务出售给韩国的 SK 海力士（SK Hynix Inc.）。中国的反垄断监管机构“在至少一方在中国市场有重要存在的交易中拥有广泛的审查权”。这笔 90 亿美元的交易将帮助英特尔为其收购 Tower 半导体公司提供资金。

英特尔宣布将在 2022 年年中将其魔视智能业务部门上市。魔视智能制造“基于芯片的摄像头系统，为汽车的自动驾驶功能提供助力。”英特尔相信魔视智能将实现 500 亿美元的市场估值，这是 2017 年英特尔收购魔视智能时支付的略高于 150 亿美元的可观回报。公司最近还将收购 Moovit，这是一家即使没有官方可用数据时可采取众包数据提供交通信息的以色列公司，英特尔将保留该公司的控股权益。

资料来源：J. Yang，2022，AMD's planned purchase of Xilinx clears last regulatory hurdle，*Wall Street Journal*，www. wsj. com，January 28；D. Gallagher，2022，Intel pays up for foundry expertise；Premium offered for Tower Semiconductor makes sense given chip maker's stated ambitions，*Wall Street Journal*，www. wsj. com，February 15；C. Hetzner，2022，Intel's $5. 4 billion foundry acquisition hopes to catch its fabless chip rivals flat-footed，*Fortune*，www. fortune. com，February 16；2022，Intel，Tracxn，www. tracxn. com，March 12；2022，Products Home，*Intel Homepage*，www. intel. com，March 12；2022，Acquisition，Intel Newsroom，www. newsroom. intel. com，March 12；D. Gallagher，2021，Intel will race to cash in its car chips，

Wall Street Journal, www.wsj.com, December 7; J. Sohn, 2021, Samsung to invest $205 billion in chip, biotech expansion, *Wall Street Journal*, www.wsj.com, August 24; A. Fitch & C. Lombardo, Intel CEO calls chip maker "willing buyer" as semiconductor industry consolidates, *Wall Street Journal*, www.wsj.com, August 19.

7.2 实施收购的原因

在本部分，我们将讨论公司做出收购决定的原因。正如这一部分的讨论所示，公司实施收购有很多独特的原因。[18]

增强市场影响力

获取更大的市场影响力是实施收购的一个主要原因。[19]第 6 章曾指出，公司如果能提供高于竞争对手水平的产品或服务，或者其主要活动和辅助活动的成本比竞争对手低，该公司就具有市场影响力。市场影响力通常源于公司的规模、进行竞争所采用的资源质量以及在竞争市场中所拥有的市场份额。[20]因此，大多数收购是通过购买竞争者、供应商、分销商或高度相关行业的业务，来获取更强的市场影响力，从而使公司进一步巩固核心竞争力，并获得被收购公司在主要市场上的竞争优势。正如战略聚焦所述，大型芯片制造商英特尔有着悠久的并购公司的历史，它以此来增强其市场影响力。

接下来，我们将讨论公司如何利用横向收购、纵向收购和相关收购三种类型的收购来增强市场影响力。活跃的收购者通过同时追求两种或全部三种类型的收购来增强市场影响力。例如，事实表明，亚马逊一直在拓展其横向（新的国际市场、新产品）和纵向（进军运输业）的经营规模和范围（见第 6 章引例）。[21]这三种类型的收购以及拟议合并都会受到不同政府实体的监管审查。有时，就像战略聚焦中博通试图收购高通的案例所介绍的，这些审查可能会导致拟议交易的瓦解。此外，亚马逊试图收购一家名为未来零售（Future Retail）的印度零售商的大量股份，目前印度的反垄断机构正在对此进行审查。[22]未来零售在印度运营着 1 500 多家店铺。

横向收购

横向收购（horizontal acquisition）是指公司收购同行业竞争者的行为。横向收购主要是通过发挥以成本为基础的和以收入为基础的协同效应，来增强公司的市场影响力。[23]研究发现，收购具有相同特征的公司效果会更好，它们具有相似的战略、管理风格和资源配置方式等。[24]这些相似的特征以及两个公司合并时的联盟管理经验，可以很好地促进收购公司和被收购公司之间的整合。两个公司有效地进行了资产合并之后，只有在衡量并剥离那些无助于新合并公司的核心竞争力的多余资本和资产之后，横向收购才会更有成效。[25]

由于横向收购涉及同一行业内相互竞争的公司，因此它们非常容易受到反垄断法的监督。正如第 2 章介绍的，大多数国家都有反垄断立法，其目的是保护消费者和其他利益相关者免受反竞争行为的影响，市场中的反竞争行为发生在公司过于庞大和强大，以至于其他公司很难与之竞争，拥有巨大市场影响力的公司可以设定比市场竞争情况下更高的价格，它还可能会采取对消费者、竞争对手、供应商和政府组织有害的其他做法。在第 2 章中，我们提到的联邦贸易委员会阻止洛克希德·马丁公司收购 Aerojet Rocketdyne Holdings，即是一例。[26] 再如，“法国的 OVHcloud 已经提出投诉，称微软正在滥用其在云计算市场中的地位，损害竞争”[27]。

纵向收购

纵向收购（vertical acquisition）是指公司收购供应商或分销商的一种或多种产品的行为。通过纵向收购，新成立的公司可以控制价值链（见第 3 章）的其他环节，这是纵向收购能增强市场影响力的原因。[28]

通过纵向收购，公司能够有机会获取价值链中与当前公司不存在竞争的其他环节所产生的价值，或者增加其在该价值链部分的参与度，并且有机会在成本和渠道方面更好地控制自己的命运。这些动机促使亚马逊寻求收购电影制片厂米高梅（MGM），后者曾是亚马逊电影的供应商。尽管亚马逊已经在制作自己的电影，但米高梅掌握着大量受欢迎的影片，包括“詹姆斯·邦德”系列。亚马逊打算利用这次收购来加强其 Prime Video（亚马逊视频品牌名称）流媒体服务，以更好地与网飞等竞争对手竞争。在批准这笔交易时，欧盟委员会的高级监管者表示：“这笔交易不会显著减少竞争，部分原因是这两家公司在电影制作方面并没有太多重叠。”[29]

公司还可以通过纵向收购提高生产效率，特别是如果在收购方和目标公司所在的行业之间存在某种程度相关性的情况下。[30] 此外，研究证据表明，参与纵向收购的公司的创新水平会提升。[31]

相关收购

相关收购（related acquisition）是指收购高度相关行业的公司的行为。通过相关收购，公司可以利用资源和能力整合产生的协同效应来创造价值。[32]

思科公司（Cisco Systems），一家位于加州硅谷的公司，致力于设计、制造和销售网络设备。随着时间的推移，该公司一直进行相关领域的收购，主要是为了能在其他产品市场上积极竞争打下基础。例如，随着软件成为所有网络产品日益不可或缺的部分，该公司正在收购支持和保护云计算的软件公司，这也是其最新的并购重点。2017 年，思科收购了云软件公司 BroadSoft（美国）和 AI 监控管理工具应用性能管理公司 AppDynamics（美国），随后在 2020 年收购了云通信软件公司 IMImobile（英国），以及云原生连接公司 Banzai Cloud（匈牙利）和 Portshift（以色列）。[33] 到了 2022 年，思科采取了大胆的举措，出价 200 亿美元竞购 Splunk（美国），该公司专门生产监控和分析数据的软件。[34]

克服进入壁垒

进入壁垒（见第 2 章）是指市场上已经存在的公司为了增加其他公司进入该市场的

成本和难度而采取的措施。[35]例如，市场上原有的公司在产品的生产和服务方面形成的规模经济。另外，与顾客的长期关系所创造的产品忠诚度，也是新进入者很难克服的障碍。[36]当面对一个产品差异化极高的市场时，新进入者经常需要花费大量的资源来宣传自己的产品，而且它们会发现，通过制定比竞争者更低的价格来吸引顾客不失为一计良策。

当面对规模经济和产品差异化造成的进入壁垒时，新进入者会发现通过收购市场中已有的公司进入该市场，比以竞争者的身份进入该市场向顾客提供他们并不熟悉的产品，显得更有效。实际上，进入壁垒越高，新进入者通过收购市场中现有公司来克服这一障碍的可能性就越大。通常对于那些希望进入外国市场的公司来说，进入壁垒是最高的。[37]因此，跨国收购是克服这些壁垒的常见方式。

跨国收购

跨国收购是指总部位于不同国家的公司间的收购。[38]过去，美国和欧洲的公司一直都在本土之外的市场上进行积极的收购活动。在当今全球竞争格局下，出于多方面的原因，来自全球各经济体的公司都参与到跨国收购中。实际上，在 2022 年，预计亚太地区的跨境收购数量将与北美地区大致相同。[39]

公司应该意识到，跨国收购，即便是已经完成的具有强大的战略动机作为基础支持的跨国收购，也并非没有风险。其中一个风险与目标公司所在国可能存在的高腐败水平有关。[40]高层管理者们可能来自发达经济体的公司，在那些行贿和不诚实行为司空见惯的国家收购和管理目标公司可能会遇到困难。不同国家之间存在的文化差异也可能使管理跨境收购变得困难。[41]此外，交易可能会因为目标公司所在国的客户、员工、媒体或监管机构对收购公司产生怀疑而被延迟或取消，他们可能认为重要利益相关者的福祉将会降低，或者该公司可能成为一个不良的企业公民，忽视其社会责任。[42]

中国因拥有规模和技术优势，对其他国家的潜在收购方具有很大的吸引力。很多外国公司通过收购进入中国市场。[43]

中国监管机构在批准跨境交易时持谨慎态度，尤其是在收购方缺乏管理目标业务的专业能力时。[44]公司在考虑跨境收购时，必须仔细研究风险以及潜在的益处。

降低新产品开发成本和加快进入市场的速度

在公司内部开发新产品并成功地推向市场，需要耗费大量的公司资源，包括时间成本，这使公司很难迅速获得可观的回报。[45]收购战略也是公司可以用来获取新产品或者一些对公司而言是新产品的现有产品的一种方式。相比公司内部新产品开发过程，收购所得的回报更具有可预见性，并且可以使公司快速进入市场。

塞拉尼斯（Celanese）是一家化学材料公司，为了更充分地满足客户的新需求，该公司正在开发一系列材料和树脂产品，试图通过收购和内部创新改善其在美国的工程材料业务。塞拉尼斯发现，在一些不断变化的领域，它可以更快地获得与自己相关的产品，并且这些产品满足了重要客户不断变化的需求。例如，该公司有兴趣进入新兴的无人机市场，它收购了Nilit Plastics公司，这笔交易提高了塞拉尼斯的尼龙合成能力，因此塞拉尼斯现在可以设计和提供自动驾驶汽车所使用的大量传感器和摄像头的外壳材料。塞拉尼斯公司还以110亿美元收购了杜邦公司的移动和材料业务，这是其有史以来最大的一笔收购。[46]

比开发新产品的风险更小

由于估计有88%的创新未能获得足够的回报，公司对于其投资于开发和商业化新产品的资本能否获得足够回报存在担忧，此担忧可能导致管理者将内部产品开发视为高风险活动。[47]

与内部新产品开发的效果相比，收购的效果更易于进行准确的评估，因而管理者将收购视为一项风险较低的活动。[48]但是，相对于公司在内部开发新产品带来的风险，在实施收购时，公司还是应该谨慎地降低风险。事实上，尽管有研究指出，收购战略是避免内部投资风险（尤其是研发投入的风险）的常见手段，但收购也可能成为公司创新的替代品。[49]

长此以往，依赖于其他人来实现创新会使得公司容易受到攻击，并且当创新成为一种财富创造的驱动力时，公司将无力掌控自己的命运。因此，一个清晰明确的战略动机将驱使公司选择完成的收购类型。如果收购公司是为了获得某种特定的创新或某种特定的与创新相关的能力，那么收购方应该明确是如何创新的，或者是出于战略目的，如何将创新相关的技能与公司运营相融合。[50]

增加多元化

收购还可以用来实现公司的多元化发展。基于经验和对上述分析结果的深刻理解，公司发现在目前服务的市场上开发和推出新产品要相对容易一些。相反，在公司缺乏经验的市场上推出与公司现有产品线完全不同的产品则要难得多。因此，公司往往不会通过自己内部开发新产品来达到产品多元化的目的。[51]

收购战略可以用来支持非相关和相关多元化战略。在一个相关多元化的例子中，谷歌在2022年以近54亿美元收购了Mandiant网络安全公司。在解释这次收购时，谷歌云的首席执行官托马斯·库里安（Thomas Kurian）说，“谷歌希望借鉴Mandiant对其产品应用安全解决方案的洞察，并打算保留Mandiant品牌。”[52]这次收购将使谷歌在云技术领域的定位更加强大。

大型集团公司三星集团采用了非相关多元化战略来进一步拓展其多元化经营。三星的总部位于韩国水原市，旗下有近70家公司，在电子、建设、人身保险以及时装等各个非相关领域展开竞争。三星集团是韩国最大的企业集团。三星电子（Samsung Electronics）是该集团三大核心单元之一，其特征是包含全球众所周知的三项业务——移动设备（如智能手机）、家用电子产品（电视和家用电器）以及电子元件（如半导体和显示屏）。2017年，三星收购了专注于车用音响电子产品的哈曼（Harman）。这一举措表明了三星对扩张到汽车市场、工业自动化和数字健康领域的兴趣。2020年，三星收购了网络服务提供商 TeleWorld，以改善其端到端的网络支持，并帮助在美国推广 5G。之后，2021 年底，三星与 Biogen 公司展开收购谈判，这是一家制药公司，其最近在美国获得了一种新的阿尔茨海默病治疗方法的批准。[53]

实施收购战略的公司需要注意，一般来讲，被收购公司与收购公司越相似，收购获得成功的可能性越大。因此，尽管在不同行业进行的互补性收购有助于公司拓展能力，但是横向收购和相关收购要比收购那些在不同产品市场运营的其他公司，更能提升公司的战略竞争力。然而，如果能够以提升公司价值的方式进行——如三星公司正在实施的非相关多元化战略，非相关收购也能够带来成功。

重构公司的竞争范围

正如第 2 章中讨论的，竞争性对抗的强度是影响公司盈利能力的行业特征。为了减少激烈的对抗对财务绩效的影响，公司会采取收购战略来降低对产品或市场的依存度。[54]依赖程度降低，可以重新构造公司的竞争范围。例如，在竞争极其激烈的数字教育行业中，Byju 通过多次收购来扩大其产品范围，最近的一次收购是在 2021 年购买了奥地利数学软件公司 GeoGebra。Byju 期望这次收购能够为其产品组合创造新产品，减少公司对单一产品的依赖。[55]

另一个例子是 Carvana 以 22 亿美元在 2022 年收购了 ADESA U. S. 公司。[56] Carvana 在美国以其上门送车服务和可堆叠数十辆二手车的汽车塔而闻名。二手车市场竞争非常激烈，除了强劲的竞争对手 CarMax，还有 AutoNation 以及众多其他全国性、地区性和本地的经销商参与竞争。ADESA 面向有执照的汽车和特种车辆经销商进行公开拍卖。增加汽车拍卖扩大了 Carvana 的经营范围。还应注意，这是一种可以增加 Carvana 市场影响力的垂直整合形式。一家公司出于我们在本节中讨论的一个以上原因进行收购并不少见。实际上，这可能是常态，而不是例外。

学习和发展新能力

有时，公司可以通过收购来获取自己原本缺乏的能力。例如，公司经常收购以技术为导向的公司，以加速其创新过程。[57]研究表明，公司可以通过收购来拓展知识基础以及减少惯性（如对变化的抵触），公司通过跨国收购网罗来的各类优秀人才，可以帮助公司提升潜在能力。[58]当然，如果这些被收购的能力与公司自身的能力具有相似性，公司就能更好地学习这些能力。[59]因此，公司应寻求收购与本公司既有区别又有一定相关性和互补性的公司，将其作为建立自身知识基础的一种途径。[60]

作为获得新能力的一个收购案例，Uniphore 软件系统公司收购了 Emotion 研究实验室，为其软件产品组合增添了视频人工智能（AI）功能。[61]其效果令人印象深刻。该公司的愿景是“成为领先的对话式 AI 和自动化平台，以实现每一次企业会话的价值。”[62]它将语音 AI、计算机视觉和音调情绪结合在一起，打造“对话自动化平台”，无论使用何种语言或方言（包括情感和意图），该平台都能允许进行准确、个性化和自动化的对话。公司的双总部设在印度和美国硅谷，同时在西班牙、日本、新加坡和以色列设有办公室。

另一个例子是，面对高度竞争的石油行业环境以及来自利益相关者投资“绿色”能源的压力，雪佛龙（Chevron）支付了超过 30 亿美元收购可再生能源集团（Renewable Energy Group），这是一家制造可再生燃料的公司。该公司利用食用油或玉米等原料制造生物柴油和其他燃料。这次收购为雪佛龙提供了一个未来将变得更加重要的领域中急需的能力。其首席执行官迈克·沃斯（Mike Worth）这样解释：“我们创建的是一个系统，而不仅仅是购买一个业务来填补空缺。它是在构建能力，使得我们可以采用各种各样的原料，去做与我们历史上做过的非常类似的事情。”[63]

7.3 阻碍收购获得成功的因素

如本章所讨论的，有效且恰当地采用收购战略能够促进公司努力获取超额利润。然而，收购战略并不是不会出现问题。图 7-1 展示了实施收购的原因以及阻碍收购成功的因素。

图 7-1　实施收购的原因和阻碍收购成功的因素

研究表明，在所有的合并和收购中，大约 20% 是成功的，60% 的结果不尽如人意，剩余的 20% 则是完全失败的。有证据显示，技术收购的失败率甚至更高。[64] 然而，一般来讲，实施收购战略似乎能够提高公司取得成功的能力。接下来，我们将讨论与成功收购相关的一些特征（如表 7 - 1 所示）。虽然这些特征可能会提高成功率，但采用收购战略的公司应当认识到那些往往会阻碍收购成功的因素，尽可能地避免它们发生。我们在图 7 - 1 中展示了这些因素，并在接下来的部分进行讨论。

表 7 - 1　成功收购的特征

特征	效果
1. 被收购公司的资产或资源与收购公司的核心业务具有互补性	1. 通过保持优势来提高获得协同效应和竞争优势的可能性
2. 收购是善意的	2. 更迅速、更有效的整合，较低的费用
3. 收购公司通过有效的尽职调查选择和评价目标公司（财务、文化、人力资源）	3. 收购最具互补性的公司并且避免超额支付
4. 收购公司具有宽松的财务状况（现金或有利的债务状况）	4. 更容易以较低的成本获得融资（债务或股票）
5. 被收购公司保持中低程度的负债水平	5. 低融资成本、低风险（如破产）、避免高债务带来的负面效应
6. 收购公司一贯强调研发和创新	6. 在市场上保持长期竞争优势
7. 收购公司很好地管理变化并具有灵活性和适应性	7. 快速有效地整合来达到协同效应

整合的困难

绝对不能低估成功整合的重要性。[65] 实际上，一些人认为整合过程是决定合并或收购成功与否的最重要因素。这种观点强调了收购之后的整合阶段往往是一整套复杂的组织过程，充满着困难和挑战。由于文化冲突和组织政治，这些过程通常会带来不确定性和抵抗。[66] 当试图整合收购公司与被收购公司时，在努力整合收购方与被收购方时，关键在于如何对待员工，包括公平性认知、沟通的透明度，以及对情感需求的关注。[67] 与整合过程相关的一些挑战包括：

- 融合两个或两个以上公司独特的公司文化；
- 连接不同的财务和控制系统；
- 建立有效的工作关系（尤其是当管理风格相左时）；
- 确定领导结构以及整合后的公司的岗位填充人选。[68]

对收购对象评估不充分

尽职调查（due diligence）是指潜在收购者对收购对象进行评估的过程。[69] 有效的尽职调查过程需要从各方面检查上百个项目，包括拟议交易的财务问题、收购双方企业文化的差异、交易带来的税收问题、未决法律诉讼、关键管理者背景、合同，以及为成功融合双方的员工而采取的措施。确定目标公司是否设有在收购发生时生效的“毒丸计划”也是非常重要的。[70] 如第 6 章首次提到的，“毒丸计划”是为阻止潜在收购者而采取的机制。第 6 章中还描述了金色降落伞。另一种“毒丸计划”允许投资者在可能的收购者持有公司大量股份并意图接管时，能以低价购买公司额外的股份。[71]

尽管积极寻求收购的公司也会从内部组建自己的尽职调查小组，但尽职调查通常由一些专业机构来执行，如投资银行德意志银行、高盛银行和摩根士丹利（Morgan Stanley），以及会计师事务所、律师事务所和管理咨询顾问。即使是公司自行开展尽职调查，大多数公司也会与中间商合作，例如大型投资银行，以促进尽职调查工作。有趣的是，研究表明，当某家投资银行促成了更多的与尽职调查相关的收购时，公司的收购绩效会有所提升，当与一家特定的投资银行的关系变成独家合作时，公司的绩效反而会有所下滑。[72] 研究还发现，当收购方和目标公司的运营活动在地理上有所重叠时，两家交易公司之间的非正式尽职调查就会得到促进。[73] 由于尽职调查为收购过程增加了成本，公司需要在尽职调查过程中获取更多信息的需求与获取该信息的成本之间进行权衡。[74] 因此，尽职调查是一个复杂的问题，需要管理层仔细关注。

尽职调查大多集中在评估财务状况以及会计标准（财务审计）的准确性方面，但还需要审查战略适应情况，以及收购公司有效地整合被收购公司来实现交易的潜在目标的能力。[75] 梯瓦（Teva）以 405 亿美元的价格从艾尔健（Allergan）收购阿特维斯仿制药（Actavis Generics），如果有一个全面综合的尽职调查过程就能够降低收购公司得到不良结果的可能性。这笔交易使梯瓦背上了沉重的债务。同时，仿制药面临价格压力，这是由于监管机构对仿制药加快了批准进程，增加了竞争的激烈程度。[76] 此外，梯瓦还收购了一家规模较小的墨西哥仿制药生产商 Rimsa，该公司在交易完成后被发现此前隐瞒的“欺诈行为”，因此梯瓦损失惨重。[77] 在这两种情况下，有效的尽职调查本可以预防很多问题。

尽职调查的大部分过程是在一家公司宣布收购另一家特定公司的意愿之后发生的。然而，在这一事件发生之前，潜在的收购方需要评估它愿意为目标公司支付的超出市场价值的溢价幅度。公司愿意为收购一家它认为能够提高其获得超额回报的能力的企业支付溢价。确定恰当而确切的溢价是具有挑战性的。[78] 虽然收购方可以预估协同效应产生的价值，但它仅仅是预估。只有通过努力整合公司，然后在市场中进行竞争行动后，协同效应的真实价值才会被知晓。当公司高估了协同效应的价值或与收购相关的未来增长潜力时，它支付的溢价可能会被证明过高了。[79] 管理的挑战在于对每一家收购目标公司进行考察，以确定收购公司应支付的合适的溢价。[80]

巨额或非正常水平的债务

在 20 世纪八九十年代，有些公司为了给大规模的收购进行融资而显著地提高了它们的债务水平。如今的公司对于完成一项收购所能承受的债务水平更加谨慎，公司在评估收购的可能性时需要知道承担太多的债务可能带来的问题。从这层意义上来说，实施收购战略的公司应该确定它们的收购不会为公司带来超出能力范围的债务负担，以保持自己是一个有偿还债务能力的、朝气蓬勃的竞争者。

垃圾债券是一种融资创新手段，在实施收购时，这种方式为公司早期承担大额债务提供了支持。如今已经很少使用“垃圾债券”这一说法，现在更普遍地称之为高收益率债券，这是一种融资选择，也就是通过向投资者（债券持有人）许诺支付高额的回报来为风险性收购进行融资。[81] 由于垃圾债券是一种无担保债务，即没有固定资产作抵押，在 20 世纪 80 年代，这些债券的利率一度达到 18%～20%。[82] 此外，这些类型的债券的利率往往非常不稳定，这可能将公司置于更严重的财务风险之中。[83]

一些金融经济学家将债务视为一种对管理者进行约束的手段，促使管理者按照股东的最佳利益行事。[84] 其逻辑在于：因为公司负债累累，管理者在做决策时必须更加谨慎，否则公司可能会面临失败的风险。然而，认为债务能够约束管理者的观点，如今并不像过去那样得到广泛支持。[85]

由于投标竞争，收购方可能会对收购目标公司的决策做出过度承诺，可能会导致巨额或非正常水平的债务。虽然财务理论表明，在争取完成收购时管理者会做出理性决策，但也有其他一些研究表明，理性并不总是能促成收购决策。狂妄自大（例如，管理者认为他们能比上一任团队更好地管理目标公司）、完成某项特定收购的承诺升级，以及自身利益，有时候会影响高层管理者支付高额溢价，这可能会导致公司为收购目标公司承担过高的债务。[86] 过度的债务可能使管理者变得厌恶风险，从而会减少他们对其他对未来发展至关重要的高风险活动的投资意愿，比如新的研究与开发项目。

难以形成协同效应

协同效应源自希腊语“synergos”，意思是“共同工作”。如果各单元共同工作创造的总价值超出各单元独立工作创造的价值的总和，就意味着产生了协同效应（见第 6 章）。[87] 也就是说，当资产结合在一起使用比单独使用更有价值时，就产生了协同效应。对股东来说，协同效应为他们赢得了更多的财富，并且这种效应是他们单独使用多元化组合方法所无法复制和超越的。[88] 新成立公司中不同业务间高效的规模经济、范围经济和资源共享（如人力资本和知识），可以产生协同效应。[89]

只有当交易产生独有的协同效应时，公司才能通过收购战略发展竞争优势。独有的协同效应（private synergy）是指，联合和整合收购双方公司的资产而产生的能力和核心竞争力，是收购双方中任何一方的资产与其他公司资产进行联合和整合所达不到的。当收购双方的资产以某种独特的方式互补时，可能会产生独有的协同效应，也就是说，如果只是将两家公司的一系列资产进行简单组合，并不总能产生这种独特的资产互补性。[90] 尽管独有的协同效应很难产生，但正是由于这种独有性，这种协同效应才这么有吸引力，竞争对手很难理解和模仿这种独有的协同效应，意味着它将为公司带来竞争优势。

公司降低成本的能力会影响创造独有的协同效应，这些成本是创造预期收入和以成本为基础的协同效应所必需的。公司试图通过收购来创造独有的协同效应时会产生一些费用，这些费用称作交易成本。[91]交易成本可以是直接成本，也可以是间接成本。直接成本包括律师费用，以及投资银行家为实施收购的公司完成尽职调查所收取的费用。间接成本包括评估目标公司以及完成后续谈判所花费的时间、收购造成的关键管理人员和员工的流失。[92]2019 年，法国金融巨头安盛集团（AXA SA）暗示，将收购 XL 集团（XL Group Ltd.），并组建全球规模最大的财产保险公司。尽管安盛集团首席执行官托马斯·布伯尔（Thomas Buberl）基于"成本方面和资本方面"的协同效应为收购进行了辩护，但市场并不太看好这次交易的潜力。一位分析人士表示："迄今为止，从我与投资者的对话来看，他们都提到了三件事：错误的资产、错误的时机和错误的价格。"当收购完成时，安盛集团可能会为此次交易支付 33% 的溢价。[93]当估计收购与被收购企业的资产结合所可能产生的协同效应的价值时，公司往往会低估总的间接成本。

过度多元化

正如第 6 章所解释的，有效应用多元化战略可以帮助公司获取超额利润。一般来讲，实施相关多元化战略的公司的业绩要好于实施非相关多元化战略的公司，但是实施非相关多元化战略产生的企业集团也能获得成功。

然而，在有些情况下，公司也可能变得过度多元化。对于不同的公司来说，多元化是否过度的判断标准是不一样的。第 6 章曾提到，与非相关多元化相比，相关多元化需要处理更多的信息。正因为如此，相关多元化公司中出现过度多元化的业务部门的可能性要比非相关多元化公司少。[94]然而，不管实施哪种多元化战略，过度多元化都会导致业绩下滑，并且可能会做出剥离一些业务部门的决策。[95]这种剥离通常会使公司重构竞争范围，这也是公司重构战略的一部分（后续章节将针对重构战略进行更详细的讨论）。

即使公司并未过度多元化，但高度多元化也会对公司的长期业绩产生负面影响。例如，额外的多元化带来的业务范围的拓展，使管理者更多地依赖于财务控制而不是战略控制（财务控制和战略控制将在第 11 章和第 12 章中讨论）来评估业务部门的业绩。当高层管理者缺乏对业务部门的目标和战略的全面理解时，他们经常依靠财务控制来评价业务部门的业绩表现。使用财务控制，如投资回报率（ROI），会导致各业务部门的管理者以牺牲长期投资为代价，片面追求短期利润。如果公司为了增加短期利润而减少长期投资，可能会对公司整体的绩效能力产生负面影响。[96]

过度多元化引起的另一个问题是，公司倾向于将收购变为创新的替代品。[97]尽管管理者并不会故意用收购来代替内部的研发，却会产生一个不断加强的循环过程。也就是说，收购带来的成本问题会减少对某些与创新相关的活动（如研发活动）的资金分配。没有足够的资金支持，公司的创新能力会逐渐衰退。创新能力的衰退使公司只能通过额外的收购来获得创新。有证据显示，那些用收购活动代替内部创新的公司，最终会在业绩方面遇到各种问题。[98]

管理者过度关注收购

通常来说，收购战略若想成功，就需要管理者投入大量的时间和精力。他们需要完成的主要工作包括：

- 寻找各种收购对象；
- 完成有效的尽职调查过程；
- 准备谈判；
- 收购完成后，管理整合过程。

虽然管理者不会亲自收集各种与收购有关的信息和数据，但一些关键的决策是由他们做出的，如决定收购对象以及收购谈判的方式等。[99]实际上，研究表明，首席执行官所具备的知识和技能会影响公司寻求何种类型的收购（例如，无关收购或相关收购）。[100]这一证据显示了高层管理者在收购过程中的参与程度。一些公司的经验表明，参与并监督一些与收购相关的活动，分散了管理者的注意力，他们无法很好地关注与获取长期竞争优势相关的活动，如对有利机会的识别和把握，以及与外部利益相关者的沟通。[101]

研究表明，管理者在收购过程中会过于投入。[102]一位观察家指出："一些管理者沉浸于交易过程——享受着选择、追逐和掌控目标带来的快感。"[103]从错误中吸取教训以及听取会议中提出的不同意见，可以避免管理者过度投入。这些不同意见有助于保证对问题的全面考虑。[104]例如，研究表明，董事会在制定关于收购的决策时，可能会存在群体偏见。研究也表明，在群体估计对收购目标公司可能支付的溢价时，可能存在的群体极化现象会导致要么支付过高的溢价，要么支付过低的溢价。[105]一旦收购失败，管理者往往会归咎于他人或者变幻莫测的商业环境，而不是追究他们自己在收购过程中的过度投入。对于高层管理者而言，在收购战略中找到一个合适的投入度是一个很有挑战又非常重要的任务。

规模过于庞大

大多数收购会导致公司规模变大，这有助于公司形成或强化规模经济，会提高运营效率。例如，两个销售部门整合之后可以减少销售代表的数量，因为每个销售代表都可以同时销售两家公司的产品（尤其是两家公司的产品高度相关时）。[106]然而，规模使管理变得相当复杂，从而导致规模不经济。也就是说，收购造成的复杂组织的管理成本要超过规模经济带来的收益。

鉴于潜在的规模经济和市场影响力，许多公司都寻求扩大规模，但是规模达到一定程度后，管理大公司花费的成本就会超过规模经济和市场影响力带来的收益。规模扩大引起的组织复杂性的增加，会使管理者的控制手段更加官僚化。官僚式控制（bureaucratic controls）是指公司制定的监管机制、行为准则和政策，通常是为了保证跨部门决策和行动的一致性。然而，随着时间的推移，这种一致的控制方式会导致管理模式过于僵化和标准化，从而可能会损害公司绩效。[107]

当然，从长远看，这种缺少灵活性的管理方式还会减少公司的创新。[108]创新对绩效至关重要，因收购战略导致的规模扩大而产生的官僚控制可能会对公司的绩效产生负面影响。因此，尽管管理者可能决定他们的公司应该完成收购，以追求规模扩大化，进而实现盈利增长，但他们应避免让公司发展到收购损害绩效的程度。

7.4 有效的收购

正如我们所提到的，收购战略并不一定总能为收购公司的股东带来超额利润。然而，有一些公司能利用收购战略创造价值。研究表明，当收购的性质以及完成收购的过程与表7－1所列的成功收购的特征保持一致时，通过收购创造价值的可能性会有所提高。[109]例如，当被收购公司与收购公司的资产具有互补性时，收购获得成功的可能性更大。资产具有互补性时，两家公司运营的整合更有可能产生协同效应。事实上，整合两家具有互补资产的公司经常会形成独特的能力和核心竞争力。资产具有互补性时，实施收购的公司可以把注意力放在核心业务、互补资产的平衡以及被收购公司的能力上。[110]在有效的收购中，收购方经常通过在收购之前建立合作关系来筛选目标。[111]

研究结果还显示，善意收购有助于收购双方的整合。当然，如果目标公司对收购方的出价予以积极回应，将提高善意收购发生的可能性。通过善意收购，双方可以共同合作来产生协同效应，与此同时以比恶意收购更快的速度来整合运营。[112]善意收购还能使领导和运营整合更容易，从而有助于提高整合进程中创造协同效应的能力。

此外，有效的尽职调查过程，包括对目标公司的谨慎选择以及对这些公司的健康状况（财务状况、文化适应性和员工的价值观）进行的评估，会促进收购的成功。[113]收购双方以负债或现金形式表现出来的宽松的财务状况，也有助于收购获得成功。[114]尽管宽松的财务状况为收购提供了融资便利，但在收购之后，保持中低水平的负债以维持较低的债务成本非常重要。为了给收购提供资金支持而承担相当数量的负债时，在成功实施收购后，公司需要迅速降低负债水平，其中一种方法就是出售被收购公司的资产，尤其是那些非相关的或业绩较差的资产。对这些公司来说，债务成本还不至于阻碍研发等长期投资，并且现金流管理具有相当大的回旋余地。

成功的收购战略的另一个特征是对创新的重视，例如对研发活动的持续投入。[115]政府对博通收购高通的担忧之一是，博通在其过去的收购之后不具备强大的研发投资传统，而高通作为5G网络建设的领导者，需要强大的创新投资来维持其领导地位。[116]

灵活性和适应性是成功收购的最后两个特征。如果收购双方的管理者都有管理变革以及相关收购的经验，那么他们能更好地对能力进行调整以适应新的环境。[117]最终结果是，他们对整合两家公司游刃有余，这对于两个文化不同的公司来说是极其重要的。

正如我们所知道的，公司实施收购战略是为了创造财富和获取超额回报，但有时收购战略的结果会低于预期，在这种情况下，公司就需要考虑使用重组战略。

7.5 重组

重组（restructuring）是指公司用来改变业务框架或者财务结构的战略。[118]重组是一种日益重要的全球现象。[119]过去，从公司业务组合中剥离一部分业务以及精简公司规模（如裁员），占据了公司重组战略的绝大部分。一般来讲，重组之后，公司会聚焦于更少的产品和市场。在某些情况下，一些规模庞大且业务高度多元化的公司会拆分为多个较小的公司，例如通用电气和东芝（Toshiba）——它们均计划拆分成三家独立的公司。[120]

尽管公司经常会在收购达不到预期效果时使用重组战略，但有时公司也会因为觉察到了外部环境的变化而采用这一战略。例如，强生公司计划拆分成两家独立公司（一家负责消费品，另一家负责药品和医疗设备），这两家独立运营的公司将比之前更好地应对它们各自截然不同的行业环境的需求和挑战。[121]在像这样的案例中，重组可能是恰当的，以使公司能够为利益相关者创造更多价值。[122]

研究表明，许多高层管理者“坚持持有那些曾经对投资组合至关重要，现在却是不必要的、资源消耗和资本占用的业务”[123]。然而，**激进投资者**（activist investors）可以对公司施加压力，要求其要么进行重组，要么挂牌出售。这些投资者持有公司重要但非控股的权益。激进投资者利用自己的地位获得董事会席位，并就公司可以采取何种措施来提高股东回报提出股东提案。[124]例如，激进投资者 Mill Road 资本管理有限公司拥有折扣零售商 Big Lots 5. 1% 的股份，正在向该公司施压，要求其挂牌出售。[125]在战略聚焦中，联合利华重组计划展示了本节涉及的许多话题，包括激进投资者的影响。第 10 章将更深入地讨论激进投资者。

战略聚焦　联合利华
在激进投资者的压力
下加速了重组进程

公司通常采用三种类型的重组战略：精简、收缩和杠杆收购。前两种战略都涉及剥离业务，第三种战略通常也涉及。剥离业务有几种常见的方式。一种是完全出售，即公司直接将一家企业（或几家）出售给另一家公司。例如，拜耳公司（Bayer AG）将其害虫控制单元以 26 亿美元的价格出售给了私募股权公司 Cinven。[126]另一种是分拆，即拥有被剥离业务的公司通过出售被分拆业务的新股份，或按股东在母公司持有的股份比例给予股东被分拆业务的股份，创建一家独立公司。AT&T 分拆了其华纳媒体（WarnerMedia）部门，以便专注于建设更多的光纤线路。[127]同样，日本综合企业东芝决定分拆其包括半导体在内的设备业务，以努力提高股东回报。[128]像这样的剥离通常会导致从事这些活动的公司财务业绩提高。[129]此外，研究人员还发现，它们可以将更多的流动资源（如现金）分配给此类活动，以提高企业社会责任绩效。[130]此外，鉴于与剥离相关的组织变革可能伤害利益相关者，尤其是被剥离业务的利益相关者，因此以利益相关者为导向的公司不太可能从事剥离行动。[131]

另一种剥离形式，是不完全的形式，称为分拆，即母公司只向投资者出售公司的部分权益，而保留被分拆公司的大部分或控股权益。本章前面讨论的英特尔宣布将其魔视智能业务单元公开上市就是一个分拆的例子，英特尔保留了公司的控制权。研究表明，寻求出售的母公司比分拆的母公司表现得更好。[132]

精简

精简（downsizing）是指减少公司雇员或者经营部门的数量，但可能不会改变公司业务组合的要素。如战略聚焦中所讨论的，联合利华的重组计划包括通过裁减数千名员工进行规模缩减。精简是一种有目的的管理战略，其目的在于改进公司绩效。与之相反，组织衰退大多会导致公司资源，包括员工数量甚至部门数量的减少，这是由公司无效的竞争性行动所带来的一种非目的性结果。[133]

实施精简时，公司会有目的地做出保留某些资源或减少某些资源的决策。然而，组织衰退会使得公司失去获取一系列资源的渠道，这些资源中有许多对于当前和未来的绩效至关重要。因此，精简是一种正当合理的战略，并不一定是组织衰退的迹象。[134]然而，裁员的公司可能会失去对竞争至关重要的关键资源，比如熟练员工或生产性资产。[135]

在完成收购之后，精简可能是一种恰当的战略，尤其是在收购方与被收购方的运营与战略存在显著相关关系的情况下。在这种情况下，新成立的公司在某些职能领域可能会能力过剩，例如销售、生产、分销、人力资源等。这种过剩的能力反而会阻止新成立的公司达到预期的协同效应以及与之相关的成本降低。[136]管理者需要谨记的是，只有坚持始终如一的人力资源管理政策，确保精简决定的公正和公平，精简战略才会更有效。[137]

收缩

收缩（downscoping）是指剥离、分立或者其他一些削减公司非核心业务的方法。与精简相比，收缩对公司业绩具有更加积极的影响，这是因为收缩可以使公司更好地聚焦于核心业务。[138]“出售那些不再符合公司战略，但可能成为另一家公司投资组合的有吸引力的业务单元，可以获得资金。这些资金可以用来加强保留下来的业务，或者收购更符合公司选定方向的新业务。”[139]公司多元化程度的降低可以提高管理者的效率，高层管理团队也可以更好地理解和管理剩余业务。[140]此外，研究表明，在剥离之后，制药公司的创新质量（例如，实现重大突破的可能性）有所提高，这很可能是由于能够专注于公司技术组合中剩余的部分。[141]

有时，公司还会同时使用精简和收缩战略。如上所述，裁员的公司需要避免失去对竞争力至关重要的关键员工或其他资源。另外，同时使用这两种战略的公司应该有目的地缩减规模，这是减少多元化业务组合以使公司聚焦于核心领域的决策所带来的一种结果。[142]

杠杆收购

杠杆收购（leveraged buyout，LBO）是一种企业重组战略，指通过大量举债融资来完成对另一家公司的收购。[143]这种操作也称为“公司私有化”，因为收购完成后目标公司的股票将不再公开交易。杠杆收购通常由私募股权公司主导。[144]私募股权公司从高净值人群和机构投资者那里募集资金，这些投资者追求的是获得比公开股票市场更高的投资回报。[145]杠杆收购也可能由目标公司的管理层（甚至单一管理者）发起，有时也会出现由员工群体发起的情况。

一般来讲，杠杆收购是作为一种重组战略来纠正管理错误，或者是因为管理者在进行决策时是以自己的利益而不是股东的利益为出发点。[146]然而，也有一些公司利用杠杆收购来丰富公司资源以及拓展经营，而不是简单地重组不良资产。

为了偿还债务，收缩战线，集中精力发展核心业务，公司的新东家可能会快速出售一部分资产。的确，有些公司杠杆收购其他公司，并且在 5～8 年内对被收购公司进行重组，直到能够将其出售并从中获利，这种现象还是比较普遍的。这种情况通常发生在那些策划杠杆收购的投资者获得巨额回报的时候。

研究表明采用杠杆收购可以收缩战线，提升战略聚焦程度，并且改善经营业绩。[147]此外，管理层收购可以给公司带来更多的企业家行为和公司增长。[148]因此，可以说，杠杆收购是公司重获新生的一种方式，它能够更好地促进企业家获得成就，并且刺激公司的战略性增长和提高生产率。[149]

7.6　重组的效果

图 7－2 列举了采用三种重组战略带来的短期和长期效果。精简一般不会给公司带来很好的业绩表现。[150]事实上，一些研究结果发现，对美国和日本的公司来说，精简甚至会降低公司的回报。这些国家的股票市场都对精简做出了负面评价，认为精简不利于公司获得长期战略竞争力。这些国家的投资者也认为，精简会导致公司内出现一系列问题。[151]之所以会有这样的观点，主要是因为在宣布大规模精简之后，公司的声誉会不断下滑。[152]

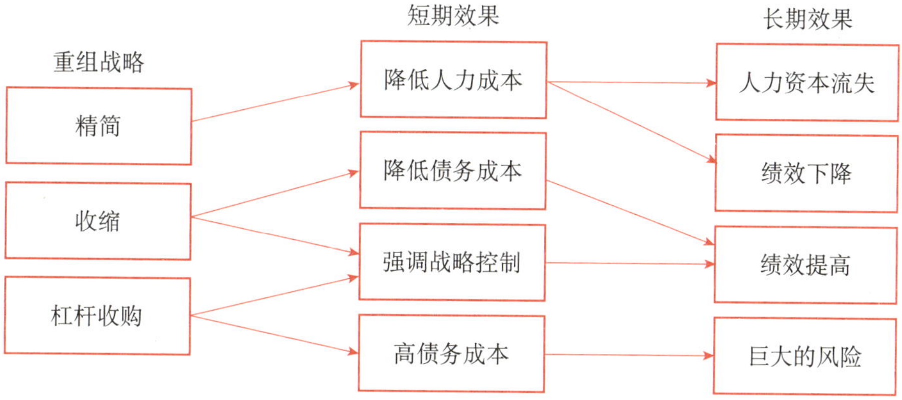

图 7－2　重组及效果

人力资本流失是精简的另一个潜在问题（见图 7－2）。具有多年经验的老员工的流失实际上就代表了大量知识的流失。如第 3 章所述，在全球经济下，知识对于公司获得竞争成功是至关重要的。研究还显示，高价值人力资本的流失会逐步降低顾客的满意度。[153]因此，总体来说，精简更具有策略性价值（或者短期价值）而不是战略性价值

（或者长期价值），这也意味着，公司在重组过程中使用精简战略时需要特别谨慎。

一般而言，无论长期还是短期，与精简或杠杆收购相比，收缩都会给公司带来更积极的效果。收缩预期能带来长期高绩效，是公司降低债务成本以及强调对核心业务的战略控制的结果。在这种情况下，重新聚焦的公司可以提高竞争力。[154]

公司整体杠杆收购因被视为财务重组的一种重大创新而备受瞩目。这种类型的重组是非常复杂的，尤其是涉及跨国收购时。[155]此外，这种重组也不可避免地带来一些负面影响。[156]首先，大量的债务会增加公司的财务风险。20 世纪 90 年代，大量公司在实施整体杠杆收购之后申请破产的案例就是很好的证明。有时，公司提高被收购公司的效率并且在 5 ~8 年内将其出售的意图，会导致短期行为并将管理聚焦于风险规避。[157]结果是，这些公司对研发投入明显不足，或者无法采取行之有效的行动来保持或提高公司的竞争力。[158]由于收购经常导致大量的债务，大多数杠杆收购都发生在具有稳定现金流的成熟行业中。稳定的现金流为收购方偿还将公司私有化所带来的债务提供了支持。

小结

对于全世界各个国家的公司而言，合并和收购战略备受青睐。公司力图通过这一战略创造价值并超越竞争对手。

通过合并，两家公司同意在相对平等的基础上整合它们的运营。通过收购，一家公司购买另一家公司的大部分或全部股份，并将被收购方作为其投资组合中的子公司。接管是一种特殊类型的收购，即目标公司并未主动寻求收购方的报价。

横向收购是指收购与那些与公司处于同一行业的竞争对手。纵向收购是指公司收购其一个或多个产品的供应商或分销商。相关收购则指一家公司收购处于高度相关行业的另一家公司。

公司采用收购战略的目的是：

- 提高市场影响力；
- 克服进入新市场或新地区的壁垒；
- 降低开发新产品的成本，加快进入新市场的速度；
- 降低进入新业务的风险；
- 更加多元化；
- 通过发展不同的业务组合重塑竞争范围；
- 加强学习，以此作为发展新能力的基础。

实施收购战略中遇到的问题主要有：

- 有效整合公司的困难；
- 对目标公司价值的错误评估；
- 增加债务负担，从而减少长期投资（如研发）；
- 高估协同效应的潜在力量；
- 过度多元化；
- 内部管理者为分析和完成收购而投入过多的时间和精力；
- 公司规模过于庞大，以至于必须实行官僚控制而不是战略控制。

有效收购的特征有：

- 收购双方公司的资源具有互补性，并以此作为发展新能力的基础；
- 善意的收购，从而为公司资源的整合提供便利；
- 在完成全面的尽职调查基础上选择和收购目标公司；
- 收购双方都有足够的现金和负债能力；
- 新成立的公司通过出售被收购公司的部分资产或者原公司中经营不善的部门，来保持中低水平的负债；

- 收购双方都有应对变化的经验；
- 新公司强调研发和创新。

重组通过纠正无效管理引发的问题来改善公司经营业绩。通过精简进行的重组主要包括员工数量和管理层级的削减。尽管它可以减少短期成本，但是以牺牲长期成功为代价，因为精简将导致具有价值的人力资源（和知识）的流失以及公司整体声誉的损失。

通过收缩进行重组的目的是降低公司的多元化水平。公司通常会通过剥离非相关业务来达到这一目的。减少非相关业务有助于公司和高层管理者聚焦于核心业务。

通过杠杆收购，被购买公司可以变成私人财产。尽管有限合伙人（机构投资者）的作用正变得日益显著，但杠杆收购通常需要大量融资。普通合伙人可以采用各种战略，并且当有限合伙人拥有更长的投资期时，一些普通合伙人会更重视权益而不是债务。管理层收购、员工收购和公司整体收购是杠杆收购的三种方式。由于管理层收购对管理者具有明显的激励作用，因此它成为三种收购方式中最成功的一种。有时，收购的目的是，在 5 ~8 年内提高被收购公司的效率和业绩，从而将其成功地出售。

通常重组的主要目标是获得或重建有效的公司战略控制体系。在三种重组战略中，收缩与建立和使用战略控制的联系最为密切，并且能更好地提高经营业绩。

关键术语

激进投资者（activist investors）
收购（acquisition）
收缩（downscoping）
精简（downsizing）
尽职调查（due diligence）
横向收购（horizontal acquisition）
杠杆收购（leveraged buyout，LBO）
合并（merger）
相关收购（related acquisition）
重组（restructuring）
接管（takeover）
纵向收购（vertical acquisition）

复习题

1. 为什么很多参与全球竞争的公司喜欢采用合并和收购战略？
2. 哪些原因促使公司使用收购来获得战略竞争力？
3. 阻碍公司成功实施收购的七个主要因素是什么？
4. 成功的收购的特征是什么？
5. 什么是重组？它的主要形式是什么？
6. 不同的重组战略的长期和短期效果分别是什么？

微案例　两个收购方意欲竞购定位低端市场的 Spirit 航空公司

在过去的几十年中，航空业主要受到两大趋势的影响。首先是行业整合。仅举几个自 2010 年以来较大的合并案例：美国联合航空公司（United Airlines）2010 年收购 Continental 航空公司，2019 年收购 ExpressJet 航空公司；西南航空公司（Southwest Airlines）2010 年收购 AirTran 航空公司；阿拉斯加航空公司（Alaska Airlines）2016 年收购 Virgin America 航空公司；美国航空公司（American Airlines）2013 年与 US 航空公司合并；英国航空公司（British Airways）2011 年与 Iberia 航空公司合并，组成国际航空集团（IAG）；IAG 于 2022 年收购 Europa 航空公司，到 2023 年完成全部收购。这些合并和收购最常被提及的原因是，通过规模经济提高效率，为客户提供更多航线和目的地。

另一个重要趋势是低价、"无附加服务"航空公司的日益流行。在该领域，2022 年，美国拥有 Spirit 航空公司、Frontier 航空公司和 JetBlue 航空公司，其中，JetBlue 航空公司为客户提供的额外服务比其他两家要多。欧洲则拥有 Ryanair 航空公司、EasyJet 航空公司和 Wizz 航空公司等。

在亚洲，Scoot 航空公司和 Indigo 航空公司在市场中展开激烈竞争。Fastjet 航空公司和 FlySafair 航空公司则是非洲众多低价航空公司中的两家。这类航空公司还在持续增长。2017 年，IAG 创建了名为 LEVEL 的新航空公司，在长途航班市场提供低成本定价服务。

这两大趋势在 Spirit 公司的一次合并中交汇——该合并涉及行业中其他两家航空公司。Frontier 率先出手，提出了一笔价值 29 亿美元的交易，Spirit 接受了这一提议。随后，JetBlue 提出 36 亿美元的报价，试图收购 Spirit。两家公司都认为 Spirit 对其业务扩展和提升它们的竞争力至关重要。无论最终哪笔交易达成，合并后的航空公司都将成为美国市场的第五大航空公司。"两家公司都指责对方行为不诚信。"

Spirit 公司董事会拒绝了 JetBlue 公司的提议："尽管 JetBlue 承诺剥离资产以赢得监管批准，并在因反垄断原因无法完成拟议收购时支付 2 亿美元的分手费，Spirit 航空公司董事会仍然认为存在太多风险，监管机构将会阻止其与 JetBlue 的合并。"

Spirit 公司为了维持与 Frontier 公司的交易而拒绝了 JetBlue 的提议，这时 JetBlue 发起了恶意接管尝试。"JetBlue 通过发起收购股份的公开要约，直接向股东呼吁，希望向 Spirit 管理层施压重新进行谈判。"JetBlue 最初的报价为每股 33 美元，而公开要约的出价却降为每股 30 美元，更低的价格是因为 JetBlue 表示 Spirit 在提供必要信息方面缺乏合作。JetBlue 表示，如果 Spirit 能够提供所需的尽职调查信息，它愿意与之进行谈判。JetBlue 首席执行官罗宾·海斯（Robin Hayes）说："如果 Spirit 公司的股东投票反对与 Frontier 的交易，并促进 Spirit 董事会与我们展开真诚的谈判，我们将努力达成每股 33 美元的协议，前提是收到支持该价格的信息。"

JetBlue 开始与 Spirit 股东会面，说服股东与 JetBlue 的交易符合他们的最佳利益。虽然从技术上讲，必须有大部分股东同意出让其股份，公开要约才能成功，但实际上情况往往并非如此。如果一项交易对股东有吸引力，犹豫不决的董事会通常会改变立场并通过谈判达成交易。在这种情况下，JetBlue 以 38 亿美元的交易价值胜出。

资料来源：A. Sider，2022，JetBlue agrees to buy Sprit Airlines for $3. 8 billion after Frontier deal dies，*Wall Street Journal*，July 28，www. wsj. com；A. Sider，2022，JetBlue launches hostile bid for Spirit after being spurned，*Wall Street Journal*，May 17，A1，A2；A. Sider，2022，JetBlue seeks to buy Spirit，challenging rival Frontier，*Wall Street Journal*，April 6，B1，B2；A. Sider，2022，Spirit rejects takeover bid from JetBlue，*Wall Street Journal*，May 3，B1，B6；2022，U. S. Airline mergers and acquisitions，*Airlines. org*，www. airline. org，April 12；M. Russell，2022，IAG's Air Europa takeover：What's the latest，*Simple Flying*，www. simpleflying. com，April 6；J. Bailey，2021，Why did Iberia merge with British Airways to form IAG，*Simple Flying*，www. simpleflying. com，May 19；J. Howard，2020，Why American Airlines & US Airways merged，*Simple Flying*，www. simpleflying. com，December 24.

讨论题

1. 在本章讨论的收购原因中，哪些原因是 Spirit 航空公司与两个竞购者之一合并的主要驱动力？除了案例中提到的两个原因外，是否还有其他原因适用于这种情况？

2. 如果一家公司成功完成了恶意接管，与善意合并相比，它更有可能成功还是不太可能成功？你为什么会这么认为？

3. 当董事会已经与先前的公司达成协议时，接受或考虑另一项交易是否合乎道德？从目标公司（如 Spirit）的股东、恶意接管方（如 JetBlue）的股东，以及已经与公司达成协议的公司（如 Frontier）的股东的角度分别考虑这一问题。

4. 如果你是这个案例发生时 Spirit 航空公司的股东，你希望董事会怎么做？为什么？

注 释

第 8 章

国际化战略

学习目标

1. 讨论影响公司追求国际化战略的全球环境趋势和公司的动机。
2. 解释阻碍公司追求国际化战略的政治、法律和经济风险。
3. 描述跨国公司常见的管理问题。
4. 解释公司在决定是否进入国际市场时应考虑的因素。
5. 描述三种公司层国际化战略。
6. 解释公司进入国际市场的五种模式。
7. 讨论与国际多元化战略相关的战略竞争力预期收益。

引例 特斯拉在欧洲的积极扩张战略

特斯拉是由一群工程师在 2003 年成立的，“他们想要证明，人们并不需要为了妥协而驾驶电动车——电动车可以更好、更快，且比燃油车更有趣。”根据公司网站，“特斯拉的使命是加速世界向可持续能源的转变。”公司于 2008 年推出了一款开创性的全电动 Roadster 跑车，随后开始从零设计一款高端轿车，Model S 备受评论家和消费者的赞誉，被认为安全、舒适且非常快速，

创下了 2.28 秒从 0 加速到每小时 60 英里的纪录。随后，运动型多用途车（SUV）Model X 推出。2016 年，再次推出更低价、更高容量的 Model 3 电动车。公司从未止步，继续设计了 Tesla Semi（被称为“有史以来最舒适的卡车”）、中型 SUV Model Y 和 Cybertruck。此外，公司不仅生产电动车，还生产太阳能屋顶和太阳能面板。

特斯拉在几个地方建有工厂，到 2021 年，它的大部分汽车是在美国加利福尼亚和中国上海制造的。特斯拉主要通过上海工厂为欧洲市场服务。然而，这一情况在 2022 年发生了改变，特斯拉开始从位于德国东部柏林郊外的新工厂交付汽车。埃隆 · 马斯克（Elon Musk），特斯拉的首席执行官，在首批汽车交付给新车主的当天表示，这家工厂将为电动汽车及用于储存风能和太阳能的电池奠定基础。他认为该工厂的开设是“对抗全球变暖的重要一步”。马斯克还提到，在销售地所在大陆生产汽车带来了巨大的成本节约。

特斯拉的欧洲工厂对当前欧洲电动汽车市场的领导者大众汽车（Volkswagen）构成了直接威胁。截至 2021 年，特斯拉在欧洲市场排名第三，仅稍微落后于排名第二的 Stellantis（由菲亚特克莱斯勒与法国 PSA 集团合并而成）。大众宣布将投资 20 亿欧元在其德国总部附近建设一座新的电动汽车工厂。该工厂的建设将于 2023 年开始，首批汽车计划于 2026 年下线。大众表示，希望通过新工厂的技术，将每辆车的生产时间从目前的 30 小时缩短至 10 小时。此外，大众还在考虑在美国生产一款电动卡车。

其他竞争对手也在采取大胆举措，挑战特斯拉在电动汽车市场中的强势地位。通用汽车（General Motors）正在重新启动其雪佛兰 Bolt 的生产，并采用类似特斯拉的销售方式，只在客户在线下单后才向经销商发货悍马电动皮卡。福特（Ford）目前销售的全电动版 Mustang 几乎与燃油版数量持平，也在考虑采用"下单后交付"系统。总部位于加利福尼亚的电动汽车制造商 Rivian Automotive（目前主要生产皮卡和运动型多功能车）于 2021 年底上市，筹集了近 120 亿美元的新资本，投资者对其能与特斯拉竞争充满信心。

电动汽车的最大限制是续航里程，而特斯拉在这方面也正面临越来越多的竞争。特斯拉 Model S 的最长续航里程为 405 英里，而 Lucid Group 在 2021 年推出了 2022 款 Lucid Air，预计续航里程可达 520 英里，其秘诀在于更高的电压。这家公司由特斯拉前高层管理者彼得·罗林森（Peter Rawlinson）领导，并由沙特阿拉伯公共投资基金（Public Investment Fund）控股。Lucid 的目标直指特斯拉的高端轿车市场。Lucid Air 是一款真正的豪华轿车，配备宽敞的腿部空间和奢华的内饰材料，包括羊毛、木材、金属和皮革，同时具备极好的速度表现。

资料来源：V. Walt，2022，VW levels up on electric cars，*Fortune*，February/March：55－59；W. Boston，2022，Elon Musk open's Tesla's first European factory，*Wall Street Journal*，www. wsj. com，March 22；M. Colias，2022，GM to restart Chevy Bolt production in April，*Wall Street Journal*，www. wsj. com，February 15；W. Boston，Volkswagen in advanced talks over Porsche IPO，*Wall Street Journal*，www. wsj. com，February 15；M. Colias，2022，Tesla set the model for selling EVs：Ford，VW，and others want to follow，*Wall Street Journal*，www. wsj. com，March 11；W. Boston，2022，Volkswagen considers making electric truck in U. S. ，*Wall Street Journal*，www. wsj. com，March 15；S. Wilmot，2022，Tesla could take back Europe's EV market，*Wall Street Journal*，www. wsj. com，March 22；D. Neil，2022，For Mustang Mach-E GT：The strong，silent type，*Wall Street Journal*，www. wsj. com，February 17；N. Exkert & M. Colias，2022，EV startup Rivian walks back price increase，apologizes to customers，*Wall Street Journal*，www. wsj. com，February 15；2022，About Tesla，*Tesla Homepage*，www. tesla. com，March 25；D. Neil，2022 Lucid Air：At last，a worthy Tela opponent，*Wall Street Journal*，www. wsj. com，October 29.

8.1 全球趋势与国际化战略

我们在本章引例中描述了特斯拉的国际扩张战略，并强调了国际市场对该公司的重要性。对于所有类型的企业，拥有能够在公司所在国内市场之外的国家和地区有效开展竞争的能力正变得日益重要。原因之一在于全球化趋势使得那些只有本土公司才能获得竞争成功的行业和消费者市场的数量逐步减少。过去那种相对比较稳定和可预测的市场已经不复存在，取而代之的是以全球化为导向的行业，在这些行业中，公司需要在全球所有市场上进行竞争。[1]与本土市场不同，全球化市场更加动荡和不可预测。[2]

国际化战略（international strategy）是一种企业在其总部所在地以外的国家生产和/或销售其商品和/或服务的战略。企业总部所在的市场被称为本土市场。跨国公司（MNC）可以定义为“拥有一个或多个外国分支机构的商业实体，其中母公司至少持有 10% 的股权”[3]。

在某些情况下，采用国际化战略的企业会在地理上变得相当多元化，因为它们在本土市场之外的众多国家或地区制造产品并参与竞争。[4]在其他情况下，一些企业由于专注于本土市场，并不进行任何国际多元化。在《财富》500 强企业中，大约 35% 的企业没有在本土国家之外进行实体运营（尽管它们的产品可能仍然出口），25% 的企业在其他国家的运营地点少于 25 个，大约 5% 的企业在多个国家的 500 多个国际地点运营。[5]

当企业进入本土市场之外的新市场或增加其运营的国际市场数量时，它就是在追求国际多元化，这类似于我们在第 6 章和第 7 章讨论的多元化概念，只是具有国际化的取向。**国际多元化战略**（international diversification strategy）是一种企业通过跨越全球各地区和国家的边界，将其商品和/或服务的生产和/或销售扩展到潜在的大量地理位置或市场的战略。换句话说，国际多元化战略描述了企业如何发展国际化战略。企业所拥有的资源限制了其国际多元化的范围，并为在企业扩张的各国实现竞争优势提供基础。[6]随着企业在国际上的增长，其组织结构和所拥有的资源都会发生变化。擅长管理这一过程的管理者可以提升企业绩效并实现高于平均水平的回报。[7]

本章的主要目的是讨论国际化战略如何成为在全球市场上竞争的公司获取战略竞争力的源泉。为了达到这一目的，我们将讨论几个主题。在讨论完影响公司识别国际多元化的动机之后，我们描述了公司在选择进入一个国家时应考虑的因素。然后将注意力转向公司可以采取的国际化战略的类型，重点是业务层国际化战略和公司层国际化战略。公司在进入国际市场时，可以通过五力模型实施国际化战略并加以检验，接着我们讨论了公司在追求国际多元化战略时所获得的收益。

鼓励国际扩张的激励措施

雷蒙德·弗农（Raymond Vernon）在阐述国际化战略的典型原理[8]时指出，一般来说，公司都是先在本国市场上进行产品创新，诸如德国、法国、日本、瑞典、加拿大和美国等发达经济体的公司更是如此。然后，创新产品的需求才会扩展到其他国家，于是公司开始把在本国生产的产品出口到其他国家，以满足这些国家的需求。随着国外市场需求的逐步增加，这些公司开始决定在国外运营或扩大业务，正如引例中的特斯拉。

在第 1 章中，我们讨论了全球经济以及国家及其组织之间日益增长的经济相互依存性。我们还介绍了为了提供商品和服务而跨越多个国家组织全球供应链。[9]在第 2 章中，我们讨论了公司外部环境中有关全球竞争环境的几个方面，对其分析应包括在战略分析中。在本节和接下来的部分，我们将在上述章节中相关信息的基础上，解释为什么公司可能想要追求或提高其国际化多元化的水平，以及伴随这种决策通常出现的风险和问题（见图 8－1）。

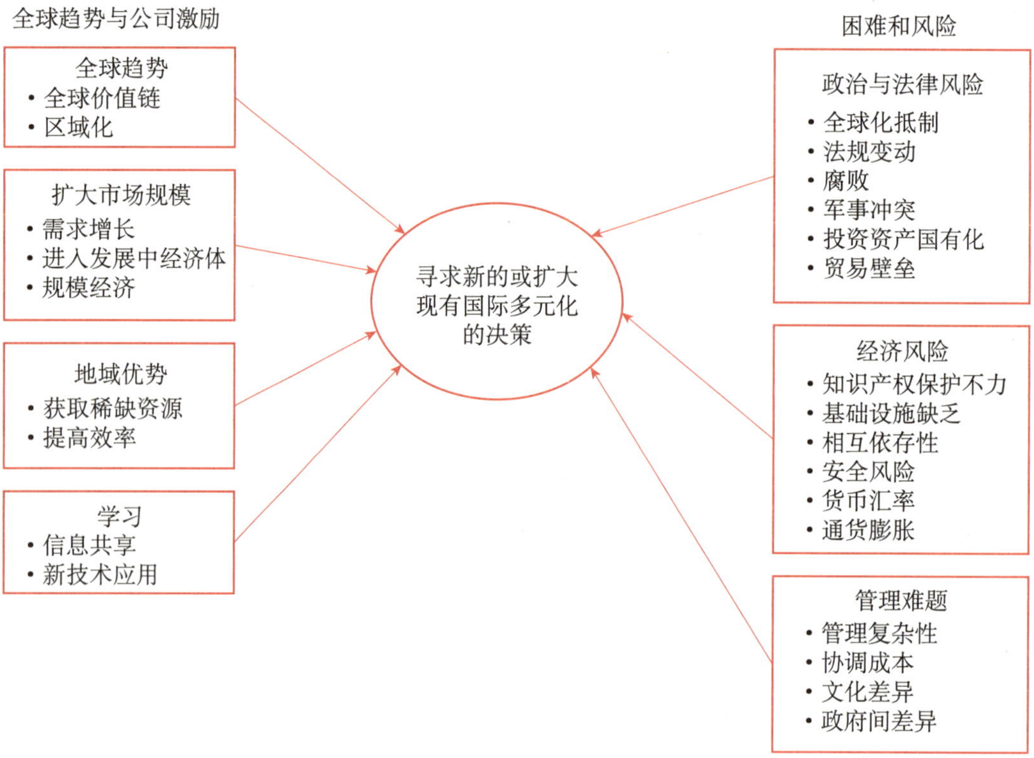

图 8－1　促进和阻碍国际扩张的力量

全球趋势

在第 1 章中，我们解释了公司通过全球价值链从拥有最佳产品（考虑到质量和价格）的公司——无论这些公司位于世界何处——接收原材料和供应品，通过合并和改变这些资源来增加价值，并将它们出售给另一个公司或产品的最终消费者。[10] 这是一系列涉及多个国家的公司的相互关联的活动，由特定公司协调，以寻求竞争优势。全球价值链越来越受重视。作为协调全球价值链的自然延伸，公司可能会决定收购供应商或客户，以实现与垂直整合相关的一些优势，例如拥有更多的生产过程控制或更多的信息，以做出更好的决策。[11] 当然，日益增长的数字化及其支持的信息系统使得全球价值链的协调更加可行。[12]

与加强数字化相关的是，许多最重要的国际公司运营数字平台，这些平台增强了跨越国家边界的能力。[13] 事实上，研究发现使用 Alibaba. com B2B 平台的中国出口商有更强的能力联系外国买家，使它们的出口业绩更佳。[14]

除了全球价值链和数字平台，区域化是影响公司选择和采用国际化战略的全球环境趋势。这一趋势之所以日益突出，主要是因为公司选择的竞争地点将会影响其战略竞争力。[15] 因此，考虑采用国际化战略的公司必须决定是进入单个国家市场，还是通过在一个或多个区域市场竞争来获得更好的发展。

区域化使得更多的公司追求国际多元化。区域国际多元化战略允许公司集中资源有效竞争，而不是将有限的资源分散在多个国家特定的市场上。事实上，有研究证据表明，在区域内快速多元化的国际公司比跨区域快速多元化的公司表现更好。[16]

此外，区域化通常有助于公司更好地理解文化、法律和社会规范，以及其他在这些市场上有效竞争的重要因素。例如，一家公司可能只关注亚洲市场，而不是同时在中东、欧洲和亚洲竞争。或者一家公司可能选择一个具有重要相似性的市场区域，而使得资源的协调和共享更加容易。公司通常将它们的大部分国际市场入口集中在与本国相邻的国家，可能被称为它们的“本土”区域。[17]

为增强区域经济实力而制定贸易协定的国家可能会推动区域性战略。欧盟和美洲国家组织（OAS）是通过制定贸易协定来促进各自区域内跨国贸易的多国协会。[18]许多欧洲公司在欧洲范围内收购并整合其业务，以更好地协调泛欧洲品牌，欧盟正在努力统一欧洲市场。随着更多国家加入贸易协定，这一过程可能会持续下去。

1993 年，美国、加拿大和墨西哥签署的北美自由贸易协定（NAFTA）促进了北美国家之间的自由贸易。NAFTA 放宽了该地区内的国际贸易限制，并为区域国际战略提供了更多机会。[19]被称为美国-墨西哥-加拿大协定（USMCA）的修订协议在 2020 年被三个国家批准。[20]许多条款与 NAFTA 类似，然而，该协议为知识产权提供了更多保护，消除了在来源国之外存储信息的障碍，并增加了环境和工人法规。

大多数公司按顺序进入区域市场，首先进入它们更熟悉的市场。它们也将最大和最强的业务线最先引入这些市场，一旦初步努力被证明成功，其他产品线就会跟进。这些新增的产品线通常会在最初的投资地点推出。[21]然而，研究也表明，市场规模和行业特征可以影响这一决策。[22]

对大多数跨国公司来说，区域化很重要，即使是那些在全球多个区域竞争的公司也是如此。例如，大多数大型跨国公司的组织结构将同一区域内（跨国界）的业务分组，便于管理和协调。通过区域管理业务，跨国企业可应对在多个国家市场运营的复杂性和挑战。

扩大市场规模

公司可以通过实施国际化战略，在本国以外的市场上建立强有力的市场地位，扩大潜在市场规模，有时这种规模是相当可观的。[23]如上所述，获得更多的顾客是家乐福将国际市场视为增长源泉的主要原因。对于总部位于法国的家乐福公司（Carrefour S. A.），这一情况尤为明显，它是世界上第二大零售商（仅次于沃尔玛）和欧洲最大的零售商。家乐福经营五大主要的杂货店业态——大卖场、超市、批发店、仓储会员店以及便利店。该公司还在网上销售产品。家乐福在 30 个国家运营着 12 225 家门店。[24]

除了进入像欧洲或美国这样的发达经济体外，像中国和印度这样的新兴市场对商品和服务的潜在需求大幅增长，这是公司采取国际化战略的另一个强烈动机。[25]根据美国经济分析局的数据，尽管大约一半的美国在国外的子公司销量来自欧洲，但亚洲的销量正在增加，目前约占销量的 30%。[26]

尽管印度在文化、政治及其经济体系规则方面与西方国家有很大不同，但它提供了一个巨大的潜在市场，印度政府也更加支持外国直接投资。[27]中国、印度和西方风格的经济体和文化之间的差异，给成功运营国际化战略带来挑战。因此，希望满足新兴市场需求的公司必须学会如何管理一系列政治和经济风险，我们将在本章稍后讨论这一点。[28]

通过增加参与竞争的市场数量，公司可以享受到规模经济的好处，尤其是在生产运营方面。更广泛地说，公司能够不断地进行过程改进以强化降低成本的能力，同时还有可能增加顾客的价值。[29]例如，竞争对手空中客车公司和波音公司拥有大量的生产设备，并且将一部分活动外包给全球各地的公司，原因就在于这两家公司希望将规模经济作为为顾客创造价值的源泉。

规模经济是开市客商业模式的关键组成部分。开市客以低成本购买大批量商品（规模经济），从而使得公司以较低的价格向消费者销售商品，将开市客采购带来的折扣转移到消费者身上。[30]

地域优势

获取必需且可能稀缺的资源是企业采用国际化战略的另一个重要原因。在某些行业中，原材料——特别是矿物和能源的关键供应——对企业生产产品至关重要。能源和矿业公司通过全球运营，获取原材料，并将它们出售给需要这些资源的制造企业。Rio Tinto 集团是一家领先的国际矿业公司，最初在西班牙成立，现在在伦敦和墨尔本设有双总部。作为一家全球性企业，Rio Tinto 拥有 49 000 名员工，业务遍及 35 个国家。Rio Tinto 利用其在技术和创新、勘探、市场营销和运营流程方面的能力，在全球范围内识别、开采和销售矿产资源。[31]

对于那些劳动力成本占公司开支很大部分的行业，企业可能会选择在其他国家设立工厂，以便获得成本更低的劳动力。服装和电子产品制造商就是出于这个原因而采取国际化战略的。

把工厂设到海外市场有时可以帮助公司通过提高运营效率减少成本。当工厂所处的地区更容易获取廉价劳动力、能源和其他资源时，公司更容易获得地域优势。其他的地域优势还包括获得重要的供应商和客户。一旦占据了有利的地理位置，公司就必须通过有效的管理来获得最大化的地域优势。[32]

正如我们将在下一节讨论的，文化和正式的国家机构的影响（例如，法律和规章）可能会对选址产生影响。当公司执行国际化战略时，与自己有强烈文化契合度和相似国家机构的国家进行国际商务往来会更为容易。[33]

学习

在国际市场运营还为公司带来了新的学习机会。[34]跨国公司的总部可以将知识传递给其国际子公司，反之亦然，子公司的知识也能回流至总部。随着国际多元化的推进，跨国公司的学习网络得以扩展，每个国家都有不同的环境和竞争条件，这为公司带来了丰富的学习机会。[35]实际上，跨国公司有机会在不同国家进行“试错”实验，并将这些国家的实践经验应用到全球其他地区的业务中。[36]同时，“反学习”也很重要。[37]比如，一个跨国公司可能认为自己已经精通了某个生产流程，但后来发现其海外子公司有更优的做法，因此它需要放弃原有的认知，以便改进自己的流程。

跨国公司还可以通过联合研发活动，探索新发现并加以利用。研究显示，平衡新知识的发现与应用可以提升跨国公司的表现。[38]增强公司的研发能力有助于推动创新，这对于公司的短期和长期成功都至关重要。然而，研究也表明，要充分利用国际研发投资，公司需要一个强大的研发体系，以吸收有效研发活动产生的知识。[39]此外，如果跨国公司在适度数量的国际地区进行研发活动，与在过多地区（难以管理）或单一地区（限制了机会）相比，会产生更多的创新。[40]

公司可以在跨国界的业务单元和网络合作伙伴之间进行资源共享与知识共享，在国际市场上发挥核心竞争力。[41]通过这种方式，公司可以学习如何创造协同效应，帮助每个国际业务单元更有效地生产、销售或交付产品及服务。例如，研究表明，基于平台的支付服务（如移动支付钱包）在中国和印度等发展中国家比在西方国家更受欢迎。[42]因此，那些在这些国家有业务单元的公司可以发展移动支付能力，并将这些能力转移到其他国家的业务单元。

公司用于参与国际市场竞争的科学基础对学习至关重要，因为需要科学知识和人才来促进更有效的产品设计、销售或交付，为客户创造价值。[43]这也是特斯拉决定在北京设立新设计中心的原因之一。[44]2021 年，中国是特斯拉的第二大市场，仅次于美国，而且中国拥有丰富的技术专长，特斯拉可以利用这些专长来提升汽车设计。

此外，与行业竞争对手在知识活动上有高度重叠的公司可能会将其创新能力国际化，以保护这些创新。[45]例如，一家公司可能会担心，如果它不在一个特定国家推出创新产品，那个国家的竞争对手将可能开发出类似产品，并在那个国家先于它上市，这将使得公司日后进入该市场更加困难。

8.2 阻碍国际扩张的风险

20 世纪 80 年代，日本公司如丰田和索尼在美国和其他国际市场上取得了巨大成功，对美国管理者产生了强烈的冲击。这一事件唤醒了美国管理者对国际竞争重要性的认识，并意识到许多市场正迅速全球化。在 21 世纪，巴西、印度和中国为包括美国、加拿大、日本、韩国和欧盟成员国在内的许多国家的公司提供了重要的国际市场机遇。此外，墨西哥、印度尼西亚、立陶宛、阿拉伯联合酋长国和马来西亚等新兴经济体也快速增长，其互联网普及率不断提高，法治环境日益改善。[46]即使这些外国市场看似具有吸引力，企业在考虑进入这些市场时也会面临一些合理的担忧。第 1 章中提到的“外国性风险”，指的是企业进入海外市场时所面临的一系列成本，这些成本涉及多方面问题，包括陌生的运营环境、与本国在经济、政治和文化上的差异，以及跨地域协调的挑战。[47]

华特迪士尼公司在外国开设主题公园时的经历体现了外国性风险。例如，在法国的迪士尼乐园由于照搬本国的人员政策，与执行这些政策的法国员工之间缺乏契合度而遭遇了诉讼。[48]迪士尼的高层管理者从这次经历以及在香港建设主题公园的过程中吸取了教训，该公司“致力于根据当地消费者喜好定制公园”[49]。接下来的部分将更深入地解释由于外国性风险，公司在国际扩张中面临的许多风险和问题（见图 8－1 右侧）。

政治与法律风险

政治风险源自跨国公司在其本国或东道国可能遭遇的政治力量或政治事件的干扰。[50]与政治风险紧密相关的法律风险，则是因为法律体系不完善或执法不力，无法有效保护公司的运营或资产。[51]例如，如果一个国家在合同法方面立法不足，或者合同违约时难以执行，法律风险就会相应增加。[52]通常政治稳定性较差的国家，其法律体系也往往不够成熟（且执行不力）。

全球化的逆流，对本节讨论的风险因素产生了重大影响，特别是在发达经济体中。[53]“有越来越多的证据显示，发达经济体中普遍存在对全球化的强烈反对情绪，这可能对跨国公司（MNCs）的利益造成损害。”[54]社会中日益加剧的思想分歧和民粹主义趋势推动了这一被称为“去全球化”的现象。[55]实际上，消费者有时仅仅因为对某个国家怀有敌对情绪，就会对该国生产的产品持有较低的评价[56]，使得该国产品的销售变得困难。[57]反全球化的力量还可能阻碍技术知识的国际传播，限制工程师和科学家的自由流动。[58]正如第 1 章所讨论的，全球供应链中相互依存的风险也在推动着去全球化的进程。

在推行国际化战略的过程中，公司运营可能遭遇中断，引发诸多问题，例如政府法规带来的不确定性，众多可能相互矛盾的法律权威或腐败现象，以及私有财产可能被政府收归国有（如政府控制了这些资产）。[59]在其他国家进行投资时，公司在实施国际化战略的过程中，可能会对国家政府的稳定性及其对投资或资产的影响感到担忧。[60]实际上，政府稳定性和政治风险与一个国家接收到的外国直接投资额息息相关。[61]研究还表明，一个国家的政治风险往往会扩散到其他国家。[62]

政治和法律风险对国际多元化成功带来的影响，可以通过观察贸易壁垒变化（如关税）以及对全球快递业等特定行业的潜在影响来了解。近年来，由于在线销售的显著增长，快递服务行业迅猛发展。但同时，全球快递公司也面临着关税变动和国际贸易限制所带来的一些特殊经济风险和不确定性。例如，在 2018 年，美国政府对从欧洲、加拿大、墨西哥和中国进口的特定商品加征了关税。作为反击，欧盟、加拿大、中国和墨西哥也对从美国进口的商品实施了关税措施。如果爆发全面的贸易战，各国的国内生产总值（GDP）很可能会受到负面影响。[63]换句话说，根据历史上贸易战的结果，没有国家能在贸易战中真正获益。经济一旦衰退，对快递服务的需求也会随之减少。

为了应对这些担忧，企业应对其计划进入的国家或地区进行政治和法律风险评估。通过这种分析，企业可以识别可能对其外国投资和相关运营造成非商业性中断的潜在来源和因素。[64]

经济风险

经济风险是指国家和地区的经济中存在的对公司成功实施国际化战略造成不利影响的根本性缺陷。[65]政治风险和经济风险是相互依存的，也就是说，需要一个稳定的政治体系来维持一个稳定且健康的经济体系。

在那些没有建立和执行相关法律的国家，知识产权保护不力构成了一个主要的经济难题。如果企业无法保护其知识产权，它们很可能不会采用需要大量直接投资的方式进入外国市场。因此，国家必须制定、维护并强化知识产权法，以吸引外国的直接投资。[66]《北美自由贸易协定》（NAFTA）的修订版——《美国-墨西哥-加拿大协定》（USMCA）——旨在解决这一问题。我们再次看到了政治风险与经济风险是如何相互关联的——USMCA 是一个政治文件。

在新兴经济体中，另一个重大的经济风险是关键基础设施的缺乏，这影响了公司高效运营的能力。例如，矿业公司需要国家电网提供足够的电力，以满足其电力需求。通常而言，一些较差的发电厂会间歇性停电，这将对那些需要持续性生产和提炼的行业造成严重破坏，例如采矿行业。过去，南非拥有一个可靠的输电网络，然而，南非国家电力公司（Eskom Holdings Ltd.）忽略了建立新的发电厂以及充分维持当前正在运营的发电厂，因此，断电事件不断发生，最长持续了 12 小时，这导致南非的主导行业采矿业的生产力显著下滑，该行业占据南非 60% 的出口额。如例子所示，在新兴经济体以及部分发达经济体中，基础设施缺乏是一项显著的经济风险。[67]

跨国公司的业务在国家间的相互依存也可能带来很大问题。[68]我们之前提到全球价值链是国际化的一个好处，但同时也增加了风险，因为公司在其他国家运营时发生的事件可能对整个价值链产生重大影响。大众汽车正在重新审视全球化战略，并调整其制造方法。据公司高层管理者透露，该公司正在采取“确保零部件和原材料供应的策略，并缩短供应链，以减少其地区业务对远距离供应商的依赖”[69]。

另一个经济风险是外国公司收购掌握关键自然资源的公司，或者是一些在知识产权方面具有战略意义的公司，造成能感知到的安全风险。例如，中国的公司购买澳大利亚和拉丁美洲的自然资源公司以及美国的制造业资产，这使得那些关键资源公司所在国的政府担心它们的战略性资产会被中国公司掌控。[70]恐怖主义也是需要考虑的一个风险。例如，恐怖主义对巴基斯坦吸引外国直接投资（FDI）造成了负面影响。[71]尽管数字化具有诸多优势，它也引发了一些特有的风险，这些风险主要源自三个方面：信息安全问题、数字世界的相互依存性，以及监管的复杂性。[72]

如前所述，国际化战略的主要经济风险是不同货币汇率的差异和波动[73]，尤其是对于那些需要进行多种货币交易的地域多元化公司。对美国公司而言，美元对其他货币的汇率影响了它们的国际化资产和收入的价值。比如，如果美元升值，美国跨国公司在其他国家的资产和收入的价值就会降低。

另外，不同货币的币值会影响在不同国家生产的产品的价格，因而也会对公司在全球市场上的竞争力造成极大的影响。由于产品的价格不同，美元的升值会影响美国公司向国际市场的出口。此外，对关税的担忧甚至会影响外国公司在发达经济体（如西欧国家）的投资额。[74]因此，政府对本国经济和金融资本的监管和控制以及公司治理法规，不仅会影响本国经济活动，还会影响外国公司在本地的投资。[75]

8.3 跨国公司常见的管理难题

推行国际多元化战略往往会导致公司规模的扩大和业务运营复杂性的提高。规模扩大和业务复杂化会使得公司的管理变得更加困难。[76]通常，随着地理分布的多样化，有效执行、管理和控制公司的国际业务的难度也随之增加。[77]想象一下，与在一个国家内管理相比，横跨众多国家的业务活动所需的协调成本要高得多。因此，要想让国际多元化战略提升跨国公司的整体业绩，好处必须大于额外的协调成本。

公司在不同国家竞争时所面临的不同文化也可能导致管理上的难题。[78]例如，研究发现，对于在美国工作的跨国公司员工而言，工作灵活性的重要性很高。[79]文化差异也可能成为公司核心能力从一个市场转移到另一个市场的障碍。[80]因此，管理者需要努力整合各国业务单元的交流，以促进知识共享。[81]

此外，文化差异还关系到不同国家对企业社会责任（CSR）和可持续性的不同重视程度。[82]一些国家非常重视环境问题，这通常也反映在政府对碳排放和其他污染问题制定的严格法规上。在禁止使用童工、良好的工作环境等方面，各国之间也存在很大的差异。这些差异使得管理变得复杂。例如，公司不仅要为自己的业务负责，还要对外国供应商的商业行为负责。[83]这种问责意味着本国的管理者必须了解他们的供应商在做什么，以及可接受的商业实践方面各国的差异所在。

公司与国际化战略所在国政府之间的关系也可能带来管理上的挑战，本国与东道国政府的政策和实践差异可能很大，这就要求公司学会如何管理可能存在的巨大差异。[84]有时，国家会通过立法来规范本国企业在外国的商业行为。例如，美国国会在 1977 年通过的《反海外腐败法》，禁止贿赂行为，并要求公司在海外运营时必须准确记录交易情况。[85]美国的高层管理者经常抱怨，这项立法使得美国公司在那些将贿赂视为常态的国家运营时处于竞争劣势。

由于这些管理问题，跨国公司通常会选择在政治稳定、地理位置接近、文化和政府体系与本国相似的国家开展业务。这样，公司可能会遇到较少的贸易壁垒，更容易理解当地的法律和习俗，产品也更容易适应当地市场。[86]例如，美国公司可能会发现，向墨西哥、加拿大和西欧国家扩展业务比进入亚洲国家更为容易。接下来的部分将更详细地讨论如何选择适合国际多元化的国家。

8.4 国际市场进入的考量因素

一旦企业决定实施国际多元化战略，或是通过拓展至新的国家来增加其现有战略的地理多样性，紧随其后的重要决策便是挑选合适的国家（见图 8－2）。由于各国在政治、法律、经济、社会和竞争环境方面的差异，每个国家都有其独特之处，这使得正确选择进入的国家成为一项充满挑战的任务。[87]

图 8－2　国际战略的机会与收益

市场吸引力的四大决定因素

迈克尔·波特（Michael Porter）曾就为何某些国家相较于其他国家更具竞争力，以及为何特定国家内的某些行业相较于其他国家相同行业更具竞争力进行了深入分析。波特提出："我们应如何解释德国成为众多世界顶尖印刷机械、豪华汽车和化工制造商的发源地？瑞士为何能成为制药、巧克力和贸易领域的国际领导者？瑞典为何在重型卡车和采矿设备领域占据领导地位？美国又是如何孕育出个人电脑、软件、信用卡和电影行业的国际领先竞争者？"[88]波特的研究结果归纳为四大类因素：生产要素、需求条件、相关和辅助产业以及企业战略、结构和竞争。尽管全球供应链、先进的数字技术与通信、国际合资企业、外包及全球平台已在很大程度上平衡了各国之间的竞争环境，但这四大国家优势的决定因素对于企业评估一个国家是否适合进入仍然具有重要的参考价值。

生产要素指的是企业在某一行业竞争所必需的投入。[89]劳动力、土地、自然资源、资本和基础设施（包括交通、配送和通信系统）等均属此类投入。生产要素分为基本要素（如自然资源和劳动力）和高级要素（如数字通信系统和高素质的劳动力队伍）。此外，还有通用型生产要素（如国家金融体系提供的资本供应和公路系统等基础设施）和专用型生产要素（如特定行业中的专业人员，比如专门处理散装化学品的港口工人）。

企业在首次考虑进入一个国家时，应评估所需资源的可获得性。

第二大因素是需求条件，指的是客户对企业计划生产的产品的需求性质和规模。如果有大量客户可能购买该企业生产的产品，那么企业能建立规模化的高效设施，并提升使用这些设施所需的能力，甚至培养核心竞争力。[90]

波特模型中的第三大因素是相关和辅助产业。例如，意大利之所以在高品质鞋类生产方面处于领导地位，是因为其成熟的皮革加工产业提供了制鞋及相关产品所需的皮革。在日本，尤其是围绕丰田工厂的汽车零部件供应商，对日本汽车制造商的成功起到了巨大作用。供应商的集聚为丰田提供了快速交货，并有机会与丰田合作，确保其汽车的质量和吸引力。企业在考虑进入一个国家时，应仔细评估其所需材料和技术来源产业的实力。

第四大因素是企业战略、结构和竞争。不同国家的企业在战略、结构和竞争方面存在显著差异。德国优秀的技术培训体系促进了对产品和工艺持续改进的强烈重视。在美国，尤其是在旧金山地区（例如硅谷）的计算机制造商和软件生产商之间的竞争，推动了这些行业的进一步发展。[91]总体而言，更激烈的竞争有助于生产出更吸引顾客的产品，从而增强企业在海外市场的竞争力。然而，如果一个国家内特定行业的竞争已经非常激烈，这可能会阻碍新企业进入，因为新进入者可能很难迅速赶上现有的竞争者。在这方面，特斯拉在德国的策略颇为有趣（见引例）。特斯拉正进入一个竞争非常激烈的德国汽车制造业，然而，特斯拉凭借其在高端产品领域，尤其是电动汽车领域的明显专长，进入了这一市场。

需要注意的是，虽然本讨论侧重于制造业，这与波特的原始研究相符，但这四大因素对于服务行业同样适用——它们可以进行适当调整，以帮助确定一个国家是不是提供服务和产品的有吸引力的地点。尽管某些生产要素在服务行业中的适用性可能较低，但其他因素在提供服务方面的重要性丝毫不亚于制造业。

政治、法律和经济体系

新兴国际市场的各类进入方式，无论是面向产品还是服务，其成功与否同样受制于东道国正式机构（包括政府监管机构和法律团体）的稳固与力度。各国政府的政策会影响国内竞争的本质，比如，它们设定了游戏规则。有些国家的政府对外国企业的进入设限颇多，使得市场竞争变得极为艰难。法律团体对于评估一个国家对商业的吸引力同样至关重要。企业在多大程度上能够防范非法行为，或在遭遇损害时能否寻求法律救济？合同法是否明晰并得到法院的坚定执行？

正如本章前面关于政治、法律和经济风险的讨论所指出的，企业在进入一个新的国家或地区之前，应仔细考察这些维度。有些国家的政治体系非常稳定，有些国家则相对不稳定。除了俄罗斯，中南美洲、亚洲和非洲的许多国家也存在政治动荡。这些国家虽然市场潜力巨大，但伴随着许多企业可能无法接受的风险。研究显示，那些选择进入监管环境与已有扩张经验相似的国家的公司，更有可能取得成功。[92]

除了这些正式机构外，考虑一个国家经济实力的强弱也是一个显而易见的关键因素。企业应评估国民生产总值的增长情况（总体和人均）、通货膨胀率、人均收入及收入分配（以判断购买力），以及本国货币与目标国家货币的汇率变动等。如果企业打算从目标国家提取利润（而非重新投资），汇率变动尤为重要。根据对全球四大区域20 000 名公民的广泛调查，经济最稳定的国家依次为瑞士、加拿大、德国、丹麦和日本。尽管美国是全球最大的经济体，但在这一排名中仅位列第 15。[93]

文化

先前，我们讨论了不同国家间文化差异如何增加管理难度，提高了国际扩张的风险。接下来，我们将继续这一讨论，将文化因素，尤其是母国与东道国之间的文化差异，作为进入一个国家前必须考量的一个要素。所谓的文化距离，指的是不同文化间共享规范的差异。[94]这包括多个层面，如人们规避风险的程度、人们倾向于个人主义还是集体主义的思维与行为模式，以及人们更倾向于短期还是长期的目标导向。除了这些较为正式的划分外，还包括对行为接受度的不同看法、对多样性与包容性的态度差异、宗教信仰的差异、语言上的不同、教育水平的差别以及其他许多因素。

如果两个国家在文化上存在较大差异，那么从母国向东道国或从东道国向母国调动管理人员和员工将变得更加困难。他们可能会发现难以融入当地文化，也可能在与企业内部或其他社区中的人员建立关系、沟通交流或管理过程中遇到障碍。同样，总部发出的指令很可能被误解，或者公司统一的程序可能被错误执行。[95]此外，如果存在文化障碍，产品销售往往也会遇到困难，除非赋予东道国管理者在产品定位和市场策略上较高的自主权。[96]研究显示，具有丰富国际经验的管理者有助于企业减少文化差异带来的负面影响。[97]

这些都是在决定是否进入某个国家市场前需要仔细审视的问题。它们还可以帮助企业选择适当的市场进入方式——无论是独立建立生产基地、与已在当地运营的企业建立战略联盟，还是通过其他途径。本章后续将更深入地探讨市场进入策略。

8.5 公司层国际化战略

跨国公司的管理者必须就公司的公司层国际化战略和业务层国际化战略做出决策（见图 8－2）。在公司层面，考虑多国化、全球化和跨国化战略。在业务层面，公司在成本领先、差异化、聚焦成本领先、聚焦差异化和整体成本领先/差异化等通用战略中做出选择。为了促进公司努力实现改善绩效和增强创新的战略竞争力，国际化战略应基于公司的一项或多项核心能力。[98]

公司层国际化战略

公司层国际化战略决定了在东道国的业务单元所获得的管理自主权的程度。公司总部来指导战略，公司层的管理者可以根据公司层国际化战略的类型来获得大量的战略性投入。图 8－3 展示了三种公司层国际化战略。公司层国际化战略可以根据两个维度来进行划分，即全球整合的需求和本土反应的需求。[99]

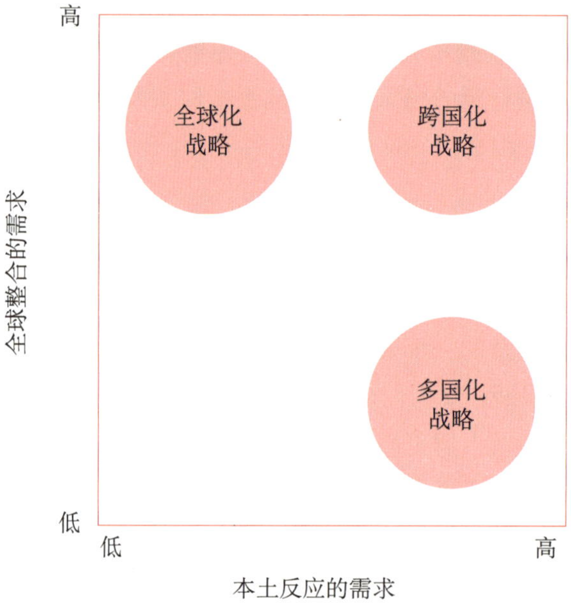

图 8－3　公司层国际化战略

多国化战略

多国化战略（multidomestic strategy）是指公司将战略和经营的决策权分配给各国或地区的战略业务单元，从而使各业务单元有机会为当地市场提供更加本土化的产品。[100]采取这种战略时，公司的本土反应的需求比较高，全球整合的需求则比较低。影响这些需求的是，公司对于不同国家拥有不同的顾客需求、行业条件（竞争者的数量和类型）、政治和法律制度及社会标准的确信程度。由于市场需求被认为需要按国界来划分，因此，多国化战略注重的是在每个国家之间的竞争。为了满足当地顾客的特殊需求和偏好，公司对各个国家或地区的管理者进行授权，以使公司的产品更个性化。因此，这一战略需要公司对每个市场的异质需求的反应最大化。[101]

选择多国化战略通常可以扩大公司在当地市场的份额，因为公司能够更好地关注当地的顾客需求。雀巢，这家瑞士的食品饮料企业，旗下拥有超过 2 000 个品牌。“它们在超过 186 个国家销售，每个国家的产品都精心挑选，以适应当地消费者的偏好。”[102]正是这种将品牌组合与不同市场需求和口味相匹配的方式，使得雀巢采取了多国化战略。

尽管这种战略有好处，但由于市场间的差异、权力分散，以及各地业务单元采取不同的业务战略，导致公司整体知识共享的减少。[103]此外，多国化战略不利于规模经济的形成，可能会导致成本上升。

全球化战略

全球化战略（global strategy）是指由公司总部决定每一个国家或地区的业务单元的

战略。[104] 该战略意味着全球整合的需求比较高，本土反应的需求比较低。与多国化战略相比，全球化战略寻求在不同国家的市场上销售标准化程度更高的产品。

采用全球化战略的公司致力于通过生产相同或本质上相同的产品来实现规模经济，并将这些产品分销给全球各地的客户。这种战略的前提是，客户有相似的需求和喜好。因此，当公司服务的市场和客户之间的差异不大时，全球化战略最为有效。此外，全球化战略提供了更多的机会，可以将在一个市场开发出的创新应用到其他市场。[105]

全球化战略的实施对公司的运营效率提出了更高的要求。要提高运营效率，就必须实现资源共享，并且不同市场需要进行更好的协调配合。公司总部的集中化决策，对资源共享和市场间的协调配合进行了详细的部署。研究显示，在已经形成地区一体化的地方实施全球化战略将会取得更好的成效。[106]

如战略聚焦所述，宜家实施了全球化战略。宜家对许多活动实施了集权化管理，包括设计和包装。因此，针对价值链中的一些支持型职能，宜家进行了整合和集权化管理。这些整合和集权在公司实施全球化战略时带来了大量好处。另外，由于日益提高的数字化和城市化程度，宜家不得不实施变革。由于未来的增长可能主要来自这些类型的销售，宜家增加了线上销售，并持续对所需的技术进行投资。为了迎合新顾客，宜家还在城市的部分地区开发了更小、更专业的门店。鉴于全球竞争的加剧，以及同时实现低成本和高产品差异化的压力，越来越多的企业开始寻求采用公司层跨国化战略。

战略聚焦　宜家的国际化战略

宜家（IKEA）成立于瑞典，采用基于全球化战略的发展模式，专注于设计优良且价格低廉的家具，并在大型、迷宫般的展厅中展示。其大部分家具由顾客在家中自行组装。与大多数采用全球战略的公司一样，宜家注重全球效率。该公司不断扩展，目前已在 60 个国家开设了门店，数量还在增加。

宜家提高效率的一个方法是通过高效包装来减轻运输重量。产品标准化、高效包装以及因此降低的运输成本，是宜家保持亲民价格的关键。宜家越来越多地在设计阶段就考虑包装和制造，而不是等产品上架后再做调整。这也意味着在家组装宜家产品可能会有些复杂，但一些行为经济学家认为这实际上也是宜家成功的原因之一。这种现象被称为“宜家效应”，其基本理念是：“当我们为某件事付出努力后，我们会对其产生更多积极的情感，并因此更加依恋它。”

宜家门店的客流量不再增长，因此公司正在加强其在线购物的力度。宜家正在通过增加“线上下单、线下自提”的商业模式来扩展这一战略。此外，随着城市化的加剧，宜家正在开发更小的城市中心门店，这些门店的产品种类比郊区门店要少。例如，马德里的一家门店只提供卧室家具，而斯德哥尔摩的另一家门店则专门提供厨房家具和配件。宜家还在尝试新的门店模式，例如在中国的店面改造和在奥地利新开门店，旨在让顾客愿意停留，而不是急于去结账。在上海，宜家有一家门店设有宽敞的空间和舒适的座位区供人们聚集，还有一个提供可持续食品实践的餐厅，以及一个可以修理旧物品或制作新物品的工作坊。

尽管宜家专注于效率，但它在进入每个国家时也会投入大量时间进行研究。宜家专注于那些中等收入群体正在增长的地区。因此，宜家已经进入中国、印度和许多南美国家。即使在这些国家，宜家也专注于平板包装、高效运输和顾客自行组装其瑞典风格的家具。

宜家最新的战略之一是通过发展更可持续的方法改善其形象。相应地，宜家门店的屋顶安装了太阳能板，并在许多国家运营风力涡轮机，目标是最终实现能源自给自足。通过这些增强可持续性的举措，宜家希望被视为一个在社会和环境方面负责任的公司。这些成本虽然在短期内减少了其营业收入，但长期来看应该会降低总体成本。

和大多数公司一样，新冠疫情对宜家的业绩产生了负面影响，这种影响由于全球供应链的困难一直持续到 2021 年。宜家集团 2021 财年的销售额为 25.6 亿欧元，略高于 2020 财年的 23.6 亿欧元，然而，同期的净利润下降超过了 17%，主要原因是下半年运输和原材料价格大幅上涨。尽管该年度宜家产品的特许权使用费和批发销售有所增加，但全球运输危机使得公司很难保持门店的充足库存。

资料来源：2022，*Inter IKEA Group Financial Summary*，Delft，Netherlands，Inter IKEA Systems B. V.；T. Moss，2021，IKEA struggles to stock shelves amid supply-chain woes，*Wall Street Journal*，www. wsj. com，October 14；K. Deighton，2021，IKEA tests new store formats that free shoppers from the maze of aisles，*Wall Street Journal*，www. wsj. com，April 24；D. Ariely，2021，The power of the "IKEA effect，" *Wall Street Journal*，www. wsj. com，July 1；J. R. Hagerty，2018，Ingvar Kamprad made IKEA a global retailer by keeping it simple，*Wall Street Journal*，https://www. wsj. com，February 2；R. Milne，2018，What will Ikea build next? *Financial Times*，https://www. ft. com，January 31；C. Matlack，2018，The tiny Ikea of the future，without meatballs of showroom mazes，*Bloomberg News*，https://www/Bloomberg. com，January 10；R. Milne，2017，Ikea moves focus to center city stores，*Financial Times*，https://www. ft. com，November 28；T. Gillies，2017，Ikea's strategy：Stick to the basics，and expand in the US，*CNBC*，www. cnbc. com，January 16；S. Chaudhury，2015，IKEA's favorite design idea：Shrink the box，*Wall Street Journal*，June 18：B10；B. Kowitt，2015，How IKEA took over the world，*Fortune*，www. fortune. com，March 13.

跨国化战略

跨国化战略（transnational strategy）是指公司寻求同时实现高效的全球化和敏捷的本土反应。[107] 为了克服在东道国销售产品时的文化障碍，公司可以利用市场营销和产品特性，来增强消费者对其品牌是本土化的或至少比全球品牌更本土化的认知。[108] 然而，同时实现全球整合和本土反应并不是一件容易的事，因为既需要密切配合，又需要本土的灵活性。实施跨国化战略需要“弹性协调”，即通过一体化的网络建立共同的愿景和明确各自的职责。这种一体化的网络可以让公司更有效地管理与顾客、供应商、合作伙伴及其他各方面的关系。[109]

跨国化战略对公司在国际市场上获得竞争的成功所起的作用越来越大。原因在于全球竞争者数量的不断增加对公司成本的降低提出了更严峻的挑战，同时，互联网的传播增加了信息的流量，使市场变得更加成熟，顾客的特殊需求又需要用独特的产品来满足，这些压力使公司不得不根据当地的市场来提供差异化的产品。文化与制度环境的差异也需要公司适当地调整产品和运营方式。

亿滋国际公司（Mondelēz International）是卡夫食品公司分拆出来的独立公司。为了聚焦于卡夫高速发展的休闲食品业务，卡夫将其国内杂货食品剥离出去。2021 年，亿滋国际的收入达到 280 亿美元，拥有 70 000 名员工和一些实力品牌（全球知名的品牌）及本土品牌。[110] 由于亿滋国际需要对全球的运营进行整合以保持其标准化，在保持其实力品牌的同时，还需发展并营销定位于满足本土消费者需求的本土品牌，因此亿滋国际必须实施跨国化战略。亿滋国际是全球饼干、巧克力、糖果和固体速溶饮料市场的领导者，并在口香糖和咖啡领域表现强劲。亿滋国际几乎一半的销售额来自发展迅猛的新兴市场。由于亿滋国际提供了各类品牌，它也必须进行战略调整。

一些大型跨国公司因其产品多样化，对某些产品线采取本土化战略，而对其他产品线则采取全球化战略。为了在战略上保持竞争力，许多跨国公司可能需要这种灵活性，这在一定程度上是由随时间变化的趋势所驱动的。

业务层国际化战略

公司的业务层国际化战略在一定程度上是以公司层国际化战略为基础的。一些公司层国际化战略授权各个国家的子公司自行制定业务层国际化战略，另一些公司则支配着各国子公司的业务层国际化战略，以此来实现公司产品的标准化，以及不同国家间的资源共享。[111] 前者通常与多国化的公司层战略相伴随，而后者则倾向于在跨国公司执行全球层面战略时出现。因此，跨国公司有可能在不同国家的多个业务单元中实施不同的业务层战略。例如，一个跨国公司可能在一个国家实施成本领先战略，在另一个国家实施差异化战略，在其他国家聚焦于特定细分市场，而在其他国家则采用整体成本领先和差异化战略。

从第 5 章竞争动态的讨论中我们可以看出，公司绝不可能脱离市场现实来选择和实施战略。对业务层战略来说，本国市场的条件会影响公司依靠本国市场建立的能力和核心竞争力来创造国际市场的能力和核心竞争力的效果。当然，东道国的实际情况对于制定业务层战略同样关键。企业需要深入分析东道国的竞争环境，不仅要明确将采用哪种基本的业务战略，还要规划其竞争策略。东道国的吸引力主要由四个因素决定，同时还需要考虑其政治、法律、经济和文化现状，这些因素共同帮助企业决定应采取哪些战略和策略。

8.6　国际市场进入模式的选择

公司可以采取五种模式进入国际市场。[112] 我们在图 8－4 中展示了这些进入模式及其特征。每一种模式都有自己的优缺点，模式的选择会影响公司实施国际化战略的成功度。[113] 在多个市场中参与竞争的公司可能会采用一种或多种甚至是五种进入模式。[114]

出口

许多公司都是首先通过出口进入其他国家的。[115] 出口（exporting）是指公司将本国

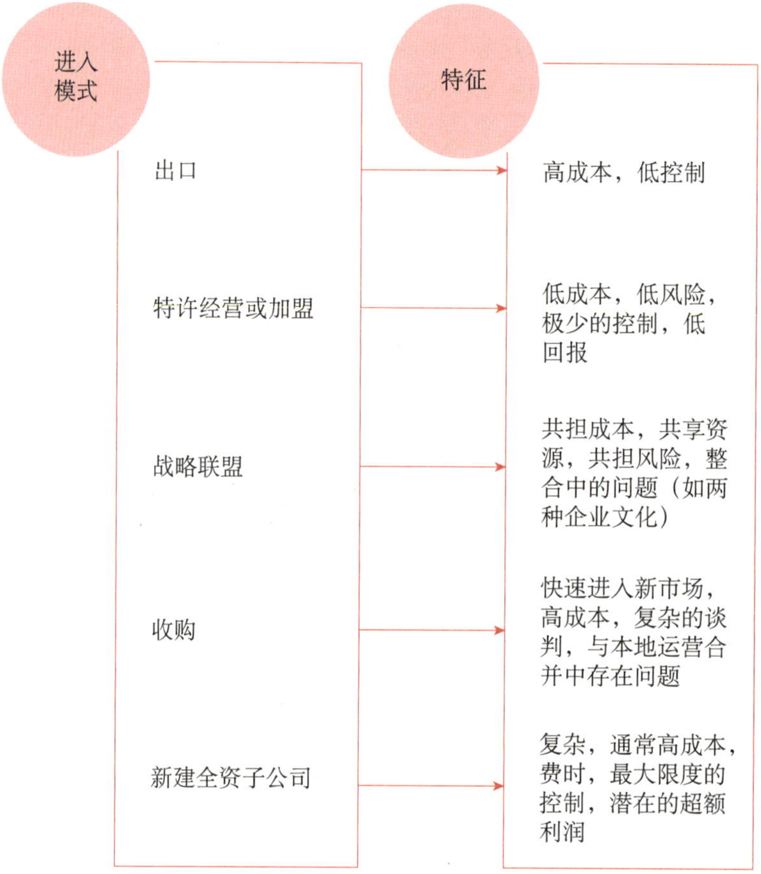

图 8-4　进入模式及其特征

市场上生产的产品输送到国际市场。对于小公司来说，出口是启动国际化战略的一种流行的进入模式。[116]

在第 1 章中，我们将全球供应链定义为一个为提供商品和服务而构建的跨越多个国家的公司网络。[117]参与全球供应链是出口活动的一个重要来源。例如，马来西亚的一家公司可能专注于生产某种特殊类型的纺织品，这种纺织品在制造户外体育用品（如帐篷、睡袋）时非常有用。该公司将纺织品出口到五个不同国家的五家体育用品制造商。这些制造商随后将成品出口给全球的批发商和零售商。随着企业不断寻找全球范围内最优质、最具成本效益的材料，全球供应链会在此过程中逐渐形成。

通过出口，公司避免了选择进入东道国经营而发生的成本支出。然而，它们仍需采用一定的营销和分销产品的手段。通常这涉及与东道国的公司签订合同，由这些公司来处理相关活动。除了合同成本外，出口成本可能还包括高昂的国际运输费用，以及由于东道国政策而对公司产品征收的关税。此外，出口公司在产品营销和分销方面也失去了一定程度的控制权。实践证明，国际成本领先战略能提高公司对发达国家的出口业绩，国际差异化战略则更容易在新兴经济体中取得成功。无论是哪种情况，拥有强大的管理团队和市场导向的年轻公司都更有可能取得成功。[118]

公司通常会更多地向邻国出口产品，因为通常运输成本比较低，相似性比较大。互联网为公司的出口提供了很多便利有效的条件。[119]无论公司规模大小，都可以利用互联网获取国外市场的重要信息，评估目标市场，研究竞争状况，发现一系列潜在的顾客群。

特许经营或加盟

特许经营（licensing）是指通过签订协议允许外国公司在其所在国或其他多个国家的市场上生产和销售公司的产品。[120]许可者对每一件生产和销售的产品收取一定的特许权使用费，被许可者则要承担风险并进行设备投资，生产、营销和分销产品。特许经营首次在第 4 章中作为一种商业模式提到，它是一种许可形式，“授权特许经营商使用特许方的专有业务知识、流程和商标，从而允许特许经营商以特许方的业务名称销售产品或服务。”[121]同样，特许经营商承担大部分风险。因此，许可和特许经营可能是成本最低的国际多元化形式。

特许经营或加盟模式也有缺点。例如，一旦公司将自己的产品或商标授权给其他公司，它将会失去对销售和分销渠道的控制。通过签署保护授权双方利益的特许经营许可协议来巩固双方的关系，将有助于克服这一缺点。[122]另外，特许经营或加盟的潜在回报也比较少，因为回报将在授权双方之间进行划分。特许经营或加盟的另一个缺点是，国际化公司将有可能通过授权而掌握一部分产品技术，在协议终止之后，它们就可以自行生产和销售相似的竞争性产品。一个典型的例子是，日本小松公司先是使用国际收割机公司（International Harvester）、Bucyrus-Erie 公司和康明斯发动机公司（Cummins Engine）的特许经营技术，与推土机行业中的卡特彼勒公司进行竞争，后来，小松公司放弃了特许经营权，转而利用从这些美国公司获得的技术生产自己的产品。[123]鉴于这些缺点，只有双方都确信自己的利益得到了保护的情况下，才能最终敲定特许经营协议。

战略联盟

在跨国背景下，战略联盟指的是一家公司与另一家不同环境下的公司合作，以进入一个或多个国际市场。[124]合作可以采取多种形式，包括联合制造、合作广告和分销，或者是研究合作。合资企业是战略联盟的一种特殊类型，在第 1 章中曾提到该类型，即两个或更多的公司创建一个法律上独立的公司来共享资源。战略联盟和合资企业将在第 9 章中更正式地定义和描述。

战略联盟中的公司在进入国际市场时，需要共担风险、共享资源。[125]另外，为了加强合作，战略联盟中的成员要贡献出自己独有的资源，因而，战略联盟将会促进能力甚至是核心能力的开发，进而提高公司的战略竞争力。[126]事实上，这种新能力和/或（尤其是与技术相关的）竞争力的开发和学习，正是公司选择战略联盟作为进入模式的主要原因。[127]

总部位于法国的利马格兰集团（Limagrain）是世界上最大的种子公司之一。作为一个国际合作组织，利马格兰专注于大田种子、蔬菜种子和谷物产品。利马格兰的战略之一是继续进入更多的国际市场并展开竞争。利马格兰使用的进入模式就是战略联盟。2011年，它与巴西种业公司Sementes Guerra组建了一个战略联盟，专注于玉米种子。利马格兰在此之前和美国的KWS公司成立了一家合资公司，该合资公司名为AgReliant Genetics公司，主要聚焦于玉米和大豆，是美国第三大种子公司。在2020年，利马格兰与合作伙伴Seed Co（一家非洲种子公司）一起创建了西非和中非Seed Co，它们在加纳分销农业种子。[128]

并非所有为进入国际市场而形成的战略联盟都会取得成功。[129]国际战略联盟尤其难以管理，合作伙伴之间的矛盾、冲突以及信任的丧失是战略联盟失败的主要原因。[130]信任的建立至少受到四个方面因素的影响：合作伙伴的最初关系、达成协议的谈判过程、合作伙伴间的互动以及外部事件。[131]信任还会受到战略联盟成员间国家文化以及国家政府关系（例如，政治差异程度）的影响。[132]文化和政治差异可能使实现战略联盟所需的运营整合变得困难。如果在战略联盟中预计将有高水平的冲突，或者合伙人之间缺乏信任，那么使用收购方式进入国际市场可能是一个更好的选择。[133]

收购

当公司通过收购其他公司进入国际市场时，它所完成的就是跨国收购。具体来说，跨国收购（cross-border acquisition）是指一个国家的公司购买另一个国家的公司的股权或者是购买整个公司。[134]随着自由贸易在全球范围内不断扩展，跨国收购的数量也与日俱增。跨国收购为公司提供了快速进入新市场的能力，这也是公司得以成长的关键原因。事实上，在五种进入模式中，收购是公司进入国际市场最快捷的手段。[135]当交易完成后，它们立即在东道国开始运营。

尽管跨国收购越来越流行，但这种进入模式并非没有成本，而且要想获得成功并不是一件容易的事。跨国收购也具有本土收购（见第7章）的一些劣势。例如，跨国收购的公司需要进行债务融资，这会造成额外的成本。

从许多方面来看，跨国收购比国内收购要困难得多。跨国收购的谈判可能极其复杂，通常比国内收购相关的谈判更为烦琐。[136]比如，需要处理被收购公司所在国的相关法律法规问题，以及需要获取协议谈判所需的适当信息。最后，与本土收购相比，跨国收购中新公司的合并过程也更加复杂，因为公司不仅要面对企业文化差异，还要处理好社会文化和习俗方面的不同。[137]研究表明，收购方和被收购方所在国家之间的文化差异越大，创造长期价值的可能性越小。[138]公司收购之后的整合过程面临更多的挑战，一旦整合因文化差异而拖延或陷入困境，公司将很难获得潜在的协同效应。[139]

因此，虽然跨国收购作为进入新市场的快捷方式越来越流行，但公司在选择实施时，还是需要特别注意该战略的潜在成本和风险。

新建全资子公司（绿地投资）

绿地投资（greenfield venture）这种进入模式是指公司直接向其他国家或市场进行投

资建立全新子公司。这是个复杂且成本很高的过程，但它能最大限度地控制子公司的运作，对公司提高战略竞争力有非常大的潜在作用。尤其是当公司拥有很强的无形能力，绿地投资又能平衡这种能力的时候，这种模式的潜在作用将更大。[140] 当公司拥有专有技术时，对国外市场上的运营进行全面控制将更有利于公司的发展。

研究显示，在服务业，“全资子公司和驻外工作人员会受到更多的偏爱”，这些行业往往与“终端客户有着密切的接触”，并且要求公司具有“高水平专业技能、专业知识和定制化服务”[141]。研究还显示，当公司的业务更多地依赖于资本密集型制造工厂的品质时，绿地投资的效果会更显著。对于劳动密集型的公司来说，则更有可能以跨国收购作为进入模式。比如，当地工会的影响力以及文化上的巨大差异（在涉及的国家之间），会对绿地投资中的知识向东道国的转移造成更多的阻碍。[142]

当然，绿地投资也具有相当大的风险，因为在一个新的国家和市场建立新的公司需要支付高额费用。为了支持国外新公司的运营，公司需要雇用东道国的员工，有时甚至是挖竞争对手的员工，或者通过咨询公司来获取当地市场的知识和专业技能，这也需要支付高昂的成本，但这些知识和专业技能是建立新公司和分销网络所必需的，也是学习如何实施营销战略来帮助公司获得新市场的竞争成功所必不可少的。[143] 重要的是，公司在采取这些行动时必须保持对产品的技术、营销和分销的控制。研究认为，当国家风险比较高时，公司更倾向于建立合资公司而不是进行绿地投资。但是，如果公司之前已经在该国获得了一定的经验，则更有可能选择绿地投资而不是建立合资公司。[144]

进入模式的动态

有多种因素会影响公司进入国际市场的模式。最初，通常是采用出口模式进入国际市场，因为这种模式不需要具有国外生产方面的专业知识，只需要对分销渠道进行投资即可。特许经营或联盟通常是进入外国市场的低成本策略，然而，控制权是有限的。战略联盟是目前非常流行的进入模式，因为这种模式能够让公司与市场上有经验的伙伴进行合作。正是出于此原因，地域多元化的公司经常在环境不稳定的情况下使用战略联盟，如风险比较大的经济体（如委内瑞拉）。但是，如果知识产权在这些经济体中得不到有效的保护，行业中公司的数量将会急剧增加，全球化整合的需求也会很高，那么新建全资子公司和合资公司这样的模式将会更受青睐。[145] 总体来说，在公司进入国际市场的早期阶段，采用出口、特许经营和战略联盟这三种模式的效果会更好，也更有利于提高市场占有率。

研究人员发现，采取合资企业方式在外国市场立足的跨国公司，往往在稳定下来后会抛弃它们的当地合作伙伴。跨国公司“通过跨境利用资源获得竞争优势，最初会从与当地公司的共同所有权中受益，以使它们的外国子公司更好地融入当地环境并更有效地获取当地资源。之后，它们将从接管当地合作伙伴的股权份额中获益，并更好地将其子公司融入母公司，并把在当地获取的资源转移到跨国公司的其他地点”[146]。收购和绿地投资可以帮助公司在国际市场上形成强大的影响力，然而，这两种方式往往发生在公司国际多元化战略的后期阶段。

为了进入国际市场，公司应选择最合适的进入模式。在有些情况下，可能会依次选择不同的模式，一开始采用出口模式，最终才采用绿地投资模式。在另外一些情况下，公司会对不同的市场采取不同的进入模式，但不是全部采用。进入模式的选择是多种因素共同作用的结果，主要包括行业竞争状况、国家情况和政府政策、公司的独特资源以及能力和核心竞争力。

8.7 战略竞争力的预期收益

正如本章所述，公司在实施国际化战略方面的成功取决于许多因素，包括成功识别最佳进入的国家或地区、选择和实施适当的公司层和业务层国际化战略，以及选择最佳的进入模式。此外，还有许多因素不在公司的直接控制之下，比如全球冲突、供应链中断、贸易战、自然灾害或新的社会运动，这些因素都可能对国际化战略的成功产生重大影响。公司应尽其所能，通过对商业、政治和文化环境进行仔细分析，减轻预期风险。跨国公司如果具备精湛的管理能力，在最好的情况下，公司可以采取国际化战略来实现高于平均水平的回报，并增强创新能力。

国际多元化及其收益

证据显示，有多种原因会促使公司实施国际多元化战略，这意味着从投资回报来看，国际多元化对公司的业绩有积极的影响。[147]美国跨国公司大约 1/4 的利润来自海外。[148]然而，这并不是真正重要的问题。真正的问题是，更高水平的国际多元化能否提升公司绩效。

早期研究表明，随着国际多元化程度的提高，起初公司的回报会有所减少，但当公司学会了如何管理不断增加的地域多元化时，公司的收入会迅速增加。[149]接着，在某个阶段，公司国际化战略所带来的地理多元化和可能的产品多元化，会导致战略带来的回报趋于稳定，最终甚至变为负值。[150]然而，当这些早期研究在 64 个国家的 32 835 家跨国公司样本上进行复制时，研究人员未能证实先前的研究结果。实际上，他们发现“没有任何证据表明跨国经营对企业绩效存在内部效应”。[151]这一结果并不意味着国际多元化本身是一个坏主意。样本中的公司表现各异，有些跨国公司的业绩很好，而另一些则表现不佳。这项研究的重要性在于：它提醒我们在决定扩张方向和如何管理国际多元化业务组合时需要格外小心。总体而言，随着地理多元化的增加，公司要有效地执行、管理和控制其国际业务变得越来越困难。[152]

创新的加强

在第 1 章中我们提到，新技术的开发是战略竞争力的核心。国际竞争力在很大程度上依赖于行业的创新能力。[153]创新的公司最终必然超过那些没有创新的公司。因此，对于国家和公司来说，保持竞争优势的唯一途径就是持续创新。[154]

国际多元化战略为公司通过创新获取更多的回报提供了潜在机会（通过更多更大的市场），同时减少了研发投资中出现的大量风险。另外，为了获取持续进行大规模的研发投资所必需的资源，国际多元化可能也是一个必不可少的手段。如今，技术更新的速度不断加快，这使新技术的投资以及相关的资本密集型的运作都变得相当困难。仅局限于本地市场的公司会发现，要进行这种投资并不是件容易的事，因为投资回收期变长了。然而，国际多元化可以提高公司取得适当的超额回报的能力，并且这种超额回报是在国内竞争对手超越本公司创新取得的竞争优势之前获得的。[155]

另外，公司进入国际市场后会面对更多的新产品和新工艺，如果公司能够吸收这些新产品和新工艺的优点，并将其融入自己的公司，就可以开发出新一代的创新产品和工艺。[156]为了将所学的知识融入自己的研发过程，公司必须对生产过程进行有效的管理，从而吸收和运用新知识以实现创新。[157]正是这些原因，使得国际多元化战略不断激励着公司创新。

国际区域多元化、创新和回报之间的关系错综复杂。良好的业绩可以为公司获得区域多元化所需的资源提供保证，区域多元化又为研发投资提供了必要的动力和资源。有效的研发能力能够提高公司回报，这又为进一步的区域多元化和研发投资提供了更多的资源。[158]当然，丰富的管理经验可以提高这一系列关系所产生的回报。实践证明，文化更加多元化的高层管理团队通常对国际市场及其特点有更深入的了解，公司国际化拓展的方向也会受此影响。[159]另外，地域多元化的公司在管理各地区的业务时需要有相应的技巧，不仅需要对各业务进行分权化管理，而且需要协调好不同区域观念上的差异。[160]公司如果能将这些工作做好，那么战胜竞争对手的把握会更大。[161]

小结

国际化战略是一家公司在其总部所在国之外生产和/或销售其商品和/或服务的战略。国际多元化战略是一家公司将其商品和/或服务的生产和/或销售扩展到全球各国家和地区，进入许多潜在的地理区域或市场的战略。换句话说，国际多元化战略是公司实施国际化战略的手段。

多种因素和条件正在推动国际多元化的发展，包括：

- 国际业务中越来越多地使用全球价值链；
- 数字化和全球商业平台的使用；
- 区域化，即企业倾向于在同一地区内的国家开展业务，而不是在多个地区的国家投资；
- 许多企业希望扩大市场规模，超越其国内市场的可能范围；
- 能够跨越国家边界扩展企业的学习网络；
- 在一些国家或地区存在稀缺或独特的宝贵资源。

政治风险，来自多国公司运营可能因政治力量或政治事件而中断的概率，这会阻碍国际多元化。与政治风险密切相关的法律风险也会对国际化战略产生抑制作用。

经济风险，包括一个国家或地区经济的根本性弱点，这可能会对企业成功实施国际化战略的努力产生不利影响。这类风险使追求国际化战略变得困难。

追求国际化战略的企业还会面临与协调业务运营、跨国家文化管理以及与其业务所在国家的政府打交道相关的管理难题。

希望实施国际多元化战略的企业在决定进入哪些国家时应仔细考虑多个因素，包括：生产要素、需求条件、相关和辅助产业、企业战略、结构和竞争，以及政治、法律和经济体系，文化距离（即不同文化中共同规范的差异）。

公司层国际化战略主要有三种类型。多国化战略聚焦于公司参与竞争的各个国家内部的竞争。采用多国化战略的公司将战略和运营的决策权分散到每一个国家的业务单元，这样一来，每一个业务单元都可以根据当地条件对产品进行调整。全球化战略认为不同国家的产品更趋于标准化，因此，竞争战略更加集中，由总部统一控制。大型多国公司，尤其是那些在大量不同的市场上销售多元化产品的公司，通常会在某些产品线上采取多国化战略，另外的则采取全球化战略。跨国化战略寻求的是将多国化和全球化的特征整合在一起，从而使公司同时强调本土市场的反应和全球整合。

一家公司的业务层国际化战略在一定程度上是基于其公司层国际化战略的。一些公司层国际化战略给予各个国家的业务单元自主发展业务层战略的权力，而有些公司层战略则规定各业务单元的业务层战略，经营标准化产品并跨国共享资源。前一种情况通常伴随着多国性公司层战略，而后一种情况往往出现在跨国公司追求全球公司层战略时。一个跨国公司可能在一个国家的业务单元采用成本领先战略，在另一个国家采用差异化战略，在第三个国家采用聚焦战略，而在其余国家则采用整体成本领先/差异化战略。

公司可以使用五种进入模式中的一种或几种来进军国际市场。这五种模式是：出口、特许经营或加盟、战略联盟、收购和新建全资子公司（又称绿地投资）。许多公司在最初进入国际市场时采用的是出口或特许经营，因为这两种模式的成本和风险都比较低，到后期，公司通常会选择战略联盟和收购这两种模式。成本最高、风险最大的则是新建全资子公司（绿地投资）这种模式。但这些子公司又具有控制最大化的优势，如果该模式能获得成功，回报也是最高的。大型的地域多元化公司，在进入国际市场时，可能会选择多种甚至是五种模式。

国际多元化战略的成功实施，会以改善业绩的形式促使公司获得战略竞争力。然而，研究表明，平均而言，国际多元化并不会提高绩效。因此，跨国公司的管理者在决定向何处扩张以及如何管理其国际多元化的企业组合时需要谨慎。

国际化战略有助于公司创新，因为该战略为创新投资提供了更大的市场，为公司获取更多、更快的回报创造了条件。另外，国际多元化还可以给公司带来维持大规模投资所必需的资源。

关键术语

全球化战略（global strategy）
国际化战略（international strategy）
绿地投资（greenfield venture）
多国化战略（multidomestic strategy）
国际多元化战略（international diversification strategy）
跨国化战略（transnational strategy）

复习题

1. 导致国际多元化增加的因素和条件是什么？
2. 描述公司进入非本国市场时所经历的主要政治风险。
3. 描述公司进入另一个国家时所经历的一些经济风险。
4. 当公司实施国际多元化战略而进入新国家时，常见的管理难题是什么？
5. 阐述跨国公司在决定是否进入某个特定国家时应考虑的最重要因素。
6. 公司层国际化战略的三种主要类型是什么？这三种战略的优缺点各是什么？
7. 公司进入国际市场时使用的五种进入模式是什么？公司使用这些进入模式的常见顺序是什么？

8. 通过国际化战略，尤其是国际多元化战略，公司的战略竞争力可以获得哪些回报？

微案例 OTT 平台和印度的网飞

在印度，现代的“OTT”（Over The Top）平台指的就是流媒体服务。印度的移动资费非常低，这推动了 OTT 市场的增长。印度消费者对在线视频内容有极大的需求。“因此，整个行业应运而生，提供了足够的内容——电影、电视剧、纪录片、真人秀以及短视频，足以让你看到临终，甚至更久。”根据一份报告，似乎每隔三个月就会有一个新的 OTT 平台诞生。

印度有数十个 OTT 平台，其中一些脱颖而出。亚马逊 Prime Video 提供广泛的好莱坞电影和电视剧选择，同时还有印度电影和电视节目。2021 年，亚马逊 Prime Video 是印度最受欢迎的流媒体服务。另一个主要竞争者是迪士尼 + Hotstar，这是印度第三受欢迎的流媒体服务。迪士尼 + Hotstar 由印度星空集团（Star India）拥有，该集团是印度华特迪士尼的子公司。它有两个套餐：“高级”套餐包括国际电影和电视剧，“超级”套餐则专注于体育内容和多种语言的国内节目。排名第四的是 JioTV，由 Jio 平台拥有，这是印度信实工业有限公司（Reliance Industries LTD）的子公司，它是前四大服务中唯一提供专用直播电视应用的平台。JioTV 不提供任何原创节目，但提供了非常广泛的娱乐选择。

提供 OTT 平台的印度公司还包括 Aha，这是 Geetha Arts 和 My Home Group 合资企业旗下的品牌。Aha 仅提供泰卢固语（Telugu）内容，且无广告。尽管它是 OTT 平台市场的较新入局者，但已经拥有 250 万用户。Voot 是另一个提供印地语（Hindi）、英语、泰米尔语（Tamil）、古吉拉特语（Gujrati）、孟加拉语（Bengali）、马拉地语（Marathi）和卡纳达语（Kannada）内容的印度 OTT 平台。所有这些来自印度和国际公司的竞争已将价格压至极低水平，仅是大多数其他国家流媒体服务收费的一小部分。

网飞在 2021 年被列为印度第二受欢迎的流媒体服务，但根据公司自己的标准，在印度表现不佳。当网飞进入一个新国家时，其策略是首先针对大城市的富裕年轻消费者。“之后，为了逐步吸引更大的观众群体，公司会雇用一支当地团队，从该国最大的制片人那里委托项目，为他们提供在其他地方得不到的创作自由。”首席执行官里德·哈斯廷斯（Reed Hastings）告诉投资者，他期望网飞在印度签约 1 亿用户。迄今为止，网飞的签约用户远未达到这个数字。“网飞低估了印度带来的巨大复杂性和挑战。”

在印度，付费电视的费用远低于世界其他地方，价格相当于每月 2～3 美元。网飞以每月约 7.50 美元的价格进入印度。不久之后，公司意识到了错误，并开始降低价格。最初，较低的价格仅限于移动设备，但最终，网飞将其价格降至与竞争相似的水平。由于印度法律要求客户每月确认一次付款，印度的取消率远高于其他国家。此外，印度是一个多元化国家，有 20 多种语言，这使得节目制作变得困难。

网飞与印度最大的一些制作公司有交易。它在 2020 年播出了一个受欢迎的系列《坏小子和亿万富翁》，这是一部调查纪录片，“探讨了贪婪、欺诈和腐败如何成就并最终摧毁了印度最臭名昭著的大亨们”。《母爱》是关于一位悲痛的母亲的故事，她在追踪杀害女儿的凶手过程中，从一个温顺的人变得无情。《名利场》是一系列关于印度最著名女演员的剧集。尽管如此，网飞的用户仍然对国际内容比对印度内容更感兴趣。一个问题是，与网飞合作的制作公司习惯于制作大型电影而不是系列片。此外，疫情放慢了原创节目的制作。尽管如此，网飞仍在推进，它计划在 2021 年制作的许多节目正在 2022 年投入制作。

当被问及印度的竞争时，网飞印度电影和授权总监普拉蒂克沙·拉奥（Pratiksha Rao）说：“竞争总是很棒的，它推动我们做得更好。它也扩大了市场，增加了供应。这对创意社区的发展很棒。”在列出了几种语言的几个网飞项目后，她说：“我们的目标始终是更好地反映所在的市场。因此，我们不仅以这些语言制作原创内容，还以这些语言获得大量授权。不论是泰卢固语、泰米尔语还是马拉雅拉姆语（Malayalam）。事实上，当这些电影在影院上映后于数字平台首映时，我们感到非常欣慰。”

资料来源：L. Shaw，2022，Netflix's Indian drama，*Bloomberg Businessweek*，April 4：16 - 18；N. Ramachandran，2022，Netflix India's Pratiksha Rao welcomes competition in crowded streaming market，*Variety*，www. variety. com，April 29；T. Basuroy，2022，Share of consumers who subscribed to selected video streaming services in India as of May 2021，*Statista*，www. statista. com，May 17；2022，Bad Boy Billionaires：India，*Netflix*，www. netflix. com，May 19，P. Baboori，2022，Best 10 OTT platforms in India 2022，*Indian Online Seller*，www. indianonlineseller. com，March 1；A. Arora，2021，The best movie and television streaming service in India，*360 Guide*，www. gadgets360. com，January 13.

讨论题

1. 印度与其他国家的差异是如何影响网飞在该国成功的？

2. 尽管网飞在印度的新系列片和电影制作上投入巨大，但它在印度的流媒体服务收费也比其他国家少得多。这种情况是否意味着网飞在印度会亏损？网飞可能在想什么？

3. 网飞在印度实施什么样的业务层战略？这一战略与案例中描述的其他公司的战略相比如何？

4. 你认为网飞应该如何调整其在印度的战略？为了提高竞争力，它可以做些什么，或者网飞应该完全放弃印度市场吗？请解释。

注 释

第9章

合作战略

学习目标

1. 定义合作战略并解释公司使用合作战略的原因。
2. 定义并讨论三种主要的战略联盟。
3. 界定业务层合作战略并描述如何使用。
4. 讨论多元化公司中公司层合作战略的使用情况。
5. 理解跨国战略联盟作为国际合作战略的重要性。
6. 讨论网络合作战略的使用。
7. 描述合作战略的风险。
8. 描述管理合作战略的两种基本方法。

引例 谷歌的多元化联盟

参与合作的公司承诺会分享一些自身的独特资源来达到对于所有参与者都非常重要的目标。合作战略经常被用来帮助公司获得进入新市场的机会。另外，一些合作关系是在相似的公司之间形成的，这些公司想要发展规模经济来提高自身的竞争力。多年来，汽车生产企业之间形成的合作伙伴关系就是基于这个原因。不同行业领域的公司结合在一起是为了追寻它们认为有价值的、可以共享的目标。这个原因解释了 2015 年谷歌、英特尔和泰格豪雅（TAG Heuer）之间的合作伙伴关系，它们一起设计和生产一款智能手表。

在某种程度上，谷歌、英特尔和泰格豪雅决定一起合作是对于苹果开发 iWatch 的一种战略性反应。它们推出了一款高端智能手表，其中最昂贵的一款售价约为 1.7 万美元。它们最近还推出了一款价格较低的智能手表，名为 Connected Modular 45，起价 1 650 美元。尽管如此，这款手表的目标市场仍然是一个特殊的奢侈品细分市场，与泰格豪雅的目标市场保持一致。

谷歌充分利用了与英特尔和泰格豪雅联盟所获得的经验，与 Fitbit 结成了另一个联盟。例如，Fitbit 已经同意使用谷歌新推出的“在应用程序上使用的健康数据标准”。Fitbit 还将开始使用谷歌的云数据存储平台，这符合《美国健康标准和责任法案》（U. S. Health Standards and Accountability Act）。这项立法规定了医疗记录的使用。合作伙伴允许 Fitbit 遵守这个法案，无须建立自己的系统。Fitbit 的首席执行官詹姆斯 · 帕克（James Park）说："与谷歌合作使我们有机会改变我们的业务规模，使我们能够更快地接触到世界各地的人，同时也提升了我们为客户和医疗系统提供的体验。"谷歌因其 Android Wear 软件在市场上未能取得成功，还在与 Fitbit 就该业务展开合作。在谷歌宣布与 Fitbit 结盟后，Fitbit 的股价在市场上上涨了 8%。

谷歌已经建立了一套日益多元化的战略联盟组合。例如，它最近与法国大型零售商家乐福和西班牙主要能源公司雷普索尔（Repsol）签订了合作协议。与家乐福的联盟旨在帮助该公司扩大电子商务业务。另外，与雷普索尔结盟的目标是利用谷歌的机器学习工具，在雷普索尔的炼油厂部署大数据和人工智能设备。2010 年，谷歌关闭了在中国的搜索引擎业务，这并不是退出市场，而是在中国成立了一个研究中心，并与中国大型互联网企业腾讯签署了一项联盟协议。

此外，它与 IRI（Information Resources，Inc）结成了联盟伙伴关系，以进行市场营销组合分析。这是谷歌在 2018 年启动的"谷歌测量伙伴计划"（Google Measurement Partners program）的一部分。该项目（及其与 IRI 的联盟）的目的是为其广告客户提供跨越多个专业领域的高质量的服务和选择。IRI 将有助于增强谷歌的营销能力。在另一项合作伙伴关系中，谷歌与爱依斯公司（AES）"结成了 10 年联盟，以加速利用谷歌云技术推动清洁能源的扩张和采用"。此外，谷歌还与研科电讯（TELUS）结成了长达 10 年的联盟，旨在追求在医疗保健、农业、智能家居、通信技术和安全产业内帮助公司数字化运营的创新服务。

这些只是谷歌为保持其竞争优势所建立的众多联盟中的几个例子。谷歌还持续对研发进行大量投资，以开发新的技术和服务（例如，在人工智能和其他许多领域）。因此，我们可以预期，谷歌在未来几年将成为高科技领域的主导力量。

资料来源：2022，How many partnerships does Google have?. *ICSTD*，www. icstd. org，February 10；2021，TELUS and Google form strategic alliance to bring digital transformation to key industries，including communications technology，healthcare，and agriculture，*Daily Energy Insider*，www. dailyenergyinsider. com，February 9；K. Randolph，2019，AES，Google created strategic alliance to accelerate adoption of clean energy，*Daily Energy Insider*，www. dailyenergyinsider. com，November 7，2019；S. Hughes，2018，Google selects IRI to join new measurement partners program，*Odessa American*，https://www. oaoa. com，July 18：R. Zhong，2018，Google，rebuilding its presence in China，invests in retailer，JD. com，*New York Times*，www. nytimes. com，June 18；T. Bradshaw，2018，Fitbit shares jump on Google alliance，*Financial Times*，www. ft. com，April 30；A. Pressman，2018，Fitbit strikes deal with Google that could lead to wearables collaboration，*Fortune*，www. fortune. com，April 30；2017，Tag Heuer teams up with Google，Intel for new $1 650 Android smartwatch，*PYMNTS. com*，https://www. pymnts. com，March 15；D Pierce 2017，Tag Heuer's new $1 600 smartwatch（almost）worth it，*Wired*，www. wired. com，March 14；Chen，2015，Google，Intel，TAG Heuer to collaborate on Swiss smartwatch，*Wall Street Journal*，www. wsj. com，March 19.

9.1　合作战略及其应用

在本章的引例中，我们描述了谷歌、英特尔和泰格豪雅为应用技术创新而采用合作战略，以展开在奢侈品时尚界的竞争。谷歌还与 Fitbit、家乐福、雷普索尔、腾讯、IRI、爱依斯和研科电讯发展了联盟关系，在各自情况下，这些公司和谷歌都有互补的资源可以在联盟中使用。因此，正如所有实施合作战略的公司一样，谷歌及其联盟伙伴计划以各种方式利用它们的资源，为利益相关者创造最大的价值。[1]

形成类似于谷歌、英特尔和泰格豪雅之间的合作战略，有可能帮助公司达成对所有公司都至关重要的目标，例如公司增长。具体来说，**合作战略**（cooperative strategy）是一种通过公司间合作来实现共同目标的方法。[2]通过与其他公司的合作，公司可以为顾客创造出单凭自身实力所无法实现的价值。如前所述，这也是谷歌、英特尔和泰格豪雅所处的境况。如果缺乏这三家公司的资源组合，它们中没有一家公司能够创造出这三家公司计划开发的特定的智能手表（在这一章中，“资源”这一名词被更为广泛地应用，指的是公司的能力和资源）。

在使用合作战略时，公司还试图建立竞争优势。[3]通过合作战略建立的竞争优势称为合作优势或关联优势，意味着合作伙伴间的关系是建立竞争优势的基础。[4]合作战略的成功实施可以使公司在战略竞争力和超额利润上超越竞争对手。[5]

本章将讨论以下几个主题：首先，合作战略的主要类型是战略联盟，我们将定义并举例介绍几种不同的战略联盟。由于战略联盟比其他类型的合作关系的使用频率要高，因此，我们将主要聚焦于战略联盟。然后，讨论业务层、公司层、国际和网络合作战略。本章的最后介绍实施合作战略的风险以及如何有效地减少这种风险。

9.2 合作战略的主要类型——战略联盟

战略联盟（strategic alliance）是通过公司间资源组合来创造竞争优势的合作战略。[6]公司可以利用战略联盟来平衡现有的资源，并与合作伙伴一起开发额外的资源，以此作为获得新竞争优势的基础。战略联盟是公司用来超越对手的重要策略。[7]

战略联盟的类型

合资企业、产权战略联盟和非产权战略联盟是战略联盟的三种主要类型。这些战略联盟的主要区别在于所有权的配置不同。

合资企业（joint venture）是指两个或两个以上的公司通过建立具有独立法律地位的公司来共享资源，从而获得竞争优势的一种战略联盟。[8]通常合资双方拥有相同的股份，承担相同的运营责任。实际上，研究证据表明，等额所有权与合资企业的高绩效相关联。[9]合资企业的形成通常是为了改善公司在不确定竞争环境中竞争的能力。合资企业在合作双方建立长期关系和转移隐性知识方面也非常有效。[10]

中国最大的汽车制造商之一上海汽车集团（SAIC Motor Corp. Ltd）与通用汽车成立了一个合资公司开发新车型，专门为满足中国人的偏好服务。该合资公司命名为上汽通用汽车有限公司（SAIC-GM）。在这一合作战略中，合资双方各占 50% 的股份。公司还通过其他方式进行合作。例如，上海安吉星（Shanghai OnStar），是通用汽车、上海汽车集团和上汽通用汽车建立的合资企业，在中国汽车远程信息技术领域处于领先地位。上汽集团和通用汽车同意上汽集团接管通用汽车在印度的欧宝制造厂，上汽集团得以进入印度汽车市场。[11]在当今的商业环境下，表现出与作为一个成功竞争者相关的复杂性的一个事实是，上汽集团与大众汽车也成立了一家合资企业。除了其他一些产品，上汽、大众合资企业生产的上海大众途观（Tiguan）SUV 是中国市场外资品牌 SUV 销量最高的车型之一。[12]

由于难以编纂成文，隐性知识只能通过经验进行传递，比如合资企业内部员工共同工作过程中进行的交流，并且它在公司发展竞争性优势中的作用越来越大。[13]总之，当公司需要整合各自资源来创造新的竞争优势，或者想要进入高度不确定的竞争市场时，合资企业或许是一个最佳的选择。

产权战略联盟（equity strategic alliance）是指一家公司通过购买另一家公司的股份，成为其部分所有者的一种联盟形式。“作为换取股份的条件，该公司需要加入合作伙伴关系，并投入一大笔资金。这些股权投资通常是通过直接购买公司股份来实现的。”[14]这种产权战略联盟有助于企业通过新增资源来重新聚焦其业务，从而可能获得竞争优势。它们在面对单个企业难以单独承担的高成本、复杂性或风险投资机会时尤其有用。“松下集团（Panasonic）向特斯拉投资 3 000 万美元，就是产权战略联盟的一个典型例子。松下集团不仅购买了特斯拉的股票，还将其先进的电池技术带入了这一合作关系。”[15]

非产权战略联盟（nonequity strategic alliance）是指两个或两个以上的公司通过发展契约关系来共享资源，以共同追求互利项目。[16]在这种联盟中，不需要建立相对独立的公司，也不涉及产权的划分。正是这一原因，非产权战略联盟与前两种形式相比，不是特别正式，对成员之间的约束也比较少，成员之间也不会产生比较亲密的关系，但研究显示，它也可以为联盟中的公司创造价值。[17]非产权战略联盟的非正式性和低约束性使其不适合一些复杂的项目，因为这些项目往往需要成员之间进行隐性知识的传递。[18]非产权战略联盟的形式主要有特许经营协议、分销协议和供应合同等。

外包方式通常是以非产权战略联盟的形式进行的（如第 3 章所讨论的，外包是从另一个公司购买价值创造活动或者辅助职能活动）。苹果公司以及销售计算机、平板电脑和智能手机的其他一些公司，采用非产权战略联盟的方式将生产产品所必需的大多数甚至是全部活动进行外包。例如，苹果公司一直将其大多数生产活动外包给富士康（Foxconn）和和硕（Pegatron）（尽管大部分 iPhone 是在中国组装的，但使用的是来自世界各地的零件）。[19]公司通常会选择采用非产权战略联盟将生产活动外包给新兴市场公司，因为这些公司能够通过规模经济产生成本效率。

公司建立战略联盟的原因

合作战略是竞争环境中不可或缺的一部分，对于许多公司来说非常重要。除了营利性组织之间的联盟关系，教育机构与公司之间也会形成联盟，以实现大学在基础研究中的项目进行商业化运作。[20] 此外，除了两家公司为了竞争目的而形成合作的二元关系之外，如今在一些行业中，大型联盟之间的竞争也日益凸显。全球航空业就出现了这种竞争模式，在该行业中，公司彼此竞争的同时也加入了各个联盟（例如星空联盟、寰宇一家以及天合联盟（SkyTeam）——三大航空公司联盟），转而形成联盟之间的竞争。[21] 联盟对客户的意义在于：预订航班可能包括联盟内不同航空公司的航段。对航空公司而言，这意味着资源共享以及现有资源利用率的提升。这些公司参与其中的这一系列联盟反映了当公司试图通过合作提高竞争力时可以有各种各样的选择。

总体而言，有很多理由会促使公司做出参与到战略联盟中的决策。我们将再次提及两个关键理由，并通过解释在慢周期市场、快周期市场和标准周期市场中战略联盟将如何帮助公司提高竞争力，来讨论其他一些理由。

公司形成战略联盟的第一个重要理由是，战略联盟帮助公司创造出仅凭单独行动所无法实现的价值并加快进入市场的速度。[22] 这一点在韩国 SK 创新公司（SK Innovation）与福特汽车公司组建的合资企业中得到了体现，该合资企业旨在在北美建造两家电池工厂。预计到 2025 年，这些工厂每年将能够生产足够的电池供应 60 万辆电动汽车。[23] 这一合资企业使 SK 创新公司得以进入一个巨大的北美市场，若非如此，这将是难以实现的。

形成战略联盟的第二个重要原因是，大部分公司都缺少实现目标过程中遇到的所有有吸引力机会所需的全部资源。[24] 由于资源有限，公司进行合作的目的有很多，包括在不明显增加成本的情况下开发新顾客、提供更多的产品以及扩大产品分销渠道等。例如，现金和其他资源较多的公司可以结成联盟，以进入多个市场，使它们能够更有效地与竞争对手进行跨市场竞争和（或者）阻止竞争对手进入某些市场或采取某些竞争行动。[25]

由巴诺书店（Barnes & Noble）和星巴克（Starbucks）组成的联盟展示了如何通过合作伙伴关系，使企业能够在不对资源造成重大负担的情况下吸引新客户。巴诺书店内设置星巴克咖啡店，让顾客在品尝新鲜咖啡的同时翻阅新书。这种合作使双方都获得了利润。星巴克还与连锁超市合作，因此购物时在星巴克咖啡店购买一杯咖啡已成为常态。[26]

正如我们在第 5 章中所讨论的，考虑竞争性对抗和竞争性动态，独特的竞争条件构成了慢周期市场、快周期市场和标准周期市场的基本特征。[27] 如图 9－1 所示，在这三种独特的市场中，公司采用战略联盟的原因各不相同。

简而言之，慢周期市场是指公司竞争优势的模仿周期长和模仿成本高的市场。[28] 铁路、电信、基础设施以及金融服务等都具有慢周期市场的特征。在快周期市场上，公司的竞争优势很容易被模仿，从而限制了竞争优势的长期可持续性。[29] 在标准周期市场上，竞争优势在一定程度上免于被模仿，因此它维持的时间介于快周期市场和慢周期市场之间。

慢周期市场

慢周期市场上的公司经常采用战略联盟来进入受限制的市场，或者建立特许经营公

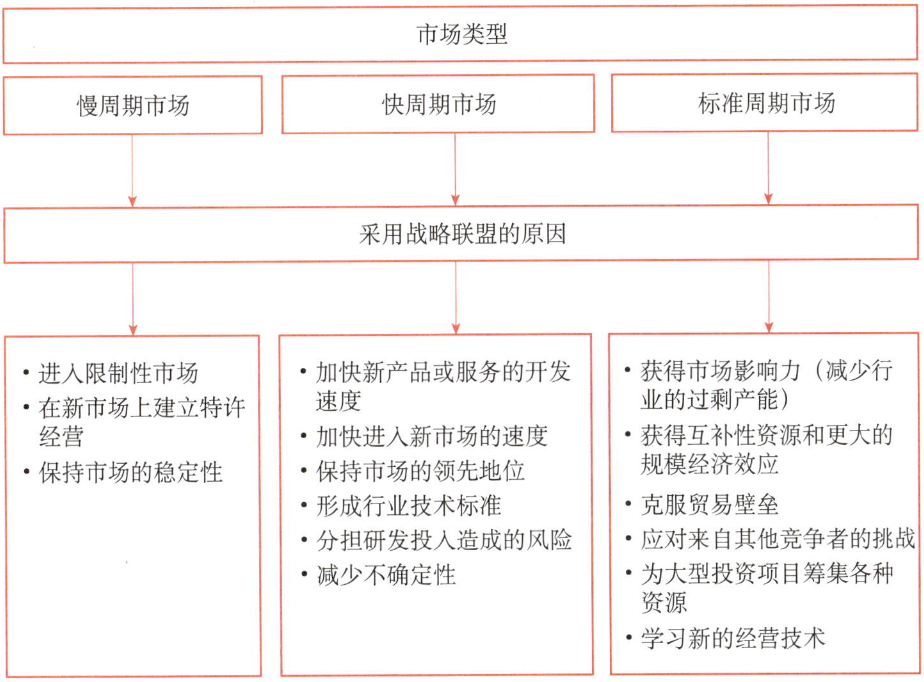

图 9－1　不同类型的市场中发展战略联盟的原因

司来进入新市场。例如，嘉年华游轮公司（Carnival Cruise Line）的所有者和经营者嘉年华公司（Carnival Corporation）与中国国有企业招商局集团（China Merchants Group）成立了两家合资公司，招商局集团是一个在金融投资、房地产开发和交通运输领域均有业务的集团公司。其中一家合资公司聚焦于游轮建造，另一家则专注于发展中国及周边的新港口和旅游目的地。针对中国顾客的第一个中国国内游轮品牌的推出，是这两家公司的合作所带来的一个成果。从这些合资公司中，嘉年华可以获得的收益是在中国这个游轮行业刚刚开始发展的市场中实现快速扩张。该造船合资企业在 2021 年 12 月推出了其首艘新型游轮。[30]

在 21 世纪的竞争环境中，慢周期市场越来越稀少，原因在于：产业与经济的私有化，互联网快速传播信息的能力提升，以及先进的技术加快了对复杂产品的模仿步伐。[31] 在慢周期市场上竞争的公司必须认识到，未来它们可能会遇到这样的情形，即竞争优势只能部分维持（在标准周期情况下）或者根本无法维持（在快周期情况下）。

快周期市场

快周期市场是不稳定的、不可预测的和复杂的，简单地说，就是存在超级竞争。[32] 这些条件综合在一起，使公司丧失了建立持续性竞争优势的可能，因而只能在利用现有优势创造价值的同时，不断寻找新竞争优势的源泉。资源过剩的公司与具有潜能的公司之间的联盟，可以帮助公司在快周期市场上有效地完成从当前向未来的过渡，并且快速地进入新市场。这种合作理念对于在快周期市场中竞争的公司具有至高无上的重要性。[33]

高科技产业是快速变化市场的典型代表，企业常常建立合作伙伴关系以维持其竞争力。以福特和安全专家安达泰（ADT）为例，它们在一个名为 Canopy 的新项目上共同投资了 1.05 亿美元，该项目为车辆提供高科技安全系统，用以预防盗窃和车辆失窃。Canopy 项目从 2023 年开始在美国和英国为商用车辆提供这项新服务，并打算将服务范围扩展到更多消费者。该项目采用的技术包括传感器、人工监控、摄像头以及人工智能，“人工智能可以区分出是一只鸟还是一个窃贼”[34]。

标准周期市场

在标准周期市场上，资源互补的公司之间更有可能形成联盟。[35]参与联盟可以通过数量上的优势增强公司的市场影响力。航空公司之间的联盟就是一个很好的例子。目前有三个主要的航空联盟在运营：星空联盟（27 家航空公司）、天合联盟（20 家航空公司）和寰宇一家（14 家航空公司）。[36]

这些联盟成立之初，主要是为了让公司共享互补的资源，为顾客在欧洲和美国的二线城市间的飞行提供便利条件。如今，这些联盟更加全球化，主要目的也转变为让成员公司获得市场影响力，降低成本，以及获得更多的国际航线。[37]其中，通过获得更多的国际航线来扩大国际市场是最重要的目的，因为这些航线可以增加收入和潜在利润。为了支持成本控制，在可能的情况下，成员之间会共同开发项目和共享设施，如登机口、顾客服务中心以及机场乘客休息室。对于乘客而言，航空联盟带来了一些好处，例如，购票流程的简化、国际航班对接的便捷以及飞行常客里程的积攒。

9.3 业务层合作战略

业务层合作战略（business-level cooperative strategy）是指为了在一个或多个市场获得竞争优势，将不同公司的资源结合在一起的战略。正如第 4 章所讨论的，业务层战略指明了公司为获取某一具体产品市场的竞争优势而需要采取的行动。因此，当公司认为通过与一个或多个伙伴之间的资源整合可以创造出该公司自身无法创造的竞争优势，并且能够获得特定产品市场的成功时，会采取业务层合作战略。图 9－2 展示了四种业务层合作战略。

互补型战略联盟

互补型战略联盟（complementary strategic alliances）是指该业务层联盟中的公司以互补的方式进行资源的共享，进而创造竞争优势。[38]该联盟主要有横向和纵向两种类型（见图 9－2）。

纵向互补型战略联盟

在纵向互补型战略联盟中，公司从价值链的不同环节来共享资源，从而创造竞争优势（见图 9－3）。[39]该联盟的形成通常是为了适应环境的变化；在适应过程中，有时变化也可以为公司带来创新的机会。[40]例如，本田汽车与索尼公司联手开发电动汽车。在电

图 9-2 业务层合作战略

动汽车市场上，本田相较于其他竞争者已经落后。索尼曾经在便携式电子设备领域占据领导地位，但后来被苹果、三星等品牌超越。在谈到这次合作时，索尼首席执行官吉田健一郎（Kenichiro Yoshida）表示，他的公司不会错失他所称的下一个大趋势：互联网连接的电动汽车。索尼期望借助其在视频游戏和视频内容领域的专长，这些领域近年来已经带动了公司的复苏。[41]

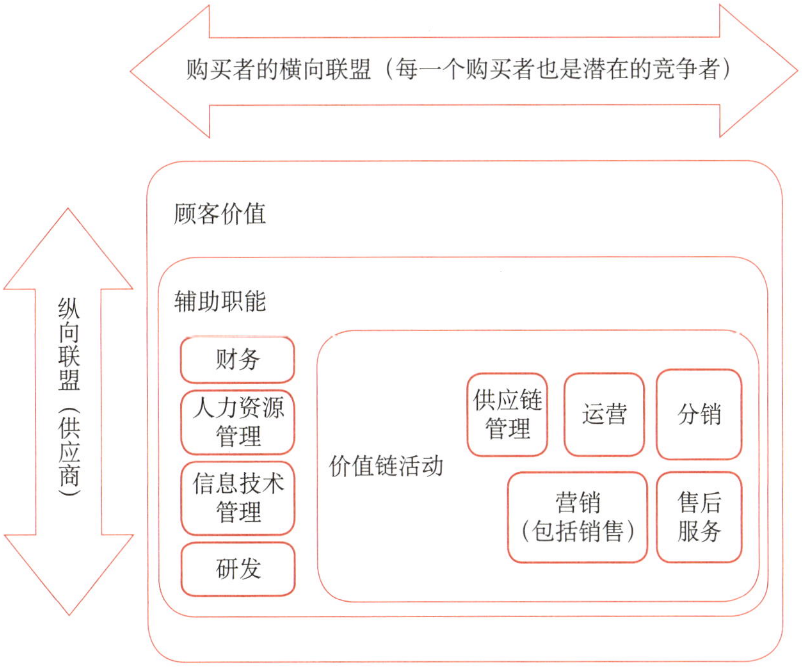

图 9-3 纵向和横向互补型战略联盟

战略聚焦　埃森哲的Rothco部门与华纳和苹果合作，帮助有语言障碍的儿童

正如战略聚焦中所描述的，埃森哲互动（Accenture Interactive）是另一家通过其数字专业知识获得收益的公司。特别是与华纳音乐集团和苹果音乐的纵向联盟，通过帮助儿童克服语言障碍，创造了一种特殊的价值。

横向互补型战略联盟

在横向互补型战略联盟中，公司通过共享价值链同一环节的资源来创造竞争优势。制药公司经常采用这种类型的联盟。[42]一些全球大型制药公司，包括辉瑞公司、百时美施贵宝公司、葛兰素史克公司（GlaxoSmithKline）以及礼来公司，正在通过美国国立卫生研究院（National Institutes of Health）组织的合作联盟共享各自的一些专有资产。目标是更快速地开发出能够治疗那些具有挑战性且历史上难以解决的疾病药物。在新冠疫情大流行期间，制药公司联盟在疫苗的研发和生产中发挥了重要作用。[43]

横向联盟的一个鲜明特征是，那些在同一市场中争夺份额的竞争对手也会相互合作。这种现象被称为**竞合**（coopetition），即在同一行业内、处于相同价值链环节的公司之间，同时进行合作与竞争。[44]研究显示，参与竞合的企业往往能展现出更高的业绩。[45]此外，当竞争激烈时，联盟中的创新绩效水平也更高。[46]这可能是因为为了维持竞争力，企业不得不选择合作。例如，通用汽车和本田就是通过竞合结成联盟，共同开发面向大众市场的平价电动车型。[47]预计这些车型在美国的售价将低于3万美元，并计划在2027年上市。值得注意的是，本田还与索尼建立了纵向联盟来共同开发电动汽车。本田如何平衡这两个目标相似的联盟，将是值得关注的。

大多数横向联盟涉及直接争夺相同客户群（例如，相同的产品市场）的公司，但如果联盟中的公司处于不同产品市场但相同价值链环节，则情况有所不同。在一项对215个制药公司研发联盟的有趣研究中，研究人员发现，这种类型的联盟更倾向于共同创造价值。相反，如果联盟中的公司处于相同的产品市场，它们更可能利用联盟来为自己争取更多价值。[48]这项研究暗示，当竞争关系过于紧密的公司（向相同客户销售相同产品）参与横向联盟时，可能会抑制创新的发展。

有时，横向联盟的预期成果难以实现。各方可能无法就如何整合其互补资源达成一致意见，并且每个合作伙伴在其联盟组合中的其他联盟，随着时间的推移也可能会影响这个联盟的业绩。[49]

竞争性反应战略

正如第5章所讨论的，竞争者会采取竞争性行动（战略性和战术性）攻击对手，或者对竞争者的行动（战略性和战术性）做出竞争性反应。业务层战略联盟可以用来回应竞争对手的攻击。如引例中讨论的，谷歌、英特尔和泰格豪雅形成联盟是对苹果公司推出iWatch的战略性行动的战略性反应。由于逆转的难度非常大，运作成本也很高，因此，战略联盟主要用来形成战略性行动而不是战术性行动，并且以相似的方式回应竞争

者的行动。

2007 年 10 月，SABMiller 公司和 Molson Coors Brewing 公司达成了合作关系。当时，这两家公司分别占据美国啤酒市场第二大和第三大市场份额。形成的这家合资企业命名为米勒康胜公司（MillerCoors LLC），控制着美国啤酒市场大约 29% 的市场份额。然而，安海斯-布希公司（Anheuser-Busch）占据了 49% 的市场份额。实际上，米勒康胜公司的成立是对安海斯-布希公司的规模和运营范围的一种回应（2008 年，英博公司（InBev）收购了安海斯-布希公司，缔造了全球最大的啤酒商）。这表明合作能够通过整合公司之间的运营带来成本的显著下降，以及形成创造规模经济的能力。一位公司的高层管理者说道："SABMiller 和 Molson Coors Brewing 合作，将使它们成为美国啤酒市场中比各自运营更为强劲、更有竞争力的啤酒商。"然而，由于合资企业米勒康胜导致行业内竞争减少，啤酒价格意外上涨。事实上，经济学家进行的一项研究发现，合资企业建成后，啤酒产品的价格上涨了 17% ~18%，比其他因素可以解释的价格上涨高出 8 个百分点。因此，那些作为竞争性反应的产物，特别是导致整体竞争减少的联盟，可能会产生一些意外结果。[50]

降低不确定性的战略

公司有时会利用业务层战略联盟来规避风险和不确定性，尤其是在快周期市场中。[51]这些战略还可以用于其他一些存在不确定性的情况，如进入新的产品市场，尤其是进入一些新兴经济体。为进入新市场而开发新产品和进入新兴市场往往伴随着重大风险。因此，为了减少或平息上述两种情况带来的风险，企业往往与新兴市场企业分别结成研发联盟和战略联盟。[52]

联盟解决的另一种风险是，在采用新技术时落后于竞争对手。电动汽车是一项对全球几乎所有行业都可能产生重大影响的技术。波士顿的非营利性可持续发展组织 Ceres 发起了"企业电动汽车联盟"，旨在帮助企业向电动汽车转型。联盟成员包括亚马逊、宜家、DHL（货运）、AT&T、基因泰克（Genentech）和西门子（Siemens）等。Ceres 的气候与能源副总裁苏·瑞德（Sue Reid）表示："气候危机要求我们实现交通运输的去碳化，而交通运输是美国碳排放量最高的行业之一，电动汽车是这一转型的关键组成部分。"[53]联盟的目标之一是促进更加多样化的电动汽车的生产。通过加入这一联盟，成员公司将能够更好地引领电动汽车的转型，而不是仅仅追赶潮流。

减少竞争的战略

为了减少竞争而采取的共谋战略与战略联盟存在很大的区别，因为共谋战略经常是一种违法的合作战略。[54]共谋战略主要有两种类型：显性共谋和隐性共谋。

显性共谋（explicit collusion）是指两个或多个公司就产量和价格直接谈判，达成一致意见。[55]在美国和大多数发达国家（受管制行业除外），显性共谋战略是违法的。因此，采用与其他公司显性共谋战略的公司应该意识到，竞争对手和监管机构会对公司的竞争性行动的合法性提出质疑。

隐性共谋（tacit collusion）是指行业中的若干公司通过观察相互间的竞争性行动和反应，进行产量和价格的非直接协商。[56]隐性共谋往往发生在由少数几个大型公司垄断的行业中。隐性共谋会导致行业的产量低于完全竞争水平，并且价格高于完全竞争时的价格。研究人员发现，竞争对手之间的战略联盟降低了这些公司与合作伙伴进行有损彼此利益的竞争行为的可能性（如价格战）。[57]除了对某一特定行业竞争状况的影响，研究显示，两家公司的合资或者合作可以减少这两家公司在其他市场上的竞争。[58]

如上所述，隐性共谋作为一种业务层面的战略，可以减少高度集中的行业内的竞争，比如航空业和谷类早餐业。航空业的研究显示，隐性共谋会降低服务质量和准时性，并导致价格上涨。[59]这些行业中的公司意识到，它们之间是相互依赖的，也就是说，它们的竞争性行动和反应会极大地影响对手针对自己的竞争性行为。因此，对相互间依赖关系的认识以及对竞争对手的仔细观察，导致了隐性共谋的产生。它也可能发生在其他行业。例如，我们之前提到过，合资企业米勒康胜导致米勒康胜和安海斯-布希啤酒的价格大幅上涨。当一个行业的价格高于其竞争水平时，占支配地位的企业使用了隐性共谋合作战略的假设是合乎逻辑的。

双向忍让（mutual forbearance）是隐性共谋的一种形式，即公司对于在多元化市场上遇到的对手不采取任何竞争性行动。通过参与多元化市场的竞争，公司相互之间可以学到很多知识，包括如何消除对手的竞争性攻击和反应造成的影响。一旦公司之间相互了解了，它们就会参与多元化产品市场上的破坏性竞争。[60]

总而言之，自由市场经济中的政府需要判断，竞争者是不是在不违反现有竞争规则的条件下采取合作战略来增强竞争。[61]例如，“美国反垄断执法机构起诉美国航空集团和 JetBlue 航空公司，要求解除它们在美国东北部协调航班的协议，称该协议违反了反垄断法，因为该协议消除了它们之间的竞争。”[62]然而，有趣的转折是，美国航空和 JetBlue 航空无视这起诉讼，并在仅仅三周后就扩大了联盟福利，以更好地服务他们的客户。[63]

除了共谋以外，还可以采取其他措施来减少竞争。例如，企业可以通过战略联盟来积累知识。这样做可以帮助它们创造能力，使它们能够在策略上超过其竞争对手，甚至可能预先阻止竞争对手进入利基市场，或者阻止竞争对手占领市场份额。[64]此外，一些公司还可能通过迅速采取行动争取和留住客户来阻止竞争。例如，一些公司迅速在整个供应链（包括联盟伙伴）中采用更环保的技术，以满足顾客对更清洁环境的期望。[65]归根结底，单个公司必须分析减少竞争的战略对其业绩和竞争力产生的影响，以及这种战略是否会促进或阻碍公司的成功。

业务层合作战略的评价

公司利用业务层合作战略来提高竞争优势，将有助于公司在单一产品市场成功进行定位。有证据表明，互补型业务层战略联盟，尤其是纵向互补型战略联盟，最有可能为公司创造竞争优势，甚至是可持续的优势。[66]横向互补型战略联盟通常难以维持，因为它经常是由相互竞争的公司形成的。[67]例如，有些航空公司想要对服务于同一市场和相同顾客群的其他公司采取侵略性竞争，然而，发展规模经济以及共享资源的需要，使这些航空公司不得不进行合作，因此它们只能一边采取合作性行动和反应，一边采取竞争性行动和反应。在这种情况下，公司面临的挑战是，必须从合作性和竞争性兼具的行动中找到实现价值最大化的方法。

尽管为减少竞争和降低不确定性而形成的战略联盟也可以创造竞争优势，但这种优势比互补型战略联盟（横向和纵向）获得的优势持续的时间要短。原因在于互补型战略联盟更加关注价值创造，减少竞争和降低不确定性的战略联盟对这方面的关注比较少。[68]

9.4　公司层合作战略

公司层合作战略（corporate-level cooperative strategy）是指公司为了扩大经营而与一个或多个公司进行合作的战略。多元化战略联盟、协同战略联盟以及特许经营是三种最常见的公司层合作战略（如图 9－4 所示）。

公司层合作战略		
多元化战略联盟	协同战略联盟	特许经营

图 9－4　公司层合作战略

当公司寻求通过多元化进入政府限制合并和收购的特定市场时，联盟就成了一种恰当的选择。与合并和收购相比，公司层合作战略更具吸引力，因为它只要求较少的资源承诺[69]，所以可以增加公司多元化的灵活性。联盟还可以作为试探合作公司能否从未来的合并或收购中获益的有效手段。[70]这种试探过程经常使合作公司将独特的技术资源和能力引入联盟。

多元化战略联盟

多元化战略联盟（diversifying strategic alliance）是指公司通过共享资源来获得产品和市场多元化的战略。采用这一战略的公司通常通过寻求已有产品或新开发产品进入新市场（国内市场或者国外市场）。例如，弗瑞特里酒庄（Fratelli Wines）是一家印意合资企业，成立的目标是将意大利的酿酒技术应用到印度。这一联盟已经生产出了获奖的葡萄酒。[71]

相比绿地投资（第 8 章有解释），通过联盟管理多元化的财务成本较低，但往往需要更多的专门管理知识。由于中心公司对合作伙伴的控制较少，因此更需要管理多元化的专门知识。为了协调联盟活动，管理者必须相互协调并建立信任。此外，公司必须努力了解其不同的合作伙伴及其能力，以便在联盟中成功地进行协调。[72]

协同战略联盟

协同战略联盟（synergistic strategic alliance）是指公司通过共享资源来创造范围经济的战略。与业务层横向互补型战略联盟相似，协同战略联盟可以在合作伙伴的多种功能或业务间创造协同效应。[73]合作伙伴企业跨越各自的价值链，就是协同战略联盟的一个常见例子。当供应链合作伙伴共同结盟时，它们通常可以创造双方都能享受的协同效应。[74]资源共享的协同效应在联盟中更为常见，这种联盟能提供资源，帮助企业变得灵活，从而满足多种需要（例如，帮助它们建立多种能力）。事实上，一些拥有很强双元能力（也许通过联盟）的公司反过来也能够形成联盟，并搜寻其合作伙伴的特殊技能或资源（潜在的资源提供）。[75]

1999 年，法国雷诺公司与日本日产公司达成了合作关系，由于这两家公司通过共享资源开发一个能用于生产雷诺或者日产品牌汽车的平台，追求实现范围经济，因此可以认为这是一种协同战略联盟。后来，三菱（Mitsubishi）加入了该联盟，使其成为世界上最大的汽车联盟。[76]

特许经营

在第 4 章中，特许经营作为一种商业模式被首次提及，到了第 8 章，它又被作为首次进入一个国家的市场的一种策略技巧。**特许经营**（franchising）是指公司（授权方）把特许经营作为一种契约关系来描述和控制它与伙伴（被授权方）间的资源共享的战略。[77]特许经营是“一种商业组织形式，拥有成功产品或服务的公司（授权方）将其商标以及业务经营方法授权于其他公司（被授权方），以换取一开始的特许经营费以及后续的提成费”[78]。通常而言，这种战略联盟的有效性取决于授权人如何更好地以具备成本效益的方式将自己的成功在多个合作伙伴之间进行复制。[79]与多元化和协同战略联盟一样，特许经营也可以替代合并和收购来帮助公司寻求发展。麦当劳、精品国际酒店（Choice Hotels International）、希尔顿酒店、万豪国际酒店、Mrs. Fields Cookies、赛百味和 Ace Hardware 都采用了特许经营这种公司层合作战略。

特许经营对细分行业尤其具有吸引力，如零售、酒店和汽车旅馆以及商业打印机。在细分行业中，有大量的中小型公司参与竞争，但是没有一家公司能占据统治地位，只能通过契约关系将大量独立的公司联合起来，以获得更大的市场份额。

在大多数成功的特许经营企业中，合作伙伴（包括授权方和被授权方）间都保持着密切的合作。[80]授权方的主要责任是发展完善程序，向被授权的公司传递在当地获得成功所必需的知识和技巧。[81]反过来，被授权公司应该就如何使它们变得更有效和更高效提供反馈意见。[82]通过合作，授权公司和被授权公司可以找到加强公司品牌核心的方法，这也是授权公司在当地市场最重要的竞争优势。[83]

公司层合作战略的评价

每一种合作战略都会产生成本。[84]与业务层合作战略相比，公司层合作战略涉及的范围更广，也更复杂，因而实施过程中面临更大的挑战和更高的成本。

尽管成本高，但公司层合作战略的有效实施可以使公司获得竞争优势并为顾客创造价值。[85] 只有当联盟的成功经验内部化之后，公司才更有可能获得期望的优势。[86] 换句话说，形成和使用公司层合作战略的公司，也可以用这些战略来获取如何在未来获得成功的有用知识。为了使这些知识的价值最大化，公司应该收集联盟中的知识，并利用恰当的方法将这些知识在内部成员间传递。

正如第 6 章所解释的，在使用公司层战略时，公司需要回答两个问题：公司应选择参与哪些业务和产品市场的竞争？公司应如何管理运作这些业务？在形成公司层合作战略时，公司也需要回答这两个问题。因此，公司必须使这些战略和管理方式有价值、稀缺、难以模仿以及不可替代（见第 3 章），只有这样，公司才能除了获得业务层合作战略带来的好处外，还获取更多的竞争优势。

9.5　国际合作战略

在新的竞争环境下，公司会为了多个不同目的而进行跨国交易。在第 7 章中讨论过跨国收购——一个国家的公司收购另一个国家的公司的行为。第 8 章中也描述过公司如何利用跨国收购进入国际市场。本章介绍的是作为一种国际合作战略的跨国战略联盟。如我们在第 7、8 章以及本章中所讨论的，为了实现几个相关的目标，公司将参与到跨国活动中。

跨国战略联盟（cross-border strategic alliance）指总部位于不同国家的公司决定整合各自的资源来创造竞争优势的战略。[87] 有时，这些联盟也可以替代风险更大的合并和收购。尽管跨国战略联盟相当复杂且难以管理，但仍能帮助公司整合资源，从而在外国市场创造价值。通过这一联盟，双方在研发、采购、生产流程方面展开合作，某种程度上是为了能够在世界各地的市场中创造出单独一方无法创造出的价值。[88]

本国市场有限的增长机会以及外国政府优惠的经济政策，是公司建立跨国战略联盟的两个主要原因。在某些国家，本地所有权是一个非重要的国家政策目标。例如，在印度，政府的政策更倾向于给本地公司经营权。在某些情况下，一家公司甚至可能被要求（或者发现这样做极其有利）与东道国的政治机构建立合作伙伴关系，这带来了一系列新的风险（包括政治合作伙伴可能会没收其利润的风险）。[89] 因此，第 8 章所讨论的进入模式已经不适用于寻求地域多元化的外国公司。在这种情况下，外国公司的投资只能通过与当地公司的合作来进行，比如建立跨国战略联盟。

尽管存在这些困难，与当地合作伙伴的战略联盟可以帮助企业克服进入外国时伴随的外来者劣势，包括与缺乏对当地文化或制度规范了解相关的问题。[90] 跨国战略联盟还可以从不同的经营视角帮助公司，因为当地公司拥有大量信息，如本地市场、资本的来源、法律程序以及相关政策，这些信息对公司获得竞争成功有非常大的帮助。[91] 有趣的是，研究结果显示，参与国外经营的公司比只在本土运营的公司生存的时间更长，但是如果外国子公司之间存在竞争，那么生存的时间也会缩短。[92]

总体来说，跨国战略联盟比国内战略联盟更加复杂，风险也更高。比如，一个联盟伙伴所在国家的腐败程度就是一种风险因素。[93] 各国间法律和制度特征的差异也可能增加事情的复杂性和风险。[94] 正如第 8 章中提到的，要克服跨国战略联盟带来的问题，合作伙伴之间需要建立起信任，而这在国际联盟中更难实现。[95] 建立信任需要极具效率的管理者，他们能够与伙伴建立并维护信任关系。[96]

本书中描述的所有战略都可能失败，跨国战略联盟同样如此。正如在战略聚焦中所描述的，福特和马恒达（Mahindra）建立了战略联盟，本意是让两家公司能够结合各自的优势，为印度市场开发新车型。福特希望通过联盟获得马恒达在为新兴市场设计和制造汽车方面的专长，而马恒达则希望借此接触到福特的技术能力。但遗憾的是，事情并未按预期发展，联盟最终宣告结束。

战略聚焦　福特和马恒达的跨国战略联盟遭遇困境

多年来，福特一直在印度生产并销售汽车。事实上，2018 年，福特在印度销售了它的第 100 万辆汽车。总的来说，福特为了在印度建厂已经投资了将近 20 亿美元。2010 年，福特开始在印度建立两家新的制造工厂，以适应增长的市场。然而，福特在印度的销售情况令人失望，因此该公司开始出口在其新工厂中生产的汽车。福特并不是唯一一个未能征服印度汽车市场的公司，菲亚特克莱斯勒（Fiat Chrysler）、通用汽车和大众汽车在印度市场都遇到了麻烦。

福特仍然致力于印度市场，并决定采取不同的方式。它与马恒达建立了战略联盟，合作为印度和其他新兴市场开发专门的汽车。双方同意利用马恒达现有的平台联合开发一款新型 SUV，共享包括发动机和传动系统在内的动力总成，并共同研发一款新的紧凑型 SUV 和一款新型电动汽车。

这个新的联盟旨在提供福特的知识和专长，更好地服务于包括印度在内的新兴市场。另外，该联盟将为马恒达提供获得福特技术的途径。马恒达希望进军美国汽车市场。它已经是美国拖拉机市场的第三大品牌，并且试图进入美国越野车和皮卡市场。

福特对该联盟的潜在成功持非常积极的态度。福特预计，在可预见的未来，印度汽车市场将以每年 8%~10%的速度增长。然而，行业分析人士对此表示怀疑，部分原因在于跨国战略联盟所面临的挑战。两家公司必须应对不同的企业文化和生产流程，并找到协调合作的方法。要做到这一点，需要该联盟的两家公司领导人之间建立信任。2020 年初，印度竞争委员会放行了福特与马恒达组建合资企业的申请，同时批准了福特可将其在印汽车业务并入新成立的合资公司。根据合资协议，马恒达将占股 51%，而福特则占股 49%，从而马恒达将掌握实际控制权，福特则将中止在印度的独立运营。在此期间，马恒达还宣布了在金奈（Chennai）的福特工厂扩大发动机产能的计划。

尽管这家合资企业在业界获得了广泛好评，到了 2021 年初，福特与马恒达却出人意料地宣布终止了它们在印度的所有合作项目。对于福特与马恒达未来关系的走向，有消息透露称：“可能的选择包括与马恒达重新构建关系，或彻底终止合作关系及相关车型的生产。”对于马恒达而言，它决定重新聚焦于运动型 SUV 和电动汽车的生产。至于合作失败的具体细节，并未向外界披露。我们所能确认的是，这一分手决定正是在福特筹划其印度市场新战略之际发生的。

资料来源：2021, Ford and Mahindra to end collaboration on all project in India, *FRPT Automobile Snap-*

shot, April 6: 9; 2021, Mahindra to focus on SUVs, electric after ending Ford JV, *FRPT Automobile Snapshot*, January 5: 23 - 24; 2021, Ford freezes projects with Mahindra amid strategy reassessment, *FRPT Automobile Snapshot*, February 23: 7 - 8; 2020, Competition Commission of India gives nod to Ford-Mahindra joint venture, *FRPT Automobile Snapshot*, February 18: 20 - 21; 2020, Mahindra to expand engine capacity in Ford plant, *FRPT Automobile Snapshot*, February 18: 22 - 23; P. Luthra, 2018, Ford India expects to grow faster than sector, working with Mahindra on electric vehicle, *CNBC*, www. cnbctv18. com, July 17; A. Tsang, 2018, As auto industry transforms, Ford and Volkswagen consider an alliance, *New York Times*, www. nytimes. com, June 20; S. S. Mohile, 2018, Mahindra, Ford Motor enter second phase for a potential alliance, *Business Standard*, www. business-standard. com, March 23; D. Kiley, 2018, Ford and Mahindra to build SUVs and EV together, *Forbes*, www. forbes. com, March 22; J. Rosevear, 2018, Why Ford and Mahindra are teaming up on SUVs and EVs for India, *The Motley Fool*, www. fool. com, March 22.

9.6　网络合作战略

除了与独立公司形成战略联盟，越来越多的公司开始通过多个网络联盟开展合作。[97] **网络合作战略**（network cooperative strategy）是指公司通过建立多重关系来实现共同目标的战略。

思科公司通过它的全球合作网络与大量公司建立了联盟，包括 IBM、爱立信、日立、CA 技术（CA Technologies）、富士通、英特尔、诺基亚和威普罗（Wipro）。思科公司通过联盟战略驱动发展，使自身与其他竞争对手差异化，进入新的业务领域并创造竞争优势。最近，思科公司每年来自联盟的收入超过 50 亿美元。有时候思科公司形成的个体联盟中的一些公司，也与思科公司组成了网络联盟，来实现其共同目标。[98]

思科仍然与联盟（包括网络联盟）中的许多公司保持竞争，这足以说明网络合作战略的复杂性。例如，由于思科销售服务器并提供相应的服务，因此它与 IBM 是竞争对手；同时，思科与 IBM 之间的联盟活动也非常积极，两家公司的安全部门进行协作，为客户提供更安全的环境，更好地支持运营商和合作伙伴降低安全威胁。[99] 总而言之，思科和 IBM 之间兼具合作和竞争的关系说明了使用这一战略的公司在不断增加，它们通过在众多市场（国内和国际）上提供产品和服务来为顾客创造价值。

当公司都聚集在同一区域时，网络合作战略的效率会更高，如美国加利福尼亚州的硅谷和意大利罗马的航空产业集群。[100] 合作伙伴在共享资源的过程中形成的有效社会关系和交流，增加了网络合作战略成功的可能性。[101] 同样重要的是拥有一个高效的战略中心企业（第 11 章将详细讨论战略中心企业）。网络中的公司可以通过多种途径获取信息和知识，并且利用这些信息来生产更多、更好的创新产品。[102] 实际上，研究发现，处于网络战略中心的公司更有可能参与国际战略联盟，这有助于拓宽网络内的知识储备。[103] 这些公司能够利用这些不同的知识体系来创造更多、更优质的创新成果。[104] 因此，网络联盟中的公司往往更具创新性。[105]

但是，网络合作战略也存在缺陷，比如公司可能会仅局限于与现有合作者合作而放弃与其他公司发展联盟的机会。在一些特殊的网络结构中，如日本的企业集团（keiretsu），只要网络中的公司提出获得支持的要求，其他公司就要给予帮助。尽管研究证据表明，成为某些（但不是全部）企业集团的成员可以提升业绩，但成员身份所带来的负担也可能成为累赘，随着时间的推移对成员公司的业绩产生负面影响。[106]

网络联盟的类型

网络合作战略的一个重要优势是公司可以接近合作伙伴的合作伙伴。[107]公司进入多个联盟也可以分享到更多的资源，从而大大增加获得额外优势的可能。[108]反过来，新能力的开发又进一步推动了产品的创新，这对公司获得全球经济下的战略竞争力是至关重要的。

利用网络合作战略形成的一系列战略合作伙伴关系称为网络联盟。[109]行业条件的差异会导致不同的公司网络联盟的形成。在成熟行业中，顾客的需求相对固定和可预测，因而形成的是稳定网络联盟。通过这种联盟，公司可以不断延伸竞争优势，还可以从核心的、相对成熟的行业中持续获取利润。因此，建立稳定的网络联盟主要是为了实现经济效益（规模和/或范围经济效益），比如航空行业和汽车行业就是如此。[110]

动态网络联盟经常出现在产品创新频繁和短产品生命周期的行业中。[111]苹果和 IBM 就是在这样的行业中竞争。苹果和 IBM 各自与其他公司合作开发零部件，这些零部件对于提供促使其成功的核心产品至关重要。因此，多家公司之间的关系网络是实现苹果和 IBM 各自追求目标的基础。

在动态网络联盟中，合作伙伴不断探索新想法以及产品创新的可能性，并且进入和开发新的市场。研究表明，那些在公司与公司之间形成关系中发挥经纪人作用的公司仍然会是重要的网络参与者。[112]在软件和制药这样的行业中，大公司经常与较小的创业公司建立联盟关系来开发创新产品。另外，资源较少的小型企业或发展中经济体的企业常常寻求参与联盟，以增强其竞争地位。[113]同样地，小型律师事务所通过与大型律师事务所合作，为其客户提供关于知识产权保护的法律咨询。这样，小公司可以更好地为客户服务，而不必额外雇用昂贵的专利律师。[114]小公司在网络联盟中成功地与大公司合作的一个重要结果是，它们通过与较大的合作者合作而建立信誉。[115]

9.7 合作战略的竞争性风险

简单地说，许多合作战略都以失败告终。事实上，有证据表明，2/3 的合作战略在开始的两年中都存在严重的问题，50% 的联盟最终走向失败。如此高的失败率表明，即使合作可以产生互补和协同效应，联盟的成功也绝非易事。[116]谁都不愿意失败，但如果失败，我们可以从中吸取宝贵的教训，也就是说，公司应该仔细研究合作战略失败的原因，学习如何成功地建立和管理联盟，以避免今后再次失败。[117]

图9-5中列举了合作战略的竞争性风险。第一个风险是，治理合同可能在处理出现的重要问题时不够充分。这种风险可能导致某公司采取机会主义行为（例如，占另一公司的便宜），或者以对方看来是机会主义的方式行事。[118]这种行为可能会导致信任的瓦解，进而影响联盟实现目标的能力。[119]为了探测北冰洋地区的石油，英国石油公司（BP）与俄罗斯石油公司（OAO Rosneft）成立了一家合资企业。出于对俄罗斯石油公司的主要所有者俄罗斯政府的担心，其他少数联盟者对该合资企业的投资降低了50%的价值。[120]

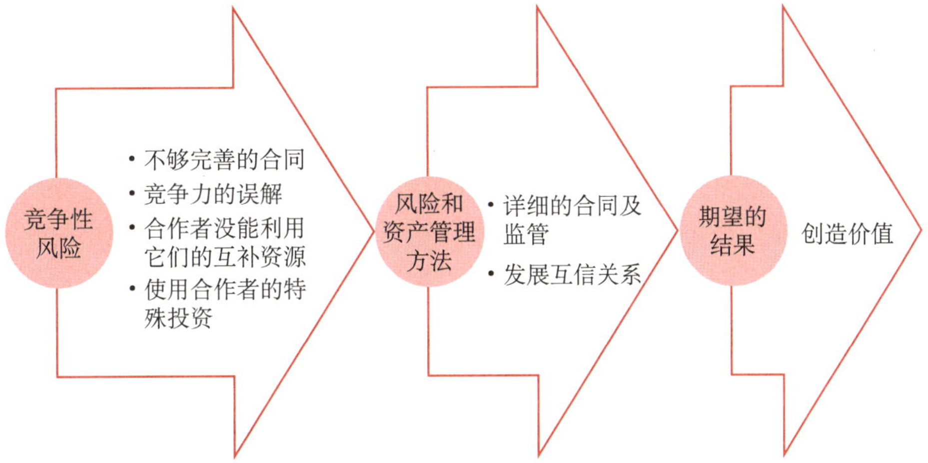

图9-5 合作战略中竞争性风险的管理

当正式的合同无法约束合作者，在成立联盟时错误地估计了合作伙伴的信任度时，机会主义行为同样可能发生。[121]很多时候，采取机会主义的公司总是希望尽可能多地获取合作伙伴的隐性知识。[122]因此，企业在实施合作战略时，全面了解合作伙伴的需求可以减少公司遭受机会主义行为影响的可能。[123]

第二个风险是，联盟中的一方错误地理解了另一方的资源，这也会导致联盟的失败，尤其是当合作伙伴的贡献是以无形资产为基础时，这种风险更容易发生。例如，对本土市场条件的知识就是一种典型的无形资产，公司经常忽略这种知识而对合作者的能力产生误解。这种类型的风险表明了仔细选择联盟伙伴的重要性。为了防止最初的联盟失败，一些公司通过识别其他潜在的合作伙伴来减小这种风险。拥有“后备”供应商是供应链联盟中常用的方法。[124]

在大型医药公司与外包公司形成的非产权战略联盟合作关系中，可能存在“对可获得资源的误解”这种风险。医药公司将医药安全监管外包给其他公司，这些公司声称自己拥有成功完成各项监管任务所必需的人力资源技能。但是对外包活动持批判态度的人表示，药物监管难度很高，不仅需要生物化学和医药学知识，还要有丰富的完成监管任务的经验和娴熟技术，并且向外包活动的转变会带来一些风险，即可能会忽略了某些致命的副作用。尽管如此，一项研究发现，约66%的公司会至少将部分药品的安全监管活动外包出去。[125]因此，医药公司可能需要谨慎监管它们的合作伙伴所提供的人力资源质量，以完成复杂的监管工作。

第三个风险是，合作的一方没有按照合作战略的约定将互补的资源（如最先进的技术）与另一方共享。当公司建立国际合作战略时，这种风险更为常见。[126]这是因为在这种情况下，不同国家语言和文化上的差异会导致对合同内容以及双方期望的错误理解。

第四个风险是，联盟一方进行专用资产的投资而另一方却没有。例如，一方利用能力和资源来开发只能用于生产联盟的相关产品的设备，另一方却没有进行联盟专用资产的投资，那么前者将处于不利地位，它从联盟获得的收益可能达不到应得的回报。

9.8 管理合作战略的方法

合作战略是公司成长和提高绩效的重要途径，但是管理合作战略的难度相当大。由于不同组织具有的有效管理合作战略的能力是不一样的，因此，将合作战略的管理责任赋予水平更高的管理者或管理团队，可以提高管理的有效性。[127]反过来，公司具有的成功管理合作战略的能力也是一种竞争优势。[128]

对于所有合作战略，合作伙伴之间的相互合作是成功的关键，这需要建立在信任关系的基础之上。主动解决问题、坚守信用以及不断探索如何将各方资源有效结合以创造价值，都是促进联盟成功的重要合作行为。[129]承担合作战略管理责任的一方应该采取必要的行动来协调相互间的活动，从以前的合作中汲取经验，并弄清应该在何时由谁来有效地管理联盟。[130]公司还要学会如何有效地管理合作协议中涉及的有形和无形资产（如知识）。合作者经常因为片面地重视有形资产的管理而忽略了合作关系中无形资产的管理。[131]

成本最小化和机会最大化是公司管理合作战略的两种主要方法。[132]在成本最小化管理方法中，公司与合作伙伴需要签订正式的合同。合同中明确规定如何监督合作战略，以及如何控制合作者的行为。正如我们前面所讨论的，通用汽车与上汽集团成立的合资公司大部分是通过正式的合约关系进行管理的。成本最小化方法的主要目的是使合作战略的成本降到最低，并防止合作者的机会主义行为。

机会最大化的重点在于使合作者创造价值的机会最大化。在这种情况下，合作者要充分利用各种机会来相互学习，开发更大的市场空间。这种方法中的正式合同较少，对合作者的行为约束也较少，因此，合作者可以探索不同的资源和能力的共享方式，从而以不同的方法创造价值。

这两种方法都可以使公司成功地管理合作战略。具有讽刺意味的是，尽管成本最小化方法的初衷是减少成本，但该方法的合作战略监督成本很高，因为形成详细的合同和监督机制都相当昂贵。正如前文所述，详细的合同和监督机制是管理合作战略相关风险的一种手段，但这也会影响合作者对新机会的积极反应，因为这些机会需要用到每一个合作伙伴的独特资源。因此，正式的合同和广泛的监督机制会扼杀合作者最大限度开发合作战略的价值的积极性。[133]

在使用机会最大化方法时，由于合同中缺少详细和正式的条款，因此，联盟公司之间必须保持信任，相信双方都会本着联盟利益最大化的原则来采取行动。在合作协议下，信任的心理状态是指坚信对方即使有机会，也不会利用合作伙伴的弱点来做任何事情。[134]一旦合作双方相互信任，也就没有必要再去制定详细的正式合同，联盟关系还会因彼此的信任而变得更加稳固。[135]与国内合作战略联盟相比，国际合作战略联盟内部的信任更难以建立，原因就在于贸易政策、文化、法律和政治上的差异。

研究表明，在使用机会最大化方法来管理合作战略时，合作伙伴间的信任可以增加联盟成功的可能性。[136]信任也是影响和控制联盟伙伴行为的最有效手段。一旦公司值得信任，公司将在开展和利用合作战略方面具有竞争优势。由于公司不可能将合作战略中的所有情况都详细地写进合同中，信任就变得越来越重要。对合作伙伴的信任可以减少公司对于无法用合同控制所有联盟细节的顾虑。[137]

小结

合作战略是通过公司间的合作来实现共同目标。战略联盟是合作战略的主要形式，联盟中的公司整合各自的资源和能力来获取竞争优势。合资企业（通过持有相同比例的股权来创建新公司）、产权战略联盟（通过持有不同比例的股权来创建新公司）和非产权战略联盟（通过合同来建立合作关系）是战略联盟的三种基本形式。第 3 章中讨论的外包是一种常见的非产权战略联盟。

公司组建战略联盟的两个最重要原因是：创造独立行动无法实现的价值，以及获取实现其目标所需的全部资源。

公司利用战略联盟的原因会因市场条件的差异而有所不同，市场条件主要分为快周期市场、慢周期市场和标准周期市场。进入严格限制的市场（慢周期市场），快速从一种竞争优势转向另一种竞争优势（快周期市场），以及取得市场影响力（标准周期市场），是公司利用战略联盟的重要原因。

公司可以利用四种业务层合作战略来提高它在单个产品市场上的经营业绩：

- 通过纵向和横向互补型战略联盟，公司可以将价值链不同环节（纵向）或者相同环节（横向）的能力和资源整合在一起，来创造价值。
- 竞争性反应战略主要用来回应竞争对手的行动，尤其是战略性行动。
- 降低不确定性的战略主要是为了规避不确定性竞争环境（如新产品市场）带来的风险。
- 减少竞争的战略可以用来避免公司间的过度竞争，这样公司可以集中资源和能力来提高战略竞争力。显性和隐性共谋都是为了减少市场竞争而采取的策略。双向忍让，即企业在多个市场相遇时，避免对竞争对手采取竞争性行动，是一种隐性的共谋。

互补型战略联盟帮助公司获得竞争优势的可能性最大，减少竞争的战略获得竞争优势的可能性最小。

公司可以利用公司层合作战略来进行产品和/或地域多元化。通过多元化战略联盟，公司一致同意通过共享它们的资源和能力来进入新市场或生产新产品。协同战略联盟是指公司通过共享资源和能力来获得范围经济效应。横向互补型业务层战略联盟中的公司试图获得经营层面的协同效应，协同战略联盟与之类似，但它寻求的是公司层面的协同效应。特许经营也是一种公司层合作战略，授权人把特许经营权作为一种契约关系，来明确与被授权人之间如何共享资源和能力。

作为一种国际合作战略，跨国战略联盟形成的主要原因有：一是在国外市场参与竞争的公司的经营业绩好于仅在本国市场竞争的公司的业绩；二是政府会限制公司通过合并和收购来扩大规模。相对于国内联盟而言，跨国战略联盟的风险更大，尤其是当合作者没有完全弄清其他伙伴加入联盟的真实意图时。

网络合作战略是指许多公司同意建立多重关系来实现共同的目标。网络战略联盟的一大优势是，公司有机会接近合作伙伴的合作伙伴。网络合作战略既可以用来形成稳定的网络联盟，又可以形成动态的网络联盟。在成熟行业中，稳定的网络联盟可以将竞争优势延伸到新的领域。在多变的环境中。产品创新速度非常快，动态联盟可以作为一个创新的工具。

合作战略并非没有风险。如果合同不完善，或者合作伙伴错误理解了另一方的资源，或者没能让合作伙伴共享各自的能力，该战略就很有可能失败。不仅如此，在与合作伙伴的投资中，公司可能会因为专用资产的投资而被对方“敲竹杠”。

在成功的合作战略中，信任变得越来越重要。公司会高度重视与值得信任的公司之间的合作机会。一旦相互信任，合作战略就会设法最大化利用合作者之间的机会。如果缺乏信任，合作战略就只能通过正式的合同和广泛的监督来进行管理。在这种情况下，公司会以成本最小化而不是机会最大化来管理合作战略。

关键术语

业务层合作战略（business-level cooperative strategy）

合作战略（cooperative strategy）

竞合（coopetition）

公司层合作战略（corporate-level cooperative strategy）

跨国战略联盟（cross-border strategic alliance）

多元化战略联盟（diversifying strategic alliance）

产权战略联盟（equity strategic alliance）

互补型战略联盟（complementary strategic alliances）

特许经营（franchising）

合资企业（joint venture）

网络合作战略（network cooperative strategy）

非产权战略联盟（nonequity strategic alliance）

战略联盟（strategic alliance）

协同战略联盟（synergistic strategic alliance）

复习题

1. 合作战略的定义是什么？在21世纪的竞争格局下这种战略为什么如此重要？
2. 什么是战略联盟？公司为了获取竞争优势形成的三种主要战略联盟是什么？
3. 四种业务层合作战略分别是什么？它们之间有何区别？
4. 公司层合作战略有哪三种？公司是如何利用这些战略来创造竞争优势的？
5. 公司为什么要使用跨国战略联盟？
6. 公司在使用合作战略时可能遇到的风险有哪些？

7. 成本最小化和机会最大化这两种管理合作战略的方法有什么区别？

微案例　目前拥有超过 5 万名员工的合资企业埃维诺

埃维诺（Avanade）于 2000 年由埃森哲和微软合资成立。在本章前面，我们讨论了埃森哲 Rothco 部门与华纳音乐和苹果公司建立的合作伙伴关系，这一关系旨在帮助有语言障碍的儿童。埃森哲与微软的合作则是为了结合战略和技术，协助客户提升其信息技术（IT）能力，进而改善客户的商业绩效。如今，埃维诺在全球拥有超过 5 万名员工，并服务于包括众多《财富》500 强企业在内的成千上万的客户。

2019 年初，埃维诺联合埃森哲和微软，启动了埃森哲微软商业集团。这个新成立的集团在全球范围内扩展了联合服务能力，以帮助客户应对数字技术带来的困扰，并在客户的行业中取得领导地位。具体而言，该集团专注于利用技术转型业务，帮助客户创新数字技术的应用，并汇聚专业人才共同打造基于微软云的联合产品与服务。"凭借经过验证的方法论、深厚的专业知识和前沿技术，我们可以帮助您安全地最大化云平台、移动应用、社交媒体和大数据的使用，从而转变您的商业运营方式。"

这一扩展行动仍在继续。2022 年，埃维诺北美工程中心副总裁肖恩·西蒙斯（Shawn Simmons）解释了公司选择在佛罗里达州坦帕市开设工程中心的原因："随着客户寻求适应快速变化的复杂环境的解决方案，我们必须不断加强团队，吸引最优秀、最具前瞻性思维的人才。随着坦帕作为全国最热门的科技城市之一的崛起，我们认为在这里设立基地，成为这个快速增长区域的一部分是有意义的。"埃维诺预计在未来三年内将在坦帕招聘数百名员工。

埃维诺为何能取得如此大的成功？一方面，公司将学习和发展无缝融入其商业战略中。此外，在 2021 年，公司被《新闻周刊》（*Newsweek*）与最佳实践研究所（Best Practice Institute）联合评为"最受喜爱的工作场所"。这一荣誉榜单仅包含 100 家公司，这一认可确实意义重大。埃维诺首席执行官帕梅拉·梅纳德（Pamela Maynard）希望在公司内部培养一种文化，即"每个人都可以在工作中展现真实的自我，多元的观点、背景和技能被视为我们服务客户能力的关键因素。"在商业领域，"爱"这个词并不常见，但梅纳德毫不犹豫地使用它："当我们的员工感到被爱，感到有目标，感到可以展现真实的自我并有归属感时，我相信没有什么是无法实现的。"

当被问及如何创造一个最受喜爱的工作场所时，梅纳德提到了三点。一是围绕一个共同目标团结组织。梅纳德表示，她的员工希望知道自己对世界产生积极影响，因此埃维诺将这一理念作为其宗旨。二是建立创新文化。埃维诺为此面向员工、公司和研究中心举办了全球创新竞赛。同时，公司还为员工提供"极客津贴"（geek allowances），以便他们能够跟上最新技术的发展。三是多样性与包容性。为实现这一目标，公司专注于其招聘流程，并聘请了一位首席多样性与包容官，负责领导力和发展潜力项目。

资料来源：L. Carter，2022，How to be an employee-friendly company，*Newsweek Global*，April 22，22 -

23; V. Brezina, 2022, Joint venture created by Microsoft and Accenture to open Tampa hub, *Catalyst*, www. stpetecatalyst. com, April 8; 2022, A proven partnership for the digital era, *Avanade Home Page*, www. avanade. com, May 19; 2022, Our purpose: To deliver on the promise of technology and human integrity, *Accenture Home Page*, www. accenture. com, May 19; 2022, Pamela Maynard, Chief Executive Officer, *Avanade Home Page*, www. avanade. com, May 19; 2019, New Accenture Microsoft Business Group will empower enterprises to thrive in the era of digital disruption, *Avanade Home Page*, www. avanade. com, February 4; T. Handler & D. Ratterman, 2018, Strategies for success, *Training*, 55 (4), 50 - 53.

讨论题

1. 在组建埃维诺这家合资企业时，各参与公司分别提供了哪些资源？这些资源是相互补充的还是重复的？

2. 你在本章及前几章中学到了哪些关于外部环境（例如技术、社会、全球化）的因素，这些因素对这家合资企业的成功有何贡献？

3. 埃维诺所培养的工作环境和文化为何与其公司业务类型特别契合？营造此类工作环境成本不菲。你认为对所有类型的企业来说，如此投资内部工作环境是否值得？为什么？

4. 微软和埃森哲可能多年来在它们的合资企业中投入了大量的时间、人才、资金等资源。除了企业所获得的利润外，你认为微软还从这些投资中获得了什么？埃森哲又获得了哪些回报？

注　释

第三部分

战略行动：战略实施

第 10 章

公司治理

学习目标

1. 定义公司治理并解释为什么它可以用来监督和控制高层管理者的决策。
2. 解释组织中所有权与经营权分离的原因。
3. 定义代理关系、管理机会主义并描述它们的战略含义。
4. 解释三种内部机制是如何监督和控制管理者的决策的。
5. 讨论管理者报酬的类型及其对管理者决策的影响。
6. 描述外部公司治理机制——控制权市场是如何约束高层管理者的决策的。
7. 讨论在国际背景下，尤其是德国、日本和中国公司治理的特点。
8. 描述公司治理是如何促使公司高层管理者制定道德决策的。

引例 治理变革能否助力 Bed Bath & Beyond 重整旗鼓

Bed Bath & Beyond 是一家在《财富》500 强中榜上有名的大型连锁零售企业，在美国、加拿大和墨西哥经营着约 1 000 家零售店。该公司拥有 55 000 名员工，在其 1 000 多家门店中销售多种家居用品以及健康和美容产品，旗下品牌包括 Bed Bath & Beyond、Harmon Face Values 以及 buybuy Baby 等。2021 年 5 月，该公司宣布了一项名为 Simply Essential 的新风险投资项目，计划以较低的价格销售自有品牌的家居用品。

Bed Bath & Beyond 在 20 世纪 70 年代初成立时，正值“大型零售店”专注于特定商品类别并逐渐受到消费者欢迎的时期。到了 80 年代中期，公司开设了第一家超级商店，并从那时起迅速扩张。

然而，随着沃尔玛和塔吉特等大型零售商以及互联网商品提供商的崛起，Bed Bath & Beyond 开始面临日益激烈的竞争，这些竞争对手提供了更多样化的家居用品。

公司在互联网领域的表现不佳，与竞争对手相比表现逊色。这导致 Bed Bath & Beyond 的财务业绩下滑，包括销售收入的稳步下降和净收入的减少。截至 2018 年 3 月的财年，公司总收入为 123 亿美元，净利润为 4.25 亿美元。但从那时起，收入每年都在下降，到 2022 年 2 月 26 日结束的财年，总收入降至 79 亿美元，净亏损达到 5.596 亿美元。

由于业绩不佳，激进投资者开始要求 Bed Bath & Beyond 进行管理层变革。股东行动主义（shareholder activism）指的是股东为了确保高层管理者修正公司政策和实践所采取的一系列行动。在这个案例中，激进投资者关注的是更换高层管理者和董事会成员以及公司治理方面的一些新政策。例如，2019 年 3 月，三家积极投资公司——Ancora Advisors、Marcellus Advisors 和 Legion Partners——联合起来要求更换家居超越的首席执行官史蒂文·特马雷斯（Steven Temares）。当时，这三家公司持有公司近 5%的股份。它们的施压也促成了 5 名董事的辞职和董事会的小幅缩减。同年稍晚，前塔吉特首席商品官马克·特里顿（Mark Tritton）被任命为新首席执行官。

2020 年，Bed Bath & Beyond 宣布了一项重组计划，作为其业务重建和建立可持续、抗风险商业模式的下一阶段工作的一部分。重组计划包括对公司进行重塑、简化其现场运营、大幅减少管理层级，以及实现一些功能的外包。作为重组的一部分，公司裁员约 500 人。该计划旨在大幅降低运营费用。公司还实施了一些新举措，以改善客户体验并增加销售额。

尽管做出了这些努力，财务表现仍在继续下滑，到 2022 年初，另一位激进投资者瑞安·科恩（Ryan Cohen）旗下的 RC Ventures 购入了 Bed Bath & Beyond 近 10%的股份。科恩随后致函公司，批评其转型策略，并提出拆分 buybuy Baby 连锁店或整体出售公司。他还希望公司能够聚焦战略重点。Bed Bath & Beyond 同意根据 RC Ventures 的推荐，增加三名新董事。其中玛乔丽·博恩（Marjorie Bowen）和本·罗森茨维格（Ben Rosenzweig）两位新董事将加入一个四人战略委员会，探索 buybuy Baby 业务的替代方案，包括拆分或出售。委员会的另外两名成员是独立董事苏·戈夫（Sue Gove）和安德烈亚·魏斯（Andrea Weiss）。

科恩是在线宠物产品公司 Chewy Inc. 的亿万富翁联合创始人，他因 2020 年在 GameStop 的“股东行动主义”而知名，在该公司获得了一个董事会席位，并敦促改善公司的电子商务业务并探索其他由技术驱动的机会。科恩的影响力或许能对家居超越的转型产生积极作用。尽管如此，这一切能否实现还需时间来证明。不过，华尔街投资者对此似乎持乐观态度。RC Ventures 宣布持有 Bed Bath & Beyond 大量股份的消息一出，公司股价当日即上涨了 34%。

资料来源：J. Lee，2022，Bed Bath & Beyond goes to moon，*Wall Street Journal*，March 8：B10；C. McCabe，2022，Activist sparks Bed Bath shares，*Wall Street Journal*，March 8：B1；W. Feuer，2022，Bed Bath & Beyond adds new directors in deal with activist Ryan Cohen，*Wall Street Journal*，www.wsj.com，March 25；2022，Bed Bath & Beyond，*Standard & Poor's Global NetAdvantage*，April 16；2022，Fortune 500：Bed Bath & Beyond，*Fortune*，www.fortune.com，April 16；2020，Bed Bath & Beyond Inc. announces strategic restructuring program to simplify operations and reset cost structure，*PR Newswire*，www.prnewswire.com，February 27；L. Fortado & K. Y. Pan，2019，Activist funds seek to replace Bed Bath & Beyond board，*Financial Times*，www.financialtimes.com，March 26.

10.1 公司治理与高层决策

正如引例中介绍的，公司治理是一项复杂的工程，它的任务是对公司的经营方式进行监督。从范围和复杂性等特征来看，公司治理是对公司及其领导者的责任提出的一个挑战。实践证明，公司治理是组织成功的关键，能否有效地应对这个挑战，决定了公司的兴衰。因此，它在战略管理过程中的作用越来越重要。[1]

公司治理（corporate governance）是指用来管理利益相关者之间的关系，决定并控制组织战略方向以及组织业绩的一套机制。[2]公司治理的核心是寻找各种方法来确保决策（尤其是战略决策）的有效制定，并促使公司获取战略竞争力。[3]公司治理机制还可以看成是建立和维持利益冲突各方（公司所有者和管理者）之间的和谐关系的一种方式。

在现代公司中，尤其是在美国和英国这种带有“西方化”特点的公司中，公司治理机制的主要目标是，确保高层管理者的利益与公司利益相关者（尤其是股东）的利益相一致。选举公司董事会成员的流程、首席执行官薪酬的管理、对董事薪酬的专门监督，以及公司的整体战略方向，都是需要进行监督的领域。[4]公司治理是一个持续的过程，它的许多特征会随着外部环境的不断变化而发生变化，我们在第2章讨论过这个问题。

公司治理近期受到全球普遍关注的原因是，最近一段时间，公司治理机制在监督和控制高层管理者的决策方面屡屡出现失误（正如引例中提到的，激进投资者行为已经逐渐成为公司治理的焦点问题）。鉴于已经造成各种不希望出现的和无法接受的后果，各公司纷纷开始更换董事会成员，以求提高公司治理的有效性。吸引人们关注公司治理机制的另一个更加积极的原因是，有证据显示，运行良好的公司治理机制可以为公司创造竞争优势。[5]

接下来，我们将描述作为现代公司建立基础的所有者和管理者之间的关系。我们还会用很大的篇幅来解释所有者用来控制管理者的各种机制，以确保管理者会遵守利益相关者利益最大化的基本原则。

现代公司主要使用三种内部治理机制和三种外部治理机制。[6]本章将要描述的三种内部治理机制是：（1）所有权集中，表现在股东的类型及其监督管理者的不同动机上；（2）董事会；（3）管理者报酬。接着，我们探讨三种外部治理机制：（1）公司控制权市场；（2）监管机构；（3）债权人。从本质上说，这个市场由潜在所有者构成，潜在所有者寻求收购价值被低估的公司，通过更换效率低下的高层管理团队来获取超额利润。[7]

然后，本章的焦点将转向国际公司治理的问题。我们将简要地介绍其他国家（除美国和英国之外）公司治理的方法。在某种程度上，这一讨论说明了无论是在发达经济体还是在新兴经济体，参与竞争的全球公司的治理结构正变得越来越相似。本章最后将讨论在组织中采用这些控制机制来鼓励和支持道德行为与社会责任的必要性。

10.2 所有权和经营权的分离

历史上，美国的公司一直是由创立者兼所有者以及他们的继任者来管理的。在这种情况下，公司的所有权和控制权就掌握在同一群人手里。随着公司不断发展壮大，“管理变革使大多数大型公司的所有权和经营权分离，在这些公司中，公司的控制权从企业家转移到职业经理人手中，所有权则分散到了成千上万毫无组织性的管理者手中，他们并不参与公司的日常管理”[8]。这些变化造就了如今这些以所有权和经营权的有效分离为基础的上市公司。

所有权和经营权的分离为股东购买股票创造了条件，他们在支付费用后就可以获得公司的经营收益（留存收益）。然而，股东的这种权利要求其必须承担公司亏损的风险。为了控制这种投资风险，股东会同时投资多家公司来保持多元化的投资组合，从而降低整体风险。[9]因为投资组合中任何一家公司的业绩下滑或者破产不会对整个投资组合的价值造成太大的影响，所以股东只专注于控制他们的投资风险。

一般来讲，小公司的管理者往往持有公司较大部分的所有权。在这种情况下，小公司的所有权和经营权分离的程度比较低。另外，在大多数家族企业中，所有权和经营权没有显著地分离。研究显示，当家族企业的首席执行官由家族成员来担任而不是由外人担任时，企业的业绩会更好。[10]实际上，如果外部人士担任首席执行官，随后被家族成员接替，公司业绩往往会显著提升，这种情况在稳定发展的行业中尤为明显。[11]

在美国以外的很多国家，如拉丁美洲、亚洲和欧洲的一些国家，家族企业在竞争格局中占据统治地位。[12]这些公司的主要目标是增加家族的财富，这就是在这种企业中家族成员任首席执行官会比外人更好的原因。在美国公司中，家族所有权也是非常重要的，许多规模较大的美国本土企业都拥有相当比重的家族股份。[13]

家族控制的公司至少面临两个与公司治理相关的重要问题。首先，随着公司不断发展壮大，这些家族成员在有效管理公司并使家族回报最大化方面会出现技能欠缺，因此需要引入家族成员以外的人来管理公司。其次，随着公司的发展，由于需要寻求外部资本，必须放弃一部分所有权。在这种情况下，保护少数所有者的权利就很重要。[14]随着公司的发展和日益复杂化，为了避免这些潜在的问题，公司的所有者兼管理者可以聘请管理专家。管理专家负责制定公司的主要决策，并根据制定决策的技能来获得报酬。研究发现，不掌握公司的主要控制权，却拥有影响决策的足够股权的家庭成员，更有可能制定出最佳的战略决策。[15]

如果没有那些承担风险的所有者（股东）和制定决策的管理者，公司的发展就会受到所有者能力的限制，因为在这种情况下，所有者既要负责经营又要制定决策。只有两者相分离，才能为公司所有者带来最高的回报。

10.3　代理关系与代理成本

所有者和经营者的分离产生了代理关系。当一个或几个人（委托人）雇用另外的一个或几个人（代理人）作为决策制定专家来提供服务时，他们之间的关系就是**代理关系**（agency relationship）。[16]因此，当一方为了获得另一方支付的报酬而为其承担制定决策的责任时，就产生了代理关系（见图 10－1）。这种关系存在于上市公司的股东（委托人）和高层管理者（代理人）之间。

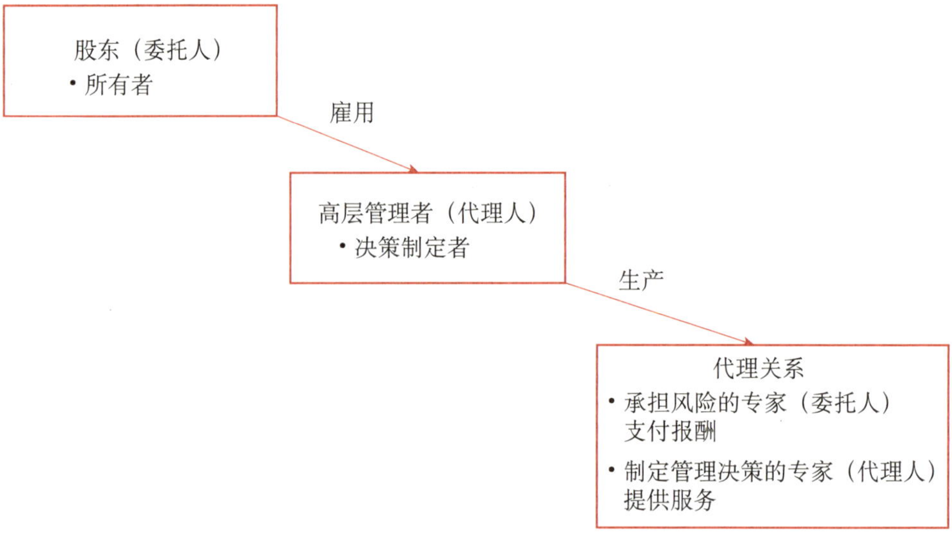

图 10－1　代理关系

除了股东和高层管理者之间的代理关系，经理与下属经理、顾问与客户、被保险人和投保人之间也存在代理关系。另外，管理者和员工以及其他利益相关者之间也存在代理关系。[17]在本章中我们重点讨论的是所有者（如股东）和高层管理者之间的代理关系，因为这些管理者负有制定和实施公司战略的责任，这些战略又对公司的业绩有重要的影响。[18]

所有权与经营权的分离也会产生很多问题。研究资料表明，现代公司中存在各种代理问题。[19]由于委托人和代理人之间的利益和目标不一致，并且股东缺乏对大型上市公司的直接控制，因此不断出现各种代理问题。另外，当代理人制定决策时所追求的目标与委托人的目标发生冲突，也会产生代理问题。正是所有权和经营权相分离造成的委托人和代理人之间的利益冲突，使得管理机会主义有机可乘。

管理机会主义（managerial opportunism）是指通过欺诈（例如狡诈和欺骗）来谋求个人利益。[20]机会主义不仅是一种态度（例如倾向），而且包括一系列行为（例如追求个人利益的具体行动）。[21]委托人不可能预先知道代理人是否会采取机会主义行为，高层管理者的声誉也不能保证机会主义行为就一定不会发生，在机会主义行为发生之前，人们是不可能发现它的。因此，尽管只有少数代理人会做出机会主义行为，委托人还是要通过建立治理机制和控制制度来防止这种行为。有趣的是，研究显示，当首席执行官感觉被这些机制束缚时，更有可能寻求外部建议来帮助自己制定出更好的战略决策。[22]

代理关系说明，在任何时候，只要委托人将决策制定权给予代理人，就有产生利益冲突的可能。[23]例如，高层管理者可能会做出使自己的个人福利最大化、个人风险最小化的战略决策[24]，这些决策会阻碍股东财富的最大化。正如战略聚焦所展示的，有关产品多元化的决策可以证明这一点。

战略聚焦 产品多元化：代理问题的一个典型案例

正如第 6 章所阐述的，公司层多元化战略能够提升企业的战略竞争力并增加收益，这符合所有利益相关者的利益，尤其是股东和高层管理者。产品多元化可能给高层管理者带来股东所无法获得的两项收益，这意味着他们可能比股东更加偏好产品多元化。

管理者倾向于多元化程度更甚于股东的一个原因是多元化通常会扩大公司的规模，而公司规模的扩大与高层管理者的薪酬水平正相关。此外，多元化还会增加管理公司的复杂性和业务网络，管理复杂性的增加可能导致更多的管理薪酬。因此，产品多元化的增加为高层管理者提供了提升薪酬的机会。

第二个潜在的收益是，产品多元化及其带来的业务组合的多样化，可以降低高层管理者的就业风险。如第 6 章所述，管理就业风险包括失业风险、薪酬损失风险和管理声誉的损失风险。随着多元化程度的提高，这些风险会减少，因为公司及其高层管理者对于单一或少数产品线或业务需求下降的敏感度降低。

自由现金流可能会进一步激励高层管理者进行更多的多元化。自由现金流是指在公司投资了所有当前业务中的正净现值项目后剩余的现金，计算方式为运营现金流减去资本支出。高层管理者可能会决定将自由现金流投资于与公司现有业务线无关的产品，从而实现多元化。

当管理者使用自由现金流进行多元化，且这种多元化对股东创造附加价值的可能性不强时，公司可能会变得过度多元化，这会降低对股东和其他利益相关者的价值。过度多元化是管理者自我服务和机会主义行为的一个例证。通用电气就是一个典型案例，如第 6 章提到的，2021 年底，通用电气宣布了拆分为三家独立公司的计划。

资料来源：T. Gryta，2021，The end of the GE era，*Wall Street Journal*，www. wsj. com，November 15；L. Ornitz & D. Song，2021，Why conglomerates split up，*Wall Street Journal*，www. wsj. com，November 18；C. Stadler，M. J. Mayer，J. Hautz，& K. Matzler，2018，International and product diversification：Which strategy suits family managers?，*Global Strategy Journal*，8：184 - 207；T. -E. Bakke，& T. Gu，2017. Diversification and cash dynamics，*Journal of Financial Economics*，123：580 - 601；T. Nguyen，C. Cai，& P. McColgan，2017，How firms manage their cash flows：An examination of diversification's effect，*Review of Quantitative Finance & Accounting*，48：701 - 724；Z. Chen，W. Hung，D. Li，& L. Xing，2017，The impact of bank merger growth on CEO compensation，*Journal of Business Finance & Accounting*，44（9/10）：1398 - 1442；T. B. Mackey，J. B. Barney，& J. P. Dotson，2017. Corporate diversification and the value of individual firms：A Bayesian approach，*Strategic Management Journal*，38：322 - 341；S. Chang，B. Kogut，& J. Yang，2016，Global diversification discount and its discontents：A bit of self-selection makes a world of difference，*Strategic Management Journal*，37：2254 - 2274；T. B. Mackey & J. B. Barney，2013，Incorporating opportunity costs in strategic management research：The value of diversification and payout as opportunities forgone when reinvesting in the firm. *Strategic Organization*，11：347 - 363；M. S. Jensen，1986，Agency costs of free cash flow，corporate finance，and takeovers，*American Economic Review*，76：323 - 329.

总体而言，股东更偏好可能带来更高回报的风险较大的策略以及更专注的多元化。股东会通过保持多元化的投资组合来减少风险。但是管理者无法通过供职于不同的公司

来平衡他们的职业风险，因此更倾向于使公司的规模和他们的薪酬都能达到最大化，同时也能降低职业风险的多元化水平。对于管理者来说，达到最佳的多元化水平并非易事。研究表明，过度多元化会给公司的创新能力造成负面影响（管理者不愿意承担更高的风险）。相反，与公司能力相适应的多元化有助于提高创新水平。[25]因此，产品多元化可能引发潜在的代理问题。

股东和高层管理者之间存在着潜在冲突，再加上委托人无法轻易预测哪一个管理者会采取机会主义行为，因此委托人需要建立治理机制。但是，公司使用治理机制就会产生一定的成本。**代理成本**（agency costs）是激励成本、监督成本、实施成本，以及治理机制无法保证代理人会完全“听命”而导致委托人遭受的财物损失的总和。由于对公司内部发生的活动进行监督比较困难，因此，在大型多元化公司中，多元化带来的复杂性会使委托人的代理成本变得更大。[26]

总体来说，当公司的治理机制比较薄弱或者无效时，管理者的利益就会占主导地位。例如，当管理者拥有大量的战略决策自主权时就会发生这种情况。但是，如果董事会控制管理者的自主权，或者采用其他有效的治理机制，那么公司的战略能更好地反映利益相关者的利益，当然也包括股东的利益。[27]

接下来我们将讨论三种内部治理机制对管理者做出的公司战略决策的影响：所有权集中、董事会以及管理者报酬。随后，将讨论三种外部治理机制：公司控制权市场、监管机构和债权人。这六种主要的治理机制展示在图 10－2 中。除了这些主要机制之外，其他诸如客户、社区、媒体、合作伙伴以及非政府组织等利益相关者，也会以非直接的方式对公司治理产生影响。[28]

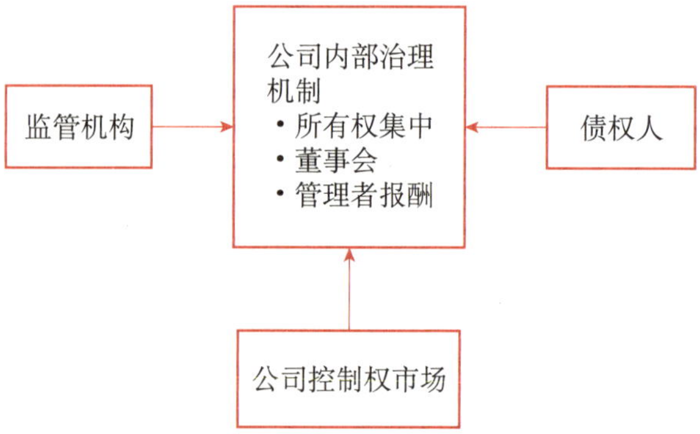

图 10－2 主要公司治理机制

所有权集中（ownership concentration）是由公司大股东的数量以及他们持有的公司股权的整体比例所决定的。[29]**大股东**（large-block shareholders）是指持有的公司股权在 5% 以上的股东。所有权作为一种公司治理机制受到了越来越广泛的重视。由于大股东越来越积极地要求公司采取有效的治理机制来控制管理者的决策，他们也就成为公司所有者利益的最好代表。[30]最近几年，公司大股东中自然人的数量在下降，取而代之的是更多的机构投资者。

一般来讲，所有权的分散（大量股东持有较少股权，很少有或者没有大股东）会削弱对管理者决策的监督。原因之一是，所有权的分散使得对所有者的行动难以进行有效的协调。所有权集中对公司将采用的战略决策产生影响。[31] 高水平的监管才能更好地避免管理者做出有损股东价值的战略决策，如过度多元化。[32] 研究表明，所有权集中往往与较低水平的产品多元化相关。一般来讲，所有权集中对公司战略和经营业绩产生的影响是积极的。[33]

然而，高度所有权集中也存在另一面影响。当大股东拥有较高财富时，相较于小股东，他们有能力占用公司的财富，尤其当他们身居管理职位时更是如此。大量侵占公司财富是以牺牲小股东的利益为代价的。事实上，在一些国家中，国有资本的介入（即使只占少数股权）有时被用于解决这类问题。[34]

董事会在限制侵占小股东财富方面发挥着非常重要的作用。在家族所有权比例较大的公司中，家族成员尤其是那些创业者的下一代想要侵占小股东财富时，董事会的限制作用就尤为重要。[35] 然而，相比非家族控股的公司，家族控股公司的表现更为优异（尤其是小型私人公司），因为它们肩负着创造财富与传承家业的责任。[36]

机构投资者和激进投资者的影响日益扩大

20 世纪 30 年代出版的一本经典著作里提到，所有权和控制权的分离是现代公司的标志。[37] 产生这种变化的主要原因是，公司的发展壮大增加了公司的复杂性，因而创立者兼所有者不能再继续保持他的双重身份。最近还出现了另一种变化：现代公司的所有权更多地集中在机构投资者而不是个人投资者手中。事实上，目前机构投资者在美国股市的持股比例大约为 80%。[38]

机构所有者（institutional owners）是指拥有公司大量股权的金融机构，如共同基金和养老基金。作为大股东的机构投资者拥有大量的股权，它们对公司治理机制具有重要的影响力。据估计，机构所有者持有美国公司 60% ~ 75% 的股权。其中，养老基金是美国经济增长和经济活动的重要驱动力，因为它是长期且稳定的资本的重要源泉之一。[39] 所谓耐心资本，指的是那些愿意长期持有投资、不急于追求短期回报的投资者所提供的资金。[40]

作为投资者，机构所有者有能力也有动机去约束效率低下的高层管理者，并且能够显著影响公司的战略选择和决策。[41] 正如引例所指出的，机构所有者和其他大股东在推动公司战略决策方面表现得越来越主动。“**股东行动主义**（shareholder activism）是指股东为了影响公司政策和实践而采取的行为。”[42] 私人股东行动主义通常发生在像机构投资者这样有影响力的股东身上，或其他类型的大股东通过电话、会面、书信和对话等方式直接与高层管理者沟通，试图说服他们改变某些政策或做法。如果持股比例足够大，他们可能还会在董事会中拥有席位，这为其提供了与高层管理者和其他董事会成员直接沟通的便利。如果私下的行动未能达到预期效果，股东行动主义者往往会转向公开手段，比如发起媒体攻势或发表公开信，以此来迫使管理层满足他们的要求。[43]

最初，这些激进投资者和机构投资者只关注公司的业绩和首席执行官的责任，并解雇其中一部分人，但是现在，当其认为董事会的效率低下时，会通过能给股东更多决策权的代理投票提议，将目标直接对准董事会的行动。[44] 美国证券交易委员会批准了一项规则，即允许大股东（持有 1%~5% 的公司股权）任命 1/4 的董事会成员，从而加强了股东的决策权。[45]

有时，激进投资者会联合起来，形成所谓的“狼群”。[46] 这些狼群通常由一位激进投资者领导，常常是一家对冲基金，而其他激进投资者则参与周边活动。狼群的一个有趣之处在于它往往是不协调的，也就是说，它不会形成一个正式的联盟。[47] 更确切地说，个别激进投资者通常是通过传言或主要激进投资者的公告得知有狼群正在集结，随后便参与其中。然而，有迹象表明，实际上正在发生一定程度的未公开协调。[48] “狼群策略增加了激进投资者成功获得董事会席位的可能性，而金色链条薪酬结构有助于建立一个激进董事会成员的市场，其中声誉良好的董事被招募到合适的董事会职位，提高了激进战略的整体质量，并可能延长积极投资的时间跨度。”[49] 金色链条薪酬结构“激励被任命的激进董事，以提高目标公司的股价”[50]。

如今，研究显示，这些机构的行为虽然没有直接影响公司的业绩，但间接影响了目标公司的战略决策，包括一些国际多元化和创新决策。另外，即使机构投资者没有直接以某公司为目标，只要它们在那家公司持有股份，其积极行动也可能影响该公司的行为——仅仅知道该机构投资者正在对投资组合中的另一家公司采取行动，就足以促使它进行战略上的调整。[51] 因此，这些机构的积极行为至少能够对管理者起到潜在的限制作用，并且能提高公司今后采取使股东以及利益相关者（包括社会）利益最大化的行动的可能性。[52]

董事会

董事会成员由股东选举产生。**董事会**（board of directors）是指一群经选举产生的成员，他们的职责是监督管理层，确保公司的运营方式能够最大程度地满足各利益相关者的利益。[53] 董事会在战略管理中起着根本性作用，能够对战略规划的各个环节产生影响，这包括“从确定战略目标、识别战略选择、与组织内的利益相关者沟通和确立战略，到监控和评估战略实施的情况”。[54] 为了帮助董事会达到所期望的目标，董事会成员有权指挥组织中的某些活动，并对管理者进行奖励和约束。

遗憾的是，有证据显示，董事会在监督、控制高层管理者的决策及后续行动中并没有起到有效的作用。[55] 低下的效率以及金融危机的影响，使董事会成员承受的来自股东、立法者和政府监管者的压力越来越大，这就强烈要求他们发挥更强有力的监管作用，阻止高层管理者谋求个人利益最大化的行为。[56] 除了承担监管者的角色，董事会成员还要为公司提供资源，主要包括个人知识、专家技能以及与其他各种组织的广泛关系。[57] 研究指出，在制定战略决策的过程中，董事会成员是否具备与公司所面临风险密切相关领域的专业知识，尤为关键。[58]

股东与利益相关者

几十年来，学术界和商界高层管理者就一个问题展开了激烈讨论：在制定战略决策时，企业高层管理者和董事会是否应该将股东的利益放在其他利益相关者（如客户、员工）之上。[59]实际上，许多高层管理者坚信，优先考虑股东利益是一项法律责任，尽管证据显示并非完全如此。[60]无论这是不是法律上的要求，将股东放在首位已成为高层管理者一种根深蒂固的观念，这种观念在可预见的未来不太可能消失。[61]然而，现在有一种明显的趋势，即在战略决策中给予非股东利益相关者更多的重视。[62]

毕竟，价值是通过与各利益相关者合作创造的，忽视他们的存在可能会减少创造的价值，最终影响到股东的利益。社会趋势是推动高层管理者和董事会采用更平衡的利益相关者的视角。如第 1、2 章所讨论的企业社会责任（CSR）运动表明，投资者、监管机构、新闻媒体、社交媒体以及其他利益相关者和社会大众对企业如何对待其利益相关者变得越来越敏感。此外，为了最大化股东回报而产生的“短期主义”已经导致公司长期价值的损失。[63]“高层管理者对短期价值最大化的单一追求，常常以牺牲股东的长期利益为代价。”[64]例如，削减研发项目可能会短期内提升利润，但研发是许多公司的生命力所在。具有讽刺意味的是，当高层管理者们追求短期利润、股价随之上涨时，他们可能认为自己很好地服务于股东利益。董事会有责任确保做出的决策不仅能够让公司短期内繁荣，而且能够实现长期发展。更广泛地考虑利益相关者的利益，更有可能带来可持续的业绩，而不是仅仅关注股东回报。[65]

有证据表明，高层管理者已经开始采取更以利益相关者为中心的方法。如第 1 章所述，2019 年，近 200 位美国最大公司的首席执行官通过商业圆桌会议这一协会发表了一份联合声明，宣称公司的目的是服务员工、客户、供应商、社区和股东的利益。[66]这份声明有两个特别重要的方面。首先，这份声明中并没有对利益相关者进行优先级排序。其次，同一组人在 1997 年发表的声明中表示，高层管理者和董事会最重要的职责是服务股东。

另一个表明舆论趋势正在改变的证据是公益企业（Benefit Corporation）日益流行。公益企业（有时称为公共利益公司）在法律和税务地位上与传统公司非常相似，但其经批准的公司章程明确规定其为公益企业，要求其高管和董事必须考虑除利润之外的其他公共利益。[67] Patagonia、King Arthur Flour 和 Kickstarter 等公司就是公益企业的典范。这些公司拥有比其他公司更高水平的透明度，并发布公益报告来展示其社会和环境绩效。美国大多数州都已批准成立公益企业，目前美国已有超过 3 000 家公益企业。[68]此外，组织还可以从 B Lab 等第三方机构获得 B 型企业认证。目前全球有超过 5 000 家公司在 80 个国家和 154 个行业中获得了 B 型企业认证。[69] Patagonia 既是公益企业，又获得了 B 型企业认证。获得这种认证的公司还包括法国时尚品牌 Chloé 和波兰公司 Netguru 等。[70]

董事会成员类型

董事会成员（通常称为董事）一般分为三种类型（见表 10－1）。第一类是内部董事，他们是被选进董事会的积极的高层管理者，因为他们掌握着公司日常运营的信息。[71]相关独立董事与公司存在某种合约或其他关系，这可能会影响他们的独立性。这些董事是不参与公司的日常经营活动的。独立董事为公司提供独立的意见，他们有可能在其他公司中担任高层管理者，或者在现任的首席执行官任职之前就被选进董事会。[72]一直以来都是内部董事主导着董事会。然而，这种局面已经改变，外部成员在董事会中占据了半数以上席位，至少在美国是这样的。[73]

表 10-1 董事会成员的分类

内部董事	公司的首席执行官和其他高层管理者
相关独立董事	不参与公司的日常经营活动但与公司有关系的人
独立董事	不参与公司的日常经营活动并且与公司没有关系的人

人们普遍接受的观点是，如果董事会的大部分成员都是公司高层管理者，这将会削弱董事会对管理决策的监督和控制。[74]在这种情况下，管理者有时会利用权力来选择和奖励主管并与其发展私人关系。美国证券交易委员会提议，由独立董事组成审计委员会。作为对这一提议的回应，1984 年，纽约证券交易所提出了一项规定，要求由独立董事来领导审计委员会。之后，美国政府通过了《萨班斯-奥克斯利法案》（本章后文将讨论），其他新规定要求由独立董事来领导一些重要的委员会，如审计委员会、报酬委员会和提名委员会。[75]现在，纽约证券交易所又要求公司必须保证董事会由大部分的外部独立董事组成，并且保持审计委员会的完全独立性。对公司的这些额外监督机制都是为了促使公司聘请高质量的独立董事，并鼓励董事会以股东利益最大化为原则来采取各种行动。[76]

仅凭独立董事还不足以解决问题，因为首席执行官拥有的权力还是会对董事会的决策产生影响。[77]其中一个削弱首席执行官权力的建议是，将董事会主席和首席执行官这两个角色分开，这样一个人就不能同时占据这两个职位。[78]由一个人同时担任首席执行官和董事会主席的情况称作首席执行官的双重性。[79]同时担任董事长的首席执行官相较于不兼任董事长的首席执行官将拥有更大的权力。一般而言，这种做法可能会被视为不利于股东利益。然而，在一项颇具启发性的研究中，研究者发现，在经济政策不确定性较高的时期，首席执行官兼任董事长的双重角色与公司绩效的提高相关联，这可能是因为首席执行官和董事长职位的合并有助于提供更加果断的领导力。[80]

然而，过多的外部独立董事也会造成一些问题。例如，外部董事不参与公司的日常经营，也就无法快速获得有关管理者及其技能的详细信息，因此缺乏全面、有效地评估管理者的决策和行动的洞察力。[81]内部董事参与并领导公司的日常经营，因而能够获得制定和实施恰当的战略所需的信息。有证据显示，内部董事占多数的董事会能够获得更多的与战略行动、行动的原因和预期结果有关的信息。[82]外部成员至少可以通过与内部董事的频繁交流以及在董事会上的讨论，来提高对公司管理层及其决策的了解，进而在一定程度上解决信息不对称的问题。

提高董事会的有效性

拥有一个积极监控高层管理者决策和行为的董事会并不能保证高绩效。由于董事会在公司治理机制中的重要性，再加上股东尤其是大型机构投资者的严密监督，董事会成员以及整个董事会的表现正受到更加正式和严格的评估。[83]在更多责任和更佳业绩的要求下，许多董事会自发地做出了一些调整，主要包括：(1) 增加董事会成员背景的多样性（例如，在美国公司的董事会中，有更多的董事来自公共服务业、学术界和科研机构，有更多的少数族裔和女性董事，以及来自不同国家的董事）；(2) 加强内部管理和财务控制系统；(3) 提高对企业社会责任问题的关注度，尤其是在可持续性和全球变暖问题方面；(4) 建立并持续使用正式的流程来评估董事会的表现；(5) 修改董事报酬方案，特别是减少或取消报酬组合中的股票期权；(6) 设立"首席董事"职位，该职位在制定董事会日程和监督非管理者的董事会成员方面拥有很大的权力。[84]

多样性——特别是董事会成员在职能背景、教育和经验方面的多样性——提高了董事会参与公司决策的质量。[85]不过，目前的关注点更多地转向了在董事会中增加女性和少数族裔成员。[86]女性在董事会席位中的比例仅为 19%，而所有少数族裔加起来的比例略高于 10%，其中非洲裔美国人在董事会中的少数族裔中占最大比例。[87]对此，一些州已经开始要求公共董事会中必须有少数族裔的代表。[88]关于此类多样性对公司战略和绩效的影响，我们尚缺乏足够的研究。但我们知道，女性和少数族裔的董事会成员在表达自己观点时面临更多困难，并且有证据表明，少数族裔成员更可能从他们服务的董事会中被排除。[89]因此，在提升多样性方面还有很大的改进空间。特别是在公司业绩不佳时，更需要多元化的意见和视角来提供帮助。

由于董事会在公司战略决策制定过程中的参与程度越来越深，因此，董事会成员与高层管理者之间必须进行有效的合作。[90]董事会效率的提升依赖于优化其决策流程、为管理层提供指导、监督管理者行为以及评估公司收益的过程。同时，关注董事会结构也很重要，包括董事会的规模和为了处理各项特定任务（如薪酬和审计）而设立的委员会的构成。[91]例如，研究显示，经验丰富的董事会可能有助于高科技初创企业把握机遇。但如果董事会过于庞大，这种潜力的发挥就会受到限制。[92]

渐渐地，独立董事被要求持有一定的所有权，并以此作为成为董事的前提条件。事实上，研究表明，如果独立董事持有一定的所有权，公司的业绩表现会更好——一项研究发现，董事持有公司股票与公司并购结果的改善有关。[93]然而，其他研究表明，太多的所有权会降低董事会成员的独立性。[94]尽管关于更加独立和多样化能否使董事会更加有效的争论仍然存在，但是增加董事会成员的独立性和多样化的趋势还将持续下去。

10.4 管理者报酬

管理者报酬（executive compensation）是一种寻求通过工资、奖金和长期激励（如股票和期权）来使管理者和所有者的利益相一致的公司治理机制。高层管理者尤其是首席执行官的报酬引起了广泛关注，并产生了很多不同的观点。[95]有些人认为，高层管理者对公司的业绩表现负很大的责任，他们的报酬也应根据公司的业绩来确定。[96]首席执行官的薪酬可以用作一种承诺手段，根据他们的才能和经验来设定，目的是确保他们留在公司。[97]同样，基于供需经济学理论的一个普遍论点是，他们的薪酬应当与同行业其他首席执行官相仿。[98]然而，争论的另一方观点认为，管理者（尤其是首席执行官）的报酬过高，没有人值得得到如此巨大的报酬，与公司的业绩表现不匹配。[99]

2020—2021 年美国 S&P 500 指数上市公司的首席执行官薪酬中位数增长了 19%，达到了 1 420 万美元。“在目前已知的薪酬中，探索公司（Discovery Inc.）的大卫·扎斯拉夫（David Zaslav）以大约 2.47 亿美元的薪酬位居榜首，紧随其后的是亚马逊的安迪·贾西（Andy Jassy），薪酬接近 2.13 亿美元。首席执行官的薪酬包括工资、股票奖励和现金奖励，其中后两项是首席执行官薪酬增长的主要部分，这是根据《财富》杂志对 2021 年高层管理者薪酬进行的分析得出的，该分析由薪酬咨询合作伙伴公司（CAP）作出。”[100]为了让大家有所比较，扎斯拉夫的薪酬几乎是探索公司其他员工薪酬中位数的 3 000 倍，而贾西的薪酬大约是亚马逊员工薪酬中位数的 6 500 倍。[101]

由于薪酬过高，2010 年的《多德-弗兰克法案》（Dodd-Frank Act）要求上市公司在其年度代理声明中披露首席执行官与员工薪酬中位数的比例。即便是同一行业内的公司，这个比例也存在巨大差异。除《多德-弗兰克法案》之外，美国证券交易委员会还赋予了股东对首席执行官薪酬进行投票的机会，即所谓的“薪酬话语权”规定。机构股东服务（Institutional Shareholder Services）是咨询公司的一个业务部门，它提供公司绩效和首席执行官薪酬的分析，以帮助股东在年度会议上决定如何投票。[102]这种审查增加了董事会成员对股东的责任。因此，如果薪酬计划遭到股东的反对，董事会成员可能会受到纪律处分，甚至可能会失去其董事会席位。此外，股东有时可以直接对首席执行官的薪酬产生影响，就像通用电气首席执行官拉里·卡尔普（Larry Culp）在股东对其薪酬提出抗议后，同意减少 1 000 万美元的薪酬，股东们认为与同业公司相比，通用电气的表现不佳。[103]

作为公司内部治理机制的一部分，高层管理者薪酬问题相当复杂，原因有多个方面。第一，高层管理者所做出的战略决策复杂且非常规，这意味着即使是公司董事会的直接监督，也很难有效评估他们决策的质量。结果是高层管理者的薪酬往往与其容易评估的结果挂钩，如公司的财务业绩。第二，高层管理者决策的效果通常对公司的长期绩效影响更大而不是短期绩效。这使得定期评估高层管理者决策的影响（例如，每年评估）变得困难。第三，除了高层管理决策和行为之外，还有许多其他因素影响公司业绩。公司宏观环境中的经济、人口统计、政治/法律等因素的不可预测的变化，使得区分高层管理者的决策效果与公司外部环境的变化（无论是正面还是负面）对公司绩效的影响变得困难。

长期激励计划（一般包括股票期权和股票奖励）逐渐成为高层管理者报酬组合中关键的一部分，在美国公司中更是如此。从理论上讲，长期激励计划通过将管理者的报酬与普通股东的财富相联系，来帮助公司（通过董事会做出与报酬相关的决策）避免潜在的代理问题。[104]证据显示，公司治理不力可能导致首席执行官在组织内拿走了管理层总薪酬中过多的部分。[105]股东认为，当公司的董事会由独立董事主导时，高层管理者的报酬与公司业绩更加相符。[106]

作为一项公司治理机制，有效利用管理者报酬对公司实施国际化战略是一个巨大的挑战。例如，只有外国子公司实行不同的薪酬计划，跨国公司所有者的利益才能得到更好的满足。[107]开发一系列独特的薪酬计划需要更多的监督，这增加了公司的代理成本。更重要的是，世界各地的薪酬水平是不一致的。例如，美国公司管理者的报酬是最高的，亚洲地区则要低得多。一直以来，印度公司高层管理者的报酬比较低，部分原因是很多大公司都是由家族所有和控制的。[108]

10.5 外部治理机制

除了先前讨论的三种内部治理机制之外，还存在三种外部治理机制。这些机制来自公司外部，对高层管理者的决策和行为产生强烈影响。它们分别是公司控制权市场、监管机构和债权人，后两者是两大有影响力的利益相关者。

公司控制权市场

公司控制权市场（market for corporate control）是公司的内部治理机制失败时才发挥作用的外部治理机制。[109]公司控制权市场由购买大量股东股份或收购认为被低估公司的个人和企业组成，目的是通过调整提升这些公司的价值。如第 6 章所述，私募股权公司在这一市场中非常活跃。这些公司从高净值个人和机构投资者（例如贝莱德集团、KKR & Co.、凯雷集团）筹集大量投资资本。[110]由于价值被低估的公司的高层管理者被认为应对公司糟糕的业绩负责，因此他们通常会被替换。有效的公司控制权市场应确保效率低下的和/或机会主义的高层管理者受到约束。[111]

在 20 世纪 40 年代到 80 年代之间，被称为“企业掠夺者”（corporate raiders）的拥有大笔股份的激进投资者是企业控制权市场上最具影响力的角色。[112]“企业掠夺者”通常通过收购公司来介入，随后寻求增加公司的债务负担、出售业务部门，并通过裁员进行瘦身。如果目标公司未按其要求做出回应，“企业掠夺者”会迫使公司以溢价回购其持有的股票，这种行为通常被称为“绿票讹诈”（greenmail）。[113]

自 1985 年“机构股东服务”与“机构投资者委员会”成立以来，机构投资者已经成为股东积极行动的主导力量。[114]包括公共退休基金、共同基金和对冲基金在内的各类机构都是这一行动的参与者。然而，由于防御性策略（将在下一节中讨论），实际的收购案例并不像过去那样频繁。[115]更常见的情况是，激进投资者利用其在公司中的股份作为

战略聚焦　埃隆·马斯克威胁要对推特进行恶意接管

影响力，以期获得董事会席位并推动管理层实施其所期望的变革。尽管如此，如我们在战略聚焦中所见，收购（或收购威胁）仍然是外部治理的重要组成部分。实际上，激进投资者常常运用其影响力迫使长期在位的管理者出售公司。[116]

由于公司控制权市场的约束作用，目标公司的管理者和董事会成员对公司控制权市场发出的接管要约很敏感，一旦成为目标公司就意味着他们没有有效地履行全部责任。对高层管理者来说，如果董事会接受了收购申请，他们一般都会失去工作，因为收购方通常会更换公司的领导班子。即使公司拒绝了收购申请，高层管理者也会面临很大的工作风险，因为董事会和股东会向他们施加巨大的压力，要求提高公司的业绩。正如战略聚焦所示，那些得到机构投资者巨额资金支持的激进投资者，在公司控制权市场的争夺中往往扮演着领头羊的角色。

一般来讲，养老基金（作为机构投资者和内部治理机制）在本质上比较被动，只有确信公司业绩不佳时才会采取行动。相反，对冲基金则比较积极主动，会识别那些业绩有提高空间的公司并对其进行投资。[117]

研究结果显示了另一种可能性，作为一种治理机制，投资者有时会利用公司控制权市场来成为业绩表现良好的公司的所有者。[118]对 20 世纪 80 年代公司战略的研究显示，接管的企图经常聚焦于行业中业绩表现较好的公司[119]，这从另一个角度说明了公司控制权市场也不是一个完善的治理机制。[120]事实上，并购行为是一项非常复杂的战略行动，不同类型的并购行为有不同的目标和潜在后果。正如第 7 章中讨论的，并购行为的成功率并不高。对于开展并购活动的公司来说，对两个不同的公司进行整合是一项很大的挑战，这在一定程度上降低了并购成功的概率。[121]

总体来说，尽管公司控制权市场并不是一种很好的公司治理工具，但它确实能够代表股东的最大利益。因此，高层管理者希望以一种使得公司外激进投资者的接管企图变得不必要或不恰当的方式来领导公司。

高层管理者可以采取许多防范策略来抵御接管企图，业绩表现良好的目标公司的管理者也可以用这些策略来阻止接管企图。即使目标公司确实在同类公司中价值被低估了，公司管理者也可以用这些防范策略来保护自己的利益。

管理防范策略

在大多数情况下，恶意接管是指目标公司的高层管理者和董事会所反对的收购。[122]成为恶意收购的目标的公司，可以采取多种防范策略来抵御接管企图。运用公司控制权市场增加了防范策略的复杂性和多样化。[123]

公司控制权市场会增加管理者的风险，公司被接管后，首席执行官以及其他高层管理者可以通过“金色降落伞”得到补偿。和其他防范策略一样，“金色降落伞”也引发了很大争议，主要是因为人们认为这种做法往往有损于股东的利益，它代表了一种代理问题。另一种防范策略是"毒丸计划"。这种策略允许个人或公司收购目标公司一定数量的股票（通常是 10%~20%）后，股东（而不是收购者）可以将股东权利转换成大量的普通股。大量流通股的增加稀释了公司现有的股份，这就意味着收购者为了维持或扩大所有权的比例，必须支付溢价来购买这些股票，增加了收购的成本。还有一些公司修改公司章程，使董事会成员轮换选举，每年只有 1/3 的董事会成员需要重新选举。研究表明，这种策略保护了管理者并降低了被恶意接管的可能性。[124] 表 10－2 中还列举了一些防范策略。

表 10－2　对恶意接管的防范策略

防范策略	成功可能性	对股东财富的影响
改变资本结构：稀释所有权使接管成本更高。包括员工股票期权计划、额外的债券发行及股票回购	中等	不确定
修订公司章程：为了使目标公司的董事会成员的选举错开，使所有成员不在同一年被选举而做的修改。这样可以阻止收购公司在一年内设立一个全新的董事会	很低	负面
金色降落伞：在公司被接管时给一个或多个高层管理者大量的现金补偿	低	可忽略
绿票讹诈：目标公司以较高的溢价回购公司股份，以获得收购方不再接管公司的协议	中等	负面
诉讼：用来帮助公司阻止恶意收购的诉讼。目标公司可以就反托拉斯和不充分披露提出诉讼	低	正面
毒丸计划：为了使公司的股票对潜在收购者失去吸引力而采取的行动	高	正面
停止协议：目标公司与收购方之间达成的协议。由目标公司支付收购方一定的费用，作为交换，收购方在一定时期内不再购买目标公司更多的股份	低	负面

资料来源：I. Obaydin, R. Zurbruegg, P. Brockman, & G. Richardson, 2021, The relative number of anti-takeover provisions and the market for corporate control, *Journal of Financial Research*, 44, 279－298; Y. Amihud & S. Stoyanov, 2017, Do staggered boards harm shareholders?. *Journal of Financial Economics*, 123: 432－439; S. Bhojraj, P. Sengupta, & S. Zhang, 2017, Takeover defenses: Entrenchment and efficiency, *Journal of Accounting & Economics*, 63: 142－160; J. M. Karpoff, R. J. Schonlau, & E. W. Wehrly, 2017, Do takeover defense indices measure takeover deterrence? *Review of Financial Studies*, 30 (7): 2359－2412; M. Straska & G. Waller, 2014, Antitakeover provisions and shareholder wealth: A survey of the literature, *Journal of Financial & Quantitative Analysis*, 49: 1－32; M. Ryngaert & R. Scholten, 2010, Have changing takeover defense rules and strategies entrenched management and damaged shareholders? The case of defeated takeover bids, *Journal of Corporate Finance*, 16: 16－37; N. Ruiz-Mallorqui & D. J. Santana-Martin, 2009, Ultimate institutional owner and takeover defenses in the controlling versus minority shareholders context, *Corporate Governance: An International Review*, 17: 238－254; J. A. Pearce Ⅱ & R. B. Robinson, Jr., 2004, Hostile takeover defenses that maximize shareholder wealth, *Business Horizons*, 47 (5): 15－24.

大多数机构投资者反对使用防范策略，因为防范通常被视为一种确立高层管理者地位的方式。[125]许多机构投资者也反对离职补偿（“金色降落伞”），尤其是在欧洲，这种反对更加强烈。[126]但是，离职补偿也有一个优点，即它会鼓励高层管理者接受对股东有利的接管投标。[127]研究显示，使用防范策略可以减小管理者寻求短期业绩回报的压力，使他们能专注于发展长期战略（例如，大力发展创新），并提高为股东利益服务的可能性。当他们确实这样做的时候，公司的市场价值会增加，股东也可以得到回报。[128]

当高层管理者意识到外部还存在大量的个人（如埃隆·马斯克，卡尔·伊坎）和机构投资者（如对冲基金）时，他们会将个人利益与利益相关者的利益（尤其是股东的利益）相统一。另外，作为一种外部治理机制，公司控制权市场的运用可以使公司的战略发生重大的变化，如果运用得当，还可以为股东利益服务。[129]这种外部治理机制的目标在于让管理者感到自己与公司休戚相关。[130]然而，如果使用不当，很有可能会给自大自负的管理者造成一种错觉，即他们才是公司的中心。[131]

监管机构

近年来，公司治理机制的观察家关注一些比制定无效的公司战略更令人震惊的行为，比如发生在安然公司（Enron）、世通公司（WorldCom）、大众汽车公司的丑闻，以及大型金融机构的行为。为了应对这些行为，2002 年，美国国会颁布了《萨班斯-奥克斯利法案》，2010 年又通过了《多德-弗兰克华尔街改革和消费者保护法案》（Dodd-Frank Wall Street Reform and Consumer Protection Act）（简称《多德-弗兰克法案》）。

这两部法案颁布后，公司的治理机制受到了更严格的监督。[132]《萨班斯-奥克斯利法案》的实施引起了很多争议。有些人认为该法案的实施对保护利益相关者的利益，尤其是股东的利益起到了积极的作用。例如，该法案的 404 条款强调提高会计和审计方面的内部控制的透明度，该部分内容被认为改善了对公司财务报告中内部审计的监管，从而增加了可信度。研究还显示，与 404 条款相关的内部控制增加了股东的价值。[133]但是也有一些人认为，该法案尤其是 404 条款给公司增加了过多的成本。[134]另外，在美国股票交易所上市的外国公司在减少，在国外上市的美国公司却在增加。造成这种变化的原因就在于《萨班斯-奥克斯利法案》给寻求在美国上市的公司增加了巨额成本。

《多德-弗兰克法案》被认为是自经济大萧条以来美国最彻底的一次金融监管改革。[135]该法案要求金融机构的做法要符合整个社会的利益。该法案的规定包括：消费者保护的范围、系统风险监督、高层管理者薪酬以及对银行资本的要求。该法案创建了隶属于美国财政部的金融稳定监督委员会，为特定金融公司的破产清算建立了一套新的系统，提供了一套新的框架来规范金融衍生品，提出了新的公司治理要求，控制信用评级机构并实行资产证券化。然而，美国国会一直在寻求通过降低资本金要求和减少大型压力测试所需承担的义务，来缓解地区性银行的压力。[136]

上述两部法案的颁布给公司带来了更加严格的治理机制，影响了公司的战略选择。例如，更严格的治理机制会使公司选择投资风险较小的项目，因而可能减少股东的财富。一些研究表明，与《萨班斯-奥克斯利法案》相关的更严格的治理机制会强化创新，特别是对于以前治理机制较弱的公司。[137]决定采取哪些治理措施来适当平衡保护利益相关者的利益与公司战略实施中承担风险的程度之间的关系，是非常困难的。

当然，美国并不是唯一经历公司治理法规变化的国家。2015 年，日本实施了一项新的治理准则，特别强调了企业需要选任更多外部独立董事。[138]同时，中国政府也采取了措施来促进国内机构投资者的增加。[139]本章后续将对日本、中国和德国的公司治理进行详细讨论。

债权人

企业在融资时更倾向于使用债务而非股权。[140]债权人通过多种方式对公司治理施加影响。通常人们会想到的是，当公司拖欠贷款时，债权人所拥有的权力，若公司无法按时支付所需的款项，债权人可以利用法律机构和谈判策略，对公司的决策产生深远的影响。

然而，实际的违约情况并不常见，更普遍的情况是公司违反了与贷款相关的财务契约。[141]这些契约涉及公司允许的杠杆率、其支付利息的能力或其总固定费用等事项。“因为违反财务契约可以被视为违约事件，贷方有权要求立即支付全部贷款余额或加速偿还。但贷方很少真正要求加速偿还，而是通常利用这一权利来促成信用协议的重新谈判。通过重新谈判，贷款机构能够影响借款公司的治理和决策……”[142]

此外，大型债权人的代表在董事会中占有一席之地也是常见的。研究显示，银行指定的董事可以起到认证作用，他们的存在提高了其他债权人对自身利益得到代表的信心。这可以增加公司可用的债务来源数量，对于发展中经济体的公司来说尤为重要。[143]因为在那些股权市场不稳定或发展不充分的国家，债权人如银行是重要的资金来源，所以债权人对公司治理的影响可能比在经济发达国家更为显著。

此外，具有更好治理特征的公司（例如拥有更多独立董事的公司）通常能够以更低的利率获得贷款。[144]通过这种方式，债权人间接地影响了公司的治理特征。

10.6 国际公司治理

在全球经济体，包括新兴经济体中，公司治理机制成为一个日益重要的问题。贸易、投资和股票市场的全球化，提高了全球公司使用相同的机制来管理公司活动的潜在价值。另外，由于全球化的发展，大型公司开始试图吸引外国投资。一旦这种情况发生，外国投资者必须确信有足够的公司治理机制来保护其投资。

在国际环境中，公司治理方面最重要的趋势之一是跨国所有者影响力的不断增长。[145]许多公司会将其股票在多个国家的交易所上市，以便它们的股票能够在本国之外交易。然而，这种做法也带来了一定的紧张关系，因为不同国家的公司治理标准存在差异。主权财富基金（SWFs），即由国家政府控制的投资基金，也能对企业的治理产生影响。[146]例如，中国投资有限责任公司、阿布扎比投资局（Abu Dhabi Investment Authority）

和挪威养老基金（Pension Fund of Norway）等，它们的投资总额超过2万亿美元，其中很多投资都位于各自国家的境外。[147]跨国所有者的影响力可能会随着时间推移促使各国的治理实践趋于一致。

尽管全球化对公司治理机制提出了更高的要求，也缩小了不同地区和国家间治理机制的差异，但是不同国家间的治理机制仍然有区别。[148]研究显示，企业选择投资的国家，其国家治理标准须达到企业认可的水平。[149]认识并了解不同国家治理机制的差异以及这些机制正在发生的变化，可以增加公司在国际市场上获得竞争成功的可能性。接下来，为了分析治理机制的差异和变化中存在的普遍问题，我们将讨论两个发达国家（德国和日本）和一个发展中国家（中国）的公司治理机制。

德国的公司治理机制

在许多德国的私人公司里，所有者和经营者可能是同一个人。在这种情况下，不存在代理问题。[150]即使是在德国的上市公司中，也常常是一个股东占主导地位。因此，和美国一样，所有权集中在德国也是一种重要的公司治理机制。[151]

在历史上，银行一直处于德国公司治理系统的中心位置。[152]这一点不同于欧洲的其他国家，如意大利和法国。银行作为股东和债权人，也是通过选举代表人进入监督委员会来监督和控制管理者的。但美国的情况并非如此，因为《格拉斯-斯蒂格尔法案》（Glass-Steagall Act）禁止银行持有普通股。

在德国，员工人数超过2 000人的公司必须具有双线的董事结构，将监督与控制管理决策和行动的责任交给两个不同的集体。[153]战略和管理职能属于管理董事会（Vorstand）的责任；任命管理董事会成员则是监事会（Aufsichtsrat）的责任。监事会成员由公司员工、工会成员和股东来任命。

支持德国结构的人认为，该结构有利于减少公司的错误行为和“独裁CEO”的仓促决策，但是批评者指出，它减缓了决策的制定速度并且束缚了CEO的手脚。德国公司很难像美国公司那样快速进行重组。由于当地政府的作用（通过董事的结构体现）以及银行在德国公司治理结构中的影响力，私人股东很少能在公司中占有主要所有权。此外，德国公司的交叉持股现象非常普遍，这使得收购变得更加困难。[154]然而，像养老基金（不同于银行和保险公司）这种大型机构投资者，也不是公司所有权的主要占有者。因此，至少在历史上，德国的管理者并不像英国和美国公司的管理者那样致力于股东财富的最大化。[155]

然而，德国的公司治理机制也在发生变化，其中之一是，德国公司开始倾向于采用美国的治理机制。最近的研究表明，德国的传统体制由于缺乏外部所有权力量也产生了代理成本。有趣的是，越来越多的在美国上市的德国公司开始采用管理者股票期权作为长期报酬激励政策。[156]

日本的公司治理机制

在日本，责任、家庭和认同等观念影响着人们对公司治理机制的态度。员工作为公司这个大家庭的一员，他们的生活与公司息息相关，这个大家庭也要求公司上下关心它并对它忠诚。此外，与美国公司相比，日本具有集体主义倾向，日本公司更加关心更为广泛的利益相关者，包括员工、供应商和客户。[157]另一个影响日本公司治理的重要因素是认同感，它要求高层管理者在任何时候都要付出大量的精力，而不是单纯地依靠发号施令来赢得人们的忠心和思想。即使认同感会导致公司决策制定过程变得缓慢、笨拙，但仍得到了很高的评价。

另外，企业集团（通过交叉持股而联系在一起的公司集团）不仅仅是个经济概念，更是一个家庭。[158]大规模的交叉持股会阻碍结构的变革，结构变革又是提高整个国家的公司治理机制所不可或缺的。然而，近些年日本的公司治理观念的最新变革促进了公司治理的改善，这也得益于对冲基金活跃度的提升。[159]同时，传统的企业集团（keiretsu）体系已经显著减弱。1989 年，日本上市公司大约一半的股份还受到企业集团式交叉持股的束缚，但到了 2019 年，这一比例已经降至大约 4%。[160]这种变化在很大程度上归因于非日本投资者对日本上市公司投资的增长。

同德国一样，日本的银行在对大型上市公司的融资和监控中也发挥了重要的作用。[161]由于“主银行”拥有企业集团最大比例的所有权和最多的债权，因而它们与公司高层管理者的关系最为紧密。主银行向公司提供财务咨询，并且对管理者进行密切监控，虽然这些措施在促进公司重组方面已不那么重要。[162]日本的财务和公司治理结构是以银行为基础（目前还在不断变化），美国则是以市场为基础。在美国，根据规定，商业银行不允许持有上市公司的股票。

近些年，日本的公司治理结构也在发生变化。例如，由于日本的银行逐渐发展成为经济组织，银行在监管和控制管理者行为和公司业绩方面的重要作用已经远不如从前。[163]放松监管为日本公司控制权市场带来了新的活力，这在以往是难以见到的。事实上，研究已经发现，银行与企业之间的关系提高了并购发生的可能性，并且银行在促进企业重组和国际扩张方面发挥了积极作用。[164]

大多数日本公司的董事会是由内部管理团队组成的，管理者的个人特质会对公司产生巨大影响。然而，日本独立非执行董事人数正在增加。[165]此外，长期高层管理者薪酬（例如股票期权）对于促进业绩的改善也越来越重要。[166]

中国的公司治理机制

中国实行社会主义市场经济体制。[167]中国的上市公司实施的是双层制董事会模式。监事会的职责是对董事会进行监督。[168]独立董事的职责是监督并为董事会提供咨询。这一体系融合了德国的双层制特点，同时也吸收了美国或英国等其他国家董事会的一些特征。

随着时间的推移，中国政府为了提升上市公司的治理水平，做出了诸多努力，特别是在推动民营经济和股票市场不断发展的背景下。然而，中国的股市仍然处于成长期，并且在发展之中。随着公司治理的加强，市场状况日益完善。[169]

在中国，国有大型企业持有的产权在逐渐减少，民营企业的数量和比例在逐渐增加，政府依靠直接和/或间接的控制来影响公司的战略。[170]大多数民营企业都希望与政府有良好的关系，因为政府在资源配置和经济活动中扮演着重要角色。[171]从长期的成功经验来看，这些因素可能会影响公司的经营业绩。研究显示，国有资本占比较高的企业往往市场估值较低，这可能是因为企业内部存在代理冲突，以及管理者不是去寻求股东回报最大化，而是要满足一些社会目标。[172]这种模式在主要股东之间，特别是国有资本和民营资本之间，可能引发潜在的冲突。[173]

一些证据表明，中国的公司治理机制倾向于西方模式。对一个国家的公司治理机制进行改革是一项复杂的任务。在改革的过程中，不免遇到困难与阻力。然而，前途是光明的，中国的公司治理还会不断向前发展，并且在今后一段时间会与其他各方共同形成适合国家、商业公司和民众的治理机制。在国家内部公司治理机制发生变革的同时，跨国公司的治理方式也在发生变化。例如，对于在国际市场中开展竞争的公司来说，将来可能会聘请更多国际经验丰富的管理者，在公司的董事会中也将会看到更多外国股东。[174]

10.7 治理机制和道德行为

前面讨论的三个内部治理机制和一个外部治理机制，主要用于确保公司所有者的代理人（高层管理者）能本着利益相关者利益最大化的原则来制定战略决策。高层管理者在领导公司时，越来越多地被期望去满足股东和其他利益相关者的需求以及整个社会的利益。[175]因此，公司的行动和产出至少要满足所有利益相关者的最低需求，否则需求没有得到满足的利益相关者会转而支持其他公司。比如，顾客可能会转而向其他公司购买产品，员工可能会离职，供应商可能会终止与公司的业务关系，或者地区机构可能不再发放公司扩张所需的许可证。[176]

发生在安然、世通、美国医疗服务公司 HealthSouth、大众汽车、萨蒂扬（Satyam）（印度的一家大型信息技术公司）以及其他公司的丑闻，说明了不道德的行为对公司努力满足利益相关者的需求产生的负面影响。因此，高层管理者的道德行为被认为是满足利益相关者利益的基础，得到了全世界的密切关注。[177]例如，《受托责任准则》（Stewardship Code）在英国推出，旨在“加强机构投资者与英国上市公司之间的互动”[178]。尽管机构投资者通常被视为所有者，但受托责任的概念将所有者角色与对利益相关者的更广泛责任结合起来。

由具有道德责任感的领导者和公司所设计和使用的内部公司治理机制，增强了公司满足广大利益相关者利益的能力。[179]如第1章战略聚焦所讨论的，这种能力通常通过企业的社会责任（CSR）来衡量。例如，研究已经证明，董事会性别多样性较高的跨国公司更倾向于进行更多的 CSR 信息披露。[180]在同一项研究中，研究人员还发现，董事会成员的任期多样性与更多的社会信息披露有关。另一项研究发现，董事会的独立性与 CSR

有关，同样，独立审计委员会的存在也与 CSR 相关。[181]

还有一个有趣的研究发现，那些 CSR 绩效较差的公司可能拥有更多具有非营利组织背景的董事。这些董事很可能是被任命来引导公司朝着更高水平的 CSR 绩效发展。虽然这种任命并没有立即提升公司的 CSR 绩效，但在三年后产生了正面影响。[182]最后，在对 20 多个国家的 100 多项研究进行大规模评估后，研究人员得出结论，董事会的独立性通常与较低的公司不当行为水平相关联，尽管这种关系可能会因对独立性定义的不同而有所变化。[183]

激进投资者也能对公司的 CSR 产生影响。在一项研究中，研究人员发现，股东积极分子，尤其是机构投资者中的积极分子，能够推动公司更多地披露气候变化风险。投资者对此反应良好，给予了这些公司更高的估值。[184]著名激进投资者卡尔·伊坎（Carl Icahn）拥有价值约 5 万美元的麦当劳股份，他关注麦当劳对待怀孕母猪的方式。作为促使公司改变动物关爱策略的一部分，他向麦当劳董事会提名了两位董事。他还呼吁“贝莱德集团和其他专注于社会意识投资的大型指数基金管理者支持他在麦当劳公司为改善怀孕母猪待遇而进行的代理权争夺战”[185]。

董事会的决策和行动可以有效地制止高层管理者的不道德行为。实际上，有证据显示，最有效的董事会会划清公司的商业道德和价值观之间的界限。[186]一旦道德行为的界限被确定并形成正式的道德守则，董事会就必须向高层管理者以及其他利益相关者（如顾客和供应商）清楚地传达对他们寄予的以道德为基础的期望。另外，作为公司所有者的代理人，高层管理者必须明白，董事会会要求他们全面负责组织文化的塑造，并且这种文化要大力弘扬道德行为。第 12 章中将指出，CEO 应该是公司道德行为的榜样。[187]

有效的公司治理体系的关键在于：精心设计的治理机制以及合理的国家机构。通过这些机制，高层管理者可以与他人一起帮助公司选择和实施战略，从而获得战略竞争力和超额利润。这种治理体系还能为股东提供长期财富，并提高利益相关者之间的协作。

小结

公司治理涉及公司利益相关者之间的关系，决定了公司的方向并控制着公司的业绩。公司如何监督和控制高层管理者的决策和行动会影响战略的实施。将管理者决策与股东利益统一起来的有效的公司治理机制可以为公司创造竞争优势。

在现代公司中有三种内部治理机制：(1) 所有权集中；(2) 董事会；(3) 管理者报酬。此外，三个外部治理机制也非常重要：(1) 公司控制权市场；(2) 监管机构；(3) 债权人。

在现代公司中，所有权和控制权是相互分离的。所有者（委托人）雇用管理者（代理人）制定决策，以使公司价值最大化。作为风险承担者，所有者会投资于多个风险水平不同的公司来分散风险。所有者希望其代理人（公司的高层管理者，也是决策制定专家）制定的决策有助于公司价值最大化。因此，当一方（公司的所有者）雇用另一方（高层管理者）来制定决策时，代理关系就产生了，这也是现代公司的特征之一。

当代理人追求的目标与委托人的目标发生冲突时，所有权和控制权的分离就会导致代理问题。委托人通过建立和运用公司治理机制来控制这一问题。

所有权集中是由大股东的数量及其持有的所有权比例决定的。诸如共同基金和养老基金等机构投资者，通常拥有较大比例的所有权，因而能够对高层管理者的决策和行动产生影响。所有权分散容易导致对管理者决策的监督和控制的疲软，所有权集中则能对管理者进行更积极有效的监督。

在美国公司中，机构投资者具有很大的影响力，它们会利用所有权集中的地位迫使管理者和董事会做出使股东利益最大化的决策。股东行动主义是指股东采取行动影响公司政策和做法。有时，激进投资者会联合起来形成所谓的“狼群”。

几十年来，关于高层管理者和董事会是否应将公司股东置于其他利益相关者之上的争论一直在激烈进行。现在，这一争论的天平越来越倾向于服务于更广泛的利益相关者群体。

在美国和英国，董事会是由内部董事、相关独立董事和独立董事组成的，这是一种被期望能代表股东利益的治理机制。在许多公司的董事会中，独立董事的比例超过了内部董事。

董事会成员的构成正日趋多样化，独立性也得到了增强，内部控制更加严格，对董事会成员的表现设有正式的评估程序，董事薪酬结构也进行了调整，并引入了首席董事的职位。同时，董事会对企业的社会责任也投入了更多的关注。

高层管理者薪酬是一种非常引人注目且经常受到批评的治理机制。工资、奖金和长期激励计划被用于协调经理人和股东的利益。公司董事会负责确定公司高层管理者薪酬体系的有效性。一个有效的制度会产生符合股东利益最大化的管理决策。

总体而言，证据显示，股东和董事会在控制管理者决策方面的警惕性越来越高。但是，这些机制还不完善，有时甚至是无效的。

当内部治理机制失败时，公司控制权市场作为外部治理机制就变得更重要了。监管机构在塑造企业治理结构方面同样发挥着关键作用。通过《萨班斯-奥克斯利法案》的实施，与内部选出的董事相比，独立董事与高层管理者之间的关联更小。证券交易委员会允许大股东提名新董事，这一新规则改变了董事会的内部平衡，更倾向于外部独立董事。随着《多德-弗兰克法案》的颁布，还会涌现出更多与治理相关的规定。此外，债权人构成了一种外部治理机制。

德国、日本和中国的公司治理结构各不相同，与美国的治理结构也不尽相同。一直以来，美国的治理结构聚焦于股东价值最大化。在德国，作为利益相关者的雇员在治理结构中起着显著的作用。直到最近，日本的股东在监督和控制高层管理者方面还是几乎不起任何作用的。但现在，日本的公司正面临激进投资者的挑战。在中国，政府在公司治理问题上仍扮演着非常重要的角色。从国际上看，这些机制的相似度越来越高。

高层管理者应以一种不仅满足股东利益，同时也兼顾其他利益相关者需求的方式来领导企业，特别是那些对企业创造价值影响最大的群体，如客户、供应商、员工以及东道社区。由具有道德责任感的领导者和公司所设计和采用的内部企业治理机制，提升了企业服务广泛利益相关者利益的能力。此外，外部治理机制也能够对企业进行监督，并促进其负责任的行为。

关键术语

代理成本（agency costs）
代理关系（agency relationship）
董事会（board of directors）
公司治理（corporate governance）
管理者报酬（executive compensation）
机构所有者（institutional owners）
大股东（large-block shareholders）
管理机会主义（managerial opportunism）
公司控制权市场（market for corporate control）
所有权集中（ownership concentration）
股东行动主义（shareholder activism）

复习题

1. 什么是公司治理？哪些因素引起了人们对公司治理的广泛关注？为什么公司治理是控制管理者决策所必需的？

2. 公司中所有权与经营权分离的意义是什么？为什么要分离？

3. 什么是代理关系？什么是管理机会主义？公司的所有者对作为代理人的管理者有

什么样的假设？

4. 公司的三种内部治理机制是如何使所有者和管理者的利益相统一的？

5. 管理者报酬的趋势是什么？长期激励的增加对管理者的战略决策有什么影响？

6. 什么是公司控制权市场？哪些条件可以促使这一机制起作用？这一机制是如何约束高层管理者的决策和行动的？

7. 监管机构和债权人如何作为治理机制发挥作用？

8. 德国、日本和中国的公司治理机制各有什么特点？

9. 公司治理机制是如何促使作为代理人的管理者采取合乎道德的决策和行为的？

微案例 东芝股东否决重组计划——未来将何去何从

日本大型综合企业东芝公司（Toshiba Corp.）在经历了一段艰难时期后，2015 年爆发了会计丑闻，2017 年在美国的核电业务又告破产。2017 年，来自海外的股东为稳定东芝的财务状况注入了大量资金，从而获得了公司约 50% 的控制权。东芝此前已经出售了包括个人电脑和电视制造在内的多项业务。

2021 年 6 月，一份报告披露了东芝公司和政府官员曾合谋在 2020 年 7 月的股东大会前压制股东声音，在此之后，东芝的股东们便开始积极行动起来。2022 年初，在股东的压力下，时任首席执行官纲川智辞职，由曾在德国西门子公司日本分部工作的岛田太郎接任。紧随其后，公司宣布将拆分为两个业务板块——一个专注于设备制造，另一个专注于能源和基础设施。“管理层的重组旨在为拆分铺平道路。东芝表示，拆分后，岛田太郎将领导能源和基础设施部门，而新晋高层管理者佐藤佑晖（Hiroyuki Sato）将负责设备制造公司。”

外国股东对拆分计划表示不满，也反对早先将公司划分为三个部门的计划。新加坡的 3D Investment Partners 建议东芝的战略审查委员会考虑其他选择，包括将整个公司出售给私人投资者。然而，岛田太郎对此并不认同，“我们仍将按计划推进拆分。为此，我们需要尽快与利益相关者建立起牢固的信任关系”。

在 3 月中旬，股东们拒绝了一分为二的拆分方案。外国股东主导了反对行动，并提出将整个公司出售给私募股权公司可能更为有利，但最终，近 60% 的股东投票反对这一计划。同月晚些时候，美国私募股权公司贝恩资本（Bain Capital）表示，它正在考虑对东芝进行收购，并希望与东芝管理层、日本政府和银行就可能的交易进行谨慎而真诚的讨论。

到了 4 月底，这家陷入困境的公司终于让步：“东芝公司在外国股东的压力下，宣布将自己挂牌出售，并表示将向包括希望将公司私有化的投资者在内的潜在买家征求报价。”东芝计划迅速采取行动，在当年 6 月的股东大会前征集潜在买家的提案。

这一事件对日本而言具有历史性意义，“原因在于：一个活跃而无情的公司控制权市场在美国是常态。东芝的困境在日本则是一个相对较新的现象。”东芝并非普通的日本公司，它是日本最老牌的企业集团之一。直到最近，日本的商业体系还在保护管理层。“最明显的体现是，银行会围绕自身组织一批客户公司，这些公司都融入了彼此的供应链，甚至互相持股。但还有其他因素，比如政府对任何监管变革的内部抵制，或律师事务所因担心疏远企业客户而不愿为激进投资者提供咨询。”然而，正如本章所述，企业集团体系已经削弱，日本政府已经采取监管措施，使日本的治理体系更贴近其他工业化国家的标准。同时，非日本投资者在日本公司的持股比例也大幅增加。东芝股东对公司方向产生如此显著的影响，是日本治理体系现代化进程中的一个明显标志。

资料来源：M. Fujikawa，2022，Embattled Toshiba puts self up for sale，*Wall Street Journal*，www. wsj. com，April 22；J. Wong，2022，Toshiba vote is a vote on Japan Inc. 's future，too，*Wall Street Journal*，www. wsj. com，February 15；J. Wong，2022，Toshiba's boss battle will go on，*Wall Street Journal*，www. wsj. com，March 24；M. Fujikawa，2022，Toshiba shareholders reject plan to break into two parts，*Wall Street Journal*，www. wsj. com，March 23；M. Fujikawa，2022，Toshiba replaces CEO again but sticks with two-way split plan，*Wall Street Journal*，www. wsj. com，March 1；M. Fujikawa，2022，Bain Capital looks at possible takeover bid for Toshiba，*Wall Street Journal*，www. wsj. com，March 31；J. C. Sternberg，2021，The Toshiba split：A farewell to poor Japanese management?. *Wall Street Journal*，www. wsj. com，November 18.

讨论题

1. 日本等国家为何开始采纳类似于美国和英国那样更加注重股东利益的“西方风格”治理体系？

2. 一些大型企业（如强生公司、通用电气）已决定进行拆分。为什么你认为股东们（尤其是外国股东）会反对将东芝拆分为两个独立公司的计划？

3. 尽管东芝存在诸多问题，像贝恩资本这样的私募股权公司为何还想要收购它？

4. 政府在监管一个国家的治理体系中应承担什么样的角色？

注 释

第 11 章

组织结构和控制

学习目标

1. 定义组织结构和组织控制，并描述组织控制周期。
2. 讨论战略控制与财务控制之间的区别。
3. 描述战略和结构之间的关系
4. 描述用于实施战略的主要组织结构类型。
5. 解释如何使用职能型结构来实施业务层战略。
6. 解释用来实施不同多元化战略的三种事业部型结构的形式。
7. 讨论用来实施三种国际化战略的组织结构。
8. 解释战略网络，数字平台结构和战略中心企业如何在业务层、公司层和国际层等层面实施该网络。

引例 福特公司将其业务拆分为两部分，以进一步突出电动汽车业务的重要性

福特汽车公司（Ford Motor Company）的历史跨越了一个多世纪，这一切始于亨利 · 福特（Henry Ford），他大规模生产汽车，使汽车成为普通大众负担得起的产品。公司的理念是："致力于构建一个更美好的世界，让每个人都能自由移动并追求他们的梦想。"根据现任首席执行官吉姆 · 法利（Jim Farley）的说法，"是什么让福特与众不同，那就是我们有更高的追求。我们服务于人民，改善生活"。2021 年，福特全球销量约为 390 万辆，其中近一半的销量不在北美。这一销售量较 2020 年的大约 420 万辆和 2019 年的 540 万辆有所下降。尽管福特在汽车行业中拥有最受尊敬的品牌之一，但为了使福特重回增长轨道，必须采取一些行动。

在第 2 章战略聚焦中，我们讨论了全球汽车工业的演变，从 20 世纪 50 年代流行大型豪华轿车，到最近向电动汽车的转变趋势。与这一趋势相一致，第 8 章的引例描述了特斯拉在欧洲的积极扩张。福特也在这一方向上迈出了坚实的步伐——公司预计到 2026 年电动汽车将占其全球销量的约 1/3，到 2030 年将占一半。正如之前提到的，公司目前销售的全电动汽车与汽油动力版本一样多，并且正在销售其流行的 F－150 皮卡的全电动版本，名为"闪电"。

将像电动汽车这样的新业务领域整合到现有的组织结构中可能是一项挑战。事实上，这正是福特所面临的情况。首席执行官吉姆·法利“多次强调，开发和销售电动汽车的业务与公司的传统汽油发动机运营截然不同，需要新的技术专长和不同的销售策略”。2022 年，公司宣布将重组其业务为两个独立的部门。电动汽车部门将被称为 Ford Model e，而传统部门将被称为 Ford Blue。法利先生表示，新结构将简化复杂性，并有助于从燃油发动机部分削减成本。这一目标将通过更加专注于减少质量问题和减少福特销售的车型数量来实现。

还有一些细节需要解决。例如，两种类型的车辆将在哪里制造？目前看来，电动汽车将与燃油车辆在相同的工厂制造，未来为电动汽车建造的工厂将位于 Model e 部门内。联合制造可能会使创建单独的法人实体变得复杂，更不用说确定哪些管理者将监督这些操作了。目前，这些细节问题将被逐一解决。“现在，这次拆分的价值在于它为福特向电动汽车的转型带来了清晰的指向……看似只是公司重组的行动，实际可能是福特改变生活的旅程的开始。”

资料来源：S. Wilmot, 2022, Ford tries to create an inner Tesla, *Wall Street Journal*, www. wsj. com, March 2; M. Colias, 2022, Ford separates gas-engine, EV units in major overhaul, *Wall Street Journal*, March 3: A1 – A6; M. Carlier, 2022, Wholesale vehicle sales of the Ford Motor Company 2009 – 2021, *Statista*, www. statista. com, February 10; M. Colias, 2022, Tesla set the model for selling EVs: Ford, VW, and others want to follow, *Wall Street Journal*, www. wsj. com, March 11; 2022, Our purpose, *Ford Homepage*, www. ford. com, May 2; W. Boston, 2022, Elon Musk open's Tesla's first European factory, *Wall Street Journal*, www. wsj. com, March 22; 2021, Ford commits to manufacturing batteries, to form new joint venture with SK Innovation to scale NA battery deliveries, *Ford Media Center*, www. media. ford. com, May 20.

11.1　组织结构和控制

本章的主题是组织结构和控制，就是要为营利性组织和非营利组织的战略实施提供框架。[1]然而，正如我们所解释的，要成功运用不同的战略，就必须有独立的结构和控制。在所有组织中，高层管理者都承担着使战略与结构相匹配的最终责任，并且确保在需要时能对两者做出调整。战略和结构的匹配程度将会影响公司获得超额利润的情况。[2]因此，有效的战略领导者的一个重要特征就是，具备选择正确的战略并将其与适当的结构相匹配的能力。[3]

本章首先介绍组织结构和控制，接下来详细说明公司的战略和组织结构相匹配的重要性。战略与组织结构之间的相互作用会影响它们之间的匹配效果。[4]正如我们将讨论的，虽然组织结构对战略有影响，但是战略对组织结构的影响更为重要。[5]接下来，我们将介绍成功的公司是如何处理成长和结构变化之间的关系的。然后，介绍公司用来实施业务层战略、公司层战略、国际化战略和合作战略的不同组织结构。我们会用一些图形来突出与战略相匹配的不同组织结构的特点。随着时间和经验的积累，组织尤其是一些大型复杂组织，会根据自己的独特需求来定制全面的结构。[6]通常来说，公司会形成一个足以满足战略实施需要的复杂结构，同时这一结构又不能复杂得让人难以理解和使用。[7]

研究表明，组织结构和控制会影响公司的经营业绩。[8]具体来说，当公司的战略与组织结构和控制不匹配时，公司的经营业绩就会下滑。[9]即使战略和组织结构不匹配，管理者在确立和改变公司结构时也会试图使行为更加理性。[10]

在引例中，我们讨论了福特汽车销量下滑问题，以及公司如何应对行业外部环境的变化，这些变化正促使汽车行业向电动汽车转型。正如我们之前提到的，福特正在采取有效措施，以更好地应对市场上的强劲对手，例如特斯拉。具体来说，福特正在对其组织架构进行调整，期望这些调整能够提升公司的整体业绩。福特的领导者认为，公司结构上的改变会提升效率（日常运营得以改善）和有效性（更好地满足顾客的需求）。

组织结构

组织结构（organizational structure）指明了公司正式的报告关系、程序、控制、授权以及决策制定过程。[11]组织结构决定了决策的制定，并对组织内在此决策下每个人应完成的工作做出规定。[12]组织惯例是完成特定战略下工作任务的固定模式。[13]

形成一个能有效支持公司战略的组织结构并不是一件容易的事情，尤其是在快速变化和动荡不安的竞争环境带来大量不确定性（或无法预测的变化）的情况下。[14]当结构要素（报告关系和程序）能够与其他要素相一致时，这种结构就能帮助公司在竞争时更好地理解环境变化与不确定性之间复杂的因果关系。因此，组织结构的一个重要贡献是，通过促进战略的成功实施来超越竞争对手，帮助公司有效地应对环境不确定性。[15]

精心设计过的组织结构为公司成功实施战略和维持当前的竞争优势提供了稳定性，同时为今后获取竞争优势提供了必要的灵活性。[16]更具体地说，结构的稳定性为公司提供了持续、前瞻性地管理日常工作所需的能力，结构的灵活性有利于公司识别机会，并配置资源来把握这些机会，促使公司在未来获得成功。[17]因此，有效的、灵活的组织结构可以使公司在发挥当前竞争优势的同时，发展今后将会用到的新竞争优势，相反，无效的、不具灵活性的组织结构会导致优秀员工离职，因为他们没有办法在工作中创造价值，从而备受挫折[18]，这又会进一步导致公司内部知识的流失[19]。若在离职员工中，有人拥有大量的隐性知识而且被竞争者挖去，这对公司来说将是一个巨大的损失。[20]

调整当前战略或选择新的战略都要求组织结构做出相应的改变。研究显示，一旦真的需要改变组织结构，组织惯性会阻碍这种变化，即使是公司的业绩表明结构已经到了非改不可的地步。[21]阿尔弗雷德·钱德勒（Alfred Chandler）在他的开创性研究中发现，极低的效率会迫使组织改变结构。[22]钱德勒在让我们理解组织结构及其与战略和业绩之间的关系方面做出了巨大的贡献。确实，有些人认为，钱德勒“对组织结构的贡献具有历史转折意义，他们把钱德勒的著作出版之前的时期称为‘B. C.’，含义为‘before Chandler’（在钱德勒之前）”[23]。

公司似乎更喜欢保持现有的结构和熟悉的工作关系，直到公司的业绩下滑到不得不改变的地步。[24]另外，高层管理者在判断公司结构和战略中存在的问题时往往犹豫不决，因为一旦做出这样的结论，就意味着他们之前的选择并不是最佳的。[25]由于这些惯性，结构的变化经常是由那些无法再忍受公司的糟糕业绩的利益相关者（例如来自资本市场的股东和顾客）发起的。研究表明，当高层管理者意识到当前的组织结构已经无法再为公司成功实施战略提供必需的协调和方向时，是进行结构调整的恰当时机。[26] 有趣的是，很多组织结构的变化都发生在经济衰退期，因为糟糕的业绩暴露了组织的缺陷。[27] 我们接下来将要讨论，有效的组织控制能帮助管理者识别调整组织结构的正确时机。

组织控制

组织控制是组织结构的重要方面。[28] **组织控制**（organizational controls）指导着战略的实施，指明了应如何比较现实结果和期望的结果，当两者之间的差距大到无法接受时，它会建议采取正确的行动。缺少有效组织控制的公司是很难获得竞争优势的。

图 11－1 展示了一个典型的组织控制循环。控制是战略规划流程的一部分。如第 2 章至第 9 章所描述，企业根据内部和外部分析，以及自身的使命、愿景和价值观来制定战略。在这一过程中，它们明确了战略应为组织要达成的目标服务。预期成果被转化为具体目标。同样重要的是，目标一旦确定，组织内的相关个人或团队（例如部门或分部）就被赋予了实现这些目标的责任。随后，个人或团队会制订一个详细的执行计划，包括预算和时间安排。为了支持计划的实施，相应的资源会被分配。在执行过程中，执行者会在不同阶段向高层管理者汇报进展。此时，会将目标与实际业绩进行对比，并评估计划是否按预期进行，如果没有按预期进行，应找出阻碍的原因。必要时，会进行相应的调整。这些定期的评估为控制循环的下一轮提供了有用的信息。这些信息对于战略的制定、目标的设定以及更新或制订新的实施计划都非常有价值。[29]

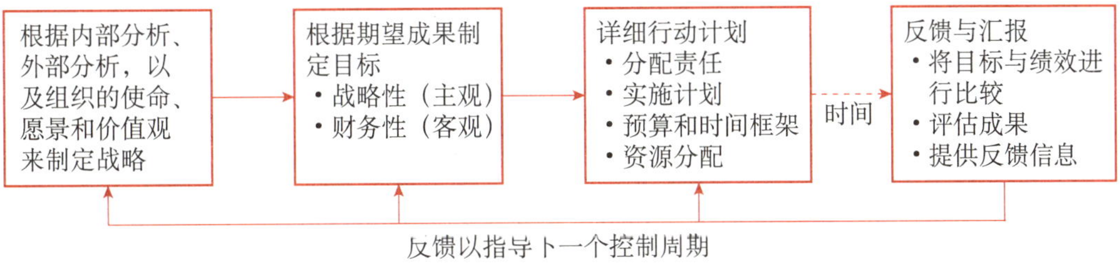

图 11－1　典型的组织控制循环

11.2　战略控制和财务控制

设计得当的组织控制，能使公司清楚地认识到哪些行为有助于提高公司业绩。[30] 公司通常利用战略控制和财务控制来支持战略的实施。**战略控制**（strategic controls）主要是一些主观标准，用来判断在外部环境条件和自身竞争优势下，公司使用的战略是否恰当。因此，公司的战略控制主要关注的是，公司应该做的事情（由外部环境中的机会表明）和公司能够做的事情（由内部环境中的资源、能力以及核心竞争力表明）是否相符。有效的战略控制可以帮助公司了解做什么才能取得成功，尤其是在需要进行重大战略变革的地方。[31] 战略控制要求管理者之间进行充分的信息交流，一些管理者（如高层管理者）有责任根据这些信息来判断公司的经营业绩，另外一些管理者（如中层和基层管理者）则主要负责战略的实施。这些管理者之间频繁的交流可以是正式的，也可以是非正式的。[32]

战略控制还可以用来评估公司对战略实施所需条件的专注程度。例如，对业务层战略来说，战略控制用于研究价值链活动和辅助职能（见第 3 章图 3－2、图 3－3、图 3－4），以证实关键的活动得到了重视和适当的执行。在实施相关多元化的公司层战略时，战略控制可以用来检验行为是否得到了共享（相关约束型多元化），以及核心竞争力是否得到了传递（相关联系型多元化）。在评价相关多元化战略时，为了有效地利用战略控制，总部的管理者必须对每一个战略业务单元的业务层战略都有深入的了解。[33]

财务控制（financial controls）主要是一些客观标准，用来对比先前已经建立的量化标准，以衡量公司的经营业绩。在使用财务控制时，公司不仅要把业绩与前期结果进行比较，而且要与竞争者的业绩以及行业平均标准进行比较。[34] 财务控制指标中既有会计指标，如投资回报率（ROI）、资产回报率（ROA），又有市场指标，如经济附加值。之所以强调用财务控制来评价公司业绩时要用非相关多元化战略，部分原因在于战略控制很难用于广泛的多元化。[35] 非相关多元化战略更加关注财务结果（见第 6 章），要求运用标准的财务控制指标来比较各业务单元和管理者的业绩表现。[36]

战略控制和财务控制对公司结构来讲非常重要。我们前面曾提到，任何结构的有效性都取决于战略控制和财务控制的有效结合。然而，在某个特定时点上，要找到战略控制和财务控制之间最恰当的均衡并非易事，在一定程度上这是因为不同的战略需要运用不同的控制手段。例如，使用成本领先战略的大型多元化公司和业务单元强调的是财务控制（如定量的成本目标），使用差异化战略的公司和业务单元强调的则是战略控制（如产品开发团队的有效性等主观指标）。[37] 如前所述，在公司范围内强调业务单元之间的能力和活动共享的战略（称为相关多元化战略）需要重视战略控制，活动和能力无须共享的战略（如非相关多元化战略）则强调财务控制。公司在决定如何实施战略时，应保持不同战略所需的不同控制手段之间的相对平衡。

11.3 战略和组织结构之间的关系

战略和组织结构之间存在交互作用的关系。如果二者有效结合，将提高公司的业绩。[38] 这一关系突出了战略形成（第 4 章、第 6～9 章）和战略实施（第 10～13 章）之间的相互连接。一般来讲，在这种交互关系中，组织结构总是源于或跟随公司战略的选择。但有些情况下，组织结构也会影响当前的战略行动和对未来战略的选择。[39] 我们之前曾提到，福特正在构建的新结构有可能对战略的执行产生影响，这些战略部分是为了更好地识别并满足客户对高性价比电动汽车的需求。[40] 总体而言，公司在战略管理过程中应该明白，战略与结构关系的本质是，公司战略的改变需要组织相应地进行调整。

或许正是由于组织结构通过限制潜在的替代战略而影响了公司的战略，公司需要保持警惕，组织结构不仅会影响战略的实施，而且会对未来战略的选择强加种种限制。但是总体而言，战略对组织结构的影响强于组织结构对战略的影响。

不管战略与组织结构之间的交互关系有多强，公司在进行战略和组织结构选择时都需要将两者相匹配，从而为发挥当前竞争优势提供保障，同时为开发未来优势提供灵活性。[41]因此，公司在改变战略时，应该同时考虑支持新战略所需的组织结构，战略和组织结构的有效匹配可以为公司创造竞争优势。

11.4 战略和组织结构的发展模式

研究表明，大多数公司的发展历程都反映了战略和组织结构关系的特定模式。钱德勒发现，公司倾向于以某些可以预知的模式来发展壮大："先是通过数量，然后是地域，接下来是整合（纵向或横向），最后是通过产品/业务多元化"（见图 11－2）。[42]钱德勒将他的发现解释为一种迹象，即公司的成长模式决定组织结构的形式。

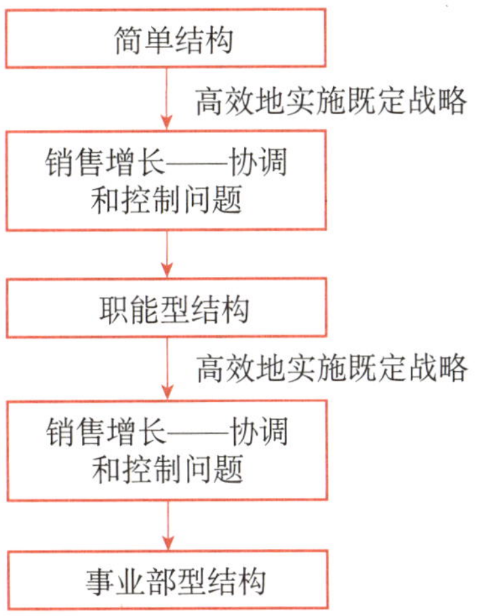

图 11－2 战略和组织结构发展模式

如图 11－2 所示，销售增长带来了协调和控制问题，这些问题是现有组织结构无法有效处理的。结构性不足最普遍的问题包括沟通障碍、客户满意度不高、管理效率低下以及员工的不满情绪。[43]组织的成长为公司改变战略获得更大的成功创造了机会，但是现有结构中正式的报告关系、程序、控制、授权以及决策制定程序等方面不成熟，将无法支持新战略的运用，这意味着公司需要新的结构。[44]

公司实施战略时可以选择以下三种主要的组织结构：简单结构、职能型结构和事业部型结构。随着时间的推移，成功的公司会从简单结构转向职能型结构再到事业部型结构，以支持其发展战略的变化。

简单结构

简单结构（simple structure）是指在这种结构中，公司的所有者兼经营者直接做出所有主要决定，并监督所有活动，员工只是作为管理者监督权力的延伸来提供服务。[45]通常公司的所有者兼经营者会直接参与公司的日常经营运作。这种结构的特征是：关系多为非正式的、规则较少、任务的专业化程度有限以及信息系统较为简单。管理者兼经营者与员工之间频繁的、非正式的沟通，使工作的协调变得更容易。简单结构适用于集中战略和业务层战略，实施这些战略的公司通常只为单一地域市场提供单一产品。例如，本地餐馆、维修业务以及其他特殊行业的公司等，都是使用这种结构的典型代表。

随着小公司逐渐发展壮大，复杂性不断增加，管理和组织上的挑战也涌现出来。[46]例如，需要分析的有关竞争者的信息数量猛增，给管理者兼经营者造成了不小的压力。成长和成功使公司不断变换战略。即使战略保持不变，公司规模的扩大也需要更多成熟的工作流程和一体化机制。[47]发展到这一阶段时，公司倾向于从简单结构转向职能型结构。[48]

职能型结构

职能型结构（functional structure）由一位首席执行官和有限的员工组成，在占主导地位的职能领域（如生产、财务、营销、研发、工程和人力资源）设置职能型管理者。[49]这一结构允许职能分工，因而促进了每一个职能领域的知识共享[50]，知识的共享又为职业生涯规划和职能人员的专业发展创造了有利条件。但是，这种以职能为导向的结构不利于组织内部不同职能部门之间的交流与协调。为此，首席执行官必须保证单个职能部门做出的决策和行动有利于整体利益而不是部门利益。如下文战略聚焦所示，苹果公司已经解决了沟通和协调上的难题，并精通了运用职能型组织结构的艺术。

尽管苹果公司是个例外，不符合常规，但职能型结构有利于多元化水平较低的业务层战略和部分公司层战略（如单一或主导业务）的实施。然而，从简单结构向职能型结构转变时，公司应努力避免形成一些无法提升创新性的官僚制度，因为这种制度会对个体创新造成潜在的损害，不利于战略的实施。[51]

事业部型结构

随着公司不断地成长和成功，更高层次的多元化就成为管理者需要考虑的问题。当公司向不同的市场提供相同的产品（市场或地域多元化）或者向几个市场提供不同的产品（产品多元化）时，要使这些多元化战略取得成功，就必须分析更多的数据和信息。另外，以职能型结构来管理高层次的多元化会造成严重的协调和控制问题[47]，因此需要建立一种新的结构形式。[52]

事业部型结构（multidivisional（M-form）structure）由一个公司总部和几个运营部门组成，每一个运营部门代表着一项独立业务或利润中心，公司总部授权部门经理负责本部门的日常运作和战略决策。每一个部门都是一个独立的、自我约束的业务单元，并拥有自己的职能层次。[53]最初进行设计时，事业部型结构被认为有三大优势：（1）公司总部能更加精确地监督每一个业务单元的业绩，简化了控制；（2）方便了部门间的对比，从而改进了资源配置过程；（3）激发业绩较差的部门经理努力寻找改进部门业绩的方法。[54]通过事业部型结构对部门的积极监督，部门经理更有可能做出使利益相关者利益最大化的决策。由于多元化是在全球经济中占据主导地位的公司层战略，因此事业部型结构得到了广泛的应用。[55]

利用事业部型结构来支持相关和非相关多元化战略的实施，有助于公司成功地管理多元化的各种需求。[56]20 世纪 20 年代，杜邦和通用汽车等大型公司在使用职能型结构时出现了大量的协调和控制问题，钱德勒把事业部型结构的出现视为针对这些问题的创新性反应。[57]研究显示，事业部型结构更适合多元化公司。[58]有些人认为事业部型结构是 20 世纪最重要的组织创新之一，部分原因就在于它对于多元化公司的价值。[59]

没有一种结构（简单结构、职能型结构、事业部型结构）先天就优于其他结构。针对这一问题，彼得·德鲁克认为："不存在完全正确的组织结构……而我们的任务……是为手头的特定任务和使命选择组织结构。"[60]这一论述说明，公司必须为特定的战略选择适合的组织结构。在战略聚焦提到的苹果公司案例中，这一点表现得尤为明显。由于没有一种结构在所有情况下都是最优的，因此，管理者应专注于战略与结构是否匹配，而不是盲目寻找"最佳"结构。我们接下来讨论战略与组织结构的匹配对公司业绩的积极贡献。

战略聚焦 苹果公司以其职能型结构取得了令人瞩目的成功

苹果公司由史蒂夫·乔布斯（Steve Jobs）、史蒂夫·沃兹尼亚克（Steve Wozniak）和罗纳德·韦恩（Ronald Wayne）在 1976 年共同创立。苹果推出的第一款面向市场的个人电脑 Apple Ⅰ功能较为简单，并未在市场上取得显著成功。然而，随后推出的 Apple Ⅱ电脑成为畅销产品。到了 20 世纪 80 年代中期，由于产品成本高昂和高层管理团队的纷争，乔布斯离开了苹果并创立了 NeXT，旨在打造一款卓越的新型电脑。

在经历了数年的业绩不佳后，苹果在 1997 年收购了 NeXT，并将乔布斯重新纳入麾下，期望他能带领公司走出困境。乔布斯迅速对公司进行了重组，砍掉了亏损的项目，并将公司重组为职能型结构。他集中了公司的控制权，并亲自作出所有重要的战略决策，这在很大程度上限制了苹果副总裁们的自主权。2011 年，蒂姆·库克（Tim Cook）接任后，保留了这一职能型结构，但赋予了副总裁们更大的决策权，以促进创新。苹果公司内部实施的以专业知识为重点的层级制度，确保了强有力的企业控制，同时各个部门拥有足够的自主权来发挥最佳能力，这也使得苹果能够多年来一直推出一些市场领先的产品。

职能型结构意味着管理者在其职能领域内拥有深厚的专业知识，这是这类组织结构的优势之一。各级管理者也需深入掌握其职能的细节。例如，负责零售和人力资源的高级副总裁迪尔德丽·奥布莱恩（Dierdre O'Brien）对零售环境了如指掌。运营高级副总裁萨比赫·卡恩（Sabih Kahn）是运营方面的专家。负责环境、政策和社会倡议的副总裁丽莎·杰克逊（Lisa Jackson）则是企业社会责任方面的权威。

职能型结构并不意味着组织内的不同部分不进行沟通或协作。苹果公司在公司内各团队和部门之间保持了密切而有效的合作。苹果产品组合中的每一个产品，如 iPad、iPhone、Apple TV 和 iWatch，都是基于产品团队合作的成果。决策是由最具备资格的团队成员协调一致作出的。正如苹果的高层管理者们所说，“苹果不是由总经理来监督经理的公司，而是由专家来领导专家的公司”。管理者的奖金与公司整体的成功挂钩。

在像苹果这样的大型企业中，职能型结构的罕见性引人注目。职能型结构在苹果这样的巨头中并不常见，但这家科技巨头从其公司结构的当前模式中获益。特别是，与许多其他大型公司不同，苹果的产品部门负责人之间没有为争夺资源而发生争斗。此外，职能型结构允许苹果在开发需要大量投资的新产品时，可以忽略短期的财务目标。尽管职能型结构在一些大型、多产品公司中可能并不实用或高效，但它在苹果已经成功运作了二十多年。

资料来源：2022，Apple's organizational structure，*Organimi*，www. organimi. com，May 3；P. Meyer，Apple Inc. 's organizational structure & its characteristics（an analysis），*Panmore Institute*，www. panmore. com，January 18；2022，Apple leadership，*Apple Homepage*，www. apple. com，May 3；J. Dodovkiy，2021，Apple organizational structure：A brief overview，*Business Research Methodology*，www. research-methodology. net，February 3；J. M. Podolny & M. T. Hansen，2020，How Apple is organized for innovation，*Harvard Business Review*，November-December：87 – 95.

11.5 业务层战略和职能型结构的匹配

公司可以使用不同形式的职能型结构来支持成本领先战略、差异化战略以及整体成本领先/差异化战略的实施。职能型结构不同形式之间的差异可以用三个重要的结构特征来描述：专门化（完成工作所需的职位形式和数量）、集中化（决策制定权在不同层级管理者之间的分布情况）和规范化（有关工作规则和程序的正规化程度）。[61]

利用职能型结构实施成本领先战略

公司利用成本领先战略向行业中的典型顾客销售大量的标准化产品。在使用这一战略时，公司需要能使自己的产品成本比竞争对手更低的结构。[62] 简单的报告关系、较少的决策层级和权力结构，集中化的公司员工，通过生产职能（而不是新产品的研发）专注于生产过程的优化，都是成本领先职能型结构的基本特征（见图 11 – 3）。[63] 这种结构有利于塑造低成本文化——员工在完成工作的过程中不断寻找降低成本的方法。[64] 他们可以不断改进产品设计使生产变得更容易，或者通过提高产品生产流程的效率来达到这一目的。[65]

从集中化方面看，决策制定权集中在职能型员工手中，以降低每一个组织职能（如工程、营销等）的成本。在鼓励不断降低成本的同时，集中化的员工也可以确保某一职能成本的进一步降低不会反过来影响其他职能的水平。[66]

成本领先职能型结构进行高度专业化的分工，把一项工作分解成若干相似的子群。尽管有时需要以产品生产或顾客服务为基础来进行批量作业，但组织职能是最常见的子

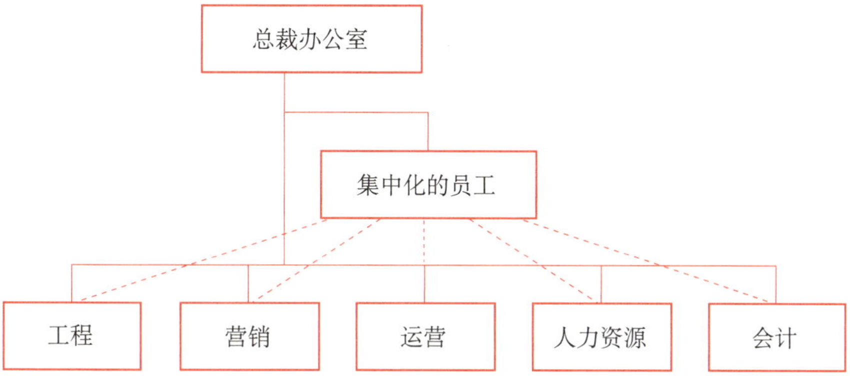

图 11－3　实施成本领先战略的职能型结构

说明：

- 运营是主要职能。
- 强调的是生产过程而不是新产品的研发。
- 由相对集中化的员工来协调各职能。
- 规范化的程序允许低成本文化的产生。
- 整体结构是机械式的，职位角色高度结构化。

群。工作的专业化提高了员工的工作效率，降低了成本。在这种结构中，指导具体工作的是为集中化的员工制定的高度规范化的规则和程序。

沃尔玛就在它的三个业务模块（沃尔玛商店、山姆会员店和沃尔玛国际）中运用职能型结构来实施成本领先战略。实际上，研究人员发现，沃尔玛多年来对降低成本的关注一直在增加。[67]试图复制沃尔玛的成本领先战略的竞争者最终都失败了，部分原因就在于它们无法像沃尔玛那样做到成本领先战略与职能型结构的有效匹配。

利用职能型结构实施差异化战略

在顾客的眼中，实施差异化战略的公司试图以不同的方式为他们创造价值。相对复杂且灵活的报告关系，经常使用交叉职能的产品研发团队，更加强调营销和产品的研发，是差异化职能型结构的基本特征（见图 11－4）。[68]这种结构有利于塑造以研发为导向的文化，即员工都努力寻找使当前产品更具差异化的方法，或者探索开发新的、高度差异化的产品。[69]

持续的产品创新需要公司内部所有员工能够合理解释那些模糊的、不完整的和不确定的信息，并以此为基础采取行动。由于强调从外部环境中发现新的机会，因此员工经常从外部人员（如顾客和供应商）那里收集信息。一般来讲，对收集的信息中暗示的机会做出快速的反应是很有必要的，这也表明了对决策过程中的责任和权力进行分散的必要性。这与苹果公司首席执行官蒂姆·库克上任后所采取的策略相吻合，他利用职能型结构来执行公司的差异化战略（详见战略聚焦）。[70]这种结构不仅强化了苹果的技术实力，还为应对竞争对手提供了必要的战略灵活性。强大的技术能力和战略灵活性有助于公司充分利用市场变化带来的机会。[71]

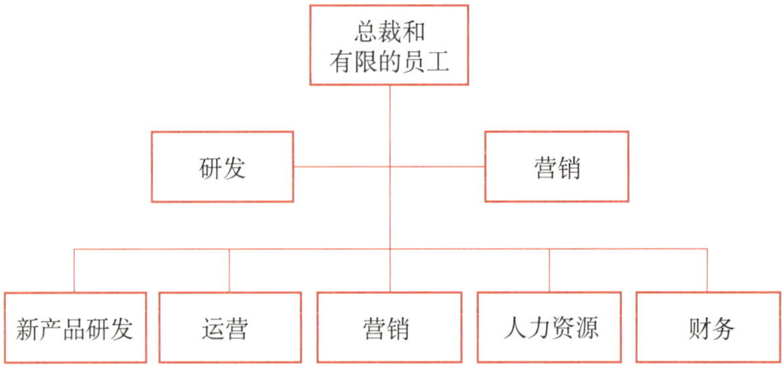

图 11－4　实施差异化战略的职能型结构

说明：

- 营销是追踪新产品设想的主要职能。
- 强调新产品研发。
- 许多职能是分权化的，但研发和营销是由密切合作的集中化的员工来完成的。
- 有限的规范化可以使新产品的设想更容易产生，变革更易于实施。
- 整体结构是有机的，职位角色不具有结构性。

在实施差异化战略时，这种结构允许专业化程度或高或低。以苹果公司为例，它的专业化程度很高，这从公司内部众多专家的阵容中可见一斑。然而，许多采用职能型结构来执行差异化战略的公司，其实专业化程度并不高，这就意味着员工需要对公司运作的多个方面都拥有广泛的理解。这种结构的特点在于：其正式规章和程序很少。在这种结构中，因为决策权和责任被分散，正式化程度较低，人们之间频繁交流想法，有助于推动现有产品差异化的进一步发展，并且在将来开发出能够明显区分于市场其他产品的新产品。

利用职能型结构实施整体成本领先/差异化战略

采用整体成本领先/差异化战略的公司销售的产品通常都可以创造价值，因为这些产品的价格相对较低，且具有合理的差异化。产品成本较低是相对于成本领先者的价格而言，合理的差异化是对比差异化产品鲜明的特征来说的。

尽管实施起来有难度，但整体成本领先/差异化战略在全球经济中仍得到了很多公司的青睐。该战略实施难度大的主要原因在于：成本领先战略和差异化战略重视的价值链活动和辅助职能是不一样的（见第 3 章）。为了获得成本领先，公司需要关注生产和制造过程，并减少产品变化。为了实现差异化，公司需要强调营销和新产品研发而非生产和制造过程。因此，整体战略的有效实施需要公司成功地将减少成本的活动和增加差异化的活动整合在一起。为此，职能型结构的整合形式必须有部分集中化和部分分散化的决策模式。另外，任务都是半专业化的，规则和程序既要求一些正式工作行为，又要求一些非正式工作行为。所有这些都需要结构具有一定的灵活性，进而能够在任何给定的时间里强调一种或几种职能。[72]

11.6　公司层战略和事业部型结构的匹配

如前所述，钱德勒的研究指出，公司的持续成功使产品或市场多元化，或者两者兼有。[73] 公司多元化的程度是与业务类型和数量有关的决策的函数，这些决策既与公司竞争有关，又涉及业务的管理（见第 6 章）。为了配合每一种职能，公司不断提高多元化程度，最终导致出现职能型结构无法解决的一些问题，如信息处理、协调和控制问题。因此，多元化战略的实施需要公司从职能型结构转向事业部型结构，使战略和结构有效地匹配。

公司层战略有不同程度的产品和市场多元化。对不同程度的多元化的需求，更加凸显了每一种战略的有效实施都要运用一种独特的组织结构的必要性（见图 11－5）。下面我们将讨论三种多元化战略和与之对应的组织结构之间的关系。

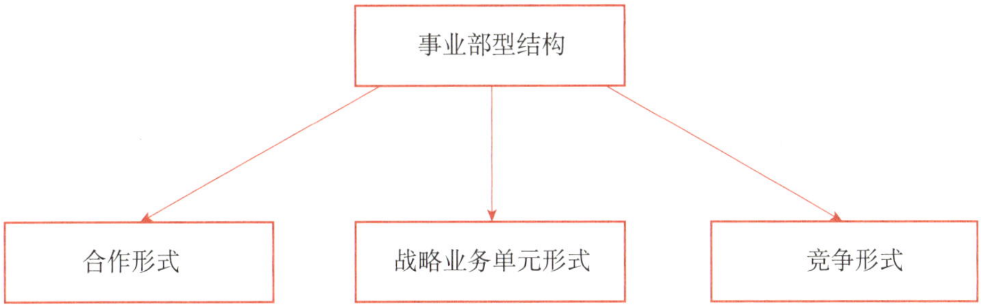

图 11－5　事业部型结构的三种形式

运用事业部型结构的合作形式来实施相关约束型战略

合作形式（cooperative form）是指通过水平整合来促进各事业部之间相互合作的事业部型结构。公司内部实施相关约束型多元化战略的部门一般都是围绕产品、市场或两者兼顾来建立的。在图 11－6 中，我们用产品部门来表示事业部型结构的合作形式，当然营销部门也可以代替或补充图中的产品部门。

正如我们在第 6 章中解释的，在相关约束型多元化战略下，公司各个业务单元之间共享资源和活动。部门间共享竞争力可以促进公司实现范围经济（通过不同部门间竞争力的共享来节省成本）。卡特彼勒公司（Caterpillar）采用了一种事业部型结构的合作形式，用以实施其相关约束型战略。这种结构并不是将决策权集中在管理层级中，而是通过自我组织团队在组织中分散这些权力。[74]

合作结构综合了不同的结构特征（集中化、标准化和形式化），进而形成一种整合机制来促进部门间的合作。部门经理间的经常性直接接触是另一种整合机制，可以鼓励和支持合作以及知识、能力或者其他资源的共享，从而为公司创造新优势。[75] 有时，各个部门会设置专门的联络官，以减少部门经理花费在协调和整合本部门工作与其他部门工作上的时间。针对某些项目组建的临时团队或任务小组能否取得成功，主要取决于不

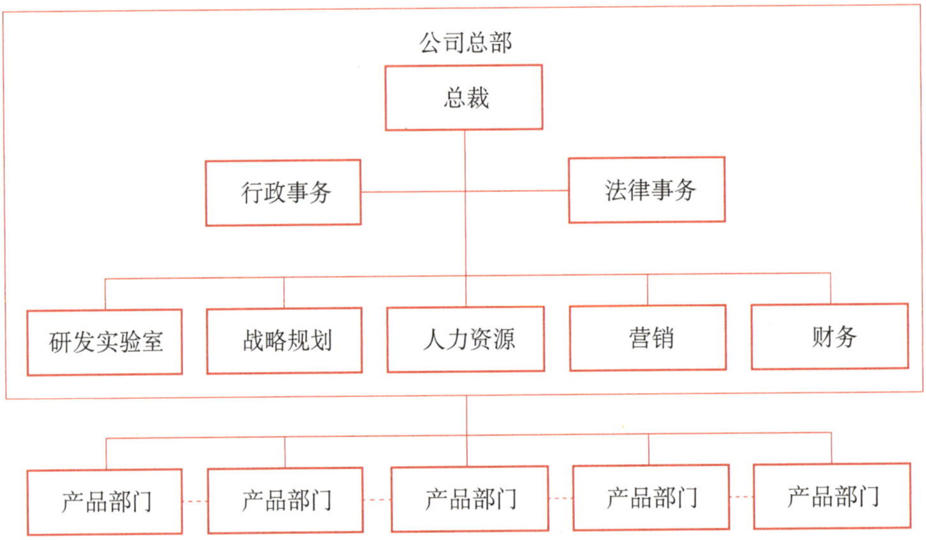

图 11－6 实施相关约束型战略的事业部型结构的合作形式

说明：

- 结构整合策略将所有部门紧密地联系在一起。
- 公司总部强调集中化的战略规划、人力资源管理和营销以促进部门间的合作。
- 研发通常是集中化的。
- 报酬是主观的，除了与部门业绩有关，还与公司总体业绩相关。
- 强调合作共享的文化。

同部门之间资源的共享。正式的整合部门通常由临时团队或任务小组组建而成。

部门如何处理信息对事业部型结构的合作形式能否取得成功有极大的影响。但由于部门间的合作会造成管理自主权的缺失，因此，部门经理并不愿意对这种结构所要求的综合信息处理活动投入太多的精力。另外，部门间的合作还会导致部门经理的积极成果不对称地流动。换言之，如果部门经理的报酬中至少有一部分是以部门业绩为基础，那么那些从公司竞争力共享中获得最大利益的部门的经理，就会被视为以他人的费用来增加自己的收益。在这种情况下，战略控制就显得格外重要，在评价部门经理的业绩时，还要考虑他为促进部门间的合作做出的贡献。另外，除了衡量单个部门取得的成果，对公司整体业绩报酬体系的强调将有助于克服合作形式中存在的问题。当然，合作的成本和组织的惰性也会限制相关多元化的成果（如限制多元化创造的范围经济）。[76]

实施相关约束型战略的公司最终采用的形式是矩阵结构。矩阵结构是一种结合了职能专业化以及产品或项目专业化的二元组织结构。[77] 尽管非常复杂，但有效的矩阵结构可以改善公司不同部门之间的协调性。[78] 在第 6 章中我们讨论了宝洁公司所采用的相关约束型战略。多年来，宝洁公司一直依赖于事业部型结构的合作形式来执行这一战略，但近期它转向了矩阵式组织结构，以提升其在全球市场的适应能力。目前，宝洁公司按照五个基于行业的部门进行组织架构设计：美容、健康护理、仪容护理、家居及织物护理，以及婴儿、女性和家庭护理。这些部门各自承担着销售、利润、现金流和价值创造的责任。除此之外，宝洁公司还依据重点市场进行了划分，并设立了市场运营专家。这些专家在基于行业的部门之间协作，提供市场服务、客户团队管理、仓储、运输、物流以及公关等专业服务。[79]

运用事业部型结构的战略业务单元形式实施相关联系型战略

当公司各部门之间的联系较少或对联系的约束较少时，就可以使用相关联系型多元化战略，并且可以用事业部型结构的战略业务单元形式来支持该战略的实施。**战略业务单元形式**（strategic business unit form）是指由公司总部、战略业务单元以及战略业务单元的部门三个层次组成的事业部型结构（见图 11－7）。这种结构经常用于大型公司，并且可以根据组织规模以及产品和市场的多元化程度变得更加复杂。

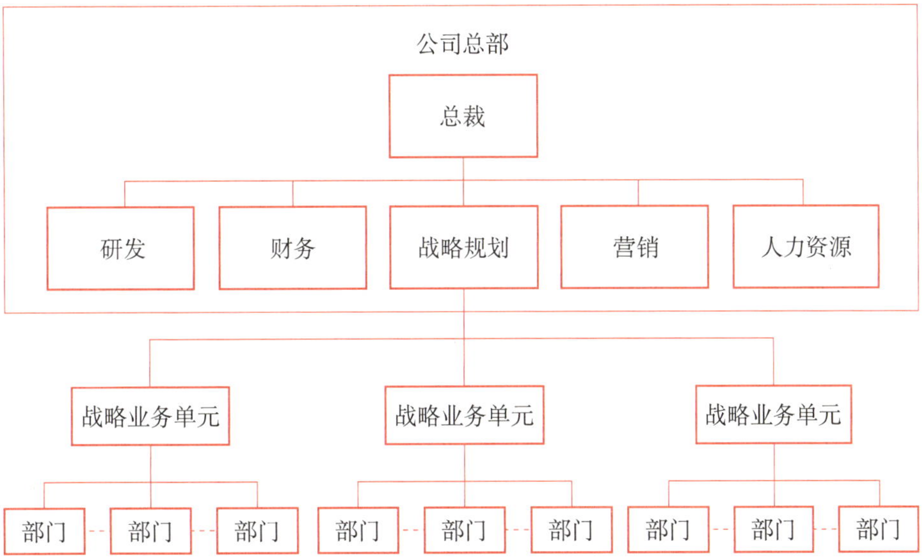

图 11－7　实施相关联系型战略的事业部型结构的战略业务单元形式

说明：

- 战略业务单元内部的各部门间结构是整合的，但战略业务单元之间是相互独立的。
- 总部最重要的职能是战略规划，因为各业务单元的战略规划批准程序由总裁掌管。
- 每一个战略业务单元对员工有自己的预算，以促进内部整合。
- 公司总部的员工是战略业务单元和部门的顾问，而不是像合作形式那样直接介入产品战略。

每一个战略业务单元内部的不同部门之间，以共享产品、共享市场或两者兼顾来相互联系，但不同战略业务单元的部门之间很少有相似之处。战略业务单元内部的部门依靠共享产品或市场竞争力来发展范围经济，甚至规模经济。该结构中事业部所用的整合机制同样可以很好地应用于独立的战略业务单元内的部门，这种独立的战略业务单元是事业部型结构中战略业务单元的一种形式。在这种组织结构中，每一个战略业务单元都是由总部控制和评价的利润中心。尽管财务控制和战略控制都非常重要，但是财务控制对总部评价各战略业务单元来说更重要，当战略业务单元的经理评价内部各部门的表现时，战略控制则更关键。在总部评估已经形成的业务组合的质量，并确定这些业务组合是否被成功地管理时，战略控制也是至关重要的。事业部型战略业务单元形式的一个重要特征是，战略业务单元内部各部门间共享竞争力。

相关联系型多元化战略的缺点是：尽管可以用事业部型结构的战略业务单元形式来支持该战略的实施，但运用这种战略/结构组合的公司很难向股东和投资者传达该模式的价值。[80]进一步说，如果需要不同战略业务单元进行协作，由于这种结构与我们接下来将要讨论的竞争形式一样，不易促进战略业务单元之间的合作，会产生诸多问题。因此，公司在实施相关联系型多元化战略时，必须重视建立和使用不同类型的整合机制。

多年来，索尼公司一直采用相关约束型多元化战略，并通过事业部型结构的合作形式来实施该战略。然而如今面对公司业绩的下滑，索尼似乎开始采用相关联系型多元化战略，并通过事业部型结构的战略业务单元形式来实施这个新战略。具体来说，索尼（现称为索尼集团公司）正在将其经营和管理结构分散化，使每个战略业务单元更加独立，拥有自己的领导和员工职能。[81]索尼集团公司下设六个战略业务单元：游戏与网络服务部、音乐部、影视部、电子产品与解决方案部、影像与传感解决方案部，以及金融服务部。[82]这一新的组织架构部分是为了解决业务单元结构的主要缺陷（各业务单元之间合作不足）。集团管理层致力于“通过集团协同和业务孵化来创造附加价值”。[83]

运用事业部型结构的竞争形式来实施非相关多元化战略

实施非相关多元化战略的公司希望通过高效的内部资本配置，或者业务的重组、收购和出售来创造价值。[84]事业部型结构的竞争形式可以支持这一战略的实施。

竞争形式（competitive form）是以相互争夺公司资源的各部门的独立性竞争为特征的事业部型结构（见图 11－8）。与合作形式中的部门不同，该结构中的部门不再共享公司的优势。因此，事业部型结构的竞争形式中不存在整合机制。

高效的内部资本市场是实施非相关多元化战略的基础，它要求组织在安排上强调部门间的竞争而不是合作。[85]内部竞争可以带来三大好处。首先，内部竞争可以创造灵活性。例如，公司总部可以让各部门使用不同的技术参与不同的项目，以识别出最具潜力的部门，然后将资源配置给这些部门，从而促进整个公司的成功。[86]其次，内部竞争是对现状和惰性的挑战，因为部门经理都很清楚，未来的资源配置是根据当前业绩和未来业绩中本部门的优势地位来决定的。最后，内部竞争能激发动力，因此，内部同行之间的竞争与外部竞争者之间的竞争具有相同的挑战性。[87]在这种结构中，组织控制（主要是财务控制）用于强调和支持各部门间的竞争，并依据部门业绩来分配公司资本。然而，这种结构可能会因为过分强调部门奖励而受到限制，根据个人努力程度的奖励还可能引起比较，进而造成不和谐的状况。[88]

德事隆公司（Textron）是一家跨行业的大型公司，它“识别、研究、选择、收购和整合公司，并开发出一套缜密的标准来指导决策的制定”。德事隆公司一直致力于通过剥

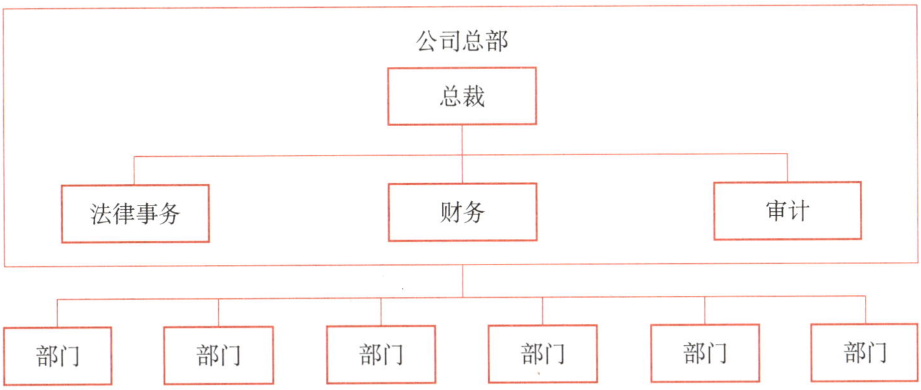

图 11－8　实施非相关多元化战略的事业部型结构的竞争形式

说明：

- 公司总部只有少量员工。
- 财务和审计是公司总部最重要的职能，管理现金流并确保来自各部门的业绩数据的准确性。
- 当公司收购或剥离资产时，法律事务职能尤为重要。
- 各部门是相互独立、分离的，以便于财务评估。
- 部门自行负责战略控制，公司总部控制现金流。
- 各部门为争夺公司资源而相互竞争。

离非核心资产，收购有吸引力的行业中具有长期成长潜力的品牌公司，来提升并重塑公司的投资组合。德事隆公司拥有许多相互独立的子公司，包括德事隆航空（Textron Aviation，包括 Cessna、Beechcraft）、贝尔直升机公司（Bell Helicopter）、代表制造业务的德事隆系统与工业（Textron Systems and Industrial，包括 Arctic Cat、Cushman）、德事隆金融服务（Textron Finance）等。[89] 这些业务单元的领导者负责指导日常的竞争活动。在事业部型结构的竞争形式的要求下，“德事隆总部负责对各个业务单元进行监督、指导与协助”[90]。各个业务单元的利润是决定未来资本分配的一个重要指标。

为了强化部门间的竞争，公司总部与各部门之间保持一定的距离，只有对业绩很差的部门的运营进行审计以及约束这些部门的经理时，公司总部才会介入部门事务。公司总部依靠战略控制来设定回报率目标，利用财务控制来监督与目标相关的部门业绩表现。然后，总部以竞争为基础来分配现金流，而不是自动地将现金返还给产生现金流的部门。因此，总部的工作主要集中于业绩评价、资源分配和长期规划方面，以确保公司的业务组合能带来财务上的成功。

与相关联系型多元化战略的情况相似，在实施非相关多元化战略时，投资者和股东很难理解这种业务模式的潜在价值。正因为如此，高层经理必须找到有效的方式将公司的潜在价值传达给投资者。

事业部型结构的三种主要形式应该与特定的公司层战略相匹配。表 11－1 列出了这些结构的特点。它们的区别主要体现在集中化程度、水平结构（整合机制）、业绩评价的重点以及激励性报酬机制等方面。其中，集中化程度最高、成本最高的是合作形式；

集中化程度最低、官僚成本最低的是竞争形式；战略业务单元要求一定程度的集中化以及一些保持部门间相关性的机制；部门激励性报酬是根据战略业务单元和公司整体的业绩表现来进行分配的。

表 11－1　实施相关约束型、相关联系型和非相关多元化战略的结构特征

结构特征	事业部型结构形式		
	合作形式（相关约束型战略）	战略业务单元形式（相关联系型战略）	竞争形式（非相关多元化战略）
集中化运营	集中于总部办公室	部分集中（业务单元内）	分权于各部门
整合机制的运用	广泛	适度	不存在
部门业绩评价	强调主观（战略）标准	主观（战略）和客观（财务）标准相结合	强调客观（财务）标准
部门激励性报酬	与公司整体业绩相关	与公司、战略业务单元和部门业绩相关	与部门业绩相关

11.7　国际化战略和全球结构的匹配

正如第 8 章所述，在经济全球化的今天，国际化战略对长期竞争成功而言日益重要。[91] 其优势之一是，公司通过国际化战略可以不断探索新的市场，并培育相应的能力来服务这些市场。[92]

对于公司层战略和业务层战略来说，因为不同国家的文化、制度与法律环境不同，所以针对不同国家的国际化战略需要匹配不同的组织结构。[93] 恰当的匹配可以促使公司在全球运营中进行有效的协调和控制。更重要的是，研究也证实了我们这里讨论的国际化战略与结构相匹配的有效性。[94]

运用全球地理区域结构实施多国化战略

多国化战略中，公司将战略和运营决策授权给每个国家的业务单元，从而使产品特征更适应当地顾客的需求偏好。[95] 实施这一战略的公司通过在国家间差异最大的细分市场上建立受保护的市场地位，或进行适度的竞争，使自己摆脱全球竞争。**全球地理区域结构**（worldwide geographic area structure）强调国家利益，有利于公司更好地满足当地的差异化需求（见图 11－9）。因此，它非常适合实施多国化战略。实施多国化战略几乎不要求在不同国家的市场间进行协调，也就意味着不需要全球范围内的部门整合机制。实际上，在全球地理区域结构中，部门之间的协调在本质上是非正式的。

从历史的发展来看，多国化战略和全球地理区域结构的匹配是多文化的欧洲市场的自然产物。那些被派往其他国家发展独立分支机构的主要业务的成员或小组，通常采用全球地理区域结构。这些分支机构与总部之间通过非正式沟通进行联系。

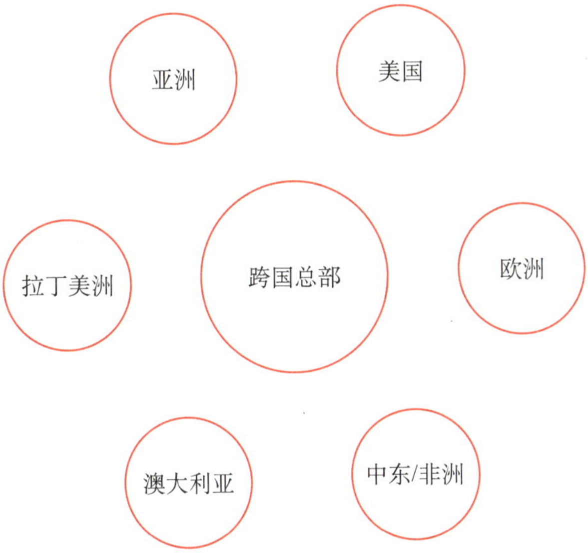

图 11－9　实施多国化战略的全球地理区域结构

说明：

- 圆圈表示运营的分权化。
- 强调迎合地区或国家文化所产生的需求差异。
- 公司总部在各独立分支机构间协调财务资源。
- 该组织类似于一个分权化的联盟。

优步自 2009 年创建于美国加利福尼亚州旧金山以来，就实施了多国化战略。到 2022 年，优步的服务已经覆盖了 71 个国家中的超过 10 000 个城市。[96]尽管在美国遭遇了如 Lyft 等对手的竞争，优步仍然保持着市场领导地位。优步采取了积极的策略，在美国本土市场以外迅速扩张。然而，在这个过程中，优步经常无视当地法规，导致东道国本土竞争对手日益壮大。尽管该公司瞄准了亚洲的主要市场，但最终不得不放弃原本的策略，让位于本土竞争对手。为了专注于核心市场，优步放弃了俄罗斯、中国和东南亚市场。在美国，优步也因为性别歧视而受到审查。其激进的策略导致其创始 CEO 特拉维斯·卡兰尼克（Travis Kalanick）被达拉·科斯罗沙希（Dara Khosrowshahi）取代。[97]

通过全球地理区域结构来有效实施多国化战略所面临的主要挑战是不能产生很高的全球效率。这主要是因为公司过于注重满足顾客的独特需求。对于公司来说，在满足顾客独特需求的同时控制成本，是一个不小的挑战。

无法产生全球效率一直是优步所面临的一个问题，因为它无法处理全球各地市场在监管方面的巨大差异，也无法处理那些成功模仿优步战略的本土公司。出于同样的原因，只要公司还可以继续识别并满足顾客独特的需求，做到为顾客创造价值，那么缺乏规模经济就不会对优步在国际市场上的成功造成致命冲击。

一般来说，国际市场环境以及在其中进行产品销售的本质，要求公司在全球范围内实现规模经济。这就需要公司使用恰当的国际化战略以及与之匹配的结构，即全球产品分区性结构。

运用全球产品分区性结构实施全球化战略

随着公司总部采取竞争性战略，全球化战略成为公司向不同国家的市场提供标准化产品的主要手段之一。[98]公司在参与全球竞争并为无独特需求的顾客提供标准化产品时，其成功与否主要取决于它能否实现规模经济。

全球产品分区性结构支持全球化战略的实施。在**全球产品分区性结构**（worldwide product divisional structure）中，公司总部掌握决策制定权，统一协调和整合各业务单元的决策和行动（见图11－10）。

图11－10　实施全球化战略的全球产品分区性结构

说明：

- 全球总部集中协调全球产品间的信息流。
- 公司总部利用内部协调机制来促进全球性的规模经济和范围经济。
- 公司总部同样是以合作的形式来配置财务资源。
- 整个组织类似于集权化的联盟。

整合机制对全球产品分区性结构的有效利用是非常重要的。例如，经理间的直接接触、部门间的联络、临时任务小组或永久性团队等都属于整合机制。全球化战略与全球产品分区性结构相结合的主要缺陷是：一方面，协调跨国决策和行动非常困难；另一方面，无法对当地的需求和偏好做出快速反应。为了克服这些缺陷，有时公司会选择同时重视地区与产品，这有点类似于我们接下来要讨论的混合结构。

运用混合结构实施跨国化战略

跨国化战略要求公司将多国化战略的本土反应和全球化战略的效率结合在一起。因此，实施这一战略的公司既可以获得本土反应优势，又可以获得全球化效率优势。[99] 混合结构可以用来实施跨国化战略。**混合结构**（combination structure）是指结合了全球地理区域结构和全球产品分区性结构的特点和机制的一种结构。跨国化战略的实施中经常用到的两种可行的混合结构是：全球矩阵结构和混合全球设计。[100] 因其灵活性，混合结构在充满高度不确定性的环境中尤为适宜。[101]

全球矩阵结构把本土营销人员和产品专家组合成一个团队，负责开发全球市场并做出响应。该结构提高了产品设计和对顾客需求做出响应的灵活性。但是，它也不可避免地存在缺陷，比如一名员工要同时向几位经理汇报。在任何情况下，员工都是几个职能或产品小组的成员。由于存在多重汇报关系，员工很难同时保持对几位经理的忠诚。尽管矩阵结构赋予经理很大的权力，但也让授权关系变得非常复杂和模糊，以至于在做出主要决策时既费时又费力。

图 11－11 展示的是混合形式。在该结构中，有些部门以产品为导向，有些部门以市场为导向。也就是说，当地理区域更重要时，部门经理就会以地理区域为导向；当全球产品和效率更重要时，部门经理就会以产品为导向。

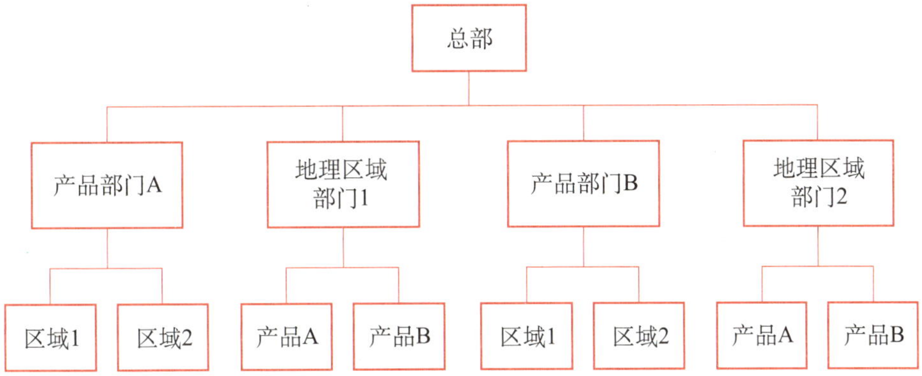

图 11－11　实施跨国化战略的混合结构的混合形式

显然，多国化战略与全球地理区域结构相匹配，全球化战略与全球产品分区性结构相适应。但是，当公司试图通过混合战略来同时实施多国化战略和全球化战略时，整合机制就不再那么重要了。用于实施跨国化战略的结构必须同时具有集权和分权、整合和非整合、规范化和非规范化的特点。有时这种结构会变得极为复杂，公司管理者必须保持警惕，以确保混合结构对公司实施跨国化战略起到有效的支持作用。

FMC Subsea 是在世界各地开发海洋油田的石油公司供应商，是美国技术公司 FMC Technologies 的一个部门。FMC Technologies 于 2017 年与法国工程公司 Technip 合并。FMC Subsea 在合并前是 FMC Technologies 最大的部门，作为独立子公司运营，其收入约占母公司总收入的66%。水下采油树的主要目的是控制海底油井中石油或天然气的流动。FMC Subsea 是该市场的领导者，拥有所有公司中最大的水下采油树安装基地（2 000 个左右）。其最初的挑战是建立一个能够服务国际市场并适应当地和区域客户需求的组织。

因此，FMC Subsea 选择了多国化结构。然而，该公司在提高成本效益方面遇到了挑战，如上所述，这是多国化战略经常遇到的一个问题。为了克服该问题，FMC Subsea 采用了混合结构中的全球矩阵结构，同时对地域市场和产品部门进行双重报告。[102]

11.8 合作战略和网络结构的匹配

正如第 9 章中讨论的，当合作公司形成几个联盟，并通过合作来改善联盟的业绩时，就产生了网络战略。[103]在当今竞争环境下，公司面临的环境的复杂性和不确定性日益增大，导致越来越多的公司开始使用合作战略，如战略联盟。[104]公司可以和许多利益相关者建立合作关系，包括顾客、供应商以及竞争者。合作关系建立后，公司就成为战略网络（又称为联盟或组合）的一部分。[105]

战略网络是由一群通过参与多个合作协议来创造价值的公司组成的。[106]有效的战略网络有助于公司发现机会，并且这些机会超出了网络中任何一个公司单独识别的范围。当联盟中的成员能够创造出竞争对手难以复制并且单凭自身力量无法实现的价值时，战略网络就成为成员获取竞争优势的来源。战略网络可以用来实施业务层战略、公司层战略和国际合作战略。研究发现，那些表现最佳的战略网络通常是较新的，并且采用了结合基于关系（如关系治理）和基于正式规则（如正式治理）的治理方式。相比之下，规模较大且成立时间较长的网络往往具有较高程度的关系治理和较低程度的正式治理。然而，在这些网络中的公司并没有像那些年轻网络中的公司那样获得同样多的好处。[107]

一般情况下，战略网络是一个松散的联盟，合作者在灵活性的基础上参与网络运作。战略中心企业处于战略网络的核心或中心，是网络合作关系的中心（见图 11－12）。[108]

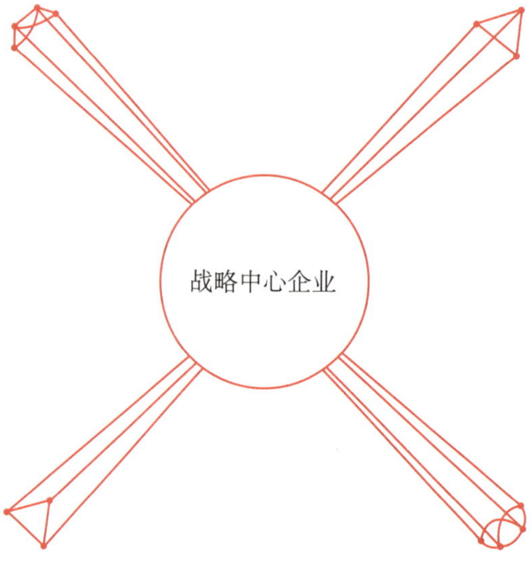

图 11－12　战略网络

战略中心企业处于中心位置，是战略网络结构的基础，它必须确保参与网络的激励机制相互协调，以便网络中的公司有理由保持联系。[109]从组织结构的各个方面（如正式的报告关系和程序）来考虑，应该由战略中心企业来管理网络成员间复杂的合作关系。战略中心企业在管理战略网络和控制运营时主要承担以下四个任务[110]：

• 战略外包。战略中心企业与外部公司的外包和合作多于网络中的其他成员。同时，战略中心企业不仅要求成员公司是合约的签订者，还要求它们通过相互合作为网络寻找创造价值的机会。[111]

• 竞争力。为了提高网络的有效性，战略中心企业探索各种方法来支持成员发展核心竞争力，网络也可以从中获益。

• 技术。战略中心企业负责管理网络联盟成员间技术思想的发展和共享。该结构还要求成员公司就以技术为导向的成果的细节向战略中心企业递交正式报告，从而进一步促进技术的发展和共享。

• 学习速度。战略中心企业强调，主要的竞争维度存在于价值链之间以及价值链网络之间。正是由于这一点，战略网络的竞争力取决于价值链中最薄弱的环节。由于决策制定的权力与责任集中在战略中心企业手中，因此，由它来领导网络成员努力打造网络特有的竞争优势。只有每个成员公司都具备了能力，才能形成整个网络的竞争优势，因此，网络鼓励成员公司间进行友好竞争，以发展快速形成新能力所需的技能，为网络创造价值。[112]

有趣的是，战略网络得到广泛应用的部分原因是，战略中心企业具有通过执行战略将成员公司有效地和高效地联系在一起的能力。[113]信息系统的完善和沟通能力的提升（如互联网），有利于促进战略网络的使用和组织效能的提高。

数字化平台结构的实施

本书全面探讨了数字技术对商业和企业的重要影响。[114]在第 2 章中，我们特别强调了数字平台在共享经济中的作用日益重要，这是一个利用信息技术来连接各利益相关者的经济社会体系。[115]第 4 章进一步讨论了数字平台作为一种潜在的商业模型。在本节中，我们讨论了数字平台结构的实施方式，以及它如何与其他组织结构相融合。

如第 4 章所定义，数字平台是一个基于互联网的场所，生产者、消费者以及平台社区的其他成员可以在这里交换信息、商品或服务。[116]建立和运营这些平台的公司可以通过订阅费、广告收入、按次收费、交易价值提成（例如佣金）、社会捐赠（例如维基百科）或多种其他方式来实现盈利。与本章讨论的其他结构（例如简单结构、职能结构）不同，平台结构并没有一个自然的发展路径。有些公司，如优步和亚马逊，从一开始就采用了数字平台结构。另一些公司，例如沃尔玛，则是出于竞争压力而发展了数字平台。此外，数字平台结构常常是本章讨论的其他结构的补充。比如，一家公司可能在其数字平台背后拥有一个传统部门组织（如财务、研发、运营、市场部）。

数字平台本质上是一个独立的商业生态系统。[117]第 2 章中定义了商业生态系统是一个由众多相互关联的组织构成的复杂网络。这些组织通过竞争与合作，共同致力于实现特定的、与产品或服务相关联的价值主张。[118]与传统组织相比，数字平台结构的正式化程度较低，决策过程几乎完全分散化（如掌握在平台参与者手中）。然而，参与者之间的联系比传统市场中更为紧密。“平台架构的一个显著特征是其模块化和相互依赖的系统，核心组件和补充组件通过设计规则和统一的价值主张结合在一起。”[119]从这个角度来看，数字平台结构与网络结构有许多相似之处，平台的创建者扮演着类似于战略中心企业的角色。[120]平台的创建者负责制定和执行规则，管理参与者之间的交易，平台创建者在这方面的表现直接影响平台的成功。[121]

数字平台由于基于互联网，天生具有全球性。[122]也就是说，全球用户都有可能接触到这个平台，尽管平台的创建者可以通过密码等手段来限制访问。数字平台的全球性意味着其市场潜力巨大。然而，这也带来了与语言、文化和政府法规差异相关的挑战。即使是同一国家内的不同地区也可能存在差异。[123]因此，平台的创建者通常会先专注于特定市场，然后逐步开放平台，以实现更高水平的销售增长。[124]

业务层合作战略的实施

正如第 9 章所述，业务层互补型战略联盟主要包括纵向和横向两种形式。处于价值链不同环节的公司通过形成纵向联盟，来整合它们之间不同但互补的技能。[125]处于价值链相同环节的公司则通过横向联盟来整合竞争力，创造价值。[126]纵向互补型战略联盟比横向联盟的使用频率更高。[127]

丰田公司与供应商之间的纵向战略网络关系，在实施过程中会产生一系列问题。[128]首先，战略中心企业鼓励分包商实现设备现代化，并且在必要时向它们提供技术和财务支持。其次，战略中心企业通过与分包商签订长期合同来降低成本，从而提高双方的生产率。这种方法不同于那种以单位价格为基础不断协商短期合同的做法。最后，战略中心企业使上游公司（供应商）的工程人员可以与采购方进行更好的沟通。结果是，供应商与战略中心企业之间的依赖性增强，独立性削弱。

由丰田和其他公司首创的精益生产系统（一种纵向互补型战略联盟）已风靡全球汽车行业。[129]在纵向互补型战略联盟（如丰田和它的供应商之间的联盟）中，战略中心企业的作用非常显著。横向互补型战略联盟的情况有所不同，该联盟中的公司试图在价值链的相同环节创造价值。例如，航空联盟一般都是在营销和销售这两个价值链的主要活动上创造价值。目前有三个主要的航空联盟——星空联盟（Star Alliance）（26 个成员）、天合联盟（SkyTeam）（19 个成员）和寰宇一家（Oneworld）（14 个成员）——每个联盟都包含了多家大型航空公司。[130]在这种情况下，战略中心企业的身份并不清晰。同时，在大型联盟中，通常也很难衡量每个联盟伙伴的具体贡献。[131]

如果竞争者捆绑在一起进行过多的合作，政府会怀疑是否存在显性共谋（见第 9

章）。实际上，这些航空联盟被指操纵票价。[132]正是基于这些原因，与纵向联盟相比，横向互补型战略联盟的使用概率较小。尽管也有一些成功的例子，如汽车及飞机制造行业中的联盟，但总体来说，这种联盟成功的可能性不大。

公司层合作战略的实施

公司层战略有时用于降低成本。沃尔格林公司（Walgreens）与总部在瑞士的药品、健康与美容集团英国联合博姿公司（Alliance Boots）的合并就是基于这个目的。这次合作有助于双方在与供应商谈判时获得更强的议价能力，从而降低总成本。实际上，双方的合作最终演变成了一个控股公司，它旗下拥有沃尔格林和博姿连锁药房（Boots）以及众多药品企业。到了 2021 年，沃尔格林联合博姿集团（Walgreens Boots Alliance）在《财富》杂志评选的美国 500 强企业中位列第 16 名，并且目前是构成道琼斯工业平均指数的企业之一。[133]

联合利华与其他公司的合作则是基于不同的目标。公司的运营造成了较为负面的环境与社会效应，为了使公司发展不受影响，联合利华在 2010 年与嘉科工程（Jacobs Engineering Group Inc.）组成战略联盟，以便降低碳排放量和用水量，并在全球范围内减少生产污染。此外，其他公司层合作战略（例如特许经营）还用于促进产品与市场的多元化。作为一种合作战略，特许经营允许公司利用自己的能力去拓展多元化产品和市场范围，但不能进行收购和合并。[134]

实施公司层合作战略的（包括沃尔格林、联合利华）关键原因在于在合作中可能产生协同效应。麦当劳也通过其特许经营寻求协同效应。[135]过去，麦当劳以特许经营作为其公司层合作战略，强调提供标准化的菜单。然而，麦当劳正在对其结构进行调整。这些结构性调整的目标之一是为公司降低成本。总体而言，麦当劳的总部是特许经营网络的战略中心。总部利用战略控制和财务控制来确保各个特许经营商为整个网络创造最大的价值。[136]

正如战略聚焦所展示的，公司层合作战略也旨在更有效地应对新兴技术。在无线电话服务领域有重大利益的大公司联合起来，共同推动 6G 技术及其未来几代技术的发展。

战略聚焦　业界主要的无线技术公司组成联盟，共同研发 6G 技术

用来实施国际合作战略的战略网络使公司在不同国家进行竞争。[137]不同国家间制度的差异增加了管理国际网络的难度，以及确保网络运营遵守所有法律要求的挑战性。[138]

分散式战略网络是用来管理国际合作战略的组织结构。如图 11－13 所示，分散式战略网络中包括许多不同地区的战略中心企业，以管理合作公司间的多元化合作协议。[139]用来实施国际合作战略的组织结构往往错综复杂，只有细心管理才有可能获得成功。[140]

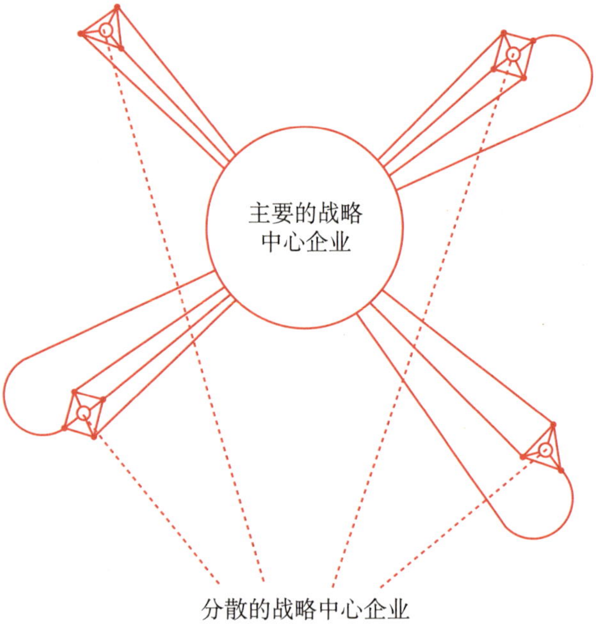

图 11-13　分散式战略网络

小 结

组织结构详细指明了公司的正式报告关系、程序、控制、授权以及决策制定过程。从本质上说，组织结构决定了公司应该做什么以及如何做。组织控制引导着战略的实施，指出应如何比较现实结果和期望结果，在期望结果未现时，建议采取行动以提高业绩。战略与结构的适当匹配有助于公司获得竞争优势。

一个典型的组织控制周期通常包括以下几个环节：首先，基于已制定的战略来制定战略目标和财务目标，明确责任分配，制订详细的行动计划（包括预算和时间框架）。接着，进行资源分配，将实际结果与既定目标进行对照，对成果进行评估。最后，将关键信息反馈给决策者，以指导下一个控制周期的进行。

战略控制（主要是主观标准）和财务控制（主要是客观标准）是组织实施战略的两种主要控制方式。尽管战略与结构的不同匹配对这两种控制的侧重点各不相同，但总体来说，这两种控制都是非常重要的。

战略与结构相互影响，但总体来说，战略对结构的影响更大一些。当业绩下滑迫使公司不得不改变结构时，管理者才会调整结构。有效的管理者会预测结构改变的需求，在有证据显示需要采取行动时，他们会迅速调整结构以更好地适应公司战略。

职能型结构用来实施业务层战略。成本领先战略需要集中化的职能型结构——强调制造效率和工艺流程。在差异化战略的职能型结构中，与战略实施相关的决策权，尤其是与营销相关的决策权，被分散到各个独立的组织职能中。小公司经常使用聚焦战略，在公司实现产品和/或市场多元化之前，该战略只要求简单结构即可。

不同的公司层战略需要有不同形式的事业部型结构与之匹配。用来实施相关约束型战略的是事业部型结构的合作形式，该结构拥有集权化的公司总部和广泛的整合机制。各部门的报酬与公司的整体业绩相关，以促进不同部门间的合作。用于实施相关联系型战略的是事业部型结构的战略业务单元形式。该结构在多元化公司中建立了一个又一个利润中心，每一个利润中心或战略业务单元可以拥有提供相似产品的部门，但是战略业务单元之间没有任何联系。事业部型结构的竞争形式用来实施非相关多元化战略，该结构实行高度的分权，没有整合机制，利用客观的财务标准来评估每一个业务单元的业绩。

通过全球地理区域结构实施的多国化战略强调分权化，由各个东道国或地理区域来执行所有的职能活动。实施全球化战略的是全球产品分区性结构，该结构通过集权化来协调和整合不同的职能活动，以获得全球化的范围经济和规模经济效应，决策制定权集中在公司总部手里。

公司通过跨国化战略来寻求多国化战略的本土反应和全球化战略的全球效率，该战略通过混合结构来实施。由于该战略要求公司结构同时具有集权和分权、整合和非整合、规范化和非规范化的特点，因此这种混合结构难以组织和管理。我们在实施跨国化战略时，可以采取矩阵结构和混合结构这两种形式。

合作战略对于公司在竞争中获得成功越来越重要，它可以通过战略网络来实施。战略中心企业在战略网络的管理中扮演着重要的角色。横向和纵向网络联盟可以用来实施业务层战略。公司层战略追求的是产品和市场多元化。

关键术语

混合结构（combination structure）
竞争形式（competitive form）
合作形式（cooperative form）
财务控制（financial controls）
职能型结构（functional structure）
事业部型结构（multidivisional structure）
组织控制（organizational controls）
组织结构（organizational structure）
简单结构（simple structure）
战略业务单元形式（strategic business unit（SBU）form）
战略控制（strategic controls）
全球地理区域结构（worldwide geographic area structure）
全球产品分区性结构（worldwide product divisional structure）

复习题

1. 什么是组织结构和组织控制？战略控制和财务控制之间的区别是什么？这些区别的重要作用是什么？

2. 典型的组织控制周期包括哪些步骤？

3. 如何理解战略和结构的交互关系？

4. 公司用来实施成本领先战略、差异化战略、整体成本领先/差异化战略以及聚焦战略的职能型结构各有什么特点？

5. 公司用来实施相关约束型战略、相关联系型战略和非相关多元化战略的三种事业部型结构之间的区别是什么？

6. 用来实施多国化战略、全球化战略和跨国化战略的组织结构分别是怎样的？

7. 什么是战略网络？什么是战略中心企业？业务层战略、公司层战略和合作战略是如何运用战略中心企业的？

8. 什么是数字平台结构？企业在实施数字平台结构时面临哪些特殊挑战？

微案例　埃克森美孚实施新架构以降低成本并提升价值

2022 年 1 月 31 日，埃克森美孚公司（ExxonMobil）宣布将公司总部从得克萨斯州欧文市迁至休斯敦，并简化公司结构，合并若干业务部门。重组后的公司将划分为三个业务板块：埃克森美孚上游公司（负责油气生产）、埃克森美孚产品解决方案公司（涵盖化工和炼油业务），以及埃克森美孚低碳解决方案公司。首席执行官达伦·伍兹（Darren Woods）指出："经过重组的业务结构使我们能够更加充分地利用公司规模、整合优势、技术优势以及员工队伍的才能和能力，以更好地服务我们的客户。通过市场导向的价值链整合业务，并集中提供服务，我们能够灵活地将最优质的资源用于公司最优先的事项，为股东创造更大的回报。"此次重组预计不会涉及裁员。

新的埃克森美孚产品解决方案公司将由卡伦·麦基（Karen McKee）领导，负责开发、制造和推出新产品。该业务单元将在减少碳排放和塑料废物方面扮演重要角色，通过推出低排放商业运输燃料（包括航空和海运）、帮助客户减少排放的化学产品、提升汽车效率的润滑油和塑料产品，以及促进塑料回收的循环聚合物等新产品，实现这一目标。

埃克森美孚低碳解决方案公司专注于降低公司的碳排放，并开发碳捕集、氢能和生物燃料等新兴技术。通过将低碳业务提升至与其他两大业务板块同等的组织结构层面，埃克森美孚现在可以更灵活地配置资源，以支持公司适应向清洁能源的转型。该公司将专注于难以脱碳的工业领域，包括商业运输、电力生产和重工业。公司已收到 11 家公司的兴趣申请，支持在休斯敦附近建立大规模碳捕集和储存中心。埃克森美孚相信，到 2040 年，有可能从休斯敦周边的化工厂、发电设施和炼油厂捕集高达 1 亿吨的碳。此外，埃克森美孚还设定了到 2050 年实现运营净零排放的目标，具体计划将由各业务部门制定。

这三条业务线将由一个名为埃克森美孚技术与工程的技术组织支持，同时还有其他集中化的团队在整个公司范围内提供特定服务。这次重大的结构调整最早在 2017 年就已开始构想，据高级副总裁杰克·P. 威廉姆斯（Jack P. Williams）所说："这是一个逐步发展的过程，我们已经在这方面工作了一段时间。"其中第一步是将燃料和润滑油部门与供应和炼制部门合并。

此前实施的与采购职能集中化、优化规模计划以及某些流程的数字化转型相关的结构调整，预计到 2023 年将为公司节省 60 亿美元。预计这种新结构将为公司节省更多成本，但更重要的是，结构调整旨在为与可持续业务相关的重点领域提供更高的优先级。"埃克森美孚的重组使其清洁能源业务与传统的石油和天然气、炼油和石化业务并驾齐驱。"

资料来源：C. M. Matthews，2022，Exxon to move base to Houston，*Wall Street Journal*，February 1：B3；S. Valle，Exxon unveils sweeping restructuring in latest cost cutting move，*Reuters*，www. reuters. com，January 31；M. B. Powers，2022，ExxonMobil restructure set to boost status of its low-carbon business，*Engineering News-Record*，www. enr. com，February 1；2022，Exxon announces cost-cutting restructure，plans to move headquarters，*CNBC*，www. cnbc. com，January 31；B. Martin，2022，ExxonMobil says relocation，restructuring will 'better serve our customers' and save billions，*Houston Daily*，www. houstondaily. com，February 3；2022，ExxonMobil streamlines structure to enhance effectiveness，grow value，reduce costs，*ExxonMobil Home Page*，www. corporate. exxonmobil. com，January 31.

讨论题

1. 企业商业模式决定了其必须开展一系列价值创造活动，组织结构的调整不太可能取消这些活动，那么此类重组如何能够实现成本降低？

2. 埃克森美孚的新组织结构将如何助力公司在未来十年中增强竞争力？

3. 在本案例撰写之际，石油价格正迅猛上涨，埃克森美孚资金充裕。这是不是进行此类重组的恰当时机？原因何在？

4. 埃克森美孚宣布重组时，员工很可能会经历哪些情绪波动？公司可以采取哪些措施帮助员工克服这些情绪？

注释

第 12 章

战略领导力

学习目标

1. 定义战略领导力，描述高层管理者的重要性。
2. 定义高层管理团队并解释他们是如何影响公司业绩的。
3. 描述利用内部和外部管理者人才市场制订管理者继任计划。
4. 讨论战略领导力在确定公司战略方向时的价值。
5. 描述战略领导者在管理公司资源中的重要性。
6. 定义组织文化并解释如何维持有效的组织文化。
7. 解释战略领导者如何才能建立和强化道德准则。
8. 讨论平衡组织控制的重要性。

引例　梅格·惠特曼：一位开拓性的战略领导者

梅格·惠特曼（Meg Whitman）曾担任美国两大著名公司首席执行官。作为硅谷经验丰富的首席执行官和美国商界最杰出的女性之一，惠特曼的职业道路很有启发性。在作为领导者的道路上，惠特曼肩负了越来越多的责任和各个机会之间的决策权。

惠特曼毕业于普林斯顿大学和哈佛商学院，1979 年在宝洁公司担任品牌经理，开始了她的职业生涯。后来，她在贝恩公司（Bain & Company）旧金山办事处担任顾问，并升任该公司高级副总裁。1989 年，她接受了迪士尼战略规划副总裁的职位。在为迪士尼工作时，她结识了杰弗里·卡森伯格（Jeffrey Katzenberg）。两年后，她加入新泰莱（Stride Rite），并于 1995 年成为花卉公司 Transworld Delivery 的总裁兼首席执行官。两年后，她又接受了孩之宝公司（Hasbro）儿乐宝（Playskool）部门总经理的职位，负责两个面向儿童的品牌——儿乐宝和 Mr. Potato Head 的全球管理与营销。1998 年 3 月，惠特曼离开孩之宝，成为 eBay（一家开创性的公司，让陌生人可以在网络上交易商品）的首席执行官。当时，该公司只有 30 名员工，年收入约为 400 万美元。在 2007 年 11 月惠特曼辞去 eBay 首席执行官一职之前，该公司的年收入已增至 80 亿美元，员工总数约为 15 000 人。

惠特曼于 2011 年 9 月成为惠普的首席执行官。在担任这个角色的六年多时间里，“她带领惠普扭亏为盈，其中包括公司历史上最大的拆分，数以万计员工的裁员，180 亿美元的资产出售以及领导层的重组”。2015 年，她决定将惠普拆分为惠普企业（Hewlett Packard Enterprise，HPE）和惠普公司（Hewlett Packard Inc.，HPQ）两家公司，这是她作为惠普首席执行官所采取的最为突出的战略行动。HPQ 接管了打印机和个人电脑业务，而 HPE 则在服务器、存储、网络、咨询与支持以及金融服务等多个市场开展业务。惠特曼、其团队以及惠普董事会选择将惠普分拆成两家公司，是因为这家复杂的企业集团销售额不断下滑。领导人认为，将惠普分拆成两家公司，可以让每个公司都更加专注，以此实现两家新公司投资组合中所蕴含的全部价值。

正如担任首席执行官的几乎所有领导者一样，惠特曼的职业生涯并非一帆风顺。例如，在她任职 eBay 期间，该公司在 2005 年以约 41 亿美元的价格收购了 Skype。她承认她和她的团队为 Skype 支付的溢价过高。后来，eBay 以 27.5 亿美元的价格将 Skype 出售。

在惠特曼看来，未能认识到 eBay 在日本市场的巨大潜力是一个重大错误。惠特曼选择对 eBay 现有网站进行投资而非日本市场。当时，日本是世界第二大互联网消费市场。对此，惠特曼表示：“我意识到支撑 eBay 的技术不会帮助我们在需要的地方扩大规模。错失 eBay 在日本市场发展的机会是我在 eBay 时最大的失败之一。”

有些人还质疑惠特曼在担任惠普首席执行官期间做出的一些决定。“梅格 · 惠特曼在惠普任职期间发生的一系列拆分和出售事件，重塑了这家传奇的硅谷公司。现在，她的继任者安东尼奥 · 内里（Antonio Neri）必须面对这个局面，并重新点燃创新的激情。”其他人还注意到，惠特曼离开后，HPE 服务器销售持续疲软，这表明她至少要为该情况负部分责任。

梅格 · 惠特曼在 2018 年从惠普首席执行官职位离任后，她表示自己将重返她所认为的“创业精神”。她决定与好莱坞高管兼长期好友杰弗里 · 卡森伯格合作，共同运营一家名为 WndrCo NewTV 的移动视频公司。该公司隶属于卡森伯格的 WndrCo LLC，这是一家媒体和科技企业，计划开发多个公司组成的投资组合。其目标是打造“一项在线服务，建立制作合作关系，并在 NewTV 组建团队，瞄准 18~34 岁群体——正是他们推动了过去几年移动视频观看的增长”。然而，最终推出的视频平台 Quibi 在上线仅 7 个月后的 2020 年 10 月便关闭了。

目前，惠特曼在宝洁和 Dropbox 的董事会中拥有席位。她还投资了洛杉矶电子竞技公司（Immortals LLC），并担任其董事会成员。她广泛的高层管理者经验对于所有这些组织的管理层和其他董事会成员来说都是极其宝贵的资产。

像几乎所有的知名商业领袖一样，惠特曼的职业生涯有起有落。然而，许多人认为她是一位在互联网行业商业化方面扮演了重要角色的领导者。在这个过程中，她积累了大约 32 亿美元的个人财富。

资料来源：2022，Meg Whitman，*Forbes*，www.forbes.com，May 10；B. Schwartz，2021，Biden nominates megadonor and former Hewlett Packard CEO Meg Whitman to be ambassador to Kenya，*CNBC*，www.cnbc.com，December 8；D. Gallagher，2018，New HPs give fresh life to old businesses，*Wall Street Journal*，www.wsj.com，February 23；E. Shwartzel，2018，Meg Whitman to lead mobile-video startup NewTv，*Wall Street Journal*，www.wsj.com，January 24；D. Gallagher，2017，Meg Whitman's latest turn signal，*Wall Street Journal*，www.wsj.com，November 22；R. King，2017，Can Antonio Neri revive HP Enterprise after Meg Whitman? *Wall Street Journal*，www.wsj.com，November 30；R. King，2017，Meg Whitman to step down as Hewlett Packard Enterprise CEO, *Wall Street Journal*, www.wsj.com, November 21; G. Hall, 2014, Hewlett Packard CEO talks biggest fails, *bizwomen*, www.bizjournals.com, May 2; M. Ames & Y. Levine, 2010, How Meg Whitman failed her way to the top at eBay, collecting billions while nearly destroying the company, *Alternet*, www.alternet.org, October 25.

12.1 战略领导者的重要性

正如引例中提到的，战略领导者的工作是苛刻的、富有挑战性的，同时又需要在短期目标和长期目标间进行很好的平衡。为了帮助公司获得超额利润，作为战略领导者的梅格·惠特曼在自己担任的每一个高级管理职位上采取战略性行动并应对挑战。然而有时候，由于种种原因，战略领导者并没有达到他们理想中的成功水平。即使是惠特曼，也有失利的时候。

不管任期长短，战略领导者都会对公司的业绩产生影响。尽管不是全部，但大多数人认为是史蒂夫·乔布斯作为公司首席执行官带领苹果实现了巨大的成功。问题在于：乔布斯之后，能否有人再续他的辉煌？这个问题一直困扰着蒂姆·库克（Tim Cook），他在乔布斯去世后接任苹果首席执行官一职。对库克的担忧可能没有必要。自 2011 年库克接任苹果公司首席执行官以来，公司的年度收入已经从 1 080 亿美元增长到3 660 亿美元。2021 财年的净利润超过了 940 亿美元。[1]

首席执行官在与团队合作进行战略分析、制定有效战略并执行这些战略的过程中，公司更有可能获得战略竞争力和高于平均水平的回报（如第 1 章介绍的 A-S-P 模型所示）。图 12－1 显示了有效的战略领导力的作用机制。[2]

本章首先介绍战略领导力的定义及其重要性，然后探讨战略领导者作为公司竞争优势来源的可能性。同时，这一部分简要叙述了不同战略领导者可能用到的不同领导风格。接下来探讨高层管理者和高层管理团队对创新、战略变革和公司业绩的影响，并以用来选择战略领导者的内部和外部管理者人才市场为背景分析管理者的继任问题。最后描述有助于形成有效的战略领导力的五个关键行为：确定战略方向、有效地管理公司的资源组合、维持一种有效的组织文化、强调道德准则、建立平衡的组织控制。

战略领导力与战略变革

战略领导力（strategic leadership）是指预测事件、展望未来、保持灵活性并促使他人进行所需的战略变革的能力。[3]**战略变革**（strategic change）是指选择并实施公司的战略所带来的变革。[4]战略领导者推动战略变革，通过管理他人、管理整个组织，应对全球经济中不断增加的变化。由于全球经济的复杂性，战略领导者必须学会如何在不确定的环境下有效地影响他人的行为。[5]通过言传身教以及预见未来的能力，有效的战略领导者可以对与自己一起工作的人的行为、思想和情绪产生深刻的影响。[6]

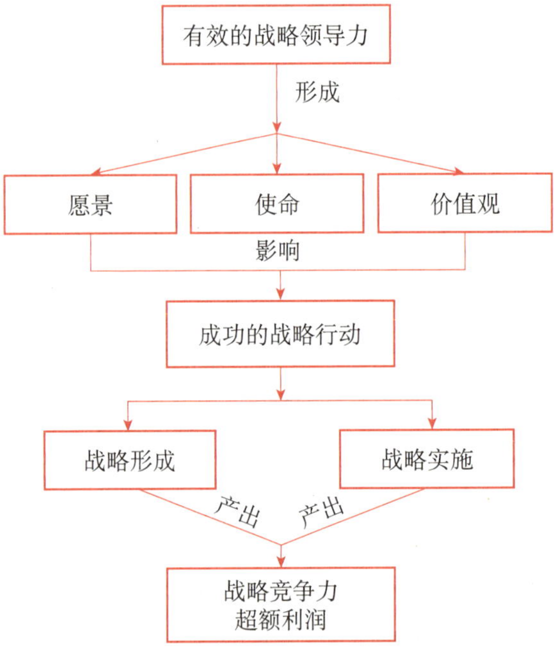

图 12－1　战略领导力和战略管理过程

战略聚焦清晰地展示了迄今为止我们讨论的许多要点。星巴克的创始人霍华德·舒尔茨（Howard Schultz）对公司的影响堪称传奇，自从他首次卸任首席执行官以来，他曾两度重返这个职位，引导公司克服重大挑战。

战略聚焦　霍华德·舒尔茨再次执掌星巴克

霍华德·舒尔茨深刻地影响了美国的咖啡店行业。1987 年，他收购了当地的星巴克，并开始对公司进行一系列改革，旨在提升公司形象和顾客体验。他为员工提供了在餐饮业中极为罕见的福利，包括为兼职员工提供健康保险。1992 年星巴克上市后，员工开始获得公司股份。舒尔茨非常尊重员工，经常举行市政厅风格的会议，倾听他们的意见和建议。自上市以来，星巴克迅速在全球扩张，到 2021 财年，公司收入已达到 290 亿美元。公司仍有雄心勃勃的增长目标，计划到 2030 年在全球新增 2 万家咖啡店，预计门店总数将达到约 55 000 家。

舒尔茨曾在 1987—2000 年担任首席执行官，并在 2008 年重返首席执行官职位，带领星巴克走出了大萧条的阴影。2017 年，凯文·约翰逊（Kevin Johnson）接任首席执行官。他上任时可能未曾预料到会面临如此多的挑战。的确，餐饮业在新冠疫情大流行期间受到了极其严重的打击。

2021 年，美国餐饮业遭遇了劳动力短缺的严峻挑战。这场危机不仅波及整个服务业，还导致人员频繁流动，使得许多门店面临人手不足的问题，进而增加了在职员工的工作负担。在此期间，大约 140 家门店在 26 个州就是否成立工会进行了投票。工会化的推进不仅因为员工对权益保护的需求，还因为消费者购买习惯的变化导致咖啡师工作性质的巨大转变。在美国，大约 70% 的订单转为外带，咖啡师的工作因汽车点餐窗口和移动订单而变得更加烦琐。尽管星巴克宣布了提升咖啡师工资的措施，但一些股东对于公司处理工会运动的方式表示不满，这也对公司股价产生了影响。

2021 年 11 月，面对员工组建工会的动向，舒尔茨亲赴纽约州布法罗，传达了鼓励员工与管理层合作的信息，并强调公司将最大限度地维护员工利益。他指出：“我们的根本宗旨和存在的意义在于打造一家能在盈利与做正确的事之间找到平衡的公司。”尽管如此，员工还是选择了成立工会，他们认为只有通过工会代表，才能在争取更高薪酬、合理人手配置和对公司管理有更多的发言权上取得进展。值得一提的是，西雅图的一家门店也投票支持成立工会，这在星巴克的诞生地具有特别的象征意义。

同年，约翰逊宣布将在次年退休。在他宣布退休之后，据咨询公司 Catalant 的首席执行官帕特·佩蒂特（Pat Petitti）透露，“星巴克董事会虽然有一年时间来寻找合适的继任者，但尚未找到人选。”星巴克不仅面临工会化运动和领导层空缺的问题，还遭遇了物价上涨和部分海外市场的严重挑战（如俄罗斯与乌克兰冲突）导致的市场问题。在这场危机中，68 岁的舒尔茨在 2022 年 4 月同意第三次担任星巴克的首席执行官。他的回归得到了股市的积极响应，股价在一周内上涨了约 8%。舒尔茨计划与公司在美国的 230 000 名咖啡店员工共同营造新的风貌，他表示：“我们必须深入反思。”他有意对公司进行全面改革。

关于舒尔茨此次回归首席执行官职位可能带来的变化，星巴克董事长梅洛迪·霍布森（Mellody Hobson）表示，这次任命是临时的，并计划在 2022 年秋季宣布新的继任者。她认为，舒尔茨在建立星巴克作为一个优秀工作场所的声誉方面功不可没，这种声誉对投资者、客户和潜在员工都有深远影响。作为执行董事长，他一直参与公司的活动，努力说服员工不要加入工会。显然，这位亿万富翁高层管理者在基层员工中拥有广泛的支持，他的继任者可能也需要获得这样的支持。目前，所有的目光都聚焦在舒尔茨身上。在他重返首席执行官职位的第一天，舒尔茨便暂停了价值数十亿美元的股票回购计划，并明确表示，他的首要关注点将是咖啡店、客户和员工的福祉而非股市表现。

资料来源：H. Haddon，2022，Starbucks to prioritize cafes，not stock price，*Wall Street Journal*，www.wsj.com，April 5：A2，A4；H. Haddon，2022，Starbucks' Schultz has tough to-do list，*Wall Street Journal*，April 4：B1，B4；H. Haddon，2022，Seattle Starbucks votes to unionize，*Wall Street Journal*，March 23：B2；A. Kidwai，2022，Can anybody else lead Starbucks? *Fortune*，April/May：39；H. Haddon，2022，Schultz returns as Starbucks CEO，saying chain needs to revamp，*Wall Street Journal*，www.wsj.com，March 17：B1，B4；H. Haddon，2022，Schultz seeks a new start with baristas，*Wall Street Journal*，March 21：B5.

有效的战略领导者可以建立有助于利益相关者（如员工和供应商）的高效运作环境，并提供必要的支持。舒尔茨在重塑星巴克的过程中，试图营造这样的环境。吸引和管理人力资本、建立并培养适宜的环境使这些资本得以蓬勃发展，对于战略领导力至关重要。[7] 同样需要铭记的是，公司的智力资本蕴含在员工身上，因此公司能否持续创新，在很大程度上取决于能否保留（和管理）关键人才，这一点最终将直接影响战略领导者的成功。[8]

公司获取有效战略领导力的主要责任由高层管理者特别是首席执行官承担。其他公认的战略领导者包括董事会成员、高层管理团队以及部门经理。事实上，任何对人力资本的业绩和/或公司某一部分（如一个生产单元）的业绩承担责任的人都是战略领导者。不管头衔和组织职能是什么，战略领导者都承担着大量的决策制定责任，这些责任是不能推卸给他人的。[9]战略领导力是一种复杂且非常关键的领导力。如果没有有效的战略领导力，公司就无法形成、实施战略并获得超额利润。

领导个性与风格

战略的制定与执行是人们进行企业活动的结果。[10]高层管理者在引导这些过程时，会展现出人的特性，包括个人的解读、偏见、疲劳、嫉妒和才能。[11]研究者已经探究了高层管理者的个人特质如何影响他们的决策。[12]例如，那些倾向于冒险的首席执行官更可能将他们的公司引向更高程度的国际化和更具风险的市场。[13]

研究者特别关注性格特质和领导风格两个领域。[14]研究发现，首席执行官的性格特质会影响他们的领导方式，并最终影响公司的结果和价值创造。例如，通过对近 3 000 名首席执行官的性格特质进行研究，发现情绪不稳定（神经质）、周到且目标导向（尽责性）以及在人群中充满活力和健谈（外向性）等特质，会通过公司股价的波动性影响市场对公司风险的看法。[15]这项研究的一个有趣发现是，公司股票的风险与回报之间的预期关系可能是正相关的（风险更高的股票可能带来更高回报）或负相关的（风险更高的股票可能带来更低回报），这取决于首席执行官的性格。

此外，研究还发现，首席执行官的性格对战略变革有显著影响。[16]在那些首席执行官具有开放性（即富有想象力和洞察力）特质的公司中，战略变革的水平更高，开放性是最重要的性格特征之一。这些研究表明，首席执行官的个人特质，如性格和领导风格，在公司执行战略和实现高回报方面至关重要。

高层管理者的领导风格也受到他们的个人理念和经历的影响。[17]以 Kickstarter 的前首席执行官阿齐兹·哈桑（Aziz Hasan）为例，他在给股东的信中解释说，公司承诺支持社会事业。为了支持平等，他与 Kickstarter 员工的薪酬中位数之比是 2. 8:1（相比之下，一般公司的这一比例是 320:1）。Kickstarter 还鼓励用户在项目页面上展示自己的环境承诺，约有一半的用户已经这样做了。[18]再以艾米·豪威（Amy Howe）为例，她于 2021 年被任命为全球博彩运营商 Flutter Entertainment PLC 的首席执行官。她以积极的管理风格、在现代化及增长业务方面的经验而著称。Flutter 的声明中提道："在 Ticketmaster 担任全球首席运营官期间，豪威女士推动了公司票务平台的现代化，并使移动应用程序的客户基础增长了 400% 。"[19]这种经验和她的领导风格使艾米成为领导 Flutter Entertainment 扩张的理想人选。

鉴于阿齐兹·哈桑和艾米·豪威在各自公司中对文化和员工观念的深远影响，他们可以被视为变革型领导者。变革领导力被认为是最有效的战略领导风格。这种风格激励员工不断超越别人对他们的期望，不断增强自己的能力，并将公司利益置于个人利益之上。[20]阿齐兹·哈桑在 Kickstarter 所拿的相对偏低的薪资明显体现了这一点。变革型领导者为组织勾画愿景并传达给员工，而且会形成一套战略来实现这一愿景。

此外，变革型领导者还具有很高的情商。高情商的领导者往往对自己有充分的了解，具有强烈的动机，善解人意，并拥有良好的沟通技能。[21] 由于具有这些特征，变革领导者在加强和培育公司创新方面表现得尤其出色。[22]

高层管理者与管理决策自由度

为了履行职责，高层管理者通常要做出很多决策，例如在某一时点上，公司在面临竞争时，应该如何回应竞争对手并做出相应的战略行动（见第 5 章）。在做与战略管理过程有关的决策时，管理者经常使用他们的自由裁量权（或者自由行动）。[23] 要理解战略领导者对组织及其利益相关者的影响，首先需要考虑企业领导者能在多大程度上实质性地影响公司战略，进而影响公司绩效。[24]

不同行业的自由裁量权各不相同。由于战略领导者的决策是为了帮助公司超越竞争者，因此管理者在做决策时如何运用自由裁量权将关系到公司成功与否，并且会影响或塑造公司的文化。[25] 影响管理者（特别是高层管理者）自由裁量权的主要因素包括：

1. 外部环境，如行业结构、公司所处的主要行业中市场增长率以及产品差异化程度等。

2. 组织特征，包括组织规模、建立年限、资源的可获得性以及文化等。

3. 管理者的特征，包括对公司和战略结果的承诺、对不确定性的容忍度、与他人一起工作的技能以及抱负的层次等（见图 12－2）。

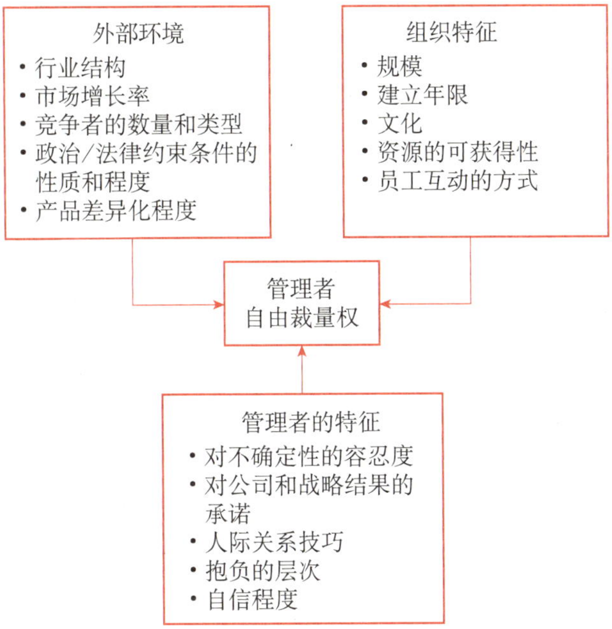

图 12－2　影响管理者自由裁量权的因素

资料来源：Adapted from S. Finkelstein & D C. Hambrick, 1996, *Strategic Leadership*: *Top Executives and Their Effects on Organizations*, St. Paul, MN: West Publishing Company.

12.2 高层管理团队与绩效

引领企业顺利执行战略管理流程是一项复杂且充满挑战的任务。承担这一角色的是高层管理团队（TMTs）而不只是单独的一位高层管理者。[26]“对高层管理团队的关注源于这样一个事实：不仅仅是首席执行官，那些向首席执行官汇报工作的其他高层管理者也承担着战略和运营决策的责任，这些决策最终将决定公司业绩。”[27] **高层管理团队**（top management team）中的成员负责确保公司使用战略管理过程来选择并实施战略。一般来讲，高层管理团队包括具有副总裁级别或以上头衔的管理者或董事会成员。高层管理团队做出的战略决策的质量，影响公司进行创新和实施有助于获取超额利润的战略变革的能力。[28]

组织高层的权力动态

大多数组织所面临的复杂挑战通常需要一个由多位高层管理者组成的团队而非个人来应对，集体决策还有助于防止当首席执行官独立决策时可能出现的问题：管理者的自大。[29]研究表明，首席执行官一旦开始过分自信，认为自己不可能犯错，他们的决策质量便会受到损害。[30]高层管理者应具备自信，但绝不能自信过度变成傲慢，以致错误地相信自己无所不能。[31]有效的高层管理团队（TMT）能够防止首席执行官的自大和错误决策的发生。然而，并非所有的 TMT 都能很好地发挥作用。比如，他们可能很少开会或者根本不开会，或者团队成员间缺乏协同。[32]从某种意义上说，这样的团队实际上并不团结，只是一群各自为政的高层管理者，在公司内部执行特定的职能。

当然，董事会在限制首席执行官的决策自由度和避免自大问题上也扮演着重要角色。不过，首席执行官与董事会之间的权力关系在不同公司间可能大相径庭。有时候，首席执行官可能会推荐一些董事进入董事会，而这些董事可能是他们的密友或商业伙伴。在某些情况下，首席执行官同时兼任董事长，这种情况被称为首席执行官双重职位。[33]如第 10 章所述，兼任董事长的首席执行官比不兼任的首席执行官拥有更大的权力。这种权力结构有时会造成代理问题，但并非总是如此。[34]一个有志于成为公司资产最佳管理者的首席执行官，可以通过首席执行官双重职位提高效率。[35]此外，由于这样的首席执行官具有积极的态度和行动，因此减少了因独立董事会领导结构而产生的额外治理和协调成本。[36]

在最理想的情况下，TMT 和董事会能为首席执行官提供明智的建议，帮助其做出良好的战略决策，同时防止首席执行官做出可能损害利益相关者利益的不明智决策。在非理想情况下，首席执行官在战略决策上拥有过多的自由度，并且这种自由度的行使对公司和其利益相关者造成了不利影响。[37]

高层管理团队特征、公司业绩以及战略转型

高层管理团队、公司业绩和战略变革高层管理者的工作是复杂的，他们需要全面了

解公司的内部环境（见第 3 章）以及外部环境的三个主要组成部分——总体环境、行业环境和竞争者环境（见第 2 章）。公司组建的高层管理团队需要具有内部组织运作所必需的知识和专长，并且能够妥善应对公司所有的利益相关者和竞争者。[38] 为了具备上述特征，公司经常需要组建异质的高层管理团队。**异质的高层管理团队**（heterogeneous top management team）由拥有不同职能背景、经历和教育水平的人员组成。根据麦肯锡公司（McKinsey & Co.）的一项大型研究，“拥有多元化高层管理团队的公司，其利润率比那些高层团队缺乏多元化的公司要高。”[39]

有趣的是，如今公司面临全球化的市场竞争环境，因此对于异质的高层管理团队来说，拥有国际经验是必不可少的。[40] 若高层管理团队成员对公司运营所在国的环境、社会关系深刻了解和拥有丰富经验，公司便能更好地配置资源，并制定出在这些市场中竞争的高效战略。高层管理团队的国际化和多样性还有助于公司内部知识的更优协调和整合。研究显示，具有国际工作经验的团队成员很可能为跨国企业带来这些益处。[41]

异质的高层管理团队内部讨论不同观点使各成员受益匪浅。在很多情况下，这些讨论和由此引发的争论会提高决策的质量，尤其是在评价各个不同观点之后得出一个综合性观点时。实际上，高层管理团队中成员间的相互学习使决策质量提高[42]，更高的决策质量又可以进一步提高公司的绩效。[43]

有趣的是，高层管理团队的异质化程度越高，人数越多，团队共同而有效实施战略的难度就越大。[44] 背景和认知水平的差异增加了高层管理团队成员间沟通的难度，会对战略的实施造成负面影响。基本上，多元视角有助于做出更优决策，但这种多样性有时反而会阻碍决策的执行。因此，一个具有不同背景的高层管理团队如果缺乏有效的管理，将会制约决策的制定过程。然而，有效的高层管理团队（TMT）管理可以帮助克服这些问题。例如，指定的项目经理可以作为沟通者，在策略实施过程中协助 CEO 和 TMT 解决问题，发挥至关重要的作用。[45]

团队成员如果能掌握与公司核心业务相关的实质性专业知识，将对提高高层管理团队的有效性起到极大的帮助作用。[46] 在高科技行业，高层管理团队成员是否具有研发知识非常关键，尤其是当公司实施增长战略时。但是，他们对战略决策的最终作用不仅取决于专业知识和团队的管理方式，而且取决于他们决策时的环境背景（如治理机制和激励性报酬等）。[47]

高层管理团队的特征，乃至首席执行官及团队其他成员的性格，都与创新和战略变革息息相关。[48] 例如，异质化程度越高的高层管理团队越注重创新和战略变革。一定程度上这是因为异质化会促使团队或一部分成员在制定决策和采取行动时进行更具创造性的思考。[49] 支持这些观点的是波士顿咨询公司最近的一项研究结果，研究人员发现，在发达经济体和新兴经济体同时竞争的公司中，“增加领导团队的多元性可以带来更多、更好的创新，并改善财务业绩”[50]。另一项研究发现，高层管理团队的多样性和参与式决策与更高水平的管理创新息息相关。[51]

性别多样性在高层管理团队中对创新和变革同样具有重要意义。研究指出，女性成员加入高层管理团队后，公司更倾向于变革。特别是，这些公司更少参与并购活动，反而增加了在研发活动上的投入。这种做法更多体现了通过“内生增长”而非“外部购买”来实现战略变革的思路。[52]研究还表明，高层管理团队及其他高层职位中女性的存在与更积极地投身社会和环境项目紧密相关。女性高层管理者的存在不仅对环境和社会绩效产生正面影响，还提高了公司可持续性信息披露的深度、质量和透明度。此外，高层职位中女性的存在以及可持续活动的实施，都有助于提升公司的财务绩效和整体价值。[53]

战略变革还受到首席执行官的选拔方式（无论是从公司内部还是外部行业挑选）的影响。研究表明，与来自公司内部或行业内部的新首席执行官相比，来自行业外部的新首席执行官更有可能进行战略变革。[54]尽管聘请行业外的人担任首席执行官可以增加团队的多样性，但这种改变会对公司与重要利益相关者（尤其是顾客与雇员）之间的关系造成影响。[55]精明的管理者会认识到这种变化，并以一种证明团队中职能背景方面的额外异质性是如何使利益相关者受益的方式来处理。

12.3 管理者的继任

对高层管理者尤其是首席执行官的选择是关系到公司业绩的重要决策。[56]“首席执行官的更迭，即一位现任的首席执行官被新的继任者替代，或许是企业中最为关键的事件之一，毕竟首席执行官一职在实质和象征意义上都极为重要。”[57]因此，挑选合适的首席执行官始终是董事会的一项重要职责，它代表着公司各利益相关方的利益。[58]如战略聚焦所展示的，董事会在必要时还有责任解除首席执行官的职务。

战略聚焦　自愿性与非自愿性首席执行官的更替

有时，首席执行官可能并不胜任，或者起初表现尚可，但随着外部环境或行业状况的变迁，其业绩可能逐渐下滑。研究证实，当公司业绩不佳或股票分析师下调公司股票评级时，首席执行官被解职的可能性会相应增大。此外，若首席执行官涉及财务不当或其他形式的违规行为，其被解职的情况也更为常见。同样，那些薪酬过高或遭遇负面媒体报道的首席执行官，也更可能面临合同终止。

领导层的更替往往是企业生命周期中最具破坏性的时刻，尤其是当这种更迭源于解职时。在领导层过渡期间，竞争对手可能会利用这一时机，因为其运作正常，而处于过渡期的公司可能反应迟缓。例如，竞争对手可能利用这段时间推出新的销售策略或加强并购活动。因此，董事会在考虑是否要做出解雇 CEO 这样重大的决定时会格外谨慎。然而，这样的事件仍然时有发生。

2022 年的一个案例中，阿拉斯加州最大的电力公司 Chugach Electric Association 的董事会在任命新任首席执行官后不久便将其解职。这位名叫哈尔·哈尔珀恩（Hal Halpern）的首席执行官认为自己因 62 岁高龄而被解雇，他的律师计划基于年龄歧视起诉公司，但公司方面否认了这一指

首席执行官离职的官方原因

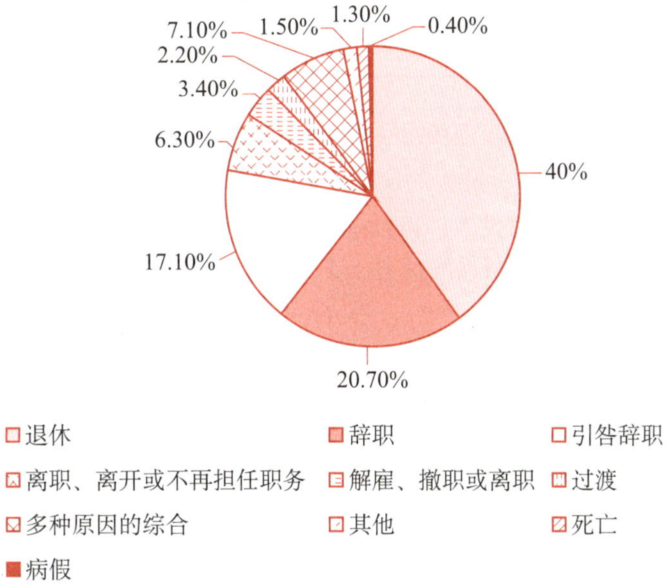

控，并称这是一次“有正当理由”的解雇。所谓的“有正当理由”的解雇可能涉及未能履行职责、不遵守董事会指示或存在“犯罪、不道德或不当行为”。

在 2022 年的另一个案例中，瑞诺健康（Renown Health）的首席执行官安东尼 · 斯洛尼姆（Anthony Slonim）也因正当理由被解雇。他面临的指控包括性骚扰、高层管理者的不道德行为、财务管理不善以及组织文化中的功能失调和员工虐待问题。有员工表示斯洛尼姆“不是一个容易合作的人”。还有人提到他的自恋和缺乏社区价值观。他们认为董事会解雇斯洛尼姆是一个“强有力的举措”，因为公司的问题在斯洛尼姆的领导下已经积累了很长时间。

当然，表现优异的首席执行官也可能因退休或寻求其他职位而自愿离职。此外，表现不佳的首席执行官也可能自愿离开，比如当创始人兼首席执行官的表现不再满足董事会和股东的期望时。在这些情况下，他们可能认为将首席执行官职位让给他人更符合公司及其利益相关者的最佳利益。研究者发现，如果创始人兼首席执行官是多个联合创始人之一，或者在创立他们服务的公司之前有创业经验，他们更可能自愿离开首席执行官职位。相反，如果公司在首次公开募股前长期保持私有状态，他们自愿离职的可能性较小，因为其个人身份已经与他们创立的公司紧密相连。

资料来源：C. Grove，2022，Alaska's biggest electric utility fires new CEO less than a month after hiring him，*Alaska Public Media*，www. alaskapublic. org，May 6；B. Conrad，2022，Damning allegations emerge in the wake of renown CEO's firing，*This is Reno*，www. thisisreno. com，March 11；J. Garry，2022，Our CEO was fired and the board has taken over，*Joan Garry Consulting*，www. blog. joangarry. com，May 11；C. H. Burchard，J. Proelss，U. Schäffer，& D. Schweizer，2021，Bad news for announcers，good news for rivals：Are rivals fully seizing transition-period opportunities following announcers' top management turnovers? *Strategic Management Journal*，42：579－607；Y. Zhang，2021，CEO succession，in I. M. Duhaime，M. A. Hitt，& M. A. Lyles（eds.），*Strategic Management*：*State of the Field and Its Future*，New York，Oxford University Press：369；R. J. Gentry，J. S. Harrison，T. J. Quigley，& S. Boivie，2021，A database of CEO turnover and dismissal in S&P 1500 firms，2000－2018，*Strategic Management Journal*，42：968－991；J. M. Lee，D. Yoon，& S. Boivie，2020，Founder CEO succession：The role of CEO organizational identification，*Academy of Management Journal*，63：224－245.

除了董事会，现任首席执行官在领导层继任过程中同样担负着重大责任（前提是该首席执行官并非被解职）。这一过程的成功，在一定程度上依赖于现任首席执行官对于“培育公司未来领导力量”的投入，以及他对“掌控继任流程及其结果”的需求程度。这些因素将影响继任的本质，包括继任者的来源以及他们为领导角色所做的准备。[59]

内部和外部管理者人才市场

组织可以从内部和外部管理者人才市场中挑选领导者，包括首席执行官和其他管理者。[60]**内部管理者人才市场**（internal managerial labor market）由公司提供的职位机会和公司内部有胜任能力的员工组成。[61]**外部管理者人才市场**（external managerial labor market）由管理职位机会以及提供机会的公司以外的有胜任能力的人员组成。[62]

在选拔高层管理者和新首席执行官时，员工通常更倾向于从内部管理者人才市场中选拔。有证据表明这种倾向通常会成为事实——绝大多数的首席执行官是从内部管理者人才市场中选拔的。[63]从员工和低层管理者的角度来看，这一政策给予了他们希望，即通过勤奋努力，他们也有可能晋升到高层管理职位，甚至可能成为首席执行官。

公司从内部管理者人才市场选拔新首席执行官有很多优势：第一，公司得以继续保持对当前愿景、使命和战略的承诺；第二，候选人在公司内部及参与竞争的行业中的各种经历，使他们对公司的产品、市场、技术以及运营程序都非常熟悉；第三，从内部选拔首席执行官可以降低现有员工的离职率，其中很多人都掌握着公司特有的专业知识和技能。总体而言，内部选拔的首席执行官具有以下优点：

1. 对公司员工及其能力有清楚的认识；
2. 理解公司的文化与相应的核心价值观；
3. 对公司核心竞争力有深刻的认识，并且有能力适时发展新的核心竞争力；
4. 明白对于公司来说，哪些是可行的，哪些是不可行的。[64]

尽管从内部选拔首席执行官有诸多可以理解并且合理的理由，但董事会有时倾向于从外部管理者人才市场挑选首席执行官。总的来说，从外部挑选合适继任者的条件如下：

1. 公司需要提高创新能力；
2. 公司需要改善糟糕的业绩；
3. 公司所在行业增长速度快；
4. 公司需要进行战略变革。[65]

总体而言，决定从内部或是外部管理者人才市场进行选拔取决于对首席执行官的期望，即董事会希望新首席执行官和高层管理团队实现什么目标。从图 12－3 可以看出，高层管理团队的构成和首席执行官的继任来源（管理者人才市场）之间的相互作用是如何影响战略的。例如，当高层管理团队是同质的（成员具有相同的任职经历和教育背景），并且新首席执行官来自公司内部时，公司的现有战略就不太可能改变。如果公司的业绩相当好，或者至少比竞争对手好，那么董事会肯定希望继续实施现有的战略。

反过来，当新首席执行官来自公司外部，并且高层管理团队是异质的，那么战略改变的可能性非常大。当公司的业绩非常糟糕，或者比竞争对手糟糕时，董事会倾向于改变原有的战略。当新首席执行官来自公司内部而高层管理团队是异质的时，战略虽然不会发生改变，但是创新还会继续。来自公司外部的新首席执行官与同质的高层管理团队结合在一起，会使情况较为复杂。另外，外部首席执行官对公司进行温和的变革时，极有可能提高公司的业绩，但如果他们对公司进行重大战略调整，则更有可能导致公司业绩下滑。[66]总而言之，董事会在选拔新首席执行官时，应该对图 12－3 所示的关系有深刻的认识，以便决定应从内部还是外部管理者人才市场进行选拔。

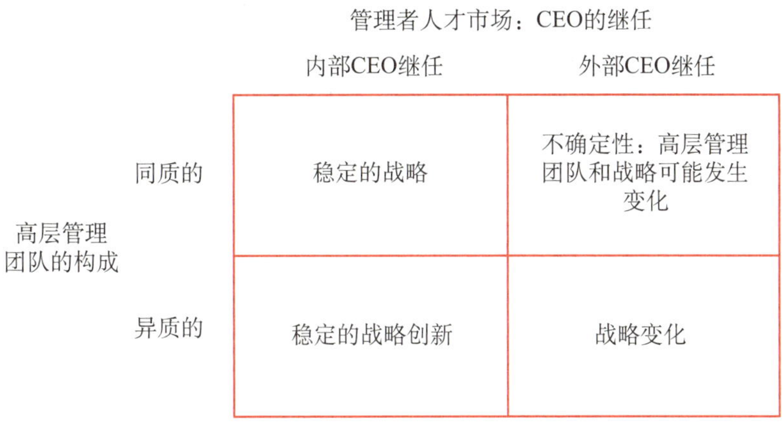

图 12－3　CEO 的继任和高层管理团队的构成对战略的影响

继任管理与高层管理者培训

继任管理在政府机构和家族企业中同样重要。在谈到政府机构的继任计划时，德勤的咨询师指出，根据他们的研究，“拥有明确继任管理行为的政府机构，会实现较高的员工敬业度和留存收益，这是该职业道路的透明度和发展机会以及领导角色更多的准备时间所决定的”[67]。

万豪国际董事会主席马里奥特（J. W. Marriott）认为，在家族企业中，首席执行官的继任需要在家族成员职业生涯的早期就进行讨论。在与其他人商讨后，马里奥特从外部管理者人才市场选择了一位战略领导者（而不是从内部管理者人才市场选择一位家族成员）来接替他担任万豪国际首席执行官。马里奥特明确指出，对公司新首席执行官的选择符合公司的最大利益。他认为继任者的决定必须遵循这一标准。[68]

许多公司利用领导力筛选系统来识别具有战略领导潜力的人，并决定公司首席执行官的候选人应满足哪些标准。最有效的系统能够对公司内部人员进行评估，并且获得其他公司战略领导者能力的信息。[69]基于评估结果，可以对不同人员制定培训和发展项目，从而对具有战略领导潜力的人进行预选和技能培养。

包括宝洁、IBM以及陶氏化学在内的许多公司都开展了高质量的领导力培训项目。尽管高质量的领导力培训项目能创造价值，仍然有一些公司没有为高层管理者或者其他关键领导岗位（例如，部门主管和业务板块主管）制订培训与继任计划。[70]

当公司缺乏首席执行官者继任计划，或者面临紧急情况需要迅速任命新首席执行官时，公司通常会任命一名临时首席执行官。这种方式在全世界都十分常见。[71]临时首席执行官通常来自公司内部，他们对公司的运营较为熟悉，这有助于公司在寻找正式首席执行官期间维持秩序。事实上，任命临时首席执行官的好处在于：使董事会有足够的时间从内部或外部市场寻找最佳继任者。

接下来，我们将会讨论战略管理过程中关键的战略领导行动。

12.4 关键的战略领导行动

一些特定的行动代表了有效的战略领导力，图12－4列举了其中最为重要的行动。有许多行动是相互作用的，例如，有效管理公司的资源组合、确定战略方向、维持一种有效的组织文化、建立平衡的组织控制以及强调道德准则。最有效的战略领导者在制定决策时，会针对每一个关键的战略行动制定可行的备选方案。[72]

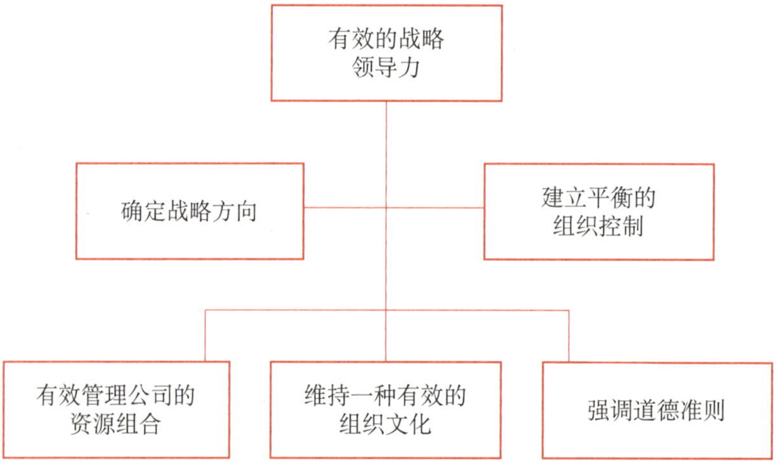

图12－4 有效的战略领导力的运用

确定战略方向

确定战略方向（determining strategic direction）包括详细地规划愿景，以及随着时间的推移为实现愿景采取相应的战略。[73]战略领导者认为其公司在与竞争对手竞争时有可能遇到的机会和威胁会影响战略方向的构建。[74]公司的战略领导者会越来越多地面临这样一项挑战，即要求他们将社会贡献作为公司愿景和战略的一部分，以此作为接受投资者投资的基础。[75]

理想的长期战略方向由两部分组成：核心意识形态和愿景。核心意识形态通过公司的传统来激励员工，愿景鼓励员工不断超越自我，同时，愿景的实现需要有重大的变革和进步。[76]愿景从多个方面指导公司的战略实施过程，包括激励、领导、授权以及组织设计。当公司进入新的国际市场以及向价值链增加新的供应商时，战略方向就应该包括这些行动，例如开拓新的国际市场，或在人工智能领域形成新的发展定位。[77]在宝洁公司，高层领导设想将公司转型，摒弃过去缓慢而保守的创新策略，转而采纳一种更为精干、充满创业精神的模式。在这种新模式下，公司愿意冒更大的风险，以期获得更丰厚的回报。[78]

然而，战略领导者为公司选择的战略并不一定有助于公司愿景的实现，尤其是当高层管理团队和首席执行官过分安于现状时。[79]在这种情况下，即使环境的变化表明需要进行调整，公司的战略方向仍是较为稳定的，决策制定者会回避他们认为有风险的活动，这通常会导致公司无法灵活地调整战略。在一些曾经有辉煌业绩的公司中，对于那些任期较长的首席执行官来说，厌恶风险是非常普遍的现象。[80]

研究还显示，有些首席执行官在选择战略方向时飘忽不定，甚至自相矛盾，尤其是当环境动荡多变，很难识别最佳战略时。[81]这些行为不可能为公司带来高绩效，却有可能导致首席执行官的更替。有趣的是，研究发现，股票期权形式的激励性报酬能够促使有才华的领导者选择最佳战略，从而实现最高水平的绩效。但是，同样的激励形式用在平庸的领导者身上，只会产生较低水平的绩效。[82]

当然，并非所有的首席执行官都厌恶风险。[83]事实上，有数据显示，愿意承担风险的个体相较于那些厌恶风险的管理者，更有可能迅速晋升为首席执行官——对于愿意冒险的人来说，从第一份工作到成为首席执行官平均耗时 14 年，而对风险厌恶者来说则需要 24 年。[84]这一现象似乎表明，相较于那些厌恶风险的个体，有更多倾向于冒险的人士担任首席执行官的职位。即便是在一位敢于冒险的首席执行官的引导下，公司在进行战略调整以适应新方向时，仍然需要认清自身的优势与不足，这是至关重要的。

了解多元文化有助于公司决定战略方向并选择和实施相应的战略。对多元文化的了解主要体现在：不管公司在全球哪个地方运营，公司的战略领导者在实施战略时都可以识别并开展最佳的组织活动。[85]在了解多元文化的基础上采取行动有助于公司获得短期成功，进而实现长期愿景。

12.5　有效管理公司的资源组合

有效管理公司的资源组合也是关键的战略领导行动。在第 3 章，我们展示了公司的一些有形资源（如财务、实物）和无形资源（如人才、声誉），这些资源是影响竞争力的关键因素。虽然首席执行官或高层管理团队（TMT）不可能管理公司的所有资源，但他们仍肩负着确保公司资源足以维持竞争优势并实现超额回报的重任。在战略领导层面，将这些资源视作一种资本形态——即公司所拥有的、可以在战略执行中运用的资产——是有益的。对于战略领导而言，最相关的资本类型包括财务资本、人力资本、社会资本和组织资本。

有效管理这四种资本，有助于构建核心竞争力。在第 1 章和第 3 章中探讨的核心竞争力，是指可以作为战胜竞争对手的竞争优势来源的一系列能力。[86] 核心竞争力通常与组织内部的技能相关，例如生产、财务、市场推广和研发等领域的技能。[87] 战略领导者必须确保员工在选择战略时能够理解公司的核心竞争力，并保证这些能力在战略实施过程中发挥核心作用。例如，苹果公司在其战略中强调了其设计能力，而网飞则认识到并专注其在提供实体、数字和原创内容方面的能力。[88]

随着时间的推移，公司通过从竞争中学习，从与对手竞争的行动和反应中积累经验，逐渐发展出核心竞争力。公司利用这些经验，不断调整和塑造自己的能力，以确保它们确实是在发展和利用核心竞争力，从而确立一个或多个竞争优势。

管理财务资本

财务资本（financial capital）指的是公司拥有的所有财务资产。显然，财务资本是组织成功的关键，著名企业以及更小的创业企业的战略领导者都深知这一事实。[89] 例如，研究已经明确显示，良好的营运资本管理和充足的营运资本对于推动公司实现卓越业绩至关重要。[90] 一般而言，公司内部对营运资本的管理监督应由财务副总裁或相应职位的高级管理人员承担，这些人员在首席执行官的领导下开展工作。然而，确保公司具备足够的资本以实施其战略并达成目标，则是首席执行官、财务高层管理者以及董事会的共同责任。他们需要协作确定公司债务、股本及资产的适宜比例，以及公司所需的最佳流动性水平（包括公司应储备多少现金和有价证券，以备不测，确保满足其债务需求）。如果公司需要长期融资，这一团队还需决定是通过新增债务（如银行贷款或发行债券）、发行股票还是资产出售来筹集资金。

虽然高效的财务资本管理至关重要，但最有效的战略领导者同样意识到管理其他各类资本（如人力资本、社会资本、组织资本）的重要性，以及资源整合的管理也同样重要（例如，用财务资本为人力资本提供培训支持）。最为重要的是，有效的战略领导者管理公司资源组合的方式，增加了高绩效的可能性。为了实现这些目的，管理者要组织公司的资源并形成能力，构建恰当的组织结构来促进这些能力的利用，选择合适的战略使这些能力为顾客创造价值。

开发和培养人力资本

人力资本（human capital）是指公司整体劳动力的知识和技能。从人力资本角度讲，员工被视作一项需要不断投资的资本资源。[91] 在第 3 章，我们探讨了战略性人力资本的理念，这一理念通过将员工的知识、技能和能力与公司的战略目标相匹配，赋予企业培养核心竞争力的能力。培养人力资本的过程不仅涉及吸纳具有天赋的人才加入企业，还包括对这些人才的持续培养，以确保能够带来正面的成果和效益。

这一现实表明，人力资源及其管理方式可能是公司竞争优势的一个非常重要的来源，特别是那些在动荡和快速变化环境中竞争的公司。[92] 作为辅助职能，人力资源管理实践有利于公司成功地选择战略，尤其有利于战略的实施。[93] 例如，高效的工作系统为培养与创新相关的组织能力提供了基础。[94]

有效的培训和发展项目增加了人力资本成为战略领导者的可能性。有趣的是，有效的培训项目与公司成功之间的关系正变得越来越密切，因为在培训项目中获得的知识是公司形成并维持竞争优势的基础。[95] 这些培训项目不仅培养了员工的知识和技能，还灌输了一套共同的核心价值观，提供了有关组织的系统性观点，从而促进了公司愿景和凝聚力的形成。这些项目也提高了战略领导者的技能，这些技能都是有效的战略领导者在完成任务时所必须具备的。这些任务包括决定公司的战略方向，探索和维持公司的核心竞争力，以及塑造符合道德准则的企业文化。因此，构建人力资本对于战略领导力的有效执行至关重要。

当经营状况不佳时，公司经常会裁员，但裁员会导致公司人力资本掌握的知识大量流失。研究显示，适度的裁员可以在短期内提高公司的业绩，但是大规模的裁员会导致人力资本的流失，从而大大降低公司的业绩。[96] 把员工视为一种可以最大化利用的资源而不是一种需要最小化的成本，这种观点将促进公司战略的成功实施。战略领导者所具有的以员工认为公平和均等的方式进行裁员的能力，也有助于战略的成功实施。对员工而言，关键的问题是裁员以及工作待遇上的公平性，尤其是与他们的同行相比。[97]

开发社会资本

在第 3 章中，我们提到，当企业与利益相关者建立了良好的正向关系时，即被认为拥有社会资本。[98] **社会资本**（social capital）包括有助于公司完成任务、为利益相关者创造价值的内外部关系。[99] 这些关系本身极具价值，它们不仅促进了知识的交流，还为企业带来了获取其内部所不具备资源的途径。[100] 员工必须与利益相关者（包括供应商与顾客等）合作才能完成工作，因此社会资本是公司的关键资产。实际上，研究已经表明，社会资本对公司的运营绩效具有积极的影响。[101] 在跨国组织中，员工还需要通过跨国合作来开展研发等活动，以实现绩效目标（如开发新产品）。[102]

外部社会资本对公司的成功越来越重要，因为极少有公司能拥有战胜竞争对手所需的全部资源。公司可以利用合作战略（如战略联盟，见第 9 章）来开发社会资本。[103] 由于战略联盟中的公司共享互补性资源，因而可以建立社会资本。但是，必须有效地管理资源共享，以确保成员间彼此信任，并愿意贡献资源。[104] 由此建立的社会资本有许多好处。例如，拥有强大社会资本的公司往往更加灵活，因为它们可以发展或获取多种能力，进而更灵活地利用机会并应对挑战。[105]

组织经验和研究表明，许多不同类型公司的成功都部分归功于社会资本。大型跨国公司为了进入新市场，经常需要建立联盟；创业公司也需要通过建立联盟来获取风险投资和其他类型的资源（例如，创业公司自己无法提供的特殊技术）。[106]

保护组织资本

组织资本（organizational capital）是指公司所拥有的、使其在竞争中独树一帜的无形资源，这些资源有潜力带来长期的竞争优势。其中包括公司的声誉、名称、商标、品牌、专利和企业文化等。有效的组织文化对于公司的长期发展至关重要，它将作为一个独立的话题，专门讨论战略领导者的行动。本节内容将重点讨论公司声誉，它与公司的名称、品牌和商标的价值紧密相连。

公司之所以能够建立起良好的声誉，是因为它们提供的产品或服务质量上乘、功能卓越（如差异化），或者在成本效益上为顾客提供了极高的价值（如成本领先），或者将这两种优势结合在一起（如整体成本领先和差异化），或者是针对特定客户群体的定制服务（如聚焦战略）。关键在于公司能够精准而出色地执行其战略。建立起声誉后，公司也可能因违反利益相关者的期望、表现不稳定、缺乏可信度或违反法律法规而使其声誉受损。公司如何应对这些违规行为，也会对其声誉产生重大影响。[107]

首席执行官在提升和保护公司声誉价值方面扮演着关键角色。[108]他们需要将资源分配到关键领域以维护品牌的感知质量，监督管理层确保他们诚信行事，确保财务报告的准确性，以及与各利益相关者进行有效沟通。首席执行官的个人诚信度同样对公司的声誉有深远的影响。[109]通过展现真实的自我、尊重他人、平衡透明度与审慎，以及建立联结各利益相关者的桥梁，首席执行官能够增强和维护自己的声誉。[110]

在第 2 章中，我们讨论了企业社会责任（CSR）和 ESG 的重要性及其趋势。企业社会绩效（CSP）和相关举措的报告已成为塑造公司在利益相关者心目中形象的关键因素。如第 10 章所述，激进投资者经常要求公司提升其社会表现。高层管理团队，尤其是首席执行官，有责任确保公司的政策、行动和报告能够展现出公司作为一个负责任企业公民的形象。

品牌名称与公司声誉息息相关。[111]事实上，公司产品的品牌名称常常与公司名称一致，这表明在消费者心中，品牌声誉与公司声誉基本上是一致的。以苹果公司为例，其产品就使用“Apple”这一品牌名称。根据对全球最有价值的品牌的年度评估，2022 年苹果品牌位居榜首，品牌估值高达 3 550 亿美元。紧随其后的是亚马逊和谷歌。抖音则是增长速度最快的品牌。美国和中国占据了全球品牌价值的 2/3，而印度品牌的价值也在迅速增长。[112]

12.6 维持一种有效的组织文化

在第 1 章，我们将组织文化定义为整个公司共有的复杂体系，由信念、标志和核心价值构成，影响着公司开展业务的方式。组织文化影响着公司开展业务的方式，并有助于约束和控制员工的行为。鉴于每种组织文化的独特性，组织文化可以成为竞争优势的来源。[113]贝恩咨询公司的专家们指出：“公司文化是构建竞争优势的核心所在，因为它决定了工作方式和员工行为。”[114]由于组织文化的独特性，模仿组织文化变得困难甚至不可能，与之相关的竞争优势因此具有可持续性。

战略领导者深知组织文化、员工行为和企业绩效之间的密切联系。他们明白，要培养出能够带来积极结果的企业文化，需要投入时间和努力。实际上，领导者必须坚持不懈，始终如一，营造一种有效的组织文化。研究结果也支持了领导者对于文化重要性及其与战略关系的坚定信念。[115]企业文化的强大之处不仅在于其能够告知员工在面对各种发展情况时领导者期望他们如何作出反应，还在于它能够增强员工对自己所采取行动正确性的信心。此外，企业文化向员工保证，他们因展现出公司文化价值的行为将会得到认可和奖励。因此，领导者及其行动与公司文化的特性之间存在一种紧密的联系。[116]

一个健全的文化体系能为企业带来一系列收益。例如，企业文化可以提升员工的忠诚度，帮助企业吸引人才，体现企业的身份认同，既展示公司对自身的定位，又反映公司希望利益相关者如何看待自己，还能激发员工的内在动力。总而言之，培育和维持一种有效的组织文化，确实是战略领导力的关键。

组织文化经常鼓励（或抑制）战略领导者与其团队追求（或不追求）创业机会（我们将在第 13 章定义并讨论创业机会和创业导向），尤其是在大型组织中（无论是营利性组织还是非营利组织[117]）。这是一个必须重视的问题，因为创业机会是公司发展和创新的重要源泉。[118]战略领导者的一个重要作用就是通过追求创业机会来鼓励和推动公司的创新。

鼓励创新的一种方法是把机会作为期权来投资，也就是说，投资一个机会的目的是使公司在未来某个时间拥有利用机会的潜在选择权。[119]例如，公司可以现在购买一块土地，在未来某个时间，当公司需要扩建或者土地升值时再去进行建设。公司也会基于类似的原因加入战略联盟。在这种情况下，公司可以建立一个联盟，以便今后决定是收购合作伙伴还是与之建立更紧密的关系（如建立新的合资公司）。[120]

改变组织文化和重组

改变组织文化比保持组织文化更难，优秀的战略领导者会意识到何时需要变革。组织文化的渐进式改变一般用于战略的实施。更为显著的是，有时剧烈的组织文化变革被用来支持战略的选择，并且所选择的战略经常与以前的战略完全不同。不管变革的原因是什么，塑造和强化一种新的文化需要进行有效的沟通并解决各种问题，选择合适的人员（他们的价值观符合组织的期望），进行有效的绩效评价（确立与新核心价值观相适应的目标，并衡量个人绩效以达到这些目标），以及利用合适的薪酬系统（奖励能反映新的核心价值观的行为）。[121]

有证据表明，只有得到公司的 CEO、高层管理团队的关键成员以及中层管理者的大力支持，文化变革才能成功。[122]一些人认为，中层管理者“在变革过程中是必不可少的”，当中层管理者积极参与这些变革时，员工会更加支持变革。[123]为了影响变革，中层管理者尤其需要接受严格训练以强化公司文化，培育与公司一致的愿景与使命。[124]另外，管理者必须敏感地意识到其他的战略变革对组织文化产生的影响。例如，缩减规模可能会给公司文化带来负面影响，尤其是当这项战略的实施与占主导地位的组织价值观不一致时。[125]

12.7 强调道德准则

当战略的实施过程以道德准则为基础时，可以增加这一过程的有效性。道德的公司会鼓励各个层级的员工在采取行动实施战略时遵守道德准则。道德准则以及以此为基础的判断在组织中创造了社会资本，并且增加了个人和集体可以利用的友善关系。相反，当组织中存在不道德的行为时，许多管理者和员工可能会将这些行为视为正常的商业实践。[126]一旦人们接受了这种行为，便有可能在需求得不到满足时采取不道德的行为来达到个人目的。[127]

为了恰当地影响员工的判断和行为，道德准则必须贯彻到公司的决策制定过程中，并成为组织文化不可或缺的一部分。事实上，基于价值的文化是确保员工遵守公司的道德准则的最有效手段。在第1章中，我们已经阐述了公司的价值观决定了管理者和员工在制定和执行战略决策时应当最为重视的事项——这正是商业道德的具体体现。要发展一种基于价值观的企业文化，需要不断地加以培养和支持，实施与公司价值观相符的奖励机制，同时管理者的行为也应与这些价值观保持一致。[128]当公司有清晰的道德准则，这些准则又通过广泛的道德培训整合到公司的业务中，并且股东期望道德行为时，战略领导者以及组织中的其他成员最有可能把道德价值观融入决策中。[129]因此，建立并强化有意义的道德准则有利于做出符合道德的决策，从而帮助公司更好地采用战略管理过程。

洛克希德·马丁公司（Lockheed Martin）是一家国际性的航空航天与防务企业，全球雇员总数达11.4万人。[130]公司根据其业务环境的需求（特别是在安全和政府合同领域）建立了以核心价值为基础的坚实的道德文化："洛克希德·马丁的成功依托于我们对诚信的坚定承诺。我们的核心价值——正直行事、尊重他人、追求卓越——是我们身份和业务的根本。在洛克希德·马丁，我们坚信，做正确的事不仅仅是遵守法律法规，更是在法律未作要求时也自我约束，追求更高的标准。"[131]该公司还制定了一套道德与商业行为准则，在全球各主要地点设有道德官，并定期开展道德培训课程。这些行动明确传达了对所有洛克希德·马丁员工以及公司外部合作伙伴所期望行为的强烈信号。

12.8 建立平衡的组织控制

组织控制一直以来都被视为战略管理过程中（尤其是战略实施部分）的一个重要组成部分。正如第11章所述，控制是帮助公司实现期望的结果所不可或缺的。组织控制可以帮助战略领导者树立信誉，向公司的利益相关者证明战略的价值，促进并支持战略变革。最为重要的是，控制可以为战略的实施以及实施过程中的调整和纠正活动提供必要的参数。

本章中我们主要关注两种组织控制：战略控制和财务控制（已在第 11 章中介绍）。战略领导者有责任帮助公司发展并有效运用这两种控制。正如我们在第 11 章中解释的，财务控制主要聚焦于短期财务结果。战略控制的重点则是战略行动的内容而不是结果。由于经济衰退、出乎意料的国内外政府的行动或者自然灾害等外部条件，一些战略行动本身虽然正确，但最终业绩不尽如人意。因此，强调财务控制经常会产生周期更短的和规避风险的决策，因为财务结果可能是由超出领导者和管理者的直接控制范围的事件引起的。战略控制则鼓励低层级的管理者制定带有较少或适度风险的决策，因为决策的后果将由公司全部管理者共同承担。

战略领导者面临的挑战是实现财务控制和战略控制的平衡，以提高公司业绩。**平衡计分卡**（balanced scorecard）是一种工具，是公司（包括家族企业）用来评价其在提高业绩的过程中是否实现了战略控制和财务控制的适当平衡。[132] 这种工具最适合评价业务层战略，也可以用于评价公司的其他战略（如公司层战略、国际化战略和合作战略）。

平衡计分卡的潜在前提是，如果公司以战略控制为代价来强调财务控制，那么公司未来的绩效会受到威胁。[133] 出现这种情况的原因是，财务控制只对过去行为的结果提供反馈，没有形成对未来绩效的驱动力。因此，过分强调财务控制会导致以牺牲公司的长期价值创造潜能来换取短期绩效。事实上，对短期效益的关注，可能会导致管理者做出对其个人有利的决策。研究表明，统筹长期目标与短期目标的决策有利于公司绩效的提高。因此，保持战略控制和财务控制的适当平衡而不是单纯强调某一方面，可以使公司获得更高的绩效。[134]

平衡计分卡包含四个方面：

- 财务（从股东的角度考虑公司的成长、利润和风险）；
- 顾客（从顾客的角度考虑产品创造的价值总量）；
- 内部业务过程（关注的是能够使顾客和股东感到满意的各种业务过程的优先顺序）；
- 学习和成长（关注的是公司为创造支持变革、创新和成长的氛围而付出的努力）。

公司利用平衡计分卡，可以了解应如何回馈股东（财务角度），顾客如何看待公司（顾客角度），为了成功地利用竞争优势公司应强调哪些过程（内部业务过程角度），为了获得成长公司应如何改善自己的绩效（学习和成长角度）。[135]

至关重要的是，控制措施不仅定义了执行战略所需的参数，也向战略领导者指明了何时需要进行战略实施的调整。传统平衡计分卡所依托的四个视角，实质上是对战略竞争力中最为关键要素的指引。在第 1 章，我们提出了一个超额利润的利益相关者模型，并介绍了主要利益相关者——包括供应商、客户、员工、股东（投资者）以及公司所在社区——与企业共同参与价值创造的理念。[136] 这一理念得到了商业圆桌会议这一组织的联合声明的支持，该声明宣称公司的目标是服务于这五大利益相关者群体的。[137] 尤其是在当前社会对企业责任行为提出更高要求的环境下，从利益相关者的角度出发来考虑组织控制显得尤为合理。[138] 这种视角在战略上亦显示出其优势，因为它引导利益相关者采取行动，有助于企业创造更大的价值。[139]

表 12－1 展示了一个以利益相关者为导向的可能的平衡计分卡示例，它提供了基于五大主要利益相关者而言非常重要的一些指标。请注意，原始平衡计分卡中的财务角度并未被忽略。例如，股票回报、销售增长和风险等财务指标对股东极为重要，因此在股东的示例指标中被纳入考量。

表 12－1　基于利益相关者的平衡计分卡

利益相关者	示例指标
股东（财务）	• 股票回报 • 与回报相关的风险（贝塔系数、方差） • 市盈率（P/E） • 销售额增长
员工	• 与同行业公司的薪酬/福利比较 • 生产力指标 • 员工流失率 • 员工满意度调查
顾客	• 顾客满意度调查 • 产品质量/安全性消费者报告 • 声誉排名 • 产品退货率
供应商	• 供应商关系的持久性 • 供应品的质量/及时性 • 供应商法律诉讼的存在或缺失 • 应付账款逾期天数
社区	• 社区服务项目参与 • 捐赠收入占比 • 被列入企业社会责任名单 • 社交媒体上的正面/负面帖子

这些示例指标涵盖了两种类型的信息——利益相关者从企业中获得什么，以及他们为企业贡献了什么。例如，员工的薪酬和福利反映了员工从企业中获得的回报，而生产力指标则显示了他们对企业的投入（例如，工作积极性和技能水平）。这两类信息都非常有用，并且常常是相互关联的。比如，如果企业的生产力低下或在下降，可能是因为员工对其薪酬不满；反之，如果生产力低下而工资水平却很高（或与同行业公司相当），那么战略领导者应该探究是什么其他因素导致了低生产力。这些信息有助于企业了解如何在其价值创造系统中创造更大价值，从而实现战略竞争力和超额利润。

无论是单一业务公司，还是大型多元化公司，在平衡战略控制和财务控制时，战略领导者都扮演着重要的角色。两种控制间的适当平衡是非常重要的，因为“战略领导者为未来的生存能力进行适当的投资（通过战略控制），同时又将当前的财务稳定性维持在一个恰当的水平（通过财务控制），正是这种战略领导力的运用才使公司创造财富成为可能”[140]。事实上，大多数公司的重组都是为了巩固核心业务，使高层管理者能对各业务单元重新建立战略控制。[141]

正如我们在本章中所解释的，战略领导者对公司能否成功地利用战略管理过程至关重要。战略性创业是分析-战略-绩效模型中战略实施部分的最后一个话题，第 13 章将关注战略性创业。

小结

有效的战略领导力是成功运用战略管理过程的先决条件。战略领导力包括预测事件、展望未来、保持灵活性以及促使他人进行战略变革的能力。

战略领导者通过指导团队、统领整个组织而非仅限于某个职能部门，并应对全球化经济带来的快速和深刻变化，推动战略变革。鉴于全球经济的复杂性，战略领导者需要学会在充满不确定性的环境中有效塑造人的行为模式。他们不仅通过言辞和身体力行，还凭借对未来的洞察力，深刻地影响着团队成员的行为、思想和情感。

首席执行官的个性特征深刻影响着他们的领导方式，进而关系到公司的整体业绩、价值创造和战略变革。他们在制定战略决策时的自主权，受到外部环境、组织结构和管理层特质的共同影响。

高层管理团队由在公司战略的选择和实施过程中起关键作用的主要管理者组成。通常这些人都是公司的高级官员和/或董事会成员。

高层管理团队的特征、公司的战略以及业绩之间是相互联系的。例如，具有重要的营销和研发知识的高层管理团队，对公司成长战略的运用起着积极的作用。总之，拥有多种技能的成员可以提高高层管理团队的有效性。

一般而言，当董事会和 CEO 参与确定公司的战略方向时，公司的业绩就会有所提高。但当 CEO 拥有大量权力时，董事会则较少参与有关战略制定和实施的决策。CEO 会通过指定人员进入董事会或者同时兼任董事会主席来增加权力。

在管理者继任方面，既可以从公司内部管理者人才市场选拔战略领导者，又可以从公司外部管理者人才市场选拔战略领导者。鉴于战略领导者对公司业绩的重要影响，战略领导者的选拔对公司业绩具有一定的意义。从公司内部和外部选拔战略领导者各有优缺点。虽然多数情况下 CEO 都是来自内部，但从外部选拔 CEO 的公司在逐渐增多。选择外部人员担任 CEO 主要是为了实施重要的战略变革。当公司表现不佳或股票分析师调低股票评级时，CEO 被解聘的可能性增加。若 CEO 卷入任何形式的不当行为，其被解职的可能性更高。

有效的战略领导力由五个关键领导行动组成：确定战略方向，有效管理公司的资源组合（包括财务资本、人力资本、社会资本和组织资本），维持一种有效的组织文化，强调道德准则，以及建立平衡的组织控制。

平衡计分卡是一种衡量公司战略控制和财务控制有效性的工具。一个以利益相关者为导向的平衡计分卡能够激发利益相关者的行为，助力企业创造超额利润。它依据的是对于五大核心利益相关者群体都至关重要的一系列指标。这些指标涵盖了两种信息类型——利益相关者从企业中获得的收益，以及他们对企业的投入。这两类信息对于企业来说都极为有用，能够帮助企业探索如何在其价值创造体系中增加价值，进而促进战略竞争力的提升，并实现超额回报。

关键术语

平衡计分卡（balanced scorecard）
确定战略方向（determining strategic direction）
外部管理者人才市场（external managerial labor market）
财务资本（financial capital）
异质的高层管理团队（heterogeneous top management team）
人力资本（human capital）
内部管理者人才市场（internal managerial labor market）
组织资本（organizational capital）
社会资本（social capital）
战略变革（strategic change）
战略领导力（strategic leadership）
高层管理团队（top management team）

复习题

1. 什么是战略领导力？高层管理者为什么被视为组织的重要资源？

2. 什么是高层管理团队？它是如何影响公司的业绩、创新能力以及设计和实施有效的战略变革的能力的？

3. 请描述管理者继任过程。对管理者继任计划来说，内部和外部管理者人才市场有多重要？

4. 战略领导力对公司战略方向的确定有何影响？

5. 战略领导者是如何管理公司的资源组合来开发核心竞争力，并利用人力资本、社会资本和组织资本来获取竞争优势的？

6. 战略领导者怎样才能发展和维持有效的组织文化？

7. 作为战略领导者，你可以采取什么行动来建立和强化公司的道德准则？

8. 为什么说战略控制和财务控制是公司战略管理过程的重要组成部分？基于利益相关者的平衡计分卡有哪些优势？

微案例　魅力型领导者的影响力

几乎每个人在生活中的某个时刻都接触过富有魅力的领导者。魅力型领导力是“建立在强大的沟通能力、说服力，甚至可能是一些个人魅力基础上的一种专业指导或管理形式，用以帮助他们从下属那里获取最大的工作成果”。魅力型领导者能够激励人们达到他们自己都认为不可能的高绩效水平。他们对自己工作的坚定信念似乎具有传染性。

魅力型领导者通常具备以下特质：对未来发展有清晰的远见、能够激发人们的潜力和情感、在必要时敢于冒险、对环境和周围人群保持敏感、在压力下保持冷静、充满自信，以及拥有强大的参与技巧（例如，与他人建立联系的能力）。“鉴于他们能够在深层次上与人建立联系，魅力型领导者在面临危机或努力寻求前进动力的组织中尤为宝贵。”温斯顿·丘吉尔以其魅力型领导力帮助英国度过第二次世界大战。马丁·路德·金影响了一代美国人。在商业界，奥普拉·温弗瑞（Oprah Winfrey）以其魅力型领导风格吸引了人们。李·艾柯卡（Lee Iacocca）则以其魅力型领导力在20世纪70年代末成功扭转了克莱斯勒公司的颓势。

研究者发现，魅力型领导者与追随者的招募与发展有关，最终与公司更高的绩效表现相关联。研究也支持了这样一种观点：魅力型领导者能够正面影响创造力和团队绩效。然而，研究同时也发现，魅力型领导者有时可能会抑制人们在组织中表达和解决冲突。此外，魅力型领导者有时会被视为自我中心或不真诚。更为关键的是，围绕魅力型领导者的人可能会感觉到领导者期望他们盲目遵从，这可能会抑制他们提供关于重要战略问题不同观点的意愿。

关于一个人能否学会成为魅力型领导者，或者是否必须天生具备这些特质，人们持有不同观点。此外，魅力型领导力在某些情境下比其他情境更为重要。还有关于魅力型领导力是否与变革型领导力相同的讨论，普遍的共识是，它们非常相似，然而，变革型领导力通常在需要进行大规模组织变革的情境中被提及。

资料来源：D. Ciampa，2022，*When Charismatic Leadership Goes Too Far*，Boston，Massachusetts，Harvard Business School Publication Corp.；P. El Haddad，M. Bonnet，& P. Tabchoury，2021，Transforming hidden conflicts into participation：The case of charismatic leadership in the Middle East，*Journal of Organizational Change Management*，34：84 – 103；2021，What is charismatic leadership? *Western Governors University*，www. wgu. edu，March 23；M. R. McManus，2021，10 farout charismatic leaders（and the trouble they caused，*How Stuff Works*，www. howsuffworks. com，April 14；S. Duane Hansen，D. R. Miller，& D. Noack，2020，The impact of charismatic leadership on recruitment，development and firm performance，*Journal of Managerial Issues*，15：67 – 86；G. C. Banks，K. N. Engemann，C. E. Williams，J. Gooty，K. D. McCauley，& M. R. Medaugh，2017，A meta-analytic review and future research agenda of charismatic leadership，*Leadership Quarterly*，28：508 – 529；S. Lee，2020，What is charismatic leadership，*Torch*，www. torch. io. blog，July 30；T. T. Luu，C. Rowley，C. K. Dinh，D. Qian，& H. Q. Le，*Public Performance & Management Review*，42：1448 – 1480；G. C. Banks，K. N. Engemann，& J. Wong，2017，5 characteristics of a charismatic leader，*Brilliant*，www. brilliantfs. com，August 9；2013，Oprah Winfrey—charismatic leader，*Penn State University*，www. psu. edu，November 17.

讨论题

1. 魅力型领导力与本章讨论的主题有何联系？请详细说明。
2. 你能想象出在哪些商业场景或行业中，魅力型领导力可能并不重要？
3. 回顾你的经历，指出一个你认为具有魅力型领导力的人物。他们身上的哪些特质最为显著？他们实现了哪些成就？

4. 你如何提升自己，成为一个更具魅力的领导者？

注　释

第 13 章

战略性创业

学习目标

1. 定义战略性创业和公司创业。
2. 解释新兴市场及其如何发展成为成熟产业。
3. 定义创业和创业机会，解释它们的重要性。
4. 定义发明、创新和模仿，描述它们之间的关系。
5. 描述创业者和创业意识。
6. 解释国际化创业及其重要性。
7. 描述公司如何从内部发展创新。
8. 解释公司如何利用合作战略进行创新。
9. 描述公司如何利用收购进行创新。
10. 解释战略性创业如何帮助公司创造价值。

引例 大型科技公司雄心勃勃的投资计划将再次改变世界

《经济学人》（*Economist*）在 2022 年初提出了一个引人深思的问题："大型科技公司的雄心是否有界限？"文章中提到，2021 年 10 月，马克·扎克伯格（Mark Zuckerberg）将脸书（Facebook）更名为 Meta，并展望了人类在虚拟世界中的新未来。

2022 年 1 月 18 日，市值超过 2 万亿美元的微软宣布以 690 亿美元收购游戏公司 Activision Blizzard，这是其有史以来最大的一笔交易。文章接着指出，Meta、亚马逊（Amazon）、微软（Microsoft）、Alphabet 和苹果（Apple）这五大科技公司——被统称为 MAMAA——在 2021 年的投资总额高达 2 800 亿美元，相当于美国商业投资的 9%，比五年前的 4% 有了大幅提升。这些投资覆盖了从量子计算到无人驾驶汽车等各个领域，显示出它们在寻找"下一个大事件"。

在第 1 章中，我们讨论了新冠疫情大流行如何增加对大型科技公司产品和服务的需求。这些公司将由此带来的"好运"转化为对未来的投资。其中，元宇宙（metaverse）被视为一个有前景的领域。在第 5 章中，元宇宙被描述为视频游戏的下一个战场。然而，它的意义远不止于此。它被描述为一个“3D 导航、社交连接、有意识、有责任感、自由的虚拟世界”。想象一下，走进一家商店，沿着过道走下去，挑选商品，阅读标签，把一些放入你的购物车，把其他的放回货架上。所有这一切都可以躺在床上完成。在不到一个小时之内，一辆无人驾驶的车辆就能将你购买的商品送到家门口。这就是元宇宙，而这项技术已经触手可及。

Meta 的“Horizon Worlds”是一个虚拟现实社交平台，人们可以“探索、玩耍和创造”。发现新的地方，与朋友一起游玩，解决谜题，或组建团队参与互动游戏。设计你自己的世界，或从社区其他成员那里获得灵感，被他们的创意鼓舞。即使“Horizon Worlds”未能吸引大量关注，Meta 的工程师们也正在不断学习和进步，这些经验将融入 Meta 未来的许多产品中。扎克伯格说：“Meta 正在试验新工具，这些工具将允许所有创作者在 Horizon 上销售虚拟资产和体验。”其他如 Decentraland 和 The Sandbox 等虚拟世界也在出售一切商品。“知名说唱歌手史努比 · 狗狗（Snoop Dogg）在 12 月豪掷 45 万美元购买了 The Sandbox 中的一块虚拟土地。”据估计，元宇宙经济可能在不到 10 年的时间内价值超过 8 万亿美元。

Roblox 是另一个高科技的元宇宙竞争者。2004 年，大卫 · 巴斯祖基（David Baszucki）与软件工程师埃里克 · 卡塞尔（Erik Cassel）共同创立 Roblox，目标是构建一个新世界。巴斯祖基意识到人们渴望创造自己的头像和世界，进入他们创造的世界，并与朋友交流。早期原型曾在科学博览会上测试。2021 年 3 月，Roblox 上市，市值达到 410 亿美元。尽管游戏是 Roblox 和其他虚拟世界平台的一个关键部分，但它们也具有重要的社会属性。“更有名望的玩家因为向年轻游戏者分发虚拟聚会礼物而知名。”利尔 · 纳斯 · X（Lil Nas X）的一场音乐会吸引了 3 690 万访问量。巴斯祖基表示，“这不仅仅是游戏，还涉及学习、工作。”拉夫劳伦（Ralph Lauren）在 Roblox 上有一个名为“冬季逃脱”（Winter Escape）的营销项目。耐克有一个名为“耐克之地”（Nikeland）的虚拟展厅。古驰有“古驰花园”（Gucci Garden），在那里，一场竞购战将一个虚拟手袋的价格推高到了 4 115 美元。这个手袋在现实中的售价是 3 400 美元。尽管如此，像许多初创企业一样，Roblox 尚未盈利。

太空探索是另一个巨大的科技投资领域。亚马逊计划通过名为 Kuiper 的风险投资发射 3 000 多颗低地轨道卫星。这些卫星旨在为全球未连接和连接不足的地区提供宽带互联网接入。杰夫 · 贝索斯（Jeff Bezos）在谈到投资时说：“我能站在这里告诉你，我们对 Kuiper 项目的 100 亿美元投资会产生资本回报吗？不能。但我相信它会，我们也在努力确保这一点。获得超额回报的唯一方式是冒险，而许多冒险可能不会成功。”贝索斯还拥有一家名为 Blue Origin 的火箭公司，最近参加了该公司首次载人太空飞行。Kuiper 卫星将与埃隆 · 马斯克的 SpaceX 卫星直接竞争。当然，SpaceX 更广为人知的是为前往国际空间站的宇航员提供运输服务。

资料来源：M. Maidenberg，2022，Amazon bets billions on satellite fleet，*Wall Street Journal*，April 6：B1，B4；M. Maidenberg，SpaceX ferries private astronauts up to International Space Station，*Wall Street Journal*，April 9：B3；D. Gallagher，2022，Amazon space race is a big “other bet，” *Wall Street Journal*，April 5：B14；B. Warner，2022，Why Wall Street loves the metaverse，*Fortune*，March：44 – 50；S. Shead，2022，Mark Zuckerberg says Meta will test selling virtual goods in the metaverse，CNBC，www.cnbc.com，April 12；Y. Jie，Microsoft’s deal for Activision tests Sony’s gaming strategy，*Wall Street Journal*，January 25：B4；B. X. Chen，2022，What’s all the hype about the metaverse，*The New York Times*，www.newyorktimes.com，January 19；2022，Big tech’s supersized ambitions，*The Economist*，www.economist.com，January 22；2022，Horizon Worlds, *MetaQuest*, www. oculus. com, May 13; A. Kessler, 2021, The metaverse is already here, *Wall Street Journal*, www. wsj. com, December 26; P. Choudhury, C. Foroughi, & B. Larson, 2020, Work-from-anywhere: The productivity effects of geographic flexibility, *Strategic Management Journal*, 42: 655 - 683; A. Konrad, 2020, Zoom kaboom!, *Forbes*, May: 76 - 85; A. Tilley, 2020, Microsoft earnings grew last quarter with demand for cloud services, *Wall Street Journal*, www. wsj. com, January 25.

13.1 战略性创业和公司创业

正如本章所述，从事战略性创业的公司同时专注于寻求优势和把握机会的行为。本质上，这意味着企业在外部环境中寻找可以通过创新和执行战略来利用的创业机会。将寻求优势和机会这两者结合起来是一项挑战，因为这要求公司一边销售现有产品，一边识别市场中的需求，通过创新来满足这些需求。开篇引例很好地诠释了这一点，我们看到大型科技公司在维护其传统业务竞争力的同时，积极进军新的领域。此外，该案例还说明了创业投资的高风险性以及获得回报所需的漫长周期。

本章的重点是战略性创业，战略性创业是公司用于有效整合创新与战略行动的一个框架。[1]更一般地，**战略性创业**（strategic entrepreneurship）是从战略角度来进行创业活动。在这一过程中，公司试图寻找外部环境中的机会，并努力通过创新来开发这些机会。战略性创业的创业维度用来识别可以通过创新来开发的机会，战略维度则用来确定何种方法是管理公司创新的最具有竞争力的方法。[2]

13.2 新兴市场的演变

战略性创业多见于**新兴市场**（nascent markets），这些市场或者是全新领域，或者是正在经历剧烈的技术、规则、结构变革的既有市场，上述变革深刻地重塑了市场格局。[3]在这些市场中，规范商业行为的机构尚未普遍确立并获得广泛认可。[4]市场结构尚未稳定，对于最终产品将具备哪些特征、应该如何生产等问题，也不明朗。同时，市场上存在相互竞争的技术、以及需求的不确定性或迅猛增长。当前，电动汽车市场和虚拟现实市场（如元宇宙）都属于新兴市场。[5]

新兴市场通过三个发展阶段逐渐转变为成熟市场。[6]在初始的孵化阶段，技术突破或对未满足需求的识别激发了充满活力的创业活动，直至新产品首次商业化。随后进入第二阶段，企业开始逐步进入这一新兴行业，起初步伐较慢，但随后竞争者数量逐渐增多。在这一阶段，虽然产品仍处于初级阶段，消费需求低迷，却也见证了重大的技术突破。到了第三阶段，更多企业涌入该行业，销售量显著增长。由于新进入企业拥有多样化的信息和能力，产品创新变得十分活跃，消费者开始认可该行业的合法地位。[7]随着时间的推移，产品的设计和制造流程逐渐标准化，消费者需求也展现出更加可预测的模式，行业趋于稳定。就变化速度而言，新兴市场与第 5 章讨论的快周期市场有相似之处。然而，与快周期市场不同，在新兴市场中，产品并非总是能够轻易快速地被模仿。

为了解释战略性创业，我们关注以下主题。首先，我们讨论战略背景下的创业和创新，并对创业、创业机会和创业者（那些从事创业活动，寻找创业机会的人）进行定义。然后，我们描述国际化创业，国际化创业是企业在本国以外的市场中采取创业行动。之后，分别介绍公司创新的三种途径：通过内部进行创新、通过合作战略进行创新和通过收购进行创新。[8]不出意料，大多数大企业是综合采用以上三种途径。本章的结尾部分总结性地评论了企业是如何通过战略性创业来创造价值的。

在开始本章的主题之前，我们要指出本章的大部分内容讨论的是关于发生在现有组织中的创新和创业。以更正式的概念来表达，这种现象称为公司创业（corporate entrepreneurship），是指在现有公司中使用或应用创业。[9]因此，本章所探讨的大部分内容对于创业公司和现有公司同样重要。

13.3 创业和创业机会

创业（entrepreneurship）是个人、团队或组织识别和追求创业机会的过程，并且这些机会不会直接受到现有资源的约束。[10]创业机会（entrepreneurial opportunities）是指新产品和新服务能够满足某种市场需求的情形。当市场和生产要素中存在不完全竞争或者它们由创业者独立开发出来时，就会存在创业机会。[11]创业机会可能以不同形式出现，如开发和销售新产品的机会，或者在新市场上销售现有产品的机会。[12]无论创业机会出现在何时何地，公司都要善于追求和把握。以金宝汤公司为例，该公司利用一种追求“大胆口味”的食品潮流，推出了一款注入辣椒粉、辣椒素以及其他香料和醋的辣鸡肉面汤。[13]此外，基于社会对一次性吸管的反对声音，以厨房电器闻名的 Cuisinart 公司开发了一套不锈钢吸管，配备清洁刷和硅胶套。[14]

正如上述两个定义所指出的，创业的本质是识别和开发创业机会，也就是说，其他人并没有看到这些机会，或者并没有意识到这些机会的商业潜力以及适当地管理这些机会带来的风险。[15]作为一个过程，创业导致现有产品（或服务）或生产方法的“创造性破坏”，并带来了新产品和新生产方法。[16]有人认为，加密货币（如比特币、以太币）有可能在未来取代长期以来建立的金融交易方法。然而，在加密货币领域，我们也能看到与创业活动相关联的巨大风险。2022 年 5 月，加密货币经历了价值的巨大下跌和剧烈波动。这种影响对许多人、众多公司乃至整个国家都是灾难性的。“比特币价值的暴跌伤害了全球的加密货币投资者。特别是已经负债累累的萨尔瓦多，其总统动用了数亿美元的纳税人资金购买比特币，并推广它作为国家的法定货币。”[17]甚至有人担心萨尔瓦多可能会因此拖欠债务。

坚持创业精神的企业高度重视个人的创新能力以及跨时间的创新能力。[18]我们是在单个公司的层面上对创业进行研究的，但是有证据显示，创业是一种可以在全球竞争格局中驱动国家经济的引擎。[19]因此，对于在全球经济中进行竞争的公司，以及寻求刺激经济进而提高居民生活水平的国家而言，创业和创新都是十分重要的。[20]

13.4 发明、创新和模仿

约瑟夫·熊彼特（Joseph Schumpeter）在他的经典著作《经济发展理论》（*The Theory of Economic Development*）中提到公司可以采取三种类型的创新活动。[21]**发明**（invention）是指创造或开发新产品或新流程的行为。**创新**（innovation）是指通过发明来创造商业化产品的过程。[22]创新是在发明完成后进行的，发明使一些新东西的出现成为可能，创新则使一些新东西投入应用。技术标准用来判断发明是否成功，商业标准则用来判断创新是否成功。[23]**模仿**（imitation）是指不同的公司进行相似的创新。[24]模仿可以使产品标准化，基于模仿而生产的产品在定价时会更低，但是缺乏个性。[25]创业对创新活动尤为重要，因此它成为发明和创新之间的关键点。[26]

对于大多数企业来说，创新是三种创新活动中最为重要的。虽然许多公司都能构思出发明设想，但有时将这些发明进行商业化很困难。[27]专利是一种战略性资产，公司具有的不断产生专利产品的能力是竞争优势的重要来源，尤其是打算将发明进行商业化运作，或者在知识密集型行业（如制药行业）进行竞争时。[28]从竞争的角度来说，专利给企业的潜在竞争对手设置了一道市场进入壁垒。[29]然而，一般来说，进入壁垒无法为在全球经济中竞争的企业提供太多保护。消费品巨头联合利华的首席信息官认为，“基本上没有进入壁垒”来阻止初创企业进入其公司竞争的市场。[30]在联合利华的案例中，进入壁垒较少的原因包括消费者对健康产品中天然成分的需求，以及与生产消费品相关的成本已经下降。因此，今天的公司面临的挑战是了解它们的创新能在多大程度上为潜在和现有的竞争者设置进入壁垒。[31]

著名商业顾问、教育家和作家彼得·德鲁克指出：“无论在现有公司、公共服务机构，还是在个人创办的新公司，创新都是创业的一个特殊功能。”[32]此外，德鲁克还认为，创新“是一种手段，创业者可以用它创造出产生财富的新资源或赋予现有资源更多的创造财富的潜力”[33]。因此，创业及其产生的创新对所有想要获得战略竞争力和超额利润的公司都是至关重要的。

国际竞争的现实表明，作为市场领导者，公司必须经常性地开展创新。这就意味着公司应该将创新视为几乎所有经营活动的一个内在组成部分。管理者需要致力于公司内部行动和资源的协调（统一），“包括获取与开发资源、构建企业能力，以及最终制定并执行战略，以充分发挥这些资源的优势”[34]。此外，公司应该认识到人力资本投入对于创新的重要性。[35]有证据表明，尤其是在激进创新方面，劳动力的多样性提高了人力资本在开发能够创造价值的创新方面的能力。[36]上述讨论表明，创新是公司通过创业寻求的关键结果，它是竞争成功的源泉，尤其是在动荡的、充满竞争的环境中。[37]

13.5 创业者及其创业导向

创业者（entrepreneurs）是指独立行动的或者作为组织组成部分的个人，他们寻找创业机会，然后冒着风险进行创新以利用这一机会。从高层管理者到生产产品的员工，都有可能成为创业者。[38]

创业者往往具有以下特征：积极性高、愿意对项目承担责任、充满自信、保持乐观。[39]另外，创业者往往坚信他们的创新设想有价值且很重要。[40]他们往往比其他人更懂得如何应对不确定性，对机会也更加敏感。[41]为了获得成功，创业者通常需要具有良好的社交技巧并能够制订出色的计划（以获得风险投资）。[42]

创业的成功需要创业者付出艰辛的努力，但它也能给创业者带来极大的满足感，尤其当创业者认识到自己的热情并跟随着这份热情的时候。亚马逊的创始人杰夫·贝佐斯曾说："人们犯的巨大的错误之一便是强迫自己拥有某种兴趣；不是你选择了你的热情，而是你的热情选择了你。"[43]证据显示，成功的创业者都具有创业意识（entrepreneurial mind-set）。具有创业意识的人重视市场的不确定性，并不断地寻找可通过创新来把握的机会。[44]那些没有创业意识的人往往会把创新机会视为威胁。重要的是，创业意识还包括承认国际和国内竞争的重要性。[45]

创业导向不仅适用于个人，也会融入企业的组织文化之中，成为其不可分割的一部分（详见第 12 章）。公司的创业导向可以从五个维度来界定：自主权、创新性、风险承受性、探索性和竞争进取性。[46]综合来看，这些维度影响着公司在使用战略管理过程时为了创新所采取的行动。

创业导向的第一个维度是自主权，即允许并鼓励员工摆脱组织的约束采取行动。第二个维度是创新性，"反映了公司对从事和支持新的想法、发明、实验以及创造性流程的倾向程度，这些活动可以带来新的产品、服务或技术流程"[47]。倾向于创新的组织文化会鼓励员工超越现有的知识、技术和参数去思考问题，以寻找能够增加价值的创造性方法。第三个维度是风险承受性，反映了个人和公司在追求创业机会时承担风险的意愿。第四个维度是探索性，它描述的是公司成为市场领导者而不是追随者的能力。探索性组织文化总是不断地预测未来市场的需要，并抢先于竞争对手满足这些需要。创业导向的最后一个维度是竞争进取性，它是指公司对于采取行动不断超越竞争对手的倾向程度。[48]

由于创业意识有可能导致持续的创新，因此，个体的创业意识可以成为公司竞争优势的来源。当个人能够获得知识时，就可以培养和支持创业意识。研究显示，当公司内部的每一个业务单元都可以接触新知识时，它们就会更具创新性。[49]然而，知识的转换通常比较困难，因为接受知识的一方必须有足够的吸收能力来理解这些知识，并且必须知道如何有效地利用知识。[50]学习过程中需要把新旧知识联系在一起。因此，管理者要有在现有知识水平的基础上去开发人力资本的能力，以逐渐拓展他们的知识面。

一些公司以高度重视创业而著称，这表明其内部的各个机构均具有创业意识。2022 年，*Fast Company* 将 Stripe 评为全球最具创新力的公司。这家大型在线支付公司推出了由南・兰索霍夫（Nan Ransohoff）领导的 Stripe Climate 项目，使客户能够通过其软件捐助客户一定比例的数字销售额，来为具有雄心的碳移除技术提供资金支持。[51] 与此同时，微软因其基于 3 万名员工调查得出的成果，进入了人性化工作流程的前十名榜单。SpaceX 也榜上有名，因为它设计了降低载人航天成本的火箭，使进入太空变得更加可负担。

13.6 国际化创业

创业是公司在国内与国外两个层面上实践的过程。**国际化创业**（international entrepreneurship）是公司创造性地探索和开发国外市场机会的过程。[52] 对于新公司来说，国际化创业是十分常见的，事实表明，越来越多的新公司在生命周期的早期阶段就进入国际市场。已成立的大型公司也都拥有重要的国外运营业务，并经常在国际市场上成立新公司。[53]

公司通过参与国际化创业来提高公司的业绩。[54] 这些领头企业通常明白在国外市场采取创业行动是具有挑战性且存在风险的，这些风险包括汇率的波动、市场低效、缺乏足够的基础设施来支持商业运营，以及市场规模的限制等。[55] 此外，一些国家，尤其是在新兴市场中，存在专利保护不足的问题。[56] 因此，需要仔细分析后才能做出是否进行国际化创业的决策。

创业已经成为一种全球化现象，这意味着全世界都在进行创业实践，但不同国家的创业比例是不一样的。例如，根据全球创新指数，2021 年五大最具创业性的国家分别是：瑞士、瑞典、韩国、荷兰和芬兰。[57] 瑞士之所以被选为最具创业性的国家，是因为其知识型经济（如众多顶尖大学）以及将创新思维转化为为客户创造价值的产品项目的能力。瑞典是另一个强调教育的国家，该国将超过国内生产总值的 3% 投入研发。发布该排行的人表示，总体而言，最具创业性的国家通过创造性的教学技巧吸引学生，执行稳定的法律，通过精心设计的实践开展业务并愿意承担风险。

一国文化是世界不同国家具有不同创业性的原因之一。像瑞士、瑞典这样的国家文化，在个人主动性与合作精神和团队所有权之间实现了平衡。这种平衡能够在组织内部鼓励创新和创业行为。这意味着公司要具备创业精神，必须为个人的主动性提供适当的自主权和激励措施，以促使创新想法涌现。同时，公司还需要促进协作和团队共同所有，将其作为成功利用创新成果的基础。因此，国际化创业需要团队中的成员具有独特的技能和资源。

新公司在国外的投资水平也是国际化创业的一个重要维度。事实上，随着全球化的不断深入，已经有大量的新公司“天生就是全球化的”[58]。这可能是因为进入国际市场的新公司可以加强对新技术知识的学习，从而提高自身的业绩。[59] 这些公司通过它们在国外市场中建立的外部网络（如供应商、消费者以及战略联盟）来获取知识。[60]

当公司的战略领导者，尤其是高层管理者，拥有国际化经验时，公司进入国际市场并在竞争中取得成功的可能性就会更大。由于参与国际市场的运营有利于公司学习知识，并且获得规模经济和范围经济效益，因此，无论是新成立的公司还是原有的国际多元化公司，通常都是本土市场上的强劲竞争者。另外，研究还显示，国际多元化公司都更具有创新性。[61]

公司获得和保持竞争优势的能力，部分或大部分依赖于创新能力。这对于已经和尚未进行国际化创业的公司来说，都是毋庸置疑的。接下来我们将讨论公司进行内部创新的不同途径。在三种创新途径中，公司首先采用内部创新。

13.7 组织内部创新

公司的研发投入是内部创新的一个主要来源。通过有效研发，公司得以形成可专利化的流程与商品，这些流程与商品在本质上是创新的。[62]有越来越多的成功研发来自可利用的全球劳动力技能的整合。因此，以创新为基础获取竞争优势的能力使公司能够聚集世界各国的优秀人才。[63]

在今天的全球竞争环境中，研发以及它所带来的新的产品和流程，会影响到公司获得超额利润。正因为如此，公司试图利用其研发实验室，不断地创造突破性新技术和新产品。尽管研发对公司的长期成功至关重要，但创新方面的投资回报是不确定的，通常在短期内难以达到预期效果，因此，公司在评估研发的结果时必须有很大的耐心。[64]

如前所述，成功的研发项目必须配备高质量的人力资本——明星科学家。然而，并非所有的创意都产生于实验室。例如，公司为了满足顾客的需求而开发新产品，这就是一个很好的创新来源。[65]此外，公司还借助外部网络，这些外部网络包括其他科学家、已发表的研究，甚至是合作伙伴（稍后在本章会提到）。[66]公司还可以利用公共知识，例如对现有的技术知识进行整合，以创造改良的技术，甚至是全新的技术。[67]此外，一些极为成功的企业在产品开发上采取了试错的方法，也可以被称作“实践出真知”的策略。在这一策略下，它们会先推出一款产品，随后不断地进行设计上的优化和改进，以此来确保产品始终能够吸引顾客。[68]

公司创造了许多种收集员工创意的方法，这些创意大多涉及产品和其他方面的创新。一种方法是举办创新竞赛，公司向那些提出最具创新性产品或流程想法的员工颁发奖项。[69]同时，一些公司还允许员工将一定时间用于创新活动。在谷歌，员工有“20% 时间”的权力，他们可以将多达 20% 的工作时间用于他们认为最有潜力通过创新使公司受益的项目。[70]在爱立信（Ericsson），公司鼓励员工加入名为“创意箱”的项目。员工向“创意箱”提交创意之后，公司会为他们匹配使“创意到创新”的经理，帮助他们进行深层开发，并对可行性和价值进行评估。然后，公司内部的风险融资部门会为最好的创意提供启动资金。[71]

渐进式创新和突破式创新

公司在进行研发活动时会产生两种类型的创新：渐进式创新和突破式创新。[72] 大多数创新都是渐进式的，也就是说，在现有知识的基础上进行创新，对当前的产品做小幅改进。渐进式创新从本质上说是逐渐演变的和直线型的。[73] 总体而言，渐进式创新通常出现在消费者对产品特征有所了解和接受的市场中。通常来说，渐进式创新通过利用现有技术对现有产品做出改进。

过去十几年电视机的不断改进（如画质的进步）、向洗衣粉中添加不同的增白成分等都是渐进式创新的例子。公司更多地采取渐进式创新而不是突破式创新，是因为前者的成本更低，生产起来更容易、更快速，风险更小。[74] 同样地，站在公司立场来看，相较于那些源自突破性创新成果的利润，渐进式创新带来的利润率通常较低。这主要是因为在提供渐进式创新产品的公司之间，竞争往往集中在价格这一变量上。[75]

与渐进式创新相比，突破式创新通常会带来重大的技术改变（突破）并创造新知识。[76] 突破式创新在本质上是革命性的和非直线型的，一般是以新技术服务于新创造的市场。智能手机的发展就是一种突破式创新，就和无人驾驶汽车一样。突破性创新由于其开发过程中的难度与风险而并不多见。这种创新所带来的技术价值和市场机遇都充满了不确定性。[77] 因此，尽管突破性创新有可能极大地提升公司获得超额回报的能力，但同时也使公司面临更大的风险。

突破性创新对人们的生活有深远的影响。以主体性技术（agentic technologies）为例，这类技术成为用户日常生活中的“主动参与者”。它们不仅被动地为用户提供服务，还能在用户的日常活动中发挥积极作用，使技术与生活紧密融合，提升用户体验。[78] Fitbit 是主体性技术的一个典型例子。它不仅可以追踪用户的行为，还会发送提醒，建议用户采取措施改善健康。此外，Fitbit 通过正面反馈强化用户的健康行为。由于主体性技术涉及人机交互界面，它们能够塑造用户的情感、思维、信念和行为。通过这种方式，技术不仅在跟踪和反馈层面起作用，还在无形中影响用户的生活方式和决策。[79]

开发新流程是突破式创新的一个关键部分。由于突破式创新只使用了一些或很少一部分公司现有产品或技术方面的知识，却创造出新的知识，因此突破式创新需要创造力。就创新投入而言，无论是对于非营利组织还是营利性组织，创造力都是非常重要的。[80] 创造力是发挥想象力的结果。正如 Priceline. com 的创始人杰伊·沃克（Jay Walker）所说：“想象力是燃料，若没有想象力，你将无法获得创造力。”想象力引导公司去思考在这个变化的世界里消费者想要的是什么。例如，沃克说：“那些在公司内寻求创新的人，可以试着去想象一下在一个手机无处不在的现实世界中，消费者到底想要什么。”[81] 相比于渐进式创新，想象力对于突破式创新更为重要。

以上讨论强调了一个事实：从内部发展起来的渐进式创新和突破式创新都是刻意努力的结果。这些刻意的努力称为公司内部创业，是公司为进行内部发明特别是创新而采取的一系列活动。[82] 如图 13－1 所示，自发性和引导性战略行为是公司内部创业活动的两种形式。这两种创业形式都可以促进渐进式创新和突破式创新的发展。但是，很多突破式创新都源于自发性战略行为，大多数渐进式创新来自引导性战略行为。

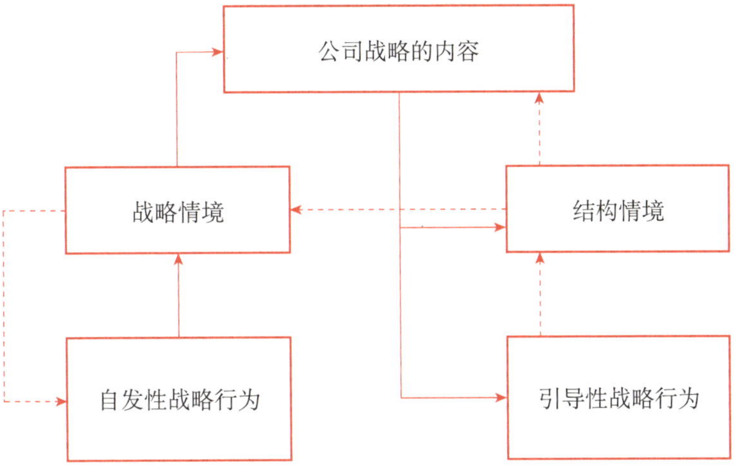

图 13-1 公司内部创业的模型

资料来源：Adapted from R. A. Burgelman, 1983, A model of the interactions of strategic behavior, corporate context, and the concept of strategy, *Academy of Management Review*, 8-65.

从本质上说，自发性战略行为会导致公司战略和结构方面的改变，以支持实施战略。引导性战略行为会受到为了支持创新而形成的公司战略和结构的影响。这些观点会在下面对两种公司内部创业活动的讨论中着重阐释。

自发性战略行为

自发性战略行为是一个自下而上的过程，在这个过程中，产品倡议者不断追求新设想，经常通过官方程序来开发和协调创新以及将创新带入市场。[83] 在创新向前迈进的过程中，产品倡议者扮演着重要角色。

以便利贴为例，因为产品倡议者的不懈努力，便利贴这个当时的创新产品才得以进入市场。3M 的便利贴是从 3M 科学家斯宾塞·西尔弗（Spencer Silver）博士的工作中开发出来的。在试图开发一种更强、更牢固的黏合剂时，西尔弗发现了一种叫作微球的东西，它在保持黏性的同时具有可移动的特性，这种特性使得附着的表面很容易剥离（想想你的便利贴）。公司花了数年时间才看到西尔弗的发明中所蕴藏的与创新相关的潜力，并与另一位 3M 科学家阿特·弗莱（Art Fry）建立了合作伙伴关系。在谈到这一成果是如何产生的时候，西尔弗说，他被称为“顽固先生”，因为他一直在 3M 内部推销他的产品。[84] 他的坚持表明，他确实是一名产品倡议者。正如这个例子所显示的，源于自发性战略行为的内部创新与公司的当前战略不一致，它将公司带入新的市场，可能以新的方式创造价值（见图 13-1）。

战略聚焦 国家层面寻求创新的自发性战略行为

正如战略聚焦所讨论的，除个别机构外，其他机构或团体有时会通过自发性战略行为寻求创新。公共投资基金（Public Investment Fund，PIF）就是这种情况，该基金为对沙特阿拉伯具有战略重要性的项目提供财务支持。[85]在研究公共投资基金的行动时，请注意在整个沙特阿拉伯发展创新是推动该基金投资选择的动力。在这方面，公共投资基金希望产品倡议者能够成功推出电子商务平台 Noon（公共投资基金对其投资了 5 亿美元），以此作为国家开发和利用创新的途径。Noon 的一个主要投资者穆罕默德·阿拉巴尔（Mohamed Alabbar）是一名产品倡议者，通过他，作为市场创新来源的优秀创意可能会浮出水面。

引导性战略行为

公司通过内部创业活动在公司内部开展创新。公司内部创业活动的第二种形式是引导性战略行为，这是一个自上而下的过程，在这个过程中，公司利用现有的战略和结构来培育与之有密切联系的创新。[86]在这种形式的创业活动中，恰当的战略是经过相匹配的结构层级过滤而得到的。引导性创新有助于公司及其管理者决定所需创新的种类和数量。[87]例如，为了成为行业领导者，公司可以通过定期开发新产品来加强创新，即使这些新产品会与已有的成功产品争夺市场。这种方式长期被英特尔采用。它通过定期推出新一代微处理器，使得旧款产品相形见绌。

引导性创新的方式被用于决定公司进行开放式创新还是封闭式创新，即“将外部的理念和技术整合入公司的创新流程”，并允许“公司内部未被充分利用或未被利用的创意和技术流向外部，融入他人的创新过程中”。[88]开放式创新，如果管理得当，可以帮助公司从可以应用于多种不同目的的技术中获得价值，例如人工智能。[89]尽管开放式创新正变得越来越常见，但大多数创新仍然是封闭式的。开放式创新可能是应对一些复杂问题的关键，这些问题有时被称为“棘手问题”，它们与众多相互依存的因素相连，看起来几乎无法解决。[90]全球气候变化和种族不平等问题就是所谓的“棘手问题”的例子。

内部创新的实施

创业意识是在公司内部进行创新的关键，一定程度上，这是因为在发明的商业化过程中，存在着环境和市场的不确定性，创业意识可以帮助公司应对这种不确定性。[91]当面对不确定性时，公司试图不断地识别最具吸引力的机会，以便战略性地把握它。因此，公司利用创业意识来同时进行机会的识别、创新的开展以及战略的实施。其中，创新的开展和战略的实施是为了把握和利用在市场中已经识别出来的机会。[92]通常，为了成功开展内部创新，公司会激励个体创业。一种方法是创新竞赛，公司向那些提出最具创新性产品或流程想法的员工颁发奖项。[93]

往往由于内在的风险性，说服管理者资助新项目并非易事。[94]因此，要培养和发展突破性创新，需要强有力的支持性领导。清晰的愿景和使命至关重要，这包括强调创新的主题、建立一种鼓励冒险的组织文化、促进公司内部的开放沟通、投入充足的资源，以激发创新活动，并且建立一种能够激励创业精神的薪酬体系。[95]

此外，公司有时会鼓励工作团队说出他们认为最恰当的激励，作为鼓励创新行为的手段。[96]员工们共同利用所积累的知识，开发创新产品，以进入新市场，赢得新客户，并在这一过程中获取新的资源。

拥有恰当的流程和结构非常关键，这有助于公司成功地利用已经发展起来的创新。在公司内部创业的背景下，管理者必须配置资源、协调活动，与组织中的不同团队进行沟通，还要做出一系列决策来转化自发性或引导性战略行为产生的创新，使其成功进入市场。[97]正如我们在第 11 章中描述的，组织结构就是用来支持管理者有效利用创新的一系列正式关系。往往是那些独立启动内部创业的业务单元能够孕育出促成积极成果的创新。

创新投入中各种职能（从生产到市场分销）的有效整合，是实施公司内部创业活动产生的突破式创新和渐进式创新所必需的。越来越多的产品开发团队被用来实现所需的不同组织职能之间的整合。[98]这种整合需要协调和应用不同职能领域的知识和技能，以使创新最大化。[99]团队需要帮助公司做出一些决策，如哪一个项目应该继续支持，哪一个应该终止。对创新项目的情感有时会增加终止项目的难度。[100]

跨职能的产品研发团队

跨职能的产品研发团队能够促进不同组织职能的相关活动的整合，如设计、制造和营销。[101]许多代表不同组织的个人都是跨职能产品研发团队的成员。[102]其原因是，“在当今全球相互关联以及快节奏的商业环境中，几乎每一项重要举措都离不开跨组织工作人员的洞察力和行动，无论是收入增长、成本降低，还是新产品创新”[103]。例如，作为团队成员，科学家会将技术内容纳入产品研发团队的决策中。与婴儿潮一代喜欢的产品相比，市场营销人员会带来关于那些能够吸引“千禧一代”的产品的意见。除了来自组织的成员，跨职能的产品研发团队还可能包括主要供应商的代表，因为他们拥有可以有效推动公司创新过程的知识。[104]另外，当跨职能团队的工作更协同时，公司可以迅速完成新产品的开发过程，同时新产品的商业化也变得更加容易。[105]通过跨职能团队，产品的开发阶段可以分为多个并行过程，这样公司就可以使产品开发具备独特的核心竞争力并适应市场的需求。

水平组织结构可以为跨职能团队提供支持，帮助其整合不同组织职能的各种基于创新的活动。[106]这种结构在组织的最高层和最底层之间层级较少。[107]因此，组织不再围绕纵向层级结构基础上的职能或部门进行设计，而是围绕用来生产和管理创新的核心水平过程建立。一些对创新至关重要的核心水平过程都是正式的，它们可以以程序和惯例的形式进行界定并形成文件。但更多的时候，这些过程是非正式的，而且适合由水平结构来支持——水平结构下个体的交流通常是面对面的交流。

虽然跨职能团队常被成功用于开发创新产品，但它们也存在一些潜在的弱点。[108]例如，团队成员独立的思维框架和组织政治可能成为阻碍团队高效合作的障碍。[109]团队成员在特定专业领域（如某个组织职能）内工作时，通常会形成一个独立的思维框架，这种框架受到其背景和经验的影响。这些成员在各自职能部门中做决策时，往往会使用各自的决策标准来评估问题（如产品开发）。然而，这种决策方式可能会妨碍团队内部的协作，从而削弱跨职能团队的整体效力。

此外，来自不同职能部门的个人在目标、指导工作的结构形式以及完成工作所需时间等方面也各不相同，这些差异又影响了在组织职能部门工作的个人如何看待与创新相关的活动。例如，工程设计人员可能会认为产品的功能性和实用性是最为重要的产品特征，而营销人员可能会认为能够满足顾客需求的特征才是最关键的。这些不同的取向可能会给不同职能部门间的有效沟通造成一定的困难，甚至会导致团队内的冲突。[110]

在有些组织内有大量的规则（称为组织规则）。不同职能部门间的资源分配是组织规则的一个关键来源。这意味着部门间的冲突主要来自对资源的激烈竞争。这种不同职能部门间的冲突会阻碍它们的整合。为了形成有效的跨职能的产品研发团队，公司必须弱化组织规则所带来的负面影响。许多公司通过强调各个职能部门对于公司总体创新的重要性，来帮助个体看到部门间协同的价值。

促进整合和创新

共享价值观和有效的领导力，对跨职能的整合和内部创新是非常重要的。[111]作为文化的一部分，共享价值观主要围绕公司的愿景和使命，是促进职能部门整合的黏合剂。

战略领导力对实现跨职能的整合和内部创新也是极其重要的。在与他人一起工作时，领导者负责设置目标，并根据目标进行资源分配。这些目标包括研发的整合和新产品的商业化。有效的战略领导者还要确保公司拥有一个可以促进跨职能整合的高质量的沟通系统。有效沟通的最大好处是使团队成员共享知识，并向其他组织成员传达某项创新的诞生及其重要性。共享价值观和领导力实践塑造了沟通模式，这种沟通模式使得与创新相关的知识的共享在公司内部成为可能。[112]

从内部创新中创造价值

图 13－2 表明了公司是如何从内部创新活动（自发性战略行为和引导性战略行为）中试图创造价值的。创业意识是公司不断识别创业机会的基础，公司通过创新来战略性地把握这些机会。[113]跨职能团队对于促进新产品设计思想的整合和实施是非常重要的。有效的领导力和共享价值观促进了整合以及对创新的期望和承诺。成功创新的最终结果是为包括顾客和股东在内的利益相关者创造价值。公司通过创新获得的成功的程度会受到竞争（见第 5 章）的影响。因此，公司必须认真地研究竞争者对其创新所做出的回应，以懂得如何调整各项创新投入，并了解如果市场形势不佳，应在何时放弃它们。[114]

接下来，我们将讨论公司创新的其他方式，即合作战略和收购。

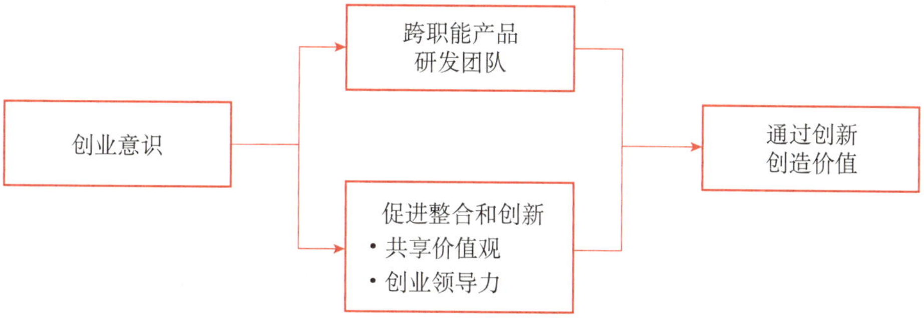

图 13-2 通过内部创新活动创造价值

13.8 通过合作战略进行创新

与其他公司建立联盟能够以不同方式帮助公司创新。首先，这可以提供有关新的商业机会及如何通过创新去开发利用这些机会的信息。[115]其次，公司可以利用合作战略来匹配它认为具有互补性的资产，进而促进创新。与其他创新方式相比，通过合作对具有互补性的资产进行整合更容易促成突破式创新。[116]

瞬息万变的技术、全球化以及世界层面的创新需要，是公司在决定与其他伙伴合作创新时的主要影响因素。有些人认为，正是由于这些因素，公司才越来越依靠合作战略，将之作为创新和最终在全球化背景下竞争成功的主要手段。[117]无论是创业公司还是已有公司，它们都会利用合作战略来创新。例如，创业公司会寻求利用投资资本以及已有公司的分销能力，来成功地将它的创新产品推向市场。[118]更多的已有公司需要的是新技术知识，它们往往通过与创业公司的合作来获得这些知识。大型制药公司和生物技术公司会通过联盟来整合知识和资源，进而开发新产品并引入市场。[119]

另一个关于大型公司通过合作战略进行创新的例子是宜家的母公司——英特宜家集团（Inter IKEA Group），它与万豪国际建立联盟，开发出一个全新的酒店品牌 Moxy，它们认为无论是在设计上还是在顾客价值创造上，Moxy 都具有创新性。[120]英特宜家通过提供创新性的建造技术（例如其著名的平板包装技术，可以快速运送并组装家具），降低了制造成本，万豪国际则提供独特的设计，品牌的创新基础是价值（英特宜家的贡献）和品位（万豪国际的贡献）的结合。Moxy 酒店的目标顾客是“千禧一代”，其价格亲民，并且拥有开放式的大厅、餐厅、酒吧，客人可以在其中享受音乐，也可以埋头工作。

然而，为了培育创新而形成的联盟并非没有风险。当几个公司试图达成共同的目标时，本质上就存在冲突。此外，联盟成员还要承担的风险是，合作者出于自身利益的考虑，可能会盗用公司的技术或知识。[121]通过谨慎地挑选合作者，联盟可以降低这种风险。理想的合作是指合作者拥有的技能互补，战略目标一致。[122]在这种合作下，公司遭遇较少的挑战与风险，因为在创新目标的推动下，公司会尽力对合作进行有效的管理。此外，公司还希望控制为创新而建立的联盟的数量，因为参与过多的联盟会带来管理混乱的风险。[123]

13.9 通过收购获得创新

收购是企业创新的最后的途径。有证据显示，随着公司对于不断提高技术能力的渴望，这种方法越来越受欢迎。波士顿咨询集团关于这个问题作出了如下评论：“对于越来越多的组织来说，答案是购买，而不是创造。高科技企业已经成为所有领域买家（收购）的首选。他们希望推动创新，简化运营和流程，塑造客户体验，并使产品、服务和体验个性化。”[124]战略聚焦展示了辉瑞如何通过收购拥有尖端产品和技术的公司来增强自身的创新潜力。

战略聚焦　辉瑞通过收购活动提升了公司内部的创新能力

公司之所以选择通过收购来实现创新，是因为资本市场青睐成长型企业，而收购提供了迅速扩张的途径。[125]事实上，大型公司往往因官僚体制而难以实现内部创新。新想法需要经过层层审批，这通常被称为“繁文缛节”。因此，收购的战略理由往往是获取被收购公司的创新成果及其创新能力。[126]正如辉瑞一样，许多大型技术公司出于同样的目的进行收购。例如，网飞收购 Millarworld 是为了获得该公司不断创新的作品，以及未来构建和讲述创新故事的能力。[127]

与公司内部创业和战略联盟类似，用收购来获得创新也是有风险的。除了联盟本身可能不会如预期般成功（详见第 7 章），与创新活动相伴的另一个风险是，公司可能会用购买创新的能力取代从内部进行创新的能力。当公司聚焦于采用财务控制的手段来识别、评估和管理收购时，对研发的拨款可能会减少。当然，战略控制是公司基于战略理由为发展创新而进行收购。维持财务控制和战略控制之间适当的平衡将会提高公司在创新方面成功的可能性。当收购行为由战略目标驱动，并且收购公司在将新公司融入自身的过程中未遭遇困难时，这种情况尤为明显。[128]

尽管存在风险，选择去收购具有能力和知识互补性的公司将有助于创新的成功。例如，生产特种材料的凡特鲁斯公司（Vertellus）收购了在全球涂料添加剂领域处于领先地位的珀力科聚公司（Polyscope Polymers）。珀力科聚的产品组合与其高度先进的制造能力相辅相成，使凡特鲁斯得以扩大其在欧洲的生产规模，并增加对快速增长的终端市场的覆盖。[129]

对于创新能力不足的公司来说，如果有充足的资金，它们更倾向于收购拥有技术能力或者潜在创新价值的公司。[130]对于收购方来说，从被收购的公司那里学习推动创新活动的能力是大有裨益的。可见，一些公司在内部进行创新，一些公司通过合作战略进行创新，另一些公司则借助外部知识和外部资源进行创新。毫不意外，大型公司会同时使用这三种方法进行创新。然而，能否有效地实施每种方法决定创新是否成功。[131]

13.10 通过战略性创业创造价值

在识别创业机会时，年轻的创业公司往往比规模大的早已成立的公司表现得更有成效。[132] 相比于更大、更成熟的公司，年轻公司能够有更多的突破式创新。此外，年轻公司的战略灵活性和承担风险的意愿，在一定程度上也有利于公司识别机会并进行突破式创新。但是，正因为这种创新是突破式的，所以其中蕴含着风险。这类创新有时会失败，这通常意味着创业公司的失败，因为这些公司缺乏弹性。[133]

与此相对的是，根基深厚的大公司拥有更多的资源和能力去利用已经识别的机会，但是它们一般会进行渐进式创新而非突破式创新。在战略性创业中，年轻公司通常善于采取创业行动，多数已成立的大公司则善于进行战略考量。也就是说，年轻公司一般善于寻找机会（也就是进行创业），大公司善于寻求优势（战略考量）。

正如本章中所讨论的，无论是对于新兴的创业企业还是成熟企业内部的项目，在竞争中取得成功或者获得高绩效的关键在于公司有能力识别和利用机会，并以此建立竞争优势。如果能够做到这一点，公司相对于其竞争对手就建立了一种竞争优势。[134] 相对而言，年轻公司必须学习如何更加具有战略性，早已成立的公司需要学会如何更加具有创业性。

试图同时具有创业性和战略性（也就是进行战略性创业）的公司意识到，在识别机会后，年轻公司和大公司的领导者必须帮助公司发展有价值的、稀缺的、难以模仿的和不可替代的能力（见第 3 章）。当能力能够满足这四个标准时，公司就可以在此基础上通过战略行动开拓市场创新并发展竞争优势。

正如我们在第 1 章中提到的，不具有竞争优势，公司的成功只会是昙花一现。[135]

从市场的角度来看创新的发展，我们会发现，创新在早期可能是有价值的、罕见的，但是创新本身并不会带来竞争优势。事实上，公司还需采取竞争性行动将新产品引入市场，并保护其市场地位，以获得竞争优势。所有这些行动（认识到可行机会并通过战略行动在市场中开发它们）结合在一起就构成了战略性创业。

关注新兴品牌和创新的高层管理者的基本职责是确保公司不断地寻找创业机会。他们必须有效地管理公司的创新项目组合，并决定哪些项目需要更多投资，哪些项目应该停止。[136] 他们明白有些创新项目会失败，他们从中吸取教训，以使未来的项目成功。[137]

首席创新官必须与首席战略官合作，共同促进新产品和公司战略方针的结合，并实施战略。从这个意义上来说，负责为公司识别机会的人和负责为把握此机会而选择和实施战略的人有共同的责任，即确保公司正在以战略为基础开展创业活动。同时，为了更好地把握机会，这些人还帮助公司决定进行创新的途径，是通过内部创新、合作战略，还是通过完成一次收购。归根结底，高层管理者的目标是帮助公司识别机会，并通过成功的渐进式创新或者突破式创新以及相应的战略来开发这些机会。

本章重点讨论了创新与企业成功的关系。在整本书中，我们研究了公司在实施战略管理时所采取的决策和行动。这两种能力（创新的能力和在市场竞争中实施战略的能力）对企业的成功至关重要。今天的企业必须学会如何同时寻找机会和寻求优势——战略性创业正是将这两种行为结合在一起。那些能够同时精通这两种行为的公司，将能够战胜不具备该能力的竞争对手，从而获得市场成功。

小结

战略性创业是从战略的角度进行创业活动。使用战略性创业的公司寻找机会和寻求竞争优势，目的是不断发现新机会并迅速开展创新来利用这些机会。

新兴市场往往是刚刚形成的市场，但它们也可能属于那些正在经历重大的技术变革、监管政策调整或制度转变的现有市场，这些变化从根本上打破了原有的市场格局。新兴市场通过三个发展阶段逐步成长为成熟市场。在初始的孵化阶段，一项技术突破或对未满足需求的洞察会激发出充满活力的创业行为，并以某个新产品的首次商业化为这一阶段画上句号。进入第二阶段，企业开始陆续进入这一新兴行业，最初步伐缓慢，但随着竞争者数量的增加而加速。到了第三阶段，会有更多企业涌入该行业，同时伴随着销售额的大幅飙升。

创业是个人、团队和组织用来识别创业机会的过程，并且这些机会不会直接受到自己当前所拥有的资源的限制。公司创业是正在建立的和已经建立的公司对创业的应用（包括识别创业机会）。创业机会是指新产品和新服务能够满足某种市场需求的情形。创业在提高公司业绩和刺激国家经济发展方面起着越来越积极的作用。

公司可以参与三种类型的创业活动：(1) 发明，创造新产品或新流程的行为；(2) 创新，通过发明来创造商业化产品的过程；(3) 模仿，不同公司进行相似的创新。发明使一些新东西的出现成为可能，创新则使一些新东西投入应用。

创业者能够看到或预想到创业机会，然后采取行动发展创新，以利用这些机会。最成功的创业者（无论是正在筹建自己的公司还是服务于一家正在创建的公司）都具有创业意识，这是一种由于市场的不确定性而重视潜在可行机会的思维导向。

国际化创业或者公司在本国以外的市场上识别和利用创业机会，对全球的公司来说都非常重要。证据显示，能够有效地参与国际化创业的公司往往能战胜只在本土市场上竞争的公司。

有三种产生创新的基本途径：(1) 内部创新，包括研发和内部创业活动；(2) 合作战略，如战略联盟；(3) 收购。

自发性战略行为和引导性战略行为是公司内部创业活动的两种形式。自发性战略行为是一个自下而上的过程，通过这个过程，产品倡议者可以促进创新的商业化。引导性战略行为是一个自上而下的过程，在这个过程中，公司当前的战略和结构促进了产品或流程创新的开发和实施。因此，引导性战略行为是由公司当前的战略和结构驱动的，自发性战略行为则可以带来公司当前战略和结构的变化。

公司通过自发性战略行为和引导性战略行为可以创造两种类型的创新：渐进式创新

和突破式创新。总的来说，渐进式创新更多一些，但突破式创新可以为公司创造更多的销售收入和利润。跨职能整合对公司开发和实施内部创业活动以及创新的商业化都是至关重要的。

为了获得在复杂的全球经济中进行创新所需的特殊知识，公司之间，甚至是竞争对手之间，都可以建立合作关系，如战略联盟。

收购是公司获得创新的另一种途径。公司可以通过直接收购来获得创新，也可以从收购中学到新的能力，从而增强自己的内部创新能力。

在所有类型的公司中，无论是大公司还是小公司，新公司还是老公司，战略性创业的实践都可以为利益相关者（尤其是股东和顾客）创造价值。战略性创业还可以促进国家经济的发展。

关键术语

公司创业（corporate entrepreneurship）
创业机会（entrepreneurial opportunities）
创业者（entrepreneurs）
创业意识（entrepreneurial mind-set）
发明（invention）
创业（entrepreneurship）
创新（innovation）
模仿（imitation）
新兴市场（nascent markets）
国际化创业（international entrepreneurship）
战略性创业（strategic entrepreneurship）

复习题

1. 什么是战略性创业？什么是公司创业？
2. 新兴市场是什么？它们在逐步发展成为成熟市场的过程中会经历哪些阶段？
3. 什么是创业和创业机会？为什么它们是战略管理过程的重要方面？
4. 什么是发明、创新和模仿？这些概念是如何相互关联的？
5. 什么是创业者？什么是创业意识？
6. 什么是国际化创业？为什么它如此重要？
7. 公司如何发展内部创新？
8. 公司如何利用合作战略进行创新以及获得创新能力？
9. 公司是如何收购其他公司来增加创新，提高创新能力的？
10. 战略性创业是如何帮助公司创造价值的？

微案例　电动航空时代即将来临

全球变暖和可持续性问题已成为当今最为紧迫的议题。这些议题不仅推动了肖氏工业集团的清洁地毯生产（见第2章），也促进了电动汽车和卡车的普及（见第8章、第11章），还影响了在大规模电池开发方面的竞争（见第5章）。显然，电动技术将在整个21世纪继续取代化石燃料技术。那么，航空业的未来又如何呢？电动发动机是否有朝一日能取代目前商用航空公司广泛使用的巨型喷气发动机？

一些主要航空公司已经开始对电动飞机寄予厚望。美国联合航空公司宣布，计划向瑞典初创公司心脏航空（Heart Aerospace）购买100架小型零排放电动飞机，预计从2026年起在美国用于短途航线。芬兰航空和美国区域性航空公司梅萨航空（Mesa Airlines）也已签署购买心脏航空飞机的协议。欧洲易捷航空（EasyJet）与美国初创公司莱特电气（Wright Electric）合作，共同开发一种全电动、186座的商用客机，预计在2030年左右投入运营，其设计航程为800英里。莱特电气计划在2026年之前上线一款100座电动飞机。

夏威夷航空则投资了一家开发电动海上滑翔机的公司。这种由波士顿初创公司Regent开发的电动海上滑翔机，是一种船和飞机的混合体，平均在波浪上方5～20英尺处飞行，利用所谓的“地面效应”——空气垫来保持飞行。夏威夷航空打算利用这些海上滑翔机在夏威夷群岛之间进行短途飞行，这些航线约占其收入的1/5。此类海上滑翔机能够以每小时180英里的速度航行180英里，而且由于不需要机场跑道，夏威夷航空希望它们能够用于港口间的飞行，为岛屿航空旅行提供新的选择。数字飞行控制系统将能够应对阵风，确保飞行器在岛屿间波涛汹涌的海面上空稳定飞行。

除了以上尝试之外，还有许多公司加入了开发电动飞机的竞赛。总部位于德国的力翎航空公司（Lilium）已经开发出一种六人座的电动垂直起降飞机。以色列公司伊维艾航空（Eviation）则制造了一种名为Alice的九座电动通勤飞机，并因其创新获得了多个奖项，包括2021年的水晶客舱奖（Crystal Cabin Award）、2020年的国际游艇与航空大奖（International Yacht & Aviation Award）、2020年的爱迪生奖（Edison Award）金奖和2019年的欧洲技术奖（European Technology Award）等。伊维艾航空还被《时代》杂志评为2019年最佳发明之一，并在2018年被*Fast Company*评为改变世界的想法奖（World Changing Ideas Award）以及“世界上最具创新力的公司”。

像空客、波音、NASA和丰田这样的大型组织正在支持第一代电动飞机技术的发展。同时，德国的可持续航行实验室（Sustainable Aero Lab）也在指引着航空领域的初创公司，它的使命是汇聚创始人、经验丰富的企业家、研究人员、行业专业人士和投资者，共同为航空业构建一个可持续的未来。它的官网上写着：“开放创新：我们欢迎任何能够为减少航空业气候足迹做出贡献的人。”

在短短几年内，电动飞机将在航空业中确立自己的地位。瑞士银行UBS估计，到2035年，民用航空业中将有1/4的飞机采用混合动力或完全电动。卡内基梅隆大学专攻航空电池的机械工程教授文卡特·维斯瓦纳坦（Venkat Viswanathan）表示，电动电池动力将是航空业减少排放的良好起点。

资料来源：A. Sider，2022，Hawaiian Airlines bets on sea gliders for island hopping，*Wall Street Journal*，

May 12：B5；E. Garay，2022，Electric planes are coming sooner than you think，*Afar*，www. afar. com，March 3；2022，Building radically better ways of moving，*Lilium Home Page*，www. lilium. com，May 18；2022，Alice：Build to make flight the sustainable，affordable，quiet solution to regional travel，*Eviation Home Page*，www. eviation. co，May 18；2022，Building a sustainable future，*Sustainable Aero Lab Home Page*，www. sustainable. aero，May 18.

讨论题

1. 这一章描述了新兴市场发展为成熟市场的三个阶段。电动航空市场目前处于哪个阶段？你是如何判断的？

2. 电动航空最明显的风险有哪些？

3. 如果你是一家尚未在本案例中提及的大型航空公司的 CEO，你会如何指导公司采取行动，以确保在电动飞机和无排放航空旅行方面不落后于其他航空公司？你将如何向股东和其他利益相关者阐述这些措施？

4. 航空公司目前可以采取哪些措施来提升其可持续性？

注 释

第四部分

案例研究

案例 1

空客 A380 的兴衰

2021 年 7 月一个异常炎热的早晨，新加坡航空公司的空客 A380 在新加坡樟宜机场着陆，它就像一只展翅的巨鸟，拥有强大而坚定的存在感。这架飞机以其巨大的翼展、宽敞的内部空间和圆润的机舱顶，真正堪称工程学的杰作。然而，由于航空业对超大型飞机需求的下降，A380 的销售并未激增，空客公司决定从 2021 年起停止生产 A380。[1] 在一次新闻发布会上，空客首席执行官汤姆·恩德斯（Tom Enders）伤感地宣布：

> 这是一个痛苦的决定。我们在这架飞机上投入了大量的精力、资源和汗水。但显然，我们必须面对现实。随着阿联酋航空减少订单，我们的订单储备不足以维持生产。[2]

A380 是空客公司为了在超大型飞机市场与波音公司竞争而开发的一种战略性产品。波音 747（B747）自 1965 年推出后，成为市场上唯一的超大型飞机，取得了巨大成功[3]，并为波音公司带来了丰厚的利润，帮助其成为商用飞机制造业的市场领导者。

飞机制造业作为一个资本密集型行业，在 1960—1990 年经历了多轮整合。到了 20 世纪 90 年代末，市场上主要剩下空客和波音两大竞争者，它们占据了超过 90% 的市场份额。在 1990—2001 年，空客成功推出了多款宽体和窄体客机，并在 2007 年成为市场领导者。A380 于 2005 年正式发布，但由于生产多次延误，直到 2007 年才实现首飞。A380 推出后，超大型飞机市场便由波音和空客分割。

对超大型飞机的需求源自对航空业市场趋势的预测，预计到 20 世纪 90 年代末，中心辐射模型将成为主要的航空旅行形式。航空公司传统上采用点对点旅行模式，但随着经济增长，特别是在亚洲，许多大城市已发展成为大型机场枢纽，并依赖中心辐射模型连接全球其他城市。伦敦的希思罗机场和新加坡的樟宜机场就是此类大型枢纽的例子，它们促使像英国航空、阿联酋航空和新加坡航空等航空公司依赖中心辐射模型，重新配置传统航空旅行。超大型飞机通过提供更多座位、更高的燃油效率和更低的每座位成本，支持了中心辐射模型。此外，中心辐射模型还支持机场过境和旅客机场购物，从而在航空公司和机场之间形成了互利共赢的关系。

然而，在 2008 年金融危机之后，航空旅行开始回归点对点模式，因为航空公司意识到，维护和运营中型飞机更为经济，而超大型飞机要实现盈利，每次飞行都需要满载。金融危机后，许多新的廉价航空公司开始兴起并广受欢迎，这些公司通常使用中小型飞机和点对点模式，为旅客仅提供座位，不包含其他航空旅行体验，因而票价便宜得多。

到 2010 年，对超大型飞机的需求开始减缓，到 2018 年，许多依赖中心辐射模型的航空公司开始重新评估其战略。A380 和 B747，这两种迎合中心辐射模型的飞机，在随后的几年中需求急剧下降。A380 对空客公司而言是一个成本极高的项目，其研发和制造成本远远超出了最初的预算。此外，由于其庞大的体积，航空公司需要在跑道上进行重大投资以适应这种飞机。为了吸引客户，A380 不得不为航空公司提供大量补贴。到 2019 年，空客因 A380 遭受了巨额亏损（仅那一年就损失约 2.19 亿美元）[4]，并且随着飞机在可预见的未来无法盈利，空客在 2020 年 6 月做出了停产这一项目的艰难决定。[5]

A380 的停产反映了商用飞机行业的不稳定性以及不断随时间变化的需求。是什么导致了 A380 的失败？是战略上的失误吗？空客如何保持其竞争力，并抓住亚洲航空旅行市场的潜力？空客如何能够继续在市场上保持其领导地位？

A380 之前的飞机制造业

A380 的诞生根植于空客与美国飞机制造商竞争的历史和愿景目标中。第二次世界大战后，像波音和麦克唐纳・道格拉斯（McDonnell Douglas）这样的美国飞机公司成为世界上喷气客机的主要供应商。[6]作为曾经生产了世界上最好的客机并开创了商业喷气飞机旅行的欧洲飞机制造商，感到了威胁，它们担心最终会沦为美国制造商的分包商。1967 年 7 月，法国、德国和英国的部长们同意组建一个名为空客的联合企业，与美国制造商竞争。

该企业推出的首架飞机是空客 A300，这是一种中短程双引擎飞机，用于短途航空旅行，于 1972 年开始运营。[7]市场对 A300 的反应并不热烈，欧洲政府不得不提供补贴以维持企业的运营。尽管起初并不成功，空客还是在 1979 年之前卖出了 81 架飞机，并在 1981 年推出了 A320。A320 非常成功，甚至在首次飞行之前就获得了 400 多个订单，使空客成为行业的主要参与者。[8]A300 是一种宽体飞机，而 A320 是一种窄体飞机，并在点对点航线上流行起来。[9]

从战略上讲，空客起初是制造宽体飞机的，而波音主要专注于制造窄体飞机。[10]然而，到了 20 世纪 70 年代末，大型机场枢纽开始在全球范围内出现，促使航空公司越来越多地采用中心辐射模型。[11]预见到这一市场趋势，波音于 1970 年推出了首架超大型商用飞机 B747，以满足长途市场的需求，将国际航空旅行提升到一个新的、令人兴奋的水平。[12]宽体 B747 将舒适的航空旅行以可负担的价格带给消费者，无论作为客运飞机还是货运飞机，B747 都取得了巨大成功。[13]1970—1992 年 B747 创下了 950 架飞机的销售额，成为公司的“现金牛”。[14]

1992 年，全球航空业达到了 1 000 亿美元的大关，波音以 57% 的市场份额成为毫无争议的市场领导者，其次是麦克唐纳·道格拉斯，拥有 20% 的市场份额，空客则拥有 16% 的市场份额。[15][16]

双寡头竞争：空客与波音

在 1992—1997 年飞机行业经历了重大整合，小型制造商被迫退出市场。[17]空客成为波音的最大竞争对手，两家公司继续推出新型号，并在 1997 年之后成为行业的两大主导者（参见图 1，空客与波音市场份额）。尽管双寡头格局不断发展，但航空旅行的增长预计将继续扩大，普遍认为商用飞机行业将在未来 20 年内发展成为一个 1 万亿美元的市场。[18]

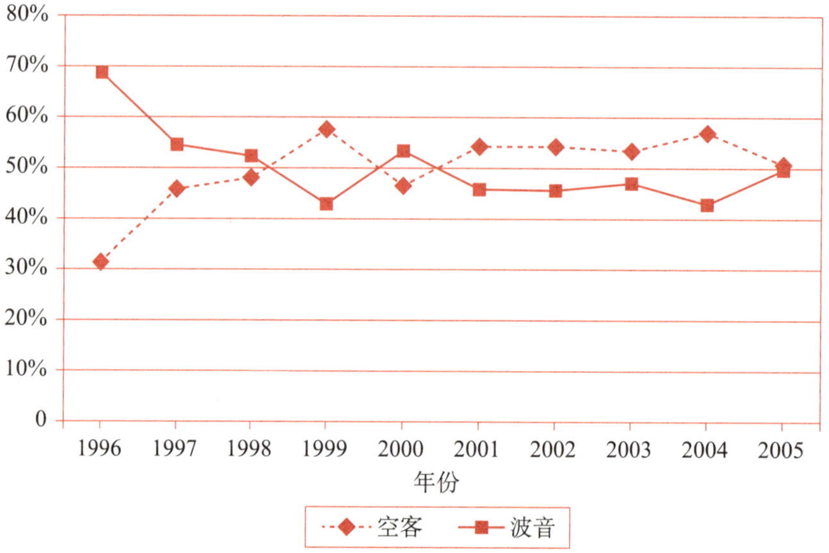

图 1　空客与波音市场份额

资料来源：Ivan Png，Airbus vs Boeing，Managerial Economics，Cases，National University of Singapore，https://www.comp.nus.edu.sg/~ipng/mecon/cases/Airbus.pdf，accessed July 2021.

在波音和空客的竞争中，波音因 B747 而占据上风，B747 也成为行业内最具盈利能力的飞机。这使得波音公司能够将利润重新投资于其他领域。[19] B747 是当时超大型飞机类别中唯一的一款，拥有 400 多个座位。波音在 B747 上投资了 15 亿美元，订单在十年间增长了 39%（总订单从 1989 年的 935 架跃升至 1999 年的 1 303 架，平均每年增长 37 架）。该机型每架飞机的运营利润达到 4 000 万美元（平均售价为 1.5 亿美元）。[20][21] 分析师估计，B747 在 20 世纪 90 年代占波音运营利润的 70%。[22]

空客和波音都依赖于全球庞大的供应商生态系统来制造飞机。它们从许多长期依赖制造商收入的供应商那里购买引擎、机翼、机身和飞行仪表等部件。规格、质量标准或交付日期的任何变化都可能对供应链和飞机的生产时间表产生重大不利影响。[23]

空客和波音还在不同地点拥有制造基地。波音在美国本土开发飞机，而空客在欧洲。

波音在美国华盛顿州的埃弗雷特和伦顿的两个主要工厂制造其商用飞机，同时依靠其他9个美国基地和5个国际工厂来生产次级组件和机械部件。空客在欧洲4个国家的15个不同工厂中制造零部件和组件。机翼和机身的各个部分在不同的工厂制造，之后被送往法国图卢兹或德国北部进行最终组装。[24]

航空公司

到1998年，航空业已经分化为两个截然不同的细分市场领域。第一个是由那些根基深厚、实力强大的航空公司所主导的中心辐射型市场；第二个则是由点对点航空公司提供服务的边缘市场，其中以西南航空公司为典型代表。[25]航空业的全球化趋势和影响范围也在不断扩大。[26]老牌的航空公司在各自国家占据着主导地位，能够有效抵御新竞争者的入侵和市场竞争。[27]在全球层面，尽管各家大型航空公司在各自的区域市场内占据主导地位，但还没有哪家公司规模足够大，能够成为真正的全球性玩家。所有这些航空公司都将巩固其在本土或细分市场的地位作为主要战略，缺乏在全球范围内扩张的资源。大多数航空公司选择与合适的合作伙伴结盟，以实现全球扩张。[28]

航空公司通常会选择购买或租赁飞机，并提前几年向制造商下订单，因为飞机的生产和交付可能需要一到两年的时间。购买飞机是航空公司的一项重大投资决策，通常大多数航空公司倾向于投资那些与它们现有飞机相似的型号，这样客舱人员只需最少的额外培训就能全面熟悉不同飞机型号的操作。这种做法使得不同机型间的机组人员可以互通——接受过一种飞机训练的飞行员只需经过很少的额外培训就能操作另一种飞机，并使航空公司更有效地匹配运力和需求。[29]波音和空客都努力在它们所有的机型中建立共性，以促进销售并降低运营成本。此外，航空公司在决定购买或租赁哪些飞机时，还会考虑诸如燃油效率、座位的运营成本、座位数量和航程等因素。[30]

1994年，超大型“超级巨无霸”A3XX飞机的概念首次被提出。在A3XX项目公布之后，空客的市场份额迅速增长，到1998年，空客已经占据了新飞机52%的市场份额，并收到了556份确定的订单。[31]

2001年，新型A3XX飞机设计最终确定，型号名称为A380，飞机的生产流程也得以实施。数字380打破了空客从A300到A340的命名序列，这背后有两个主要动机：首先，数字8象征着飞机的双层客舱布局。其次，数字8在亚洲国家，尤其是中国——当时最具增长潜力的市场，被视为幸运数字。[32]为了打造A380，空客咨询了20多家主要航空公司，了解它们对这款新型双层客机的期望，并根据反馈优化设计，目标是在现有波音B747－400的基础上降低15%～20%的运营成本。[33]

推出A380是基于几个战略考虑的。空客认为超大型飞机市场具有潜力，而B747之所以成功主要是它在市场上的垄断地位。空客的一位高级执行官让·罗德尔（Jean Roeder）在一份公司出版物中指出：

> 如果空客想要成为一个真正的全球玩家，就必须结束B747的垄断。空客正致力于获取30%的市场份额，我们认为，如果我们的产品项目中未包含一系列完整的飞

机型号，长期而言，这一目标将难以实现。[34]

然而，推出 A380 是一个高风险的决定，因为进入超大型飞机（“超级巨无霸”）市场的门槛非常高，涉及的成本巨大。波音估计，从零开始开发一个新的“超级巨无霸”飞机模型的成本将达到 200 亿美元（请注意，第一批 B747－100 的标价为 2 400 万美元，估计的开发成本为 37 亿美元）。[35]开发飞机的过程通常需要 2～5 年，根据经验法则，开发一款新飞机的总成本大致为每个座位 2 000 万美元。[36]空客估计其新飞机的开发成本略高于 100 亿美元，将运营成本计算在内共计 119 亿美元。[37]

空客管理层坚信，航空公司将继续最大化现有的中心辐射系统，高容量飞机将有助于应对日益增长的乘客数量，并缓解机场停机位的拥堵。他们推测，像阿联酋航空这样的新兴航空公司会发现，大型飞机对于中心辐射系统和长途航线更具吸引力。[38]

空客和波音曾就共同建造新的“超级巨无霸”飞机进行过讨论。但随着波音对未来的看法发生变化，这些谈判最终破裂。波音认为这种产品不太可能收回预计的 119 亿美元的开发成本。然而，空客预测到 2025 年，“超级巨无霸”客机的市场需求将达到 1 200 架，市场价值约为 4 160 亿美元。[39]波音对 2025 年超大型飞机的市场需求预测更为保守，为 530 架。[40]波音还认为，任何新的“超级巨无霸”飞机至少需要 600 个座位，而空客则认为 500 个座位就足够了。[41]

还有一些其他市场因素影响了 A380 的推出决策。[42]第一个因素是航空公司飞机飞行的运营成本。航空公司维护的每一架飞机都有固定的运营成本，飞机上的每个座位都代表了总飞行成本的一部分，因此，每个座位的收入和飞机的总收入是一个重要的考量因素。[43]中心辐射网络策略更受青睐，因为通过这种模式，可以在保持相同数量的固定地面设施和人员的同时，实现更高的收入和成本节约。

另一个因素是机场停机位的可用性。由于可用停机位有限，航空公司可以通过使用更大的飞机来最大化其收入能力。例如，使用 A380 可以使近 1 000 万名乘客在不增加航班数量的情况下，飞往或离开伦敦希思罗机场。此外，旅途中至少使用一个中心枢纽的乘客比例出奇的高，而中心对中心或中心对次级城市的座位量远远超过了次级城市之间座位量的增长速度。[44]

对于旅客来说，他们可以选择从出发地出发，通过中心枢纽转机，再到达最终目的地，虽然这通常意味着更长的旅行时间，但价格更低。[45][46]在 2004 年进行的一项调查中，33% 的受访者表示他们选择特定航班是基于机票价格，只有 11% 的受访者将直达服务作为选择航班的主要动机。[47]使用较小的飞机在中心城市之间提供长途直达服务的经济性较低，因为考虑到中心枢纽的停机位和其他成本因素，航空公司几乎不可能提供有竞争力的低票价。[48]大型飞机还为乘客提供了更高的舒适标准，显著降低了每位乘客的燃油消耗，降低了每位乘客英里成本，并使停机位不足的航空公司能够搭载更多的高收益乘客。[49]

A380 的崛起

A380 项目在初期便得到了积极的市场反响。截至 2001 年，该项目已经从六家航空公司——法国航空、英国航空、阿联酋航空、澳洲航空、新加坡航空和维珍航空——那里获得了 50 份确定的订单。除此之外，这六家客户还额外选择了购买另外 42 架新型飞机的选项。然而，鉴于其巨额的制造成本，空客公司需要至少获得 250 ~ 300 份订单才能实现项目收支平衡。[50]

A380 的首批订单不仅增强了空客对高容量飞机市场的承诺，也使公司处在一种若退出则代价高昂且名声受损的境地。

飞机的制造工作于 2002 年启动，首先是机翼组件的生产，之后是 2003 年的子装配和 2004 年的最终组装。2005 年 1 月，首架原型机在图卢兹亮相，而首次商业飞行则是在 2005 年 4 月 27 日与新加坡航空合作完成的。[51] 这种全尺寸双层飞机的标准座位容量为 550 个，并被认证能够搭载最多 853 名乘客。它由四台劳斯莱斯涡轮风扇发动机提供动力，航程（从起飞到着陆的距离）可达 8 000 海里（约 14 800 公里）。[52]

空客 A380 提供一系列服务，这些服务被精心打包和定制以满足客户需求。[53] 许多航空公司已经能够依靠 A380 的供给提供新的解决方案，调整和优化航班班次和航线并开辟新航线。例如，英国航空利用 A380 对航班进行了优化，并为新目的地释放了宝贵的停机位。[54] 泰国航空用每日一班的 A380 航班取代了曼谷和巴黎之间每周 10 个航班。[55] 2008 年，新加坡航空将其伦敦至新加坡航线上的所有三个每日 B747 航班更换为 A380，以满足高需求并搭载更多乘客。[56] 这样的更换和整合使航空公司能够减少机场跑道上的交通量，优化其航线网络，满足高峰旅行时段的需求，并在此过程中节约成本。[57]

座位容量被认为是 A380 的最大优势。一个航班能够搭载更多乘客，即可降低每位乘客的成本，进而转化为更低的票价。这有助于航空公司吸引那些愿意接受中转以换取更便宜价格的旅客。A380 的独特尺寸还使航空公司能够通过优化的、分段的客舱设计来最大化其收入潜力。分析师估计 A380 的运营利润率在 14% ~ 19% 之间。[58]

A380 的内部设计非常灵活，可以根据航空公司的需求进行不同的舱位配置，无论是短途还是长途航班，都能提供最大化收入和增加乘客流量的解决方案。A380 客舱被认为是天空中最安静和最宽敞的，其服务供给范围从经济舱的 11 个舒适座位排（每个座位宽度为 18 英寸），到为豪华头等舱体验提供的私人三室套房。[59] 超过 500 平方米的可用地板空间比其他大型宽体机型多出 50%，因此可以增加机上酒吧、休息室甚至淋浴设施。旅行舒适度的提高、座位的灵活安排以及因规模经济而能提供更优惠的机票，这些因素使 A380 成为乘客中非常受欢迎的飞机之一。[60]

机场也从 A380 的规模中受益。希思罗机场和香港机场都发现，随着乘客数量的增加，它们的零售和餐饮店开始蓬勃发展。这两个机场非常希望获得 A380 带来的流量，因此降低了 A380 飞机的着陆费。[61] A380 对中转交通也产生了显著影响。数据显示，旧金山至法兰克福航线引入 A380 后，通过法兰克福的中转交通量增加了近 80%。更高的乘客量还为区域和国内支线航班带来了更多收入，规模经济也带来了具有竞争力的单位成本。[62]

旅游业的增长也是 A380 在枢纽机场的一个关键利益点。例如，阿联酋航空专注于通过其迪拜枢纽，连接欧洲、亚洲、印度和澳大利亚之间的长途交通流量，服务于主要和区域机场。迪拜的旅游业从这一系统中受益，据报道，更多的乘客在迪拜停留旅游、参加会议和商务活动。[63]通过阿联酋航空连接的地区和国家的旅游业也受益。例如，阿联酋航空大力推广澳大利亚和欧洲到中东，吸引了大量游客到澳大利亚。同样，中国南方航空通过使用 A380 新开的澳大利亚和英国之间、经广州的航线，也从旅游业增长中受益。新加坡航空也通过使用 A380 的长途航线，在新加坡获得了旅游增长的收益。[64]

A380 的衰落

到 2010 年，空客 A380 取得了初步成功，共获得 189 个订单并交付了 41 架飞机。[65] A380 在亚洲的主要枢纽航空公司，如阿联酋航空和新加坡航空，接受度良好，并在最初几年得到了这些客户的积极反馈。尽管销售业绩显示出希望，一些市场趋势却开始对大型飞机越来越不利。尽管 A380 的受欢迎程度在上升，但 B747 的需求仍然低迷，波音公司也逐渐减少了该机型的生产能力（参见表 1、表 2 和图 2，空客和波音飞机订单情况）。[66]空客曾预计，中国和印度的经济将迅速增长，随之而来的乘客增长和亚洲枢纽之间的运量需求将推动航空公司考虑使用更大型的飞机。然而，亚洲枢纽机场的拥堵情况在 20 世纪 90 年代末就已开始显现，拥堵率大约增加了 60%，许多航空公司开始探索使用小型飞机的点对点航线。[67]

表 1　波音交付情况

单位：架

机型	单通道	窄体	宽体	窄体	宽体	宽体	宽体
座位	100	130	242	243	245	350	525
型号	B717	B737	B787	B757	B767	B777	B747
1998 年		282		54	47	74	53
1999 年	12	320		67	44	83	47
2000 年	32	282		45	44	55	25
2001 年	49	299		45	40	61	31
2002 年	20	223		29	35	47	27
2003 年	12	173		14	24	39	19
2004 年	12	202		11	9	36	15
2005 年	13	212		2	10	40	13

续表

机型	单通道	窄体	宽体	窄体	宽体	宽体	宽体
座位	100	130	242	243	245	350	525
型号	B717	B737	B787	B757	B767	B777	B747
2006 年	5	302			12	65	14
2007 年		330			12	83	16
2008 年		290			10	61	14
2009 年		372			13	88	8
2010 年		376			12	74	
2011 年		372	3		20	73	9
2012 年		415	46		26	83	31
2013 年		440	65		21	98	24
2014 年		485	114		6	99	19
2015 年		495	135		16	98	18
2016 年		490	137		13	99	9
2017 年		529	136		10	74	14
2018 年		580	145		27	48	6
2019 年		127	158		43	45	7

表 2　空客交付情况

单位：架

机型	窄体	宽体	宽体	窄体	宽体	宽体	宽体	宽体
座位	133	247	240	186	250	270	300	550
型号	A220	A300	A310	A320	A330	A340	A350	A380
1998 年		13	1	168	23	24		
1999 年		8		222	44	20		
2000 年		8		241	43	19		
2001 年		11		257	35	22		
2002 年		9		236	42	16		
2003 年		8		233	31	33		
2004 年		12		233	47	28		
2005 年		9		289	56	24		
2006 年		9		339	62	24		
2007 年		6		367	68	11		1

续表

机型	窄体	宽体	宽体	窄体	宽体	宽体	宽体	宽体
座位	**133**	**247**	**240**	**186**	**250**	**270**	**300**	**550**
型号	**A220**	**A300**	**A310**	**A320**	**A330**	**A340**	**A350**	**A380**
2008 年				386	72	13		12
2009 年				402	76	10		10
2010 年				401	87	4		18
2011 年				421	87			26
2012 年				455	101	2		30
2013 年				493	108			25
2014 年				490	108		1	30
2015 年				491	103		14	27
2016 年				545	66		49	28
2017 年				558	67		78	15
2018 年	20			626	49		93	12
2019 年	48			642	53		112	8

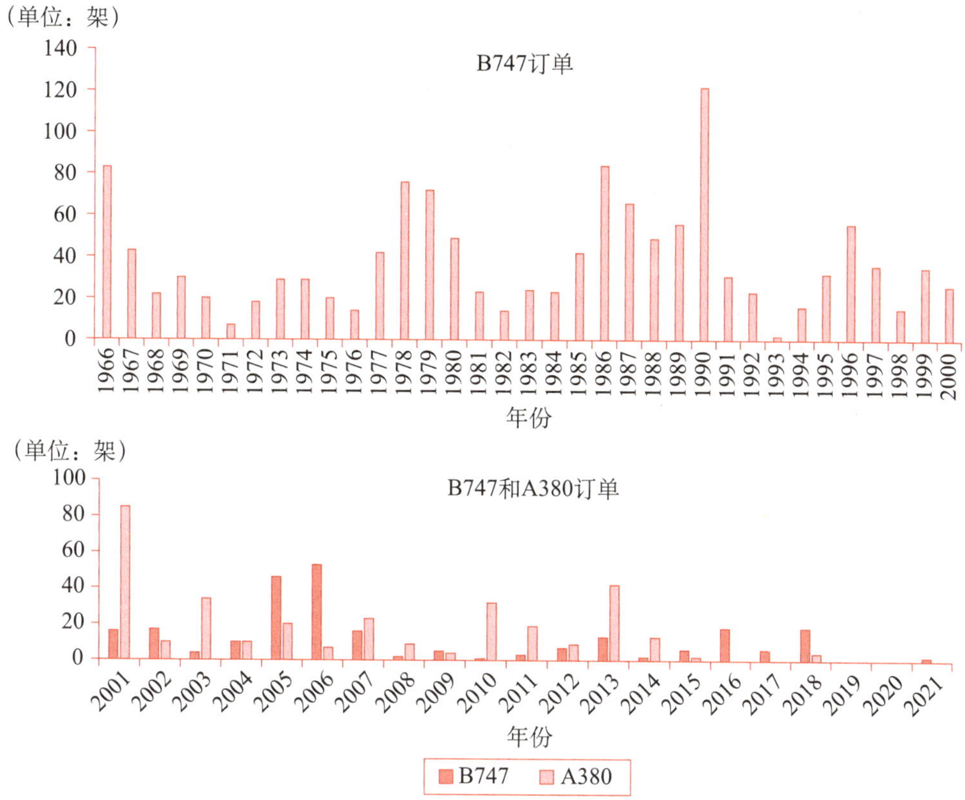

图 2　空客和波音飞机订单情况

指控

除了市场环境的变化，A380 在发展过程中还遇到了其他障碍。2004 年，美国政府在世界贸易组织（WTO）对空客提起诉讼，原因是欧盟（EU）为 A380 项目提供了资金支持。据称，该项目共获得了约 65 亿美元的补贴，这导致了波音 747 飞机的销售遭受了重大损失。作为回应，欧盟也对美国政府提起了投诉，指控美国向波音提供的援助高达 190 亿美元。[68] 多年来，WTO 裁定双方都存在对其飞机制造商的不公平补贴行为。[69]

生产延误和成本上升

A380 的生产过程中遭遇了多起延误，这些延误显著推迟了飞机的交付时间。由于飞机的体积庞大，生产过程中面临许多挑战，比如组装巨大的部件、为适应这一尺寸重新修订的测试流程，以及不得不从零开始建造新的生产设施。分布在整个欧洲的大约 16 个空客工厂参与了主要部件的制造，其中不包括供应商的工厂。各工厂之间运输组件的物流十分复杂，许多大型部件需要通过陆路运输至组装单位。[70]

生产延误还因为安装飞机电线、进行重量测试、为不同航空公司定制客舱内饰等任务的复杂性而增加，这些工作所需的时间远超预期。[71] 此外，在地面测试中，飞机还遇到了机翼断裂问题，需要对新机翼进行复杂的修复，这进一步加剧了延误现象。[72]

这些生产延误、复杂的修复和重新测试工作导致 A380 项目成本逐年大幅上升，几乎使得公司无法通过销售收入回收生产成本。项目正式启动时，预计的开发成本为 107 亿美元，加上额外的 12 亿美元资本支出，总的开发和启动成本高达 119 亿美元。[73] 其中，69% 的资金用于飞机开发，31% 用于非重复性投资。[74] 然而，到 2016 年，开发成本已经比最初的估计翻了一番多，达到了 250 亿美元。[75]

鉴于 A380 的体积，预计到 2015 年还需要大约 80 亿美元的投资来改造机场设施，包括加宽跑道、滑行道和路肩，以适应这一大型飞机。其他改造工程还包括加固路面、安装新的信号和照明系统、改造防爆垫和桥梁，以及购置必需的支持性基础设施，用于扩展旅客和行李处理系统。[76]

波音的反击策略

对空客 A380 雪上加霜的是，其竞争对手波音采取了一种截然不同的战略和产品来应对市场，这一战略最终证明对波音是有利的。

为了对抗 A380，波音最初在 2000 年提出了开发 B747 加长版（425 个座位）的方案，预计开发成本约 40 亿美元。[77] 在宣布放弃该计划之前，波音未能为这款加长版 B747 获得任何订单。随着 A380 的日益流行，波音在 2005 年宣布开发 B747 的改进加长版，即 B747 -8（或称为 B747 升级版），该机型将使用燃油效率更高的发动机，可搭载 450 名乘客。波音声称 B747 -8 的每座位重量将减轻 10%，可为航空公司节省约 20% 的旅行成本，或每座位英里成本降低 6% 。[78]

然而，波音管理层在观察到枢纽机场的拥堵情况后改变了决策，得出结论认为航空公司将需要更小、更快的喷气式飞机，这些飞机将完全绕过枢纽。2003 年，波音启动了名为 B787“梦想飞机”（Dreamliner）的新项目。B787 专为长途航班设计，采用复合材料构建轻质结构（降低维护和更换成本）。该飞机使航空公司能够在任意两个城市之间提供直达航班，无须中转。B787 的容量在 248 ~ 336 名乘客之间，航程高达 7 530 海里，设计上比其他类似大小的飞机节省 20% 的燃料，并提供比其他任何飞机低 10% 的每座位英里成本。[79]

到 2008 年，波音已从 50 多家航空公司获得了 895 架“梦想飞机”的订单。波音 787 的巨大成功迫使空客重新考虑其战略，并迅速重新设计其竞争力强的中等尺寸宽体飞机 A350，使其更宽敞，并重新发布为“A350XWB 超宽体”飞机。[80] 分析师认为，波音的“梦想飞机”配备了最先进的发动机技术，可能比空客 A380 更节油。波音的新型号还为更低容量情况下提供了更长的航程，因此更具成本效益。[81] B787 旨在填补 B767 和 B747 之间的市场空缺，定价为 4. 422 亿美元，比 A380 便宜——A380 的定价为 4. 456 亿美元。[82]

空客坚持中心辐射型的市场预测，而波音则与其相反，事实证明波音的预测是成功的。波音预测，乘客流量将以每年 4. 9% 的速度增长，航空业将需要更多小型飞机，单通道飞机将占据新交付量的最大份额。[83] 随着波音为点对点系统设计的飞机越来越受欢迎，需求模式的变化更加明显。中型 B777（200 ~ 300 个座位）成为该公司最赚钱的型号，到 2008 年，第二代 B777 型号的订单接近 1 098 架（参见图 3，空客和波音飞机型号）。[84][85]

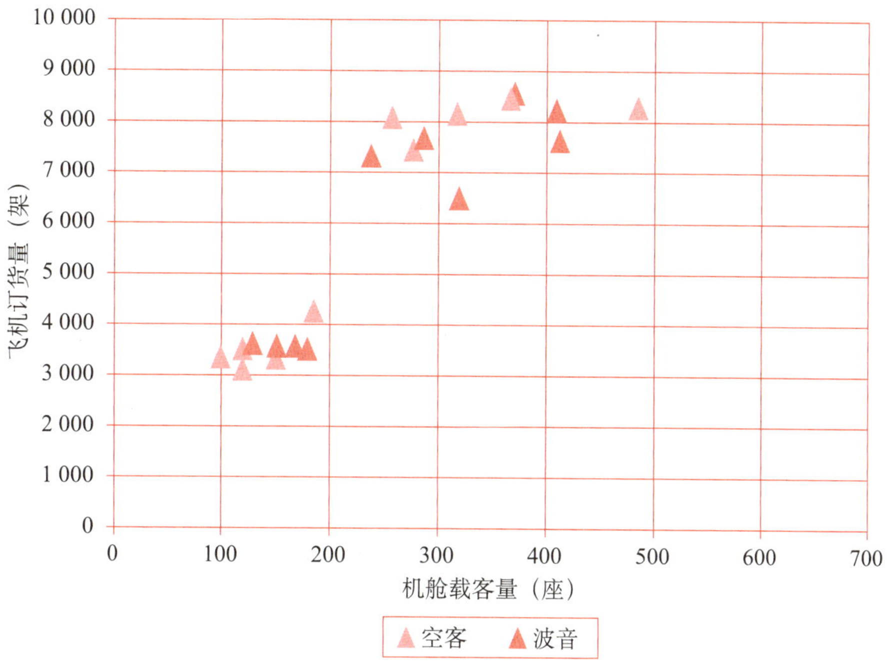

图 3　空客和波音飞机型号

资料来源：Author's own，adapted from Orders and Deliveries，Airbus，Commercial Aircraft，https://www.airbus.com/aircraft/market/orders-deliveries.html，accessed July 2021；Orders and Deliveries，Boeing，Commercial，https://www.boeing.com/commercial/#/orders-deliveries，accessed July 2021.

尽管枢纽机场在增长，但点对点旅行开始占据主导地位，分析师将其归因于“开放天空协议”（Open Skies agreement），根据该协议，各国同意开放领空，使其受市场动态控制，而不是受政治分配的控制。[86] 欧盟国家、美国和许多其他国家签署了该协议，允许更多次级城市能够提供使用点对点模型的国际航线。根据该协议，航空公司可以根据市场需求做出回应，不受国家间关于起降的政治安排的约束。[87]

需求下降

到 2010 年，市场对超大型飞机的需求开始下降。[88] 最初青睐新加坡和迪拜等大型枢纽的航空公司开始在大量中等规模机场提供更多直飞航班。最重要的是，2008 年的经济危机严重削弱了航空交通的增长，虽然一年后有所恢复，但市场规模小于预期，这使得填满 550 座宽体飞机变得更加困难。

令人惊讶的是，尽管航空业在 2019 年实现了 260 亿美元的净利润，但各个市场并不均衡，其中 65% 的总利润产生在北美。[89] 尽管亚太地区以其充满活力的增长和需求而闻名，但其在全球盈利中所占的比例不足 20% 。[90]

此外，低成本（即预算型）航空公司的崛起为航空市场带来了有影响力的新参与者，并削弱了那些对 A380 寄予厚望的长期领导者。2010 年空客全球市场预测显示，为满足未来 20 年的市场需求，将需要近 26 000 架新的客运和货运飞机，总价值达到 3.2 万亿美元。[91] 然而，这些飞机主要属于单通道机型，它们是短途航班的主力军，尤其适合低成本航空公司运营。

航空公司意识到，与 A380 等大型飞机相比，小型飞机更适合满足消费者需求和适应不断变化的市场条件。航空公司有时必须要在升级旧飞机和购买新飞机之间进行权衡，当飞机老化时，为大型飞机如 A380 升级机舱变得非常昂贵。小型飞机的升级预算更少，时间也更短。大型飞机的升级成本估计超过 4 500 万美元，小型新飞机如 A320 则只需要一半的价格。同时，具有先进科技的新飞机也帮助航空公司提高了燃油效率，在竞争激烈的市场中，这成为一个主要的竞争标准。[92]

由于开发成本高，大型飞机还面临着更长的盈亏平衡期。空客估计，考虑到交付延迟和开发成本超支，A380 的盈亏平衡点可能在 2015 年实现。[93]到 2010 年，该项目的订单总数只达到了 234 个。[94]尽管 2013 年销售有所回升，但 A380 很快就开始失去市场。[95] 2014 年和 2015 年，两年 A380 总共只有 15 个订单。[96] 2015 年，空客交付了 55 架 A380，2016 年交付了 28 架，迅速减少了积压订单（order backlog）。由于订单和积压订单的减少，空客决定在 2017 年将 A380 的生产削减到 20 架，从 2018 年开始每年生产 12 架。[97]值得注意的是，由于市场的变化，B747 和 A380 都受到需求下降的影响。B747 在 1970 年的交付量为 92 架，而到 2019 年仅为 7 架，空客在 2019 年的交付量为 8 架，表明超大型飞机的需求下降了近 92%。[98]

失去买家

A380 的主要客户也开始撤回对该项目的支持（请参见图 4，了解 A380 的主要航空公司客户）。阿联酋航空，作为 A380 最大且最热情的客户，由于引擎问题，将 2017 年的 6 个订单推迟到 2018 年，又将 2018 年的 6 个订单推迟到 2019 年。尽管阿联酋航空在中心辐射模型市场中取得了显著的成功，但像许多购买 A380 的航空公司一样，它开始朝着相反的方向发展，开辟了新的点对点航线。[99]阿联酋航空还变得更加苛刻，要求更新款的和定制的 A380 型号，以适应市场趋势。[100]

新加坡航空从一开始就支持 A380 项目，但当 A380 的首批订单延迟了近两年时，双方关系开始恶化。2010 年，新加坡航空公司的 11 架 A380 超大型客机中有 3 架出现了引擎故障。[101] 2012 年，一架 A380 飞往法兰克福的航班在起飞 3 个小时后因引擎问题被迫返回新加坡。据报道，A380 飞机受到许多技术问题的影响，包括其机翼部分的轻微裂缝。虽然 A380 一直是非常受乘客欢迎的飞机，但新加坡航空认为它并没有提供预期的经济性和利润。[102]

A380 的大尺寸在需求低的时期是一个劣势，因为很难“填满”每个座位，这直接影响了飞机的收益。使用 A380 的航空公司还面临着一些地面挑战，因为只有少数机场能够容纳这种尺寸的飞机，这限制了航空公司在不同航线上部署飞机的灵活性。此外，飞机的周转时间（在机场内移动和完成登机所需的时间）也较长，这对于停机位紧张的大型机场来说是一个障碍。运营 A380 的航空公司还面临燃油效率较低的问题，因为客座率较低时，其对燃油的高需求，飞机的燃油效率会大幅下降。[103]此外，A380 专为客运设计，

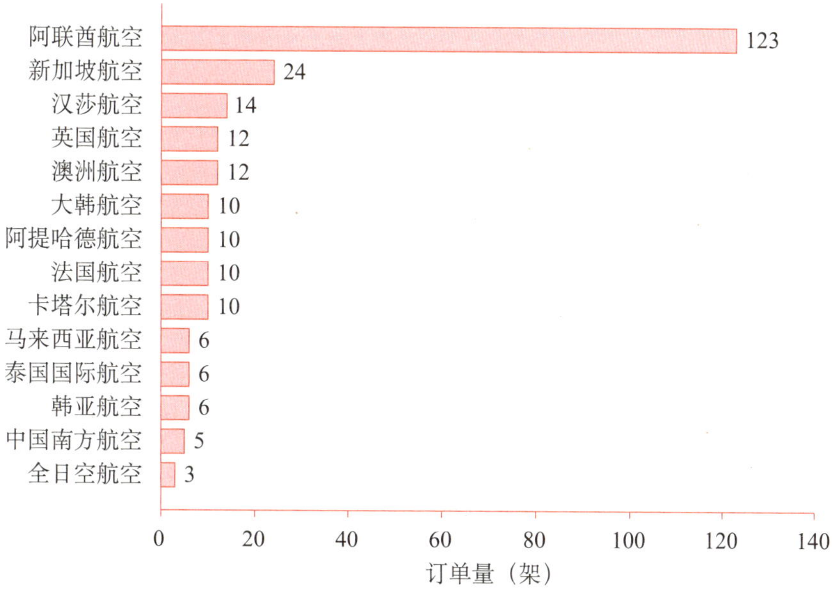

图 4　A380 的主要航空公司客户

资料来源：Author's own，adapted from Orders and Deliveries，Airbus，Commercial Aircraft，https://www. airbus. com/aircraft/market/orders-deliveries. html，accessed July 2021；Orders and Deliveries，Boeing，Commercial，https://www. boeing. com/commercial/#/orders-deliveries，accessed July 2021.

其货运版本由于尺寸、重量问题和较低的初始需求而停产。

值得注意的是，货运市场的增长速度超过了客运市场，像 B747 这样的飞机已经利用了这一机会，因为它们可以灵活地重新配置为货机。[104]

尽管 A380 在开发时旨在吸引中国的航空公司，但该飞机未能吸引到中国客户。在中国，只有一家航空公司——中国南方航空——在 2011 年从空客订购了 5 架 A380。[105] 中国航空公司对 A380 反应平淡的几个原因包括：中国对超大型飞机的需求较少，因为旅行需求主要是国内；此外，A380 给中国航空公司带来了收益率降低的风险，因为大多数中国航空公司需要提高的是收益率而非客流量，这是关键考虑因素。[106]

其他航空公司也逐渐失去了对 A380 的兴趣。维珍航空在 2001 年订购了 6 架 A380，但从未接收飞机，并在 2018 年取消了订单。2019 年 2 月，澳洲航空因对 A380 的未来持怀疑态度，而取消了 8 架 A380 飞机的订单。新加坡航空公司接收了其最初订购的 19 架 A380 飞机，并增订了 5 架，使其总订单量达到 24 架——这仅比 2000 年最初签订的订单少了一架，但在这些新飞机交付之前，2016 年新加坡航空爆出了一个意外消息：决定不再续租其早期批次的飞机，从而将其飞机总数从 24 架减少至 19 架。[107] 2019 年 2 月，阿联酋航空决定取消 39 架飞机的订单，选择用 A350 和 A330 Neo 替换它们。[108] 在这种负面市场情绪中，空客决定到 2021 年停止生产 A380，结束了其“超级巨无霸”梦想项目。

传奇继续

尽管 A380 备受批评，空客仍然凭借其他飞机在市场上保持竞争力（参见图 2，空客和波音飞机订单情况）。与此同时，航空技术已经取得了新的突破，包括新的机身和发动机，这些新技术将能够降低燃油消耗、减少噪声，并实现更高效的飞行。

窄体飞机市场趋势

由于点对点航线在中型飞机细分市场中的兴起，窄体飞机受到欢迎，这被看作是具有巨大潜力的领域。[109]窄体飞机的份额预计从 2019 年的 58% 增长到 2029 年的 66% 。[110]对窄体飞机的需求主要归因于低成本航空公司（LCC）商业模式的增长（参见图 5，2006—2019 年 LCC 的增长）。窄体飞机因其更远的航程、更高的燃油效率和更高的最大起飞重量，非常适合低成本航空公司的商业模式。[111]传统的占统治地位的长途航班使用大型、不够灵活的宽体飞机，而 LCC 的目标是采用更低运营成本的飞机搭载更多乘客。这种转变也反映了乘客相比 10 年前更愿意接受长途航班上更小的机舱空间。[112]

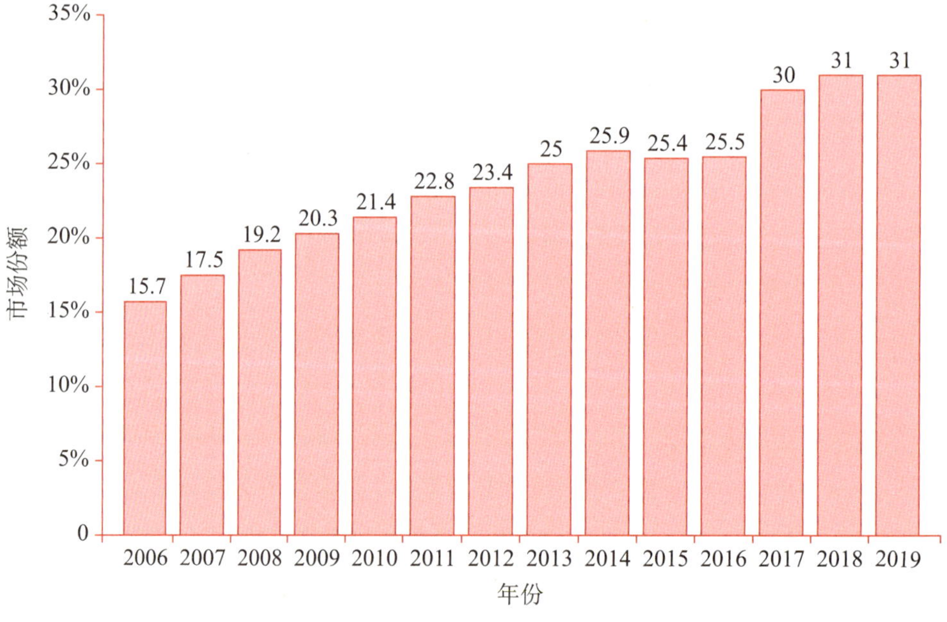

图 5　低成本航空公司（LCC）的增长

资料来源：Low cost carriers' worldwide market share from 2007 to 2020，Aviation，Statista，https://www.statista.com/statistics/586677/global-low-cost-carrier-market-capacity-share/，accessed July 2021.

全球宽体飞机的市场份额预计 2019—2029 年保持在 20% 左右，增长前景有限。[113]另外，全球乘客数量预计在 2020 年将超过 47 亿，并以平均每年增加 2 亿的速度增长。2019 年的报告预测，北美和西欧的成熟市场将经历相对温和的增长，而亚洲市场预计将实现高水平增长，中国、印度、中东和亚太地区的年增长率分别为 7.9% 、9.9% 、4.7% 和 4.2% 。[114]然而，这些市场的几乎所有增长都将来自低成本航空公司，高端客流的整体增长很小。因此，新的客流对价格非常敏感，被低成本航空公司提供的经济实惠座位吸引，在全球范围内预计将占市场的 1/3 以上。[115]

中国市场的增长

更进一步的市场变化和趋势受到中国经济日益增长的推动。到 2020 年，中国成为世界上最大的飞机市场。空客和波音都向中国的多家航空公司大量销售飞机。[116]到 2018 年底，中国运营着 3 639 架飞机，到 2019 年，空客占据了市场的一半份额。[117]2019 年，中国宣布了一项价值 350 亿美元的订单，购买 300 架空客飞机，普遍认为这是对波音的打击，因为波音面临着中美贸易战升级的风险。[118]波音在其年度分析中对空客的增长展望持有类似观点。预计到 2038 年，中国将需要 8 090 架新飞机，并在未来 20 年内为行业创造近 3 万亿美元的订单价值。

然而，中国也开始自行制造飞机，总部位于上海的中国商用飞机公司（COMAC）在市场上领先。[119]COMAC 预测到 2038 年将需要 9 205 架飞机，并设计了 C919，这是一种窄体双喷气客机，旨在与 B737 MAX 系列和 A320 Neo 系列竞争。COMAC 还开始设计不同细分市场中的其他飞机，行业分析师认为该公司很快可能成为空客和波音的潜在竞争对手。[120]波音和空客达成协议，接管竞争对手——巴西航空工业公司（Embraer）和庞巴迪（Bombardier）的飞机生产，在此之后，中国的 COMAC 被视为拥有 100 个以上座位飞机市场的第三选择。[121]

空客的市场领先地位

尽管 A380 项目遭遇失败并带来了亏损，但空客在市场上的表现仍然强劲，成功击败了竞争对手。2019 年，空客交付了 863 架飞机，相比之下波音仅交付了 380 架商用飞机。空客还获得了 768 架飞机的净订单，其中 476 架为 A321 Neo。波音的订单增长非常有限，总共有 246 架飞机的新订单，但其中有 192 架飞机的订单被取消。波音的窄体飞机（B737 MAX）在 2019 年遭遇两起事故，之后，被包括中国在内的多个国家停飞，这对其全球范围内的许多供应商造成了影响，这些供应商严重依赖于波音的合同并与波音共同承担生产成本。[122]市场对 B747 的需求也已经减少，它已不再是波音的现金牛。由于市场环境的变化，波音在 2020 年 7 月决定结束 B747 的生产。[123]

环境适应性

2020 年 9 月，空客提出了三种环保型商用飞机的概念，这些飞机将氢气作为主要燃料，目标是在 2035 年实现零排放。这与航空运输行业的长期目标一致，即到 2050 年将碳足迹减少至 2005 年水平的一半以下。[124]空客的首席执行官表示：

> 我们认为，氢能在飞机上具有竞争力，这需要在技术、示范项目、测试、法规和认证方面进行大量工作，我们相信在我们制定的时间框架内是可行的。[125]

波音则投资于可持续航空燃料（SAF），计划到 2030 年将其用于所有新飞机。市场观察显示，波音向 SAF 迈进的行动并没有像空客为设计氢燃料飞机那样涉及广泛的实践和测试。[126] 大多数分析师都认为，空客和波音之间的正面竞争可能会在未来继续。[127]

不确定性

虽然 A380 被认为是失败的，但在 2019—2021 年这两年动荡的时期，空客仍然设法保护了其市场份额，当时新冠疫情大流行在全球范围内造成了严重破坏。在不确定的时期，空客和波音都预计疫情大流行会对它们的业务产生影响。尽管 A380 和 B747 都将被淘汰，但它们的经验无疑给两家竞争公司留下了重要的教训。对空客来说，A380 是否只是一个糟糕的战略？或者它是一个执行上出错的好战略？A380 给空客带来了哪些教训？其宏伟的 A380 即将退出市场，空客又该如何保持竞争力？环保型飞机会成为这两家竞争对手的新战场吗？

注 释

案例 2

Gap 公司

索妮亚·辛格尔（Sonia Syngal）在 2020 年 3 月被任命为 Gap 公司（Gap，Inc.）的总裁兼首席执行官。在新冠疫情高峰期，公司收入下降 70%，而且每周现金支出高达 1.4 亿美元，在斯坦福大学商学院的一次采访中，辛格尔直面了这一困境，并阐述了她如何计划带领高管团队重新定义公司的目标。辛格尔强调，公司做出了“设计包容性”这一决策，并将其作为 Gap 未来各项决策的指导原则。[1]

Gap 公司，之前被称作 Gap 商店公司（The Gap Stores，Inc.），致力于通过实施一项专注于加强员工、顾客和社区归属感的行动计划，成为世界上最具包容性的公司。该公司采用所谓“真诚方程式”作为其包容性决策制定的框架。[2] 该框架包含体现“真诚感”的三个方面——深思熟虑的方法、相互关联的过程和产出以及持续的参与——以确保 Gap 的品牌和产品体现其承诺。

这一框架的实施已在 Gap 公司的“2023 影响力计划”战略中得到体现，该战略提出了具体的 3 年增长目标，即打造一个宗旨驱动的、规模达数十亿美元、能改变人们生活方式的品牌，并通过全渠道运营实现持续增长，全渠道运营作为一种销售方式，整合了分销、促销和沟通，提供给顾客全面的购物体验。[3]

尽管 Gap 公司持续面临由新冠疫情大流行引起的巨大波动和不确定性以及激烈的市场竞争，但情况正在好转。实际上，在截至 2022 年 1 月的财政年度中，Gap 公司的营业收入为 167 亿美元，略高于疫情前的营业收入。公司在 2021 财政年度亏损 6.65 亿美元，2022 财政年度则扭亏为盈，实现盈利 2.56 亿美元。Gap 能否持续恢复，并有可能再次成为时尚品牌的领导者？

内部环境

在为父母的橱柜制造生意工作了十多年之后，唐·费舍尔（Don Fisher）购买并修缮了许多酒店。为了增加一些额外的收入，他将其中一个宴会厅租给了一个销售员，用作销售李维斯（Levi’s）牛仔裤的展示厅。他观察到人们购买李维斯产品，特别是经典 501

蓝色牛仔裤，使得宴会厅里充满活力。受到那次经历的启发，唐和他的妻子多丽丝（Doris）创立了一家销售蓝色牛仔裤和唱片的商店。1969 年，唐最初想将公司命名为“裤子与唱片”，但夫妇二人最终选择了 Gap 作为公司名称。[4] 从此，Gap 成为 Gap 商店公司的简称，公司随后注册成立。过了一段时间，公司推出了自己的品牌产品，并发展到在全球经营零售商店和工厂直销店，专门销售休闲服装和配饰。多年来，Gap 还扩展了包括女性、男性和儿童个人护理产品在内的商品线。最终，公司将其名称更改为今天广为人知的 Gap，Inc.。

Gap 目前在全球范围内运营以下六个生活方式品牌：Old Navy、Gap、Banana Republic、Athleta、Janie and Jack 以及 Intermix。Gap 在全球的门店遍及美国、加拿大、英国、法国、爱尔兰和日本。此外，该公司还在印度尼西亚、阿曼、卡塔尔、阿拉伯联合酋长国、塞浦路斯、约旦和克罗地亚拥有特许经营店。然而，公司本土化的努力也带来了许多困难，在对欧洲业务进行战略审查后，公司计划关闭在英国、爱尔兰、法国和意大利的所有门店。[5]

除了在海外市场的失败，Gap 并没有迅速抓住时尚行业发生的数字化电子商务转型的机遇。它继续沿用了在不同市场分销相同产品的传统模式，几乎没有变化。Gap 被动地观望，而像 Zara 和 Forever 21 这样的竞争对手，凭借更高效的供应链，吸引了更年轻的在线购物者。Gap 的自满阻碍了其适应和创新的能力，例如，青少年抛弃了这个品牌，因为他们不想穿 10 岁时妈妈给他们买的同样的运动衫。一旦年轻的购物者离开了 Gap 品牌，他们就再也没有回归。[6] 相比之下，像优衣库（Uniqlo）和塔吉特（Target）这样的商店已经将自己定位为基本款服装的顶级提供商，而像 Madewell、Zara 这样的品牌则迎合了世界各地注重时尚的消费者。

使命

起初，Gap 只是出于一个简单的想法——让人们更容易找到合适的牛仔裤，但随着时间的流逝，这个想法已经发展成为一项全球性的使命，即专注于对人们日常生活产生积极的影响。[7] Gap 在其网站上强调其目标：“打造一个宗旨驱动的、规模达数十亿美元、能改变人们生活方式的品牌。”[8] 这一宏伟目标反映了 Gap 致力于成为一个价值观驱动型企业。

价值观驱动型的包容与归属文化

从创立之初，包容性就深深植根于 Gap。创始人唐和多丽丝设计了适合所有体型的牛仔裤，包括唐自己六英尺四英寸的身材，创造了一种致力于包容各种身材的零售体验。[9] 性别平等是 Gap 的三大核心价值观之一，多丽丝在这一价值观的推动下，成为一位强有力的领导者。几十年来，Gap 一直支持并在全球范围内倡导以下权利：支持联合国自由与平等运动、为世界艾滋病日筹款、促进社区内的本地志愿服务。[10] 从 Banana Republic 的 True Hues 系列，专注于为黑人和多样化消费者提供更具包容性的产品策略，到 Old Navy 的“身材平等”活动，Gap 在设计其产品时都考虑到了包容性。[11] Gap 在其网站上表示："我们相信，当你决定包容性不是可有可无的时候，不仅我们之间的隔阂会缩小，而且拥有了打开一个全新世界的可能性。"[12]

伴随着对于包容性的关注，Gap 建立并维持了一种"归属感文化"，这种文化依赖于三个关键价值观：公平与包容、性别平等与赋权，以及可持续性。这些价值观支撑着公司的文化、运营和品牌。[13] Gap 通过制定相关政策来保护其价值观，这些政策彰显了人的尊严和价值。此外，Gap 通过投入资源、赋予员工领导权等举措，体现这些价值观。公司不仅向员工推广上述文化，还鼓励其制造商、供应商、分销商和外国承包商创建此种类型的文化。此外，Gap 还与竞争对手合作，以确保合规协议的履行，并在共享供应商的情况下避免冲突。

在新冠疫情大流行期间，Gap 仍然保持对公平和包容、性别赋权以及可持续性文化价值观的承诺。例如，尽管受到封锁限制，21% 的公司员工仍然找到了回馈社区、为希望发声、为终结系统性种族主义而努力的方式。[14] 24 000 名员工志愿者共同奉献了超过 160 000 小时的时间。[15] 此外，Gap 基金会启动了全球价值链中女性韧性基金，以支持当地女性领导组织的疫情大流行后恢复工作。[16] 在 2020 年 6 月，Gap 公开分享了新的 2025 年"平等与归属"战略和变革承诺。[17] 这一战略名为"为所有人创造，与所有人同行 2025 承诺"，专注于尊重和利用多样性，开启新机会，并为员工、客户和社区创造一种包容性的文化。[18]

为了支持职场公平，Gap 不再要求任何职位列表上标注"多年经验"，并且对于副总裁级别以下 99.7% 的工作不再要求教育学位。在 2021 年，与前一年相比，参加其轮岗管理计划的黑人、原住民和有色人种（BIPOC）员工数量几乎翻了一倍。Gap 还与包容性策略师安伯·卡布拉尔（Amber Cabral）合作，举办了 29 场关于系统性种族主义、"微歧视"、无意识偏见等话题的"真实对话"，并举办了 10 场"盟友与倡导者"研讨会。此外，目前 Gap 要求员工必须接受种族平等培训，并将包容性和公平内容融入员工学习课程、员工生命周期以及"成为伙伴，获得伙伴"（Be One. Get One.）的跨文化导师计划中。[19]

为了提升 BIPOC 群体的教育水平和自我意识，架起教育与下一代 BIPOC 时尚领袖之间的桥梁，Gap 与哈林时尚行（Harlem's Fashion Row，HFR）合作，向历史上为非洲裔美国学生成立的高等教育机构（Historically Black Colleges and Universities，HBCUs）的时尚系提供了超过 50 万美元的"消除歧视"奖学金。Gap 还赞助了 HFR 的首次时尚剧本活动，该活动面向青少年、中学、高中生和大学生，提供数字内容、最佳实践案例以及探索时尚行业职业机会的技巧。[20]

可持续性

费舍尔家族创建 Gap 公司的初衷是在其业务运营范围内创造新的机会。公司通过为员工提供公平的工作条件、努力减少环境破坏等举措，持续贯彻这一核心价值观。Gap 的可持续性战略与联合国的全球可持续发展议程相契合。该议程连同联合国关于商业和人权的指导原则、联合国可持续发展目标和《巴黎协定》，为 Gap 提供了一个框架，使其能够为地球和社会带来更多价值。[21]从最初的服装设计草图到顾客清理个人衣橱中的 Gap 商品，公司始终在寻找促进社会责任和可持续性的机会与风险。

Gap 将可持续性深度整合到商业模式中，以期在价值链中产生更大的影响。[22]可持续性是 Gap 的一个关键优先事项。公司在帮助创建一个可持续的生态系统方面，关注三个重点领域：赋予女性权力、提供机会以及服务社区。[23] Gap 89% 的制造设施和 80% 的战略性工厂完成了 Higg 工厂环境模块（Higg FEM）指数要求，该指数是由美国可持续服装联盟发布的。[24] Gap 坚信，应该超越商业实践的基础要求，承担起对人类和地球更广泛、更深层次的责任。

尽管新冠疫情带来了挑战，Gap 的 2020 年可持续性报告仍然自豪地展示了其在实现可持续性目标方面取得的显著进展。以下是 Gap 在 2020 年的进展亮点：

- “Gap 公司将 13% 的一次性塑料废物进行了环保处理。”
- “Gap 公司在 2020 年将聚乙烯邮包袋中的回收材料含量从 35% 提高到 50%，2021 年将推广该计划。”
- “Gap、Old Navy 和 Athleta 采用了新的折叠标准，节约了 1 300 万美元的运输成本，并避免了超过 800 万磅的塑料包装。”
- “Old Navy、Gap 和 Banana Republic 在所有‘成分和护理’标签上使用了 100% 的回收胶带，有望每年节省 830 吨塑料。”
- “Old Navy 已将其衣架回收计划扩展到 600 家商店，这将每年从垃圾填埋场转移 220 万磅塑料。该计划将在 2021 年底前扩展至所有商店。”
- “Athleta 将所产生废物中的 74% 进行了环保处理。”[25]

执行领导团队

索尼娅·辛格尔在成为首席执行官之前已经在 Gap 工作了 17 年。她曾担任过全球供应链和产品运营的执行副总裁、全球供应链的执行副总裁兼欧洲业务董事总经理、国际部门高级副总裁以及国际奥特莱斯部门高级副总裁。[26]

领导层简历

执行领导团队由才华横溢的高管组成，他们曾在 Gap 公司担任过多个领导职务。内部人才的晋升使得当前执行领导团队中有 70% 的成员已经在公司平均工作了 18 年。[27]

Gap 公司优先考虑让其全球领导团队反映客户群体的情况。在 2021 年 7 月斯坦福大学商学院播客的一次访谈中，索尼娅·辛格尔分享道：“我们希望反映客户的情况，我们的客户 75% 是女性。我们反映了美国的多样性，希望拥有同理心、理解力和思想多样性，以便我们能够最好地服务客户。”[28]公司全球团队中有 76% 是女性，这与其以女性为主的客户基础相一致。[29]

员工

为了提升透明度并突显对多样性的承诺，Gap 公司自 2013 年起开始公开报告美国员工的多样性数据，包括全球所有员工的性别、全球女性领导以及新员工情况。[30] 2019 年，Gap 进一步扩展了这些数据类别，包括更细致的员工人口统计数据，并按公司职能角色分类，涵盖了美国总部、美国分销与呼叫中心、美国店铺管理层以及美国店铺员工。[31] Gap 公司内部还存在多个平等和归属感小组（EBG），服务于亚裔 Gap 社区、非洲裔美国人 Gap 社区、拉丁裔 Gap 社区、Gap 的父母和照护者社区、退伍军人 Gap 社区以及女性 Gap 社区。[32]

Gap 公司还坚信应该赋予员工权利，让他们能够提出解决方案并参与领导内部变革。例如，有色尊重委员会（Color Proud Council）以及产品包容性倡议，就是由其联合创始人巴哈贾·约翰逊（Bahja Johnson）向全球 Gap 品牌总裁兼首席执行官马克·布雷特巴德（Mark Breitbard）提出并建立的。在他们的谈话中，巴哈贾全面讨论了 Gap 的多样性和她个人的亲身经历。在谈话即将结束时，巴哈贾询问："你打算怎么做？我们是否应该组织一个委员会，开始探讨包容性对我们所有人的意义？"马克回答说："我打算做什么？还是你打算做什么？我会支持你。我会把你介绍给我们的人力资源负责人和多元化负责人。"[33] 这种来自高层领导的支持——倾听员工的声音，并为文化和产品开发的转变创造空间——是 Gap 极其重视的事项。在有色尊重委员会中，有来自所有品牌和职能部门的代表，该委员会对产品改进、市场融合、员工学习、人才招聘和保留等方面做出了积极贡献。

经营活动

商业模式

Gap 公司是一家国际零售企业，由六个生活方式品牌组成：Old Navy、Gap、Banana Republic、Athleta、Janie and Jack 和 Intermix。每个品牌都有其独特的目标市场和零售产品，这使得公司在 2020 年美国服装零售商销售排名中位列第五。[34] Gap 公司在全球范围内运营，拥有近 3 000 家自营门店和超过 500 家特许经营店，同时还拥有电子商务网站。[35] 在国际上，Gap 公司的品牌门店遍布北美、欧洲、亚洲、中东、大洋洲、南美和非洲。[36]

Gap 最初创立时旨在弥合当时独特的"代沟"，近年来，它主要采取了一种"最佳价值"战略，为其同名商店提供价格合理（而非最低价）的高品质产品。通过在零售服装行业的不同价位扩展业务，公司通过其多样化的服装产品在以下多个目标市场展开竞争：低成本和中等成本的休闲装、商务装、运动装、儿童服装和高端时尚服装。2019 年，Gap 宣布了将其 Old Navy 品牌拆分的策略，以便让 Old Navy 能够不受 Gap 公司其他品牌表现不佳的拖累而蓬勃发展。[37] 然而，这一拆分为两个独立上市公司的计划在次年突然中止，因为据当时担任临时首席执行官的 Gap 创始人之子罗伯特·费舍尔（Robert Fisher）所说，拆分的准备工作"暴露了运营效率低下和需要改进之处"。[38] 作为其商业模式的一部分，Gap 不仅关注直接购买其产品的终端消费者，还允许消费者成为特许经营业主。Gap 还通过其名为“优秀合作伙伴”（Top Stitch）的表彰计划，让每个合作伙伴参与其共同愿景的实现，该计划根据合作伙伴所做的贡献每季度进行表彰。

对于每个通过行动体现 Gap 价值观的合作伙伴，Gap 会以其名义向公司的非营利合作伙伴捐款，如美国男女童子军俱乐部、CARE、Water. org、Good360 和 NAACP。[39]

增长战略

从创立早期开始，在整个扩张过程中，Gap 一直通过强有力的广告活动和紧跟时代潮流的市场营销努力，不断深入零售服装市场。1969 年，在美国历史的一个转折点上，Gap 首次开业，其使命是提供能够吸引多个消费者群体的服装——特别是吸引 Levi's 牛仔裤的消费者群体。自那以后，Gap 有意识地继续满足不同消费者的需求。多年来的市场营销和广告活动曾合作过受欢迎的名人和文化偶像，如萨尔瓦多·达利（Salvador Dalí）、詹姆斯·迪恩（James Dean）、乔安·迪迪恩（Joan Didion）、辛迪·克劳馥（Cindy Crawford）、斯派克·李（Spike Lee）、乌比·戈德堡（Whoopie Goldberg）和麦当娜（Madonna）。[40]这些名人的代言对 Gap 品牌发挥着推动作用。最近与名人的合作推广了 Gap 公司旗下的其他品牌，例如，Gap 与著名偶像西蒙·拜尔斯（Simone Biles）和斯隆·斯蒂芬斯（Sloane Stephens）为 Athleta 品牌进行了战略性合作。Athleta 的营销活动“她力量”，试图重新定义女性社群在性别平等和女性权益提升中的价值。[41]在最近的一次讨论财务收益的电话会议上，首席执行官索尼娅·辛格尔说：“‘全能无限’品牌策略在参与度上达到了行业基准的两倍，并在印刷和数字媒体上获得了超过 1.6 亿次的印象。”[42]

正如其商店的多样性所证明的，Gap 多年来通过进入新的细分市场来发展市场。1986 年，Gap 品牌开设了 GapKids 商店，仅仅四年后便扩展为 babyGap 子品牌。Old Navy 是为了满足更多注重性价比的消费者的需求而开发的，而 Hill City 则是一个男装生活方式品牌，后来关闭了。2021 年，公司通过与沃尔玛的合作进入了家居用品市场。Gap 品牌总裁兼首席执行官马克·布雷特巴德在新闻发布会上说：“沃尔玛是家居领域的全球领导者，拥有广泛的数字覆盖和分销能力，这种合作使 Gap 能够以一种智能、可扩展的方式引入一个新品类。Gap Home 在沃尔玛为 Gap 作为一个生活方式品牌开启了新的篇章，以全新的方式提供永恒的美式风格。我们为这个增长机会感到兴奋，这将帮助更多顾客爱上 Gap。”[43]此外，坎耶·维斯特（Kanye West）与 Gap 品牌签订了为期十年的协议，推出他的 Yeezy Gap 产品线，这是 Gap 品牌希望吸引更多年轻顾客而缔结的合作伙伴关系。Gap 预计到 2026 年 Yeezy Gap 品牌每年将产生 10 亿美元的销售额。[44]

除了专注于通过细分多样化实现内部增长之外，Gap 还与其他零售商和非政府组织建立了合作伙伴关系，并与流行的品牌和电视节目合作，捕捉时代精神。Gap 还收购了许多公司，如 Banana Republic、Athleta 和 Intermix，这些公司进一步多元化了其产品组合。

尽管 Gap 的增长战略多年来一直雄心勃勃，但它也在精简其投资组合。除了退出欧洲市场外，Gap 还在北美关闭了大约 350 家 Gap 和 Banana Republic 的门店，因为随着租约到期，公司努力远离购物中心，许多购物中心甚至在新冠疫情大流行之前就已经陷入困境。这一战略被称为“2023 动力计划”，预计将为 Gap 节省 4 500 万美元的租金。[45]“2023 动力计划”将更加重视通过 Old Navy 和 Athleta 提升销售额，并将 Old Navy 实体门店转移到人口少于 20 万的较小市场。为了应对 2020 年在线销售额增长 54% 的情况，Gap 调整了营销策略，成为以数字化为先的企业。[46] 其营销策略针对每个品牌的不同顾客群进行个性化调整。Gap 利用人工智能分析加强其广告信息传播，并指导数据驱动的决策制定。[47]

全球供应链

Gap 的供应链由数千名全球员工组成，他们创造并及时交付高质量的产品。公司通过海运、空运、陆运和铁路等多种方式，将产品从供应商工厂运送到配送中心，再送到商店或直接到消费者手中。Gap 坚信其产品从进入商店开始，直到被顾客购买并穿着后才拥有完整的生命周期。[48] Gap 通过品牌合作、与零售业一些最知名的供应商建立工厂伙伴关系，在整个零售行业引发了变革性变化。[49]

Gap 始终不断创新其流程，全面提高劳动标准和工作条件。[50] 与 Gap 类似的服装和时尚行业的大多数公司并不自己生产服装，而是依赖于供应商，这些供应商通常位于工人议价能力较弱的世界某些地区。为了保护其供应链中员工的健康和安全，Gap 确保新冠疫情指南实时更新，并且得到贯彻执行，特别是对于服装制造工厂。Gap 还将其社会和劳动能力建设项目转变为线上提供，以便在疫情期间持续学习。[51]

Gap 已经在其现有的行业承诺基础上，将其承诺扩展到所有二级供应商的外籍合同工人群体。例如，Gap 与美国服装和鞋履协会等合作，展开负责任的招聘，使工人们能够完全控制自己的护照和旅行文件，拥有行动自由，并且对自己所赚的金钱拥有完全控制权。所有 Gap 的一级工厂和二级战略工厂都参与了全行业计划，包括社会与劳动融合计划（SLCP）和国际劳工组织（ILO）的“2023 更好工作计划”。到 2025 年，Gap 公司 80% 的采购将分配给绿色评级的工厂。Gap 还与其他品牌合作，如阿迪达斯、Lululemon 和 Patagonia，以确保类似的合规协议得到执行，避免与共享供应商的期望产生冲突。[52]

财务状况

在截至 2021 年 1 月 30 日的财年中，Gap 的销售额从 164 亿美元下降到 138 亿美元。Gap 的应对措施之一是对表现不佳的门店进行剥离（见表 1），并退出了欧洲市场。鉴于这种剥离战略的实施，公司在截至 2022 年 1 月的财年中收入增加到 167 亿美元，这一增长令人印象深刻。该公司还将 6.65 亿美元的亏损转变为 2.56 亿美元的收益。Gap 的股价在新冠疫情大流行期间一度下跌至每股 9.80 美元的低点，但在 2022 年 3 月，股价回升至每股约 14 美元左右。财务报表见表 2 和表 3。

表 1　店铺开业和关闭情况

在 2020 年 2 月到 2021 年 7 月之间，Gap 公司关闭了其总实体店铺的 7%。

	店铺数量，开业，关闭情况				
	店铺数量（2/1/2020）	开业店铺数量	关闭店铺数量	店铺数量（7/31/2021）	变化率
Old Navy 北美	1 207	62	24	1 245	3.1%
Old Navy 亚洲	17	0	17	0	-100%
Gap 北美	675	3	136	542	-19.7%
Gap 亚洲	358	25	44	339	-5.3%
Gap 欧洲	137	5	52	90	-34.3%
Banana Republic 北美	541	4	84	461	-14.8%
Banana Republic 亚洲	48	8	8	48	0
Athleta 北美	190	24	2	212	11.6%
Intermix 北美	33	0	2	31	-6.1%
Janie and Jack 北美	139	0	20	119	-14.4%
公司直营店	3 345	131	389	3 087	-7.7%
特许经营店	574	107	124	557	-3%
总计	3 919	238	513	3 644	-7.0%

资料来源：Gap Inc. 2021. Investors: Real Estate. https://www.gapinc.com/en-us/investors/real-estate. Accessed October 5, 2021.

表 2　利润表　　单位：百万美元

	截至财务周期结束				
	12 个月 2/3/2018	12 个月 2/2/2019	12 个月 2/1/2020	12 个月 1/30/2021	12 个月 1/29/2022
收入	15 855.0	16 580.0	16 383.0	13 800.0	16 670.0
总收入	15 855.0	16 580.0	16 383.0	13 800.0	16 670.0
销售成本	9 789.0	10 258.0	10 250.0	7 636.0	8 657.0
毛利润	6 066.0	6 322.0	6 133.0	6 164.0	8 013.0
销售、一般及管理费用	4 573.0	4 864.0	5 038.0	6 431.0	7 153.0
研发费用	51.0	50.0	41.0	46.0	41.0
其他运营费用总计	4 624.0	4 914.0	5 079.0	6 477.0	7 194.0
营业收入	1 442.0	1 408.0	1 054.0	(313.0)	819.0
利息支出	(74.0)	(73.0)	(76.0)	(192.0)	(167.0)
利息和投资收益	19.0	33.0	30.0	10.0	5.0
净利息支出	(55.0)	(40.0)	(46.0)	(182.0)	(162.0)

续表

	截至财务周期结束				
	12 个月 2/3/2018	12 个月 2/2/2019	12 个月 2/1/2020	12 个月 1/30/2021	12 个月 1/29/2022
货币汇率收益（亏损）	1.0	2.0	5.0	8.0	—
其他非营业收益（支出）	—	(34.0)	—	—	—
息税前利润（不含非经常性项目）	1 388.0	1 336.0	1 013.0	(487.0)	657.0
资产出售收益（亏损）	—	—	191.0	—	—
资产减值	(28.0)	(14.0)	(337.0)	(557.0)	(9.0)
保险赔付	64.0	—	—	—	—
其他非经常性项目	—	—	(339.0)	(58.0)	(325.0)
息税前利润（含非经常性项目）	1 424.0	1 322.0	528.0	(1 102.0)	323.0
所得税费用	576.0	319.0	177.0	(437.0)	67.0
净利润	848.0	1 003.0	351.0	(665.0)	256.0
附加运营费用项目					
广告费用	673.0	650.0	687.0	816.0	1 115.0
销售和市场费用	673.0	650.0	687.0	816.0	1 115.0
研发费用	51.0	50.0	41.0	46.0	41.0
净租赁费用	NA	NA	NA	1 455.0	1 376.0

资料来源：Standard & Poor's Global NetAdvantage，Accessed March 18，2022.

表 3　资产负债表　　单位：百万美元

	资产负债表截至				
	2/3/2018	2/2/2019	2/1/2020	1/30/2021	1/29/2022
资产					
现金及等价物	1 783.0	1 081.0	1 364.0	1 988.0	877.0
短期投资	—	288.0	290.0	410.0	—
现金及短期投资总计	1 783.0	1 369.0	1 654.0	2 398.0	877.0
应收账款	282.0	321.0	316.0	363.0	399.0
应收账款总计	282.0	321.0	316.0	363.0	399.0
存货	1 997.0	2 131.0	2 156.0	2 451.0	3 018.0
预付费用	158.0	157.0	148.0	104.0	110.0
受限现金	1.0	1.0	—	4.0	—
其他流动资产	347.0	272.0	242.0	688.0	761.0
流动资产总计	4 568.0	4 251.0	4 516.0	6 008.0	5 165.0

续表

	资产负债表截至				
	2/3/2018	2/2/2019	2/1/2020	1/30/2021	1/29/2022
固定资产总额	8 767.0	8 667.0	14 363.0	12 666.0	11 783.0
累计折旧	(5 962.0)	(5 755.0)	(5 839.0)	(5 608.0)	(5 071.0)
固定资产净额	2 805.0	2 912.0	8 524.0	7 058.0	6 712.0
商誉	109.0	109.0	109.0	109.0	207.0
其他无形资产	95.0	92.0	121.0	61.0	90.0
其他长期资产	412.0	685.0	409.0	533.0	587.0
资产总计	7 989.0	8 049.0	13 679.0	13 769.0	12 761.0
负债					
应付账款	1 181.0	1 126.0	1 174.0	1 743.0	1 951.0
应计费用	505.0	295.0	371.0	471.0	560.0
当前租约的部分	—	—	920.0	831.0	734.0
当前应付所得税	10.0	24.0	48.0	34.0	25.0
当前预收收入	247.0	227.0	226.0	231.0	345.0
其他流动负债	518.0	502.0	470.0	574.0	462.0
流动负债总计	2 461.0	2 174.0	3 209.0	3 884.0	4 077.0
长期债务	1 249.0	1 249.0	1 249.0	2 216.0	1 484.0
长期租赁	—	—	5 508.0	4 617.0	4 033.0
其他非流动负债	1 135.0	1 073.0	397.0	438.0	445.0
负债总计	4 845.0	4 496.0	10 363.0	11 155.0	10 039.0
普通股	19.0	19.0	19.0	19.0	19.0
资本公积	8.0	—	—	85.0	43.0
留存收益	3 081.0	3 481.0	3 257.0	2 501.0	2 622.0
库存股	—	—	—	—	—
综合收益及其他	36.0	53.0	40.0	9.0	38.0
普通股股东权益总计	3 144.0	3 553.0	3 316.0	2 614.0	2 722.0
股东权益总计	3 144.0	3 553.0	3 316.0	2 614.0	2 722.0
负债及股东权益总计	7 989.0	8 049.0	13 649.0	13 769.0	12 761.0

资料来源：Standard & Poor's Global Net Advantage，Accessed March 18，2022.

Gap首席执行官索尼娅·辛格尔在谈到应对新冠疫情挑战的困难时表示："我们经历了公司历史上最困难的一年。在整个过程中，我们的团队展现出了韧性和决心，在我们行业中应对前所未有的混乱，为长期增长设定了方向。我们凭借强大的品牌优势、目标导向的营销和在相关品类（如Active和Fleece）上的强化，在市场上强势进攻，使我们能够在一个分散的环境中逐季获得有意义的市场份额。这得益于我们60亿美元的在线业务和优秀的数字化能力，使我们今年能够扩大到超过1.83亿客户。”[53]

外部环境

服装行业的竞争

Gap所在的时尚零售行业是一个极具竞争性和快节奏的领域。数以千计的零售品牌在全球范围内经营实体店铺和在线业务。电子商务的发展降低了进入市场的门槛，几乎任何人都可以轻易地建立在线品牌或零售业务。在服装和时尚行业中，顾客拥有很高的议价能力，消费者转换到其他品牌的成本微不足道。竞争基于多种因素，包括产品质量、价格、流行趋势以及消费者对于特定品牌的偏好。

尽管Gap拥有多元化的品牌组合，能够覆盖不同的市场和风格，但它在各个领域都面临着竞争对手的挑战。Gap和Old Navy品牌在价格上与全球快时尚品牌如Zara竞争，而Athleta则与Lululemon、Under Armour和耐克等品牌展开正面竞争。Banana Republic则与J. Crew、Ann Taylor和Everlane等专注于商务服装的品牌竞争，同时也与Zara以及百货商店争夺市场份额。

社会因素

除了零售服装行业内部的激烈竞争，Gap还面临着更广泛环境因素的影响。社会趋势始终对时尚行业产生深远的影响。最近深刻影响零售公司的是“运动休闲”趋势，该趋势被定义为：“普遍的着装休闲风格遍及我们的文化，高端时尚品牌转向运动衫和T恤，将其变成大规模消费商品，零售商销售的功能服装比以往任何时候都多。”[54]这一趋势在新冠疫情大流行之前就已经出现，由于疫情大流行期间许多员工选择在家办公以减少疾病的传播，这一趋势得到了更广泛的采纳。许多公司已经开始放宽着装政策，而由疫情大流行推动的“居家办公运动”可能会为这一趋势在全球办公室中的持续渗透铺平道路。

关于多样性、公平性和包容性的倡议开始出现在众多公司的愿景声明中，这些公司努力在所有运营方面推广此类价值观。Gap凭借其长期明确的价值观和大胆的营销活动，将自己定位为这一行动的引领者。然而，Gap在响应这一趋势方面并非无懈可击。例如，在2020年总统选举之后，为了促进选举后的团结，Gap在推特上发布了一张红蓝相间的连帽衫图片，并附上标题：“我们知道的一件事是，团结一致，我们可以向前迈进。”这一行为立即受到了批评，因为在当时政治紧张的情况下，这被视为居高临下和缺乏敏感性。[55]

经济因素

经济力量也对零售行业产生了重大影响。Gap以及其他许多零售商都深切感受到了新冠疫情对全球经济的冲击，这迫使它们不得不暂时停业。随着经济的逐步重启，消费者对于室内购物仍然持谨慎态度，消费习惯也随之改变。人们的储蓄率上升，线下活动减少，这导致消费者的零售支出降低。零售行业还面临就业率下降的问题，这一数据直到最近才开始有所回升。因此，许多零售商关闭了实体店面，并在努力减少店铺数量，而网上购物的增长势头仍在持续。

在美国这个Gap的主要市场中，零售商日益关注的问题是通货膨胀。随着消费者物价指数（CPI）的上升，消费者可能会变得更加注重价值。因此，零售商可能会面临一个更加激烈的、以价格为驱动力的促销周期，这使得向促进增长和盈利性的转变变得更加困难。消费者可能会增加在线购物，以避免在汽油上的花费，或者寻找更便宜的产品。[56]

由于全球运营，Gap需要遵守各种国内、区域和国际法律，包括反歧视法、反垄断法、劳动法、健康与安全法等。这些法律可以直接或间接地影响公司的运营方式和运营成本。Gap强调全面的企业合规性，确保其员工和管理团队在全球范围内满足法律要求，并以诚信和负责任的方式开展工作。例如，在《纽约时报》联系的所有公司中，只有Gap（曾给位于印度尼西亚、柬埔寨、印度和约旦的工厂下过订单）特别指出，它已经调查了报告中提出的指控，该报告声称服装工人被拖欠了数百万美元的工资。[57]

科技因素

零售商还面临着购物中心关闭和向电子商务转型的挑战。零售业的未来将被线上与线下相结合的数字化购物塑造。为了吸引年轻消费者，并在他们的购买生命周期早期就吸引他们，零售商将不得不提供最新技术，鉴于持续发展和创新的速度，这是一个挑战。发展机会包括：非接触式支付的技术支持、增强现实和虚拟现实、带有语音命令的店内数字屏幕、虚拟试衣、导航指引和直播购物活动。[58]

展望未来

在过去几年中，Gap经历了业务各方面的巨大波动，包括领导层的变动、新冠疫情带来的挑战，以及由于在部分业务上对电子商务依赖度增加而被迫加速转型。Gap在其“2023动力计划”中发布了三年目标，即打造一个宗旨驱动的、规模达数十亿美元、能改变人们生活方式的品牌，并通过全方位发展实现持续增长。[59]Gap能否成功地从实体店铺转型为网络零售领域的领导者？Gap的新品牌合作伙伴能否吸引年轻消费者，并延长其客户群的生命周期？Gap最近进入家居用品和婴儿用品市场是否会增强其品牌力量，抑或是反方向削弱它？这些问题的答案将对这个美国标志性企业的持久发展和财务表现产生重大影响。

注　释

案例3

希尔顿全球控股公司

康拉德·希尔顿（Conrad Hilton）在1919年花5 000美元买下了他的第一个产业——位于得克萨斯州偏远小镇西斯科的莫布利酒店（Mobley Hotel）。自那以后，希尔顿酒店（Hilton Hotel）帝国成长为全球最大、最受尊敬的酒店品牌之一。希尔顿的愿景十分简洁，并且始终忠实于其创始人康拉德·希尔顿最初设立的愿景："用好客之光和温暖照亮世界"。[1]截至2021年，希尔顿酒店品牌不仅基于该愿景而谋利，而且已经超越于此。希尔顿经营着超过6 500个物业，涵盖18个酒店品牌，遍布119个国家。[2]

自2007年以来，希尔顿一直由经验丰富的酒店业高管克里斯托弗·纳塞塔（Christopher Nassetta）领导（见表1的高管简介）。纳塞塔曾担任豪斯特酒店及度假村公司（Host Hotels and Resorts, Inc.）的多个高级领导职位，这是一家专注于酒店业经营的房地产投资公司。[3]在他的领导下，希尔顿继续取得巨大进步。《财富》杂志将希尔顿评为"全球最佳工作场所"第二名，而且希尔顿是唯一上榜的酒店品牌。纳塞塔表示："我们的团队成员一直是我们成功的核心，我们与世界分享光亮和温暖，在这个时代从未如此重要，我们向他们深深承诺给予同等的慷慨，就像他们向我们的客户分享的那样。"[4]

表1　希尔顿高管简介

克里斯托弗·J. 纳塞塔（Christopher J. Nassetta）——总裁兼首席执行官 纳塞塔先生于2007年加入希尔顿。在加入希尔顿之前，他曾担任豪斯特酒店及度假村公司（Host Hotels & Resorts, Inc.）的总裁兼首席执行官。在豪斯特酒店及度假村公司之前，他于1991年作为共同创立者成立了贝利资本公司（Bailey Capital Corporation），并负责这家房地产投资和咨询公司的运营。在创立贝利资本公司之前，他在奥利弗·卡尔公司（Oliver Carr Company）工作了七年，最终担任首席开发官，负责大西洋中部地区最大商业房地产公司之一的所有开发及相关活动。纳塞塔先生毕业于弗吉尼亚大学麦金太尔商学院（University of Virginia McIntire School of Commerce），获得金融学位。他目前在麦金太尔商学院咨询委员会任职。

续表

克里斯汀·坎贝尔（Kristin Campbell）——执行副总裁、总法律顾问及首席ESG官 坎贝尔女士领导希尔顿的全球法律、合规、政府事务和企业责任职能，她于2011年6月加入希尔顿。她负责公司治理、监管合规性、并购、商业交易及诉讼事宜，并监管希尔顿全球在环境、社会和治理（ESG）方面的事务。在加入希尔顿之前，坎贝尔女士曾担任史泰博公司（Staples, Inc.，一家国际办公用品公司）的高级副总裁、总法律顾问和公司秘书。在1993年加入史泰博公司之前，她曾在Goodwin Procter和Rackemann, Sawyer & Brewster律师事务所工作。
劳拉·富恩特斯（Laura Fuentes）——执行副总裁兼首席人力资源官 富恩特斯女士于2013年加入希尔顿，领导人力资源职能团队，包括招聘、多样性与包容、学习与领导力发展、薪酬体系、人才分析与策略，以及人力资源咨询等方面职能。最近，她担任首席人力资源官。在加入希尔顿之前，富恩特斯女士在第一资本金融公司（Capital One Financial）担任了6年的公司战略、人力资源相关职务，领导公司的劳动力分析、招聘和薪酬职能。在加入第一资本金融公司之前，她在麦肯锡公司（McKinsey & Company）工作。富恩特斯女士原籍西班牙，拥有弗吉尼亚大学学士学位、得克萨斯大学奥斯汀分校结构工程硕士学位和哥伦比亚大学MBA学位。
凯文·雅各布斯（Kevin Jacobs）——首席财务官及全球开发总裁 雅各布斯先生领导希尔顿全球的财务、房地产、开发以及建筑和施工职能，他于2008年作为企业战略高级副总裁加入公司，2012年被任命为执行副总裁兼首席参谋，2013年担任首席财务官，2020年增加了全球开发总裁的职务。在加入希尔顿之前，雅各布斯先生曾担任费尔蒙莱佛士酒店国际集团（Fairmont Raffles Hotels International）的高级副总裁、并购和财务主管。在费尔蒙莱佛士酒店集团之前，他在豪斯特酒店及度假村工作了7年，最终担任公司战略和投资者关系副总裁。在加入豪斯特酒店及度假村之前，雅各布斯先生在普华永道（PwC）的酒店咨询实践部门以及高纬环球（Cushman & Wakefield）的酒店评估小组担任过多个职务。雅各布斯先生毕业于康奈尔大学酒店管理学院。

希尔顿的使命和价值观不仅支持其对团队成员的承诺，还致力于为酒店的超过30亿客人提供温暖的体验。根据希尔顿的说法，其使命是“成为世界上最好客的公司——为客人创造真诚的体验，为团队成员提供有意义的机会，为业主创造高价值，以及为我们的社区创造积极体验”[5]。希尔顿通过六个核心价值观来支持其使命，为方便记忆，六个词语的首字母对应公司名称“希尔顿”。

- 好客（Hospitality）：我们对提供卓越的客户体验充满热情。
- 正直（Integrity）：我们始终做正确的事。
- 领导力（Leadership）：我们是行业和社区的领导者。
- 团队合作（Teamwork）：我们在做事中秉承团队合作精神。
- 掌控力（Owners）：我们是自己行动和决策的掌控者。
- 当下（Now）：我们带着紧迫感和纪律性运营。[6]

运营战略

希尔顿经营酒店业，其资产组合包括各种酒店体验形式：豪华生活方式资产——华尔道夫阿斯托利亚酒店及度假村（Waldorf Astoria Hotels & Resorts）、LXR 酒店及度假村（LXR Hotels & Resorts）、康拉德酒店及度假村（Conrad Hotels & Resorts）、嘉悦里（Canopy）、惠庭（Tempo）、莫托（Motto）；全服务酒店品牌——希尼亚（Signia）、希尔顿酒店及度假村（Hilton Hotels & Resorts）、卡瑞欧（Curio Collection）、逸林（DoubleTree）、泰佩斯特里（Tapestry Collection）和安泊套房酒店（Embassy Suites）；服务酒店品牌——希尔顿花园酒店（Hilton Garden Inn）、汉普顿酒店（Hampton）、特鲁（Tru）、惠庭套房酒店（Homewood Suites）、套房和惠庭智选酒店（Home2 Suites）；分时度假品牌——希尔顿分时度假酒店（Hilton Grand Vacations）。地理上，希尔顿在三个不同的区域运营：美洲（包括北美洲、南美洲和中美洲，占希尔顿房间的 72%）；欧洲、中东和非洲；以及亚太地区。近年来希尔顿已经扩大了在亚太地区的投资，特别是在中国。[7] 希尔顿的两个主要业务部门是：管理和特许经营部门、物业所有权部门。

管理和特许经营部门

2020 年，99% 的希尔顿资产和 69% 的希尔顿收入与其管理和特许经营部门相关。截至 2020 年 12 月 31 日，管理和特许经营部门包括 715 家酒店和 5 646 家特许经营酒店，共有 990 857 间客房。该部门包括希尔顿为第三方业主管理的所有酒店和使用“希尔顿”品牌的特许经营酒店。作为第三方酒店管理者，希尔顿通常负责监督和现场运营，为此收取管理费。作为酒店特许经营者，希尔顿收取特许经营费用，以换取使用“希尔顿”品牌以及其他专有商业系统，如预订系统、市场营销和技术服务的权利。[8]

从收入角度来看，希尔顿的管理和特许经营部门的收入主要来自两个方面：（1）特许经营和许可费；（2）基本管理费和激励管理费。希尔顿的特许经营和许可费来自“希尔顿”品牌的授权。为了使用希尔顿品牌，特许经营者将支付以下费用：每月特许经营费用（基于酒店每月总收入的百分比），以及新酒店加入时或所有权变更时的启动费用。希尔顿通过酒店管理服务赚取基本管理费和激励管理费，其中，基本管理费通常是酒店总收入的百分比，而激励管理费则基于酒店的营业利润，通常受到酒店业主的回报率限制。

物业所有权部门

2020 年，希尔顿不到 1% 的资产和 26% 的收入与其物业所有权部门相关。截至 2020 年 12 月 31 日，希尔顿的物业所有权部门包括 61 家酒店，共有 19 400 个房间。[9] 希尔顿从物业所有权部门获得的收入包括正常酒店运营、房间销售、餐饮以及其他酒店服务所赚取的收入。

近年来，希尔顿更多地投资于管理和特许经营部门，因为其相较于物业所有权部门的新投资，需要较少的前期和维护资本，并且提供更高的回报。如前所述，2020 年希尔顿 69% 的总收入来自管理和特许经营部门，并且公司计划未来将这一比例提高至约 75% 。[10]

增长战略

希尔顿的“2030年目标”包括建立希尔顿影响力基金会（Hilton Effect Foundation），该基金会与当地利益相关者合作，范围包括政府、供应商、行业领导者，以扩大希尔顿的运营足迹，目标是增加净单位可用客房397 000个。[11]为此，希尔顿最近完成了阿根廷内乌肯（Nequén）的希尔顿花园酒店，正在与Resorts World合作投资43亿美元开发拉斯维加斯度假村，以及与中国最大的房地产开发商之一碧桂园合作。此外，尽管面临新冠疫情的挑战，希尔顿继续开设新酒店并增加新房间，2019—2020年的净单位增长率达到5.1%。希尔顿在投资者电话会议上反复强调其新项目储备，并宣称其有待发展的市场份额是主要竞争对手万豪（Marriott）和洲际酒店集团（IHG）的3倍以上。[12]

近年来，公司致力于巩固其品牌、标志和专利，因为这些被视为区分希尔顿与竞争对手并为消费者带来真正意义的关键因素。希尔顿预计将继续通过“干交易”（Dry Deals）实现增长，这种交易不需要希尔顿出资，而是依靠第三方投资者承担相关财务风险，希尔顿则在建设和运营期间提供咨询和管理服务（带来增量管理和特许经营收入）。

希尔顿计划通过持续提供的希尔顿荣誉会员福利来扩大其酒店客户群。该系统最初旨在维护和奖励经常出差的顾客，现已扩展到所有消费者，以提高客户忠诚度并抓住新冠疫情后的市场需求。为了进一步满足需求，希尔顿推出了“确认连通房间”计划，允许朋友和家人预订相邻房间。该计划旨在让客户更容易、更方便地订到相邻的房间，是基于客户反馈而设计的。

业务职能领域

营销

希尔顿的营销策略与其管理的众多品牌一样，具有多样化特点。2019年，希尔顿在美国电视广告支出方面领先酒店业，投资超过1亿美元。[13]总体而言，希尔顿在所有媒体渠道上积极进行广告宣传。由于其投资组合中品牌众多，既包括像华尔道夫阿斯托利亚这样的豪华生活方式品牌，还有像汉普顿酒店这样的服务酒店品牌，因此，希尔顿既实施企业级营销策略，也推行个别品牌策略。首席营销官凯利·史密斯·肯尼（Kelly Smith Kenny）表示，“企业级营销策略面向广泛的消费者基础和我们的忠实客户，即希尔顿荣誉会员。坚定的设计目标、品牌定位和品牌架构则是每个品牌满足独特消费者需求的关键。”如果将企业级营销策略比作游泳池，那么投资组合中的个别品牌定位就像泳道分隔线。肯尼强调，“我们所有的营销策略都基于深入的消费者洞察和丰富的数据。”[14]

例如，在中国推出希尔顿嘉悦里（Canopy by Hilton）品牌之前，除了使用传统的消费者研究方法外，希尔顿还利用神经科学和大脑监测来更好地确定中国消费者的实际偏好。通过监测大脑活动和追踪眼球运动，希尔顿能够理解潜在客户未表达的情感反应、喜好和厌恶。希尔顿嘉悦里全球负责人加里·斯蒂芬（Gary Steffen）评论说："希尔顿将继续在其产品中使用以人为本的设计方法，以确保其品牌捕捉到挑剔的旅行者不断变化的品位和需求。"[15]

2019 年，希尔顿推出了新的企业活动"期望更好，期望希尔顿"。这一活动基于市场研究，显示大多数旅行者不确定他们可以在哪里获得最佳酒店价格额外津贴。[16] 希尔顿的"期望更好，期望希尔顿"活动推出了价格匹配保证和一系列额外福利，如免费 Wi-Fi、房间选择和数字钥匙。[17] 2020 年，为了解决与新冠疫情相关的旅行担忧，希尔顿推出了另一个企业营销活动"创造全新记忆"，这一活动营造温馨的时刻，描绘人们与希尔顿的重新相聚，以及一起创造的全新记忆。高级副总裁兼全球营销和忠诚度负责人马克·韦因斯坦（Mark Wesinstein）表示："这一活动旨在通过希尔顿著名的最高水平的款待、清洁和灵活性，来开启全新记忆可能性。"[18]

希尔顿还为希尔顿荣誉会员提供了一个有望获奖的"忠诚计划"。这一计划允许客人在希尔顿和其他品牌酒店的住宿期间赚取积分，以换取商品和服务。为此，希尔顿与超过 70 家公司建立了合作伙伴关系，为忠诚计划的额外津贴和兑换提供支持。这些合作伙伴包括航空公司、铁路和租车公司、信用卡提供商、亚马逊、Lyft 网约车等。希尔顿表示，"该计划提供有针对性的营销、促销和定制的客户体验。"[19]

人力资本管理

截至 2020 年，在希尔顿管理的物业、拥有或租赁的地点以及公司办公地点，希尔顿共雇用了超过 14 万名员工。[20] 希尔顿认为人力资本管理对其作为服务公司的成功至关重要，并坚信在员工成长方面的投资是有价值的。它被《财富》杂志评为"全球最佳工作场所"之一，并且被卓越职场研究所（Great Place to Work Institute）评为最佳工作场所超过 100 次。卓越职场研究所的首席执行官迈克尔·布什（Michael Bush）表示："（希尔顿的）员工创新得分在我们名单上是最好的公司之一。"[21]

与许多同等规模的公司不同，希尔顿为所有员工，无论是按小时计酬的还是月薪员工，提供相同的福利。[22] 希尔顿还投资于员工的持续教育和培训。通过希尔顿大学——一个包含丰富学习资源库的全球学习系统，希尔顿允许员工策划自己的学习路径，并"遵循最适合他们目标和愿望的培训路径"。[23] 希尔顿估计员工每年在继续教育和培训上花费大约 40 小时。2017 年，希尔顿进一步丰富了员工成长资源，发起希尔顿员工成长倡议，这一倡议强调员工的整体福祉，聚焦于心灵、身体和精神成长。除了提供旅行福利、带薪休假、育儿假和教育援助外，一个独具特色的项目是成长休假项目。[24] 该项目允许希尔顿团队成员有机会休四周的带薪假，并提供 5 000 美元去做"对他们最有意义的事情"。[25]

在新冠疫情大流行期间，希尔顿不得不对其人力资本结构进行重大调整。2020 年，该公司实施了组织变革，将全球员工人数减少了 30% 。此外，希尔顿被迫暂时让 60% 的公司员工休假。对于留下来的员工，希尔顿实施了临时减薪。公司员工接受了 10% ~ 20% 的减薪，执行委员会成员的薪水削减高达 50% 。[26]

可持续性

2018 年，希尔顿发布了“2030 年责任同行”目标。该目标作出可持续性承诺，加倍投资于社会责任项目，并承诺在 2030 年之前将公司的环境足迹（environmental footprint）减半。[27] 为了实现这一目标，希尔顿在环境方面主要关注以下四个领域：能源和碳、水、废物，以及负责任的采购。[28] 公司正在积极追求上述四个领域的目标，根据负责社会责任的高级主管丹妮埃拉·福斯特（Daniela Foster）的说法，“公司成为第一家根据《巴黎协定》设立批准的最主要的酒店公司，我们基于科学的目标减少碳排放，而且公司将成为世界上第一个采用全球可持续旅游标准的公司”[29]。例如，希尔顿是第一个承诺零肥皂废物填埋的酒店品牌，目前运营着酒店业中最大的肥皂回收业务。截至 2021 年，希尔顿报告称其所有 2030 年目标都在“正常运行”或“取得进展”。[30]

新冠疫情的影响

2020 年，新冠疫情大流行对整个酒店业产生了影响。如前所述，希尔顿不得不大幅削减全球劳动力，以降低总体运营成本，保持资金流动性。为了帮助受影响的员工，希尔顿提供了遣散费、再就业服务帮助，并延长了旅行折扣和希尔顿荣誉会员身份的访问权限。[31] 对于那些受新冠疫情影响最大的团队成员，希尔顿向他们及其家庭分发了 50 万美元，帮助其支付医疗费用、杂货和托儿所费用。希尔顿的行业协会还为业主及其团队成员，就工作保护计划、税收减免、失业救济增强和摆脱债务困境的问题发起倡议。

在业务响应方面，希尔顿与梅奥诊所（Mayo Clinic's）的感染预防和控制团队合作，实施了名为“CleanStay”的健康和安全协议，发布社交距离指南，制作标牌，并为员工提供个人防护装备。其中，数字钥匙成为一个受欢迎的功能，希尔顿计划在其业务版图中加以推广。在社区服务方面，希尔顿与美国运通（American Express）和何塞·安德烈斯世界中央厨房（Jose Andres World Central Kitchen）合作，为医疗专业人员和一线工人提供了 100 万个免费住宿房间和 30 000 份免费餐食。

许多希尔顿投资的第三方酒店业主由于疫情大流行而经历了与贷方和债权人的严重的融资困难。希尔顿本身也在 2020 年的信用评级中，由标准普尔全球评级的 BB + 下调至 BB，未来看空。[32]

财务状况

希尔顿全球酒店公司（Hilton Worldwide Hotels Inc.），前身为希尔顿酒店，是在纽约证券交易所上市的公开交易实体，股票代码为“HLT”。截至 2021 年 10 月，该公司市值约为 400 亿美元，公司内部人士拥有约 2% 的股份，其余 98% 由机构投资者持有。黑石集团（Blackstone Group）在 2018 年之前持有该公司的大量股份，2018 年它决定退出这家连锁酒店。

受到新冠疫情大流行的影响，希尔顿的总收入从 2019 年的 37.7 亿美元下降到 2020 年的 16 亿美元，同期净利润从 8.81 亿美元下降到亏损 7.15 亿美元。为了应对财务困境，希尔顿大幅削减了运营费用，并利用债务资本市场改善财务状况，到 2020 年底，拥有超过 40 亿美元的流动资产。随着新冠疫情的影响在 2021 年开始消退，希尔顿的总收入增加到 24 亿美元，公司获得了 4.1 亿美元的净利润，尽管仍未达到疫情前的水平，但与 2020 年相比有了巨大改善。参见表 2 和表 3。

表 2　利润表　　单位：百万美元

	2017 年	2018 年	2019 年	2020 年	2021 年
收入	3 299.0	3 570.0	3 665.0	1 527.0	2 365.0
其他收入	105.0	98.0	101.0	73.0	79.0
总收入	3 404.0	3 668.0	3 766.0	1 600.0	2 444.0
销售成本	1 269.0	1 332.0	1 254.0	620.0	679.0
毛利润	2 135.0	2 336.0	2 512.0	980.0	1 765.0
销售、一般及管理费用	449.0	454.0	437.0	304.0	390.0
研发费用	—	—	—	—	—
折旧与摊销	336.0	325.0	346.0	331.0	188.0
其他运营费用/(收入)	228.0	136.0	149.0	280.0	155.0
其他运营费用总计	1 013.0	915.0	932.0	915.0	733.0
营业收入	1 122.0	1 421.0	1 580.0	65.0	1 032.0
利息支出	(351.0)	(371.0)	(414.0)	(429.0)	(397.0)
净利息支出	(351.0)	(371.0)	(414.0)	(429.0)	(397.0)
货币汇率收益（亏损）	3.0	(11.0)	(2.0)	(27.0)	(7.0)
其他非营业收益（支出）	39.0	47.0	9.0	(9.0)	(8.0)
息税前利润（不含非经常性项目）	813.0	1 086.0	1 173.0	(400.0)	636.0
重组费用	—	—	—	(218.0)	—
商誉减值	—	—	—	(104.0)	—
资产出售收益（亏损）	—	—	81.0	—	(7.0)
资产减值	—	—	—	(154.0)	—
其他非经常性项目	(60.0)	(8.0)	(10.0)	(48.0)	(69.0)
息税前利润（含非经常性项目）	753.0	1 078.0	1 244.0	(924.0)	560.0
所得税费用	(336.0)	309.0	358.0	(204.0)	153.0
持续运营收益	1 089.0	769.0	886.0	(720.0)	407.0

续表

	2017年	2018年	2019年	2020年	2021年
少数股东权益在收益中的份额	(5.0)	(5.0)	(5.0)	(5.0)	3.0
净利润	1 084.0	764.0	881.0	(715.0)	410.0
补充项目					
一般和行政费用	439.0	443.0	441.0	311.0	405.0
净租赁费用	284.0	367.0	144.0	129.0	125.0

资料来源：Standard & Poor's Global NetAdvantage，Accessed March 18，2022.

表3　资产负债表

单位：百万美元

	2017年12月31日	2018年12月31日	2019年12月31日	2020年12月31日	2021年12月31日
资产					
现金及等价物	570.0	403.0	538.0	3 218.0	1 427.0
现金及短期投资总计	570.0	403.0	538.0	3 218.0	1 427.0
应收账款	1 005.0	1 150.0	1 261.0	771.0	1 068.0
其他应收款项	36.0	—	—	—	—
应收款项总计	1 041.0	1 150.0	1 261.0	771.0	1 068.0
预付费用	127.0	160.0	130.0	70.0	89.0
受限现金	100.0	81.0	92.0	45.0	85.0
其他流动资产	169.0	189.0	72.0	98.0	202.0
流动资产总计	2 007.0	1 983.0	2 093.0	4 202.0	2 871.0
固定资产总额	803.0	848.0	1 756.0	1 604.0	1 504.0
累计折旧	(450.0)	(481.0)	(509.0)	(486.0)	(505.0)
固定资产净额	353.0	367.0	1 247.0	1 118.0	999.0
长期投资	11.0	16.0	—	—	—
商誉	5 190.0	5 160.0	5 159.0	5 095.0	5 071.0
其他无形资产	6 276.0	6 156.0	6 078.0	5 823.0	5 835.0
递延税项资产，长期	111.0	90.0	100.0	194.0	213.0
其他长期资产	280.0	223.0	280.0	323.0	452.0
资产总计	14 228.0	13 995.0	14 957.0	16 755.0	15 441.0
负债					
应付账款	282.0	283.0	303.0	224.0	274.0
应计费用	1 756.0	1 431.0	1 448.0	1 175.0	1 645.0
长期债务的当期部分	46.0	16.0	—	—	—

续表

	2017 年 12 月 31 日	2018 年 12 月 31 日	2019 年 12 月 31 日	2020 年 12 月 31 日	2021 年 12 月 31 日
租赁的当期部分	—	—	170.0	226.0	194.0
应付所得税	12.0	—	—	—	—
预收收入，当前	366.0	350.0	332.0	370.0	350.0
其他流动负债	—	535.0	618.0	436.0	556.0
流动负债总计	2 462.0	2 615.0	2 871.0	2 431.0	3 019.0
长期债务	6 323.0	7 041.0	7 785.0	10 317.0	8 599.0
长期租赁	233.0	225.0	1 245.0	1 167.0	1 024.0
预收收入，非当前	829.0	826.0	827.0	1 004.0	896.0
退休金及其他退休后福利	165.0	145.0	134.0	143.0	25.0
递延税项负债，非当前	931.0	898.0	795.0	649.0	700.0
其他非流动负债	1 594.0	1 687.0	1 772.0	2 530.0	1 997.0
负债总计	12 537.0	13 437.0	15 429.0	18 241.0	16 260.0
普通股	3.0	3.0	3.0	3.0	3.0
资本公积	10 298.0	10 372.0	10 489.0	10 552.0	10 720.0
留存收益	(6 981.0)	(6 417.0)	(5 965.0)	(6 732.0)	(6 322.0)
库存股	(891.0)	(2 625.0)	(4 169.0)	(4 453.0)	(4 443.0)
综合收益及其他	(741.0)	(782.0)	(840.0)	(860.0)	(779.0)
普通股股东权益总计	1 688.0	551.0	(482.0)	(1 490.0)	(821.0)
少数股东权益	3.0	7.0	10.0	4.0	2.0
股东权益总计	1 691.0	558.0	(472.0)	(1 486.0)	(819.0)
负债和股东权益总计	14 228.0	13 995.0	14 957.0	16 755.0	15 441.0

资料来源：Standard & Poor's Global NetAdvantage，Accessed March 18，2022.

希尔顿的外部环境

希尔顿的业务和运营主要受到以下因素影响：(1) 消费者需求/全球经济状况；(2) 技术变革；(3) 与第三方业主、特许经营者和开发商的合同/关系。[33]消费者对希尔顿服务的需求与整体经济状况密切相关。全球需求和消费者支出的减少会快速而直接地影响酒店业，因为消费者在紧缩时期会迅速减少他们在奢侈品或服务上的支出。正如之前讨论的，新冠疫情严重影响了希尔顿及其竞争对手。

关于技术变革，随着家庭共享/度假屋租赁型竞争对手（例如爱彼迎和 VRBO）的出现和普及，传统酒店业的商业模式受到了极大的影响。越来越多的消费者正在从传统的连锁酒店转向爱彼迎和 VRBO。事实上，截至 2021 年 6 月，爱彼迎的报告显示，它拥有超过 8 300 万个夜间住宿的客户，爱彼迎和 VRBO 在品牌广告上继续加大投入。截至 2021 年 2 月，爱彼迎和 VRBO 共花费了 3 000 万美元的广告费用。[34]

最后，与第三方酒店业主、特许经营者及开发商的合同/关系也是希尔顿的主要考虑事项。希尔顿十分依赖与第三方业主的长期管理和特许经营合同，如前所述，希尔顿的大部分收入来自其管理和特许经营部门，它未来的目标是从这一部门中获得至少 75% 的收入。如果希尔顿与合作伙伴的关系受到影响，或者合作伙伴的财务状况恶化，希尔顿的短期和长期收益将受到重大影响。

行业竞争

希尔顿作为酒店管理者、特许经营商、业主和租赁商，每个业务板块都面临着激烈的竞争。它的主要竞争对手包括酒店、度假村、旅馆和其他经营住宿租赁的服务商，这些竞争对手遍布国内各个区域，有的竞争对手也是国际连锁店。希尔顿已经确定了与竞争对手展开竞争的几个关键方面，其中，最值得注意的包括：房间价格、住宿质量、服务的一致性、品牌声誉，以及赚取和兑换忠诚计划积分的能力。[35]

万豪国际集团

1927 年，万豪国际集团的创始人 J. 威拉德・马里奥特（J. Willard Marriott）在华盛顿特区开设了一家 A&W 根汁汽水（A&W Root Beer）特许经营店，威拉德和他的妻子爱丽丝（Alice）最终决定转型，1956 年在弗吉尼亚州阿灵顿开设了第一家汽车旅馆。[36]从那时起，万豪逐渐发展成为世界上最大的酒店品牌（按收入和覆盖范围衡量）。它目前经营着 30 个品牌，在 131 个国家拥有超过 7 000 个物业。[37]截至 2020 年底，万豪收入超过 100 亿美元，而同期希尔顿收入为 43 亿美元。[38]与希尔顿一样，万豪经营着涵盖豪华、高级和精选等不同品质层次的品牌。[39]

2016 年，万豪以 136 亿美元收购了喜达屋酒店及度假村全球公司（Starwood Hotels & Resorts Worldwide，Inc），出价超过了中国安邦保险集团。[40]并购之后，在全球每 15 个酒店房间中，万豪国际就拥有其中 1 个。[41]

洲际酒店集团

洲际酒店集团（IHG）的总部位于英国，脱胎于泛美航空公司（Pan American Airways）和 Bass 酿酒厂（Bass Brewing），历经岁月磨砺。旗下拥有诸如假日酒店（Holiday Inn）、皇冠假日酒店（Crowne Plaza）及其旗舰品牌洲际酒店（Intercontinental Hotels）等受欢迎的连锁品牌酒店。[42]按收入计算，IHG 是全球第三大酒店品牌，2020 年的收入为 24 亿美元。[43]IHG 管理着 16 个品牌，6 000 家酒店，在 100 个国家运营。[44]

2021 年，由于新冠疫情大流行，IHG 重组了其资产组合并进行了品牌的重新设计。正式称为洲际酒店集团，它增加了“酒店和度假村”业务介绍，并将 16 个品牌重组为 4 个不同的系列，以更好地帮助客人识别产品。这四个系列分别是豪华和生活方式型、高级型、基本型和套房型。此外，IHG 更新了品牌外观，带来了新的感受，更改了忠诚计划的名称，以更具包容性的特点吸引所有旅行者。根据公司的说法，“随着标识的更新，IHG 正聚焦于加强感知，与客人、酒店业主和同事互动，并更好地扩展产品组合的广度”[45]。

凯悦酒店

作为全球酒店业的主要参与者，凯悦酒店公司（Hyatt Hotels Corporation）在 2020 年的收入为 21 亿美元。尽管这使得凯悦成为酒店集团中收入排名第四的公司，但相比之下，其收入不到希尔顿的一半，不到万豪的 1/5。这家总部位于芝加哥的公司运营着 20 个品牌，在 68 个国家拥有 1 000 家酒店物业。[46]

像其全球酒店竞争对手一样，凯悦的品牌同样跨越不同的品质层级。然而，根据其首席执行官马克·霍普拉马兹安（Mark Hoplamazian）的说法，凯悦是“唯一一家专注于高端旅行者的多品牌公司”。[47]凯悦采取了与行业巨头如万豪和希尔顿不同的增长战略。它通过推广健康的酒店体验来实现差异化，并且在 2017 年收购了度假村和水疗公司米拉瓦尔集团（Miraval Group），以扩展其健康产品供给。[48]霍普拉马兹安指出：“我们的研究表明，我们的客人正越来越重视健康。”[49]

爱彼迎

爱彼迎（Airbnb）是一家科技公司，其商业模式发端于 2007 年旧金山的一套公寓中，即为寻找住宿的客人和有空置房间的主人牵线搭桥。[50]爱彼迎并不拥有自己的酒店，而是将旅行者与拥有公寓或住所的主人联系起来，让他们可以留宿。根据爱彼迎的说法，主人使“客人能够以更真实、更紧密的方式体验世界”。[51]旅行者支付费用给主人，爱彼迎收取服务费用。最常见的是，爱彼迎分别向客人和主人收取分摊费用——主人支付总住宿费用的 3% 作为服务费，客人还需支付大约 14% 作为服务费。[52]

自 2007 年以来，爱彼迎已成长为行业巨头，并且它在许多方面比最大的全球酒店品牌更具影响力。它目前在全球拥有 560 万个房源，400 万主人，在 220 个国家拥有房源，并且已经迎来超过 10 亿名客人。[53]据估计，在 2014 年，爱彼迎使酒店行业总利润减少了 3. 7% 。[54]爱彼迎在 2020 年 12 月 IPO 之后，估值达到了 860 亿美元——比同一日期的希尔顿、万豪和 IHG 的总和还要多。[55]

其他影响

希尔顿在全球范围内开展业务，并且在美国之外的市场，尤其是中国市场，持续展现出新的增长点。希尔顿自视为一个“具有全球运营能力的本土企业”。公司在其业务所及的地区，无论是地方、州还是国家层面，都积极参与并建立联系，为社区和市场带来的好处不仅限于创造就业机会，还包括一系列其他利益。希尔顿还专注于环保和可持续性、倡导种族正义、打击奴隶制和人口贩卖等众多倡议。希尔顿致力于提高在全球及高投资回报率市场中开设新酒店的能力。公司支持美国和全球的多个行业协会和旅游组织。在 2020 年，希尔顿在这些活动上的投入超过了 100 万美元。[56]希尔顿所属的行业协会为各级政府提供了宣传和财政支持。这些努力加上公司在运营地为政府带来的额外税收收入，使希尔顿成为当地和各国政府寻求合作的热门伙伴。

希尔顿所面临的另一个外部挑战是获得信贷和资本的途径。对于希尔顿和其他酒店运营商而言，贷款机构是至关重要的利益相关者。新冠疫情削弱了投资者对酒店行业的兴趣。确保获得充足的资本和融资对希尔顿来说仍然是最重要的事项，因为它正努力扩大其资产规模。

迫切的战略议题

希尔顿在继续实现康拉德的愿景的同时，现任首席执行官纳塞塔及其领导团队面临着若干挑战。公司应如何制订计划，以应对新冠疫情大流行或类似问题可能造成的影响？希尔顿应如何遏制像爱彼迎这样的新进入者蚕食其市场份额？此外，在发展中市场，尤其是中国，应采取何种最佳策略以实现增长？为了在未来一个世纪中持续成功运营，希尔顿需要在近期内规划并解决这些问题。

注　释

案例 4

蔚来：以“电池即服务”与特斯拉竞争

“购物是一种深刻的愉悦”，这是著名的存在主义作家西蒙娜·德·波伏娃（Simone de Beauvoir）关于物质获取对人类心灵带来有益影响的明智之言。[1] 尽管这句话是在半个多世纪前说的，但物质获取在今天对消费者效用的影响仍然具有相关性，只是存在些许不同。一份研究报告指出，尽管消费者在物质获取中仍能感受到肾上腺素激增，但获取方式已经发生了变化。[2] 过去 20 年间，消费者逐渐减少了实物商品在家庭总支出中的比例，转而更多地投资于服务和体验。他们更倾向于在需要时快速获取实物商品。B2B 领域也出现了类似趋势：企业减少了不动产、厂房和设备等非流动资产在总资产中的比重，越来越多地采用外包活动。[3] 消费者偏好的变化是永久性的还是暂时的？公司能否以替代方式（例如，作为一种服务）提供产品，以利用这种变化？蔚来汽车（NIO）的首席执行官和创始人李斌（William Li）很可能在押注消费者偏好的变化是永久性的。

2021 年 8 月 9 日，蔚来的股价在前一个月下跌 16% 之后，反弹了 3.1%，重新站上了 50 日和 200 日移动平均线。[4] 蔚来在中国电动汽车（EV）市场上是特斯拉（Tesla）最有力的竞争者之一。虽然公司的全部销售收入都来自中国，但它已经计划在不久的将来进行全球扩张。[5] 市场上的许多投资者和股票分析师都在密切关注蔚来，看它能否复制特斯拉的成功之路，成为全球市场上的强有力竞争者。尽管特斯拉在 EV 领域的所有市场中都占据明显的领导地位，但竞争非常激烈，蔚来推出了“电池即服务”（Battery-as-a-Service，BaaS，即电池租用服务）作为其独特的卖点，以吸引消费者并与竞争对手竞争。在一份新闻稿中，李斌表示：“我们相信，随着人们使用产品和技术方式的变化，以及他们在整体拥有体验方面的变化，产品和技术必须随之而变。我们希望消费者对拥有汽车感到乐观。”[6]

蔚来在 2020 年推出了 BaaS 项目，为蔚来电动汽车车主提供电池租用、车电分离、可充可换可升级的全面服务，车主只需支付少量的月租费。BaaS 用户可以购买不带电池的蔚来汽车，这在所有蔚来车型上可以节省超过 10 834 美元（约合人民币 70 000 元）。[7][8] 这使得电动汽车的价格区间与燃油汽车相近，吸引了更广泛的消费者群体。在激烈的市场竞争中，蔚来通过这一举措提高了对特斯拉等大型电动汽车制造商的价格竞争力。[9] 此外，这也使得公司能够享受中国政府在 2020 年 4 月为支持换电技术的电动汽车提供的补贴，补贴政策使得蔚来电动汽车的价格低于 46 400 美元（约合人民币 300 000 元），前提是这些车辆支持电池更换服务。[10] 中国政府提供补贴的明确目的是加速从燃油车向电动汽车的转变。

电动汽车是交通领域应对气候变化和促进循环经济战略的重要组成部分。电动汽车为消费者提供了一种更环保、更可持续的生活方式，蔚来和特斯拉在生产下一代电动汽车方面处于领先地位。同时，环保机构也在推动将电动汽车的旧电池重新用于其他项目（如家庭太阳能），以延长电池的使用寿命，并仅在其能耗完全耗尽的情况下才废弃。[11] 因此，这被视为一种有效减少电池对环境影响的解决方案。个人车主不拥有也不处理电池，相反，汽车制造商会保留电池以供重复使用和处置。在组织层面管理电池的使用，确保电池可以以更环保的方式被重复使用。BaaS 对于居住在较小房屋或公寓中、没有基础设施为汽车充电的消费者来说非常有用。[12]

然而，建立支持 BaaS 的基础设施（如在多个地点设置充电和换电站）是一项颇为昂贵的业务。[13] 此外，这些站点只能用于蔚来汽车的充电，不能为其他电动汽车服务。与此同时，电池技术已经发展到单次充电即可行驶更长里程的程度，这减少了车主在充电/换电站频繁充电/换电的需求。鉴于这种情况，蔚来的 BaaS 业务模式是否可持续？它能否为公司带来强大的竞争优势？

气候变化、电动汽车与循环经济

电动汽车的增长主要是由于气候变化议题，这一议题在过去 20 年里一直是国际讨论的焦点。一个全球气候变化专家组预测，由于全球碳排放，未来一个世纪内全球气温可能上升 2.5～10 华氏度，其中交通排放约占总排放量的 1/5。[14] 道路交通则占交通排放量的 3/4，即占全球二氧化碳（CO_2）总排放量的 15%。[15] 电动汽车被视为减少道路交通排放的有效途径，因为它们不直接使用化石燃料和其他排放碳的能源。[16]

尽管电动汽车已经存在了几十年，但直到 21 世纪初，政府和汽车制造商才开始将其作为减少石油使用和应对气候变化的关键技术进行推广。[17] 随后，对电动汽车的需求开始增长，2010 年，日产（Nissan）为大众市场推出了第一款现代全电动五门家庭掀背式电动汽车（日产聆风）。[18]

接下来的十年里，许多专注于制造电动汽车的初创公司涌现，特斯拉很快成为不断增长的电动汽车市场的领导者。许多大型汽车制造商也进入了电动汽车市场，并在多个消费者类别中推出了新的全电动车型。[19]

电动汽车的销量大幅增长，从 2010 年的 1.7 万辆增加到 2019 年的 210 万辆，其中，中国占全球销量的 47%。[20] 预计到 2030 年，全球电动汽车市场将增长到 1.25 亿辆（参见图 1）。[21] 许多传统汽车制造商已经开始专注于电动汽车模型，并计划在未来停止传统汽车的制造。例如，通用汽车设定了到 2035 年停止销售新的汽油动力汽车和轻型卡车的目标，沃尔沃决定到 2030 年转向混合动力和全电动产品线。[22][23]

尽管预计电动汽车将减少交通对气候的影响和污染问题，但电池中使用的许多材料是有毒而稀有的。[24]实际上，到2025年，预计将有25万吨电动汽车锂离子电池达到车辆使用寿命的终点。[25]尽管这些电池不再适用于电动汽车，但它们仍可保留70%~80%的容量，并可能用于其他目的。[26]为废弃电池找到第二次生命对于电动汽车的可持续发展至关重要。[27]回收利用电动汽车的电池，可以延长它们的使用寿命，从而降低资源消耗速度。[28]因此，延长电池的生命周期，是提高电动汽车对整体可持续发展和循环经济贡献的关键方面。值得注意的是，利用产品使用后的剩余价值是循环经济的基石。

然而，电动汽车的消费者主要是个人和出租车公司，其很少有回收电池的动力。此外，为最终消费者开展此类回收活动对制造公司来说是一个挑战，需要与多个收集、服务和回收机构进行复杂的跟踪和协作。2020年，全球只有5%的电动汽车电池被回收。[29]政府已经注意到这个问题，并规范了制造公司，以确保其产品的可持续性。[30]

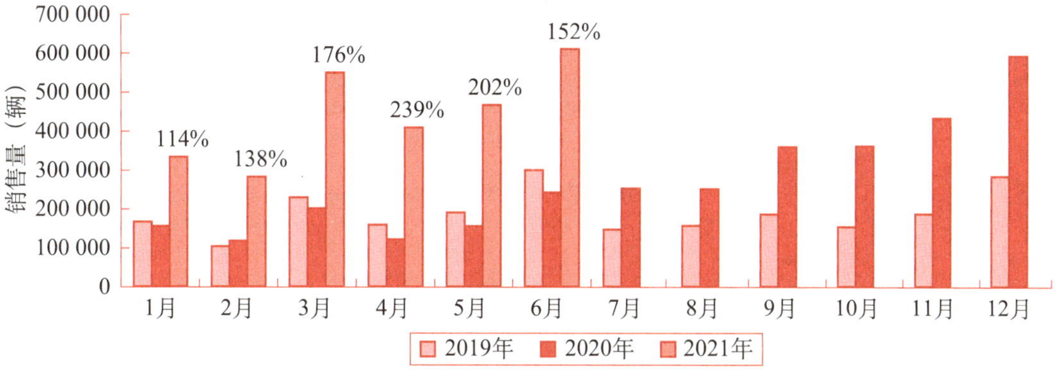

资料来源：Roland Irle，“Global EV Sales for 2021，EV-Volumes”，EV-volumes. com，https://www.ev-volumes. com/，accessed September 2021.

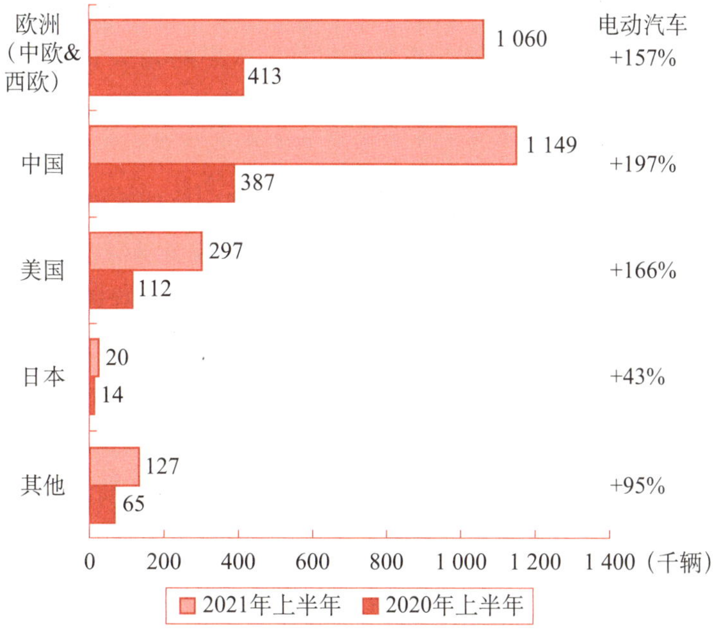

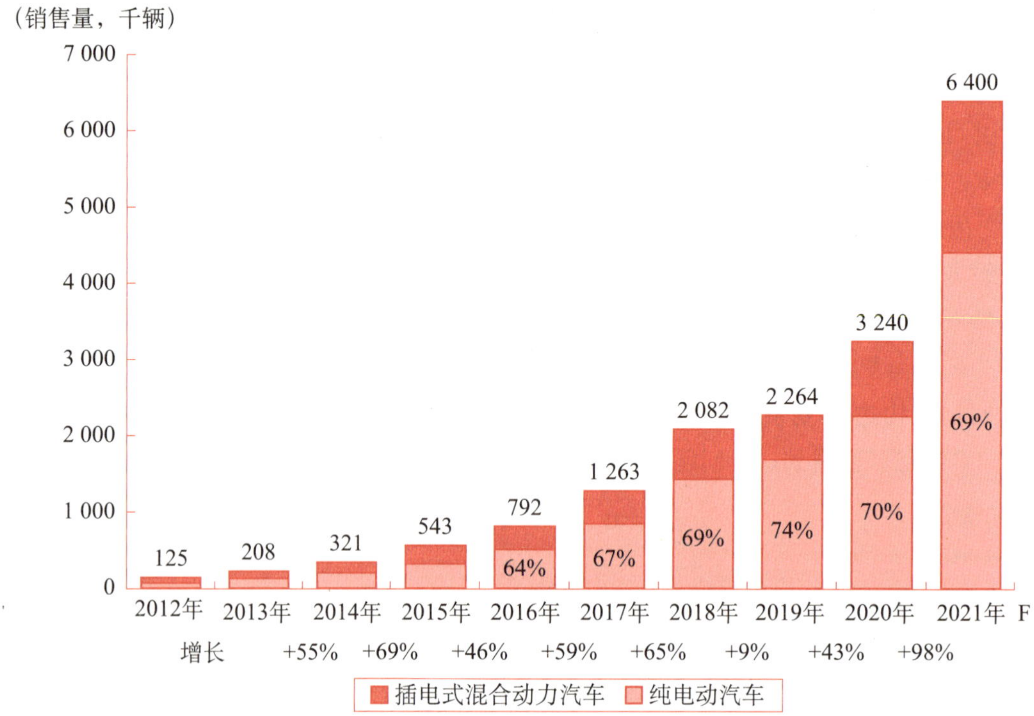

图 1　全球电动汽车增长

资料来源：Roland Irle，“Global EV Sales for 2021，EV-Volumes”，EV-volumes. com，https://www.ev-volumes. com/，accessed September 2021.

许多电动汽车公司提出了不同的策略来解决电池问题。例如，日产正在将其聆风汽车的旧电池重新用于工厂中向工人运送零件的自动引导车辆。[31] 大众汽车也实施了类似策略，在德国萨尔茨吉特开设了一个回收工厂，每年可以回收多达 3 600 个电池系统。[32] 一项研究得出结论，锂离子电池可以作为太阳能光伏装置的后备储存设备，从而拥有具备盈利价值的第二次生命，在不那么苛刻的角色中运行十年或更长时间。[33]

日产和雷诺（Renault）也开始二次利用电池来服务家庭能源储存市场，以英国的太阳能电池板作为它们的核心客户群体。[34] 许多第三方创业者已经建立了二次电池业务。例如，澳大利亚的能源控制解决方案公司 Relectrify 引入了电池管理系统，从使用过的电池中榨取更多价值，并促进电池向住宅太阳能储存的第二次生命过渡。[35]

尽管电池再利用的技术解决方案正在进步，但经济和监管方面尚未提供足够的基础设施、框架和激励措施，以实现高效的电池循环（有关循环经济电动汽车电池价值链的更多细节请参见图 2）。[36] 截至 2021 年，全球回收电动汽车电池的能力为 18 万吨，相比之下，仅 2019 年上路的电动汽车就可能产生 50 万吨电池废物。因此，电池废物构成了重大的气候风险，从长远来看，这可能会削弱电动汽车循环经济的益处。[37]

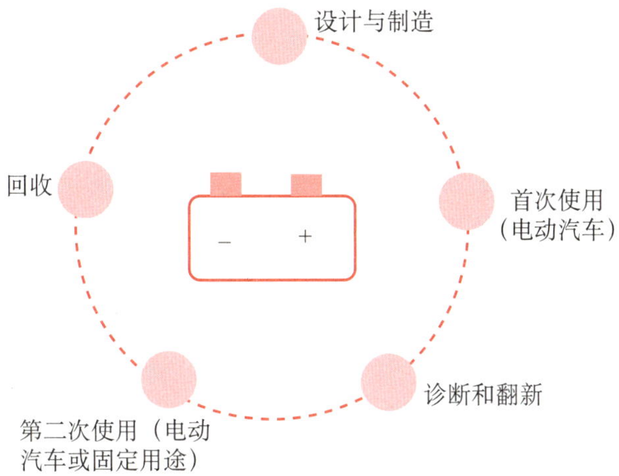

图 2　循环经济电动汽车电池价值链

资料来源：Adapted form Cai Wenlong et. al.，“A Review on Energy Chemistry of Fastcharging Anodes”，Chemical Society Reviews 49（12），June 2020，A_review_on_energy_chemistry_of_fast-charging_anodes/figures?lo＝1，accessed September 2021.

中国的电动汽车市场

按需求和销售量计算，中国在 2020 年成为世界上最大的电动汽车市场，占全球电动汽车销量的 41%。[38] 中国一直致力于在城市推广电动汽车，目标是在 2030 年之前实现碳达峰，并在 2060 年实现碳中和。[39] 中国的电动汽车销售主要集中在人口超过 500 万的大城市，如上海和北京。[40]

自 2009 年起，中国政府通过提供补贴、税收减免和增加充电站点来推广电动汽车，以激励制造商和消费者。政府还实施了其他措施，比如通过车牌抽签系统限制道路上的燃油汽车数量，中签率低至 1% 或更低，从而迫使消费者转向电动汽车。[41] 然而，尤其是在小城市，消费者对电动汽车仍不太感兴趣，主要是因为电动汽车相较于传统车辆成本更高。[42] 一辆标准的五座燃油顶级配置轿车的价格约为 34 150 美元（例如日产 Altima）[43]，而电动汽车的价格是这个数额的两倍多（例如特斯拉 Model X 约为 89 900 美元）。[44]

中国对汽车的需求正在上升，分析师预测，到 2030 年，全球超过 70% 的新车销售（包括电动汽车）将来自中国。[45] 中国买家特别喜欢 SUV，尤其是来自全球豪华品牌如梅赛德斯、宝马和奥迪的车型。特斯拉在中国电动汽车市场占据无可争议的领导地位，专注于大众市场和豪华汽车，在 2020 年初约占 51% 的电动汽车销量。[46] 同期，蔚来占据了 16% 的市场份额，专注于豪华汽车。然而，市场上最畅销的是宏光 Mini 电动汽车（由本地制造商生产的微型车），在 2020 年销售了约 27 万辆。[47]

中国电动汽车市场的繁荣主要得益于政府补贴，这使得本地原始设备制造商能够以可负担的价格销售电动汽车。然而，在 2020 年 6 月，中国政府将补贴削减了高达 50%

后，电动汽车销量大幅下降。这些补贴削减后，新能源汽车（包括电动汽车）的整体销量同比下降了 7%，这是两年多来的首次市场下降。[48]

尽管补贴减少，但到 2021 年初，中国电动汽车市场设法恢复了增长势头。分析师预测，在未来十年，中国将继续维持其领先的市场地位。[49] 由于电动汽车价格持续下降，同时质量不断提高，政府政策和消费者需求的增加推动了电动汽车的销售。分析师认为，鉴于中国生产商已经在规模制造方面领先于西方，并且政府对行业的补贴开始减少，它们将在未来几年开始瞄准国际买家。[50]

蔚来

蔚来是由中国企业家李斌于 2014 年 11 月在上海创立的。李斌出生在中国东部一个农村的低收入家庭，起点很平凡。[51] 他在山里和外祖父母一起长大。在北京大学获得学士学位后，李斌从事了几份兼职工作以自食其力，然后开始了他的创业之旅。2000 年，他推出了汽车信息网站易车服务网（Bitauto），该网站在 2010 年上市，并在纽约证券交易所（NYSE）筹集了 1.27 亿美元。[52]

李斌于 2014 年成立蔚来，他相信电动汽车领域存在新进入者的机会。公司以“蔚来”为名，寓意“蓝天的到来”，体现了对未来清新蓝天的憧憬和愿景。蔚来相信，通过改进智能电动汽车技术和提升汽车拥有体验，可以增加对智能电动汽车的认可和采用，为地球带来更可持续的未来。[53] 蔚来吸引了包括腾讯、淡马锡控股（Temasek Holdings）、红杉资本（Sequoia）、联想和德太投资（TPG）在内的众多顶级投资者。[54]

李斌常被称为中国的埃隆・马斯克（特斯拉的创始人）。蔚来第一款电动汽车产品是一款名为 EP9 的跑车，它凭借吸引人的外观设计、卓越的驾驶性能、强劲的加速力和尖端技术彰显其特色。[55] EP9 很快成为一款受欢迎的高端汽车，并激励蔚来在 2017 年推出了首款大规模制造车型 ES8。ES8 是一款面向豪华汽车市场的 7 座 SUV。由于蔚来没有自己的制造厂，它与国有汽车制造商江淮汽车集团（JAC）合作生产汽车。到 2018 年，蔚来在中国市场的份额达到了 19%。[56]

2018 年 9 月，蔚来在纽约证券交易所上市，通过首次公开募股（IPO）筹集了 18 亿美元。[57] 随后，公司推出了另一款 SUV 车型 ES6，这是一款五座高性能豪华电动 SUV。不久后，在 2018 年 12 月，蔚来推出了五门五座跨界 SUV ES9，拥有倾斜的后部设计和“同级别中最大的全景天窗”。正如李斌所分享的，用户体验对蔚来至关重要：

> 用户体验不仅关乎汽车的功能体验，如加速、速度和动力，还包括情感体验。如果你想重新定义行业和产品，就必须重新定义年轻一代的产品体验。在未来的所有行业中，汽车的用户体验应该包括四个部分：车辆部件、服务、数字接触点，以及汽车将为你带来的超越其生命周期的价值。[58]

在经历了几年的成功之后，蔚来在 2019 年遇到了困难，当时中国政府开始减少对电动汽车制造商的补贴。补贴的减少，加上一些关键高管的离职和车辆召回，严重损害了蔚来的业务，导致投资者对公司的信心急剧下降。股价从 2018 年 IPO 时的高点 6.26 美元跌至 2019 年的低点 2 美元。[59] 值得注意的是，蔚来在一系列电池火灾后召回了近 5 000 辆ES8 高性能电动 SUV，随后的调查揭示该车型存在安全隐患。[60]

为了应对这些困难，蔚来寻求额外资金，并在合肥地方政府同意向公司投资 10.8 亿美元（约合人民币 70 亿元）时获得了新的生机。随后在 2020 年，李斌与中国国有汽车制造商江淮汽车在合肥建立了合资制造单元。该交易还包括与合肥政府合作建设名为“蔚来城”（NeoPark）的电动汽车产业园，该园区计划每年生产 100 万辆汽车。[61]

在合肥的交易之后，蔚来获得了新的动力，并迅速从 2019 年的业务低迷中恢复过来。2021 年第一季度，蔚来的汽车销量带来了 11 亿美元（约合人民币 74 亿元）的收入，与 2020 年第一季度相比增长了 490%，与 2020 年第四季度相比增长了 20%。[62] 公司还推出了扩大中国以外的市场的策略，以获得全球市场份额，并在美国和欧洲建立了团队。[63] 李斌分享说：

> 我们是一家全球公司。我们在上海、慕尼黑、伦敦和硅谷设有办事处。我们首先针对中国市场，但也计划开拓其他市场。我们在中国以外有超过 1 000 名员工。[64]

2021 年 5 月，蔚来进入挪威市场，这是公司自创立以来的首次海外扩张。挪威是世界上第一个电动汽车销量超过传统动力车辆的国家。在 2020 年，电动汽车占该国所有汽车销量的近 55%。[65] 蔚来的策略是利用挪威作为进入欧洲的跳板——欧洲是继中国之后的全球第二大电动汽车市场。到 2022 年，蔚来计划进入另外 5 个欧洲国家，以满足每年约 95 000 辆车辆的需求。在欧洲市场，电动汽车得到了补贴的支持，以推动该地区对气候变化的承诺，蔚来希望利用这种支持来扩大市场。就像在中国一样，建立换电站、提供“电池即服务”策略，是蔚来在欧洲战略的关键部分。[66]

电池更换和“电池即服务”

在电动汽车行业中，电池更换并非一个新概念。为了解决充电和电池更换成本高昂的问题，行业内已经尝试并验证了多种电池更换的有效解决方案。最初在 2007 年，一家以色列初创公司 Better Place 引入了一种方式，允许客户使用会员卡在全自动化站点更换电池。[67] 2013 年，特斯拉也推出了换电站，消费者可以驾车进入并更换电池。[68] 然而，在美国（特斯拉的最大市场），消费者对此并不买账，他们更倾向于使用家庭和公共充电站，这符合他们的生活方式，加之公共充电站的基础设施相当便利。最终，由于消费者需求有限，建立换电站在商业上并不划算，特斯拉和 Better Place 都放弃了它们的换电方案。

在中国，蔚来推出电池更换服务之前，已经在 5 个城市对个人和商用车辆进行了电池更换技术的测试。[69] 尽管换电站试图模仿现有加油站的体验，但仍存在一些问题阻碍了它们的广泛实施。[70]大多数换电站集中在像北京这样的大城市，而且建设充电站的成本非常高——约需 50 万美元。此外，换电站尚未标准化，意味着电动汽车车主只能在其品牌专属站点更换电池。[71]

尽管存在限制，电池更换仍有多项优势。它可以通过集中充电减少电力高峰消费，避免大规模电动汽车充电导致的电网过载。空电池可以在电力便宜且需求低时充电。电池更换过程也很快，通常只需几分钟。此外，将电池更换服务作为“电池即服务”（BaaS）提供给消费者，有助于降低电池处理不当带来的风险。[72]

蔚来的“电池即服务”

蔚来很早就意识到，电池可能会大幅增加电动汽车的成本，而电动汽车正在与传统燃油汽车展开市场竞争。如果从产品中移除电池成本，可以显著降低价格，从而可能提高对消费者的吸引力。[73]从循环经济的角度来看，使电池更便宜、更容易获取和可重复使用也是必要的，这符合中国政府的目标，即到 2025 年，1/5 的车辆将不再使用化石能源。[74]

蔚来电池的制造采用无模组动力电池包（cell to pack，CTP）技术，实现了比传统电池包技术高出约 37% 的能量密度。[75]这些电池也更轻，使用的组件比标准电池少 40%。[76]所有电池都由基于云的电池管理系统监控，该系统包括热扩散防护和智能参数调整等功能，提高电池性能。[77]购买蔚来电动汽车（含电池）的消费者可以享受终身免费电池更换服务，以及每月多达六次的免费异地充电或换电服务。[78]电池充电和更换服务通过集成化的电力解决方案提供给消费者。

蔚来的电力解决方案包括四项综合电池服务：家庭充电解决方案（Power Home）、在换电站进行电池更换服务（Power Swap）、通过呼叫服务车提供移动充电服务（Power Mobile），以及 24 小时按需接送的充电服务（Power Express）。蔚来汽车还兼容中国超过 21.4 万个公共充电桩，其中 59.6% 为超级充电桩（快速充电器）。[79]

尽管蔚来为其电池提供了家庭充电解决方案，但在中国很少有家庭具备安装家庭充电点的基础设施，因为大多数电动汽车消费者居住在大城市的高层公寓中。[80]因此，蔚来意识到，为了吸引更多客户，它需要更多地关注在换电站为电动汽车电池充电的选项。政府在 2020 年也推出了支持计划，以促进建立换电站，吸引更多消费者购买电动汽车，以此来控制燃油车辆造成的污染。[81]这些原因进一步激励蔚来扩大换电站网络，并向消费者提供 BaaS 服务。[82]

2020 年初，蔚来开始为其电池服务提供订购计划，允许消费者在不购买电池的情况下购买车辆。去除电池使蔚来汽车的购买价格降低了超过 1 万美元。[83]在订购计划中，购买者每月支付 152 美元（约合人民币 980 元）租赁电池，并且可以使用免费的充电和换电服务，作为“电池即服务”式订购的一部分。[84]这些服务通过移动互联网解决方案提供，管理着遍布各处的电池充电和换电设施网络。

蔚来在 2018 年开设了首家换电站。然而，电池换电服务花了几年时间才加速了消费者兴趣的增长。到 2020 年 10 月，蔚来完成了 100 万次换电，到 2021 年 5 月，完成了 200 万次换电。[85] 到 2020 年 6 月，蔚来已在中国 59 个城市建立了 135 个换电站。[86] 然而，换电站的数量远远低于蔚来原计划到 2020 年建立 1 100 个的目标。这种增长缓慢现象归因于蔚来在 2019 年的现金流危机，该危机后来通过与合肥地方政府的交易得到缓解。[87]

通过其自动化的电力解决方案，蔚来将分布在中国众多城市的换电站连接起来，以便在这些站点提供更好的电池供应和服务。这种自动化解决方案还会在为下一位用户充电之前，检查从车辆上拆下的每个电池组的电气性能。如果发现故障，电池将被停止流通并送去维修。

蔚来换电站占地面积大约相当于三个停车位。换电过程完全自动化，车辆驶入站点，由汽车升降机-电池更换系统提供服务，该系统会自动更换电池。[88]

蔚来“电池即服务”的关键特性

蔚来对 BaaS 的押注基于几个关键因素。第一，换电站的电池更换速度很快，平均而言，换电过程（即将车辆中的现有电池替换为充满电的电池）仅需 3 ~5 分钟，与之相比，在超级充电站进行一次完整充电则需要 75 分钟。[89]

第二，与其他电池替代方案相比，电池更换成本略低。蔚来的服务在其月度订购价格中提供每月 6 次换电服务，大约相当于提供 1 500 英里的续航里程。订购服务的费用大约为每英里 0. 10 美元，略低于使用特斯拉超级充电站的估计成本每英里 0. 104 美元。[90]

第三，当有更先进的电池包可用时，电池更换还鼓励蔚来客户选择电池升级，这有助于保持汽车的性能和转售价值，并缓解电池退化带来的更普遍的担忧。[91] 为确保新电池能适配旧车型，蔚来已经标准化了其电池尺寸，从而使电池成为车辆整体构造中的可替换模块（详见表 1，了解有关蔚来电动汽车价格详情与 BaaS 的更多信息）。

表 1　蔚来电动汽车 BaaS 价格

价格优势	ES8	EC6	ES6
电池容量范围	70 ~100 千瓦时	70 ~100 千瓦时	70 ~100 千瓦时
厂商建议零售价（MSRP）	73 389 ~82 484 美元	57 736 ~66 836 美元	56 167 ~65 267 美元
补贴后价格	70 884 ~79 701 美元	55 194 ~64 012 美元	53 626 ~62 443 美元
BaaS 服务价格	59 901 ~59 619 美元	44 212 ~43 930 美元	42 643 ~42 361 美元

资料来源：NIO，“Battery as a Service”，https://www. nio. com/baas，accessed September 2021.

第四，电池是电动汽车市场的一个重要考量因素，电动汽车制造商的市场主导地位与谁能构建最好的电池技术密切相关。蔚来的 BaaS 在这方面提供了帮助，它允许公司投资于电池技术而不必担心更换旧电池。

BaaS 还创造了两种收入来源——来自电池服务订购的每月循环收入，以及对新推出电池的升级请求而带来的收入。到 2021 年初，约 40% 的蔚来车主已选择电池订购。[92] 随着大约 7.55 万辆蔚来电动汽车上路，分析师估计订购服务产生约每月 450 万美元的稳定收入，或每年 5 400 万美元的收入。[93] 随着蔚来生产的扩大、现有消费者中订购渗透率的提高以及换电站网络的扩展，预计这一收入将进一步增加。[94] 2021 年 7 月，蔚来在全国范围内完成了 301 个换电站的建设，并公布了“2025 年蔚来电力”计划，进一步扩大 BaaS 倡议，计划到 2025 年达到 3 000 个换电站。[95]

与特斯拉的竞争

尽管蔚来在市值、市场份额、全球影响力和生产能力方面都远比不上特斯拉[96]，但其股票已经获得了相当多的媒体关注，并吸引了全球分析师的注意。[97] 蔚来的股票自首次公开募股（IPO）以来，波动性与特斯拉一样大，从 2020 年 5 月的 3.27 美元飙升至 2021 年 1 月的 61.95 美元。[98] 相比之下，特斯拉的股价从 2019 年 10 月的 49.58 美元急剧上涨至 2020 年 10 月的 439.67 美元，到 2021 年 1 月达到 880.02 美元。[99] 截至 2021 年 8 月，特斯拉的市值为 7 153.5 亿美元，而蔚来的市值为 678.8 亿美元。尽管蔚来的规模仅为特斯拉的 1/9，并且在 2019 年几乎面临破产，但蔚来在 2020 年第二季度的交付量同比增长了 190%，第三季度增长了 154%，第四季度增长了 111%。[100]

特斯拉的制造能力远远超过蔚来，并且拥有四个运营中的工厂，分别位于弗里蒙特、内华达、纽约和上海（其中弗里蒙特和上海生产汽车，另外两个生产太阳能/电池技术）。到 2020 年，特斯拉的全球产量同比增长了 39.6%，达到了 509 737 辆。[101] 这家汽车制造商的成功主要是由电动汽车在中国需求的增长（中国经济从新冠疫情大流行的影响中迅速恢复）以及美国需求的扩大所驱动的。

特斯拉从 2019 年开始在中国的上海工厂生产，以促进本地车辆生产，降低成本，并扩大在中国的利润。值得注意的是，该公司在中国交付了 137 000 辆电动汽车，其收入同比增长了 28.3%，2020 年达到了 315 亿美元。[102] 相比之下，蔚来只运营着一个工厂，年产能约为 90 000 辆汽车，在 2020 年交付了 36 721 辆汽车。该公司计划到 2021 年将生产能力提高到每年 240 000 辆汽车。[103]

特斯拉的超级充电站网络也有助于加强其竞争壁垒。建立一个超级充电站的成本比换电站要低，可能在 10 万～17.5 万美元之间。[104] 该公司在中国安装了 6 000 个超级充电站，并在全球安装了超过 20 000 个超级充电桩。然而，分析师认为这些数字对于其客户来说是不够的，因为全球道路上有超过 120 万辆特斯拉汽车。[105] 在高密度地区的车主经常因为特斯拉充电桩的需求量超过供应量而排长队。此外，每个充电周期平均为 45～50 分钟，导致在充电站的等待时间和拥堵时间很长。[106]

与特斯拉的充电站相比，许多行业分析师认为蔚来的“电池即服务”是一种强有力的竞争策略。电池更换比充电更节省时间，更容易作为订购服务提供。这种做法允许制造商通过不包含电池价格，而是将更换电池作为服务提供，来降低车辆的销售价格。此外，更换电池还提供了完全充满电的电池，其续航能力（约 380 英里）比在超级充电站进行充电的续航能力（45 分钟充电提供约 228 英里）更长。

特斯拉和蔚来都提供 100 千瓦时（kWh）的电池包，特斯拉打算在未来继续提供类似能量的电池，蔚来则计划在 2022 年开始交付 150 千瓦时的电池包[107]，这可能会进一步降低充电成本。[108]特斯拉也在尝试实施降低电池成本的措施，采取的是一种不同的策略，这对蔚来的“电池即服务”构成了威胁。特斯拉计划到 2022 年自行生产锂离子电池，成本是现有电池的一半，年产能为 100 吉瓦时（GWh）的电池（可供 140 万辆电动汽车使用）。[109]特斯拉还在努力加强与电池供应商的合作伙伴关系，并直接采购电池材料以降低电池成本。[110]

此外，特斯拉还计划在不久的将来推出完全自动驾驶汽车，它认为这是汽车工业发展的必然趋势。[111]蔚来对未来发展也有类似的预测，并已宣布与人工智能（AI）芯片制造商英伟达（Nvidia）建立合作伙伴关系，以加快在制造自动驾驶汽车方面的进展。[112]

尽管特斯拉领先优势很大，但分析师认为监管机构不太可能支持电动汽车市场出现垄断，像蔚来这样较小的竞争公司可能会从监管控制中受益，并保持竞争力。[113]在像中国这样的市场，政府策略旨在建立内部竞争，从而大幅降低电动汽车的价格，这可能会进一步抑制特斯拉未来的增长。[114]总体而言，分析师预测电动汽车行业的竞争将继续保持激烈竞争的态势，新出现的竞争者将有充分的机会获得市场份额。[115]这对像蔚来这样的现有参与者，以及计划进入电动汽车市场的新进入者来说，都是一个有希望的市场。[116]

电池技术：可能的游戏规则改变者？

除了独特的“电池即服务”战略外，蔚来还采取多元化战略来保持市场竞争力，与特斯拉抗衡。2018 年，蔚来扩展了业务领域，新增了两个业务板块——蔚来中心（NIO House）和蔚来生活（NIO Life）。蔚来中心是一家概念店，提供与蔚来汽车相辅相成的家居设计产品，让车主有机会成为蔚来设计的鉴赏家。[117]蔚来生活则是一个电子商务移动应用，向消费者销售蔚来生活方式产品，旨在扩大蔚来的品牌理念。自推出以来，蔚来的在线商店已经吸引了全球 500 多名设计师，开发了 813 种新产品，并将这些产品销售给中国超过 280 万名客户。[118]

确实，蔚来的“电池即服务”成功地吸引了最多的媒体关注，被誉为一个创新概念和该公司在竞争激烈的电动汽车市场中的独特卖点。尽管如此，许多分析师认为，蔚来的 BaaS 和大规模部署换电站，可能为公司在市场中提供了即时优势，但不太可能在长期带来太多竞争优势。[119]这主要是因为电池技术正在迅速发展，预计充电时间将在不久的将来大幅减少。[120]

预计配备锂离子电池的电动汽车将逐渐被配备磷酸铁锂电池和其他技术的车辆取代，这些技术可以降低成本，将车辆的续航里程延长至每次充电续航 400 英里或更多，并使电池寿命更长。[121]随着续航里程的增加，电动汽车预计将变得更加实用，并提供更好的价值主张，因为电池可以具有转售价值，比它们所销售的汽车寿命更长。这也符合政府和工业界倡导的向循环经济转型的目标。

此外，新的电动汽车技术可能使电动汽车与汽油动力汽车一样便宜，电动汽车的价格将不再构成成本障碍。[122] 分析师对蔚来的电池换电策略提出了担忧，认为建立电池换电基础设施和换电站成本高昂，需要满足消费者的长期需求，才能在商业上有意义。[123] 然而，随着电池技术的快速发展，长期来看，换电站似乎不太可能保持持久价值。[124]

在这样的战略考量下，蔚来是否应该停止其电池换电基础设施的建设，转而专注于电池技术本身？或者，蔚来能否继续从“电池即服务”中获益并将其作为获胜战略？蔚来如何探索 BaaS 的机会，使其电动汽车在未来更具可持续性？蔚来可以探索哪些其他战略来与电动汽车巨头特斯拉竞争？电池换电模式在未来是否具有价值？在哪些其他行业中，电池换电可能被证明是一种可行的商业模式？BaaS 模式是否有助于推广循环经济？

注释

案例 5

网商银行：致力于解决小微群体的金融需求

> 对于蚂蚁集团来说，为中国数以百万计的消费者和小微企业提供良好服务是我们对社会的贡献，也是我们认为的好公司的标准。
>
> ——蚂蚁集团董事长井贤栋[1]

2022 年 4 月，在暴发新冠疫情近两年之后，由蚂蚁集团发起在 2015 年成立的不设线下网点的银行——网商银行（MYbank）[2] 和其竞争对手——由腾讯支持的微众银行（WeBank）一起，成为支持新推出的数字人民币应用的两家互联网银行。[3] 自 2014 年成立以来，微众银行已经成功服务超过 2 亿用户，并将微信用户作为目标群体，提供线上金融服务。相比而言，网商银行主要专注农村的中小微企业（SME）和农民，自成立起已经服务了约 4 500 万中小微企业和农村客户。中国还有其他一些民营互联网银行，互联网银行市场竞争激烈。网商银行的高级管理人员通过组织头脑风暴会议，基于公司愿景，确定公司如何应对干扰因素，击败竞争对手，搭建起技术引领的增长模式。

此外，新冠疫情的负面影响和持续的监管挑战等其他问题也需要加以思考。在疫情发生之后，中国的农村微型贷款机构面临着不利的经济环境。为了帮助客户应对这些困难，网商银行在 2020 年和 2021 年降低了微型贷款的利率。同时，网商银行采取了成本优化和规模经济等策略，以减轻利率降低对利润的影响。网商银行的总裁金晓龙表示：

> 在过去三年中，疫情的反复和极端天气灾害的威胁，导致了某些消费领域增长放缓，这直接影响了小微企业的商业环境……。在这种背景下，金融机构更需要加强科技探索，增加对小微企业的支持。那么，中小微企业金融的下一步技术发展是什么？在我看来，始终坚持为每一个诚信经营的小微企业提供金融信贷服务的初心，对于我们来说至关重要。

另外，中国的宏观经济趋势预计 2022 年的经济增长速度将会放缓，这主要是由于几个因素：主要房地产开发商的债务问题、新冠疫情、国内制造业活动的收缩以及出口需求的减弱。预计与 2021 年中国商业银行的总净利润 12.6% 的增长率相比，2022 年的增长率预计为 10% 左右。

尽管面临挑战，由于网商银行在 2022 年第一季度实现了 31.6% 的同比增长，市场预期仍然保持乐观。2022 年 1—3 月，该行的贷款和预付款总额达到了惊人的 300 亿美元（1 891 亿元人民币[4]）。[5] 尽管如此，公司高管清楚地认识到，持续的增长只能通过精心的战略规划来实现。

在整个行业中，可持续银行服务[6]——旨在开发金融产品和服务以满足金字塔底层人群（BoP）的需求，并在创造利润的同时保护环境——已在世界其他地区变得日益普及。许多政府和企业正在采纳“客户、环境、利润”[7] 的三重底线原则，以“行善”为宗旨，利用环境和社会评估指南在贷款过程中进行负面筛选。与网商银行不同，很少有银行在经济低迷时期根据借款人的业务表现来调整利率。

通常银行更倾向于为高净值个人（HNWI）提供服务，专注于数量有限的账户，并建立一对一的客户关系。然而，网商银行另辟蹊径，依靠技术实现快速交易，服务大量客户而非少数高净值客户，并通过降低运营成本来构建一个可持续的商业模式。其宗旨是运用自动化、标准化和人工智能（AI）技术，服务金字塔底层的大量的小客户群体。

网商银行能否采取类似于流水线业务模式的低利润、高销量策略，面向广大农村人口，使他们能够在金字塔底层的社会经济结构中向上流动？它能否成为农村数字银行领域的麦当劳？另外，它能否在竞争激烈的互联网银行业务中保持领先优势？

中国农村和农业金融

网商银行的总部所在地中国，在过去几十年里经济地位显著提升，已成为全球经济的领军者。然而，中国也拥有庞大的金字塔底层（BoP）人口（2015 年有 2.39 亿成年人），使其成为世界第二大 BoP 市场。[8] 全国约 38% 的人口（约占世界人口的 1/10）居住在农村地区[9]，依赖农业和小企业维持生计[10]。中国是世界上最大的粮食进口国。农村发展和粮食生产作为一个关键议题，成为国家政策中极为重要的一环。

客观地说，中国仅有世界可耕地的 9%，却需要养活占世界人口 20% 的人，与美国相比，后者拥有世界可耕地的 16.5%，却只需养活占世界人口 4% 的人。[11] 从地理上看，中国仅有 13% 的土地适合耕种，这部分土地还面临着工业化和城市扩张的巨大压力。为了应对这一挑战，中国政府采取了严格的农田保护措施，并划定了“红线”，以保护国家的耕地不受工业侵占。[12]

在过去的十年中，中国试图通过推广高产谷物、改进农业技术、实施私有化政策来激励农民，以提高本国粮食产量，减少进口依赖。然而，与拥有坚实农业系统的发达国家相比，中国在产量和食品安全方面仍有差距。此外，农村人口老龄化、环境恶化、气候变化、地下水位下降、重金属污染以及技术采用不足等问题，也给中国的农业系统带来挑战，截至 2021 年，中国农业从业者约 3.5 亿人。[13] 在 2021 年北京举行的年度中央农村工作会议上，中国承诺将采取具体措施，加强农业体系建设，推进农村振兴，并分析与农业、农村和农民相关的现实问题。[14]

根据《中华人民共和国宪法》，农村的土地，除由法律规定属于国家所有的以外，属于集体所有；宅基地和自留地、自留山，也属于集体所有。这实现了可耕地的均衡分配，以保障就业和生计，但这也使得土地使用权分散，在土地使用权没有转让的情况下，开展大规模农业生产变得困难。[15]结果，很多中国农民经营的是小规模农场（相比之下，美国农场的平均规模约为 1 800 平方公里）。[16]小规模农场和农村融资不足，使得大规模农业技术投资在经济上变得不那么可行。此外，不同地区的土壤质量、水资源、温度和气候条件的差异，也使得标准化和统一的农业生产在全国范围内更难实施和扩大。

分析师预计，到 2050 年，中国对食物的需求将增长 60%，但农业系统在满足当前需求方面已经面临压力。超越现有水平增加粮食产量的唯一途径是投资于可持续技术和气候智慧型农业。[17]然而，对金融机构来说，为农业企业提供融资，帮助其升级利用可持续技术面临许多挑战，这些挑战包括：到达偏远农村地区的高昂成本、气候风险、作物从分散到集中的难题以及价格波动，这些问题反过来又增加了银行等贷款机构的信用风险，降低了它们对该领域的投资意愿。为农业部门提供融资需要全面的风险管理策略，这也是中国政府推广普惠金融战略的关键议题。[18]

普惠金融的兴起

自 21 世纪初，“普惠金融”这一概念便开始流行，并在 2005 年的联合国会议上得到了深入讨论。普惠金融的核心目标是提高低收入人群获取金融服务的便利性，同时推动可持续性和绿色农村发展。[19]这一理念最初源于对全球财富分配不均问题的分析，该分析基本符合 80/20 帕累托原则。[20]在中国，情况也类似：传统银行主要关注 20% 的高价值客户。[21]剩下的 80% 的人口——包括农村地区的人口——收入较低，获取正规信贷的难度很大。[22]究其原因，部分是由于地区分行的业务运营成本高，这迫使银行只专注于那些利润最高的细分市场。此外，中国仅有 1/3 的人口拥有信用记录，其他人则属于“信用隐形”，农村地区的贷款仅占全国贷款总额的 23%。[23]

农村信贷的统计数据促使政府和国际组织如世界银行（WB）采取行动。2016 年，世界银行在中国启动了一项计划，向农民提供贷款，以推动气候智慧型农业和可持续型农业的发展。[24]该计划旨在通过向生产者提供激励措施，鼓励他们采用创新和可持续的解决方案，以缓解和适应气候变化的影响。[25]在此之前，中国银行业监督管理委员会（CBRC）在 2014 年推出了新的规定，旨在促进普惠金融，并允许像网商银行这样的私营机构进入银行业，服务农村人群。政府此举是受到中国农村地区互联网和智能手机迅速普及的驱动。

值得注意的是，截至 2015 年，中国有 49% 的人口是活跃的互联网用户，农村地区的互联网普及率达到了 30%，通过电子商务推广和销售农产品已成为常态。[26]此外，中国农村地区的智能手机拥有率也很高，从 2015 年的 32% 增长到 2019 年的 46%，并继续增加。[27] 自 2013 年以来，中国的在线零售市场已成为世界上最大的，阿里巴巴作为电子商务巨头，一直处于行业领先地位。[28]

2014 年，中国实施了新的银行监管政策，首次允许私营银行在国内市场运营。在此之前，私人投资者没有资格成为银行机构的股东。根据新规，五家纯线上运营的银行获得了牌照，分别是腾讯支持的微众银行、蚂蚁集团支持的网商银行、中信银行与百度支持的中信百信银行、小米支持的四川新网银行，以及苏宁支持的苏宁金融。[29] 政策的目的在于鼓励创新的纯线上银行模式，以更好地服务中小企业，促进经济增长，尤其是在国有银行服务不足的领域。监管机构也希望探索网络银行能否为远离大城市的农村地区带来经济增长的新动力。[30]

网商银行

网商银行成立于 2015 年，由蚂蚁集团及其合作伙伴携手打造，其愿景是通过金融服务助力小微企业、个体户、经营性农户等小微群体。作为中国首批私营商业银行之一，网商银行利用数据分析和人工智能（AI）等技术，为客户提供高效服务。网商银行旨在为小型企业借款人提供普惠金融服务，增强它们的自主发展能力；同时，网商银行相信，与传统银行的分支机构相比，它能够以更高的效率、更低的成本和更广的覆盖面，通过在线方式为农村居民提供金融服务。网商银行致力于通过一种商业模式创造“共享价值”，在不牺牲企业成功和盈利的前提下实现社会效益——将技术作为实现这一目标的魔法工具。网商银行旨在吸引农村中小企业，增强它们与银行的联系。

网商银行农村金融首席算法专家王建回忆说：

> 在网商银行成立之前，我们设立了名为阿里小额贷款的部门，致力于为中小企业提供金融服务。到 2015 年左右，我们正式成立了网商银行，继续服务于中小企业。我们最初的设想是构建一个类似毛细血管的系统，这个系统能够深入中国农村的各个角落，为广大中小企业提供全面的金融服务。

为了在线提供服务，网商银行专注于招募擅长高科技开发、以用户为中心的设计（USD）、风险建模和运营的人才。[31] 它不设立客户经理或分行，而是在交易过程中通过互联网与客户进行互动。起初，网商银行主要服务于全国范围内与阿里巴巴电商平台（包括淘宝和天猫）合作的中小企业和卖家。贷款期限平均大约 90 天，客户可以根据自己的需要灵活借款和还款。然而，大多数批准的贷款并不是基于消费者的信用记录或抵押物——许多小型企业，往往没有信用记录或抵押物。贷款通过网商银行所谓的“310”贷款模型的自动化风险评估算法批准，该模型的特点是：客户申请贷款仅需 3 分钟，系统审批仅需 1 秒钟，整个过程无须人工干预（参见图 1）。

“310”贷款模型

“310”贷款模型涵盖了超过 10 万个风险分析指标和 100 个专为中小企业及个人贷款

3 分钟手机申请　1 秒批准　0 人工交互

80% 的中小企业客户以前从未获得过贷款

89% 的客户在中国的三线或三线以下城市

52% 的客户只有不到5名员工，其中一半以上是夫妻店

45% 的客户网银的贷款总额在50 000元（7 000美元）以下，平均贷款规模为11 000元（1 600美元）

*根据网商银行截至2019年2月的用户调查。

图 1　网商银行“310”贷款模型关键指标

资料来源：公司数据。

量身定制的信贷风险模型。这些模型是经过一段时间的发展，并通过反复测试和优化而形成的。该平台采用内置算法来评估贷款申请，以此衡量风险参数。基于人工智能的风险评估有助于提升客户服务、产品交付以及降低运营成本。这些算法利用了来自电子商务平台（例如阿里巴巴和支付宝）的消费者还款记录、客户智能手机支付历史、注册的在线客户资料、电子商务交易数据、地方政府记录以及保险记录等信息。原则上，它们只使用最少的、必要的个人信息来做出优化的风险相关贷款决策，并采取数据隐私保护措施来保护消费者数据。此外，这些算法还能够评估小型企业的月销售额，并预测它们未来的还款模式（参见图 2）。

贷款模型极大地提高了贷款批准率，使其贷款规模迅速增至传统放贷机构的 4 倍——后者通常拒绝 80% 的中小企业贷款申请，并且审批申请至少需要 30 天。此外，该模型还帮助将网商银行的平均不良贷款（NPL）比率维持在大约 1% 的水平。

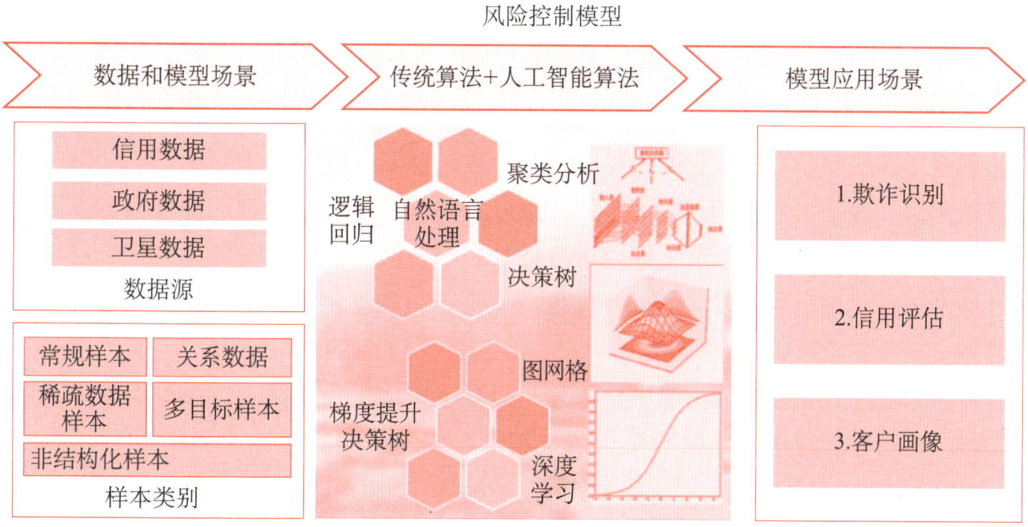

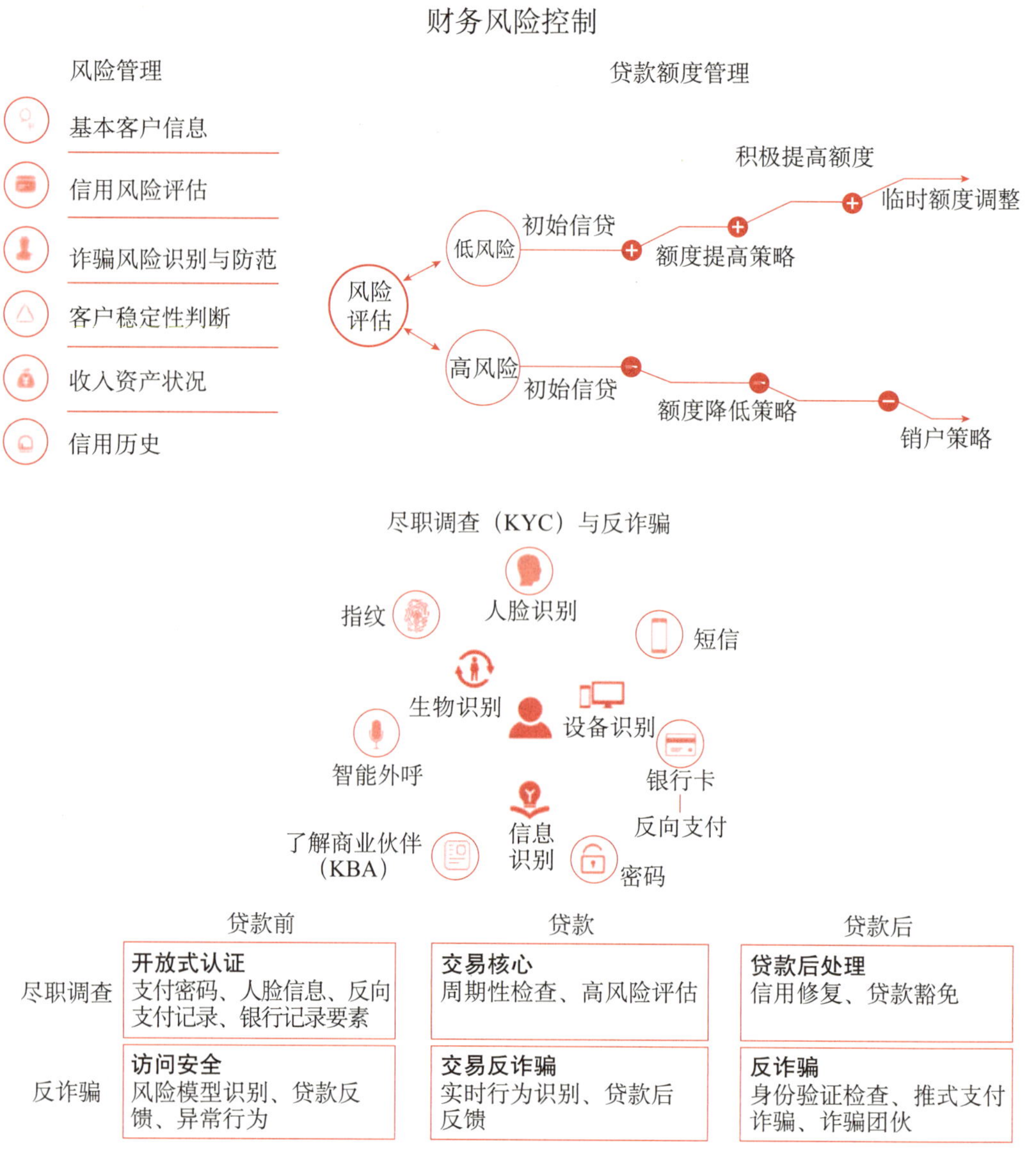

图 2　网商银行风险控制概览

资料来源：公司数据。

消费者获得的平均贷款金额为 4 850 美元（约合人民币 34 000 元）。大约 8.66% 的贷款申请是在晚上 11 点至凌晨 4 点间提交的，这一时间段内，中国的传统银行是不营业的，这反映出中小企业对于全天候金融服务的需求。网商银行还通过为实施绿色举措的中小企业提供优惠利率的方式来支持绿色商业实践，并将对这种绿色商业实践的跟踪纳入自动化贷款审批流程中。

这些贷款是在无抵押的情况下发放的，利率在 6%~14% 之间。[32] 这种模式之所以能够盈利，部分原因在于其运营和交付成本较低，从而实现了 3%~5% 的净利息收益率，这一比率远高于中国一些最大的商业银行。[33] 例如，传统银行处理一笔微型贷款的成本约为 294 美元（约合人民币 2 000 元），而网商银行处理此类贷款的平均成本仅为 0.34

美元（约合人民币 2. 30 元）。[34] 此外，网商银行的股本回报率（ROE）达到了 13. 4%，略高于中国传统银行 13. 1% 的平均值。[35]

市场表现

2017 年，网商银行推出了包括一款引领市场的名为“多卖多贷”产品在内的新型储蓄和贷款产品，该产品为超过 5 000 万线下消费者提供贷款服务，并采用快速响应（QR）商户代码来执行存款交易。[36] 由于网商银行没有实体分行接受客户的存款，它不得不依赖于银行间市场，其维护成本远高于普通存款。值得注意的是，网商银行的总负债中有 60% 来自同业融资。[37]

2018 年，网商银行公布了其首年度净利润，达到 9 600 万美元（约合人民币 6. 7 亿元），资产回报率（ROA）为 0. 8% 。到 2019 年，该银行在中国中小企业市场的份额已接近一半，其中约 78% 的客户是首次贷款者（参见图 3）。女性中小企业主占到了服务客户总数的 40% 。[38] 网商银行在中小企业市场的创新和成功，激励了其他中国银行增加对中小企业的贷款。不久之后，像中国建设银行这样的国有商业银行增加了对小型企业的贷款，而像腾讯控股和平安保险集团这样的私营企业也开始为中小企业提供类似服务。[39]

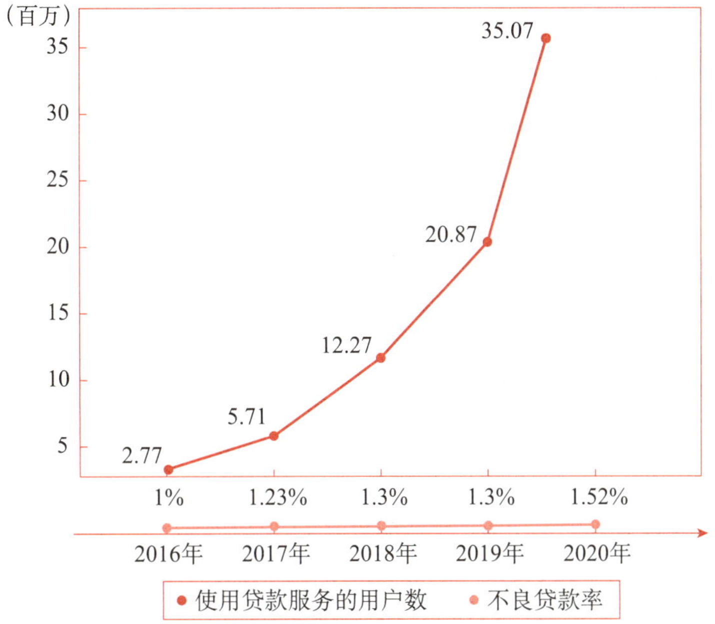

图 3　网商银行客户增长

资料来源：“MYbank Aims to Bring Inclusive Financial Services to 2 000 Rural Countiesby 2025”，Ant Group，Media Release，April 30，2021，https://www. antgroup. com/en/news-media/press-releases/2021 - 04 - 30 - 16 - 54，accessed March 2022.

网商银行农民贷款

网商银行不仅服务于中小企业，还致力于服务农民群体，为他们提供了一系列灵活的贷款产品。2015年年中，网商银行首次推出了农民贷款项目，旨在为种植作物、养殖牲畜或经营小型农业业务的农民提供信用贷款。该项目特点为申请流程简化、审批速度快。农民贷款同样遵循“310”贷款模式，并与多家金融机构合作，这些机构提供了资金支持。[40]用户可以根据自己的需求随时借款和还款，利息按照实际贷款期限计算。此外，提前还款不会产生任何罚息或额外费用，一旦完成还款，客户的信用额度将立即恢复。

农村金融部门

网商银行成立了一个农村金融部门，旨在为农村客户提供全面的客户支持和帮助。该部门的目标是推出一整套微型金融服务，包括支付、财富管理、保险、融资和信贷服务，并与阿里巴巴的农村淘宝项目以及智能物流公司菜鸟紧密合作。

阿里巴巴的农村淘宝项目已经成功吸引了大量农村创业者在淘宝市场开设网店，并取得了显著成就。自2014年仅有12个县的212个村庄参与，到2018年，该项目迅速扩展至1 000个县的超过30 000个村庄。[41]淘宝农村中心为该项目提供支持，为农村企业提供互联网接入以及购买和配送服务，帮助这些企业触及更广泛的消费者群体。菜鸟是阿里巴巴的物流机构，它可在24小时之内，以低成本实现将产品配送到中国任何地方，为农村创业提供了有力支持。

最初，网商银行的农村金融部门只有5个人，小规模运作。在成立的第一年，该部门表现不佳，累积了大约895万美元（约合人民币6 000万元）的坏账。[42]主要原因在于：它依赖阿里巴巴的农村淘宝代理进行信用风险评估，这带来了诸多风险，包括人为评估失误、借款人业务失败导致的坏账，以及人为因素引发的欺诈行为。

此外，部门内部还存在一些成见，比如普遍认为农村居民比城市居民收入低，且还款意愿不强。然而，经过多次实地考察，团队发现许多农村农民拥有稳定的年收入，并且能够支持他们的子女在城市和城镇上学。他们还发现，农民贷款的不良贷款率实际上低于其他类型的贷款，这说明农民的信用度并不逊色于城市居民。真正的挑战在于缺乏能够满足农民需求的定制化解决方案，由于许多农民没有在线信用记录，因此难以构建解决方案。同时，许多农民对申请贷款感到尴尬，他们认为这反映了自己在财务上遇到了困难，或面临家庭问题和紧急情况。

网商银行团队在深入研究后发现，可以通过现有资料（例如土地权属、土地合同、农作物种子补贴分发记录，以及农业机械购买发票）获取有关农民的二手数据，这些数据属于公开资料，可以用来评估农民的信用状况。研究团队面临的挑战在于如何整合这些信息，他们相信可以通过计算和算法来实现。

起初，网商银行尝试利用无人机辅助农民贷款的发放。但是，无人机的使用成本相对较高，且在全国范围内推广这项技术存在难度。[43]随后，银行转而采用人工智能（AI）和卫星技术来提供贷款服务。

截至2016年底，农村贷款服务已经覆盖28个省的1 000个村庄和65个县。

这些贷款均为无抵押贷款，平均每笔贷款金额达到7 462美元（约合人民币50 000

元）。它们提供了 6 个月、12 个月或 24 个月的灵活还款期限（略长于网商银行其他贷款产品），此外，这些贷款还接受多种还款方式，包括便捷的现金支付和电子支付。

AI 农民贷款

为了有效发放农民贷款，网商银行将“310”贷款模式与其自主研发的人工智能系统“Tomtit”相结合，该技术依托于卫星遥感和图像识别。农民申请贷款时，只需在手机上下载网商银行的应用程序，授权该应用进行信息查询，并通过选择他们的农田地块来确认土地（被称为“圈地”），之后几分钟内就能获得贷款。作为风险控制流程的一部分，Tomtit 系统会检索申请人在其他平台（如阿里巴巴的淘宝和支付宝）上的记录，以此来实现对客户财务状况的准确了解。

利用公开的卫星图像以及农民自行验证的作物田图像，结合气候数据、行业模式、来自政府机构的土地登记信息，以及影响价格和预期作物生长的各种因素，Tomtit 系统能够预测选定土地的产量和产值，并进行精确的风险评估。

这种明确的风险分析方法让 Tomtit 能够根据生成的风险评分，给农民授予合理的信贷额度，并制订合适的还款计划。

卫星技术

贷款发放之后，Tomtit 系统利用卫星图像对农田进行持续监测，以评估作物的生长状况，并预测在收获季节可能发生的贷款违约风险或额外资金需求。

一项应用于卫星图像的光谱识别技术，用以识别作物种类及其生长状况。这些卫星图像每 5 ~7 天实时更新一次。通过频繁监控农田，银行能够做出更精确的评估，并主动管理贷款风险。这种监控方式还有助于建立银行与农民之间的信任，因为推演结果的准确性很高，农民们清楚地知道，贷款的批准是基于他们农场的实际状况做出的。虽然传统银行此前也向农民提供农业金融服务，但并不像现在这样方便。传统方式需要通过机构实地访问农田实现监控，这不仅耗时，成本高昂，而且需要大量训练有素的员工。相比之下，高频的卫星监控使得整个过程变得更快、成本更低、准确性更高，也更加透明。

网商银行主要使用光学卫星提供的低分辨率和中分辨率图像，并通过 Tomtit 人工智能识别与深度学习算法进行处理，以消除云层干扰，准确识别作物。虽然低分辨率图像成本较低，但对获取训练样本、训练模型参数以及 AI 和大数据处理能力方面提出了更高要求。Tomtit 平台整合了来自多个数据源的图像与算法模型，实现了超过 93% 的作物种类识别准确率。

然而，使用卫星图像在实际操作中面临两个主要挑战。第一个挑战是成本问题——高分辨率图像价格昂贵，而低分辨率图像则需要经过大量处理工作才能用于农田评估。第二个挑战是区分外观类似的作物。由于中国地理环境的多样性和农业条件的差异，例如北方种植的玉米的光谱反射可能与南方的某些杂草或水稻相似，这给遥感分类算法带来了难题。为应对这些挑战，网商银行采用了农业知识图谱，借助地形、降水量、累积温度、该地区常见的作物种类以及历史作物数据等常识性信息源，来优化作物识别过程。

利用卫星图像处理技术来监控农田，不仅有效降低了农民贷款的信用违约风险，而且通过获取接近实时的田间数据，显著缓解了网商银行金融专家的分析压力。此外，这种技术驱动的农民贷款还带来了其他多项益处，既包括环境方面的，也包括社会方面的，这些收益超越了商业本身的考量。

农民贷款项目的贡献

行业观察人士认为，网商银行推出的农民贷款对中国农业发展可能带来显著的积极影响，原因有几点。[44]第一，这些贷款使农民能够投资于农业设备、种子、肥料以及其他种植工具，并实施可持续的农业实践，从而帮助他们提高作物产量。[45]第二，这些贷款有可能帮助农村小规模农户摆脱贫困，进而促进整体经济的发展。[46]第三，这些贷款能够阻止农民向高利贷者和乡村放贷人借款，此类放贷人通常会收取高额利息，常常导致农民陷入更多的贷款和还款的恶性循环，最终导致极度贫困。第四，这些贷款让银行有机会收集那些由于特殊需求而一直未能进入金融体系的农民消费者的有用信息。[47]第五，这些贷款还允许政府以最低的初始成本，方便地推广普惠金融和农民的可持续农业实践。[48]

网商银行致力于解决用户获取贷款的难题，其中有近80%的用户是首次寻求贷款的人。对于农业社区而言，网商银行提供的利率低于他们所知的其他选择。然而，银行的高管们发现，对于农村农业贷款者来说，他们更关心的是资金的周转速度而非利率，因为这些用户对资金的需求通常较为迫切。

此外，由于这些贷款的借款周期较短，用户对利率的敏感度相对较低，他们更关注的是能否快速获得贷款、贷款及还款的便利性，以及贷款金额是否足以满足他们的需求。网商银行农村产业金融事业部副总经理王健解释说：

> 传统银行主要服务于农村的高端客户，也就是那些拥有广阔土地的富裕农民。据行业估计，传统银行代表驾车前往用户处启动交易的成本，包括时间和费用，大约需要一两千元。我们的目标客户群是小规模农户和农业企业，这个领域目前的竞争还不算太激烈。
>
> 农村消费者群体本身相对复杂，其复杂性体现在几个方面。首先，中国的地理环境复杂多变，比如，北方的一些平原地区主要是粮食作物的种植地，而南方的一些山区则主要种植果树或高山蔬菜。再如，在山东或河北这些地区，主要种植的是梨、桃等水果。此类地理和作物种植差异导致了产业结构的相对复杂性。此外，农业生产领域的多样化结构也使得我们的目标客户群体进一步细分。

在贷款融资和执行方面，网商银行利用其Tomtit平台和内部信用评级系统来发放贷款，并与农村银行建立合作伙伴关系来提供贷款资金。例如，2020年网商银行与中牟郑银村镇银行的合作，短短两个月内就向超过50 000户个体农户提供了贷款，其中90%的客户是首次贷款的新客户。

更多产品

2021 年 10 月，网商银行推出了一项面向中小企业的贷款计划，旨在协助它们进行供应链融资。为支持该计划，网商银行开发了一个完全数字化的供应链金融系统——“雁阵系统”（Goose System），该系统集成了传统供应链金融流程，并融合了大规模图计算、多模态识别、区块链和深度学习人工智能等技术，服务于中小企业的上下游合作伙伴。

在新冠疫情期间，中小企业由于抵御冲击能力较弱，受到了特别严重的打击，并在供给和需求两侧遭遇了融资难题。在雁阵系统实施的第一年里，其成功吸引了 500 多家供应商加入，其中包括海尔、蒙牛和旺旺等大型企业，共同助力中小企业的发展。

网商银行将传统供应链模型称为“1 + N”模型，其运用技术手段解决中小企业供应链问题的方法则称为 $1 + N^2$ 解决方案。雁阵系统满足了中小企业在供应链支付、订单采购、货物收集、加盟和工资支付等多个方面的贷款需求和资金管理需要。在执行上，供应链融资计划设计得既简单又直接。例如，如果一个中小企业需要从供应商那里采购设备，但手头没有足够资金，雁阵系统将允许该企业在提供采购详情后，申请网商银行的贷款来支付设备供应商，随后通过每月分期付款的方式偿还这笔贷款。

这项贷款计划同时惠及了中小企业和供应商——中小企业现在可以轻松地为自己的业务需求融资，并且能够以小额且易于支付的分期款项偿还贷款；与此同时，供应商则能够将产品销售给之前无力支付的新客户。适用于这种月度支付计划的产品包括农业和农用机械、畜牧设备、通信安全设备、商业办公设备租赁、运输设备、物联网（IoT）设备、灌溉机械、太阳能设备等。该计划还打算持续扩大供应商基础，以便中小企业能够从更多的供应商那里获得借款。

负责任的商业服务

环境、社会和治理（ESG）

网商银行旨在将技术作为主要驱动力，为所有利益相关者创造长期价值。公司的短期目标是解决疫情对中小企业造成的困扰，长期发展目标则是更深入地理解和把握社会需求。其环境、社会和治理（ESG）战略作为这一长期目标的核心，特别强调绿色金融管理，并为实现“碳达峰”和“碳中和”等环境目标设定了明确的时间节点和行动计划。网商银行推出了“绿色评估系统”，根据企业运营的环保程度，识别出环保型的中小企业借款人，并为他们提供绿色贷款优惠。这些中小企业还能享受额外的福利，如零余额储蓄账户和车辆采购的优惠利率。

网商银行还实施了一个带有个人数据隐私保护措施的数字治理系统，所有客户信息均通过使用多方信任服务和计算服务器的安全技术方法来收集。采用这种以技术为核心、以ESG为导向的解决方案，到2021年底，网商银行已经为近7 000万户家庭提供了服务，服务对象包括2 500万中小企业、3 500万农民以及1 000万获得绿色评级（高评级用户）的小微经营者。

企业社会责任（CSR）

网商银行高度重视企业社会责任（CSR）和三重底线原则，即客户、环境和利润的平衡。其议程包括推动女性创业、倡导绿色生活方式、普惠金融以及数字化赋能等多项计划。[49]网商银行的战略目标不仅着眼于发展中国的绿色金融体系和金融工具，还致力于促进消费者和投资者参与绿色金融，引导小微企业实践绿色金融，以此作为实现中国绿色生产和消费目标的手段。[50]

在国家层面战略目标之外，网商银行还实施了一系列措施，以帮助小型和微型企业主抵御疫情带来的经济影响，包括减免利息等。网商银行还与100家银行合作，推出了支持中小企业在疫情后恢复运营的计划。到2020年，该计划已服务超过1 000万家中小企业，并发放了总计达630亿美元（约合人民币4 000亿元）的贷款。[51]

2020年2月，网商银行推出了"零支付日"服务，一个月内吸引了约650万农村借款人。由于疫情对农村地区的广泛影响，该服务延长了四个月。[52]王健在2022年进一步介绍其他CSR计划时分享道：

> 今年，河南和陕西遭遇了洪水。网商银行推出免息券，并为农民提供免息贷款，帮助他们渡过难关。通过Tomtit平台上的遥感和数据处理，我们可以清晰地了解哪些客户的田地遭受了洪水侵袭，以及他们当前的状况。然后，我们可以向这些农民精确发放免息券，并提供一些折扣，帮助他们渡过难关。

为了在国家级层面帮助应对洪水问题，网商银行与中国农业大学合作，协助国家减灾委员会建立了一个评估洪水状况的模型，该模型能够展示各地区受洪水影响的具体情况，并提供了评估经济损失的方法。尽管网商银行定期承担此类慈善性质的社会责任，但它仍然在市场中保持盈利，在这一市场中，传统金融机构一直因其复杂性、风险和较低的利润率而犹豫是否进入。截至2021年最后一个季度，网商银行已为超过4 500万家中小企业提供了服务，报告显示其客户增长达到近30%的年增长率。从统计数据来看，约有90.8%的中小企业借款人能够按时还款，这不仅帮助他们提升了信用等级，还帮助网商银行维持了较低的不良贷款率。[53][54]

网商银行还启动了旨在减少经济不平等的社会福利计划。根据国际金融公司（IFC）的报告，在新兴市场中，女性创业者在扩展她们的初创企业时面临着巨大的性别融资差距，她们在传统银行和投资环境中持续遭遇不平等待遇。网商银行努力通过完全数字化的贷款审批和发放流程来弥补这一性别偏见，这种方式被认为比较公平。此外，该银行还尝试通过一个"3D"策略——即推动数字融资、提供数字技能培训和构建数字社区——来解决女性创业者面临的两个主要难题：获取融资机会和缺乏数字知识。人们认为这三个关键要素的结合可以在提升女性企业家的公平和包容性发展方面发挥独特作用。[55]

到 2020 年，网商银行超过 50% 的贷款接收者为女性创业者，其中大约 80% 的人是首次从银行获得贷款。在 2015—2020 年间，网商银行向中国 820 万家由女性运营的中小企业提供了融资，平均贷款额度为 5 700 美元。网商银行所有产品的总体贷款违约率大约为 1.5%，比行业平均值低了 60%，也几乎是中国中小企业平均 2.99% 的贷款违约率的一半。

网商银行还建立了一个名为“商业引擎”的全面数字化交流社区，该社区集成在支付宝应用程序中。这个社区为约 4 000 万注册的中小企业提供了一个开放、安全且互动的环境，其中包括 1 900 万名女性创业者，她们在这里分享自己的创业经历和学习体会。后来，这一举措进一步升级，形成了专为女性创业者服务的“木兰社区”。[56] 木兰社区提供三项主要服务——商业咨询热线、虚拟“木兰大学”（提供 100 多门金融和技术课程），以及一个在线聊天室（女性在其中交流商业想法）。这样的社区环境赋予了女性创业者力量，并帮助她们与职业导师、技术领袖以及拥有相似愿景和挑战的朋友进行协作。[57]

技术创新促进绿色农业

网商银行为农业农村提供金融服务的策略是双管齐下的。首先，为农民提供易于获得的融资渠道；其次，协助农业企业把握数字经济的发展机遇，并接纳创新技术作为新的发展方式。后者有助于提升农产品的质量和安全性，增强小型农场的品牌影响力，提高农业和农耕的运营效益。为了实现这一目标，网商银行与各方建立合作，将新技术带给农民。

例如，2020 年，网商银行的贷款服务与蚂蚁集团的乡村振兴技术相结合。蚂蚁集团与中国农业银行、安徽省砀山县政府合作，创建了名为“砀山模式”的乡村振兴模式，以实现更精准的信用评估。砀山出产的每颗梨都有由区块链技术生成的独特 ID，可以追溯其来源、种植历史、分销路径和政府监管信息，从而构建起一条完全可靠且可追溯的农业生产链。该技术还能在淘宝和天猫等平台上追踪水果的销售和配送等数据，这些数据又可以用于网商银行的信用评估。这种技术支撑的解决方案为农村信贷体系奠定了坚实的基础，并有效解决了普惠金融和可持续农业的双重问题。[58]

在内蒙古的另一个项目中，网商银行的普惠金融贷款与蚂蚁集团的区块链技术（蚂蚁链）相结合，建立了一个促进绿色农业的高效系统。这个智能农业系统利用区块链技术实现产品可追溯性和认证，评估特定稻田的价值，为其产品赋予绿色数字 ID，即“绿核”食品安全码。该项目作为一个试点实验项目，旨在探索如何利用技术将绿色产品标准化，使网商银行能够根据这些数据评估信贷需求，为农民提供优惠的信贷利率，并推动绿色农业发展。

上述可持续金融举措并非新鲜事，许多国家已经尝试过，但未能成功，且面临不少挑战。[59]举例来说，世界银行在非洲设立的数百个水坝和农业项目，由于涉及政治和政府管理框架的问题，大多未能实现预期目标。[60]

与此相反，网商银行推出的分布式普惠金融解决方案为小规模农户提供了实施气候敏感型农业实践所需的资金和动力，同时避免了官僚影响。[61]分析师预测，这种技术解决方案、数字货币的使用，以及消费者对碳补偿透明化兴趣的增长，可能会为新型流动性资金池的建立提供有效途径[62]，以抵御小型农户探索可持续、环保农业技术时面临的金融风险[63]。

五年规划、数字货币和未来发展

2020 年 6 月，网商银行制订了五年发展计划，目标是通过跨行业合作伙伴的协作，将其服务天衣无缝地嵌入新的应用场景中，以服务中国更多中小企业。为了实现进一步增长，网商银行致力于建立新的合作伙伴关系，运用新技术构建更高效的商业解决方案，并扩大其用户基础。

为此，网商银行与中国物流平台 Log56. com（注册企业用户达 70 000 个）合作，利用蚂蚁集团的区块链技术，向 200 000 名卡车司机和微型物流企业主提供微型贷款。区块链技术通过可靠且不可篡改的物流信息，如订单和执行编号，辅助进行信贷风险评估。在另一个项目中，网商银行与中国食品制造公司今麦郎食品合作，向其供应链上的 5 000 多名分销商提供贷款，帮助其通过短期贷款补充库存，以应对疫情的经济冲击。

时间快进到 2022 年 4 月，随着中国农村经济在疫情后开始逐步恢复，网商银行作为农村创业推动者的角色变得更加重要，同时，监管日益增强，要求对数据来源和数据使用进行更严格的监督。[64]互联网银行的市场竞争日益加剧，像微众银行等竞争者也进入了中小企业市场，这使得网商银行仅依靠规模扩张来增加利润变得困难（参见表 1）。

表 1　网商银行与微众银行等的比较

银行	营运模式	业务定位	第一大股东	第二大股东
微众银行	线上银行	微信无抵押小额贷款	腾讯（30%）	百业源（20%）和立业集团（20%）
网商银行	线上银行	中小企业和农户无抵押小额贷款	蚂蚁集团（30%）	万向三农集团
四川新网银行	线上银行	无抵押个人小额贷款，企业银行业务	新希望集团（30%）	四川银米科技（29.5%）
天津金城银行	线上与线下	现金存款、贷款、票据贴现	三六零安全科技股份有限公司（30%）	天津华北集团（20%）

续表

银行	营运模式	业务定位	第一大股东	第二大股东
温州民商银行	线上与线下	温州市小微企业贷款	正泰集团（29%）	华峰化学（20%）
上海华瑞银行	线上与线下	向公司或个人提供贷款；企业融资	均遥集团（30%）	美特斯邦威（15%）
重庆富民银行	线上与线下	财富管理，无抵押贷款	瀚华金控（30%）	宗申集团（28%）

微众银行与网商银行的具体数据对比

项目	微众银行	网商银行
总资产	520 亿元	610 亿元
贷款余额	300 亿元	330 亿元
存款余额	33 亿元	230 亿元
净利润	4 亿元	3 亿元
不良贷款率	0. 32%	低于 1%
资本充足率	20. 21%	11. 07%

注：①网商银行与微众银行比较的数据为 2017 财年的。

②微众银行与网商银行不是直接竞争对手，因为它们处于不同的业务领域（即服务于不同的消费者细分市场，拥有不同的产品）。网商银行服务于中小企业和农村企业，而微众银行则主要服务于广大普通消费者群体，尤其是城市中低收入群体，如农民工，这些群体的违约风险较低。本表展示了两家公司商业模式等方面的差异。

资料来源："MYbank versus WeBank", China Channel, October 12, 2017, https://chinachannel. co/wp-contesnt/uploads/2017/10/nn. png, accessed March 2022. Leilei Wang, "China's Private Commercial Banks Like MYbank and WeBank Have a Ways to Go", Kapronasia, August 17, 2017, https://www. kapronasia. com/china-banking-research-category/china-s-private-commercial-banks-like-MYbank-and-webank-have-a-ways-to-go. html, accessed March 2022. Michael Chui, "Money, Technology and Banking: What Lessons Can China Teach the Rest of the World?", BIS Working Papers, No 947, June 7, 2021, https://www. bis. org/publ/work947. pdf, accessed March 2022. Wendy Weng, "Thirteen Most Profitable Digital Banks in Asia Pacific Upped Earnings by 49% in 2019", The Asian Banker, October 15, 2020, https://www. theasianbanker. com/updates-and-articles/thirteen-most-profitable-digital-banks-in-asia-pacific-upped-earnings-by-49-in-2019, accessed March 2022.

另一个需要考虑的问题是数字货币。2022 年 1 月，中国启动了数字人民币（e-CNY）的试点项目，该货币被国际和国内机构视为促进包容性数字经济的工具。预计这种数字货币将有助于普惠金融的发展，帮助国家构建一个以人民需求为中心的新金融体系。随着金融生态系统的日益数字化，那些没有银行账户的人可能会被进一步边缘化，而数字货币可以通过建立一个更具包容性的数字支付生态系统和创建金融数据身份，帮助缩小这一差距。[65]

网商银行被选为数字人民币的指定运营机构之一，这需要中国居民将他们的数字人民币账户服务与银行账户关联。预计数字人民币将与支付宝、微信支付等支付平台形成共生关系，通过提高可见性并创造额外的支付流量，为在线支付平台带来好处。[66] 引入数字人民币对网商银行面向的目标客户群体具有重要影响，同时也对网商银行现有的业务模式和解决方案带来了挑战。

尽管面临一些不确定性，网商银行的高管们仍持乐观态度。然而，他们需要解决一些重要的困境。网商银行如何在市场压力下维持一个可持续的商业模式？它如何在竞争激烈的互联网银行市场中有效竞争？如何在其 CSR/ESG 目标与高增长盈利商业模式之间找到平衡？在传统银行通常以高净值客户为目标的行业中，网商银行的 CSR 战略能否为其提供竞争优势？

注 释

Strategic Management: Competitiveness & Globalization, Concepts and Cases, 14e
Michael A. Hitt, R. Duane Ireland, Robert E. Hoskisson, Jeffrey S. Harrison

北京市版权局著作权合同登记号　图字：01－2025－0446

图书在版编目（CIP）数据

战略管理：概念与案例：第 14 版 /（美）迈克尔·希特等著；刘刚等译. --北京：中国人民大学出版社，2025. 6. --（工商管理经典译丛）. --ISBN 978-7-300-33782-1

Ⅰ. F272. 1

中国国家版本馆 CIP 数据核字第 2025CQ7793 号

工商管理经典译丛

战略管理：概念与案例（第 14 版）

［美］迈克尔·希特　杜安·爱尔兰　罗伯特·霍斯基森　杰弗里·哈里森　著

刘刚　李波　张冷然　梁晗 等　译

Zhanlüe Guanli：Gainian yu Anli

出版发行	中国人民大学出版社		
社　　址	北京中关村大街 31 号	**邮政编码**	100080
电　　话	010－62511242（总编室）		010－62511770（质管部）
	010－82501766（邮购部）		010－62514148（门市部）
	010－62511173（发行公司）		010－62515275（盗版举报）
网　　址	http://www. crup. com. cn		
经　　销	新华书店		
印　　刷	涿州市星河印刷有限公司		
开　　本	787 mm×1092 mm　1/16	**版　　次**	2025 年 6 月第 1 版
印　　张	26. 5 插页 1	**印　　次**	2025 年 6 月第 1 次印刷
字　　数	566 000	**定　　价**	128. 00 元

CENGAGE
Learning®

Supplements Request Form（教辅材料申请表）

Lecture's Details（教师信息）			
Name: （姓名）		Title: （职务）	
Department: （系科）		School/University: （学院/大学）	
Official E-mail: （学校邮箱）		Lecturer's Address/ Post Code: （教师通讯地址/邮编）	
Tel: （电话）			
Mobile: （手机）			

Adoption Details（教材信息）　原版□　翻译版□　影印版□			
Title:（英文书名） Edition:（版次） Author:（作者）			
Local Publisher: （中国出版社）			
Enrolment: （学生人数）		Semester: （学期起止日期时间）	
Contact Person & Phone/E-Mail/Subject: （系科/学院教学负责人电话/邮件/研究方向） （我公司要求在此处标明系科/学院教学负责人电话/传真号码并在此加盖公章。） 教材购买由我□　我作为委员会的一部分□　其他人□［姓名：　　　　　］决定。			

Please fax or post the complete form to（请将此表格传真至）:

CENGAGE LEARNING BEIJING
ATTN: Higher Education Division
TEL: (86)10-82862096/95/97
FAX: (86)10-82862089
EMAIL: asia.inforchina@cengage.com
www.cengageasia.com
ADD: 北京市海淀区科学院南路2号
融科资讯中心C座南楼12层1201室　100190

Note: Thomson Learning has changed its name to CENGAGE Learning

中国人民大学出版社　管理分社

教师教学服务说明

中国人民大学出版社管理分社以出版工商管理和公共管理类精品图书为宗旨。为更好地服务一线教师，我们着力建设了一批数字化、立体化的网络教学资源。教师可以通过以下方式获得免费下载教学资源的权限：

- 在中国人民大学出版社网站 www.crup.com.cn 进行注册，注册后进入“会员中心”，在左侧点击“我的教师认证”，填写相关信息，提交后等待审核。我们将在一个工作日内为您开通相关资源的下载权限。

- 如您急需教学资源或需要其他帮助，请加入教师 QQ 群或在工作时间与我们联络。

中国人民大学出版社　管理分社

教师 QQ 群： 648333426（工商管理）　114970332（财会）　648117133（公共管理）
教师群仅限教师加入，入群请备注（学校+姓名）

联系电话： 010-62515782，82501868，82501048，62514760

电子邮箱： glcbfs@crup.com.cn

通讯地址： 北京市海淀区中关村大街甲 59 号文化大厦 1501 室（100872）

管理书社　　人大社财会　　公共管理与政治学悦读坊